Wolfgang Wessels

Das politische System der Europäischen Union

Wolfgang Wessels

Das politische System der Europäischen Union

VS VERLAG FÜR SOZIALWISSENSCHAFTEN

Bibliografische Information Der Deutschen Nationalbibliothek
Die Deutsche Nationalbibliothek verzeichnet diese Publikation in der
Deutschen Nationalbibliografie; detaillierte bibliografische Daten sind im Internet über
<http://dnb.d-nb.de> abrufbar.

1. Auflage 2008

Alle Rechte vorbehalten
© VS Verlag für Sozialwissenschaften | GWV Fachverlage GmbH, Wiesbaden 2008

Der VS Verlag für Sozialwissenschaften ist ein Unternehmen von Springer Science+Business Media.
www.vs-verlag.de

Das Werk einschließlich aller seiner Teile ist urheberrechtlich geschützt. Jede Verwertung außerhalb der engen Grenzen des Urheberrechtsgesetzes ist ohne Zustimmung des Verlags unzulässig und strafbar. Das gilt insbesondere für Vervielfältigungen, Übersetzungen, Mikroverfilmungen und die Einspeicherung und Verarbeitung in elektronischen Systemen.

Die Wiedergabe von Gebrauchsnamen, Handelsnamen, Warenbezeichnungen usw. in diesem Werk berechtigt auch ohne besondere Kennzeichnung nicht zu der Annahme, dass solche Namen im Sinne der Warenzeichen- und Markenschutz-Gesetzgebung als frei zu betrachten wären und daher von jedermann benutzt werden dürften.

Umschlaggestaltung: KünkelLopka Medienentwicklung, Heidelberg
Druck und buchbinderische Verarbeitung: Krips b.v., Meppel
Gedruckt auf säurefreiem und chlorfrei gebleichtem Papier
Printed in the Netherlands

ISBN 978-3-8100-4065-7

Inhalt

Zu diesem Buch: Orientierungs- und Lesehilfen 11

I. Die Europäische Union: Bedeutung und Ansatz 15

1. Eckpunkte im Überblick: Faszination und Frustration 17
2. Zur politischen Bedeutung: Auf- und Ausbau eines politischen Systems 20
   2.1 Immer relevanter: Auf dem Weg zu einer staatsähnlichen Tagesordnung 20
   2.2 Immer tiefer: Auf- und Ausbau der institutionellen Architektur 22
   2.3 Immer weiter: Die Beitrittsrunden 24
   2.4 Immer gewichtiger? Die EU auf dem Weg zum internationalen Akteur 25
3. Zur wissenschaftlichen Relevanz: Zunahme an Pluralität 26
   3.1 Immer schwieriger: Aufgaben der Wissenschaft 26
   3.2 Immer vielfältiger: Charakterisierungen, Ansätze und Strömungen 27
   3.3 Trotz Pluralismus: Gemeinsame Grundannahmen 29
4. Zum Ansatz und Vorgehen: Die Institutionenanalyse als zentraler Fokus 31
   4.1 Zum Einstieg: Prämissen und Kontext 31
   4.2 In Nahsicht: Eckpunkte der institutionellen Architektur – Variationen von Darstellungsformen 34
   4.3 Untersuchungsperspektiven: Begriffspaare als Schlüsselkategorien 37
5. Zur Wiederholung und Vertiefung 48
6. Literaturhinweise 49

II. Entstehung und Entwicklung der institutionellen Architektur: historische Wegmarken 51

1. Eckpunkte im Überblick: historische Entscheidungen und Entwicklungstrends in der Diskussion 53
2. Historische Argumentationsmuster und Modelle 55
3. Die vierziger Jahre: Vorläufer und Vorschläge 57
4. Die fünfziger Jahre: Wege und Irrwege der Gründergeneration 61
   4.1 Die Gründung der EGKS: Methode und Modell mit Langzeitwirkung 61
   4.2 Zur institutionellen Architektur: Genese der supranationalen Struktur 65
   4.3 Europäische Verteidigungsgemeinschaft (EVG) und Europäische Politische Gemeinschaft (EPG): Das Scheitern föderaler Projekte 66
   4.4 Die Europäische Wirtschaftsgemeinschaft (EWG): Veränderte Ansätze 68
5. Die sechziger Jahre: Anläufe zu alternativen Entwürfen 71
   5.1 Die Fouchet-Pläne: Modell einer intergouvernementalen Leitidee 72

5.2 Die Krise des „leeren Stuhls" und der „Luxemburger Kompromiss":
   Wandel der Praxis 73
6. Die siebziger Jahre: Konzeptionelle Weichenstellungen und begrenzte Schritte zur
   Systemgestaltung 75
   6.1 Die Gipfelkonferenzen von Den Haag und Paris: Verhandlungspakete mit
      umfassenden Zielvorgaben 76
   6.2 Institutionelle Wegmarken: Die Gründung des Europäischen Rats und die
      Direktwahl des Europäischen Parlaments 80
7. Die achtziger Jahre: Erste umfassende Vertragsänderungen 83
   7.1 Die Feierliche Erklärung von Stuttgart und der Vertragsentwurf des
      Europäischen Parlaments: alternative Anläufe 84
   7.2 Die Einheitliche Europäische Akte (EEA) 84
8. Die neunziger Jahre: fundamentale Weichenstellungen nach der Wende 88
   8.1 Der Maastrichter Vertrag über die Europäische Union: Eine umfassende
      Neuordnung 89
   8.2 Der Amsterdamer Vertrag: Ergänzungen der Maastrichter Architektur .. 94
   8.3 Die Erweiterungsrunden und -debatten 95
9. Nach 2000: Schritte zur Vertiefung und Erweiterung 97
   9.1 Der Vertrag von Nizza: Durch institutionelle Detailreformen zur
      Aufnahmefähigkeit 98
   9.2 Konvent und Regierungskonferenzen: Neue Methode und alte Probleme beim
      Verfassungs- und Reformvertrag 101
   9.3 Der Vertrag über eine Verfassung für Europa: Wegmarken für eine
      quasi-konstitutionelle Gestaltung der EU 105
   9.4 Die fünfte Erweiterungsrunde: „15 plus 12" 108
10. Wegmarken im Rückblick: Interpretationen 110
11. Zur Wiederholung und Vertiefung 112
12. Literaturhinweise 114

III. Institutionen in Nahsicht 115

1. Das Europäische Parlament 119
   1.1 Eckpunkte im Überblick: Auf- und Ausbau eines „starken" Mitspielers . 119
   1.2 Aufgaben: Geschichte und vertragliche Vorgaben 121
   1.3 Zur Analyse der Praxis: Ein Aktivitätenprofil 127
   1.4 Benennung und Wahl: Verteilung der Sitze nach Staaten und Parteien . 136
   1.5 Beschlussverfahren: Regeln und Koalitionsmuster 140
   1.6 Aufbau und Arbeitsweise: Strukturen und Rollen 142
   1.7 Diskussion und Perspektiven 150
   1.8 Zur Wiederholung und Vertiefung 153
   1.9 Literaturhinweise 154

2. Der Europäische Rat 155
   2.1 Eckpunkte im Überblick: Entstehung und Entwicklung einer
       Schlüsselinstitution 155
   2.2 Aufgaben: Geschichte und vertragliche Vorgaben 157
   2.3 Zur Analyse der Praxis: Ein Aktivitätenprofil 162
   2.4 Benennung und Zusammensetzung: oberste Entscheidungsträger am runden
       Tisch 174
   2.5 Beschlussmodalitäten: Dynamik in einem intergouvernementalen Gremium .. 175
   2.6 Aufbau und Arbeitsweise 179
   2.7 Diskussion und Perspektiven 182
   2.8 Zur Wiederholung und Vertiefung 188
   2.9 Literaturhinweise 189

3. Der Rat der Europäischen Union 191
   3.1 Eckpunkte im Überblick: Intergouvernementales Beschlussorgan oder
       supranationales Gemeinschaftsorgan 191
   3.2 Aufgaben: Geschichte und vertragliche Vorgaben 192
   3.3 Zur Analyse der Praxis: Ein Aktivitätenprofil 195
   3.4 Benennung und Zusammensetzung: Variationen von Ratsformationen 198
   3.5 Beschlussverfahren: Abstimmungsregeln und Praxis 201
   3.6 Aufbau, Arbeitsweise und Struktur 210
   3.7 Diskussion und Perspektiven 220
   3.8 Zur Wiederholung und Vertiefung 223
   3.9 Literatur 224

4. Die Europäische Kommission 225
   4.1 Eckpunkte im Überblick: Ein zentraler Mitgestalter 225
   4.2 Aufgaben: Geschichte und vertragliche Vorgaben 227
   4.3 Zur Analyse der Praxis: Ein Aktivitätenprofil 233
   4.4 Benennung und Zusammensetzung: Mehrstufiger Wahlakt 239
   4.5 Beschlussmodalitäten: Die Rolle des Kollegiums und des Präsidenten . 245
   4.6 Aufbau und Arbeitsweise 247
   4.7 Diskussion und Perspektiven 251
   4.8 Zur Wiederholung und Vertiefung 254
   4.9 Literaturhinweise 255

5. Der Gerichtshof der Europäischen Gemeinschaften (EuGH) 257
   5.1 Eckpunkte im Überblick: Funktionen und Rolle eines supranationalen
       Gerichtes 257
   5.2 Aufgaben: Geschichte und vertragliche Vorgaben 259
   5.3 Zur Analyse der Praxis: Ein Aktivitätenprofil 264
   5.4 Benennung: Voraussetzungen und Verfahren 268
   5.5 Beschlussverfahren: Arbeitsteilung 269
   5.6 Aufbau: Übersicht über das Gerichtssystem 271
   5.7 Diskussion und Perspektiven 273
   5.8 Zur Wiederholung und Vertiefung 275
   5.9 Literaturhinweise 276

6. Mitspieler und Beratende Ausschüsse in der institutionellen Architektur 278
   6.1 Eckpunkte im Überblick: Vielzahl und Vielfalt relevanter Akteursgruppen 278
   6.2 Zahl und Beteiligung von Akteuren der Zivilgesellschaft 280
   6.3 Der Europäische Wirtschafts- und Sozialausschuss (EWSA) 285
   6.4 Der Ausschuss der Regionen (AdR) 290
   6.5 Europäische Parteien 296
   6.6 Nationale Parlamente 302
   6.7 Medien 305
   6.8 Diskussion und Perspektiven: Pluralistische Differenzierung 306
   6.9 Zur Wiederholung und Vertiefung 307
   6.10 Literaturhinweise 308

7. Der Europäische Rechnungshof (EuRH) und das Amt für Betrugsbekämpfung
   (OLAF) 311
   7.1 Eckpunkte im Überblick: Institutionelle Innovationen zur Finanzkontrolle ... 311
   7.2 Aufgaben: Geschichte und vertragliche Vorgaben 312
   7.3 Zur Analyse der Praxis: Ein Aktivitätenprofil 313
   7.4 Benennung, Beschlussverfahren und Aufbau 315
   7.5 Diskussion und Perspektiven 317
   7.6 Zur Wiederholung und Vertiefung 317
   7.7 Literaturhinweise 318

8. Die Europäische Zentralbank (EZB) 319
   8.1 Eckpunkte im Überblick: Die Entwicklung einer Notenbank eigener Art 319
   8.2 Aufgaben: Geschichte und vertragliche Vorgaben 320
   8.3 Zur Analyse der Praxis: Ein Aktivitätenprofil 323
   8.4 Benennung: Regeln und Praxis 324
   8.5 Beschlussverfahren: Interne Verfahren und externe Abgrenzung 326
   8.6 Aufbau, Arbeitsweise und Struktur 328
   8.7 Diskussion und Perspektiven 330
   8.8 Zur Wiederholung und Vertiefung 332
   8.9 Literaturhinweise 333

IV. Verfahren in der institutionellen Architektur –
Formen der Politik- und Systemgestaltung 335

1. Eckpunkte im Überblick: Variationen und Komplexität 337
   1.1 Nahsicht von Verfahrensprofilen: Zunahme an Vielfalt 337
   1.2 Variationen der vertragsrechtlichen Systematik 338
   1.3 Variationen nach Feldern der Politikgestaltung und Formen der
      Systemgestaltung 340

2. Gesetzgebung und Rechtsetzung 342
   2.1 Zur Typologie von Rechtsakten 342
   2.2 Regelwerk: Die Verfahren gemäß den vertraglichen Bestimmungen 342
   2.3 Zur Analyse der Praxis: Muster realer Nutzung 347
   2.4 Diskussion und Perspektiven 350

Inhalt

2.5 Zur Wiederholung und Vertiefung 352
2.6 Literaturhinweise 353

3. Haushalt 354
   3.1 Eckpunkte im Überblick: Phasen des Haushaltsverfahrens 354
   3.2 Eigenmittel und die Finanzielle Vorausschau: Regelwerk und Praxis 354
   3.3 Das jährliche Haushaltsverfahren: Regelwerk und Praxis 359
   3.4 Diskussion und Perspektiven 362
   3.5 Zur Wiederholung und Vertiefung 364
   3.6 Literaturhinweise 365

4. Wirtschaftspolitische Koordinierung 366
   4.1 Eckpunkte im Überblick: Weiche, harte und offene Formen der Koordinierung 366
   4.2 Gemeinsame Charakteristika und Variationen der Koordinierung 366
   4.3 Variationen der Koordinierung in Regelwerk und Praxis: Politikfelder im Vergleich 370
   4.4 Diskussion und Perspektiven 384
   4.5 Zur Wiederholung und Vertiefung 387
   4.6 Literaturhinweise 388

5. Auswärtiges Handeln: Außenbeziehungen und die Gemeinsame Außen- und Sicherheitspolitik 390
   5.1 Eckpunkte im Überblick: Ein Katalog an Verfahren für einen globalen Akteur . 390
   5.2 Die EG-Außenbeziehungen: Variationen der Gemeinschaftsmethode in der Praxis 392
   5.3 Die GASP: Musterfall für intergouvernementale Verfahren 395
   5.4 Diskussion und Perspektiven 410
   5.5 Zur Wiederholung und Vertiefung 414
   5.6 Literaturhinweise 415

6. Innen- und Justizpolitik – der Raum der Freiheit, der Sicherheit und des Rechts .. 418
   6.1 Eckpunkte im Überblick: Ziele und Verfahren für einen Kernbereich staatlichen Handelns 418
   6.2 Aufgaben: Geschichte und vertragliche Vorgaben 419
   6.3 Institutionelle Architektur: Organe und Verfahren 420
   6.4 Zur Analyse der Praxis – ein beträchtliches Aktivitätenprofil 425
   6.5 Diskussion und Perspektiven 427
   6.6 Zur Wiederholung und Vertiefung 429
   6.7 Literaturhinweise 430

7. Vertragsänderungen 431
   7.1 Eckpunkte im Überblick: Bedeutung, Formen und Phasen 431
   7.2 Geschichte und Regelwerk: Stationen der Vertragsänderung 432
   7.3 Zur Analyse der Praxis: Der Europäische Rat in der Schlüsselposition 435
   7.4 Diskussion und Perspektiven 440
   7.5 Zur Wiederholung und Vertiefung 444
   7.6 Literaturhinweise 445

8. Beitrittsverfahren 446
   8.1 Eckpunkte im Überblick: Europäischer Rat und Kommission in
       Schlüsselpositionen 446
   8.2 Das Regelwerk: Bedingungen und Stationen des Verfahrens 446
   8.3 Zur Analyse der Praxis: Arbeitsteilung zwischen Europäischem Rat und
       Kommission 450
   8.4 Diskussion und Perspektiven 454
   8.5 Zur Wiederholung und Vertiefung 457
   8.6 Literaturhinweise 458
9. Flexibilisierung: das Regelwerk zur Verstärkten Zusammenarbeit 459
   9.1 Eckpunkte im Überblick: Flexibilisierung als Alternative oder Ergänzung? 459
   9.2 Geschichte: Vorschläge und Praxis 460
   9.3 Das Regelwerk: Verfahren der Verstärkten Zusammenarbeit 462
   9.4 Zur Analyse der Praxis: keine Nutzung oder „inflexible Flexibilität" 468
   9.5 Diskussion und Perspektiven 469
   9.6 Zur Wiederholung und Vertiefung 470
   9.7 Literaturhinweise 471

V. Zur Zukunft des EU-Systems 473

1. Eckpunkte im Überblick: Strategien und Szenarien 475
2. Ein Schema zur Einordnung und Analyse 476
3. Ein Drei-Elemente-Ansatz 492
4. Zur Wiederholung und Vertiefung 493
5. Literaturhinweise 494

Abkürzungsverzeichnis 496
Verzeichnis der Abbildungen, Dokumente, Tabellen und Übersichten 500
Literaturverzeichnis 509
Personenregister 545
Sachregister 546

Zu diesem Buch: Orientierungs- und Lesehilfen

Die Europäische Union (EU) wird für unser wirtschaftliches, soziales und politisches Leben immer wichtiger, aber leider auch immer unverständlicher. Der Auf- und Ausbau dieses politischen Systems kann damit sowohl Faszination als auch Frustration auslösen. Die Erfassung und Erklärung der institutionellen Evolution dieses Gebildes „sui generis" bilden daher einen zentralen Schlüssel zum Verständnis Europas zu Beginn des 21. Jahrhunderts.

Das Lehrbuch will drei Aufgaben erfüllen:

- in die Grundlagen „einführen": Besonderer Wert wird dabei auf Grundkenntnisse zur Geschichte, zu einzelnen Institutionen und zu zentralen und häufig genutzten Verfahren gelegt.
- die Grundkenntnisse „weiterführen": Das Wissen über einzelne Aspekte soll in größere Zusammenhänge – wie geschichtliche Entwicklungslinien und Kontroversen über institutionelle Leitideen – gestellt werden;
- die Kenntnisse ansatzweise „vertiefen": Genutzt werden dazu insbesondere Ansätze der „Europa-" bzw. „Integrationswissenschaft".

Abbildung 1: Orientierungshilfe

Übersicht

Einführung	Weiterführung	Vertiefung

I. Die Europäische Union: Bedeutung und Ansatz

II. Die institutionelle Architektur: Wegmarken und Weichenstellungen

III. Institutionen in Nahsicht

IV. Verfahren in der institutionellen Architektur der EU – Formen der Politik- und Systemgestaltung

V. Perspektiven: Zur Zukunft der institutionellen Architektur

Das Lehrbuch bietet mehrere Einstiege und Zugänge an:

▶ Ein erster Abschnitt führt in die politische und wissenschaftliche Bedeutung des EU-Systems ein. Kapitel I stellt die benutzen Begriffe und Kategorien vor.
▶ Der historische Überblick konzentriert sich auf vertragliche Wegmarken zur Vertiefung und Erweiterung des EU-Systems (Kapitel II).
▶ Ein erster systematischer Zugang besteht in einer detaillierten Einzelanalyse jedes Organs bzw. Gremiums „in der Nahsicht" (Kapitel III). Dabei benutzt der Autor einen „institutionellen Steckbrief".
▶ In einem zweiten systematischen Zugang (Kapitel IV) werden „Verfahrensprofile" herausgearbeitet. Sie stellen die rechtlichen und realen Beteiligungsmuster von Organen bei der Vorbereitung, Verabschiedung, Durchführung und Kontrolle von verbindlichen Rechtsakten und bei anderen Formen des Regierens im EU-System dar. Einen Schlüsselfall bildet das Mitentscheidungsverfahren, bei dem Kommission, Europäisches Parlament (EP) und Rat in einem mehrstufigen Prozess beteiligt sind. Abläufe zwischen den EU-Institutionen sind von einem hohen Grad an prozeduraler Differenzierung geprägt. Deshalb werden jeweils einzelne Verfahrensschritte mit Hilfe von Schaubildern herausgearbeitet.
▶ Ein abschließender Teil (Kapitel V) skizziert Strategien und Szenarien zur Zukunft des EU-Systems: eine schematische Zusammenstellung präsentiert Optionen des Ausbaus des EU-Systems (Vertiefung) sowie der Zunahme an Mitgliedstaaten (Erweiterung). Zur umfassenden Darstellung bietet die hierzu entwickelte Abbildung auch Szenarien des Abbaus des Vertragswerks (Desintegration) und der Begrenzung der jeweiligen Teilnehmerstaaten (Bildung von Teilgruppen) – so die Möglichkeit eines „Kerneuropas".

Bezug genommen wird regelmäßig auf aktuelle Entwicklungen und Vorhaben. Insbesondere in den jeweiligen Abschnitten zur Reformdebatte werden Artikel des nicht ratifizierten „Vertrags über eine Verfassung für Europa" (im Folgenden „Verfassungsvertrag" bzw. „VVE") und des 2008 zur Ratifizierung anstehenden „Reformvertrags", der auch als „Vertrag von Lissabon" bezeichnet wird, diskutiert. Wesentliche Abschnitte sind bis Ende 2006 erstellt worden. Einige Entwicklungen des 1. Halbjahrs 2007 konnten noch berücksichtigt werden.

Das Buch kann in der hier vorgelegten Reihenfolge genutzt werden, aber es sind auch Einstiege bei historischen Phasen und einzelnen Institutionen sowie bei den Verfahren und Zukunftsdebatten möglich.

Abbildungen, Übersichten und Tabellen sollen Argumente verdeutlichen, untermauern und ergänzen. Das Sach- und Personenregister ermöglicht – insbesondere mit Hilfe der fettgedruckten Verweise auf Definitionen und Erklärungen – das Finden von Querverbindungen. Fußnoten ebenso wie die Literaturerläuterungen und Hinweise auf Webseiten bilden Angebote für eine weiterführende Lektüre und eigenes Nacharbeiten. Die Literaturhinweise werden in „einführende", „weiterführende" und „vertiefende" Literatur eingeteilt.

Jedes Kapitel wird abgeschlossen mit einer Reihe von „Merkpunkten" und „Stichworten". Diese dienen zur Selbstkontrolle nach der Lektüre eines Abschnitts. Der Leser sollte in der Lage sein, Inhalte des Kapitels mit den aufgelisteten Merkpunkten verbinden zu können. Die ebenfalls angebotenen „Fragen" und „Thesen zur Diskussion" zielen auf ein vertieftes Verständnis der zugrunde liegenden (politik-)wissenschaftlichen Problematik und auf reflektierte Strategiedebatten. Zu ihrer Bearbeitung ist häufig eine weitere Lektüre notwendig.

Im Text werden unterschiedliche Schwierigkeitsgrade deutlich, die einige Textabschnitte für das Grundstudium und andere – darauf aufbauend – für weitere Stufen der Vertiefung qualifizieren.

Das Lehrbuch ist das langjährige Ergebnis von Lehrveranstaltungen im Grund- und Hauptstudium sowie in postgraduierten Kursen. In der vorliegenden Form ist das Produkt am Jean Monnet Lehrstuhl für politische Wissenschaften an der Universität zu Köln entstanden. Dabei gilt mein herzlicher Dank einer Reihe von Mitarbeitern, die den Text über mehrere Semester erfasst und redaktionell bearbeitet sowie Tabellen und Übersichten erstellt haben. Insbesondere zu nennen sind Nicole Ahler, Udo Diedrichs, Wiebke Dreger, Katharina Eckert, Anne Faber, Andreas Hofmann, Cyril Kirches, Tobias Kunstein, Thomas Latschan, Ingo Linsenmann, Alice Anna Oeter, Daniel Schraad und Gaby Umbach. Besondere Anerkennung gebührt Thomas Traguth, der die Arbeiten in der Schlussphase koordiniert hat.

Das Buch ist meiner Familie gewidmet: Aysin Mine, Yasmin und Melanie.

I.

Die Europäische Union: Bedeutung und Ansatz

1. Eckpunkte im Überblick: Faszination und Frustration

Wer am Anfang des 21. Jahrhunderts die politischen Realitäten Europas verstehen will, muss einen beträchtlichen Teil seiner Aufmerksamkeit dem System der Europäischen Union (EU) und dessen institutioneller Architektur widmen. Dabei gilt es insbesondere, unterschiedliche Formen des „Regierens" zu verstehen, d. h. wie die Institutionen der EU für die Mitgliedstaaten und Unionsbürger[1] verbindliche Entscheidungen vorbereiten, verabschieden, durchführen und kontrollieren. Somit stellt sich auch die immer relevante Grundsatzfrage nach der Form politischer Herrschaft: Wer trifft in der EU nach welchen Verfahren verbindliche Beschlüsse? Wie werden diese Entscheidungen und ihre Wirkungen auf die Mitgliedstaaten und deren Bürger legitimiert?

Erfassung und Erklärung des EU-Systems werden dabei zunehmend bedeutsamer und faszinierender:

- Rechtsakte aus Brüssel regeln immer mehr Bereiche des täglichen Lebens der Unionsbürger. Nationale Regierungen und Parlamente, aber auch Regionen und Kommunen haben damit in neuartigen institutionellen Strukturen zu handeln.
- Im Laufe dieser Entwicklung setzen die Mitgliedstaaten immer mehr traditionelle und moderne Aufgaben europäischer (National-)Staaten auf die Tagesordnung der Union: Zentrale Politikfelder staatlichen Handelns wie die Agrar-, Umwelt-, Forschungs-, Handels- sowie Wirtschafts- und Währungspolitik, aber auch Bereiche der Außen- und Verteidigungspolitik sowie der Innen- und Justizpolitik werden – nach stark variierenden Verfahren – von und in EU-Institutionen behandelt.
- Die entsprechenden Verfahren zur Beschlussfassung waren und sind einem häufigen Wandel unterworfen: Die Mitgliedstaaten haben die institutionelle Architektur einer „immer engeren Union der Völker Europas" (Art. 1 des Vertrags über die Europäische Union (EUV)) in den letzten zwanzig Jahren viermal verändert, wobei sie das EU-System zunehmend komplexer gestaltet haben. Die prozedurale und institutionelle Vielfalt der Vertragsbestimmungen hat über die Jahrzehnte erheblich zugenommen. Der 2004 verabschiedete, jedoch nicht ratifizierte „Vertrag über eine Verfassung für Europa" (im Folgenden: „Verfassungsvertrag" bzw. „VVE") war ein Versuch, das System transparenter und einfacher nachvollziehbar zu machen. Der 2007 verhandelte „Reformvertrag" könnte die nächste Wegmarke für einen weiteren Ausbau setzen.
- Die Zahl der Mitgliedstaaten hat sich von sechs (1951) auf 27 (2007) erhöht. Mit der Türkei und Kroatien sind Beitrittsverhandlungen vereinbart; Mazedonien ist der Status eines Kandidatenlands verliehen worden.
- Die internationale Rolle der EU wird gewichtiger: Sie beeinflusst Nachbarn und andere Akteure des globalen Systems in wachsendem Umfang in wirtschaftlichen und politischen Fragen, wenn auch nicht immer in der von den EU-Erklärungen angestrebten Richtung.

Diese Bestandsaufnahme darf nicht losgelöst betrachtet werden von der Diskussion um den „Mythos" Europa, um Visionen und Leitbilder für ein neues Europa, die über ein nüchternes Erfassen und Erklären eines Regelwerks hinausreichen: Entstehung und Evolution des EU-Systems werden regelmäßig – wenn auch mit erheblichen Kontroversen – umfassenden Entwicklungslinien europäischer Geschichte zugeordnet. Thematisiert werden dabei insbesondere das Wirken des (west-)europäischen Einigungsprozesses für die Schaffung von Frieden und

---

1 Im Folgenden werden entsprechende Bezeichnungen geschlechtsneutral verwandt.

Wohlstand sowie das (Spannungs-)Verhältnis des über Jahrhunderte gewachsenen Nationalstaats zu diesem neuartigen Gebilde.

Mit der Faszination wächst so auch die Frustration: Angesichts einer zunehmenden institutionellen Komplexität wird das EU-System leider auch immer unverständlicher. Eine knappe Darstellung, die ausreichenden Ein- und Überblick gewährt, ist somit nicht möglich. Eine besondere Schwierigkeit besteht bereits bei den Begriffen des zu beschreibenden Systems. Zwar hat sich im allgemeinen Sprachgebrauch eingebürgert, von Entscheidungen aus „Brüssel" als Handlungen der Europäischen Union – „der EU" – zu sprechen; die meisten der für den Unionsbürger verbindlichen Entscheidungen haben jedoch ihren Ursprung in Organen und Verfahren der Europäischen Gemeinschaft (EG). Mit Hilfe einer Darstellung der EU als „Tempelkonstruktion" (siehe Abbildung I.4.4) kann die Komplexität nur geringfügig verringert werden. Eine wesentliche Aufgabe dieses Lehrbuches ist es deshalb, die zunächst verwirrenden Verbindungen zwischen den einzelnen Bestandteilen des EU-Systems und dessen Architektur zu erfassen und zu erklären.

Mit steigender Bedeutung und Komplexität des EU-Systems nimmt aber auch die Vielfalt der Ansätze in Forschung und Lehre zu, sodass keine durchgängig und umfassend getragene Beschreibung und Interpretation vorgelegt werden kann. Damit erhöht sich aber paradoxerweise auch der Reiz, Formen und Entwicklungsrichtungen eines derartigen Gebildes zu beobachten und zu analysieren. Gleichzeitig gibt die immer wieder neu belebte Diskussion um die zukünftige Gestaltung des EU-Systems hin zu einem gedachten bzw. gewollten Endzustand der Union (im politischen Sprachgebrauch: „Finalität") Anlass, auch unmittelbar zu der häufig intensiv geführten politischen Debatte beizutragen. Für Auseinandersetzungen um Visionen und Leitbilder der europäischen Konstruktion ist eine Darstellung und Analyse des bestehenden EU-Systems eine notwendige Voraussetzung.

Angesichts der wachsenden Unübersichtlichkeit europäischen Regierens stellt dieses Buch die institutionelle Architektur in den Mittelpunkt der Erfassung, Erklärung und Evaluierung des EU-Systems. Um die Darstellung zu fokussieren, wird mit einer Reihe von Begriffspaaren als Schlüsselkategorien gearbeitet.

▶ Für die Erfassung der institutionellen Konfiguration wird das Begriffspaar „(geschriebener) Vertragstext" gegenüber einer „(gelebten) Vertragspraxis" genutzt. Diese Terminologie soll helfen, sowohl die rechtlichen Vorgaben als auch deren reale Nutzung innerhalb des EU-Systems zu erfassen. Nach Darstellungen des vertraglichen Regelwerks wird beobachtet, wie verschiedene Akteursgruppen die gegebenen Möglichkeiten nutzen, die die Verfahrensbestimmungen innerhalb und zwischen den Organen und Gremien bieten, aber auch, welche Formen außerhalb des vertragsrechtlichen Rahmens entwickelt werden.

▶ Zur Erklärung und Charakterisierung wird auf das vielfach genutzte Begriffspaar „supranational" und „intergouvernemental" zurückgegriffen, um eine Spannbreite an unterschiedlichen Entwicklungen der institutionellen Architektur aufzuzeigen und einzuordnen. Obwohl diese Dichotomie nicht die Breite und Tiefe des erreichten Stands akademischer Arbeiten (im wissenschaftlichen Sprachgebrauch: „acquis académique") widerspiegelt, ist und bleibt sie für die politische und für die wissenschaftliche Debatte ein wesentlicher Ausgangspunkt und gleichzeitig ein Einstiegstor für vertiefende Analysen. In Bezug auf dieses integrationstheoretische Spannungsfeld nutzt der Autor einen Ansatz, der mit dem Begriff der „Fusion" eine spezifische Form institutioneller Evolution des EU-Systems charakterisiert.

▶ Vertragstexte und -praxis werden in einer „dynamischen" Perspektive als Bestandteile historischer Entwicklungen des EU-Systems erklärt. („Statische") Momentaufnahmen aus der (mikro-)politikwissenschaftlichen Nahsicht („Fotos") der 2007 gültigen Version des Unionsvertrags (also in der Fassung von „Nizza") werden ergänzt durch eine Einordnung des Ist-Zustands in längerfristige (makro-)politikwissenschaftliche Entwicklungslinien („Film") der europäischen Konstruktion; Institutionen werden so nicht zeitlich isoliert, sondern als signifikanter Teil historischer Vertiefungs- und Erweiterungsprozesse betrachtet.

▶ Zur Beobachtung der Aufgaben und Aktivitäten von EU-Institutionen werden jeweils Funktionen zur „Politik-" und „Systemgestaltung" herausgearbeitet. Bei der Politikgestaltung konzentriert sich die Darstellung auf Funktionen von Organen innerhalb des vorgegebenen Vertragsrahmens. Bei Entscheidungen zu den Grundlagen des EU-Systems, d. h. insbesondere im Hinblick auf Veränderungen der Verträge und zu Beitritten von neuen Mitgliedstaaten, kommt der Begriff „Systemgestaltung" zum Tragen.

▶ Institutionen werden als Bausteine nicht nur einer „Brüsseler Arena", sondern auch in Wechselbeziehung zu nationalen Strukturen gesehen. In diesem „Mehrebenensystem" versuchen kommunale, regionale, nationale und europäische Akteure ihre Interessen einzubringen und durchzusetzen.

2. Zur politischen Bedeutung: Auf- und Ausbau eines politischen Systems

2.1 Immer relevanter: Auf dem Weg zu einer staatsähnlichen Tagesordnung

Trotz vieler politischer und wissenschaftlicher Kontroversen um die Europäische Union und deren institutionelle Architektur ist eine Erkenntnis Allgemeingut: Dieses seltsam anmutende Gebilde ist für Regierungen wie für Bürger der Union von wachsender Bedeutung.

Im Scheinwerferlicht dieser Relevanzprüfung ist eine Vielzahl von Aktivitäten zu beobachten. Die Organe der Europäischen Gemeinschaft (EG) treffen immer mehr verbindliche Entscheidungen, die in zunehmendem Maße wesentliche Bereiche des wirtschaftlichen, sozialen und politischen Lebens regeln. Als Verbraucher und Staatsbürger, als Student und Arbeitnehmer sowie als Sparer und Anleger wird der Unionsbürger durch die rechtlichen Bestimmungen zu den Güter-, Kapital-, Arbeits- und Dienstleistungsmärkten sowie zur Agrar-, Regional- und Sozialpolitik nachhaltig bei der Gestaltung seiner Lebensumstände beeinflusst. Den Parlamenten der Mitgliedstaaten setzt der Stabilitäts- und Wachstumspakt der EG bei der Verschuldung nationaler Haushalte enge Grenzen. Regierungen der (Bundes-)Länder beschweren sich über die (zu) enge Anwendung des Umweltrechts der EG. Auch die Kommunen müssen bei vielen ihrer Entscheidungen, so bei der Vergabe öffentlicher Aufträge, EG-Bestimmungen beachten.

Aufmerksamkeit finden nicht zuletzt die Verfahren, nach denen das Europäische Parlament (EP) und der Rat der Europäischen Union (auch: Ministerrat) auf Vorschlag der Europäischen Kommission Rechtsakte verabschieden. Diese verbindlichen Vorschriften regeln unter anderem Umweltstandards, Rechte von Konsumenten und den Zugang zum Internet sowie das kommunale Wahlrecht von EU-Bürgern, Anti-Diskriminierungsregeln und die Übernahme von Aktiengesellschaften.

Erhöhte Medienwirkung wird den Sitzungen des Europäischen Rats zuteil, bei denen die Staats- und Regierungschefs der EU-Mitgliedstaaten Leitlinien und Arbeitsprogramme zur Wirtschafts- und Arbeitsmarktpolitik sowie zur Innen- und Justizpolitik verabschieden und europäische Positionen in weltpolitischen Krisensituationen festlegen. Neben diesen Vorgaben zur Politikgestaltung sind Entscheidungen dieser Institution von besonderem Interesse, die historische Wegmarken der Systemgestaltung in Form von Vertragsänderungen und Beitritten neuer Mitgliedstaaten setzen.

Zur Liste von relevanten Bausteinen des EU-Systems gehört auch der Europäische Gerichtshof (EuGH), der das Regelwerk verbindlich auslegt. Besonderes Interesse findet auch die Europäische Zentralbank (EZB): sie trifft Beschlüsse, die weitere wirtschaftliche Entscheidungen zu Investitionen, Kapitalanlagen und auch Baufinanzierungen beeinflussen. Inflationsraten wie Konjunkturentwicklungen und Arbeitsplätze können damit aus dem Euro-Tower in Frankfurt beeinflusst werden.

Einen wesentlichen Teil der Vertragspraxis bildet ebenfalls ein verwirrendes Netzwerk von Beamtenausschüssen, die u. a. über Qualitätsnormen für Nahrungsmittel, Exportsperren für BSE-verseuchtes Rindfleisch und diplomatische Interventionen zur Einhaltung von Menschenrechten befinden.

In den letzten Jahrzehnten haben die Mitgliedstaaten und die EU-Institutionen zunehmend öffentliche Aufgaben europäisiert.[1] Von den ursprünglichen Aufgaben einer „Wirt-

---

[1] Vgl. Börzel 2005a: 626-628; Rittberger/Schimmelfennig 2005: 41; Schmidt 2005: 134.

schaftsgemeinschaft" haben sie ihre Themenfelder auf traditionelle Gebiete des Nationalstaats ausgedehnt. So haben sie mit Einrichtungen wie „Europol", „Eurojust" und einer „Verteidigungsagentur" ihre Zusammenarbeit auch auf Kernbereiche nationaler Souveränität ausgedehnt, die über die Regelung ökonomischer Integration weit hinausgehen. Eine Betrachtung der Tagesordnungen des Europäischen Parlaments und des Europäischen Rats unterstreicht die Neigungen der dort agierenden Politiker, europäische Bühnen für alle öffentlichen Angelegenheiten zu nutzen.

Geht man von diesen Momentaufnahmen zu einer systematisierenden Sicht über, so lassen die vertraglichen Vorgaben die Breite der zu behandelnden Politikfelder erkennen: Betrachtet man die von den Mitgliedstaaten für die Union gesetzten Ziele (siehe Dokument I.2.1), so werden dort fast alle Probleme der öffentlichen Politik Europas angesprochen und – wenn auch nach erheblich variierenden Regelwerken und Verfahren – behandelt.

Dokument I.2.1: Relevanz – Zielvorgaben des EU-Vertrags

Art. 2 EUV
Die Union setzt sich folgende Ziele:

- die Förderung des *wirtschaftlichen und sozialen Fortschritts* und eines hohen *Beschäftigungsniveaus* sowie die Herbeiführung einer *ausgewogenen* und *nachhaltigen Entwicklung*, insbesondere durch Schaffung eines *Raumes ohne Binnengrenzen*, durch Stärkung des *wirtschaftlichen und sozialen Zusammenhalts* und *durch Errichtung einer Wirtschafts- und Währungsunion*, die auf längere Sicht auch eine einheitliche Währung nach Maßgabe dieses Vertrags umfasst;
- die Behauptung ihrer Identität auf internationaler Ebene, insbesondere durch eine *Gemeinsame Außen- und Sicherheitspolitik*, wozu nach Maßgabe des Artikels 17 auch die schrittweise Festlegung einer *gemeinsamen Verteidigungspolitik* gehört, die zu einer gemeinsamen Verteidigung führen könnte;
- die Stärkung des Schutzes der Rechte und Interessen der Angehörigen ihrer Mitgliedstaaten durch Einführung einer *Unionsbürgerschaft*;
- die Erhaltung und Weiterentwicklung der Union als *Raum der Freiheit, der Sicherheit und des Rechts,* in dem in Verbindung mit geeigneten Maßnahmen in Bezug auf die Kontrollen an den Außengrenzen, das Asyl, die Einwanderung sowie die Verhütung und Bekämpfung der Kriminalität der freie Personenverkehr gewährleistet ist; [...]

Hervorhebungen durch den Autor.

Angesichts dieser Vorgaben ist zu diskutieren, ob die Mitgliedstaaten und EU-Institutionen den Ziel- und Aufgabenkatalog der EU im Umfang, wenn auch nicht in der Tiefe und Qualität, zu einer „staatsähnlichen Agenda" mit einer „staatsähnlichen Aufgabenfülle"[2] entwickelt haben. Mit dieser Fragestellung soll jedoch nicht die regelmäßig wiederkehrende Kontroverse über einen möglichen „Staatscharakter" der Union angesprochen werden.[3] Vielmehr soll diese Aufzählung die Aufmerksamkeit auf Breite und Vielfalt der Politikfelder lenken, die von und

---
[2] Griller 2005: 212-216.
[3] Vgl. zur Identifizierung und Diskussion wesentlicher Beiträge zu dieser Debatte Wessels 2007b: 27-38; 2005: 29-44.

in den EU-Institutionen behandelt werden (sollen). Von einer „sektoralen Integration"[4] sollte jedoch jede Debatte um die Finalität des EU-Systems ausgehen.

Neben den Vertragsformulierungen und einigen Momentaufnahmen aus der Vertragspraxis kann die Alltagsrelevanz auch an der Zunahme des Bestandes an Sekundärrecht über die letzen 25 Jahre abgelesen werden. So hat sich die Zahl der in dem jeweiligen Jahr geltenden Rechtsakte über die letzten zwei Jahrzehnte beinahe verdreifacht (siehe Abbildung I.2.1).[5]

Abbildung I.2.1: Relevanz – Zunahme des jeweils geltenden Gemeinschaftsrechts: 1980–2004

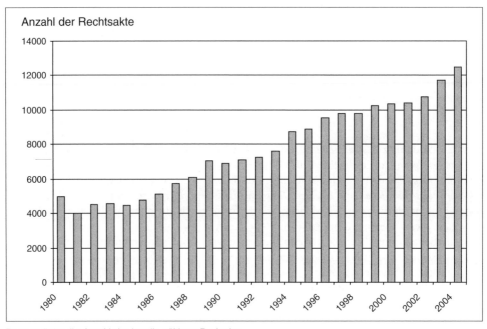

Dargestellt ist die Anzahl der jeweils gültigen Rechtakte.
Quelle: Maurer/Wessels 2003b: 22; Ergänzung um 2003 und 2004 unter Rückgriff auf Zahlen der Gesamtberichte über die Tätigkeit der Europäischen Union.

2.2 Immer tiefer: Auf- und Ausbau der institutionellen Architektur

Zur Faszination der Beschäftigung mit der EU gehört ein Eindruck aus einem geschichtlichen Rückblick: Die Integrationskonstruktion hat – entgegen vieler Erwartungen von Politikern und Wissenschaftlern – einen beträchtlichen Auf- und Ausbau ihrer institutionellen Architektur aufzuweisen. Eine derartige Entwicklung lässt sich an vertraglichen Wegmarken festmachen, die als historische Meilensteine verstanden werden können und so in der Darstellung einzelner Institutionen wesentliche Bezugspunkte setzen (siehe Abbildung I.2.2). Dieser die Jahrzehnte überspannende Überblick gibt notwendige Grundorientierungen; für tiefergehen-

---

[4] Vgl. u. a. Rittberger/Schimmelfennig 2005: 40ff.
[5] Diese Bestandsgröße ist von der Zahl pro Jahr verabschiedeter Rechtsakte zu unterscheiden.

de Betrachtungen einzelner Schritte muss diese Darstellung der Systemgestaltung durch historische Kontextanalysen ergänzt werden.⁶

Abbildung I.2.2: Relevanz – Historische Wegmarken zur Vertiefung und Erweiterung

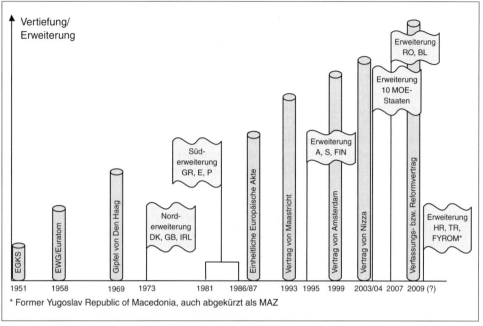

Quelle: Eigene Darstellung.

Die Grundsteinlegung der institutionellen Architektur nahm die Gründergeneration in dem (Pariser) „Vertrag zur Europäischen Gemeinschaft für Kohle und Stahl" (EGKS, 1952 in Kraft getreten) sowie in den „Römischen Verträgen" (1958 in Kraft getreten) zur Euratom – der zivilen Nutzung von Nuklearenergie – und zur Europäischen Wirtschaftsgemeinschaft (EWG) vor.

Mit dem Den Haager Gipfel von 1969 begann eine zweite Generation Schritte zur Vertiefung und Erweiterung vorzugeben, welche einen „Stammbaum" für die zukünftigen Vorhaben der EU-Konstruktion vorzeichnete.⁷ Seit Mitte der achtziger Jahre haben die Regierungschefs und Parlamente der Mitgliedstaaten in der „Einheitlichen Europäischen Akte" (EEA, 1987 in Kraft getreten), im (Maastrichter) „Vertrag über die Europäische Union" (1993 in Kraft getreten), im Amsterdamer Vertrag (1999 in Kraft getreten) und im Vertrag von Nizza (2003 in Kraft getreten) zentrale Bereiche staatlichen Handelns auf die Ebene der Union übertragen und dabei jeweils Regelwerke für verbindliche Entscheidungen festgelegt.

Diesen Vertiefungsprozess hat der „Europäische Konvent zur Zukunft der Union" in einem „Vertrag über eine Verfassung für Europa" fortgeschrieben, der 2004 nach einigen Änderungen von den Regierungen der Mitgliedstaaten unterzeichnet wurde. Nach den negativen Referenden in Frankreich und den Niederlanden im Jahre 2005 haben die Staats- und Regie-

---

6 Vgl. Elvert 2006; Weidenfeld 2007a; Brunn 2004; Knipping 2004.
7 Vgl. Kapitel II.5.

rungschefs im Juni 2007 eine weitere Regierungskonferenz für einen „Reformvertrag" einberufen, deren Mandat wesentliche Bestimmungen des in der Ratifizierung gescheiterten Verfassungsvertrags aufgegriffen hat. Für das Lehrbuch bildet der Verfassungsvertrag aus mehreren Perspektiven einen hilfreichen Schlüssel zur Analyse der europäischen Konstruktion. In vielen Formulierungen charakterisiert der Verfassungsvertrag den gegenwärtigen Status quo der institutionellen Architektur realitätsnäher als der gültige Vertrag. Darüber hinaus identifiziert er in einer Vielzahl von Artikeln wesentliche Probleme der Politik- und Systemgestaltung und schlägt Optionen zu ihrer Überwindung vor; diese Überlegungen werden in den Diskussionen um den Reformvertrag auf der politischen und wissenschaftlichen Tagesordnung bleiben.

2.3 Immer weiter: Die Beitrittsrunden

In komplexen Wechselbeziehungen zu diesem jahrzehntelangen Vertiefungsprozess haben die jeweiligen Mitgliedstaaten auch die andere fundamentale Dimension des EU-Systems verändert und neu gestaltet. Durch mehrere Beitrittsrunden haben sie die Zahl der Mitglieder und damit auch den geographischen Einzugsbereich erweitert: Von sechs Gründungsstaaten im Jahre 1951 ist die Integrationskonstruktion nach fünf Erweiterungswellen bis zum Jahr 2007 auf 27 Mitglieder angewachsen (siehe Abbildung I.2.3). Kroatien, der Türkei und Mazedonien hat die EU den Status von Beitrittskandidaten verliehen. Mit den beiden erst genannten sind 2005 entsprechenden Verhandlungen vereinbart worden. Als besondere Form der Erwei-

Abbildung I.2.3: Relevanz – Die Beitrittsrunden auf der Landkarte

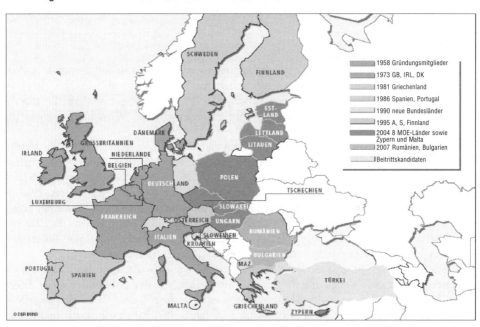

Quelle: in Anlehnung an: „Der Bund" (CH); http://www.ebund.ch/pdf/05602ThemaEU20040308_1.pdf. (Stand 08.03.2004).

terung ist die Integration der fünf neuen Bundesländer als Folge der deutschen Einigung zu verstehen.

Trafen die Institutionen der EGKS zu Beginn der fünfziger Jahre Entscheidungen für 220 Mio. Bürger, so sind seit dem 1. Januar 2007 in einer 27er Union ca. 480 Mio. Menschen von der zunehmenden Zahl an Rechtsakten betroffen. Mit einem Beitritt aller Kandidatenstaaten würden die Organe der Union 2020 für 553 Mio. Unionsbürger Entscheidungen verabschieden.

Es gehört zu den erstaunlichen Phänomen dieser Integrationskonstruktion, dass die vielfachen Erweiterungswellen um Staaten unterschiedlicher ökonomischer und politischer Strukturen und Entwicklungsniveaus und mit divergierenden europapolitischen Leitbildern das EU-System (bislang) nicht systematisch blockiert oder gar aufgelöst haben. Beitritte haben zwar immer wieder zu Auseinandersetzungen um die geeignete Form der institutionellen Architektur geführt, aber keine mündete bisher in eine so tiefe Krise, dass der Fortbestand des EU-System als solcher gefährdet gewesen wäre.[8]

2.4 Immer gewichtiger? Die EU auf dem Weg zum internationalen Akteur

Im Laufe ihrer Geschichte ist die EU zu einem Akteur bzw. „(Mit-)Spieler" im internationalen System geworden, der auf mehreren Feldern globaler Politik und in allen Regionen der Welt aktiv ist – mit einer gemischten Bilanz bezüglich der konkreten Wirkungen ihrer Vorhaben. Auf wirtschaftlicher Ebene ist die Europäische Gemeinschaft neben den USA der wichtigste Verhandlungspartner in der globalen Handelspolitik. Rechnet man die nationalen Budgets ihrer Mitgliedstaaten hinzu, ist die EG die weltweit größte Geberin in der Entwicklungszusammenarbeit. Auf vielen globalen Konferenzen spricht sie mit einer Stimme. Seit einigen Jahren baut die EU auch europäische Krisenreaktionskräfte auf und setzt sie zu Friedensmissionen, so insbesondere auf dem Balkan, ein.

In internationalen Organisationen wie bei Krisen im regionalen Umfeld Europas treten Vertreter der Union nach den Verfahren der „Gemeinsamen Außen- und Sicherheitspolitik" (GASP) im Namen der Mitgliedstaaten auf. Auch zur Bekämpfung der internationalen Kriminalität und des Terrorismus werden gemeinsame Bemühungen unternommen. Die Mitgliedstaaten haben ihre Ansprüche und Normen für eine internationale Rolle der EU in den Verträgen ausführlich formuliert; wesentliche Charakteristika dieses Selbstverständnisses werden häufig mit Begriffen wie „economic and trade power" sowie „security und military actor"[9], aber auch „Zivilmacht"[10] oder „Friedensmacht"[11] verknüpft.

---

8 Vgl. u. a. Wessels 2007b: 27-38; Kapitel V.
9 Vgl. Bretherton/Vogler 2006.
10 Vgl. u. a. Peters/Wagner 2005: 256-259; Kirste/Maull 1996; Wessels 1995b; Duchêne 1972.
11 Ehrhart 2002.

3. Zur wissenschaftlichen Relevanz: Zunahme an Pluralität

3.1 Immer schwieriger: Aufgaben der Wissenschaft

Insgesamt beobachten wir anhand der ausgewählten (Makro-)Indikatoren einen in vielerlei Hinsicht bemerkenswerten Auf- und Ausbau eines neuartigen politischen Systems, dessen Erscheinungsformen vielfältiger werden. Der Gegenstand der Analyse bleibt so nicht konstant, sondern verändert sich gleichzeitig in mehrere Richtungen. Unsere Kenntnisse müssen deshalb regelmäßig überprüft werden, ob sie angesichts der häufigen Veränderungen noch der wirklichen Lage entsprechen.

Angesichts der skizzierten Entwicklungen ist es – trotz beachtlicher Kontroversen in wissenschaftlichen Diskussionen – unbestritten, dass das EU-System von wachsender Bedeutung für Wirtschaft, Politik und Gesellschaft der EU-Mitgliedstaaten ist. Mit der Verwirklichung der Währungsunion und der Erweiterung um die Staaten Mittel- und Osteuropas (MOE) sowie Zypern und Malta ist die EU noch mehr ins Zentrum des politischen Lebens in den Mitgliedstaaten gerückt und hat auch im internationalen System an Gewicht gewonnen. Damit gehört die Untersuchung der institutionellen Architektur zum Pflichtcurriculum jeglicher Analyse europäischer, aber auch nationaler Politik.

Die Beschäftigung mit der Europäischen Union wird jedoch nicht nur immer notwendiger, sie wird auch immer schwieriger. Zusammen mit der Ausdehnung der gemeinsam behandelten Politikfelder haben Vertragsänderungen die Rolle der Institutionen und die Verfahren erheblich ausgebaut und weiter differenziert. Trotz mehrerer Versuche – zuletzt im Verfassungs- und Reformvertrag – haben die Mitgliedstaaten die Verteilung der Kompetenzen und Rechte zwischen der nationalen und der europäischen Ebene und zwischen den Institutionen in der EU- Architektur nicht eindeutig geregelt: Horizontal zwischen den EU-Organen wie vertikal zwischen den Mitgliedstaaten und der Union werden politische Zuständigkeiten vermischt, ja in einer Weise „fusioniert"[1], die mühsam nachvollziehbar ist und keine eindeutige Zuordnung von politischer Verantwortung zulässt. Zentrale Elemente politischer und wissenschaftlicher Diskussionen bilden deshalb mehrere Dimensionen eines vielfach konstatierten „Demokratie- und Legitimitätsdefizits"[2].

Der wachsenden Bedeutung des EU-Systems steht damit eine Zunahme an Komplexität gegenüber, die zu einer beträchtlichen Herausforderung für Forschung, Lehre und öffentlichen Diskurs geworden ist. Gleichzeitig ist dieses Erfassen und Erklären einer institutionellen Architektur jedoch auch spannend: sie bietet der (Politik-)Wissenschaft die Möglichkeit, mehrere und unterschiedliche theoretische Ansätze zur Entstehung und Entwicklung auszuprobieren. Reizvoll kann es insbesondere sein, das EU-System als ein Objekt zu verstehen, das sich in einer ständigen Veränderung befindet (im englischen Sprachgebrauch: „moving target").

Zu diesen Aufgaben für Forschung und Lehre kommen Nachfragen aus der Öffentlichkeit hinzu: Im Rahmen der intensiven politischen Debatten um weitere Schritte zur Gestaltung des EU-Systems werden nicht zuletzt auch Beiträge aus Universitäten und Forschungsinstituten angefordert; der tatsächliche Einfluss von Wissenschaftlern auf die jeweiligen politischen Entscheidungen ist jedoch im Einzelnen anhand der jeweiligen Argumentations- und Verhandlungskontexte zu untersuchen.

---

1 Wessels 2000a: 122ff.
2 Vgl. u. a. Tömmel 2006: 220-242; Scharpf 2005.

3.2 Immer vielfältiger: Charakterisierungen, Ansätze und Strömungen

Bildet die Integrationskonstruktion ein höchst relevantes, aber auch „schwer identifizierbares Objekt", dann stellt sich für jeden Beobachter die Frage nach dem „Netz"[3] an Kategorien, mit dem Entwicklungen des EU-Systems erfasst und erklärt werden können.

Angesichts der Komplexität des Gegenstands und der Eigendynamik des wissenschaftlichen Wettbewerbs überrascht nicht, dass die Palette an akademischen Angeboten immer vielfältiger wird; politikwissenschaftliche sowie staats- und europarechtliche Ansätze zur Einordnung und Erklärung des EU-Systems weisen dementsprechend eine erhebliche Variationsbreite auf. In der Wissenschaftslandschaft sind sowohl durchgängige Trends mit Variationen von klassischen Schulen (im einschlägigen Sprachgebrauch: „grand theories"), aber auch immer wieder beträchtliche Perspektivwechsel (im wissenschaftlichen Sprachgebrauch als „turns" ausgeschildert) zu beobachten.

Bereits eine kursorische Übersicht über die verwendeten Begrifflichkeiten und Charakterisierungen dokumentiert die Vielfalt der Zugänge. Etikettiert wird dieses Gebilde als „Zweckverband"[4], als „internationale Organisation"[5], als „less than a federation more than a regime"[6] oder als „Konkordanzsystem"[7]. Auch Bezeichnungen wie „civitas Europea"[8], „multi-level governance"[9], „supranationale Union"[10] und „supranationale Föderation"[11], „Staatenverbund"[12] oder „Regieren jenseits des Staates"[13], aber auch „Polykratie"[14] oder „partial polity"[15] werden in der jüngeren Diskussion zur Kategorisierung verwandt. Die Europäische Union wird auf dem Weg zu einer „Supermacht, aber keinem Superstaat"[16] oder zu „einem imperialen Europa"[17] gesehen; auch als „staatsähnlich"[18], „staatsanalog"[19] oder als „Nationalitätenunion"[20] wird sie charakterisiert. Konventionell ist bei der Suche eines „Prädikats für das Unikat"[21] die Charakterisierung „a political system, but not a state"[22]. Begriffe wie „Formen des Regierens" (im englischen Sprachgebrauch: „modes of governance")[23] und „Europäisierung"[24], „Mehrebenensystem"[25] oder „kosmopolitisches Europa"[26] prägen einen reichhaltigen Katalog wis-

---

3 Popper 1994: 31.
4 Giering 1997: 151; Joerges 1996: 75; Isensee 1995: 583f.; Ipsen 1972: 197f.
5 Rittberger 1995: 27.
6 Wallace 1983: 403.
7 Bofinger 1993: 85; Puchala 1972: 277.
8 Schneider 1995: 679; Grabitz 1966: 37, 40.
9 Bulmer 1994: 355.
10 Isensee 1995: 567.
11 Bogdandy 1993.
12 BVerfG 1994: 324.
13 Jachtenfuchs/Kohler-Koch 1996: 16.
14 Landfried 2005: 379-380.
15 Wallace, William 2005: 491-503.
16 Blair 2000: 247; vgl. auch Gillingham 2003.
17 Münkler 2005: 245.
18 Thalmaier 2005: 157-173; Oppermann 1993: 109.
19 Lübbe 1994: 146.
20 Lepsius 1991: 19.
21 Wessels/Diedrichs 1997.
22 Hix 2005: 2-5.
23 Wallace 2000: 28ff.; Kohler-Koch 1999: 20-26; vgl. „New Modes of Governance"-Project http://www.eu-newgov.org (Stand: 22.08.2007).
24 Green Cowles/Caporaso/Risse 2001: 1-21; Olsen 2000: 4.
25 Jachtenfuchs/Kohler-Koch 2003b: 18ff.; Hooghe/Marks 2001.
26 Beck/Grande 2004.

senschaftlicher Suchprozesse. In die politische Debatte wurden und werden auch immer unterschiedliche Konzepte von „Föderation"[27] eingebracht, die von den „Vereinigten Staaten von Europa"[28] bis zu einer „Föderation von Nationalstaaten"[29] reichen. Angeboten wird auch das Bild eines „staatsrechtlichen Monstrums", das durch eine dauerhafte Zwischenstufe zwischen „einem Staatenbund" und einem „Bundesstaat" gekennzeichnet ist[30]. Gesucht wird so regelmäßig eine Zauberformel, um das EU-System als eine Misch- bzw. Zwischenform zu bekannten Typen und Modellen zu charakterisieren. Auch der Verfassungsvertrag als Produkt eines breiten europäischen Selbstverständigungsprozesses erlaubte keine eindeutige Charakterisierung; die Union bliebe „das unbekannte Wesen", das weiterhin als neuartiges Gebilde („novis generis")[31] zu verstehen ist.

Mit der zunehmenden Bedeutung des EU-Systems wächst ebenfalls die Vielzahl und Vielfalt von (politik-)wissenschaftlichen Ansätzen, die das EU-System theoretisch zu erfassen und erklären suchen.[32] Als Resultat einer Zusammenstellung aus mehreren Gesamtdarstellungen können zentrale Bausteine eines entsprechenden Kerncurriculums[33] identifiziert werden. Trotz einiger Kontroversen über Umfang, Schwerpunkt und mögliche Relevanz einzelner Schulen kann Abbildung I.3.1 einen Überblick immer wieder genutzter Ansätze bieten. Sie spiegelt wesentliche theoretische Strömungen wider, die in der (politik-)wissenschaftlichen Diskussion allgemein akzeptiert sind oder gegebenenfalls auch umstrittene Ausgangs- und Referenzpunkte darstellen. Klassische Ansätze der Integrationswissenschaft[34] wie föderalistische,[35] intergouvernementale[36] und neo-funktionalistische[37] Ansätze erleben regelmäßig Renaissancen. Neuere bzw. wiederbelebte Ansätze der Politikwissenschaft wie der Neo-Institutionalismus[38] und der Konstruktivismus[39] erproben ihre Konzepte und ihr Instrumentarium nicht zuletzt am EU-System als einem Ertrag und Erkenntnis versprechenden Untersuchungsfeld. In diesem Sinne gehören die EU-Studien durchaus zum „mainstream" der Politikwissenschaft und sind damit anschlussfähig sowohl für Arbeiten zur Vergleichenden Regierungslehre und Systemtheorie als auch zu denjenigen der Internationalen Beziehungen. Analysen zur EU gehören aber auch in anderen Wissenschaften zum festen Bestand normaler Lehrangebote.

Viele Arbeiten zum Integrationsprozess fokussieren ihren Ansatz auf eine „Innensicht", die das EU-System als „Insel" im internationalen System isoliert und damit auch die Entstehung und Entwicklung der institutionellen Architektur aus sich heraus (im wissenschaftlichen Sprachgebrauch: „endogen") erklärt. Als Alternativen oder zumindest als Ergänzung wird auf exogene Faktoren aus dem globalen Kontext verwiesen, die Möglichkeiten und Zwänge zur

---

27 Müller-Graff 2005: 97; Jospin 2001; Fischer 2000; vgl. auch Marhold 2001b.
28 Verhofstadt 2006; Rifkin 2004.
29 Quermonne 2005; Delors 2004; Jospin 2001.
30 Griller 2005: 264-265.
31 Schneider 2005: 109-132.
32 Für neuere Einführungen in (politik-)wissenschaftliche Theorien der Europäischen Integration vgl. Cini/Bourne 2006; Giering/Metz 2007; Eilstrup-Sangiovanni 2006; Bieling/Lerch 2005; Thalmaier 2005; Wiener/Dietz 2004; Kohler-Koch/Conzelmann/Knodt 2004; Loth/Wessels 2001; Rosamond 2000.
33 Umbach/Scholl 2003.
34 Thalmaier 2005: 97-125; Loth/Wessels 2001.
35 Große Hüttmann/Fischer 2005; Burgess 2004.
36 vgl. Bieling 2005; Schimmelfennig 2004.
37 Wolf 2005; Schmitter 2004.
38 Morisse-Schilbach 2005; Kohler-Koch/Conzelmann/Knodt 2004; Pollack 2004; Schneider/Aspinwall 2001; Olsen 2000; Peters 1999; March/Olsen 1998; 1989.
39 Schwellnus 2005: 321-345; Risse 2004b.

Abbildung I.3.1: Wissenschaftliche Relevanz – Grundströmungen der
(politik-)wissenschaftlichen Theoriebildung

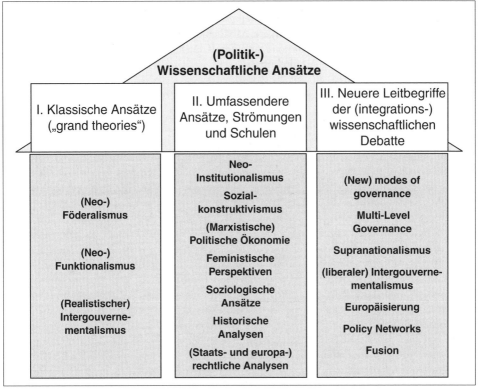

Quelle: Eigene Darstellung in Anlehnung an Ausführungen in Giering/Metz 2007; Eilstrup-Sangiovanni 2006; Schieder/Spindler 2006; Bieling/Lerch 2005; Faber 2005; Thalmeier 2005; Wiener/Diez 2004; Kohler-Koch/Conzelmann/Knodt 2004; Schmitter 2004; Rosamond 2000.

Gestaltung der europäischen Konstruktion als abhängig von der jeweiligen „Logik" internationaler Mächtekonstellationen erklären lassen.[40]

3.3 Trotz Pluralismus: Gemeinsame Grundannahmen

Trotz unterschiedlicher Sichtweisen und Zugänge zwischen und innerhalb der einzelnen Disziplinen wird jedoch fast durchgängig betont, dass die Europäische Gemeinschaft „Hoheitsakte"[41] erlässt. Die EU erfüllt damit das wesentliche Kriterium, das in Anknüpfung an politikwissenschaftliche Arbeiten zur Charakterisierung eines „politischen Systems"[42] herangezogen wird: Institutionen der EU leisten eine für das Regieren typische Setzung von Rechtsakten mit Wirkungen auf die Verteilung von Werten in und für die Gesellschaft (im Original: „authori-

---
40 Vgl. u. a. mit unterschiedlichen Zugängen und Thesen Link 2006; Münkler 2005.
41 BVerfG 1994: 324; Ipsen 1972: 230.
42 Easton 1953: 96.

tative allocation of values"[43]). Konkreter: Politische Institutionen des EU-Systems sind – in unterschiedlichen Formen – an Vorbereitung und Verabschiedung sowie Durchführung und Kontrolle von allgemeinverbindlichen Entscheidungen über den Einsatz quasi-staatlicher Handlungs- und Steuerungsinstrumente beteiligt.[44] Die EU ist so Teil eines Herrschaftssystems, das Mitgliedstaaten und EU-Bürgern Möglichkeiten bietet, deren Handeln aber auch Grenzen setzt. Unvermeidlich verbunden sind damit Fragen der Handlungsfähigkeit und Legitimität[45] der institutionellen Architektur.

---

43 Easton 1953: 129.
44 Wessels 1992b: 36, in Anlehnung an Göhler 1990: 12.
45 Vgl. u. a. Scharpf 2005; Moravcsik/Vachudova 2003; Wessels 2003b; Höreth 1999; Scharpf 1999; Benz 1998.

4. Zum Ansatz und Vorgehen: Die Institutionenanalyse als zentraler Fokus

4.1 Zum Einstieg: Prämissen und Kontext

Die Möglichkeiten, das EU-System zu erfassen, sind – wie der kurze Blick auf wissenschaftliche Beiträge zeigte – zahlreich. Der hier gewählte Zugang, Entwicklungen der institutionellen Architektur mit Hilfe von Kategorien der Systemtheorie[1] und neo-institutionalistischer Ansätze[2] zu beschreiben, ist nicht neu. Für eine theoretisch basierte und auch politisch anschlussfähige Analyse erweisen sich diese Angebote jedoch immer wieder als hilfreich. Jenseits von manchmal im politischen und wissenschaftlichen Diskurs doktrinär erstarrten Grundsatzdebatten über die Rolle einzelner Organe können damit reale Entwicklungen des EU-Systems insgesamt erfasst werden. Ausgangspunkt des Lehrbuches ist damit die Grundannahme, dass Institutionen nicht nur generell von Bedeutung sind, (im einschlägigen Sprachgebrauch: „Institutions matter"), sondern in der EU noch mehr als in anderen politischen Systemen.[3]

„Institutionalismus" wird hier nicht als eine Theorie verstanden, sondern als eine Erkenntnis leitende Perspektive.[4] Gegenüber breiteren Definitionen von „Institutionen"[5] wird hier in erster Linie auf politische Organe und Gremien abgestellt, die im EU-Vertrag verankert sind. Gleichzeitig soll jedoch keiner einseitigen Verzerrung zugunsten einer engen, ausschließlich vertragsrechtlich ausgerichteten Institutionenbeschreibung Vorschub geleistet werden, die häufig mit dem Etikett „alter Institutionalismus"[6] versehen wird. Die gewählte Perspektive eröffnet vielmehr die Möglichkeit, weitere beteiligte Akteure einzubeziehen. Als „Mitspieler" können damit insbesondere Parteien, Verbände, Nichtregierungsorganisationen („Non-Governmental Organisations" – NGOs), Vertreter von Regionen, Kommunen und Drittstaaten sowie Medien berücksichtigt werden.[7] Die Fokussierung auf Institutionen bedeutet somit keine Ausblendung von Akteursgruppen außerhalb der Vertragsorgane, sondern einen Ansatzpunkt, um auch formalisierte oder informelle Netzwerke (im wissenschaftlichen Sprachgebrauch häufig: „network governance"[8]) einzubauen.

In diesem Verständnis ist die „Institutionenanalyse" der EU – häufig als technisch-legalistisch „Institutionenkunde" gescholten – von nachhaltiger Bedeutung für die wissenschaftliche Analyse des EU-Systems.[9] In einer derartigen Perspektive wird die EU auch zunehmend in allgemeine Typologien (nationaler) politischer Systeme aufgenommen.[10] Stichworte und Kategorien für eine entsprechende Analyse – so etwa Verfassungsentwicklung, Parlament, Regierung und Verwaltung[11] – können zwar nicht einfach in konventioneller Form abgearbeitet und verglichen werden, aber die Institutionen der Union nehmen in jeweils spezifischen Verfahren vergleichbare Aufgaben und Funktionen wahr. Entsprechend ist zu diskutieren, ob das

---

1 Grabitz/Schmuck/Steppat/Wessels 1988; Wessels 1979; Lindberg/Scheingold 1970: 110ff.
2 Peterson/Shackleton 2006b: 6; Pollack 2004; Schneider/Aspinwall 2001; Olsen 2000; Wallace 2000; Peters 1999; Bulmer 1994.
3 Peterson/Shackleton 2006b: 7.
4 Vgl. u. a. Peterson/Shackleton 2006b: 5.
5 Vgl. u. a. Goodin 1996: 22.
6 Schneider/Aspinwall 2001: 1-36.
7 Vgl. insbesondere Kap. III.6.
8 Kohler-Koch 1999.
9 Peterson/Shackleton 2002b; Wallace 2000; Göhler 1990.
10 Tsebelis 2002: 248-282; Lijphart 1999: 42ff.
11 Vgl. u. a. Ismayr 2003.

EU-System als ein Gebilde mit einem Ausnahmecharakter (im wissenschaftlichen Sprachgebrauch: als Gebilde „sui generis"[12]), oder doch eher als ein – wenn auch besonderer – Fall konventioneller politischer Systeme zu verstehen ist.[13]

Ein Zugang über derartige Ansätze vergleichender Politikwissenschaft darf aber nicht zu einer einfachen, unreflektierten Übertragung von Kategorien und Beurteilungsrastern, die im Kontext von Untersuchungen zu Nationalstaaten oder internationalen Organisationen entwickelt wurden, auf das EU-System führen. Es kann nicht um eine naive „Vernationalstaatlichung"[14] der EU durch die Hintertür der politikwissenschaftlichen Systemtheorie gehen. Die Risiken eines „methodologischen Nationalismus"[15] oder – in einer entsprechenden Analogie – „methodologischen Internationalismus" sind leider regelmäßig zu beobachten. Bei der Beschreibung und Charakterisierung der EU-Institutionen kann deshalb auch nicht auf einfache Vergleichsmodelle und traditionelle theoretische Zugänge zurückgegriffen werden. Analogien zu nationalen Systemen oder auch internationalen Organisationen können zwar anregende Analyseperspektiven aufweisen, sie dürfen sich aber nicht als Verständnisbarrieren erweisen, wenn etwa zur Erfassung der Rolle des Europäischen Parlaments die Erklärungs- und Bewertungsansätze aus Untersuchungen zu nationalen Parlamenten ungeprüft übernommen werden.

Die Institutionenanalyse ist gleichzeitig auch notwendiger Bestandteil jeglicher Grundsatzdebatte zur „Zukunft der Union"[16], nicht zuletzt, um zum Verständnis und gegebenenfalls zur Verbesserung der Bedingungen beizutragen, unter denen wirksame und legitime Entscheidungen getroffen werden können.[17] Normative Dimensionen einer derartigen Institutionenanalyse[18] sind demnach von zentraler Bedeutung.

Erfassung und Erklärung der Entstehung und Entwicklungen der institutionellen Architektur können in einem umfassenden Kontext angesiedelt werden (siehe Abbildung I.4.1), der durch Veränderungen grundlegender Einflussfaktoren – wie Ideen, Interessen und Akteure – geprägt wird.[19]

Als Kategorien zur Darstellung und als Variable zur Analyse kann ein Schema herangezogen werden, das mehrere Untersuchungsperspektiven verknüpft:

▶ Institutionen werden im Kontext von europapolitischen „Verfassungsideen"[20] und „Leitbildern"[21] bzw. einer „idée directrice"[22] charakterisiert und mit Hilfe von entsprechenden institutionellen „Leitideen"[23] analysiert. Organe und Gremien können so als aussagekräftige Indikatoren und als Beleg für eine spezifische Zielrichtung des europäischen Einigungsprozesses und damit auch als institutionelle Manifestation für eine gewünschte Finalität des EU-Systems insgesamt dienen. So kann das EP von Föderalisten als Repräsentationsorgan *des einen* „europäischen Volkes" verstanden werden, dessen Rolle für eine wirkliche europäische Demokratie gestärkt werden sollte. Dieses Organ kann dagegen auch von Vertretern

---

12 Schneider 2005; Kohler-Koch 1999: 22f.; Ipsen 1994.
13 Vgl. zur Diskussion Wessels 2007b: 27-38; 2005: 29-44.
14 Vgl. Beck/Grande 2004: 14ff.
15 Beck/Grande 2004: 14ff.
16 Vgl. u. a. Wessels 2007b: 28-33; 2005: 29-44, Europäischer Rat 2005b; 2001a; Europäischer Konvent 2003a.
17 Vgl. u. a. Europäische Kommission 2001b; Scharpf 1999.
18 Vgl. generell Buckler 2002; Lowndes 2002: 91.
19 Vgl. u. a. Dehousse/Magnette 2006: 29.
20 Jachtenfuchs 2002.
21 Schneider 2005; 1977.
22 Vgl. Hauriou 1965: 36.
23 Wessels 1994: 301.

Abbildung I.4.1: Institutionenanalyse – Kontextvariable

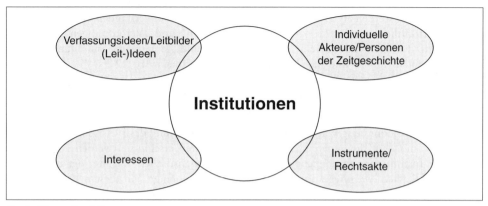

Quelle: Eigene Darstellung.

und Verteidigern nationaler Souveränität als bloßes „Forum" charakterisiert werden.[24] Im weiteren Ablauf wird dazu insbesondere das Begriffspaar *intergouvernemental* versus *supranational* herangezogen, um eine Spannbreite an unterschiedlichen Leitideen zu Entwicklungen der institutionellen Architektur aufzuzeigen und einzuordnen.

▶ In und außerhalb von Institutionen sind Personen der Zeitgeschichte als „individuelle Akteure" an der Politik- und Systemgestaltung beteiligt. Entscheidungen zu historischen Wegmarken werden häufig einzelnen Politikern zugeschrieben. Angeschlossen werden kann in diesem Kontext an zeitgeschichtliche Arbeiten zur Rolle von historischen Persönlichkeiten[25] sowie an Memoiren[26] und programmatisch angelegte Analysen beteiligter Akteure[27]. Entsprechend wird im historischen Überblick wie in der Darstellung einzelner Organe auf Personen in der Führungsverantwortung verwiesen.

▶ Mit „Interessen" wird eine Kategorie in die Institutionenanalyse eingeführt, die von zahlreichen theoretischen Strömungen der Sozialwissenschaft als zentraler Ansatzpunkt genutzt wird. Das Spektrum von Ansätzen, die Wechselwirkungen zwischen Institutionen und Interessen thematisieren, ist breit: etikettiert werden Varianten als „historischer",[28] „soziologischer" und „rational choice"[29] oder auch „akteurszentrierter"[30] Institutionalismus. Das Spannungsfeld im Hinblick auf EU-Institutionen kann durch zwei Extrempositionen gekennzeichnet werden, die das Verhältnis von „nationalen" Interessen und der Einigungspolitik thematisieren: Sieht eine Denkschule, die insbesondere durch intergouvernementale Ausrichtungen geprägt wird,[31] Organe des Vertragswerks nur als Handlungsbeauftragte bzw. „Agenten" und Ort nationaler Interessenpolitik, so geht eine supranational geprägte Richtung (wie der „Neo-Funktionalismus"[32]) von weitgehender Autonomie der EU-Insti-

---

24 Vgl. Kapitel III.1.
25 Vgl. Dülffer 2005; Loth 2005; Mahncke/Jansen 1981.
26 Vgl. u. a. Delors 2004.
27 Vgl. als Beispiele: Verheugen 2005; Dahrendorf 1973; Hallstein 1969.
28 Morisse-Schilbach 2005.
29 Pollack 2004: 137.
30 Wagner 2005; Scharpf/Treib 2000.
31 Vgl. Moravcsik 1998.
32 Vgl. Wolf 2005; Hallstein 1973; Haas 1958.

tutionen gegenüber den Interessen der Mitgliedstaaten aus oder unterstellt ihnen zumindest eine nachhaltige Prägekraft bei der Bildung nationaler Präferenzen.
▶ „Instrumente" werden als Mittel des Regierens im EU-System verstanden. Vertragliche und sekundärrechtliche Rechtsakte – so etwa „Richtlinien" und „Verordnungen" in der EG (nach Art. 249 EGV) bzw. „Gemeinsame Aktionen" und „gemeinsame Standpunkte" in der Gemeinsamen Außen- und Sicherheitspolitik (GASP) (nach Art. 12 EUV) – werden von Organen verabschiedet. Wie politikfeldspezifische Darstellungen[33] aufweisen werden, setzen Verfahrensregeln Akteuren in den Institutionen eine Vielfalt unterschiedlicher Anreize und Beschränkungen, derartige Instrumente zur Problembewältigung zu nutzen.

Die zentrale Positionierung von Institutionen in der Darstellung des EU-Systems dient so als „Schlüssel", mit dem die anderen Gruppen von Faktoren erschlossen werden können. Der Weg über Institutionen ermöglicht einen offenen, pluralistischen Zugang, der damit auch nicht ausschließlich *eine* integrationsbezogene Theorie bevorzugt. Mit diesem Vorgehen können mehrere und auch unterschiedliche Ansätze bedient und überprüft werden.

4.2 In Nahsicht: Eckpunkte der institutionellen Architektur – Variationen von Darstellungsformen

Die so definierten Institutionen des EU-Systems werden in mehreren Abschnitten des Vertragswerks aufgeführt (siehe Dokument I.4.1). Im „Vertrag über die Europäische Union" (EUV) wird das Verständnis zum „institutionellen Rahmen" und zum Europäischen Rat formuliert; „der Vertrag zur Gründung der Europäischen Gemeinschaft" (EGV) bestimmt die wesentlichen Vorschriften zu den aufgeführten Vertragsorganen.

Dokument I.4.1: Institutionenanalyse – Vorgaben des Vertrags

Art. 3 EUV

Die Union verfügt über einen einheitlichen institutionellen Rahmen, der die Kohärenz und Kontinuität der Maßnahmen zur Erreichung ihrer Ziele unter gleichzeitiger Wahrung und Weiterentwicklung des gemeinschaftlichen Besitzstands sicherstellt. [...]

Art. 4 EUV

Der Europäische Rat gibt der Union die für ihre Entwicklung erforderlichen Impulse und legt die allgemeinen politischen Zielvorstellungen für diese Entwicklung fest. [...]

Art. 7 EGV

(1) Die der Gemeinschaft zugewiesenen Aufgaben werden durch folgende Organe wahrgenommen:

▶ ein Europäisches Parlament,
▶ einen Rat,

---

33 Vgl. Kapitel IV.

> ▸ eine Kommission,
> ▸ einen Gerichtshof,
> ▸ einen Rechnungshof.
>
> Jedes Organ handelt nach Maßgabe der ihm in diesem Vertrag zugewiesenen Befugnisse.

Ausgehend von den Vertragsvorgaben bietet Abbildung I.4.2 einen Einstieg und eine Übersicht über die institutionelle Architektur. Anzumerken ist, dass der Europäische Rat – trotz einer anderen vertraglichen Verankerung – aufgrund seiner Funktionen bei der Politik- und Systemgestaltung[34] in diese institutionelle Konfiguration aufgenommen wird.

Abbildung I.4.2: Institutionenanalyse – die institutionelle Architektur

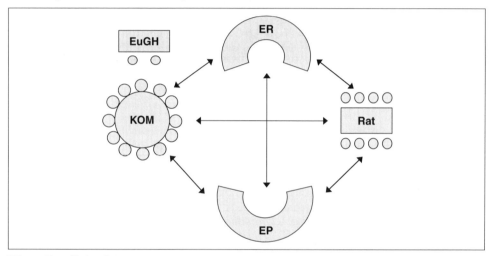

ER: Europäischer Rat
KOM: Europäische Kommission
EP: Europäisches Parlament
EuGH: Europäischer Gerichtshof
Rat: Rat der Europäischen Union (Ministerrat)
Quelle: Eigene Darstellung.

Eine weitere Darstellung zur Reduzierung der beträchtlichen Komplexität stellt auf ein Verlaufsmuster ab (siehe Abbildung I.4.3): Die Institutionen wirken mit unterschiedlichen geschriebenen und praktizierten Rollenelementen am Politikzyklus der EG zur Vorbereitung, Verabschiedung, Durchführung und Kontrolle von verbindlichen Entscheidungen mit. Dabei ist eine eindeutige Zuordnung jedes der Organe zu nur einer der Phasen jedoch nicht möglich. So übt etwa die Kommission in jedem Teil des Zyklus Funktionen aus, wenn auch jeweils mit unterschiedlichen Zuständigkeiten und Befugnissen.

Für eine nähere Untersuchung bietet auch das häufig für die EU verwandte Bild einer „Tempelkonstruktion" (siehe Abbildung I.4.4) einen weiteren Orientierungspunkt: Nach dieser Darstellungsform besteht das Vertragswerk aus dem „Dach" der „Gemeinsamen Bestimmungen" (Titel I, Art. 1-6 EUV) und der „Schlussbestimmungen" (Titel VII, Art. 46-53

---

34 Kapitel III.2.

Abbildung I.4.3: Institutionenanalyse – Institutionen im vereinfachten EG-Politikzyklus

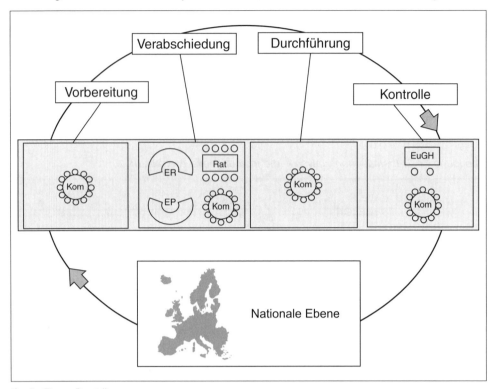

Quelle: Eigene Darstellung.

EUV) sowie aus den drei Säulen des „Vertrags zur Europäischen Gemeinschaft" (EGV: Erste Säule), der „Gemeinsamen Außen- und Sicherheitspolitik" (GASP: Zweite Säule) und der „Polizeilichen und Justiziellen Zusammenarbeit in Strafsachen" (PJZS: Dritte Säule).

Dem Vertrag beigefügte Protokolle sind teilweise ebenfalls von erheblicher Bedeutung für die Analyse des EU-Systems, so z. B. das Protokoll über die „Satzung des Europäischen Systems der Zentralbanken und der Europäischen Zentralbank". „Erklärungen" interpretieren häufig die vertraglichen Bestimmungen.

Für das Nachzeichnen der institutionellen Architektur ist von Bedeutung, dass die Vertragsbestimmungen die Regelwerke für Verfahren und den Einsatz von Instrumenten zwischen den Säulen unterschiedlich ausgestaltet haben, aber auch innerhalb einzelner Säulen sind Unterschiede zu beobachten.[35] Trotz des Bekenntnisses zu einem „einheitlichen institutionellen Rahmen" (Art. 3 EUV; siehe Dokument I.4.1) haben die Mitgliedstaaten als Architekten eine erhebliche Bandbreite an Verfahren festgelegt. Diese prozedurale Komplexität[36] ist eine zentrale Herausforderung beim Studium des EU-Systems.

---

35 Vgl. Kapitel IV.
36 Vgl. Übersicht IV.1.1.

Abbildung I.4.4: Institutionenanalyse – Die Tempelkonstruktion der EU

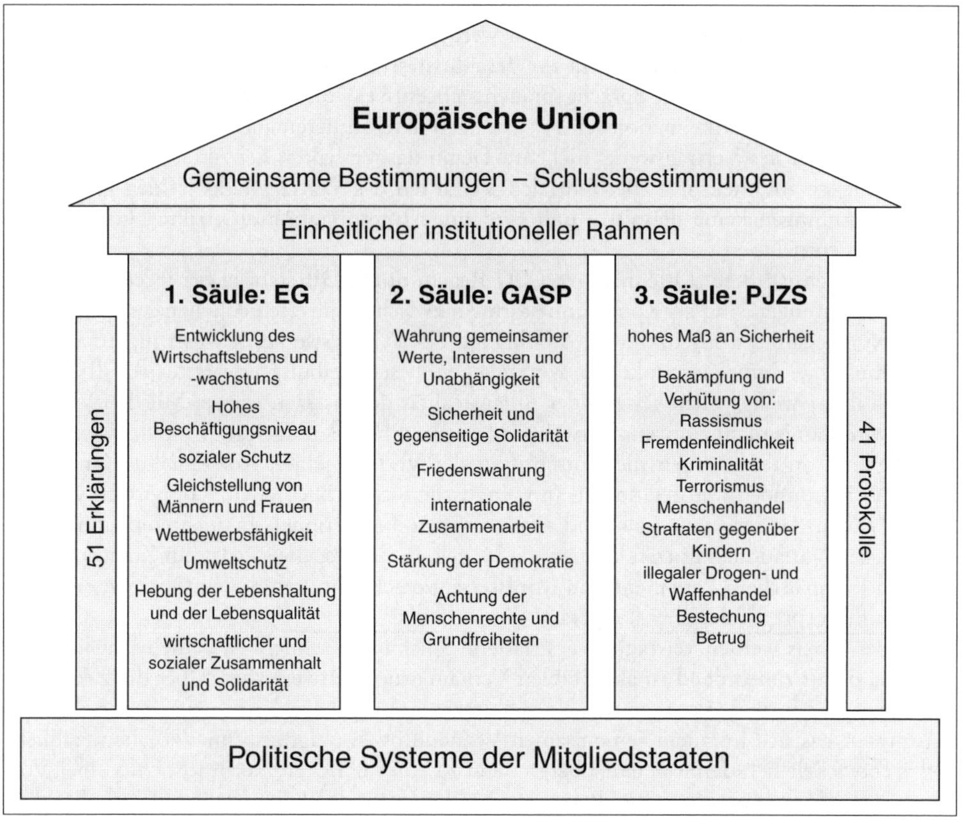

```
                    Europäische Union
         Gemeinsame Bestimmungen – Schlussbestimmungen
            Einheitlicher institutioneller Rahmen

   ┌─────────────────┬─────────────────┬─────────────────┐
   │  1. Säule: EG   │ 2. Säule: GASP  │ 3. Säule: PJZS  │
   └─────────────────┴─────────────────┴─────────────────┘
```

1. Säule: EG	2. Säule: GASP	3. Säule: PJZS
Entwicklung des Wirtschaftslebens und -wachstums	Wahrung gemeinsamer Werte, Interessen und Unabhängigkeit	hohes Maß an Sicherheit
Hohes Beschäftigungsniveau	Sicherheit und gegenseitige Solidarität	Bekämpfung und Verhütung von: Rassismus Fremdenfeindlichkeit
sozialer Schutz	Friedenswahrung	Kriminalität Terrorismus
Gleichstellung von Männern und Frauen	internationale Zusammenarbeit	Menschenhandel Straftaten gegenüber Kindern
Wettbewerbsfähigkeit	Stärkung der Demokratie	illegaler Drogen- und Waffenhandel
Umweltschutz	Achtung der Menschenrechte und Grundfreiheiten	Bestechung Betrug
Hebung der Lebenshaltung und der Lebensqualität		
wirtschaftlicher und sozialer Zusammenhalt und Solidarität		

(flankiert von: 51 Erklärungen | 41 Protokolle)

Politische Systeme der Mitgliedstaaten

Quelle: Eigene Darstellung. Stand: Vertrag von Nizza.

4.3 Untersuchungsperspektiven: Begriffspaare als Schlüsselkategorien

■ *(Vertrags-)Buchstaben und (Vertrags-)Praxis: Kategorien zur Erfassung von institutionellen Entwicklungen*

Einen wesentlichen Ansatz zur Erfassung der institutionellen Architektur bildet die Verwendung des Begriffspaares „(geschriebener) Vertragstext" einerseits und „(gelebte) Vertragspraxis" andererseits.[37] Vorgaben des Primärrechts zu den Institutionen und den damit verknüpften Verfahrensregeln werden als Ausgangspunkt genommen, um Muster der realen Nutzung durch beteiligte Akteure zu erfassen.

Aus dieser Erfassungsmethode ergibt sich, dass die Buchstaben des Vertrags einen notwendigen Startpunkt beim Studium der EU-Architektur darstellen. Entsprechend werden relevante Artikel benannt und Auszüge des Vertragswerks als Dokumente präsentiert.

---

37 Vgl. v. a. Olsen 2000.

Ausgegangen wird bei diesem Vorgehen jedoch auch von der Erkenntnis, dass vertragliche Bestimmungen das Verhalten der in den Institutionen beteiligten Akteure nicht umfassend und endgültig festschreiben.[38] Vorschriften werden interpretiert und weiterentwickelt.[39] So werden Akteuren – etwa durch Regeln zur Beschlussfassung im Ministerrat – Anreize und Beschränkungen (im englischen Sprachgebrauch: „incentives" und „constraints") für ihr Handeln gesetzt. So wie Artikel nationaler Verfassungen determinieren auch die quasi-konstitutionellen Vorgaben des Vertragswerks nicht im Detail das Verhalten der Akteure innerhalb der institutionellen Architektur.[40] Bei zentralen Verfahren des Vertragswerks ist den geschriebenen Bestimmungen keine definitive und eindeutige Interpretation als strikte Handlungsanweisung zu entnehmen.

Zu erklären ist diese „Offenheit" von EU-Regeln durch Differenzen bei ihrer Festlegung; viele Bestimmungen sind als Kompromissformeln zwischen unterschiedlichen institutionellen Leitideen geschaffen worden, die die Architekten des Vertragswerkes bewusst mehrdeutig abfassen mussten. Zum Zeitpunkt der vertraglichen Festschreibung erwartete jede Richtung, dass sich ihre jeweilige Sichtweise in der Alltagsrealität durchsetzen würde. Mit den Vertragstexten wird damit nicht notwendigerweise ein enger „Pfad"[41] festgelegt. Trotz teilweise recht detaillierter Vorgaben öffnen die Vorschriften der Verträge einen Korridor an Handlungsmöglichkeiten und Interpretationen (im englischen Sprachgebrauch: „opportunity structures"[42]), den Akteure innerhalb und zwischen den Institutionen in mehreren und unterschiedlichen Variationen nutzen können. So kann z. B. das Regelwerk, das ein Zusammenwirken von Europäischem Parlament und Ministerrat vorschreibt, von diesen Organen entweder eher konfliktgeprägt oder eher kooperativ „gespielt" werden.

In der Praxis werden vertraglich geschaffene Spielräume schließlich gemeinsam interpretiert und damit zunehmend zu akzeptablen Verhaltensnormen verfestigt. Über die Zeit schaffen Generationen von Akteuren aus einer abstrakten Vorgabe ein real existierendes Verhaltensmuster, das sich in einem gemeinsamen Verständnis einprägt und im Verhalten etabliert; dieses entwickelt sich damit akteursübergreifend zu einer üblichen Norm fort. Aus einer Vorschrift wird eine täglich ausgeübte Praxis. Zu bearbeiten sind dabei – wie in jedem politischen System – auch verfestigte Muster formell nicht festgelegten Verhaltens. So haben EP und Rat in „Trilogen"[43] Formen frühzeitiger Abstimmung bei den komplexen Haushalts- und Legislativverfahren vereinbart, ohne diese in Vertragsartikeln festzulegen.

Nach dem hier verwandten Verständnis werden beide Perspektiven nicht als Gegensatzpaar in dem Sinne verstanden, dass sich die Vertragspraxis eindeutig gegen einen klar definierten Vertragstext stellt. Vielmehr ist zu beobachten, ob und wie Akteure „tote Buchstaben" zum „Leben" erwecken und damit praktizierte Verhaltensmuster als dauerhafte Strukturen in die institutionelle Architektur einziehen. Einige gelebte Verhaltensmuster werden auch bewusst neben Vertragsregeln angelegt, so z. B. beim Verfahren der „offenen Methode der Koordinierung".[44]

---

38 Vgl. Scharpf/Treib 2000.
39 Bulmer 1994: 357ff.; Simon 1976: XVI.
40 Vgl. Olsen 2000; Scharpf/Treib 2000.
41 Pierson 1996: 123-163; auch abgedruckt in: Eilstrup-Sangiovanni 2006: 304-324.
42 Olsen 2000: 6; 1996; Knill/Lehmkuhl 1999.
43 Vgl. Kapitel IV.3.
44 Vgl. Kapitel IV.4.2.

Abbildung I.4.5: Untersuchungsperspektiven – Pfad zwischen Vertragstext und Praxis

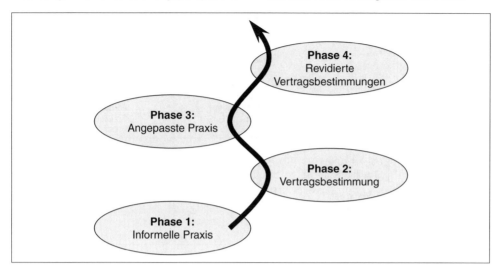

Quelle: Eigene Darstellung.

Die Abfolge zwischen „Buchstaben" und „Praxis" ist nicht nur in eine Richtung zu denken. Vielmehr ist häufig im EU-System zu beobachten, dass zunächst informell vereinbarte Verfahren später vertraglich formuliert werden, die dann wieder auf das konkrete Verhalten von Akteuren wirken. Ein entsprechendes Phasenmodell mit einem Pfad wird in Abbildung I.4.5 skizziert.

■ *Supranational und Intergouvernemental: institutionelle Leitideen*

Ausgehend von der politischen[45] wie politikwissenschaftlichen Diskussion[46] soll bei der Beschreibung und Analyse der institutionellen Architektur das häufig verwandte Gegensatzpaar „supranational"[47] versus „intergouvernemental"[48] genutzt werden. Manche mögen diese Dichotomie für zu konventionell und häufig oberflächlich halten, jedoch bietet eine reflektierte Verwendung dieser Kategorien einen hilfreichen Einstieg für Debatten um theoretische Erklärungsansätze und politische Strategien. In politischen Kontroversen über die Systemgestaltung werden diese Leitideen für die Ausrichtung der institutionellen Architektur intensiv genutzt. Dieses Begriffspaar wird deshalb bei der Nahsicht auf einzelne Institutionen und bei den Verfahrensprofilen einen wichtigen Bezugspunkt bilden.

Aus dem Wortsinn abgeleitet wird bei „supranational" auf eine unabhängige Entscheidungsebene „oberhalb" souveräner Staaten abgestellt, deren Organe ohne Weisungen nationalstaatlicher Regierungen handeln. „Intergouvernemental" hingegen spricht die Zusammenarbeit von Regierungen ohne „starke" Mitwirkungsrechte von Organen und Akteuren an, die nicht auftragsgebunden bzw. befehlsabhängig sind. Wie häufig bei Begriffsbildungen werden

---

[45] Vgl. Große Hüttmann/Fischer 2005; Wessels 2005a; Pinder 2004.
[46] Vgl. zur Diskussion u. a. Nugent 2006: 557; Hix 2005: 15; Rittberger/Schimmelpfennig 2005: 22-40; Stone Sweet/Sandtholtz/Fligstein 2001; Moravcsik 1998.
[47] Vgl. Große Hüttmann/Fischer 2005; Hix 2005: 9.
[48] Vgl. Bieling 2005.

Übersicht I.4.1: Untersuchungsperspektiven – Supranational vs. Intergouvernemental

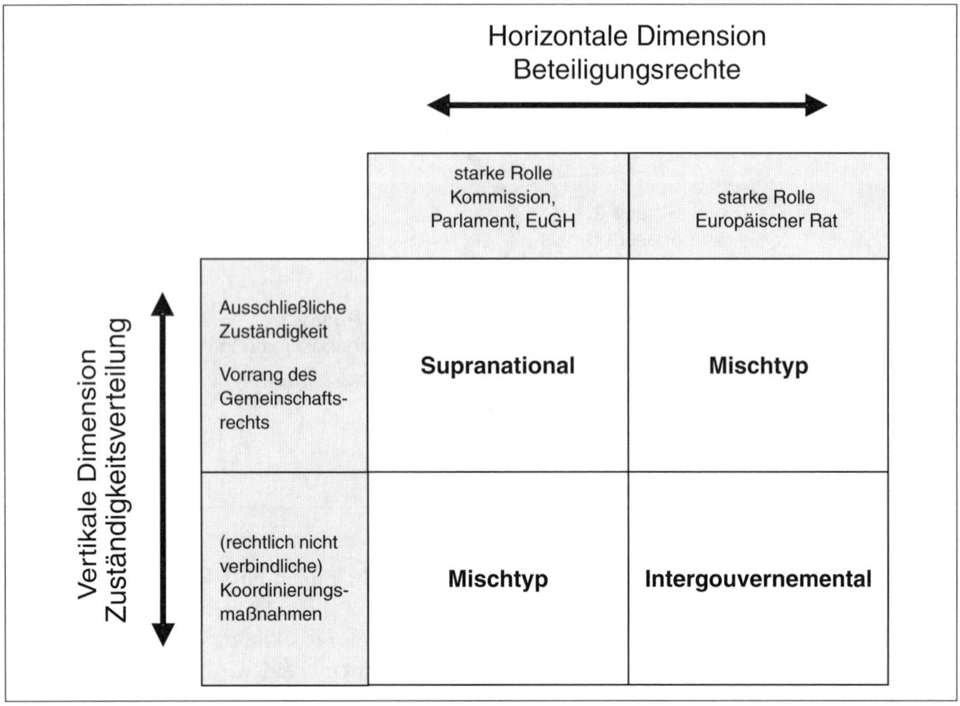

		Horizontale Dimension Beteiligungsrechte	
		starke Rolle Kommission, Parlament, EuGH	starke Rolle Europäischer Rat
Vertikale Dimension Zuständigkeitsverteilung	Ausschließliche Zuständigkeit / Vorrang des Gemeinschaftsrechts	Supranational	Mischtyp
	(rechtlich nicht verbindliche) Koordinierungsmaßnahmen	Mischtyp	Intergouvernemental

Quelle: Eigene Darstellung.

auch diese Kategorien durch Variationen definiert. Hier wird von zwei Dimensionen ausgegangen (siehe Übersicht I.4.1).

In Bezug auf die *vertikale* Kompetenzverteilung zwischen Mitgliedstaaten und Europäischer Union misst sich der Grad der Supranationalität an dem Maß, in dem Zuständigkeiten und Instrumente für bestimmte Politikbereiche auf die europäische Ebene transferiert werden. Ein Schlüsselmerkmal für den supranationalen Charakter ist der „Vorrang des Gemeinschaftsrechts"[49].

Die zweite Dimension des Begriffspaars bezieht sich auf die *horizontale* Gewaltenteilung zwischen den Organen in der institutionellen Architektur. Danach ist der Grad der intergouvernementalen Ausrichtung an den Beteiligungsrechten eines jeden Mitgliedstaats und EU-Organs zu messen, in den Phasen des Politikzyklus (vgl. Abbildung I.4.3) die Politik- und Systemgestaltung zu beeinflussen. Ein Schlüsselmerkmal ist das Vetorecht im Europäischen Rat und im Rat, mit Hilfe dessen jede einzelne Regierung ein Verfahren in oder zwischen den Organen beenden kann.

Anhand dieser institutionellen Leitideen kann die EU-Architektur unterschiedlich interpretiert werden. Als Ausdruck einer supranationalen Leitidee (siehe (1) in Abbildung I.4.6) werden das Europäische Parlament, die Kommission und der Europäische Gerichtshof bezeichnet, da sie keiner direkten Einwirkung seitens nationaler Regierungen in Form von Weisungen unterliegen (sollen). Dieser Kategorie sind auch Regeln für Mehrheitsabstimmungen

---

[49] Vgl. u. a. Art. I-6 VVE; Griller 2005: 212-215.

Abbildung I.4.6: Untersuchungsperspektiven – (1) supranationale und (2) intergouvernementale Leitidee in der institutionellen Architektur

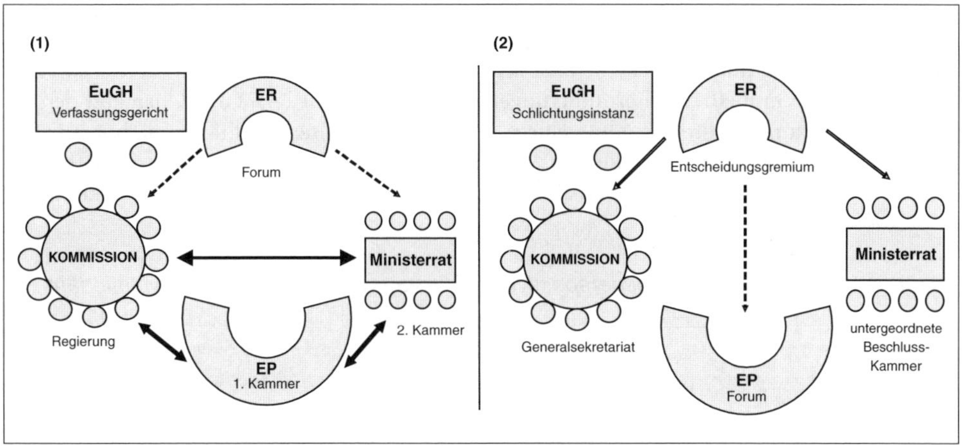

Quelle: Eigene Darstellung.

im Rat zuzurechnen, da einzelne Regierungen in dieser Konstellation ihr Letztentscheidungsrecht verlieren. Nach dieser Lesart steht zumindest langfristig das EP im Zentrum der institutionellen Architektur, von dem sich die Rollen der anderen Institutionen ableiten lassen.

Nach der intergouvernementalen Leitidee wird zumeist der Europäische Rat als zentrale Institution verstanden, da in ihm die Staats- und Regierungschefs als eine Art oberste Führungs- und Lenkungsinstanz wirken (sollen).[50] Von diesem Einstieg aus ergeben sich die Aufgaben und Funktionen der anderen Organe. Die hier erwähnten Charakterisierungen werden in den einzelnen Kapiteln näher ausgeführt.

In diesem Spannungsfeld sind – nach der Fusionsthese[51] – die Gleichzeitigkeit und sogar wechselseitige Bedingtheit von intergouvernementalen und supranationalen Ausprägungen zu erwarten, die zu einer Reihe von Mischformen in der institutionellen Architektur führen. Diese Entwicklung zu einer „horizontalen und vertikalen Fusion"[52] wird auf ein strukturelles Dilemma zurückgeführt, dem nationale Regierungen ausgesetzt sind: Konfrontiert einerseits mit der Suche nach einer optimalen institutionellen Handlungsfähigkeit des EU-System für die Bewältigung ihrer Probleme und andererseits mit dem Beharren auf einer umfassenden Mitgestaltung im Politikzyklus[53] schließen sie bei der Systemgestaltung und in der Praxis Kompromisse zwischen unterschiedlichen Leitideen. Gestärkt werden dabei in der institutionellen Architektur sowohl der Europäische Rat als auch das EP. Derartige Zwischenlösungen verursachen aber auch einen ständigen Reformbedarf, der regelmäßig Anläufe zu Vertragsänderungen auslöst.

■ *Statische und dynamische Perspektiven: zum Prozesscharakter der Analyse*

Will man die Texte und die Praxis der institutionellen Architektur erfassen und erklären, so sind diese in einer historischen Einordnung über die Jahrzehnte seit der Entstehung der Inte-

---
50 Vgl. zu einer vertiefenden Diskussion Kapitel III.2.
51 Miles 2005; Wessels 2005b; 2000a: 122-137.
52 Wessels 2003b: 359.
53 Wessels 2000a: 123f.

grationskonstruktion zu untersuchen. Das EU-System wird deshalb nicht statisch wie ein „Foto", sondern in einer dynamischen Perspektive als „Film" beobachtet.

Eine frühere Einsicht, „die Europäische Union [sei] im Werden (bzw.) als Prozess"[54] zu verstehen, ist weiterhin aktuell: „Die Europäische Verfassung ist nicht [...] punktuell, sondern im Wege eines kontinuierlichen Verfassungsprozesses entstanden".[55] Auch Vertragsbestimmungen betonen in mehreren Formulierungen (siehe Dokument I.4.2) den Charakter der EU als einen evolutionären Prozess, ohne einen Endpunkt bzw. eine Finalität zu definieren. Der Begriff „einer immer engeren Union der Völker Europas" ist bewusst interpretationsoffen angelegt worden; damit wird er vielfach als Garant für die Stabilität und Weiterentwicklung des Integrationsprozesses gewertet.

Dokument I.4.2: Untersuchungsperspektiven – Vertragsvorgaben für eine evolutionäre Entwicklung

---

EUV

Präambel

[Die Staatsoberhäupter der Europäischen Union ...]

ENTSCHLOSSEN, den mit der Gründung der Europäischen Gemeinschaften eingeleiteten *Prozess* der europäischen Integration auf eine *neue Stufe* zu heben,

ENTSCHLOSSEN, den *Prozess* der Schaffung einer *immer engeren Union der Völker Europas*, in der die Entscheidungen entsprechend dem Subsidiaritätsprinzip möglichst bürgernah getroffen werden, weiterzuführen,

IM HINBLICK auf *weitere Schritte*, die getan werden müssen, um die europäische Integration *voranzutreiben*,

HABEN BESCHLOSSEN, eine Europäische Union zu gründen.

Hervorhebungen durch den Autor.

Ein (diachroner) Vergleich über die Zeit ist für jegliche Analyse politischer Systeme von nachhaltigem Erkenntniswert.[56] Diese Anforderung trifft jedoch insbesondere für die Analyse des EU-Systems zu, dessen quasi-konstitutionelle Grundlagen durch mehrfache Vertragsänderungen und Beitrittsrunden erheblich ergänzt bzw. verändert wurden und dessen weitere Ausgestaltung immer wieder zur (verfassungs-)politischen Gestaltung ansteht. Die Mehrzahl der Begriffe und Konzepte für die Europäische Union ist jedoch von der stationären Perspektive einer Momentaufnahme geprägt.[57] Eine derartige „synchrone Analyse"[58] „friert" die Untersuchung auf einen spezifischen Zeitpunkt ein und charakterisiert die EU mit einem als zeitlos angenommenen Status quo. Dieses Vorgehen kann zwar eine beträchtliche Tiefenanalyse liefern, sollte aber nicht für tragfähige Aussagen über die Entstehung und Entwicklungen des EU-Systems und damit auch nicht für eine reflektierte Debatte über die Zukunft der institu-

---

54 Schneider/Hrbek 1980.
55 Hobe 2003: 8.
56 Hay 2002: 135-143; Peters 1999: 97-103, 23-25.
57 Vgl. oben Kapitel I.3.2.
58 Hay 2002: 144.

tionellen Architektur herangezogen werden. Notwendig ist es deshalb, zu einer Entwicklungs- und Transformationsanalyse[59] zu gelangen (siehe Abbildung I.4.7). Ein ehrgeiziges Ziel ist es, eine Theorie integrationspolitischer „Bewegungsgesetzlichkeit" zu entwickeln und zu testen.[60]

Entsprechend dieser Herausforderung wird das Lehrbuch Entwicklungen der Institutionen und Verfahren der EU-Architektur seit den fünfziger Jahren nachzeichnen. Nutzen werden wir einen Zugriff, der Veränderungen zwischen mehreren signifikanten Zeitpunkten bei der Entstehung und Entwicklung des EU-Systems abbildet. Zu identifizieren sind deshalb „historische Weichenstellungen",[61] „Meilensteine",[62] „history-making decisions"[63] oder „critical junctures",[64] die Eckpunkte für eine entsprechende Periodisierung bilden und damit zumindest einen Einstieg in eine mittelfristige Untersuchung anbieten. Als derartige Meilensteine für die Beobachtung der institutionellen Architektur werden insbesondere die Gründungsakte und die formalen Veränderungen des Vertragswerks genutzt. Als Beispiele für diese Vorgehensweise werden die Ausweitung der Beteiligungsrechte des EP[65] und die Erweiterung der Anwendungsfälle für die qualifizierte Mehrheit im Rat[66] über den gesamten Beobachtungszeitraum in entsprechenden Phasen dargestellt. Neben den Vergleichen der Vertragswerke verwendet dieses Buch für einige dieser Phasen auch Daten für die tatsächliche Nutzung der Verfahren, die von Organen zur Verfügung gestellt werden. So wird für die oben erwähnten Beispiele die Häufigkeit der Mitentscheidungsverfahren[67] und von Abstimmungen im Rat[68] dargestellt.

Für die Erfassung der Praxis und deren Wandel können auch Fallstudien und anekdotische Erzählungen von Akteuren und Beobachtern herangezogen werden, die auf spezifische Einstellungs- und Verhaltensmuster hinweisen. Auch wenn viele dieser Angaben nicht umfassend und einfach wiederholbar dokumentiert werden können, so bieten sie doch Informationen und Einsichten, die nicht einfach aus Gründen einer wissenschaftlichen Methodenstrenge ausgeblendet werden sollten. Erkenntnisse aus einer derartigen Informationssammlung, die sich an Methoden begleitender Beobachtung anlehnt,[69] können aus einzelnen Gesprächen mit Akteuren gewonnen und auf Grund von Berichten oder Interviews mit anderen Beteiligten auf ihre Zuverlässigkeit und Aussagefähigkeit überprüft werden.

Als Ergebnisse dieser dynamisch angelegten (makro-)politikwissenschaftlichen Untersuchung können Wachstums- und Differenzierungstendenzen beim Auf- und Ausbau der institutionellen Architektur der EU über fünf Jahrzehnte beschrieben und analysiert werden (siehe Abbildung I.4.7). Aus dieser Sicht wird eine stufenweise Entwicklung der Vertragstexte erwartet, die jeweils am Moment der Vertragsänderungen (de jure) festgemacht werden kann (Linie a in Abbildung I.4.7); in der Praxis wird bei diesem Vorgehen dagegen eine graduelle und kontinuierliche Weiterentwicklung beobachtet, die in kleineren Schritten eben diesen Vertragsänderungen (de facto) vorausgeht (siehe auch Abbildung I.4.5). Dieses Modell kann als „Integrations"- oder auch „Fusionsleiter" charakterisiert werden. Bei dieser Herangehensweise

---

59 Vgl. v. a. Weiler 1999.
60 Vgl. Wessels 2005a: 438.
61 Loth 1996: 98ff.
62 Ahern 2004: 1.
63 Peterson/Bomberg 1999.
64 Pierson 2000; 1996.
65 Vgl. Kapitel III.1, Übersicht III.1.1..
66 Vgl. Kapitel III.3, Abbildung III.3.4.
67 Vgl. Kapitel III.1, Tabelle III.1.1.
68 Vgl. Kapitel III.3, Abbildung III.3.4.
69 Wessels 2005a; Bryman 2001: 289ff.; Nuttall 2000; Regelsberger/de Schoutheete/Wessels 1997; Haas 1992.

wird jedoch keine Automatik oder Pfadabhängigkeit in eine spezifische Entwicklungsrichtung unterstellt. Eine eindeutig zielgerichtete, d. h. teleologische Interpretation der bisherigen Integrationskonstruktion – etwa im Sinne einer aus der institutionellen Ursprungsschöpfung herauswirkenden „Sachlogik"[70] in Richtung auf einen europäischen Bundesstaat – ist nicht Absicht dieser Darstellung. Der Pfeil in Abbildung I.4.7 ist deshalb eine Aufforderung zu prüfen, ob und gegebenenfalls welche Entwicklungslinien zu beobachten sind.

Abbildung I.4.7: Untersuchungsperspektiven – Fusionsleiter beim Ausbau der institutionellen Architektur

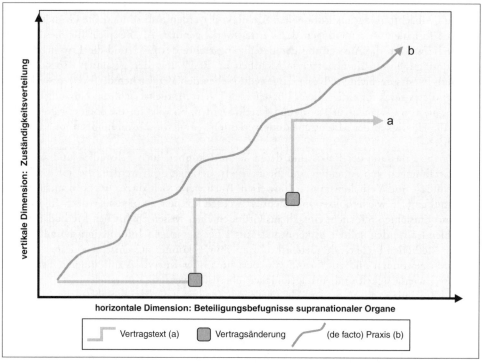

Quelle: Eigene Darstellung.

Die Arbeiten zum EU-System sollten jedoch nicht nur bei der Erfassung und Erklärung der Vergangenheit und der Gegenwart stehen bleiben, sondern auch Perspektiven für die Zukunft des EU-Systems und damit auch Optionen für weitere Entwicklungen der institutionellen Architektur skizzieren und diskutieren. Erfahrungen, Erwartungen und (Gedanken-)Experimente helfen, mögliche Szenarien und strittige Strategien auszuloten und abzuwägen. So stellt sich im Jahre 2007 die Frage, ob die institutionelle Architektur der (alten) 15 Mitgliedstaaten für eine Union mit 27 Mitgliedstaten handlungsfähig bleiben wird und welche Vorschläge zur weiteren Reform der Verträge umgesetzt werden sollten.

Eine einfache Extrapolation bisheriger Trends ist methodisch mit einem beträchtlichen Risiko verbunden. Nur wenn die Umfeldbedingungen der institutionellen Architektur konstant

---

70 Hallstein 1969; vgl. Wessels 2003c; 1995c: 282.

blieben (im wissenschaftlichen Sprachgebrauch: „ceteris paribus"), können vergangene Verhaltensmuster fortgeschrieben werden.

Derartige „reflektierte Spekulationen" bleiben in der Regel jedoch nicht auf Versuche von Voraussagen begrenzt, sondern verweisen auf Defizite im Soll-/Ist-Vergleich und greifen normativ orientierte Vorschläge aus europäischen Strategiedebatten auf.[71]

■ *Politik- und Systemgestaltung: Funktionen in der institutionellen Architektur*

Zum Erfassen der Funktionen von Institutionen und des Profils von Verfahren wird auch auf die in der Politikwissenschaft häufig verwandte Trias „polity", „politics" und „policies" zurückgegriffen. In einer Kondensierung und Ergänzung dieser Kategorien nutzt das Lehrbuch ein Raster, das Funktionen von Institutionen im politischen System für die EU aus mehreren Ansätzen zusammenfügt.

Bei der Politikgestaltung liegen die Schwerpunkte auf den Aufgaben und Befugnissen zur laufenden Gestaltung von Politik in dem Zyklus von Vorbereitung, Verabschiedung, Durchführung und Kontrolle von verbindlichen Entscheidungen und anderen Beschlüssen zu diesem Katalog. Dazu gehören Orientierungs- und Lenkungsfunktionen sowie Gesetzgebungs- und Haushaltsbefugnisse, die Beteiligung an der Koordinierung nationaler Instrumente und an Entscheidungen über die Außenbeziehungen bzw. Außenpolitik, die Aspekte von „policies" und „politics" umfasst. Die Darstellung konzentriert sich so auf Aktivitäten der Organe innerhalb des vorgegebenen Vertragsrahmens. Einzelne Analysen dieses Typs umfassen z. B. die quasi-legislativen Funktionen des Europäischen Parlaments im Rahmen des Regelwerks zur Mitentscheidung.

Diesen regelmäßigen Aufgaben der Politikgestaltung stehen Befugnisse zur Gestaltung des EU-Systems gegenüber, die als „(quasi-)konstitutionell" bezeichnet werden können[72] (im einschlägigen Sprachgebrauch der klassischen Trias: „polity"). Einzelne Analysen dieses Typs umfassen die Rolle von Institutionen in den Vertragsbestimmungen und in der Praxis bei Veränderungen der Verträge (gemäß Art. 48 EUV) und beim Beitritt neuer Mitgliedstaaten (gemäß Art. 49 EUV).

■ *Die Brüsseler Arena in einer Mehrebenenanalyse: Perspektivenerweiterung*

Versucht man, die institutionelle Architektur der EU realitätsnah zu erfassen, dann umfasst dieses politische System mehr als nur die vertraglich genannten Organe und Institutionen der EU. Die Analyse der relevanten Prozesse ist vielmehr ebenenübergreifend sowohl in der „Brüsseler Arena" als auch auf nationale Ebene anzusetzen,[73] um alle relevanten Akteure umfassend in der Darstellung berücksichtigen zu können. In den Institutionen und Verfahren in Brüssel wirken Akteure zusammen, die konstitutionell entweder primär in nationalen und auch subnationalen oder europäischen Räumen angesiedelt sind. Nationale Regierungen und Verwaltungen, Regionen und Kommunen sowie NGOs, Verbände und in gewissem Ausmaß auch nationale Gerichte sind in ihren alltäglichen Dienstgeschäften und Aktivitäten zentrale Akteure und Mitträger der EU. Diese Mehrebenenperspektive kann von den Mitgliedstaaten „von unten" (im englischen Sprachgebrauch: „bottom-up") anhand der Beteiligungsmuster nationaler Akteure in den EU-Institutionen[74] untersucht werden, oder aber von der EU-Ebene

---

71 Vgl. Kapitel V.
72 Vgl. Wessels 2003f.
73 Vgl. Jachtenfuchs/Kohler-Koch 2003b; Benz 2001; Hooghe/Marks 2001.
74 Mittag/Wessels 2003.

„nach unten" auf die Mitgliedstaaten („top-down") als eine Form der „Europäisierung"[75] nationaler Systeme beschrieben werden.[76]

Zur weiteren Darstellung wird auf eine Typologie der „Mehrebenenspieler"[77] zurückgegriffen (vgl. Übersicht I.4.2).

Übersicht I.4.2: Untersuchungsperspektiven – Typologie von Mehrebenenspielern

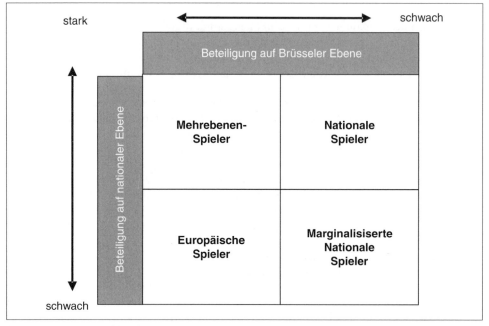

Quelle: in Anlehnung an Mittag/Wessels 2003: 414.

In dieser Vierfeldermatrix werden Beteiligungsmöglichkeiten von Akteuren verglichen, die diese bei der Politik- und Systemgestaltung im EU-System sowohl auf der nationalen Ebene als auch auf der EU-Ebene (verfassungs- oder vertrags-)rechtlich aufgebaut haben und diese auch real nutzen. So können nationale Regierungen als (starke) Mehrebenenspieler in der Regel eine Schlüsselrolle sowohl auf der nationalen Ebene als auch im Brüsseler Politikzyklus einnehmen. Das EP gilt bei entsprechenden Vertragsregeln als ein starker europäischer Spieler, ohne jedoch wesentlichen Einfluss auf die nationale Europapolitik ausüben zu können. Einige nationale Parlamente üben einen nachhaltigen Einfluss bei der Vorbereitung von Positionen ihrer Regierungen im Rat aus (starke nationale Spieler), während andere Legislativen zu marginalisierten Akteuren mit nur begrenzter Wirkung auf nationaler Ebene zu rechnen sind.[78] So sind Gruppen wie Parlamentarier, die nicht gleichzeitig auf mehreren Ebenen agieren können, im Politikzyklus des EU-Systems benachteiligt.[79] Mithilfe dieser Typologisierung

---

75 Radaelli 2006; Olsen 2000: 4.
76 Wessels/Maurer/Mittag 2003.
77 Vgl. Eising/Kohler-Koch 2005: 325-327.
78 Vgl. Maurer/Wessels 2001a.
79 Maurer/Wessels 2001b: 461ff.

kann auch das Wirken von Akteuren außerhalb einer vertraglich festgelegten Architektur erfasst werden.[80]

Im Vergleich zu anderen Arbeiten[81] thematisiert das Lehrbuch zwar regelmäßig die Verbindungen einzelner Organe und Akteure zu anderen (nationalen, subnationalen etc.) Ebenen, der Fokus bleibt jedoch auf die horizontale Ebene gerichtet.

---

80 Vgl. mit abweichenden Begriffen Eising/Kohler-Koch 2005: 325.
81 Bulmer/Lequesne 2005; Wessels/Maurer/Mittag 2003.

5. Zur Wiederholung und Vertiefung

■ *Merkpunkte und Stichworte*

Grundkenntnisse

Drei Dimensionen:

- politische Relevanz
- wissenschaftliche Relevanz
- (theoriegeleitete) Charakterisierungen des EU-Systems

Unterschiede zwischen:

- „Vertragsbuchstaben" und „Vertragspraxis"
- „Intergouvernemental" und „supranational"
- „Statisch" und „dynamisch"
- „Politik-" und „Systemgestaltung"
- „Mehrebenenspieler" und „marginalisierter Akteur"

Kurzerläuterungen:

- die „Tempelkonstruktion"
- der Politikzyklus
- Mehrebenenanalyse

■ *Fragen*

- Welche besonderen Schwierigkeiten gibt es, das EU-System zu erfassen und zu erklären?
- Welche Möglichkeiten bieten sich an, Veränderungen in der institutionellen Architektur zu beschreiben?
- Welcher Mehrwert ist von der Unterscheidung zwischen Vertragstext und beobachteter Praxis zu erwarten?
- Warum ist die Debatte zur Legitimität und zum „Demokratiedefizit" des EU-Systems von zunehmender Bedeutung?

■ *Thesen zur Diskussion*

- Eine EU-„Institutionenkunde" ist nicht lohnend.
- Ohne eine Erfassung des EU-Systems ist eine Analyse des politischen, wirtschaftlichen und sozialen Lebens in Europa nicht (mehr) möglich.
- Nur eine dynamische Untersuchungsperspektive wird der Entstehung und Entwicklung der institutionellen Architektur der EU gerecht.

6. Literaturhinweise

▪ *Einführende Literatur*

Bieber, Roland/Epiney, Astrid/Haag, Marcel (2005): Die Europäische Union. Europarecht und Politik, 6. Auflage, Baden-Baden.
Bomberg, Elizabeth/Stubb, Alexander (Hrsg.) (2003): The European Union: How does it Work?, Oxford.
Cini, Michelle (Hrsg.) (2007): European Union Politics, 2. Auflage, Oxford/New York.
Nugent, Neil (2006): The Government and Politics of the European Union, 6. Auflage, Houndmills.
Sturm, Roland/Pehle, Heinrich (2005): Das neue deutsche Regierungssystem, Opladen.
Thomas, Anja/Wessels, Wolfgang (2006): Die deutsche Verwaltung und die Europäische Union. Berlin – Brüssel – Berlin. Beteiligungs- und Einwirkungsmöglichkeiten deutscher Verwaltungsbediensteter im politischen System der Europäischen Union, Brühl.
Tömmel, Ingeborg (2006): Das politische System der EU, 2. Auflage, München.
Wallace, Helen/Wallace, William/Pollack, Mark A. (2005): Policy-Making in the European Union, 5. Auflage, Oxford.
Weidenfeld, Werner/Wessels, Wolfgang (Hrsg.) (2007): Europa von A bis Z. Taschenbuch der Europäischen Integration, 10. Auflage, Baden-Baden.
Weidenfeld, Werner/Wessels, Wolfgang (Hrsg.) (1980ff.): Jahrbuch der Europäischen Integration, Bonn/Baden-Baden.

▪ *Weiterführende Literatur*

Hix, Simon (2005): The Political System of the European Union, 2. Auflage, New York.
Kohler-Koch, Beate/Conzelmann, Thomas/Knodt, Michèle (2004): Europäische Integration – Europäisches Regieren, Wiesbaden.
Magnette, Paul (2005): What is the European Union? Nature and Prospects, New York.
Peterson, John/Shackleton, Michael (2006): The Institutions of the European Union, 2. Auflage, Oxford/New York.

▪ *Vertiefende Literatur*

Bieling, Hans-Jürgen/Lerch, Marika (Hrsg.) (2005): Theorien der europäischen Integration, Wiesbaden.
Holzinger, Katharina/Knill, Christoph/Peters, Dirk/Rittberger, Berthold/Schimmelpfennig, Frank/Wagner, Wolfgang (2005): Die Europäische Union. Theorien und Anaylsekonzepte, Paderborn.
Jachtenfuchs, Markus/Kohler-Koch, Beate (Hrsg.) (2003): Europäische Integration, 2. Auflage, Opladen.
Schuppert, Gunnar Folke/Pernice, Ingolf/Haltern, Ulrich (Hrsg.) (2005): Europawissenschaft, Baden-Baden.
Wiener, Antje/Diez, Thomas (Hrsg.) (2004): European Integration Theory, Oxford.

▪ *Zeitschriften*

integration, Institut für Europäische Politik, http://www.zeitschrift-integration.de
Journal of Common Market Studies, Blackwell Publishing, http://www.blackwellpublishing.com/jcms
European Union Politics (EUP), Sage Publications, http://eup.sagepub.com
Journal of European Public Policy, Routledge, http://www.tandf.co.uk/journals/routledge/13501763.html

II.

Entstehung und Entwicklung der institutionellen Architektur: historische Wegmarken

1. Eckpunkte im Überblick: historische Entscheidungen und Entwicklungstrends in der Diskussion

Das EU-System zu Beginn des dritten Jahrtausends ist nicht die einfache und vollständige Umsetzung eines sorgfältig vorbereiteten, allseits akzeptierten Bauplans einer institutionellen oder gar konstitutionellen Gesamtarchitektur. Vielmehr wurde die institutionelle Entwicklung durch mehrere historische Weichenstellungen mit erheblich divergierenden Vorstellungen über einen möglichen Endzustand (im politischen Sprachgebrauch: Finalität bzw. „finalité politique") geprägt. Der schrittweise, aber bewusst nicht zielgerichtete Auf- und Ausbau nach der „Monnet Methode" – benannt nach dem Gründungsvater und europäischen „Erzheiligen"[1] Jean Monnet – gilt sogar als wesentliches Charakteristikum der europäischen Konstruktion.[2] Auch bei einem möglichen Inkrafttreten des Reformvertrags kann dieser Suchprozess noch nicht als abgeschlossen gelten.

Zur Entstehung und Entwicklung der Integrationskonstruktion werden in der Geschichtswissenschaft[3] eine Vielzahl von unterschiedlichen Ansätzen[4] und divergierenden „Erzählungen"[5] präsentiert, die jeweils plausible Erklärungen sowie diskussionsprägende Deutungen und wirkungsmächtige Mythen zur europäischen Einigung vorlegen. So werden als „grundlegende Impulse" „Funktionendefizite der Nationalstaaten" identifiziert: „Friedenssicherug" mit der deutschen Frage als besonderem Aspekt, die „Entwicklung der Produktionskraft des industriellen Zeitalters" und die „Selbstbehauptung Europas gegenüber den neuen Weltmächten" bildeten nach dieser Analyse wesentliche Motive für europäische Einigungspläne.[6]

Erklärungsansätze und Handlungsstrategien unterscheiden sich nicht zuletzt durch die Rolle, die sie den EU-Institutionen und nationalen Akteuren zuschreiben. Vor dem Hintergrund einer Pluralität an Erklärungs- und Deutungsmustern wird deshalb der Schwerpunkt dieses Kapitels auf der Darstellung von geschichtsträchtigen Entscheidungen (im englischen Sprachgebrauch auch: „history making decisions"[7]) liegen, die an historischen Weggabelungen (im englischen Sprachgebrauch auch: „critical junctures"[8]) zentrale Weichenstellungen für die Gestaltung der institutionellen Konfiguration vornahmen und damit „Wegmarken"[9] bzw. Meilensteine für die konstitutionelle Entwicklung des EU-Systems setzten.

Aus diesen Gründen werden zur Fokussierung Gründung und Gestaltung des EU-Systems weder intensiv mit langen historischen Entwicklungslinien der europäischen (National-)Staaten[10] verknüpft, noch umfassend aus Konstellationen bzw. der „Logik" des internationalen Systems erklärt.[11] Das Kapitel liefert damit die Basis für die Erfassung und Erklärung der gegenwärtigen, schrittweise geschaffenen EU-Architektur. Identifiziert werden Modelle, Muster und Methoden, die in dem geschriebenen und gelebten EU-System fortwirken. Bei der Einordnung wird den „theoretischen Schlüsselkategorien"[12] besondere Aufmerksamkeit ge-

---

1 Milward 2005: 318.
2 Vgl. Loth 2002a, 2000b.
3 Vgl. zu Übersichten u. a. Kaiser 2006; Elvert 2006; Brunn 2004: 14; Loth 2001b.
4 Vgl. u. a. Brunn 2004: 14-19; Kohler-Koch/Contzelmann/Knodt 2004: 38-43.
5 Kohler-Koch/Contzelmann/Knodt 2004: 28.
6 Vgl. Loth 2007: 36-37.
7 Peterson/Bomberg 1999.
8 Pierson 2000.
9 Loth 2001a.
10 Vgl. u. a. Bartolini 2005; Schulze 2004.
11 Vgl. u. a. Link 2006; Münkler 2005.
12 Vgl. Kapitel I.

schenkt, die – wie die institutionellen Leitideen – eine eher „intergouvernementale" oder „supranationale Ausrichtung"[13] der jeweiligen Baupläne thematisieren.

Als hilfreich für den Überblick hat sich angeboten, entsprechende Wegmarken grob nach Jahrzehnten zu ordnen und nicht spezifische Phasen herauszuarbeiten.[14] Wie bei der Analyse jedes politischen Systems sind auch bei den Konstruktionsprozessen der EU-Architektur die jeweiligen Kontextbedingungen heranzuziehen.[15]

---

13 Vgl. Kapitel I, Abbildung I.4.6.
14 Vgl. z. B. Elvert 2006, der die Phasen identifiziert.
15 Vgl. Brunn 2004; Loth 2001b. Vgl. Kapitel I, Abbildung I.4.1.

2. Historische Argumentationsmuster und Modelle

Visionen, Konzepte und Strategien für eine Einigung Europas reichen weit in die Geschichte des Kontinents bis zu antiken Europabildern zurück.[1] Dokumente zum „gewollten" bzw. „gedachten Europa"[2] zeigen beträchtliche Variationen an politischen Leitbildern und dazu entwickelten institutionellen Leitideen. Insbesondere aufgrund von verheerenden Kriegen, Hegemonieansprüchen einzelner Dynastien oder Staaten sowie äußeren Bedrohungen wurden immer wieder Visionen für ein geeintes Europa präsentiert, das nach innen Frieden garantieren und nach außen kollektiven Schutz gewähren sollte.[3] Zu Grundmotiven und Interessen wurden und werden in vielfältigen Argumentationssträngen und mit unterschiedlichen Prioritäten gezählt:[4]

- Frieden in Europa;
- Sicherheit gegen Bedrohungen von „außen" aus dem internationalen System;
- Selbstbehauptung im internationalen System;
- Abkehr von totalitären Herrschaftssystemen;
- Freiheit;
- kulturelle Selbstverständigung und Identitätssuche;
- wirtschaftlicher Wohlstand;
- und weltpolitischer Einfluss als globale Macht.

Das Etikett „Europa" wurde aber auch immer wieder als Vorwand für Machtansprüche einzelner Staaten und Politiker genutzt.

Mit den grundsätzlichen Argumenten und Motiven für eine Einigung Europas verbanden sich in der Regel Vorschläge für entsprechende Baupläne zur institutionellen Architektur; aus ihnen lassen sich fünf grobe Herrschaftsmuster – ohne eine hohe Zahl von Mischformen zu benennen – identifizieren:

(1) eine zentrale Hierarchie – etwa durch Papst oder Kaiser;[5]
(2) eine hegemoniale Hierarchie durch einen dominanten Staat – etwa durch Frankreich oder Deutschland;
(3) eine „Gruppenhegemonie" durch ein „Konzert der Großmächte"[6];
(4) eine föderale Struktur auf Grundlage einer zwischen den Mitgliedern und der europäischen Spitze balancierten Gewaltenteilung – eine Variante wurde und wird als „Vereinigte Staaten von Europa"[7] propagiert;
(5) eine enge Zusammenarbeit durch ein Bündnis zwischen gleichberechtigten souveränen Staaten – etwa durch einen „Föderalismus freier Staaten"[8].

Diese grundlegenden Argumentationen zeigen eine Vielfalt von Interessen und Motiven für eine europäische Integrationspolitik, die auch bei der Gründung und Gestaltung des EU-Sys-

---

1 Vgl. Elvert 2006: 1-31; Schneider 1977: 13-45.
2 Knipping 2004: 24.
3 Vgl. Knipping 2004: 24-28; Loth 2002b; Bitsch 1999: 16-21; Schneider 1977.
4 Vgl. u. a. Weidenfeld 2007a: 15f.
5 Vgl. Dante 1313-1317: 3. Buch, Kap. 11-12.
6 Vgl. zum „Wiener System" Elvert 2006: 20-23; vgl. auch Link 2006.
7 Verhofstadt 2006; Hugo 1849.
8 Kant 1795.

tems immer wieder eingebracht wurden.⁹ Solche Debattenstränge sind nicht nur für historische Studien von Interesse; ihre Argumentationslinien haben eine zeitübergreifende Prägekraft gezeigt. Sie wirken weiterhin bis in die Gegenwart – so etwa bei der Debatte um den Verfassungs- und den Reformvertrag und mögliche Alternativstrategien.

---

9 Vgl. Loth 2007: 36-38.

3. Die vierziger Jahre: Vorläufer und Vorschläge

Übersicht II.3.1: Die vierziger Jahre – Europäische Wegmarken

Zeit	Ereignis
August 1941	Altiero Spinelli: „Manifest von Ventotene"
September 1946	Winston Churchill: Rede in Zürich
	Union Europäischer Föderalisten: „Hertensteiner Programm"
April 1947	Gründung „Brüsseler Pakt" – Vorläufer der westeuropäischen Union (WEU)
April 1948	Gründung der „Organisation für wirtschaftliche Zusammenarbeit in Europa" (OEEC, später OECD)
Mai 1948	Den Haager Kongress von Europa
April 1949	Gründung der North Atlantic Treaty Organisation (NATO)
Mai 1949	Gründung des Europarats

Die als „Selbstzerstörung Europas"[1] wahrgenommene Katastrophe des ersten und zweiten Weltkriegs führte zu einer breiten und intensiven Debatte über die Neuordnung des Kontinents und das zukünftige Miteinander der europäischen Staaten.

Besonders akzentuiert und aktualisiert wurden die europapolitischen Leitbilder durch Widerstandsbewegungen und Exilregierungen während des Zweiten Weltkrieges.[2] Prägend und gleichzeitig repräsentativ für viele Programme des „Europa der Resistance"[3] war das Manifest von Ventotene (siehe Übersicht II.3.2). Es wurde von Altiero Spinelli verfasst, dessen Ideen über die unmittelbare Nachkriegszeit hinaus bis zum Entwurf des Europäischen Parlaments für einen „Vertrag über die Europäische Union" 1984 eine (radikal-)föderalistische Ausrichtung in der Debatte über die Konstruktion Europas prägten.[4]

Die unmittelbare Nachkriegszeit wurde von ähnlichen programmatischen Überlegungen beherrscht. Durch den Beginn des Kalten Kriegs erhielt die politische Debatte eine neue Dimension und Brisanz. Der Ost-West-Konflikt wurde zu einem bestimmenden Faktor weiterer Einigungsbemühungen.[5]

Wegweisende Beiträge waren die Rede von Churchill in Zürich 1946[6], das Hertensteiner Programm der Union Europäischer Föderalisten (UEF) und die Erklärung des Den Haager Kongresses als Gründungstreffen des transnationalen, parteiübergreifenden Netzwerks. Viele Vorschläge schenkten institutionellen Fragen eine besondere Aufmerksamkeit (siehe Übersicht II.3.2).

Die ersten Nachkriegsjahre bildeten eine besondere Blütezeit von Verbänden, die für die europäische Idee warben.[7] Trotz gemeinsamer Grundbekenntnisse zur Einigung Europas präsentierten sie unterschiedliche Vorschläge zur institutionellen Architektur. Die Union Europäischer Föderalisten orientierte sich für die europäische Ebene an der Verfassung föderalistischer Staaten: Die Mitgliedstaaten sollten einen Teil ihrer Vollmachten an eine gemeinsame

---

1 Schulze 2004: 68-71.
2 Vgl. Lipgens 1986: 25 ff.
3 Brunn 2004: 33-39.
4 Vgl. u. a. Schneider 1986: 86.
5 Vgl. Dülffer 2004.
6 Vgl. Brunn 2004: 9-11.
7 Vgl. Brunn 2004: 52-54; Knipping 2004: 41-48; Niess 2001.

Übersicht II.3.2: Die vierziger Jahre – Programmatische Leitbilder zur Europäischen Einigung in der Kriegs- und Nachkriegszeit

Altiero Spinelli u. a.: Das Manifest von Ventotene (1941)

Altiero Spinelli (1907-1986) war einer der Gründerväter der Europäischen Föderalisten. In den 1920er Jahren bekämpfte er die italienischen Faschisten und wurde dafür auf die Insel Ventotene verbannt, auf der er ein Manifest für ein föderales Europa verfasste.

„Es gilt, einen *Bundesstaat* zu schaffen, der auf festen Füßen steht und anstelle nationaler Heere über eine europäische Streitmacht verfügt. Es gilt endgültig mit den wirtschaftlichen Autarkien, die das Rückgrat der totalitären Regime bilden, aufzuräumen. Es braucht einer ausreichenden Anzahl an Organen und Mitteln, um in den einzelnen Bundesstaaten die Beschlüsse, die zur Aufrechterhaltung der allgemeinen Ordnung dienen, durchzuführen. Gleichzeitig soll den Staaten jene Autonomie belassen werden, die eine plastische Gliederung und die Entwicklung eines politischen Lebens, gemäß den besonderen Eigenschaften der verschiedenen Völker, gestattet. [...] Und da die Zeit reif ist, neue Werke zu vollbringen, wird es auch die Zeit neuer Menschen sein: Die Zeit der BEWEGUNG FÜR EIN FREIES UND VEREINTES EUROPA."

Quelle: http://www.geocities.com/europafederalisterna/vento_deu_I.htm.

Winston Churchill: Rede in Zürich (1946)

Nach Kriegsende 1945 wurde vielfach die These vertreten, dass die auf nationalen Konzepten basierende nationalstaatliche Ordnung Europas immer wieder zu Kriegen führe. Um diese Gefahr für die Zukunft abzuwenden, schlug auch Winston Churchill in einer Rede am 19.09.1946 in Zürich einen staatenübergreifenden Ansatz vor:

„Der erste Schritt bei der Neugründung der europäischen Familie muß eine *Partnerschaft zwischen Frankreich und Deutschland* sein. Nur auf diese Weise kann Frankreich die moralische Führung Europas wieder erlangen. Es gibt kein Wiederaufleben Europas ohne ein geistig großes Frankreich und ein geistig großes Deutschland. Die Struktur der *Vereinigten Staaten von Europa,* wenn sie gut und echt errichtet wird, muß so sein, daß die materielle Stärke eines einzelnen Staates von weniger großer Bedeutung ist. Kleine Nationen zählen ebenso viel wie große und erwerben sich ihre Ehre durch ihren Beitrag zu der gemeinsamen Sache."

Quelle: Lipgens 1986: 214-216.

Union Europäischer Föderalisten: Das Hertensteiner Programm (1946)

Im September 1946 trafen sich in Hertenstein am Vierwaldstätter See (CH) Föderalisten aus Europa, um gemeinsame Ziele zu formulieren. Bis heute dient dieses Programm der Union Europäischer Föderalisten (UEF, in Deutschland Europa-Union) und den Jungen Europäischen Föderalisten (JEF) als Grundsatzprogramm.

„1. Eine auf *föderativer Grundlage* errichtete europäische Gemeinschaft ist ein notwendiger und wesentlicher Bestandteil jeder wirklichen *Weltunion.*

2. Entsprechend den föderalistischen Grundsätzen, die den *demokratischen Aufbau von unten nach oben* verlangen, soll die europäische Völkergemeinschaft die Streitigkeiten, die zwischen ihren Mitgliedern entstehen könnten, selbst schlichten.

4. Die Mitglieder der *Europäischen Union* übertragen einen Teil ihrer wirtschaftlichen, politischen und militärischen Souveränitätsrechte an die von ihnen gebildete *Föderation.*

5. Die Europäische Union steht allen Völkern europäischer Wesensart, die ihre Grundsätze anerkennen, zum Beitritt offen. [...]

8. Die Europäische Union sorgt für den planmäßigen Wiederaufbau und für die wirtschaftliche, soziale und kulturelle Zusammenarbeit sowie dafür, daß der technische Fortschritt nur im Dienste der Menschheit verwendet wird. [...]

10. Im Rahmen der Europäischen Union sind regionale Unterverbände, die auf freier Übereinkunft beruhen, zulässig und sogar wünschenswert.

11. Nur die Europäische Union wird in der Lage sein, die Unversehrtheit des Gebiets und die Bewahrung der Eigenheit aller ihrer Völker, großer wie kleiner, zu sichern."

12. Durch den Beweis, daß es seine Schicksalsfragen im Geiste des Föderalismus selbst lösen kann, soll Europa seinen Beitrag zum Wiederaufbau und zu einem *Weltbund* der Völker leisten."
Quelle: http://www.jef-niedersachsen.de/hertenstein.html

Kongress von Europa, Den Haag (1948)

Im Mai 1948 fand in Den Haag unter dem Vorsitz von Winston Churchill ein Kongress der Europäischen Bewegung statt. Diese konstituierte sich am 25.10.1948 offiziell als Dachverband der wichtigsten Europa-Verbände. Der Haager Kongress gab u. a. den Anstoß zur Gründung des Europarates am 5.5.1949 und des Europa-Kollegs in Brügge.

„Der Kongreß [hat]
1. erkannt, daß die europäischen Nationen die vordringliche Pflicht haben, sich zu einer wirtschaftlichen und politischen *Einheit* zusammenzuschließen, die für die Sicherheit und den sozialen Fortschritt bürgt. [...]
3. erklärt, daß die Zeit gekommen ist, zu der die europäischen Nationen *einen Teil ihrer Souveränitätsrechte übertragen und verschmelzen müssen,* um gemeinsames politisches und wirtschaftliches Handeln zur Integration und zur geeigneten Entwicklung ihrer gemeinsamen Hilfsquellen sicherzustellen. [...]
8. die Absicht, einem *vereinigten Europa* die folgenden Aufgaben sofort zu übertragen: die fortschreitende Verwirklichung eines demokratischen sozialen Systems, dessen Ziel es ist, die Menschheit von jeder Art von Sklaverei und wirtschaftlicher Unsicherheit zu befreien, genau wie die politische Demokratie danach strebt, diese gegen eine willkürliche Machtausübung zu schützen. [...]
14. erklärt, daß die Schaffung eines *vereinigten Europa* einen wesentlichen Beitrag zur *Schaffung einer geeinten Welt* darstellt."
Quelle: Lipgens 1986: 240-242.

Hervorhebungen durch den Autor.

übergeordnete Regierung abgeben, die wiederum durch ein europäisches Parlament als Vertreter des europäischen Volkes gewählt und kontrolliert werden sollte.[8] Demgegenüber verfolgten die Unionisten eine intergouvernementale Leitidee: Sie forderten die Errichtung eines Staatenbundes bzw. einer Konföderation, die eine enge zwischenstaatliche Zusammenarbeit von unabhängigen souveränen Staaten ermöglichen sollte.

Die Pluralität an Begriffen, zu der zunehmend als neues Leitwort „Integration"[9] gehörte, half durch konstruktive Mehrdeutigkeiten, unterschiedliche Zielvorstellungen miteinander zu vereinbaren und ermöglichte damit bei der Konstruktion einer Einigungspolitik begrenzter, aber wirklicher Schritte.

Der „Brüsseler Pakt" leitete eine sicherheitspolitische Zusammenarbeit unter westeuropäischen Staaten ein. Weitere Weichenstellungen führten unter der Führung der USA 1948 zur Gründung der OEEC (der heutigen OECD) zur Verteilung der Gelder der Marshall-Hilfe und 1949 zur Gründung der North Atlantic Treaty Organisation (NATO) als Teil der Sicherheits- und Verteidigungspolitik im Ost-West-Konflikt.

1949 wurde schließlich der Europarat als erste umfassende genuin westeuropäische Organisation gegründet. Seine institutionelle Architektur lässt erkennen, dass diese Organisation auf eine Kooperation nationaler Regierungen ausgerichtet war.[10] Briten und Skandinavier blockierten stärker föderal ausgerichtete Bemühungen vieler Kontinentaleuropäer. Festzumachen ist diese intergouvernementale Ausrichtung an der Rolle der (parlamentarischen) Versammlung, die sich aus delegierten Abgeordneten nationaler Parlamente zusammensetzt und

---
8 Vgl. Spinelli 1958.
9 Schneider 1977: 225-270.
10 Vgl. Schmuck 1990.

auf eine beratende Funktion begrenzt ist. Viele Anhänger föderalistischer Vorstellungen hielten den Europarat daher für einen Deckmantel für eine national bestimmte Zusammenarbeit souveräner Staaten.[11] „Großen Hoffnungen" auf diese Einrichtung folgten „tiefe Enttäuschungen".[12]

Seit damals wurde immer wieder, wie zuletzt bei der Erklärung von Laeken zur Einberufung eines Europäischen Konvents[13], die Festschreibung einer europäischen Finalität gefordert.[14] Bis heute bleibt ein hoher Grad an Pluralität von „Grundverständnissen"[15] und „Verfassungsideen"[16] sowie entsprechender institutioneller Leitideen[17] festzustellen. Konzepte wie „Föderation", „Europäischer Bundesstaat" und „Vereinigte Staaten von Europa" mit teils erheblich divergierenden Interpretationen wurden dabei zu Kern- und Leitbegriffen. Aber auch noch unbestimmte Begriffe wie „Einheit" und „Europäische Union" fanden ihren Eingang in die Debattenlandschaft. Ein Topos bildete damals – wie im Verfassungsvertrag von 2004[18] – die Rolle und der Modellcharakter des „vereinigten Europas" für die „Schaffung einer geeinten Welt" (siehe Den Haager Kongress Übersicht II.3.2).

---

11 Vgl. Spaak 1969: 269.
12 Brunn 2004: 64.
13 Vgl. Loth 2002b.
14 Vgl. Fischer 2000.
15 Schneider 1998: 129-147.
16 Jachtenfuchs 2002: 261.
17 Vgl. Wessels 1994.
18 Vgl. 4. Absatz der Präambel und Art. III-292(1) VVE.

4. Die fünfziger Jahre: Wege und Irrwege der Gründergeneration

Übersicht II.4.1: Die fünfziger Jahre – Europäische Wegmarken

Zeit	Ereignis
9. Mai 1950	Robert-Schuman-Erklärung
April 1951	Unterzeichnung des EGKS-Vertrags
Mai 1952	Unterzeichnung des EVG-Vertrags
Juli 1952	Inkrafttreten des EGKS-Vertrags
März 1953	Unterzeichnung des EPG-Vertrags
August 1954	Scheitern von EVG und EPG in der französischen Nationalversammlung
Oktober 1954	Unterzeichnung der Pariser NATO-Verträge
Juni 1955	Konferenz von Messina („relance Européenne")
März 1957	Unterzeichnung der „Römischen Verträge" zur EWG und EAG
Januar 1958	Inkrafttreten der „Römischen Verträge"
Mai 1960	Inkrafttreten der Europäischen Freihandelszone (EFTA)

Die historischen Wegmarken der fünfziger Jahre sind in einem welt- und europapolitischen Kontext zu sehen, der durch einen Niedergang der weltpolitischen Rolle der europäischen Mächte Frankreich und Großbritannien gekennzeichnet war. Dies manifestierte sich deutlich durch den Rückzug der beiden ehemaligen Großmächte in der Suezkrise 1956. Der Ost-West-Konflikt[1] bildete weiterhin das zentrale Strukturmerkmal des internationalen Systems. Deutsch-französische Konfliktherde – insbesondere die Zukunft des Saarlands – konnten dagegen in den fünfziger Jahren einvernehmlich geregelt werden.

4.1 Die Gründung der EGKS: Methode und Modell mit Langzeitwirkung

■ *Interessen und Begründungen*

Weiterführender als die Bemühungen im Europarat war die Strategie Robert Schumans und Jean Monnets, in einem „Kleineuropa" der Sechs (Deutschland, Frankreich, Italien und die drei Beneluxstaaten) zentrale und kriegswichtige Wirtschaftssektoren einer „Hohen Behörde" zu unterstellen, deren Entscheidungen für die teilnehmenden Länder bindend waren. Die Schuman-Erklärung am 9. Mai 1950 wird als historische Weichenstellung[2] charakterisiert, die als „Europatag" im Verfassungsvertrag als eines der „Symbole der Union" diskutiert wurde (Art. I-8 VVE).

Bei der Schaffung der „Europäischen Gemeinschaft für Kohle und Stahl" (EGKS) verknüpften die „Gründungsväter" (siehe Abbildung II.4.1) unterschiedliche Interessen. In den offiziellen Verlautbarungen lässt sich so ein integrationstypisches „Verhandlungspaket" erkennen.

---

1 Vgl. Dülffer 2004.
2 Vgl. u. a. Brunn 2004: 71.

Abbildung II.4.1: Die fünfziger Jahre – Gründerväter

Quelle: www.europa.eu.

Anhand der Schuman-Erklärung und der Präambel des EGKS-Vertrags (siehe Dokument II.4.1) sind zentrale Elemente einer Integrationspolitik herauszuarbeiten, die auch die Entstehung und Entwicklung der institutionellen Architektur prägten. Die eigentliche Funktion der „Wirtschafts-Organisation" der EGKS wird mit der Verhinderung von „Krieg", Sicherung des „Weltfriedens" und einem Beitrag für die „Zivilisation" verknüpft.

▶ Im Vordergrund standen die unmittelbaren Ziele einer funktional-ökonomischen Interessenausrichtung.[3] Eine industriebezogene Sektorintegration sollte nicht zuletzt auch zu einer sozialpolitisch motivierten Hebung des Lebensstandards führen.
▶ Die EGKS wurde als „erste Etappe der europäischen Föderation" und damit als wesentliche Voraussetzung und zentraler Baustein für die künftige Friedensordnung des Kontinents gesehen. Die Unterstützung der europäischen Integration entsprang damit nicht zuletzt einem tief empfundenen „moralischen" Vorhaben; entsprechende Normen werden in Artikeln des Vertrages über die Europäische Union fortgeschrieben.[4]
▶ Hinter den Formulierungen werden aber noch weitere Motive gesehen. Ein wesentliches französisches Interesse lag darin, durch starke „supranationale" Institutionen die erneut wachsende Macht Deutschlands einzuhegen[5].

Dieser grundlegende Wandel französischer Politik von dem Bemühen einer Außenbeherrschung Deutschlands zu einer integrierten Kontrolle auf gleicher Ebene war nicht zuletzt durch Veränderungen der US-amerikanischen Strategie gegenüber Deutschland bestimmt, die im Ost-West-Konflikt eine nachhaltige Stärkung der jungen Bonner Republik anstrebte.[6] Nach Versuchen einer konfrontativen Gegenmachtbildung gegenüber Deutschland änderte sich nun die französische Strategie in Richtung auf ein „integratives Gleichgewicht"[7]. Für die

---
3 Vgl. Weidenfeld 2007a: 17; Milward 2005.
4 Vgl. Art. 6 (1) und (2) EUV.
5 Vgl. Loth 2007: 39; Monnet 1952.
6 Vgl. Brunn 2004: 72-74; Monnet 1978: 370-373.
7 Vgl. zum Begriff: Link 2006: 21-30.

entstehende Bundesrepublik Deutschland lag eine wesentliche Motivation darin, als Gründungsmitglied einer europäischen Organisation eine wichtige Stufe hin zu internationaler Anerkennung und zu einer gleichberechtigten Mitsprache zu nehmen.[8]

Aus den Texten lässt sich nicht zuletzt auch eine Strategie schrittweiser, sektoral begrenzter Integration entdecken, die als „Monnet-Methode" regelmäßig einen wesentlichen Referenzpunkt für europapolitische Debatten bildet. Durch „konkrete Leistungen" soll zunächst eine „tatsächliche Verbundenheit" geschaffen werden (Präambel EGKS-Vertrag, siehe Dokument II.4.1).

Dokument II.4.1: Die fünfziger Jahre – Vorgaben der Schuman-Erklärung und Präambel des EGKS-Vertrags

Erklärung des französischen Außenministers Robert Schuman vom 9. Mai 1950 (Auszug)

[...] Die französische Regierung schlägt vor, die Gesamtheit der französisch-deutschen Kohle- und Stahlproduktion einer gemeinsamen Hohen Behörde zu unterstellen, in einer Organisation, die *den anderen europäischen Ländern* zum Beitritt offensteht. Die Zusammenlegung der Kohle- und Stahlproduktion wird sofort die Schaffung gemeinsamer Grundlagen für die wirtschaftliche Entwicklung sichern – *die erste Etappe der europäischen Föderation* – und die Bestimmung jener Gebiete ändern, die lange Zeit der Herstellung von Waffen gewidmet waren, deren sicherste Opfer sie gewesen sind.

Die Solidarität der Produktion, die so geschaffen wird, wird bekunden, daß *jeder Krieg zwischen Frankreich und Deutschland* nicht nur undenkbar, sondern materiell unmöglich ist. Die Schaffung dieser mächtigen Produktionsgemeinschaft, die allen Ländern offensteht, die daran teilnehmen wollen, mit dem Zweck, allen Ländern, die sie umfaßt, die notwendigen Grundstoffe für ihre industrielle Produktion zu gleichen Bedingungen zu liefern, wird die realen Fundamente zu ihrer wirtschaftlichen Vereinigung legen. [...]

Präambel des EGKS-Vertrags (1951)

IN DER ERWÄGUNG, dass der *Weltfriede* nur durch schöpferische, den drohenden Gefahren angemessene Anstrengungen gesichert werden kann,

IN DER ÜBERZEUGUNG, daß der Beitrag, den ein organisiertes und lebendiges *Europa für die Zivilisation* leisten kann, zur Aufrechterhaltung friedlicher Beziehungen unerläßlich ist,

IN DEM BEWUSSTSEIN, daß Europa nur durch *konkrete Leistungen*, die zunächst eine *tatsächliche Verbundenheit* schaffen, und durch die Errichtung gemeinsamer Grundlagen für die wirtschaftliche Entwicklung aufgebaut werden kann,

IN DEM BEMÜHEN, durch die Ausweitung ihrer Grundproduktionen zur *Hebung des Lebensstandards* und zum *Fortschritt der Werke des Friedens* beizutragen,

ENTSCHLOSSEN, an die Stelle der *jahrhundertealten Rivalitäten* einen Zusammenschluss ihrer wesentlichen Interessen zu setzen, durch die Errichtung einer wirtschaftli-

---

8 Vgl. Brunn 2004: 80.

> chen Gemeinschaft den *ersten Grundstein für eine weitere und vertiefte Gemeinschaft* unter Völkern zu legen, die lange Zeit durch blutige Auseinandersetzungen entzweit waren, und die *institutionellen Grundlagen* zu schaffen, die einem nunmehr *allen gemeinsamen Schicksal die Richtung* weisen können [...]

Hervorhebungen durch den Autor.

Entsprechend diesen Interessen und Begründungen kann die EGKS – wie 40 Jahre später die Europäische Wirtschafts- und Währungsunion[9] – unterschiedlich interpretiert werden als:

▶ Strategie einer grenzüberschreitenden Problemverarbeitung auf einem zentralen Sektor der Wirtschaftspolitik;
▶ politisch notwendiger Schritt zu einem „föderalen Europa";
▶ Teil einer französischen Strategie, das (ökonomisch) stärkere Deutschland durch gemeinsame Institutionen einzubinden;
▶ Kernelement einer deutschen Politik, die eigene Position im Zentrum Europas und in der Welt zu stärken;
▶ Mittel zur Stärkung der internationalen Rolle Europas im globalen (wirtschaftlichen) Wettbewerb;
▶ Strategie kleinerer Mitgliedstaaten, durch gleichberechtigte Beteiligung in gemeinsamen Institutionen ihr eigenes Schicksal wirksamer beeinflussen zu können.

Mit dem Aufbau der EGKS durch eine kleine Gruppe von Staaten erfolgte eine „Zweiteilung" des demokratischen Westeuropas in eine Gruppe integrationswilliger und -fähiger Staaten mit Präferenzen für eine supranationale Ausrichtung einerseits und eine Gruppe nur kooperationsbereiter Staaten andererseits. Diese Trennlinie wirkte in den fünfziger Jahren weiter bis hin zur Gründung der European Free Trade Area (EFTA) als einer „Konkurrenz"-Organisation der weniger integrationsbereiten Staaten Westeuropas gegenüber der EWG. Unterschiede in dieser Grundhaltung sind auch weiterhin bei Plänen zu einem „Kerneuropa"[10], einem „Gravitationszentrum"[11] bzw. einer „Pioniergruppe"[12] zu erkennen.[13]

Wie die Gründung der EGKS illustriert, sind wesentliche Wegmarken zur Gestaltung des EU-Systems durch eine produktive Kombination unterschiedlicher politischer und wirtschaftlicher Interessen und Motive zu erklären. Veränderungen im internationalen System mit einer starken Einflussnahme der USA sowie die aktive Rolle einiger Politiker (Monnet, Schuman, Adenauer) spielten dabei eine besondere Rolle. So wirkten bei diesem quasi-konstitutionellen Akt der Systemgestaltung Faktoren, die mit unterschiedlichen Ausprägungen bei jeder weiteren Weichenstellung zu beobachten sind.

---

9 Vgl. zur intensiven Diskussion Zimmermann/Torres/Verdun 2006.
10 Schäuble/Lamers 1994.
11 Fischer 2000.
12 Chirac 2000.
13 Vgl. Kapitel V.

4.2 Zur institutionellen Architektur: Genese der supranationalen Struktur

In der EGKS wurde eine institutionelle Architektur angelegt, die trotz der nachfolgenden erheblichen Ergänzungen und Veränderungen eine wesentliche Grundlage des EU-Systems bildet (siehe Abbildung II.4.2).

Abbildung II.4.2: Die fünfziger Jahre – Institutionelle Architektur der EGKS (1951)

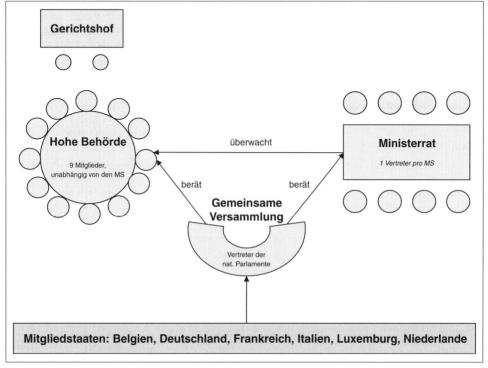

Quelle: Eigene Darstellung.

Ins Zentrum setzten die Vertragsarchitekten eine unabhängige Institution, die „Hohe Behörde", die in die heutige Europäische Kommission überging; sie wurde mit weit reichenden supranationalen Befugnissen gegenüber den Mitgliedstaaten und direkten Adressaten ihrer Entscheidungen ausgestattet. Nachhaltig betonten die geschriebenen Bestimmungen „volle Unabhängigkeit" der Mitglieder, die dem „allgemeinen Wohl" dienen sollten (siehe Dokument II.4.2).

Neben die Hohe Behörde stellte der EGKS-Vertrag einen „Rat" aus Ministern der Mitgliedstaaten. Eine „Versammlung" aus Abgeordneten der nationalen Parlamente mit geringen Kontroll- und Beratungsbefugnissen wurde erst spät bei der Aushandlung des Vertrags eingeführt (Art. 20-25 EGKS-Vertrag). Von nachhaltiger Bedeutung für den Charakter dieser supranationalen Konstruktion als „Rechtsgemeinschaft"[14] wurde die Errichtung eines „Europäi-

---
14 Vgl. Oppermann 1979: 343.

Dokument II.4.2: Die fünfziger Jahre – Vertragsvorgaben zur Unabhängigkeit der Hohen Behörde

> **EGKS-Vertrag**
>
> **Art. 9**
>
> „Die Mitglieder der Kommission (Hohe Behörde) üben ihre Tätigkeit *in voller Unabhängigkeit* zum *allgemeinen Wohl* der Gemeinschaft aus. Sie dürfen bei der Erfüllung ihrer Pflichten *Anweisungen* von einer Regierung oder einer anderen Stelle weder anfordern noch *entgegennehmen*. Sie haben jede Handlung zu unterlassen, die mit ihren Aufgaben unvereinbar ist. Jeder Mitgliedstaat verpflichtet sich, diesen Grundsatz zu achten und nicht zu versuchen, die Mitglieder der Kommission bei der Erfüllung ihrer Aufgaben zu beeinflussen."

Hervorhebungen durch den Autor.

schen Gerichtshofs". Auffallend ist – im Vergleich zu den Institutionen der heutigen Architektur – insbesondere das Fehlen einer Institution der Staats- und Regierungschefs.

In dieser Konstruktion um die Hohe Behörde schlug sich das Politikverständnis Jean Monnets nieder, das auf das Wirken einer selbständigen supranationalen Expertentechnokratie setzte.[15] Politikern – seien es nationale Minister oder europäische Abgeordnete – sollten enge Grenzen der Einflussnahme gesetzt werden. Dieses Erbe der frühen Konstruktion beeinflusste immer wieder die weitere Ausgestaltung der institutionellen Architektur; ein Beispiel bildet die Europäische Zentralbank, die als Expertengremium über weit reichende personelle, instrumentelle, funktionale und finanzielle Unabhängigkeit verfügt.[16]

Der quasi-konstitutionelle Gründungsakt der EGKS stellt für die Systemgestaltung des Integrationsprozesses den ersten wesentlichen Schritt zu einer neuartigen supranationalen Form dar,[17] die – zumindest nach den Vertragsbuchstaben – durch eine Übertragung von nationalen Zuständigkeiten auf eine europäische Ebene mit bindenden Entscheidungsrechten einer „Hohen Behörde" und eines Gerichthofs gekennzeichnet war.

4.3 Europäische Verteidigungsgemeinschaft (EVG) und Europäische Politische Gemeinschaft (EPG): Das Scheitern föderaler Projekte

Für die Einigungspolitik der frühen fünfziger Jahre sind auch die Pläne zur Europäischen Verteidigungsgemeinschaft (EVG) und der damit verbundenen Europäischen Politischen Gemeinschaft (EPG) zu erwähnen. Obwohl diese Vorhaben nach der Ratifizierung in fünf Mitgliedstaaten in der französischen Nationalversammlung 1954 scheiterten und sich damit möglicherweise als föderale „Irrwege"[18] als nicht tragfähig erwiesen, bilden sie einen aufschlussreichen Teil des Erbes konzeptioneller Debatten um institutionelle Leitideen.

Angesichts der Verschärfung des Kalten Kriegs und des Drucks der USA auf eine Wiederbewaffnung (West-)Deutschlands hatte der französische Ministerpräsident Pleven die Schaf-

---

15 Vgl. zu derartigen Modellen: Bach 2005; Wessels 2003b; 2000: 117-120.
16 Vgl. Kapitel III.8.
17 Vgl. zu Definition Kapitel I.3.
18 Brunn 2004: 88-99.

fung einer europäischen Armee unter der Führung eines europäischen Verteidigungsministers vorgeschlagen. In dem ausgehandelten Vertragstext war die Zielvorstellung der EVG, „gemeinsame Verteidigungsstreitkräfte" im Rahmen einer „überstaatlichen Organisation völlig zu verschmelzen", weit gesteckt (Präambel EVG; siehe Dokument II.4.3). Auch für das „Kommissariat" als einer Art Exekutive wurde der „überstaatliche Charakter" betont. Offen ließ der Vertrag die politische Finalität, für die der Art. 38 des EVG-Vertrags mit den Begriffen „Bundesstaat" und „Staatenbund" zwei Optionen vorlegte. Diese Lücke einer gemeinsamen politischen Basis sollte der Vertrag zur Europäischen Politischen Gemeinschaft füllen.

Dokument II.4.3: Die fünfziger Jahre – Vertragsvorgaben zur EVG

Präambel EVG-Vertrag

„[Die Staatsoberhäupter Deutschlands, Belgiens, Frankreichs, Italiens, Luxemburgs und der Niederlande] [...] haben erwogen, dass das beste Mittel, dieses Ziel (die Verteidigung der westlichen Welt zu sichern, Anm. d. Autors) – rasch und wirksam zu erreichen, darin besteht, Menschen und Hilfsquellen, soweit das mit den militärischen Erfordernissen verträglich ist, in *gemeinsamen Verteidigungsstreitkräften* im Rahmen einer *überstaatlichen europäischen Organisation völlig zu verschmelzen.*"

Art. 20 EVG-Vertrag

„Das Kommissariat hat nach Maßgabe dieses Vertrages Handlungs- und Aufsichtsbefugnisse zur Erfüllung der Aufgaben [...]. Die Mitglieder des Kommissariats dürfen bei der Erfüllung ihrer Pflichten weder Anweisungen von einer Regierung einholen, noch solche Anweisungen entgegennehmen. Sie haben jede Handlung zu unterlassen, die mit dem *überstaatlichen Charakter* ihrer Tätigkeit unvereinbar ist. Jeder Mitgliedstaat verpflichtet sich, diesen *überstaatlichen Charakter* zu achten und nicht zu versuchen, die Mitglieder des Kommissariats bei der Erfüllung ihrer Aufgaben zu beeinflussen."

Art. 38 EVG-Vertrag

Die endgültige Organisation, die an die Stelle der vorläufigen Organisation treten wird, soll so beschaffen sein, daß sie den Bestandteil eines späteren *bundesstaatlichen oder staatenbündischen Gemeinwesens* bilden kann, das auf dem Grundsatz der Gewaltenteilung beruhen und insbesondere über ein Zweikammersystem verfügen soll."

Quelle: http://www.politishce-union.de/evgv/. Hervorhebungen durch den Autor.

In diesem Vertrag zur Europäischen Politischen Gemeinschaft – erarbeitet durch eine Ad-hoc-Versammlung – wurde eine konstitutionelle Leitidee entwickelt, die für spätere Versuche der Verfassungsgebung immer wieder als ein Orientierungspunkt diente.[19] Die vorgelegten Baupläne zur institutionellen Architektur (siehe Abbildung II.4.3) waren durch eine Mischung intergouvernementaler und supranationaler Elemente geprägt,[20] die sich im Verhandlungsprozess von ursprünglich stark föderal ausgerichteten Leitideen entfernt hatten.

---

19 Vgl. u. a. Weidenfeld 2007a: 18f.
20 Vgl. Brunn 2004: 94-95.

Abbildung II.4.3: Die fünfziger Jahre – Institutionelle Architektur der EPG

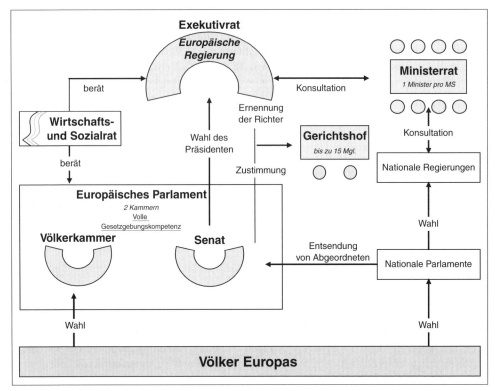

Quelle: Eigene Darstellung.

4.4 Die Europäische Wirtschaftsgemeinschaft (EWG): Veränderte Ansätze

Nach dem Scheitern der EVG und der Übernahme sicherheitspolitischer Funktionen durch das atlantische Bündnis, die durch die NATO-Mitgliedschaft der Bundesrepublik Deutschland nach den Pariser Verträgen 1955 erfolgte, erwies sich der strategische Ansatz der EGKS, politische Einigung über wirtschaftliche Vorhaben anzugehen, für die weiteren Integrationsprojekte in den fünfziger Jahren als prägend, auch wenn diese Strategie zunächst als Rückfalloption gegenüber den gescheiterten weiterreichenden Vorhaben zur politischen Einigung gesehen wurde.

Vom Scheitern von EVG und EPG zum Gelingen der EWG führten intensive Verhandlungen über die Außenministerkonferenz von Messina, die im Rückblick häufig als „neuer Aufbruch" bzw. als Startpunkt für eine „relance Européenne" verklärt wird, und über das nach dem belgischen Politiker Paul-Henri Spaak genannte Komitee, das als Modell für erfolgreiche Vorarbeiten für Vertragsabschlüsse gilt.[21]

---

21 Vgl. u. a. Elvert 2006: 63-72; Weidenfeld 2007a: 19; Brunn 2004: 105-109.

In der technokratisch-funktionalistischen Tradition wurde zunächst der Euratom-Vertrag zur zivilen Nutzung der Atomenergie dem EGKS-Modell nachgebildet. Für die EWG wurden in Form einer „Zollunion" und eines „gemeinsamen Markts" Ziele einer marktwirtschaftlichen Ordnung geplant und eine allgemeine und unbestimmte politische Perspektive von „engeren Beziehungen zwischen den Staaten [...], die in dieser Gemeinschaft zusammengeschlossen sind" (Art. 2 EWG-Vertrag) mit konkreten Tätigkeitsfeldern in einigen wirtschaftspolitischen Bereichen, so z. B. der Agrar- und Verkehrspolitik, kombiniert.

Ein wesentlicher Faktor für die politische Akzeptanz war erneut ein deutsch-französisches Verhandlungspaket,[22] in dem sich auch die anderen vier Gründungsmitglieder wiederfinden konnten; ein zentraler Ausgleich wurde in der Verknüpfung deutscher Interessen an einer Zollunion und dem Gemeinsamen Markt für Industrieprojekte mit französischen Präferenzen für die gemeinschaftliche Agrar- und Entwicklungspolitik und einer Kontrolle der wirtschaftlichen Nutzung der Atomkraft gesehen.

Für diese Aufgabenstellung schrieb die Gründergeneration Grundlinien der institutionellen Architektur fort (siehe Abbildung II.4.4): die Verträge definierten die Funktionen der EWG-Kommission als „Motor der Integration" und „Hüterin der Verträge";[23] der Minister-

Abbildung II.4.4: Die fünfziger Jahre – Institutionelle Architektur der EWG

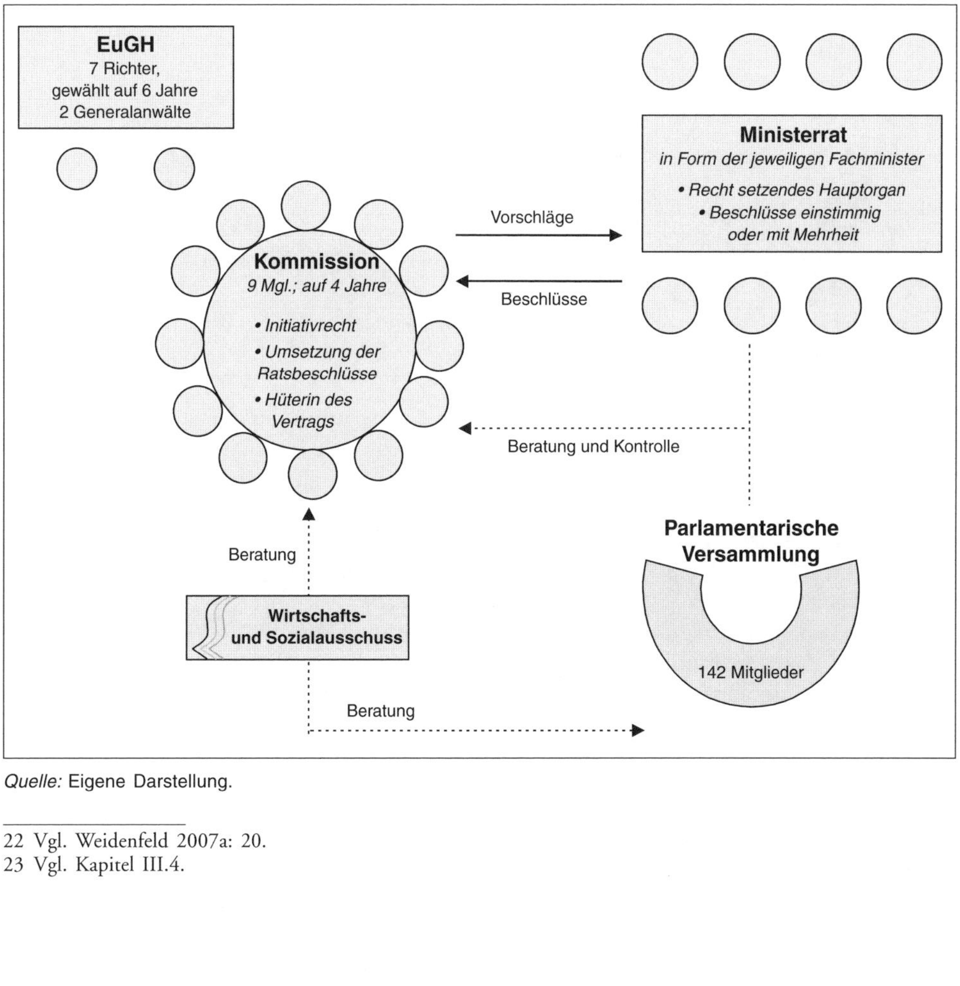

Quelle: Eigene Darstellung.

---

22 Vgl. Weidenfeld 2007a: 20.
23 Vgl. Kapitel III.4.

rat als zentrales Beschlussfassungsorgan sollte in wesentlichen Politikfeldern – so der Agrar- und Handelspolitik – mit qualifizierten Mehrheiten abstimmen können.[24]

Die Vertragsbestimmungen schufen ein Tandem-System, bei dem die Kommission das Vorschlagsmonopol und der Rat die Beschlussfassungskompetenz besaßen (im englischen Sprachgebrauch: „Commission proposes – Council disposes"). Im Vergleich zu den eigenständigen Beschlussrechten der Hohen Behörde verlor die Kommission in den neuen Sektoren gemeinsamer Politik an Autonomie. Kontrollrechte wurden erneut einem Gerichtshof mit weitgesteckten Zuständigkeiten zugesprochen. Das Regelwerk beließ die „Versammlung", die sich 1962 eigenmächtig in „Europäisches Parlament" umtaufte, mit geringen Befugnissen – wenn auch mit dem erst 1979 eingelösten Versprechen einer Direktwahl durch die Gemeinschaftsbürger.

Diese Vertragsartikel der EWG legten damit ein Verfahrensprofil an, das als „Gemeinschaftsmethode"[25] zu einer zentralen Form des Regierens in der EG wurde.[26]

---

24 Vgl. Kapitel III.3.
25 Europäische Kommission 2001b.
26 Vgl. Kapitel IV.

5. Die sechziger Jahre: Anläufe zu alternativen Entwürfen

Übersicht II.5.1: Die sechziger Jahre – Europäische Wegmarken

Zeit	Ereignis
Juli/August 1961	Beitrittsanträge Irlands, Großbritanniens und Dänemarks zur EWG
August 1961	Bau der Berliner Mauer
Januar 1962	Beschluss zur Gemeinsamen Agrarpolitik
April 1962	Ablehnung der Fouchet-Pläne
Januar 1963	Französisches Veto zu Beitrittsverhandlungen mit Großbritannien
Januar 1963	Deutsch-Französischer (Elysée-)Vertrag
ab 30. Juni 1965	„Politik des leeren Stuhls" durch Frankreich
Januar 1966	„Luxemburger Kompromiss": de facto-Verzicht auf Mehrheitsentscheidungen im Ministerrat
Mai 1967	Zweiter Beitrittsantrag Großbritanniens, Irlands und Dänemarks zur EWG
Juli 1967	Fusion der Exekutivorgane von EGKS, EWG und EAG zur Europäischen Gemeinschaft (EG)
Juli 1968	Verwirklichung der Europäischen Zollunion

Die sechziger Jahre waren durch die Parallelitäten mehrerer Entwicklungen und intensiver Kontroversen bei der Gestaltung der EU-Architektur geprägt. Durch den Bau der Berliner Mauer wurde die Teilung Europas zementiert. Mit der Wahl De Gaulles zum französischen Staatspräsidenten betrat ein Akteur die europäische Bühne, der offen nationale Machtpolitik in den Vordergrund seiner europapolitischen Strategie stellte.

In diesem ersten Jahrzehnt der EWG setzten Kommission und Rat zügig – wenn auch nicht ohne Konflikte – zentrale und gewichtige Vertragsvorgaben bei der Zollunion, in der Agrarpolitik sowie in der Handels- und Entwicklungspolitik um. Der EuGH traf wichtige Wegmarkenurteile, die den Vorrang des Gemeinschaftsrechts etablierten und somit den supranationalen Charakter der Gemeinschaft auch in der Rechtspraxis verankerten.[1] Die so genannte „Fusion" der drei Basisverträge führte 1967 zur Schaffung einer einheitlichen institutionellen Struktur der drei Gemeinschaften (EGKS, EWG, Euratom) in Gestalt der Europäischen Gemeinschaften (EG),[2] ohne die institutionellen Regeln zwischen den Organen zu verändern. Diese Vertragsänderung bedeutete damit zumindest keine Aufwertung der Kommission.

Der Erfolg der EWG veranlasste nordeuropäische Staaten unter Führung Großbritanniens, Anträge auf Mitgliedschaft in der EU zu stellen. Diese scheiterten jedoch nach intensiven Diskussionen am Veto des französischen Staatspräsidenten.

Zu Kontroversen führten alternative Vorschläge zum weiteren Ausbau der EU-Architektur: Baupläne intergouvernementaler Ausrichtung, die De Gaulle über seinen Diplomaten Christian Fouchet vorlegte, und Initiativen zur Finanzierung der EWG und damit verbunden einer supranationalen Stärkung der Gemeinschaftsorgane, die vom damaligen Kommissionspräsidenten Walter Hallstein eingebracht wurden, konnten die Mitgliedstaaten nicht durch einen generell akzeptierten Kompromiss überwinden. 1965 verursachte die französische Poli-

---
[1] Vgl. Kapitel III.5; Hobe 2004; Rn. 112; Bieber/Epiney/Haag 2005: 245-249.
[2] Vgl. Brunn 2004: 174.

*Abbildung II.5.1: Die sechziger Jahre – Führungspersönlichkeiten
Charles De Gaulle und Walter Hallstein*

Quelle: www.kas.de (Walter Hallstein, links) und www.eu-history.leidenuniv.nl/ (Charles De Gaulle, rechts).

tik des „leeren Stuhls" eine konstitutionelle Krise. Mit dem „Luxemburger Kompromiss"[3] vom Januar 1966 trat die Union in eine Stagnationsphase ein.

5.1 Die Fouchet-Pläne: Modell einer intergouvernementalen Leitidee

Nach einem erfolgreichen Start der EWG scheiterte zu Beginn der sechziger Jahre erneut ein politisch ausgerichteter Anlauf: die europapolitische Strategie De Gaulles, mit Hilfe der Pläne seines Diplomaten Fouchet den europäischen Einigungsprozess politisch auf weitere Sektoren auszudehnen, so insbesondere auf Außenpolitik, Verteidigung und Kultur, zielte mit einem „Konzert der europäischen Staaten" auf die Entwicklung einer „Konföderation" eines „europäischen" (und nicht atlantischen) Europas.[4] Sein Entwurf einer intergouvernemental geprägten institutionellen Architektur (siehe Abbildung II.5.2) fand keinen Konsens, wenngleich wesentliche Leitideen spätere Entwicklungen – so die Verfahren der Gemeinsamen Außen- und Sicherheitspolitik[5] – mitprägen. Von nachhaltiger Wirkung war insbesondere die Forderung nach regelmäßigen Treffen der Staats- und Regierungschefs, die zunehmend Eingang in die Diskussionen um die institutionelle Architektur fanden und schließlich zur Gründung des Europäischen Rats führten.[6]

Nicht atypisch nach Scheitern von gemeinsamen Initiativen wurden „Ersatzlösungen" gefunden: So war der deutsch-französische Elyséevertrag von 1963 ein Beispiel für den Versuch, eine französisch-deutsche Achse als eine Art Führungsgruppe (im Sprachgebrauch „Direktorium"[7]) außerhalb des Vertragswerks zu bilden.[8]

---

3 Vgl. Kapitel II.5.2.
4 Vgl. Brunn 2004: 365; De Gaulle 1971.
5 Vgl. Kapitel IV.6.
6 Vgl. Wessels 1980: 80-81.
7 Vgl. Kapitel V.
8 Vgl. Kapitel V.

Abbildung II.5.2: Die sechziger Jahre – Institutionelle Architektur gemäß Fouchet-Plan

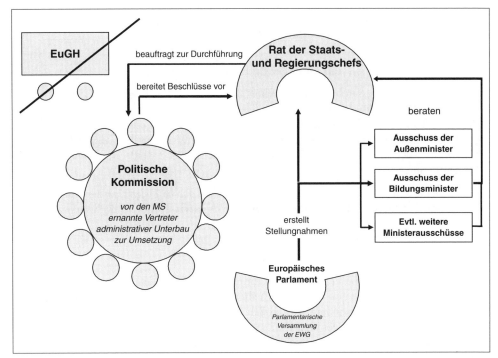

Quelle: Eigene Darstellung in Anlehnung an Art. 4 des Vertragsentwurfs des Fouchet-Plans II, abgedruckt in Siegler 1968: 125.

5.2 Die Krise des „leeren Stuhls" und der „Luxemburger Kompromiss": Wandel der Praxis

1965 löste der französische Staatspräsident De Gaulle die bis dahin schwerste konstitutionelle Krise der Gemeinschaft aus, indem er seine Minister aus dem Ministerrat zurückzog. Mit dieser Politik des „leeren Stuhls" wollte der französische Staatspräsident Abstimmungen mit qualifizierter Mehrheit im Ministerrat zu wichtigen Sachgebieten verhindern, falls „sehr wichtige" nationale (französische) Interessen bedroht wären. Unmittelbar war diese Strategie gegen den Vorschlag der EWG-Kommission unter dem damaligen Präsidenten Hallstein gerichtet, der mehrere institutionelle Schritte hin zu einer föderalen Ausrichtung der institutionellen Architektur mit einer Umsetzung der von Frankreich angestrebten Agrarpolitik verknüpfen wollte.[9] Der „Luxemburger Kompromiss" von 1966 (siehe Dokument II.5.1) sollte diesen Konflikt lösen, indem Frankreich ein Vetorecht bei Mehrheitsbeschlüssen reklamierte.

---

9 Vgl. Brunn 2004: 173-174; Gillingham 2003: 68-72; Hallstein 1969: 50.

Ohne die geschriebenen Vertragsartikel selbst unmittelbar zu ändern und ohne damit eindeutig vertragsrechtlich fixiert zu sein, setzte diese Übereinkunft eine ungeschriebene Norm[10]

Dokument II.5.1: Die sechziger Jahre – Luxemburger Kompromiss

> **Luxemburger Erklärung von 1966**
>
> „I. Stehen bei Beschlüssen, die mit Mehrheit auf Vorschlag der Kommission gefaßt werden können, *sehr wichtige Interessen* eines oder mehrerer Partner auf dem Spiel, so werden sich *die Mitglieder des Rats* innerhalb eines angemessenen Zeitraums *bemühen*, zu *Lösungen* zu gelangen, die von *allen Mitgliedern* des Rats unter Wahrung ihrer gegenseitigen Interessen und der Interessen der Gemeinschaft gemäß Artikel 2 des Vertrags *angenommen* werden können.
>
> II. Hinsichtlich des vorstehenden Absatzes ist die *französische Delegation* der Auffassung, daß bei sehr wichtigen Interessen die Erörterung fortgesetzt werden muß, bis ein *einstimmiges Einvernehmen* erzielt worden ist."

Quelle: Lipgens 1986: 485-487, hier: 486; Hervorhebungen durch den Autor.

und prägte so nachhaltig die Praxis der Verhandlungen im Rat: Mehrheitsabstimmungen bildeten über zwei Jahrzehnte eine seltene Ausnahme.[11] Der Luxemburger Kompromiss wurde auch immer wieder – insbesondere von großen Staaten – in schwierigen Konstellationen als Rückfall- bzw. Drohpotential genutzt. Eine weitere Folge lässt sich in späteren Vertragsergänzungen erkennen, die in einem begrenzten Fall der GASP eine verfahrensmodifizierte Vetoformel (Art. 23 (2) EUV) einführten.[12] Jedoch ist dabei ein strategischer Unterschied festzustellen: Sollte der Luxemburger Kompromiss bereits bestehende Möglichkeiten zugunsten einzelner Mitgliedstaaten begrenzen, so soll die Formel des Amsterdamer Vertrags gerade neue Möglichkeiten für Abstimmungen im Rat eröffnen und erkauft diese mit der Gewährung einer Rückfallposition.

In der gelebten Vertragsrealität veränderte der Luxemburger Kompromiss insbesondere die Rolle der Kommission; nach einer Phase als „Motor" in der ersten Hälfte der sechziger Jahre übernahm sie zunehmend die Rolle eines zurückhaltenderen „Moderators".

In Hinsicht auf die geschriebenen Vertragstexte fanden so trotz mehrerer Bemühungen in den 60er Jahren keine nennenswerten Veränderungen statt. Gescheitert waren Anläufe sowohl zur stärker intergouvernementalen (Fouchet-Plan) als auch zur föderalen Ausrichtung (Hallstein-Initiative).

---

10 Vgl. Weidenfeld 2007a: 21.
11 Vgl. Engel/Borrmann 1991.
12 Vgl. auch Kapitel IV.5.

6. Die siebziger Jahre: Konzeptionelle Weichenstellungen und begrenzte Schritte zur Systemgestaltung

Übersicht II.6.1: Die siebziger Jahre – Europäische Wegmarken

Zeit	Ereignis
Dezember 1969	Gipfelkonferenz von Den Haag: Dreierstrategie zur Vertiefung, Erweiterung und Vollendung
April 1970	Vertrag von Luxemburg: Einführung der Eigenmittel und erweiterte Haushaltsbefugnisse des Parlaments
Oktober 1970	Werner-Bericht über die stufenweise Verwirklichung der WWU Davignon-Bericht über die Europäische Politische Zusammenarbeit (EPZ)
Oktober 1972	Gipfelkonferenz von Paris: Beschluss zum Ausbau der EG zur „Europäischen Union", Zeitplan zur Verwirklichung der WWU
1973 Januar 1973 Juli 1973 Oktober 1973	4. Nahost-Krieg und Ölpreisschock Norderweiterung: Beitritt Irlands, Großbritanniens und Dänemarks Kopenhagener Bericht über den Fortschritt der EPZ Kopenhagener (Krisen-)Gipfel
Dezember 1974	Gipfelkonferenz von Paris: Gründung des Europäischen Rats
1975 August 1975 Dezember 1975	Änderung des Haushaltsverfahrens Unterzeichnung der Schlussakte zur KSZE in Helsinki Tindemans-Bericht zur Europäischen Union
Juli 1978	Gipfelkonferenz in Bremen: Beschluss zur Gründung des Europäischen Währungssystems (EWS) und Einführung des ECU (European Currency Unit)
Juni 1979	Erste Direktwahlen zum Europäischen Parlament

Für die weitere Entwicklung der integrationspolitischen Konstruktion waren die politischen und wirtschaftlichen Entwicklungen des Jahres 1968 von nachhaltiger Bedeutung. Der Einmarsch von Truppen des Warschauer Pakts in Prag und die Verschärfung des Kriegs in Vietnam verringerten Hoffnungen auf eine systemübergreifende Annäherung zwischen den Blöcken und eine von De Gaulle propagierte Rolle Europas als dritte Macht unabhängig von den beiden Supermächten USA und UdSSR. Die Studentendemonstrationen und Streiks von 1968 schwächten insbesondere die wirtschaftliche, damit aber auch die politische Stellung Frankreichs in Europa und die Autorität De Gaulles.

Die Rahmenbedingungen für die Integrationsprozesse in den siebziger Jahren waren weiterhin durch mehrere Entwicklungen des internationalen Systems geprägt. Eine Entspannung im Ost-West-Verhältnis, die in der Schlusserklärung der „Konferenz für Sicherheit und Zusammenarbeit" (KSZE) von Helsinki 1975 ihren Ausdruck fand, sowie die Folgen des 4. Nahostkrieges von 1973 – einschließlich der Erdölverknappung – und Turbulenzen im internationalen Währungssystem durch das Ende des „Bretton-Woods-Systems" spielten eine wichtige Rolle. Die wirtschaftlichen Schwierigkeiten der westeuropäischen Wohlfahrtstaaten nahmen seit 1973 deutlich zu. Nach dem Rücktritt De Gaulles und einem Regierungswechsel sowohl in Deutschland als auch in Frankreich entwickelten die neuen Führungspersönlichkeiten jeweils spezifische europapolitische Initiativen.

Entgegen der Charakterisierung der Periode 1965 bis 1985 als „finsterem Mittelalter" („dark ages") der Integrationsgeschichte[1] haben die Staats- und Regierungschefs in den siebziger Jahren mit einer kompromiss- und konsensfördernden Dreierstrategie wesentliche Grundlagen für den weiteren Ausbau des EU-Systems und dessen institutioneller Architektur geschaffen. Einige Programmpunkte wurden jedoch erst in den achtziger und neunziger Jahren aufgegriffen und umgesetzt.

6.1 Die Gipfelkonferenzen von Den Haag und Paris: Verhandlungspakete mit umfassenden Zielvorgaben

Nach dem Scheitern der gaullistischen Pläne zur Stärkung Frankreichs infolge der nationalen und internationalen Ereignisse von 1968 und mit der veränderten deutschen Ostpolitik der sozialliberalen Regierung unter Brandt und Scheel setzte 1969 eine neue Phase in der Gestaltung des EU-Systems ein. Zu den – heute häufig unterbewerteten – integrationspolitischen Anläufen ist das politische Verhandlungspaket des deutsch-französischen Gespanns von Bundeskanzler Willy Brandt und des französischen Präsidenten Georges Pompidou zu zählen, die auf den Gipfelkonferenzen von Den Haag 1969 und Paris 1972 eine richtungsweisende Dreierstrategie vorschlugen (siehe Dokument II.6.1).[2] Diese Koppelung von Elementen der Politik- und Systemgestaltung wurde auch in den folgenden Jahrzehnten in Grundzügen regelmäßig bei jeder historischen Wegmarke verfolgt.[3]

Dokument II.6.1: Die siebziger Jahre – Die Gipfel von Den Haag und Paris

Schlusserklärung des Gipfels von Den Haag (1969) (Auszüge)	Schlusserklärung des Gipfels von Paris (1972) (Auszüge)
5. Hinsichtlich der *Vollendung* der Gemeinschaften haben die Staats- bzw. die Regierungschefs den Willen der Regierungen bekräftigt, [...] in die Endphase der Europäischen Gemeinschaft einzutreten und Ende 1969 die *endgültigen Finanzregelungen* der gemeinsamen *Agrarpolitik* festzulegen. Sie vereinbarten, [...] die Beiträge der Mitgliedstaaten [...] schrittweise durch *eigene Einnahmen* zu ersetzen [...]; desgleichen kamen sie überein, die *Haushaltsbefugnisse des Europäischen Parlaments* zu verstärken. Die Frage der direkten Wahl wird weiter vom Ministerrat geprüft. 8. Sie bekräftigen ihren Willen, den für die Stärkung der Gemeinschaften und für ihre Entwicklung zur Wirtschaftsunion erforderlichen weiteren Ausbau beschleunigt voranzutreiben. [...] Zu diesem Zweck sind sie übereingekommen, daß im Rat [...] ein *Stufenplan für die Errichtung einer Wirtschafts- und Währungsunion* ausgearbeitet wird. [...]	*Wirtschafts und Währungspolitik* 1. Die Staats- und Regierungschefs bekräftigen den Willen der Mitgliedstaaten und der erweiterten europäischen Gemeinschaften, die *Wirtschafts- und Währungsunion* so zu verwirklichen, daß Erreichtes nicht aufgegeben wird [...]. Im Laufe des Jahres 1973 werden die Beschlüsse gefaßt werden, die notwendig sind, um den Übergang zur zweiten Stufe der Wirtschafts und Währungsunion am 1. Januar 1974 zu verwirklichen, damit die Union spätestens am 31. Dezember 1980 vollendet ist. [...] 3. Die Staats- und Regierungschefs erklärten nachdrücklich, daß die *engere Koordinierung der Wirtschaftspolitiken* der Gemeinschaft erforderlich und zu diesem Zweck die Einführung wirksamerer Gemeinschaftsverfahren notwendig ist. [...]

1991: 8.
179-183.
2004: 18-24.

Schlusserklärung des Gipfels von Den Haag (1969) (Auszüge)	Schlusserklärung des Gipfels von Paris (1972) (Auszüge)
13. Sie bekräftigen ihre Übereinstimmung hinsichtlich des Grundsatzes der *Erweiterung* der Gemeinschaft [...]. Soweit die beitrittswilligen Staaten die Verträge und deren politische Zielsetzung, das seit Vertragsbeginn eingetretene Folgerecht und die hinsichtlich des Aufbaus getroffenen Optionen akzeptieren, haben die Staats- und Regierungschefs der Eröffnung von Verhandlungen zwischen der Gemeinschaft und den beitrittswilligen Staaten zugestimmt. [...] 15. Sie beauftragen die Außenminister mit der Prüfung der Frage, wie in der Perspektive der Erweiterung am besten Fortschritte auf dem Gebiet der *politischen Einigung* erzielt werden können.	*Stärkung der Institutionen* 15. [...] Der Rat wird bis zum 30. Juni 1973 praktische Maßnahmen zur *Verbesserung seiner Entscheidungsverfahren* und der Kohärenz der Tätigkeit der Gemeinschaft treffen. *Europäische Union* 16. Die Staats- und Regierungschefs, die sich als *vornehmstes Ziel* gesetzt haben, die *Gesamtheit der Beziehungen* der Mitgliedstaaten in absoluter Einhaltung der bereits geschlossenen Verträge *vor dem Ende dieses Jahrzehnts* in eine *Europäische Union* umzuwandeln, bitten die Organe der Gemeinschaft, hierüber vor Ende 1975 einen Bericht auszuarbeiten, der einer späteren Gipfelkonferenz unterbreitet werden soll.

Quellen: Lipgens 1986: 503-505 (linke Spalte); Sasse 1975: 236-246 (rechte Spalte); Hervorhebungen durch den Autor.

Die Kernelemente der Dreierstrategie bestanden aus:

▶ der „Vollendung" der Gemeinschaft, insbesondere durch die Finanzierung der Agrarpolitik;
▶ der „Erweiterung" insbesondere um das Vereinigte Königreich;
▶ einer „Vertiefung", die in mehreren Aufgabenfeldern gleichzeitig angelegt wurde.

Mit den Zielvorgaben und Forderungen nach einer „Wirtschafts- und Währungsunion" (WWU), einer „Europäischen Union" und einer „Politischen Zusammenarbeit" formulierten sie zentrale Leitbegriffe für den weiteren Ausbau der Integrationskonstruktion. Dazu öffneten die Gipfelkonferenzen die Agenda der Organe auch für zusätzliche Politikfelder. Mit Vorgaben für die Umwelt-, Sozial-, Technologie- und Regionalpolitik lancierten die Staats- und Regierungschefs Initiativen, die in der Praxis in mehreren Formen und Verfahren umgesetzt und erprobt wurden, um von späteren Regierungskonferenzen in Vertragsartikel gegossen zu werden. Die Staats- und Regierungschefs gaben verstärkt Zeitpläne vor – auch diese Methode wurde ein typisches Merkmal für systemgestaltende Beschlüsse.

Rückblickend wird aus den Gipfelbeschlüssen 1969 und 1972 ein „Stammbaum" an Vorgaben für die weitere Gestaltung der Integrationskonstruktion deutlich.[4]

Im Unterschied zu den umfassend gesteckten Zielvorgaben und dem erweiterten Aufgabenkatalog wurden keine unmittelbaren Schritte zur „Stärkung der Institutionen bzw. Verbesserung der Entscheidungsverfahren" (Punkt 15 der Pariser Schlusserklärung) ins Auge gefasst. Die erste Erweiterung erfolgte so nicht nur ohne eine institutionelle Vertiefung, sondern auch ohne über die Leitideen zur institutionellen Architektur eine belastbare Einigung erzielt zu haben.

Insgesamt blieben mehrere Initiativen zur Vertiefung in den Krisen nach dem 4. Nahostkrieg (1973) zunächst ohne Umsetzung. So scheiterte nach dem „Werner Bericht" ein erster Anlauf zur Wirtschafts- und Währungsunion.[5] Der Davignon-Bericht zur Europäischen Politischen Zusammenarbeit (EPZ) sah nur „weiche", unverbindliche Formen einer intergouvernementalen Zusammenarbeit vor. Der von den Regierungschefs an den belgischen Premiermi-

---
4 Vgl. Mittag/Wessels 2004: 27.
5 Vgl. Brunn 2004: 214-221.

Abbildung II.6.1: Die siebziger Jahre – Das deutsch-französische Führungsduo Willy Brandt und Georges Pompidou

Quelle: http://www.dfjw.org/netzwerk/images/brandt_2.jpg.

nister Tindemans in Auftrag gegebene Bericht zur näheren Bestimmung des Vorhabens, eine Europäische Union bis 1980 zu schaffen,[6] legte einen Entwurf vor, der insbesondere die in den Gipfelerklärungen nicht geregelten Fragen der institutionellen Architektur behandelte. Seine Vorschläge fanden jedoch unter den Regierungschefs keinen Konsens;[7] aber wie bei den Fouchet-Plänen wurden in späteren Vertragsänderungen Elemente seiner Konzeption aufgegriffen. Insbesondere Vorschläge für einen „neuen Lösungsansatz", der „ein Europa der mehreren Geschwindigkeiten"[8] bzw. eine „abgestufte oder differenzierte Integration"[9] ermöglichen sollte, wurden später in vielen Vorschlägen für ein flexibles Vorgehen aufgegriffen.[10]

Trotz des Scheiterns oder des Aufschiebens weiterreichende Pläne ist aber für die siebziger Jahre nicht zu übersehen, dass die EG-Mitgliedstaaten gemeinsam nun auch nicht-wirtschaftliche Politikfelder auf ihre Themenliste setzten und auch Teile der auf den Gipfelkonferenzen beschlossenen Aufgabenexpansion[11] in die Tat umsetzten. Sie organisierten ihre Zusammenarbeit in der Außenpolitik im unverbindlichen Rahmen der EPZ, die später im Maastrichter

---

6 Vgl. Schneider/Wessels 1994: Anhang.
7 Vgl. Wessels 1980: 196f.
8 Tindemans-Bericht 1975, zitiert nach Schneider/Wessels 1977: 261.
9 Scharrer 1977: 150-155.
10 Vgl. Kapitel IV und V.
11 Vgl. Kapitel I.1.

Vertrag in die GASP (2. Säule) überführt werden sollte.[12] Im Bereich der Innen- und Justizpolitik entwickelte und erprobte die „TREVI-Gruppe" zur Bekämpfung des internationalen Terrorismus und der internationalen Kriminalität Verfahren, die im Maastrichter Vertrag durch Regelungen in der 3. Säule primärrechtlich fixiert wurden.[13] Die Regierungen entwickelten diese beiden Formen der Zusammenarbeit zunächst außerhalb des rechtlichen und institutionellen Rahmens der Römischen Verträge nach traditionellen intergouvernementalen Verfahren, d. h. insbesondere ohne eine übergeordnete Entscheidungsbefugnis für supranationale Organe vorzusehen. In der Praxis dieser Kooperationen beteiligten sie schrittweise die Kommission,[14] ohne ihr diejenigen Rechte einzuräumen, die sie in den EG-Verträgen ausübte. Dem Europäischen Parlament öffneten sie einige Möglichkeiten zur Diskussion der Themen und Abgabe von unverbindlichen Empfehlungen. Dem EuGH wurden in diesen Politikfeldern keine richterlichen Kontrollrechte zugeschrieben. Mit Blick auf Stufen des Integrationsprozesses ging in diesen Sektoren die Praxis der Zusammenarbeit den Vertragsbuchstaben voraus.[15]

Termingerecht erfolgte jedoch die erste Erweiterungsrunde mit dem Beitritt des Vereinigten Königreichs, Irlands und Dänemarks. Die norwegische Bevölkerung lehnte in einem Referendum den ausgehandelten Vertrag mit der EG ab. Nachdem die „beitrittswilligen Staaten die Verträge und die politische Zielsetzung und das seit Vertragsbeginn eingetretene Folgerecht akzeptiert hatten" (Den Haager Gipfelerklärung Punkt 13), waren die eigentlichen Beitrittsverhandlungen relativ konfliktfrei verlaufen. Belastet wurde die Gemeinschaft aber im Folgenden durch die britischen „re-negotations", die wiederkehrende Kontroversen über den „Britenrabatt" bis zur gegenwärtigen Revision des EG-Budgets auslösen.

Mit dieser Norderweiterung veränderten sich wichtige politische und wirtschaftliche Grundlagen der Integrationskonstruktion. Das Spektrum an europapolitischen Leitbildern und entsprechenden institutionellen Leitideen wurde breiter und kontroverser. Mit diesen Beitritten wurden prägende Vorgaben für weitere europäische Erweiterungsrunden gelegt. So wurde insbesondere die Notwendigkeit der vollständigen Übernahme der jeweils bestehenden Vertragsverpflichtungen (im europäischen Sprachgebrauch „acquis communautaire") durch die Beitrittskandidaten festgeschrieben.[16]

Auch die Vorhaben unter dem Stichwort „Vollendung" erfolgten durch die Einigung zur Agrarfinanzierung. Mit den Vertragsergänzungen zur Schaffung von Eigeneinnahmen und mit Änderungen der Haushaltsverfahren 1970 und 1975 schufen die Mitgliedstaaten ein eigenes Budget für die Gemeinschaft. Gestärkt wurden in diesem Regelwerk „die Haushaltbefugnisse des Europäischen Parlaments" (Pariser Gipfelerklärung Punkt 8), das damit in der institutionellen Architektur – zumindest bei Budgetfragen – aus der Rolle eines Forums heraustrat und aufgrund eines komplexen Verfahrens[17] als Teil der Haushaltbehörde zu einem starken Mitspieler bei der Politikgestaltung werden konnte.

---

12 Vgl. Kapitel IV.5.
13 Vgl. Kap. IV.6.
14 Vgl. Nuttall 1997; Rummel/Wessels 1978.
15 Vgl. Kapitel I.4.
16 Vgl. Art. 13 der Schlusserklärung des Gipfels von Den Haag, Dokument II.6.1.
17 Vgl. Kapitel IV.3.

6.2 Institutionelle Wegmarken: Die Gründung des Europäischen Rats und die Direktwahl des Europäischen Parlaments

Wenn auch aufgrund der wirtschaftlichen und politischen Krisen die ehrgeizigen Vorhaben zur Vertiefung aus der ersten Hälfte der siebziger Jahre nicht fristgemäß umgesetzt werden konnten, so verabschiedeten die Regierungen in der zweiten Hälfte des Jahrzehnts unter dem neuen Führungsgespann des französischen Präsidenten Valéry Giscard d'Estaing und des Bundeskanzlers Helmut Schmidt weitere Meilensteine für die Systemgestaltung in den folgenden Jahrzehnten.

Abbildung II.6.2: Die siebziger Jahre – Das französisch-deutsche Führungsduo Valéry Giscard d'Estaing und Helmut Schmidt

Quelle: http://www.arqnet.pt/imagens2/img_europa.jpg.

In Bezug auf die institutionelle Architektur ist insbesondere die Gründung des Europäischen Rats (1974) (siehe Dokument II.6.2) herauszuheben, mit dem die Regierungschefs ihrer prägenden Rolle in europäischen Angelegenheiten einen Rahmen gaben, ohne damit gleichzeitig die Vertragstexte zu ändern. Die vereinbarte Formulierung ließ die eigentliche Aufgabenstellung dieser Zusammenkünfte offen. Die nationalen Verantwortlichen haben dieses zunächst außervertragliche Gremium zu einer systemgestaltenden Schlüsselinstitution ausgebaut, in der sie wesentliche Schritte zur Vertiefung und Erweiterung vorzeichneten.[18] 1978 hat der Euro-

---

18 Vgl. Kapitel III.2.

päische Rat mit dem Beschluss zur Errichtung des Europäischen Währungssystems (EWS) einen Weg eingeschlagen, der im Maastrichter Vertrag zur Einführung der Wirtschafts- und Währungsunion führte.

Von erheblicher Bedeutung für die weitere Entwicklung der institutionellen Architektur war auch die erste Direktwahl zum Europäischen Parlament (1979) (siehe auch Dokument II.6.2). Von ihr versprachen sich die Anhänger eines föderalen Europas einen Legitimitätsschub für weitere Integrationsinitiativen dieses Organs und damit eine Verringerung des demokratischen Defizits der EG.[19] Die ihnen zugestandenen Rechte im Haushaltsverfahren nutzen die Abgeordneten nach ihrer ersten Direktwahl demokratisch legitimiert intensiv.[20] Weitere Befugnisse wurden dem EP in Aussicht gestellt.

Dokument II.6.2: Die siebziger Jahre – Gipfelkonferenz von Paris 1974: Europäischer Rat und Direktwahl des EP

Kommuniqué der Gipfelkonferenz von Paris, 9./10. Dezember 1974

[...] 3. Die Regierungschefs haben [...] beschlossen, *dreimal jährlich* und jedesmal, wenn dies notwendig erscheint, zusammen mit den Außenministern als Rat der Gemeinschaft und im Rahmen der politischen Zusammenarbeit *zusammenzutreten*. [...]

12. Die Regierungschefs haben festgestellt, dass das Vertragsziel der *allgemeinen Wahl des Europäischen Parlaments* so bald wie möglich verwirklicht werden sollte. [...] Da sich das Europäische Parlament aus Vertretern der Völker Europas zusammensetzt, muß jedes Volk in angemessener Weise vertreten sein. Das Europäische Parlament nimmt am weiteren Aufbau Europas teil. [...] Die *Kompetenzen des Europäischen Parlaments werden erweitert*, insbesondere durch Übertragung bestimmter *Befugnisse im Gesetzgebungsverfahren* der Gemeinschaften.

Quelle: Kommuniqué, Konferenz der Regierungschefs der neun Mitgliedstaaten der Europäischen Gemeinschaft in Paris am 9./10. Dezember 1974, abgedruckt in: Wessels 1980: 399f. Hervorhebungen durch den Autor.

Insgesamt sind im Jahrzehnt nach dem Den Haager Gipfel mehrere parallel verfolgte Strategien bei dieser Gestaltung der institutionellen Architektur zu beobachten:

▶ Bei weitreichenden Bauplänen zeigten die Regierungen eine starke Zurückhaltung: angesichts deutlicher Unterschiede waren weitreichende Gesamtentwürfe für eine politische Finalität – nicht zuletzt angesichts des Scheiterns der Anläufe der fünfziger und sechziger Jahre – nicht tragfähig. Selbst zu dem wenig ehrgeizigen Tindemans-Bericht konnten sie keinen Konsens finden.
▶ Mit einem vielseitig interpretierbaren Begriff einer „Europäischen Union" überdeckten die Regierungschefs Grundkontroversen und öffneten damit gleichzeitig Möglichkeiten für kleinere Schritte in der Praxis, unter anderem mit der Schaffung der EPZ und dem EWS sowie der TREVI-Gruppe, die unterhalb einer Vertragsschwelle mit Elementen für die institutionelle Architektur experimentierten.
▶ Im fortdauernden Spannungsfeld zwischen einer eher supranationalen und einer eher intergouvernementalen Leitidee zur Gestaltung des EU-Systems führten die kleinen Kompro-

---

19 Vgl. u. a. Brunn 2004: 209-214.
20 Vgl. Kapitel III.1.

misse der siebziger Jahre zu einem „sowohl als auch". Exemplarisch ist diese Doppelstrategie an der Vereinbarung der Pariser Gipfelkonferenz von 1974 (siehe Dokument II.6.2) abzulesen, die gleichzeitig sowohl die Rolle nationaler Regierungen durch die Gründung des Europäischen Rats stärkte, als auch durch Direktwahl und Kompetenzerweiterung den Einfluss des EP ausbaute.

▶ Gleichzeitig hielten die Mitgliedstaaten institutionelle Gestaltungsfragen bewusst offen – so wurden z. B. Vorschläge für ein Sekretariat für den Europäischen Rat und die EPZ nicht weiter verfolgt.

Festzustellen ist für diese Periode der Integrationskonstruktion, dass Aufgabenerweiterungen und ehrgeizigen Zielvorgaben kein entsprechender Ausbau der institutionellen Architektur gegenüberstand.

7. Die achtziger Jahre: Erste umfassende Vertragsänderungen

Übersicht II.7.1: Die achtziger Jahre – Europäische Wegmarken

Zeit	Ereignis
Januar 1981	Beitritt Griechenlands
November 1981	Genscher/Colombo-Initiative
Juni 1983	Gipfelkonferenz von Stuttgart; Unterzeichnung der „Feierlichen Deklaration zur Europäischen Union"
Februar 1984	EP: „Entwurf eines Vertrags zur Gründung der Europäischen Union" (Spinelli-Bericht)
Juni 1984	Gipfelkonferenz von Fontainebleau; Beschluss zu Haushaltsfragen
Januar 1986	Beitritt Spaniens und Portugals
Juli 1987	Inkrafttreten der Einheitlichen Europäischen Akte (EEA)
Februar 1988	Verabschiedung des „Delors I-Pakets" zum EG-Haushalt

Prägend für die integrationspolitische Phase zu Beginn der achtziger Jahre war erneut eine „Dialektik von Krise und Reform".[1] Wie häufiger bei den Vertiefungs- und Erweiterungsvorhaben begann auch diese Periode mit dem allgemeinen Gefühl einer krisengestimmten „Eurosklerose"[2]: die Mitgliedstaaten fanden weder zum Einmarsch der Sowjetunion in Afghanistan (1979) noch zur Erklärung des Kriegsrechts in Polen (1980) eine gemeinsame tragfähige Position. In Bezug auf die Verschlechterung des Ost-West-Verhältnisses fanden die Regierungen keine gemeinsame Strategie. Die Anträge auf Mitgliedschaft der südeuropäischen Staaten stellten die „Altmitglieder" vor ein Dilemma, das sich dann verschärft bei den Anträgen der mitteleuropäischen Staaten in den neunziger Jahren wiederholen sollte: zwischen der Erweiterung zur Unterstützung und Stabilisierung junger Demokratien und ihrer wirtschaftlichen und politischen Transformationsprozesse einerseits und einem möglichen Ausbau des bestehenden Systems in einer Gruppe möglichst homogener Staaten andererseits wurden tiefe Spannungen gesehen.

Zudem betraten mit der britischen Premierministerin Margaret Thatcher, dem französischen Staatspräsidenten François Mitterrand und dem griechischen Sozialisten Andreas Georgiou Papandreou Akteure die europäische Bühne, die jeweils ihre eigenen politischen und ökonomischen Vorstellungen sowie europapolitischen Leitbilder hartnäckig vertraten. Angesichts dieser Konstellation wurden erneut und parallel sowohl stärker intergouvernemental als auch stärker supranational ausgerichtete Konzepte eingebracht und verfolgt. Schließlich bestimmte die strategische Nutzung ökonomischer Großprojekte für politische Ziele und entsprechende Anpassungen der institutionellen Architektur auch die nächste Phase der europäischen Integrationskonstruktion, die durch das Inkrafttreten der Einheitlichen Europäischen Akte (EEA) und durch eine insgesamt problemarme Süderweiterung geprägt wurde.

---

1 Weidenfeld 2007a: 25.
2 Vgl. Brunn 2004: 228-234.

7.1 Die Feierliche Erklärung von Stuttgart und der Vertragsentwurf des Europäischen Parlaments: alternative Anläufe

Angesichts der Krisenstimmung zu Beginn der achtziger Jahre ergriffen der deutsche Außenminister Hans-Dietrich Genscher und sein italienischer Kollege Emilio Colombo eine gemeinsame Initiative,[3] die schließlich 1983 während einer deutschen Präsidentschaft zur „Feierlichen Erklärung von Stuttgart" führte. Sie zielte darauf, die Praxis des institutionellen Status quo mit unverbindlichen Absichtserklärungen gangbarer zu machen, ohne eine Vertragsreform einzuleiten.

Eine Alternativstrategie in Richtung einer stärker supranationalen Architektur bildete der vom italienischen Föderalisten Altiero Spinelli nach der ersten Direktwahl des Europäischen Parlaments 1979 entwickelte und von diesem Organ 1984 verabschiedete Vertragsentwurf zur Europäischen Union.[4] Diese Vorlage griffen die Mitgliedstaaten nicht unmittelbar auf.

7.2 Die Einheitliche Europäische Akte (EEA)

Übersicht II.7.2: Die achtziger Jahre – zentrale Weichenstellungen der EEA

- „Europa ohne Grenzen": Binnenmarkt bis 1992
- Vertragliche Formulierung und Angliederung der EPZ
- Ausdehnung der qualifizierten Mehrheit im Rat
- Vertragliche Einbettung von bereits praktizierten Sektorpolitiken (z. B. Umweltpolitik)
- Verstärkung legislativer Befugnisse des EP durch das Verfahren der „Zusammenarbeit" und „Zustimmung"

Mit der Einberufung einer Regierungskonferenz für Vertragsänderungen[5] (siehe Art. 48 EUV), die zur Verabschiedung der „Einheitlichen Europäischen Akte" (seit 1987 in Kraft) führte, setzte der Europäische Rat eine zentrale Wegmarke für weitere Entwicklungen der europäischen Konstruktion.[6] Dieser Schritt beruhte auf einer Führungsgruppe im Europäischen Rat, zu der François Mitterrand und Helmut Kohl sowie der italienische, belgische und niederländische Regierungschef sowie der neue Präsident der EG-Kommission, Jacques Delors, gehörten.

Sie griffen vorliegende Pläne zum Binnenmarkt als strategischen Einstieg in einen Dreistufenplan auf: ausgehend von einem „Europa ohne Grenzen 1992" sollte im zweiten Schritt eine Währungsunion und dann in der dritten Stufe auch eine politische Finalität erreicht werden.[7] Nach einer Regelung für den britischen Finanzbeitrag auf einer Sitzung des Europäischen Rats in Fontainebleau 1984,[8] die besondere Rabatte für diesen Nettozahler festlegte, und Hinweisen, notfalls auch ohne das Vereinigte Königreich voranzugehen,[9] konnte auch die britische

---

3 Vgl. Wessels 1984b: 227.
4 Vgl. Brunn 2004: 237; Knipping 2004: 216; Schöndube 1986; Wessels 1986a; 1984a; 1979.
5 Vgl. Kapitel IV.7.
6 Vgl. u. a. Brunn 2004: 238-244; Knipping 2004; Wessels 1987; 1986b.
7 Vgl. Weidenfeld 2007a: 27-31; Delors 2004; Gaddum 1994: 254-258.
8 Vgl. Brunn 2004: 230-234.
9 Vgl. Brunn 2004: 240; Knipping 2004; Wallace 1985.

Abbildung II.7.1: Die achtziger Jahre – Führungspersönlichkeiten:
Helmut Kohl und François Mitterrand, Jacques Delors

Quelle: http://www.dfjw.org; http://www.historiasiglo20.org.

Premierministerin Thatcher ausreichend eingebunden werden. Sie sah zudem im Projekt eines Europäischen Binnenmarkts interessante Chancen für britische Unternehmen.[10]

Mit der Einheitlichen Europäischen Akte nahmen die Mitgliedstaaten der Europäischen Gemeinschaften die erste umfassende Ergänzung und Revision der EG-Gründungsverträge vor. In dem zentralen Politikbereich des Binnenmarkts sahen die neuen Regeln sowohl eine Steigerung der Handlungsfähigkeit durch erweiterte Möglichkeiten von Mehrheitsabstimmungen im Rat als auch einen demokratiefördernden Einstieg des Europäischen Parlaments in Legislativfunktionen durch das Verfahren der „Zusammenarbeit" vor.[11] Mit diesen neuen Beschlussverfahren sollte (bis 1992) ein „Raum ohne Binnengrenzen, in dem der freie Verkehr von Waren, Personen, Dienstleistungen [...] gewährleistet ist" (Art. 13 EEA), hergestellt werden. Zusätzliche Vertragsbestimmungen regelten weitere Politikbereiche, so die Forschungs- und Technologiepolitik, die Umweltpolitik, Arbeitsschutzmaßnahmen in der Sozialpolitik sowie die Zusammenarbeit in der Wirtschafts- und Währungspolitik. Diese Artikel nahmen Trends der siebziger Jahre zur Ausdehnung der Aufgaben auf und fassten Erfahrungen aus der vorangegangenen Praxis in Vertragsbuchstaben, ohne mit diesen Schritten exklusive Kompetenzen auf die EG zu übertragen.

Eine weitere Stärkung des Europäischen Parlaments erfolgte durch Einführung des Verfahrens der „Zustimmung",[12] bei dem ein Beschluss des Rats ohne einen entsprechenden Beschluss des EP nicht rechtskräftig werden kann. Diese Bestimmungen wurden unter anderem für das Beitrittsverfahren eingeführt.[13]

Titel III der Einheitlichen Europäischen Akte zur „europäischen Zusammenarbeit in der Außenpolitik" schrieb die in früheren Berichten zur Europäischen Politischen Zusammenarbeit vorgenommenen Absichtserklärungen vertraglich fest. Rechtliche Kontroll- und Sanktionsverfahren – wie sie in der EG insbesondere durch den EuGH angelegt waren – sah die

---
10 Vgl. Thatcher 1993.
11 Vgl. Kapitel IV.2.
12 Vgl. Kapitel IV.2.
13 Vgl. Kapitel IV.8.

EEA für dieses Politikfeld nicht vor. Die Staats- und Regierungschefs verankerten in Artikel 2 der EEA auch ihr eigenes Gremium, den Europäischen Rat, dem sie allerdings keinen Status als normales Vertragsorgan der EG verliehen.

Wie bei vorangegangenen Weichenstellungen der europäischen Integrationskonstruktion bündelten die Vertragsarchitekten die erzielten Teilergebnisse in einem Verhandlungspaket, in dem unterschiedliche, ja divergierende Interessen der beteiligten Staaten verknüpft wurden. So konnten sowohl die Regierungen, die an einem Binnenmarkt interessiert waren,[14] als auch die Staaten mit Präferenzen für einen Finanzausgleich im Hinblick auf die Bestimmungen zum „regionalen und sozialen Zusammenhalt" Erfolge melden. Mit dem im folgenden Jahr verabschiedeten Delors-I-Paket (11./12. Februar 1988) trafen die Regierungschefs entsprechende Entscheidungen zur Einnahme- und Ausgabenstruktur des Gemeinschaftsbudgets und damit zur Finanzierung insbesondere der Agrar- und Regionalpolitik.[15] Diese mittelfristigen Festlegungen schreibt der Europäische Rat seitdem regelmäßig in Vereinbarungen zu einem mehrjährigen Finanzrahmen fort.[16]

Insgesamt stellten die Ergebnisse der ersten Vertragsänderung keinen Neuanfang dar, sondern variierten verschiedene Grundmuster der EG-Tradition in dem bereits spätestens seit Anfang der siebziger Jahre abgesteckten Rahmen. Aus den in der Praxis pragmatisch entwickelten Verfahren gemeinsamer Problemverarbeitung wurden in mehreren Bereichen formalisierte Vertragsvorschriften. Die institutionelle Architektur (siehe Abbildung II.7.2) wurde in einigen Punkten reformiert und um einige neue Verfahren ergänzt. Insbesondere die Ausweitung der Mehrheitsabstimmungen im Rat veränderte die Vertragspraxis.[17] Der Einstieg in eine legislative Rolle für das EP stellte Weichen für eine institutionelle Architektur, die durch eine Verschiebung von einem Tandem zwischen Kommission und Rat in Richtung eines institutionellen Dreiecks zwischen Kommission, Rat und nun EP geprägt ist. Die zumindest formale Integration der EPZ in die Gemeinsame Akte legte den Grundstein für die dann in Maastricht verabschiedete Tempelkonstruktion.[18]

Der Status quo der institutionellen Architektur wurde so in vielen Bereichen fortgeschrieben und in begrenzten Schritten weiterentwickelt. Der Konsens zwischen den Mitgliedstaaten bestätigte den interpretationsoffenen Charakter und die Mehrdeutigkeit dieser Konstruktion. Die unterschiedlichen institutionellen Leitideen verfolgten die Regierungschefs in einer abgewogenen Parallelität: Die Vertragsreformen stärkten bei Verfahren und Organen supranationale wie intergouvernementale Charakteristika. Angesichts ungelöster Kontroversen vereinbarten die Mitgliedstaaten – wie dann auch bei den folgenden Vertragsänderungen – unmittelbar eine weitere Revision des Vertragswerks.

Entgegen ersten Stimmen der Enttäuschung, die den zuvor vorgelegten Vertragsentwurf des Europäischen Parlaments als Maßstab nahmen, wird rückblickend deutlich, dass die Vertragsarchitekten mit der EEA eine neue wirtschaftliche und institutionelle Dynamik der Integrationskonstruktion in Gang setzten.

Der Beitritt Griechenlands (1981), Portugals und Spaniens (1986) verlief – nach einigen ersten Schwierigkeiten mit Griechenland – insgesamt innerhalb der vorgegebenen institutionellen Architektur ohne eine Erweiterungskrise. Die neuen Mitglieder brachten ihre spezifischen Interessen – so etwa im Hinblick auf die Strukturfonds – nachhaltig ein und erweiterten

---

14 Vgl. u. a. Thatcher 1993.
15 Vgl. von Urff 1985; Franzmeyer/Seidel 1985.
16 Vgl. Kapitel IV.3.
17 Vgl. Engel/Wessels 1992; Buck 1987.
18 Vgl. Kapitel I, Abbildung I.4.4.

Abbildung II.7.2: Die achtziger Jahre – Änderungen der institutionellen Architektur durch die Einheitliche Europäische Akte

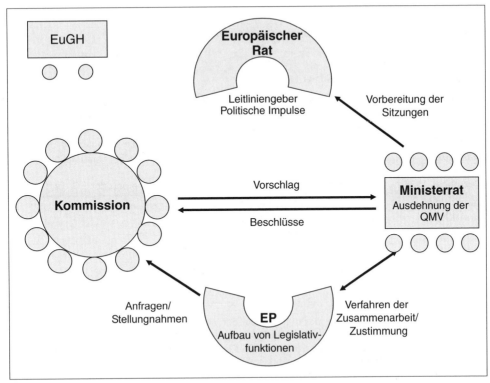

Quelle: Eigene Darstellung.

damit den gemeinsamen Aufgabenkatalog. Insgesamt wurde der Kreis der Mitgliedstaaten zwar erneut heterogener, aber damit wurde das Interesse am Ausbau der Integrationskonstruktion nicht vermindert.

8. Die neunziger Jahre: fundamentale Weichenstellungen nach der Wende

Übersicht II.8.1: Die neunziger Jahre – Europäische Wegmarken

Zeit	Ereignis
November 1989	Fall der Berliner Mauer
Juli 1990	Inkrafttreten der ersten Stufe der WWU
Oktober 1990	Wiedervereinigung Deutschlands: „Beitritt" der fünf neuen (Bundes-)Länder zur EG
Februar 1992	Unterzeichnung des Maastrichter „Vertrages über die Europäische Union"
Mai 1992	Abkommen zur Schaffung eines „Europäischen Wirtschaftsraumes" (EWR aus EG und EFTA)
Dezember 1992	Verabschiedung des „Delors II-Pakets" zur Finanzierung der EG bis 1999
Januar 1993	(weitgehende)Vollendung des Binnenmarkts
Juni 1993	Kopenhagener Kriterien zur Erweiterung
November 1993	Inkrafttreten des Vertrags von Maastricht
Januar 1994	Inkrafttreten der zweiten Stufe der WWU
Januar 1995	Beitritt Schwedens, Finnlands und Österreichs zur EU
März 1995	Inkrafttreten des Schengener Abkommens
Oktober 1997	Unterzeichnung des Vertrags von Amsterdam
Januar 1999	Inkrafttreten der dritten Stufe der WWU; Einführung der Währungsunion durch endgültige Festschreibung der Wechselkurse
März 1999	Beschluss des Europäischen Rats zur Agenda 2000 zur Finanzierung der EG bis 2007
Mai 1999	Inkrafttreten des Vertrags von Amsterdam

Die historische Wende 1989 brachte das Ende der Bipolarität im internationalen System und damit auch der gesamteuropäischen Teilung. Sie wirkte sich zusammen mit der deutschen Vereinigung nachhaltig auf die Entwicklung der Integrationskonstruktion und deren institutionelle Architektur aus. Die Möglichkeiten zur Gestaltung des Vertragswerks veränderten sich grundlegend: Die Zäsur in den internationalen und europäischen Rahmenbedingungen provozierte und produzierte neue und überraschende Optionen und Strategien für den Ausbau des bisherigen ausschließlich westeuropäischen Systems und für den Beitritt weiterer europäischer Staaten.

Erste Analysen sahen mit dem Abschluss der Nachkriegsperiode auch ein Ende des westeuropäischen Einigungsprozesses voraus. Diese Beiträge erklärten das EG-Vertragswerk als ein eindeutiges Produkt einer spezifischen, aber vergangenen internationalen und europäischen Konstellation.[1] Entgegen derartiger Erwartungen vertieften und erweiterten die Mitgliedstaaten die EG jedoch weiter.

---

1 Vgl. Brunn 2004: 264-268; Wessels 1990: 28.

Prägend für die neunziger Jahre waren:

▶ die formale Gründung der Europäischen Union durch den Vertrag von Maastricht (1993 in Kraft getreten)[2] und
▶ dessen Weiterentwicklung durch den Vertrag von Amsterdam (1999 in Kraft getreten)[3]. Auch die zusätzlichen Veränderungen durch den Vertrag von Nizza (2003 in Kraft getreten) können in diese Entwicklungslinie einbezogen werden.
▶ eine dritte Beitrittsrunde um neutrale bzw. bündnisfreie Staaten aus der EFTA-Gruppe und
▶ – erheblich gewichtiger – die Vorbereitung der vierten Erweiterungsrunde um Staaten Mittel- und Osteuropas.

Zusätzlich fand im Rahmen der deutschen Einigung 1990 durch den damit einhergehenden Beitritt der fünf neuen deutschen Bundesländer eine Erweiterung besonderer Art statt.[4]

Lokomotiven für die Reformen von Maastricht und Amsterdam waren die Vorschläge des französisch-deutschen Führungsduos Mitterrand-Kohl bzw. Chirac-Kohl, die vorangegangene Partnerschaften, so zwischen Valéry Giscard d'Estaing und Helmut Schmidt, fortführten und – nach kurzen Irritationen im Zuge der deutschen Einigung[5] – quasi-konstitutionelle Wegmarken für das neu angelegte EU-System setzten.

Angesichts dieser Meilensteine bei der Systemgestaltung sollte nicht übersehen werden, dass die nationalen und europäischen Akteure auch wichtige Schritte auf zentralen Politikfeldern vornahmen. Zu ihnen sind insbesondere die erste Stufe der Währungsunion und die weitgehende Vollendung des Binnenmarkts sowie zum EU-Finanzsystem das Delors-II-Paket und der Beschluss zur Agenda 2000 zu zählen. Das Schengener Abkommen zur Personenfreizügigkeit experimentierte mit einer spezifischen Form von Flexibilisierung.

8.1 Der Maastrichter Vertrag über die Europäische Union: Eine umfassende Neuordnung

Übersicht II.8.2: Die neunziger Jahre – zentrale Weichenstellungen des Maastrichter Vertrags

Tempelkonstruktion
• „Dach": Europäischer Rat: einheitlicher institutioneller Rahmen
• 1. Säule: (Wirtschafts- und Währungsunion, Kohäsionsfonds, Unionsbürgerschaft, Sozialprotokolle)
– Verstärkung legislativer Befugnisse des EP: Verfahren der Mitentscheidung
– Ausdehnung der „qualifizierten Mehrheit" im Rat
• 2. Säule: Gründung der „Gemeinsamen Außen- und Sicherheitspolitik" (GASP)
• 3. Säule: Gründung der „Zusammenarbeit in den Bereichen Justiz und Inneres"

(siehe auch Abbildung I.4.4).

---

2 Vgl. Weidenfeld 1994; Engel/Wessels 1992.
3 Vgl. Weidenfeld 1998; Jopp/Maurer/Schmuck 1998.
4 Vgl. Anderson 1999; Fritsch-Bournazel 1992; Heisenberg 1991.
5 Vgl. Müller-Brandeck-Bocquet 2004: 87-96; de la Serre/Lequesne 1991: 318f.

Der Maastrichter Vertrag über die Europäische Union[6] bildete eine umfassende Neuordnung der bisherigen Vertragstexte und erprobten Praxis. Sie schlug sich insbesondere in der Tempelkonstruktion mit einem Dach und drei Säulen nieder.[7] In diesem Vertrag haben die Mitgliedstaaten jedoch erneut nicht einen eindeutigen Sprung (im euroäischen Sprachgebrauch „saut qualitatif") in eine umfassende Verfassung mit einer eindeutigen Finalität unternommen. Vielmehr war eine Fortschreibung und Verstärkung mehrerer – in vorangegangenen Entwicklungen beobachtbarer – Trends in der institutionellen Architektur festzustellen.[8]

Die Präambel des Vertrages machte deutlich, dass mit diesem Text die Finalität der Europäischen Union nicht endgültig festgelegt wurde: „Dieser Vertrag stellt eine neue Stufe bei der Verwirklichung einer immer engeren Union zwischen den Völkern dar, in der die Entscheidungen möglichst nahe bei den Bürgern getroffen werden."[9] Mit dem Begriff einer „immer engeren Union" griffen die „Herren der Verträge"[10] auf die Präambel des EWG-Vertrages zurück; mit der Formel der „Bürgernähe" ersetzten sie – aufgrund britischer Einwände – den Begriff einer „föderalen Ausrichtung", wie er in den Vorbereitungstexten für Maastricht ausgearbeitet worden war. Mit den Globalzielen in Art. 2 EUV dokumentierte der Vertrag die Spannbreite der Politikfelder, die die Institutionen behandeln sollten.[11]

Die Aufgabenergänzungen des Vertrags ermöglichten den EU-Institutionen, sich mit fast allen Themen öffentlicher Politik zu befassen; trotzdem sollte die EU nicht über eine bis ins Detail gehende Allzuständigkeit über diese Politikfelder verfügen. Der Grad der Kompetenzzuordnung wurde vielmehr höchst unterschiedlich geregelt: Bei einigen Aktivitätsfeldern der Europäischen Gemeinschaft wird von einer „gemeinsamen" Politik gesprochen (so etwa bei der Verkehrspolitik), bei anderen – auch in der ersten Säule – nur von „einer" Politik (so bei der Umwelt- und Sozialpolitik); Bestimmungen für weitere Bereiche, so für die Bildungs- und Kulturpolitik, sehen eine „Mitwirkung an der Förderung" oder „Maßnahmen" vor. Die „gemeinsame" Außen- und Sicherheitspolitik (GASP) ist in ihrer rechtlichen Ausprägung nicht mit der „gemeinsamen" Handelspolitik zu vergleichen. Die GASP blieb – wie die EPZ als Vorstufe – weitgehend der intergouvernementalen Koordination vorbehalten, während die Handelspolitik in der EG-Säule vor allem supranationalen Regeln folgen sollte.[12]

Ein mögliches „Zuweitgehen" des Unionshandelns wollte der Maastrichter Vertrag durch das Subsidiaritätsprinzip verhindern, nach dem die Gemeinschaft „in den Bereichen", die nicht in ihre ausschließliche Zuständigkeit fallen, „nur tätig wird, sofern und soweit diese Ziele der in Betracht gezogenen Maßnahmen auf der Ebene der Mitgliedstaaten nicht ausreichend erreicht werden können und daher wegen des Umfangs oder ihrer Wirkungen besser auf Gemeinschaftsebene erreicht werden können" (gegenwärtig Art. 5 EGV).

Einen zentralen Baustein des Maastrichter Vertrags bildeten der verbindliche Zeitplan sowie die programmatische und institutionelle Ausgestaltung der Wirtschafts- und Währungsunion (gegenwärtig Art. 105ff. EGV). Damit vereinbarten die Regierungschefs einen nachhaltigen Ausbau eines Politikbereichs, der die nationalen Souveränitätsbereiche der Mitglieder der Eurozone einschränkt. Dieser Beschluss sah auch eine abgestufte Mitgliedschaft in der WWU – etwa ohne das Vereinigte Königreich – vor.

---

6 Vgl. u. a. Brunn 2004: 264-272; Weidenfeld 1994; Wessels 1993; Integration 01/1992.
7 Vgl. Kapitel I, Abbildung I.4.4.
8 Zur Vereinfachung werden im Folgenden die nach der Revision des Vertrags von Nizza gültigen Artikelnummern genutzt.
9 Präambel des EUV. Vgl. Kapitel I Dokument I.4.2.
10 BVerfG 1994.
11 Vgl. Kapitel I, Dokument I.2.1.
12 Vgl. Kapitel IV.5.

Abbildung II.8.1: Die neunziger Jahre – Änderungen der institutionellen Architektur durch den Maastrichter Vertrag

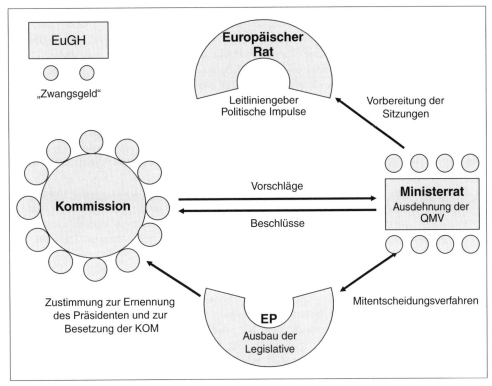

Quelle: Eigene Darstellung.

Bezüglich der institutionellen Architektur (siehe Abbildung II.8.1) sollte die EU – so die allgemeinen Bestimmungen – über einen „einheitlichen institutionellen Rahmen (verfügen), der die Kohärenz und Kontinuität der Maßnahmen zu Erreichung der Unionsziele sicherstellt" (gegenwärtig Art. 3 EUV).[13]

Im Hinblick auf neue Politikfelder der Union wurden zwischen den Säulen unterschiedliche Prozeduren vorgesehen; aber auch im EG-Vertrag (1. Säule) selbst nahmen Vielfalt und Differenzierung der Verfahren erheblich zu.

Eine besondere institutionelle Innovation des Vertrags war die Einführung des Verfahrens der „Mitentscheidung" zwischen EP und Rat (gegenwärtig Art. 251 EGV[14]).[15] Damit erhält das EP „harte" Mitwirkungsrechte in Rechtsakten, die es durch ein Veto gegenüber Vorschlägen der Kommission und den Positionen des Rats beenden kann. Das Verfahren der „Zustimmung" seitens des EP, das in der Einheitlichen Europäischen Akte eingeführt wurde, dehnten die Vertragsergänzungen auf die Schaffung neuer Strukturfonds, den Abschluss wichtiger Abkommen mit Drittstaaten und auf wesentliche Durchführungsregelungen im Bereich der

---
13 Vgl. Kapitel I, Dokument I.4.1.
14 Diese Fassung weicht nach Änderungen im Amsterdamer Vertrag von der Maastrichter Formulierung ab.
15 Vgl. Kapitel IV.2.

Währungsunion aus. Zusätzliche Kontrollechte sprach der Vertrag dem EP durch die Möglichkeit zu, Untersuchungsausschüsse einzusetzen (gegenwärtig Art. 193 EGV).

Eine wirksame Verstärkung der Parlamentsrechte erfolgte ebenfalls durch neue Regeln zur Wahl des Präsidenten und der Mitglieder der Europäischen Kommission. Der Maastrichter Vertrag führte eine Zustimmung seitens des EP bei der Einsetzung dieses Exekutivorgans ein (gegenwärtig Art. 214 EGV).[16] Die Wahlperioden beider Organe wurden angeglichen.

Die Funktionen des Europäischen Rats wurden im Vertragsteil zur Europäischen Union formuliert, womit er weiterhin nicht als Organ der EG fungiert: „Der Europäische Rat gibt der Union die für ihre Entwicklung erforderlichen Impulse und legt die allgemeinen politischen Zielvorstellungen für diese Entwicklung fest" (Art. 4 EUV).[17]

Auch Bestimmungen zum Gerichtshof wurden ergänzt und verändert. Besondere Bedeutung wurde dem neuen Passus zugeschrieben, nach dem der Gerichtshof „einen Pauschalbetrag oder Zwangsgeld" gegen diejenigen Mitgliedstaaten verhängen kann, die dem Urteil des Gerichtshofes nicht nachgekommen sind (Art. 228 (2) EGV).

Eine Ergänzung des institutionellen Gefüges der Gemeinschaft sah der Vertrag in Form eines „Beratenden Ausschusses der regionalen und lokalen Gebietskörperschaften" (Ausschuss der Regionen, AdR) vor (gegenwärtig Art. 263 EGV). Diese Ergänzung entsprach insbesondere Forderungen der deutschen Länder, die damit zumindest eine Beteiligung an der Ausübung ihrer im Grundgesetz festgelegten Kompetenzen im EU-System sicherstellen wollten.

Im Unterschied zur umfassenden Kompetenzabgabe und zu den eindeutigen Regeln für die Währungsunion blieben entsprechende Bestimmungen für die Übertragung von Zuständigkeiten im Bereich der Außen- und Sicherheitspolitik (2. Säule) vage und an entscheidenden Stellen unverbindlich. Die Ziele in diesem neuen Handlungsfeld wurden jedoch weit gesteckt. Die Politik der Union erstreckt sich dabei auf „alle Bereiche der Außen- und Sicherheitspolitik". Hierzu gehört auf „längere Sicht auch die Formulierung einer gemeinsamen Verteidigungspolitik [...], die zu gegebener Zeit zu einer gemeinsamen Verteidigung führen könnte" (gegenwärtig Artikel 2 und 17 EUV[18]).

Im Vergleich zur Geschichte und zum Status quo ante der Europäischen Politischen Zusammenarbeit gaben diese Vertragsbestimmungen der Union einen erheblich ausgeweiteten Aufgabenbereich. Tabuthemen – wie die lang umstrittene Zuständigkeit, auch sicherheitspolitische Fragen zu diskutieren – durfte es danach nicht mehr geben. Die Schaffung neuer Rechtsinstrumente, so „gemeinsame Aktionen" und „gemeinsame Positionen" (gegenwärtig Art. 12 EUV), bei deren Verabschiedung unter bestimmten eng gesetzten Voraussetzungen sogar Mehrheitsentscheidungen vorgesehen werden können, stellte jedoch keine Vergemeinschaftung im rechtlichen und verfahrensmäßigen Sinne dar. Im Ernstfall ist für jeden Mitgliedstaat ein Vetorecht garantiert.

Neben der gemeinsamen Außen- und Sicherheitspolitik siedelte der Mastrichter Vertrag in der so genannten 3. Säule die „Zusammenarbeit in der Innen- und Justizpolitik" an, die ebenfalls zentrale Kernprobleme traditioneller staatlicher Politik aufgreift. Eindeutiger als im Fall der Gemeinsamen Außen- und Sicherheitspolitik wurden mit diesen Regeln Aktivitäten aus einer wenig transparenten Grauzone unverbindlicher intergouvernementaler Zusammenarbeit an die Gemeinschaftsorgane und -bestimmungen herangeführt, ohne jedoch nach der Gemeinschaftsmethode geregelt zu werden.

---

16 Vgl. Kapitel III.4.
17 Vgl. Kapitel III.2.
18 Die Formulierungen weichen von der Maastrichter Version ab; vgl. Kapitel IV.5.

Abbildung II.8.2: Die neunziger Jahre – Das französisch-deutsche Führungsduo Jacques Chirac und Helmut Kohl

Quelle: http://leqatar.free.fr/FrancAllgne/Histoir.html

Im Vertrag selbst vereinbarten die Regierungen eine Revisionsklausel zur Überprüfung von Fortschritten insbesondere bei der politischen Union. Sie signalisierten damit, dass der Vertrag von Maastricht – trotz seiner unbestrittenen Bedeutung – keine Endstufe für die Systemgestaltung darstellte.

Mit der Gründung der EU und der damit einhergehenden Gestaltung der institutionellen Architektur schrieb der Vertrag erneut einen Mix an unterschiedlichen institutionellen Leitideen fort: Sowohl intergouvernementale Charakteristika – wie die Funktionenbeschreibung des Europäischen Rats – als auch supranationale Tendenzen – so die Stärkung des EuGH und des EP – stehen nebeneinander. Die neuen weltpolitischen Konstellationen haben damit nicht zu grundsätzlicher Abkehr von vorangegangenen Entwicklungslinien in der Systemgestaltung geführt.

8.2 Der Amsterdamer Vertrag: Ergänzungen der Maastrichter Architektur

Übersicht II.8.3: Die neunziger Jahre – zentrale Weichenstellungen des Amsterdamer Vertrags

- Ausbau und Straffung des Mitentscheidungsverfahrens
- Zuständigkeitsverlagerung der Asyl- und Einwanderungspolitik in die EG-Säule
- neues Kapitel im EG-Vertrag zur Beschäftigungspolitik
- Schaffung des Verfahrens der „verstärkten Zusammenarbeit"
- Einrichtung des Amtes des „Hohen Beauftragten" in der GASP

Nach langjährigen Debatten und einem abschließenden Verhandlungsmarathon revidierte und ergänzte der Amsterdamer Vertrag über die Europäische Union das Maastrichter Dokument. Erneut weiteten die Regierungschefs den Gesamtumfang der in den EU-Organen zu behandelnden Politikfelder aus. Mit einem umfassenden und detailliert beschriebenen Kapitel zum „schrittweisen Aufbau eines Raums der Freiheit, der Sicherheit und des Rechts" (RFSR) (Art. 2 EUV)[19] veränderten sie die Regelungsbreite und -tiefe auch in diesem zentralen Bereich traditionellen staatlichen Handelns.

Damit formulierten die Vertragsarchitekten eine neue Zielvorgabe, die programmatisch wie die Projekte zum „Binnenmarkt" bei der Einheitlichen Europäischen Akte und zur WWU im Maastrichter Vertrag als mobilisierendes Integrationsprogramm wirken sollte. Wesentliche Teile der Innen- und Justizpolitik – so die Asyl- und Einwanderungspolitik – wurden in die EG-Säule transferiert, sodass nur noch die „polizeiliche und justizielle Zusammenarbeit in Strafsachen" (PJZS) in der dritten, intergouvernementalen Säule verblieb.[20]

Neben und in enger Verknüpfung mit der Ausweitung der behandelten Themenfelder ergänzte und veränderte der Amsterdamer Vertrag die institutionelle Architektur. Er reformierte das im Maastrichter Vertrag eingeführte Regelwerk der Mitentscheidung und erweiterte dessen Anwendungsgebiet auf 37 zusätzliche Fälle. Auch die Möglichkeit des Rats, von Mehrheitsentscheidungen Gebrauch zu machen, wurde auf 104 Fälle ausgedehnt.[21]

Vertragsänderungen legten ebenfalls zusätzliche Verfahren fest: So erhielt die Kommission bei einigen Politikfeldern der Innenpolitik kein Vorschlagsmonopol, sondern musste das Initiativrecht mit den Mitgliedstaaten teilen. Bei dem neuen Abschnitt zur Beschäftigungspolitik führten die Artikel „weiche" Formen der Zusammenarbeit ein, die keine direkten Santkionen gegen die von den gemeinsam entwickelten Vorgaben abweichenden Staaten vorsahen, während die Regierungen im gleichzeitig verabschiedeten „Pakt zur Stabilität und Wachstum der Wirtschaft" (Stabilitäts- und Wachstumspakt) eine „harte Koordination" vereinbarten, bei der der Rat „Sünderstaaten" zu einer beträchtlichen Geldbuße verurteilen kann.[22]

Bei den Bestimmungen zur GASP verfeinerte die Regierungskonferenz – auch als Reaktion auf Schwächen der EU bei der Behandlung der Balkankrisen in den neunziger Jahren[23] – erneut die intergouvernementalen Ansätze, so insbesondere durch die Einrichtung des Amtes ei-

---

19 Vgl. Kapitel I, Dokument I.2.1.
20 Vgl. Kapitel IV.6.
21 Vgl. Giering 1998; Wessels 1997b.
22 Vgl. Linsenmann/Meyer/Wessels 2007: 14; vgl. auch Kapitel IV.4.
23 Vgl. Regelsberger 2000.

nes „Hohen Vertreters für die Außen- und Sicherheitspolitik" (gegenwärtig Art. 18 und 24 EUV).[24]

In der 3. Säule formulierte die Amsterdamer Vertragsergänzung die dort noch verbleibende „polizeiliche und justizielle Zusammenarbeit in Strafsachen" ebenfalls weitgehend neu: In Form einer „Quasi-Vergemeinschaftung" sah sie Rechtsinstrumente und Verfahrensregeln vor, die denen der EG nachgebildet wurden. Diese ergänzten Möglichkeiten wurden insbesondere nach den Anschlägen des 11. September 2001 in New York verstärkt in der Praxis genutzt.

Neue Formen flexiblen Vorgehens führte der Amsterdamer Vertrag auf deutsch-französischen Vorschlag in Form eines „Verfahrens der verstärkten Zusammenarbeit" ein, das einer Gruppe von Mitgliedstaaten die Möglichkeit bieten soll, unter bestimmten, eng definierten Bedingungen die Institutionen und Instrumente der EG für eine weitergehende Politikgestaltung zu nutzen (gegenwärtig Art. 43 EUV u. a.).[25]

Keine Einigung erzielte der Abschlussgipfel in Amsterdam jedoch trotz intensiver Beratungen bei dem selbst gesetzten Auftrag, die institutionelle Aufnahmefähigkeit der EU durch eine Reform von Kommission und Rat sowie eine Straffung der Verfahren zu verbessern bzw. sicherzustellen. Diese Aufgabe wurde jedoch für die anstehende Erweiterungsrunde um zehn bzw. zwölf weitere Mitgliedstaaten für dringend notwendig erachtet. Zur Beendigung ihrer nächtlichen Beratungen vereinbarten die Regierungschefs deshalb die Einberufung einer weiteren Regierungskonferenz, die insbesondere diese übrig gebliebenen Fragen (im europäischen Sprachgebrauch: „left overs") zur Handlungsfähigkeit der institutionellen Architektur lösen sollte.[26]

Insgesamt veränderte der Amsterdamer Vertrag die institutionelle Architektur trotz einer Reihe von Ergänzungen und Anpassungen nur begrenzt.

8.3 Die Erweiterungsrunden und -debatten

Mit dem Ende des Ost-West-Konfliktes veränderten sich auch grundlegend die Voraussetzungen und Bedingungen für den Beitritt weiterer Gruppen europäischer Staaten. Ohne sicherheitspolitische Belastungen, die angesichts der weltpolitischen Bipolarität noch eine deutliche Rolle gespielt hatten, konnten nun die neutralen bzw. bündnisfreien Staaten Österreich, Finnland und Schweden der EU beitreten (1995); größere Anpassungsprobleme für die Neumitglieder und die EU insgesamt ergaben sich aus dieser Erweiterungsrunde nicht.[27]

Bedeutender war jedoch, dass nach dem Fall des „Eisernen Vorhangs" die Staaten Mittel- und Osteuropas eine „Rückkehr nach Europa"[28] anstrebten. Für diese und zukünftige Kandidaten formulierte die Kopenhagener Erklärung des Europäischen Rats von 1993 drei Bedingungen für einen Beitritt[29] und eine Voraussetzung zur Aufnahmefähigkeit der EU selbst; dieser Katalog behielt auch 2004 im Zusammenhang mit dem Beschluss zur Aufnahme von Beitrittsverhandlungen mit Kroatien und der Türkei seine Gültigkeit.[30]

---

24 Vgl. Kapitel IV.5.
25 Vgl. Kapitel IV.9.
26 Vgl. Weidenfeld 2007a: 35.
27 Vgl. u. a. Lippert 2004; Kivimäki 1995; Lindahl 1995; Luif 1995.
28 Vgl. Lippert 2004.
29 Vgl. Dokument IV.8.2.
30 Vgl. Kapitel IV.8.

Ausgehend von diesem Katalog ergänzten die Mitgliedstaaten im Amsterdamer Vertrag die relevanten Vertragsartikel 6 EUV und 49 EUV.

Über die neunziger Jahre hinweg diskutierte der Europäische Rat mehrfach die Bildung von Staatengruppierungen, mit denen zuerst Beitrittsverhandlungen aufgenommen werden sollten. Nach einer zunächst anvisierten kleineren Gruppe von Kandidatenstaaten beschlossen die Staats- und Regierungschefs in Helsinki 1999, mit 12 Staaten zu verhandeln und der Türkei bei Erfüllung der ersten Schwelle, d. h. der politischen Anforderungen der Kopenhagener Kriterien, die Eröffnung eines Verhandlungstermins in Aussicht zu stellen.[31]

---

[31] Vgl. Lippert 2004.

9. Nach 2000: Schritte zur Vertiefung und Erweiterung

Übersicht II.9.1: Nach 2000 – Europäische Wegmarken

Zeit	Ereignis
März 2000	Europäischer Rat: „Lissabon-Strategie"
Februar 2001	Unterzeichnung des Vertrags von Nizza und Erklärung zur „Charta der Grundrechte"
Dezember 2001	Gipfelkonferenz von Laeken: Beschluss zur Einberufung des „Konvents zur Zukunft der Europäischen Union"
Januar 2002	Einführung des Euro in den zwölf teilnehmenden Mitgliedstaaten
Februar 2002	Erste Sitzung des „Konvents zur Zukunft der Europäischen Union"
Februar 2003	Inkrafttreten des Vertrags von Nizza
Juli 2003	„Entwurf eines Vertrags über eine Verfassung für Europa" durch den Konvent
Mai 2004	Beitritt 10 neuer Mitgliedstaaten zur EU: Estland, Lettland, Litauen, Malta, Polen, Slowakei, Slowenien, Tschechische Republik, Ungarn und Zypern
Juni 2004	Gipfelkonferenz von Brüssel: Beschluss zum Verfassungsvertrag
Oktober 2004	Unterzeichnung des „Vertrags über eine Verfassung für Europa"
Dezember 2004	Beschluss zur Aufnahme von Verhandlungen mit der Türkei
Mai/Juni 2005	Ablehnung des Verfassungsvertrages bei Referenden in Frankreich (54,8%) und den Niederlanden (61,7%)
Juni 2005	Aufschub der Ratifizierung des Verfassungsvertrages durch den Europäischen Rat
Oktober 2005	Eröffnung der Beitrittsverhandlungen mit der Türkei und Kroatien
Dezember 2005	Beschluss des Europäischen Rats zur Agenda 2007 für die Finanzierung der EG bis 2014
Januar 2007	Beitritt Rumäniens und Bulgariens zur EU
Juni 2007	Mandat zur Aushandlung des „Reformvertrags"

Die Rahmenbedingungen der ersten Jahre des 3. Jahrtausends waren durch wachsende wirtschaftliche Schwierigkeiten der europäischen Wohlfahrtstaaten infolge des Globalisierungsdrucks geprägt. Das vom Europäischen Rat 2000 in Lissabon verabschiedete Programm „Gemeinsame Maßnahmen für Wachstum und Beschäftigung" war ein Signal der EU, auch diese Kategorie von Herausforderungen verstärkt anzugehen.[1] Besondere Aufmerksamkeit widmete die EU auch den Folgen der Terroranschläge in New York und Washington vom September 2001 und den darauf folgenden Reaktionen der USA. Nachhaltige Rückwirkungen auf die EU hatten dabei unterschiedliche Reaktionen europäischer Staaten auf die amerikanische Irak-Politik.

Entscheidungen zur Vertiefung und Erweiterung der EU bildeten auch in den ersten Jahren des 21. Jahrhunderts einen Schwerpunkt bei der Gestaltung des EU-Systems. Nach dem Ende der Amtszeit von Bundeskanzler Helmut Kohl bildeten Präsident Jacques Chirac und Kanzler Gerhard Schröder ein weiteres französisch-deutsches Duo, das jedoch nur begrenzt Führungskraft entwickeln konnte.

---

[1] Vgl. Kapitel IV.4.

Abbildung II.9.1: Nach 2000 – Das französisch-deutsche Führungsduo Jacques Chirac und Gerhard Schröder

Quelle: http://french.epochtimes.com/news_images/2005-3-18-52447897-chirac.jpg

9.1 Der Vertrag von Nizza: Durch institutionelle Detailreformen zur Aufnahmefähigkeit

Übersicht II.9.2: Nach 2000 – zentrale Weichenstellungen des Vertrags von Nizza

- Politische Deklaration zur Charta der Grundrechte
- Neues Regelwerk zur qualifizierten Mehrheit im Rat: drei Schwellen
- Ausweitung der Anwendungsfälle für die qualifizierte Mehrheit und das Mitentscheidungsverfahren
- Überarbeitung des Verfahrens der „Verstärkten Zusammenarbeit"
- Gründung von neuen Beamtengremien
- Erklärung zur Zukunft der Union

Nach dem Scheitern ihrer Verhandlungen zum institutionellen Kapitel des Amsterdamer Vertrags einigten sich die Staats- und Regierungschefs vier Jahre später – nach einem Verhandlungsmarathon von drei Tagen und zwei Nächten und nach erheblichen Kontroversen – schließlich im Vertrag von Nizza auf neue Bestimmungen zur institutionellen Architektur.[2] Diese Vertragsrevision stellt – bis zu einem unbestimmten Zeitpunkt einer möglichen Ratifi-

---
[2] Vgl. u. a. Weidenfeld 2007a: 35; Jopp/Matl 2005; Brunn 2004: 304f.; Weidenfeld 2001; Wessels 2001b.

zierung des „Reformvertrags" durch 27 Mitgliedstaaten – die gegenwärtig gültigen Vertragsbestimmungen. Der Vertrag von Nizza war die erste Revision der Verträge, die sich fast nur auf institutionelle und prozedurale Fragen konzentrierte.

Im Mittelpunkt der Kontroversen um die institutionelle Architektur standen Änderungen zu den Abstimmungsmodalitäten des Rats und zur Ernennung der Kommission. Bei diesen Verhandlungen trat ein Aspekt der Einigungspolitik hervor, der lange Zeit versunken schien oder wohl eher bewusst politisch übergangen wurde: der Vergleich des machtpolitischen Status' von Mitgliedstaaten. Entgegen durchgängiger Erfahrungen in der täglichen Vertragspraxis unterstrichen führende Politiker beider „Lager" Klassenunterschiede zwischen großen – d. h. „bevölkerungsreicheren" – und kleineren – d. h. „bevölkerungsärmeren" – Mitgliedstaaten. Auch innerhalb einzelner dieser Gruppen, so zwischen Franzosen und Deutschen, aber auch zwischen Niederländern und Belgiern, kam es zu erheblichen Verstimmungen. Diese Trennlinien (im wissenschaftlichen Sprachgebrauch „cleavages") prägen eher die Regierungsverhandlungen über systemgestaltende Artikel des Vertragswerks als politikfeldbezogene Entscheidungen im Alltag des Rats. Die Spannungen bestimmten in vielen institutionellen Fragen auch die späteren Deliberationen im „Europäischen Konvent zur Zukunft Europas" und in den Verhandlungen anlässlich der Regierungskonferenz 2004.[3]

Die „Bestimmungen über die Stimmgewichtung im Rat"[4] belegen einen „Kompromiss" zu einem Gleichgewicht, der durch eine Steigerung der Komplexität und der Möglichkeiten für blockierende Minderheiten erreicht wurde. Als zentrale Aufgabe zur Verbesserung der Handlungsfähigkeit in einer erweiterten Union galt die Ausdehnung derjenigen Bereiche, in denen der Rat mit qualifizierter Mehrheit abstimmen kann. Bei 35 Artikeln führte der Vertrag von Nizza diese Möglichkeiten zusätzlich ein. Eine erhöhte Entscheidungseffizienz versprachen die Reformen insbesondere derjenigen Vertragsartikel, die die Wahl bzw. Ernennung führender Repräsentanten durch den Rat regeln: Nach den Bestimmungen von Nizza kann der Rat der EU mit qualifizierter Mehrheit auf der Ebene der Staats- und Regierungschefs den Präsidenten der Europäischen Kommission und der Allgemeine Rat die Mitglieder dieses Organs zur Wahl durch das EP benennen. Damit wird die institutionelle Handlungsfähigkeit der EU in zentralen personalpolitischen Fragen erleichtert.

Neben der Ausdehnung der Politikfelder für Mehrheitsabstimmungen sowie der Änderung von Stimmgewichten und Beschlussmodalitäten im Rat bildete die Zusammensetzung der Kommission das dritte der zentralen Probleme der Amsterdamer „left-overs". Nach erheblichen Kontroversen zwischen den „kleinen" und „großen" Mitgliedstaaten um die Größe der Kommission sehen die Artikel vor, dass „der Kommission mindestens ein Staatsangehöriger jedes Mitgliedstaats angehören (muss)" (Art. 213 EGV). Erst bei einer Gesamtzahl von 27 Staaten sieht der entsprechende Artikel 4 des Protokolls über die Erweiterung der Europäischen Union vor, dass der Rat einstimmig die „Zahl" und „Einzelheiten der gleichberechtigten Rotation" festlegt. Gleichzeitig stärkte der Vertrag die Rechte des Kommissionspräsidenten bei der internen Organisation und Zuständigkeitsverteilung einschließlich der Möglichkeit, ein Mitglied der Kommission zum Rücktritt aufzufordern (Art. 217 EGV).[5]

Auch der Vertrag von Nizza hat – wie die vorangegangenen Regierungskonferenzen – die verschiedenen Beteiligungsrechte des EP erneut erweitert.[6] In sieben zusätzlichen Artikeln wird dem EP das Recht auf Mitentscheidung zugeschrieben. Rat und Kommission gleichge-

---
3 Vgl. u. a. Maurer 2003a; Wessels 2002.
4 Vgl. Kapitel III.3.
5 Vgl. Kapitel III.4.
6 Vgl. Kapitel III.1 sowie Kapitel IV.1.

stellt wurde das EP auch in seinem Klagerecht vor dem EuGH (Art. 230 EGV) und beim Recht, ein Gutachten des Gerichtshofs über die Vertragskonformität eines geplanten Abkommens (Art. 300 (6) EGV) einzuholen.

Ohne politische Kontroversen wurde das Gerichtssystem um den EuGH – nach Vorgaben durch Expertengremien – reformiert.[7]

Zur Erhöhung der Flexibilität vereinfachte die Regierungskonferenz die im Amsterdamer Vertrag zur „verstärkten Zusammenarbeit" eingeführten Regeln (Art. 43 EUV).[8]

Im Trend der institutionellen Entwicklung lag auch, dass die bereits komplexe Struktur von (Beamten-)Gremien durch zusätzliche Einrichtungen und Ausschüsse ausgebaut wurde. Eingeführt in den Vertrag wurde „Eurojust" zur Erleichterung und Beschleunigung der Zusammenarbeit zwischen den Ministerien und Behörden im Bereich der justiziellen Zusammenarbeit (Art. 31 EUV). In Form eines vertraglich besonders ausgestatteten Ausschusses, der dem Modell des Wirtschafts- und Finanzausschusses nachgezeichnet wurde, setzte die Regierungskonferenz einen „Ausschuss für Sozialschutz" mit beratender Kompetenz ein (Art. 144 EGV).

Von Bedeutung für die internationale Handlungsfähigkeit der Union war die neue bzw. ergänzte Gremienstruktur in der GASP-Säule. Das bisherige „Politische Komitee" wird in ein „Politisches und Sicherheitspolitisches Komitee" (PSK) umbenannt. Genau zu lesen ist die Aufgabenbeschreibung: „Unter der Verantwortung des Rats (nimmt das PSK) die politische Kontrolle und strategische Leitung von Operationen zur Krisenbewältigung wahr" (Art. 25 EUV).[9] Damit wird eine in den späten neunziger Jahren konzipierte Organisation für die Gemeinsame Europäische Sicherheits- und Verteidigungspolitik (ESVP) auch vertraglich erwähnt. In einem vom Europäischen Rat in Nizza gebilligten „Bericht des Vorsitzes über die Europäische Sicherheits- und Verteidigungspolitik" wurden Zusammensetzung und Funktionen des PSK, des dem PSK zuarbeitenden Militärausschusses (European Union Military Committee, EUMC), und eines Militärstabs (European Union Military Staff, EUMS) festgelegt.[10] Damit wurden die Aufgabenfelder des EU-Systems erneut erweitert.

Anlässlich des Gipfels von Nizza verabschiedeten die Regierungschefs und die Organe der Gemeinschaft auch eine Erklärung zur „Charta der Grundrechte der Europäischen Union"[11], die in dieser Form zwar rechtlich nicht bindend ist, aber eine politische Aufwertung des EU-Systems hin zu einer quasi-konstitutionellen Struktur signalisiert. Interessant ist dieses Dokument auch wegen seiner stilbildenden Entstehungsgeschichte: Ein „Konvent" aus Vertretern der nationalen Parlamente, des EP, der Mitgliedsregierungen und der Kommission hatte unter Leitung des früheren deutschen Bundespräsidenten Roman Herzog im Konsens einen umfangreichen Katalog an Grundrechten erstellt.[12]

Aus der Sicht der Regierungschefs war damit „der Weg für die Erweiterung der Europäischen Union geebnet" (Erklärung Nr. 23 (2) zur Zukunft der Union, siehe Dokument II.9.1). Die Regierungschefs selbst bestätigten damit der EU zunächst die in der Kopenhagener Erklärung (siehe Dokument IV.8.2) selbst angemahnte institutionelle „Erweiterungsreife" bzw. Aufnahme- und Absorptionsfähigkeit.

---

7 Vgl. Kapitel III.5.
8 Vgl. Kapitel IV.9.
9 Vgl. Kapitel IV.5.
10 Europäischer Rat 2001d; vgl. Regelsberger 2001.
11 Amtsblatt der Europäischen Gemeinschaften 2000.
12 Vgl. Göler/Marhold 2003; Maurer 2003a; Wessels 2002; Leinen/Schönlau 2001.

Dokument II.9.1: Nach 2000 – Erklärung zur Zukunft der Union

> [...] 2. Die Konferenz ist sich darin einig, dass mit dem Abschluss der Konferenz der Vertreter der Regierungen der Mitgliedstaaten *der Weg für die Erweiterung* der Europäischen Union geebnet worden ist, und betont, dass die Europäische Union mit der Ratifikation des Vertrags von Nizza die für den *Beitritt neuer Mitgliedstaaten erforderlichen institutionellen Änderungen abgeschlossen* haben wird.
>
> 3. Nachdem die Konferenz somit den Weg für die Erweiterung geebnet hat, wünscht sie die Aufnahme einer *eingehenderen und breiter angelegten Diskussion über die Zukunft der Europäischen Union.*
>
> [...] 5. Im Rahmen dieses Prozesses sollten unter anderem folgende Fragen behandelt werden:
>
> die Frage, wie eine genauere, dem *Subsidiaritätsprinzip* entsprechende Abgrenzung der *Zuständigkeiten* zwischen der Europäischen Union und den Mitgliedstaaten hergestellt und danach aufrechterhalten werden kann;
> der Status der in Nizza verkündeten *Charta der Grundrechte* der Europäischen Union gemäß den Schlussfolgerungen des Europäischen Rats von Köln;
> eine *Vereinfachung der Verträge*, mit dem Ziel, diese klarer und verständlicher zu machen, ohne sie inhaltlich zu ändern;
> die *Rolle der nationalen Parlamente* in der Architektur Europas.
>
> 6. Durch diese Themenstellung erkennt die Konferenz an, dass die demokratische *Legitimation* und die *Transparenz* der Union und ihrer Organe verbessert und dauerhaft gesichert werden müssen, um diese den *Bürgern der Mitgliedstaaten näher zu bringen.*

Quelle: Erklärung Nr. 23 zur Zukunft der Union. Hervorhebungen durch den Autor.

Trotz dieser Feststellung zur institutionellen Architektur gaben die Staats- und Regierungschefs – angesichts einer tief ansetzenden Selbstkritik – gleichzeitig selbst eine breit angelegte Diskussion über die Zukunft der Europäischen Union in Auftrag. Wie vorangegangene Abschlussgipfel hatte damit auch die Gipfelkonferenz von Nizza bereits mit der Verabschiedung einer Vertragsreform eine weitere Überarbeitung der quasi-konstitutionellen Grundlagen beschlossen.

9.2 Konvent und Regierungskonferenzen: Neue Methode und alte Probleme beim Verfassungs- und Reformvertrag

Mit Blick auf die Erweiterung um 12 Staaten machte die Erklärung der Staats- und Regierungschefs nach der Vertragsänderung von Nizza verstärkt deutlich, dass bei den Vertragsänderungen und -ergänzungen seit Mitte der achtziger Jahre – einschließlich des Vertrags von Nizza – keine Schritte in Richtung einer konstitutionellen Finalität beschlossen wurden. Wesentliche Trends der letzten fünf Jahrzehnte wurden dabei regelmäßig fortgeschrieben:

▶ Die Staats- und Regierungschefs dehnten Politikfelder der EU schrittweise zu einem quasi-staatlichen Aufgabenkatalog aus.

▶ Die Vertragsänderungen schufen für diese Aufgabe eine unübersichtliche und wenig transparente institutionelle Architektur, die durch eine Gleichzeitigkeit und Verknüpfung intergouvernementaler und supranationaler Elemente gekennzeichnet war.
▶ Das EU-Regelwerk wurde regelmäßig durch eine Zunahme an Verfahren differenziert, sodass eine Zuordnung politischer Verantwortung für die Entscheidungen des EU-Systems zunehmend unklarer wurde.

Zurückgeführt wurden diese Entwicklungen des EU-Systems auf die praktizierte Methode der Vertragsänderung durch intransparente und unproduktive Regierungskonferenzen.[13] Die Erfordernisse zur Einstimmigkeit und diplomatische Verhandlungsmethoden verursachten demnach eine zunehmende Komplexität und nur begrenzte Fortschritte zur Gestaltung der institutionellen Architektur.

Nach dieser Analyse hatte nicht zuletzt der Europäische Rat von Nizza – als „Gipfel" – erneut grundlegende Schwächen der Vertragsgestaltung dokumentiert. Trotz 30 Sitzungen der persönlichen Beauftragten, zehn Sitzungen des (Minister-)Rats und drei Sitzungen des Europäischen Rats selbst trafen die Staats- und Regierungschefs in dem bisher längsten Verhandlungsmarathon nur wenig überzeugende Entscheidungen. Die Vertragsänderung der Union als quasi-konstitutionelle Systemgestaltung konnte dabei häufig als Produkt von Ermüdungserscheinungen der Staats- und Regierungschefs in den Nachtsitzungen beschrieben werden:[14] So kann die Konstruktion der institutionellen Architektur als Serie von taktisch geprägten Ad-hoc-Entscheidungen charakterisiert werden. Kompromisse wurden durch die Erhöhung der institutionellen und prozeduralen Komplexität erreicht – wie das Beispiel der Regeln für die qualifizierte Mehrheit im Vertrag von Nizza erneut belegte. Einige lang umstrittene Entscheidungen waren wenig sinnvoll zur Stärkung der EU-Architektur, aber nützlich für die politische Akzeptanz seitens der Mitgliedstaaten.

Angesichts der großen Beitrittsrunde ließen Ergebnisse und Ablauf der Regierungskonferenz zum Vertrag von Nizza – bereits vor dessen Abschluss – den Ruf nach einem neuen Anlauf zur Weiterentwicklung des EU-Systems und nach einer Diskussion um eine europäische Finalität aufkommen. Die Rede des deutschen Außenministers Joschka Fischer „Vom Staatenverbund zur Föderation – Gedanken über die Finalität der europäischen Integration" 2000[15] gab einen nachhaltigen Anstoß für diese Debatte.[16]

In der Diskussion nach Nizza um effizientere und demokratischere Formen der konstitutionellen Gestaltung von Vertragsreformen wurde das Modell eines „Konvents" propagiert, dessen Methode bei der Erarbeitung der Grundrechtecharta gegenüber dem klassisch-diplomatischen Modell der Regierungskonferenz als „erfolgreiche Alternative" eingeschätzt worden war.[17] Wenn auch die Auslegung des Art. 48 EUV zur Vertragsänderung eindeutig festlegt, dass eine derartige Versammlung nicht die eigentliche Regierungskonferenz ersetzen kann,[18] so wurde doch im Konvent zumindest eine Chance gesehen, gegenüber eher konfrontativen Verhandlungskonstellationen zwischen den Regierungschefs umfassende, abgewogene und öffentlich diskutierte Konzepte vorzulegen.[19]

---
13 Vgl. u. a. Brok 2005: 535-537; Göler/Marhold 2005a: 453-457; Hänsch 2005: 551-552.
14 Vgl. u. a. Wessels 2004a.
15 Fischer 2000.
16 Vgl. Laffan 2005: 476-477.
17 Vgl. Leinen/Schönlau 2001: 123; Meyer/Engels 2001.
18 Vgl. Kapitel IV.7.
19 Vgl. u. a. Göler/Marhold 2005a: 453-472; Maurer 2003a: 130-140.

Auf der Sitzung in Laeken 2001 beschloss der Europäische Rat – auch unter dem Eindruck der terroristischen Anschläge vom 11. September 2001 in New York – die Einberufung eines „Konvents zur Zukunft der Union". In diesem Beschluss wurden auch Zusammensetzung (siehe Übersicht IV.7.2) und Arbeitsmethode (siehe Dokument IV.7.4) dieses Gremiums festgelegt.[20]

Der Konvent legte am 18. Juli 2003 einen Entwurf für einen Verfassungsvertrag vor. Die Regierungskonferenz überarbeitete unter der italienischen und irischen Präsidentschaft den Text in mehreren Passagen – nicht zuletzt auch bei Schlüsselfragen im Regelwerk zur institutionellen Architektur. Ein erster Abschluss der Verhandlungen scheiterte bei der Dezembersitzung des Europäischen Rats 2003 insbesondere an Fragen der Abstimmungsmodalitäten im Rat. Die Regierungen Spaniens und Polens weigerten sich, ihre im Nizzaer Vertrag gewonnenen Stimmengewichte abwerten zu lassen.[21] Die irische Präsidentschaft konnte dann den Text auf dem Abschlussgipfel vom 18. Juni 2004 von den Staats- und Regierungschefs verabschieden lassen.[22] Die vertraglich vorgesehenen Unterschriften erfolgten in einem feierlichen Akt am 29. Oktober 2004 in Rom.

Nach Abschluss der Regierungskonferenz sind für die Analyse dieser Form der Systemgestaltung einige Feststellungen zur Diskussion zu stellen. Wie in den vorangegangenen Fällen historischer Meilensteine in der europäischen Konstruktion, haben die Staats- und Regierungschefs erneut de facto die endgültige politische Entscheidung über die Vertragsänderungen getroffen. Als Leistung des Konvents kann verstanden werden, eingefrorene Gegensätze divergierender nationaler Positionen aufgebrochen und unmittelbar betroffene Akteure direkt beteiligt zu haben.[23] Ohne die konkrete Rolle des Konvents in der Gestaltung damit ausreichend und abschließend zu beschreiben,[24] ist jedoch auch in dem Konventstext eine beträchtliche Kontinuität bei der Gestaltung der geschriebenen Verfassungstexte festzustellen.

Die Vorbereitung dieser Vertragsrevisionen unterschied sich jedoch wesentlich von bisherigen Vorbereitungsformen, die hauptsächlich von Vorarbeiten unterschiedlicher Experten- oder Beamtengremien geprägt waren.[25] In der Zusammensetzung des Verfassungskonvents[26] erweiterte der Europäische Rat umfassend die Gruppe der beteiligten Akteure. Er führte dabei exekutive und parlamentarische Akteure mehrerer Ebenen[27] zu einem Gremium mit ausgeprägten Mitgestaltungsansprüchen zusammen. Nicht zuletzt angesichts der Ergebnisse der späteren Referenden in Frankreich und den Niederlanden ist jedoch zu prüfen, ob und wie sich die Deliberationen dieser Mitspieler in nationalen Debatten niedergeschlagen haben bzw. in Zukunft niederschlagen werden.[28] Wirken und Wirkungen des Konvents für die Systemgestaltung werden nach den Kontroversen um den Reformvertrag neu zu bewerten sein.[29]

---

20 Vgl. u. a. Göler 2006: 202.
21 Vgl. Kapitel III.3.
22 Vgl. Laffan 2005.
23 Vgl. Göler 2006: 206.
24 Vgl. zur Diskussion Lamassoure 2004; Magnette/Nicolaïdis 2004; Norman 2003; Hänsch 2002.
25 Vgl. Christiansen/Falkner/Jørgensen 2002; vgl. zum „Ad-hoc-Ausschuss für institutionelle Fragen" („Dooge-Ausschuss"): Hrbek 1985; Weidenfeld 1984: 20f.; zum „Ausschuss zur Prüfung der Wirtschafts- und Währungsunion" („Delors-Ausschuss"): Rahmsdorf 1990; Weidenfeld 1990: 22; zur „Reflexionsgruppe": Weidenfeld 1997; Wessels 1996.
26 Vgl. Göler/Jopp 2003; Göler/Marhold 2003; Maurer 2003d.
27 Auch die regionale Ebene war durch Beobachter des AdR vertreten. Im Fall der Bundesrepublik war durch den baden-württembergischen Ministerpräsidenten Erwin Teufel (CDU) auch die Länderebene als aktiver Akteur beteiligt.
28 Vgl. Göler 2006; Scholl 2006; http://www.iep-berlin.de/forschung/leitbilder/index.htm.
29 Vgl. Wessels 2007b.

Abbildung II.9.2: Nach 2000 – Die Unterzeichnung des Verfassungsvertrages

Quelle: http://www.mic.org.mt/constitution/signing.jpg.

Der Konvent und die Regierungskonferenz haben ihre Erfahrungen mit den „gelebten" Vertragsänderungen im Artikel IV-443 VVE zum ordentlichen Änderungsverfahren festgeschrieben. Die Beteiligungsmöglichkeiten des Europäischen Parlaments und des Konvents sind damit in der Vorbereitungsphase erweitert worden, ohne die alleinige Letztentscheidung seitens der Mitgliedstaaten aufzuheben.[30]

Nach der Ablehnung des unterschriebenen Verfassungsvertrags durch Frankreich und die Niederlande im Sommer 2005 hatte der Europäische Rat selbst die weitere Behandlung – trotz der abgeschlossenen Ratifizierungsprozesse in der Mehrzahl der Mitgliedstaaten – aufgeschoben und eine „Reflexionsphase" vereinbart. Infolge der Aktivitäten der deutschen Präsidentschaft im ersten Halbjahr 2007 haben die Staats- und Regierungschefs dann im Juni 2007 eine neue Regierungskonferenz einberufen und ihr ein bis ins Detail gehendes Mandat für einen „Reformvertrag" gegeben (siehe Dokument II.9.2).[31]

Der Entwurf sah vor, dass wesentliche Bestimmungen des Verfassungsvertrags zur institutionellen Architektur in die bestehenden Verträge eingefügt und so mit Modifikationen erhalten bleiben sollen.

---

30 Vgl. Kapitel IV.7.
31 Vgl. Diedrichs/Wessels 2005; Jopp/Kuhle 2005.

Dokument II.9.2: Nach 2000 – Mandat für die Regierungskonferenz zum Reformvertrag

Das vorliegende Mandat wird die ausschließliche Grundlage und den ausschließlichen Rahmen für die Arbeit der Regierungskonferenz (RK) darstellen, die gemäß Nummer 10 der Schlussfolgerungen des Europäischen Rates einberufen wird.

I. Allgemeine Bemerkungen

1. Die RK wird gebeten, einen Vertrag (nachstehend *„Reformvertrag"* genannt) zur Änderung der bestehenden Verträge auszuarbeiten, damit die Effizienz und die demokratische Legitimität der erweiterten Union sowie die Kohärenz ihres auswärtigen Handelns erhöht werden können. Das Verfassungskonzept, das darin bestand, alle bestehenden Verträge aufzuheben und durch einen einheitlichen Text mit der Bezeichnung „Verfassung" zu ersetzen, wird aufgegeben. Mit dem *Reformvertrag* sollen in die bestehenden Verträge, die weiterhin in Kraft bleiben, die auf die RK 2004 zurückgehenden Neuerungen in der nachstehend im Einzelnen beschriebenen Weise eingearbeitet werden.

2. Der *Reformvertrag* wird zwei wesentliche Artikel enthalten, mit denen der *Vertrag über die Europäische Union (EUV)* bzw. der *Vertrag zur Gründung der Europäischen Gemeinschaft (EGV)* geändert werden. Der *EUV* wird seine derzeitige Bezeichnung beibehalten und der *EGV* wird *Vertrag über die Arbeitsweise der Union* genannt werden; die Union erhält eine einheitliche Rechtspersönlichkeit. Der Ausdruck „Gemeinschaft" wird durchgängig durch den Ausdruck „Union" ersetzt; es wird festgehalten, dass die Union an die Stelle der Gemeinschaft tritt, deren Nachfolgerin sie ist.

Quelle: Europäischer Rat 2007. Hervorhebungen durch den Autor.

9.3 Der Vertrag über eine Verfassung für Europa: Wegmarken für eine quasi-konstitutionelle Gestaltung der EU

Mit dem „Vertrag über eine Verfassung für Europa" (VVE) legten die Staats- und Regierungschefs eine weitere Wegmarke für eine quasi-konstitutionelle Gestaltung des EU-Systems vor.[32]

Der Verfassungsvertrag hätte wesentliche Elemente des bisherigen Vertragswerks neu geordnet (siehe Dokument II.9.3); von grundlegender Bedeutung war Teil I, in dem wesentliche Grundlagen – so etwa die Zuständigkeiten der Union – konzipiert und übersichtlich geordnet werden. Einschließlich der Charta der Grundrechte ähnelten diese Elemente üblichen Bausteinen von Verfassungen. Abschnitte zur GASP und zum „Raum der Freiheit, der Sicherheit und des Rechts" wurden neu formuliert. Das Dokument hatte bisherige Vertragsbestimmungn ergänzt und revidiert sowie andere – insbesondere zu den Politikbereichen (Teil III des VVE) – ohne Änderungen übernommen.

---

32 Vgl. zur wissenschaftlichen Diskussion die Übersichten und Verweise bei Wessels 2007b; 2005f; Jopp/Matl 2006: 215-225; Weidenfeld 2005.

Dokument II.9.3: Nach 2000 – Der Aufbau des Verfassungsvertrags

> Präambel
>
> Teil I: Die Grundlagen der Europäischen Union*
>
> Titel I: Definition und Ziele der Union
> Titel II: Grundrechte und Unionsbürgerschaft
> Titel III: Die Zuständigkeiten der Union
> Titel IV: Die Organe der Union
> Titel V: Ausübung der Zuständigkeiten der Union
> Titel VI: Das demokratische Leben der Union
> Titel VII: Die Finanzen der Union
> Titel VIII: Die Union und ihre Nachbarn
> Titel IX: Zugehörigkeit zur Union
>
> Teil II: Die Charta der Grundrechte der Union
>
> Teil III: Die Politikbereiche und die Arbeitsweise der Union
>
> Teil IV: Allgemeine und Schlussbestimmungen

* Diese Überschrift ist nicht Teil des amtlichen Vertragstextes, sondern soll die Systematik verdeutlichen und der Orientierung dienen.
Quelle: VVE 2004.

Für die institutionelle Architektur sah der Verfassungsvertrag eine Reihe von Neuerungen vor (siehe Abbildung II.9.3), die Verfahren und Formen des Regierens verändert hatten.

Wie bereits die vorangegangenen Vertragsänderungen hat auch dieser Bauplan die Kontroverse zwischen den institutionellen Leitideen eher intergouvernementaler oder eher föderaler bzw. supranationaler Ausrichtung zu keinem Abschluss gebracht.[33] Angesichts deutlicher Differenzen hatten Konvent und die Regierungskonferenzen einen Konsens nur erreichen können, indem sie den (geschriebenen) Verfassungsvertrag mit weiteren und teilweise verstärkt interpretationsoffenen Bestimmungen ausstatteten.[34] Dabei ist ein doch vielleicht überraschender Befund festzustellen: Die Buchstaben des Verfassungsvertrags könnten zur „Stärkung der Rolle aller [...] Organe"[35] führen. Insgesamt hätte der Verfassungsvertrag damit lang anhaltende Entwicklungen hin zu einer gemeinsamen, zusammengelegten Verantwortung im Sinne einer Fusion[36] gestärkt. Eine gleichlautende Einschätzung kann für den im Juli 2007 vorgelegten Entwurf des Reformvertrags vorgenommen werden.

Das neue Regelwerk zu den Institutionen, das in den folgenden Kapiteln zu den einzelnen Institutionen näher dargestellt wird,[37] würde jedoch auch einen Trend zur Personalisierung auf der europäischen Politikbühne auslösen: Die Einrichtung eines hauptamtlichen, in Brüssel ansässigen Präsidenten des Europäischen Rats und die Schaffung eines „Außenministers der Union" bzw. Hohen Vertreter der Union für die Außen- und Sicherheitspolitik, aber auch die

---

33 Vgl. u. a. Leinen 2005b: 539.
34 Vgl. u. a. Magnette/Nicolaïdis 2004.
35 Giscard d'Estaing/Amato/Dehaene 2003: 1.
36 Vgl. Wessels 2005b; Kapitel I.4.3.
37 Vgl. Kapitel III.

Abbildung II.9.3: Nach 2000 – Veränderungen der institutionellen Architektur durch den Verfassungs-/Reformvertrag

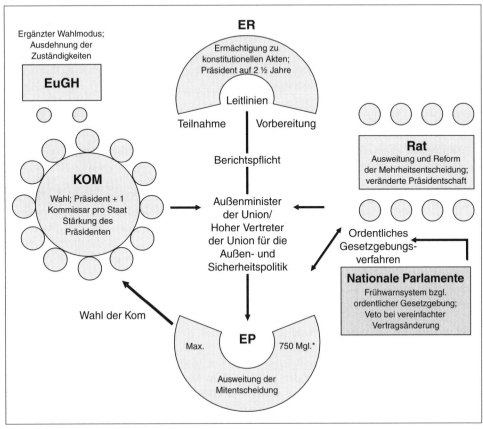

Quelle: Eigene Darstellung; s. auch S. 137.

Stärkung des Präsidenten der Europäischen Kommission würden die Kontinuität und Sichtbarkeit politischer Führung auf der EU-Bühne erhöhen.

Zu erwarten wäre jedoch auch, dass die vorgesehenen Vertragsbestimmungen mit ungeklärten wechselseitigen Beteiligungsformen die inter- und intrainstitutionellen Spannungsfelder erhöhen würden. Die veränderte institutionelle Architektur würde – zumindest für eine Erprobungsphase – zur Arena intensiver Kompetenzstreitigkeiten zwischen einzelnen Schlüsselpersonen und den dahinter stehenden institutionellen Interessen. Wie bisher in Analysen der institutionellen Architektur üblich und notwendig, wäre damit intensiv die Praxis bzw. Nutzung des Textes zu beobachten.

9.4 Die fünfte Erweiterungsrunde: „15 plus 12"

Mit der Erklärung des Abschiedsgipfels von Nizza (siehe Dokument II.9.1) wurde der Weg für die bisher größte Beitrittsrunde geebnet. Nach mehrjährigen und langwierigen Verhandlungen zwischen der Kommission und den Bewerberstaaten sowie einer intensiven Abschlussphase während der dänischen Präsidentschaft beschloss der Gipfel von Kopenhagen im Dezember 2002 die Erweiterung der EU um zehn weitere Staaten und betonte die historische Bedeutung dieses Aktes (siehe Dokument II.9.4).

Dokument II.9.4: Nach 2000 – Schlussfolgerungen des Vorsitzes zur Erweiterung 2002

> Der Europäische Rat hat auf seiner Tagung 1993 in Kopenhagen das ehrgeizige Vorhaben eingeleitet, das Vermächtnis von Konflikten und Spaltungen in Europa zu überwinden. Der heutige Tag stellt insofern ein *beispielloses historisches Ereignis* dar, als dieser Prozess durch den Abschluss der Beitrittsverhandlungen mit Estland, Lettland, Litauen, Malta, Polen, der Slowakei, Slowenien, der Tschechischen Republik, Ungarn und Zypern vollendet wird. Die Union freut sich nunmehr, diese Staaten zum 1. Mai 2004 als Mitglieder aufnehmen zu können. Dieser Erfolg bezeugt die gemeinsame Entschlossenheit der Völker Europas, sich in einer Union zusammenzufinden, die zur *treibenden Kraft für Frieden, Demokratie, Stabilität und Wohlstand* auf unserem Kontinent geworden ist. Als vollwertige Mitglieder einer auf Solidarität gründenden Union werden diese Staaten an der *Ausgestaltung der weiteren Entwicklung des europäischen Projekts uneingeschränkt beteiligt sein.*

Quelle: Europäischer Rat 2002b. Hervorhebungen durch den Autor.

Feierlich unterzeichnet wurde der Beitrittsvertrag am 16.04.2003 in Athen. Der Beitritt Estlands, Lettlands, Litauens, Polens, der Tschechischen Republik, der Slowakei, Ungarns, Sloweniens, Maltas und Zyperns erfolgte am 1. Mai 2004.[38] Für die institutionelle Architektur führt der Beitritt auf der Grundlage des Vertragswerks von Nizza zunächst zur Vermehrung der Beteiligten und mitwirkenden Akteure in allen Organen. Für Rat, EP, Kommission und EuGH sind nach entsprechenden Verfahren zusätzliche Mitglieder gewählt bzw. benannt worden. Angesichts einer gestiegenen Zahl an „Mitspielern" um den jeweiligen Verhandlungs- und Beratungstisch wird insbesondere die Frage nach der Handlungsfähigkeit der Organe gestellt. Aussagefähige Erfahrungen über die Praxis des Regierens in der institutionellen Architektur der 25er Union liegen bis 2007 nur begrenzt vor.[39]

Mit dieser Aufnahme war die fünfte Erweiterungsrunde nicht abgeschlossen. 2004 legten die Staats- und Regierungschefs einen Zeitplan für Bulgarien und Rumänien fest, deren Beitritt am 1. Januar 2007 erfolgte. Im Oktober 2005 wurden darüber hinaus Verhandlungen mit der Türkei und Kroatien eröffnet, ohne jedoch einen festen Beitrittstermin in Aussicht zu stellen.[40]

---

38 Vgl. Lippert 2004; 2003a, b.
39 Vgl. Kapitel III.4.
40 Vgl. Kapitel I und Kapitel IV.8.

Dokument II.9.5: Nach 2000 – Schlussfolgerungen des Vorsitzes zu weiteren Beitrittsverhandlungen (2004)

Kroatien

14. Der Europäische Rat nimmt die Fortschritte *Kroatiens* bei der Vorbereitung auf die *Eröffnung der Beitrittsverhandlungen* mit Befriedigung zur Kenntnis.

[...]

16. Er fordert die Kommission auf, dem Rat einen Vorschlag für einen Verhandlungsrahmen mit Kroatien zu unterbreiten [...]. Er ersucht den Rat, diesem Verhandlungsrahmen zuzustimmen, damit die Beitrittsverhandlungen am 17. März 2005 eröffnet werden können, *sofern Kroatien uneingeschränkt mit dem ICTY* (Internationales Kriegsverbrechertribunal für das frühere Jugoslawien) *zusammenarbeitet*.

Türkei

17. Der Europäische Rat verweist auf seine früheren Schlussfolgerungen zur Türkei: In Helsinki hat er festgestellt, dass *die Türkei ein beitrittswilliges Land ist*, das auf der Grundlage derselben Kriterien, die auch für die übrigen beitrittswilligen Länder gelten, Mitglied der Union werden soll, und auf einer späteren Tagung ist er zu folgendem Schluss gelangt: Entscheidet der Europäische Rat im Dezember 2004 auf der Grundlage eines Berichts und einer Empfehlung der Kommission, dass die *Türkei die politischen Kriterien von Kopenhagen erfüllt*, so wird die Europäische Union die Beitrittsverhandlungen mit der Türkei ohne Verzug eröffnen.

Quelle: Europäischer Rat 2004. Hervorhebungen durch den Autor.

10. Wegmarken im Rückblick: Interpretationen

Im Rückblick auf die vergangenen sechzig Jahre ist eine Abfolge von Weichenstellungen zur Vertiefung und Erweiterung zu beobachten. Vertragsänderungen haben ein sektorübergreifendes und differenziert gestaltetes Regelwerk über fünf Jahrzehnte auf- und ausgebaut. Die nun behandelten Politikbereiche decken weite Bereiche der nationalstaatlichen Aufgabenkataloge ab. Die Mitgliedstaaten haben Institutionen und Verfahren immer wieder überprüft und angesichts von Erfahrungen mit einer größer werdenden Union im Vertrag ergänzt und revidiert. Der Prozess des quasi-konstitutionellen Ausbaus der institutionellen Architektur kann 2007 nicht als abgeschlossen gelten (siehe auch Kapitel V). Ein Endzustand – eine „Finalität" – ist so auch nach einem halben Jahrhundert weder im Hinblick auf die geographischen Grenzen noch bei der quasi-konstitutionellen Systemgestaltung erreicht bzw. vereinbart.

Nach den Beschlüssen 2004 und 2007 können auch weiterhin Veränderungen für die institutionelle Architektur erwartet werden. Auch wenn die Arbeiten zum Reformvertrag bis zur Ratifizierung führen, ist nicht zu erwarten, dass die Debatte um die institutionelle Gestaltung des EU-Systems eingestellt wird. Strategien und Szenarien werden deshalb weiterhin zu diskutieren sein.[1]

In einem Rückblick können Entstehung und Entwicklung des EU-Systems unterschiedlich interpretiert werden. Übersicht II.10.1 gibt ein bewusst breit angelegtes, wenn auch nicht vollständiges Spektrum an Aussagen und Thesen, die aus der politischen und wissenschaftlichen Debatte gewonnen werden können. Deutlich wird, dass die Gestalt der institutionellen Architektur unterschiedlich eingeschätzt wird.

Übersicht II.10.1: Im Rückblick – Ein Spektrum an Erklärungen und Interpretationen

• Die Integrationsbemühungen verwirklichen einen *jahrhundertealten Traum einer „europäischen Einheit"*, die „aus einem kulturellen, religiösen und humanistischen Erbe schöpft" (Präambel VVE, 1. Absatz). EU-Institutionen sind Verwirklichungen einer lang gehegten Vision, einer gewollten Verfassung für ein „gedachtes Europa". Die Herausbildung des EU-Systems mit seiner spezifischen institutionellen Architektur ist das *Produkt „schmerzlicher Erfahrungen"* (Präambel VVE, 2. Absatz), das „im Bewusstsein seiner Verantwortung gegenüber den künftigen Generationen und der Erde ein großes Unterfangen fortsetzt, das einen Raum eröffnet, in dem sich die Hoffnung der Menschen entfalten kann" (Präambel VVE: 4. Absatz). Die institutionelle Architektur ist gleichzeitig Produkt und Akteur einer Wertegemeinschaft.
• In und durch die EU entwickelt das *„Europäische Volk"*[2] seine Identität und verwirklicht gegen die nationalistischen Identitätskonstruktionen nationaler Eliten – verkörpert durch deren Bürokratien – seine spezifische Form einer wirklichen Demokratie. Die EU-Institutionen – insbesondere das EP – verfügen über eine eigene, supranationale Legitimität. Das EU-System ist durch einen *föderalen Bauplan* hin zu einem „Bundesstaat"[3] oder einer „Föderation"[4] geprägt. Die Entstehung und Entwicklung der institutionellen Architektur folgt in Teilschritten entsprechenden Mustern und Modellen.
• Die Entstehung und Entwicklung der EU folgt einer *„Sachlogik"*[5] bzw. einem *„spill-over"*[6] von begrenzten wirtschaftlichen Teilschritten zu einem umfassenden System. Die Institutionen setzen wirtschaftliche und politische Sachzwänge funktionalistisch um. Die Entwicklung der institutionellen Architektur folgt einem einmal gelegten *„historischen Pfad"*[7].

---

1 Vgl. Kapitel V.
2 Vgl. Spinelli 1958.
3 Hallstein 1969.
4 Fischer 2000. Vgl. Monnet 1978.
5 Wessels 1995c: 281; Hallstein 1969: 20.
6 Schmitter 1969: 162; vgl. Haas 1958.
7 Pollack 2004: 148; Pierson 1996.

- Die EG hat sich als *Wirtschaftsgemeinschaft* entwickelt, um den materiellen Wohlstand[8] als Grundlage für ein Sozialmodell[9] zu ermöglichen, das angesichts von Globalisierungsdruck[10] durch ökonomische Instrumente zu stützen ist.[11]

- Gründe und Antriebskräfte der Einigungsbemühungen liegen in der *Selbstbehauptung der im historischen Rückblick geschwächten europäischen Nationalstaaten*.[12] Institutionen dienen damit nationalen Grundzielen und werden entsprechend ausgestattet.

- *Nationalstaaten haben die EU-Architektur zu ihrer eigenen „Rettung" gegründet und entsprechend gestaltet*.[13] Die EU-Institutionen sind nur Instrumente in der Hand der Mitgliedstaaten. Sie stellen „Handlungsbeauftragte" („agents") dar, die im Dienste der „Herren der Verträge"[14] („principals")[15] im eng gesetzten Interesse der Mitgliedstaaten wirken (müssen).

- Integration ist die *Fortsetzung nationaler Außenpolitik* mit anderen, neuen Mitteln.[16] Gründung und Gestaltung der Architektur sind als Versuche einzelner Mitgliedstaaten zu verstehen, insbesondere Deutschland durch gemeinsame Institutionen zu kontrollieren.

- Der Auf- und Ausbau des EU-Systems ist ein typisches Produkt der Struktur des internationalen Systems und dessen Veränderungen: mehrere Jahrzehnte lang wurden die Entwicklungen der EU als *Spiegelbild des Ost-West Konflikts*[17] durch die Politik der USA als Hegemon[18] bzw. systematische Zwänge des „balancing" in einem neuen globalen Mächtegleichgewicht bestimmt.[19] Die institutionelle Architektur der EU ist abhängig davon, welche Position die europäischen Staaten in der Logik des internationalen Systems einnehmen wollen und können.

- Die EU ist als *kapitalistische Großmacht*[20] gegründet und gestaltet, um nach innen die Klassenstruktur zu verfestigen, sowie nach außen gegen andere wirtschaftliche Großmächte (USA, Japan) zu konkurrieren und Entwicklungsländer in neokolonialem Gewande auszubeuten.[21] Die EU-Institutionen werden mit einer entsprechenden Handlungsfähigkeit ausgestattet.

- Entstehung und Entwicklung der institutionellen Architektur folgen dem Selbsterhaltungswillen der EU im internationalen System als „*Zivilmacht*"[22] oder als „Handels"- und zunehmend „Friedensmacht"[23].

- Der Integrationsprozess wurde durch *kollektive strategische Entscheidungen* in Gang gesetzt; ihm liegen langfristige historische Trends zugrunde.[24]

- *Große europäische Staatsmänner machen die europäische Politik*[25]. Historische Leitfiguren mit kühnen Visionen vereinbaren geschichtsträchtige Entscheidungen. Institutionen sind dabei zweitrangig und dienen maximal einer Verringerung des Aufwandes, um entsprechende Beschlüsse zustande zu bringen.

Quelle: Eigene Zusammenstellung.

---

8 Vgl. Weidenfeld 2005.
9 Vgl. Delors 2004.
10 Vgl. Beck/Grande 2004.
11 Vgl. Europäischer Rat 2000.
12 Vgl. Loth 1996: 137; Weidenfeld 2005.
13 Milward 2005.
14 BVerfG 1994: 155-213.
15 Vgl. Pollack 2004: 142; Moravcsik 1998.
16 Vgl. Loth 1996: 137.
17 Vgl. Kohler-Koch/Conzelmann/Knodt 2004: 34-39; Dülffer 2004.
18 Vgl. Link 1999.
19 Vgl. Kissinger 2002; Link 1999.
20 Vgl. Galtung 1973; Beckmann 2005; Bohle 2005.
21 Vgl. Mandel 1969.
22 Kirste/Maull 1996; vgl. Duchêne 1994.
23 Ehrhart 2002.
24 Vgl. Brunn 2004: 16.
25 Vgl. Kohler-Koch/Conzelmann/Knodt 2004: 29-31.

11. Zur Wiederholung und Vertiefung

■ *Merkpunkte und Stichworte*

▶ Grundkenntnisse:
  – Interesse und Motive für eine Einigungspolitik
  – Vordenker für eine Einigung Europas: drei Personen und deren Leitbegriffe
  – Luxemburger Kompromiss: Definition und Daten
  – Dreierstrategie zur Gestaltung des EU-Systems: Charakterisierung und Relevanz
  – Deutsch-französische Führungsduos

▶ Auf- und Ausbau der institutionellen Architektur – zentrale Weichenstellungen:
  – EGKS-Vertrag
  – EWG-Vertrag
  – in den 1970er Jahren
  – Maastrichter Vertrag
  – Amsterdamer Vertrag
  – Nizzaer Vertrag
  – Verfassungsvertrag
  – Reformvertrag

▶ Schlüssel(Politik)felder (in der/dem):
  – EEA
  – Maastrichter Vertrag
  – Amsterdamer Vertrag

▶ Datum und Beitrittsstaaten bei der:
  – Norderweiterung
  – Süderweiterung
  – EFTA-Erweiterung
  – Erweiterung um die Staaten Mittel- und Osteuropas und Mittelmeerstaaten

▶ Faktoren des historischen Umfelds bei
  – der Gründung der EGKS
  – dem Maastrichter Vertrag
  – der Erweiterung um die Staaten Mittel- und Osteuropas

■ *Fragen*

▶ Welche Trends sind in der Systemgestaltung der EU zu erfassen und zu erklären?
▶ Welche Einteilung von Epochen europäischer Nachkriegsgeschichte schlagen Sie im Hinblick auf die Systemgestaltung vor?
▶ Welche Relevanz hat die Beschreibung und Erfassung der Wegmarken und Weichenstellungen für unterschiedliche Ansätze zur Erklärung der (west-)europäischen Integrationskonstruktion?

■ *Thesen zur Diskussion*

▶ Die Entwicklung der institutionellen Architektur des EU-Systems ist als schrittweise, aber lineare Umsetzung der supranationalen Leitidee zu erklären.
▶ Das EU-System beruht auf der spannungsgeladenen, aber unausweichlichen Koexistenz unterschiedlicher Leitideen zur institutionellen Architektur.
▶ Ohne ökonomische Anreize und Instrumente ist kein weiterer Ausbau der institutionellen Architektur zu erwarten.

12. Literaturhinweise

▪ *Online-Quellen*

http://www.ena.lu/
http://www.eu-history.leidenuniv.nl/

▪ *Einführende Literatur*

Brunn, Gerhard (2004): Die europäische Einigung von 1945 bis heute, Ditzingen.
Dinan, Desmond (2004): Europe Recast: A History of European Union, London.
Elvert, Jürgen (Hrsg.) (2006): Die Europäische Integration, Darmstadt.
Knipping, Franz (2004): Rom, 25. März 1957. Die Einigung Europas, München.
Loth, Wilfried (2007): Der Weg nach Rom – Entstehung und Bedeutung der Römischen Verträge, in: integration 1/07, S. 36-43.
Weidenfeld, Werner (2007): Europäische Einigung im historischen Überblick, in: Weidenfeld, Werner/Wessels, Wolfgang (Hrsg.): Europa von A bis Z. Taschenbuch der europäischen Integration, 10. Auflage, Baden-Baden, S. 13-48.
Weidenfeld, Werner/Wessels, Wolfgang (Hrsg.) (1980ff.): Jahrbuch der Europäischen Integration, Bonn/Baden-Baden.

▪ *Weiterführende Literatur*

Judt, Tony (2006): Die Geschichte Europas seit dem Zweiten Weltkrieg, Bonn.
Gasteyger, Curt (2006): Europa zwischen Spaltung und Einigung. Darstellung und Dokumentation 1945-2005, Baden-Baden.
Knipping, Franz/Schönwald, Matthias (Hrsg.) (2004): Aufbruch zum Europa der zweiten Generation. Die europäische Einigung 1969-1984, Trier.
Lipgens, Walter (Hrsg.) (1986): 45 Jahre Ringen um die europäische Verfassung, Bonn.
Loth, Wilfried (2002): Entwürfe einer europäischen Verfassung. Eine historische Bilanz, Bonn.

▪ *Vertiefende Literatur*

Bitsch, Marie-Thérèse (1999): Histoire de la construction européne de 1945 à nos jours, Paris.
Gillingham, John (2003): European Integration, 1950-2003. Superstate or New Market Economy?, Cambridge.
Kaiser, Wolfram (2006): From State to Society? The Historiography of European Integration, in: Cini, Michelle/Bourne, Angela K. (Hrsg.): European Union Studies, Houndmills/New York, S. 190-208.
Loth, Wilfried (2005): La Gouvernance supranationale dans la construction européenne, Brüssel.
Milward, Alan (2005): The European Rescue of the Nation-State, 3. Auflage, London/New York.

III.

Institutionen in Nahsicht

Ein Zugang zur Erfassung und Erklärung der institutionellen Architektur und ihrer möglichen Entwicklungsrichtungen besteht in einer detaillierten Einzelanalyse jedes Organs bzw. Gremiums in einer Nahsicht. Dabei benutzen wir einen „institutionellen Steckbrief", der einem „ABBA-Schema" (siehe Abbildung III.1) folgt.

Abbildung III.1: Institutionen in Nahsicht: Institutioneller Steckbrief

Quelle: Eigene Darstellung.

Bei diesem Vorgehen werden nacheinander
- die geschriebenen und genutzten **A**ufgaben und Funktionen,
- die Verfahren zur **B**enennung oder Besetzung zur Zusammensetzung der Institutionen und zur Wahl der jeweiligen Amtsträger,
- die vertraglichen **B**eschlussverfahren und tatsächlichen Entscheidungsmuster,
- der **A**ufbau, die Arbeitsweise und die Binnenorganisation jeder einzelnen EU-Institution

dargestellt.

Ein derartiges Schema soll helfen, komplexe Realitäten zu ordnen, wobei Überschneidungen – aus der Natur der institutionellen Architektur heraus – nicht zu vermeiden sind.

Bei der Darstellung und Charakterisierung geht das Lehrbuch von den vorgestellten Begriffspaaren[1] aus:
- (geschriebener) Vertragstext und (gelebte) Vertragspraxis
- supranational und intergouvernemental
- dynamische Perspektive und statische Momentaufnahme
- Politik- und Systemgestaltung

---
1 Vgl. Kapitel I.4.

Wir richten uns bei der Reihenfolge der Institutionenanalyse nach der Auflistung im Verfassungsvertrag (Art. I-19 VVE), der – im Unterschied zum gegenwärtig gültigen Vertrag in der Fassung von Nizza – den Europäischen Rat nach dem EP und vor dem Ministerrat aufnimmt.[2]

Aufgeführt und behandelt werden auch der Ausschuss der Regionen (AdR) und der Europäische Wirtschafts und Sozialausschuss (EWSA) (Art. 7 (2) EGV) sowie die Europäische Zentralbank (EZB) (Art. 8 EGV), da diese Institutionen – wenn auch in unterschiedlichem Maße – zum Verständnis der institutionellen Architektur beitragen.

---

2 Vgl. Kapitel I.

1. Das Europäische Parlament

1.1 Eckpunkte im Überblick: Auf- und Ausbau eines „starken" Mitspielers

Bei der Erfassung und Erklärung der institutionellen Architektur des EU-Systems nimmt das Europäische Parlament eine besondere Rolle ein. Zunächst mehr als demokratisches Feigenblatt bzw. „Alibi"[1] an die institutionelle Architektur der Europäischen Gemeinschaft für Kohle und Stahl (EGKS) angefügt,[2] hat das Europäische Parlament in den letzten 30 Jahren durch seine mittlerweile direkte Wahl durch den Unionsbürger erheblich an vertraglichen Beteiligungsrechten gewonnen. Mit wachsender Intensität nutzen die Abgeordneten ihre Rechte und ihre Macht als „Veto-Spieler"[3] gegenüber anderen Organen. Ausgehend von einer Liste an parlamentarischen Rechten und Aufgaben[4] können wir zunehmend beobachten, wie das Europäische Parlament in einem institutionellen Dreieck[5] bei Legislativ- und Haushaltsverfahren der EG sowie bei zentralen Wahlakten zu einem „starken" Mit- und gegebenenfalls auch Gegenspieler des Rats und der Kommission geworden ist.

Für eine systematische und vertiefende Analyse können wir auf eine Liste allgemeiner Funktionen zurückgreifen, die sich aus entsprechenden Katalogen für „konventionelle" Parlamente[6] und für politische Systeme, aber auch aus gegebenen Vertragsformulierungen selbst ableiten lassen.[7]

Allerdings hat das Parlament noch nicht alle Rechte erhalten, die nationale Verfassungen Parlamenten in der Regel zuschreiben. Insbesondere bei der Festlegung der Einnahmen der EG und bei den quasi-konstitutionellen Akten von Vertragsänderungen hat das Europäische Parlament bisher keine starken Mitwirkungsrechte erhalten. Auch in einigen zentralen Politikfeldern, wie z. B. der Gemeinsamen Außen- und Sicherheitspolitik,[8] und in Formen der wirtschaftspolitischen Koordinierung, wie etwa in der Beschäftigungspolitik,[9] ist vertragsrechtlich nur eine begrenzte Einflussnahme des Europäischen Parlaments angelegt.

Im Hinblick auf das Innenleben des Europäischen Parlaments werden sowohl Muster einer „großen Koalition", ausgelöst durch institutionelle Zwänge des Vertrags, als auch Tendenzen zu einer „Normalisierung" nach üblichen Links-Rechts-Koalitionen[10] beobachtet. Allerdings hat sich bisher keine durchgängig regierende „Regierungskoalition" herausgebildet, der eine Opposition gegenüberstände.

Angesichts derartiger Entwicklungen wird intensiv diskutiert, ob und inwieweit das EP als „normale Legislative"[11] mit einigen Besonderheiten oder als Institution „sui generis" einzuordnen ist.[12] Im Hinblick auf seinen Legitimations- und Wirkungsanspruch wird dieses parlamentarische Organ des EU-Systems in einem Spannungsfeld angesiedelt: Einerseits wird es

---

1 Maurer/Wessels 2003b: 32-37.
2 Vgl. Brunn 2004: 83; Judge/Earnshaw 2003: 208.
3 Vgl. u. a. Holzinger 2005: 131; Tsebelis 2002: 248-282; Tsebelis/Garrett 1996.
4 Vgl. zu ähnlichen Ansätzen u. a. Judge/Earnshaw 2003: 7-26, 202-242.
5 Wessels 2007c.
6 Vgl. Steffani 1979; Bagehot 1873; Vgl. auch Kohler-Koch/Conzelmann/Knodt 2004: 212.
7 Vgl. Maurer 2007a; Hix 2005; Judge/Earnshaw 2003: 7-24, 202-204; Maurer/Wessels 2003a: 32-48; Wessels 1995: 879-904; Grabitz/Schmuck/Steppat/Wessels 1988; Lindberg/Scheingold 1970.
8 Vgl. Kapitel IV.5.
9 Vgl. Kapitel IV.4.4.
10 Vgl. Hix 2003: 154-160; Maurer/Wessels 2003b: 191-194.
11 Hix 2005: 109.
12 Vgl. zur Debatte u. a. Judge/Earnshaw 2003b: 7-9.

Abbildung III.1.1: Das Europäische Parlament – Institutioneller Steckbrief

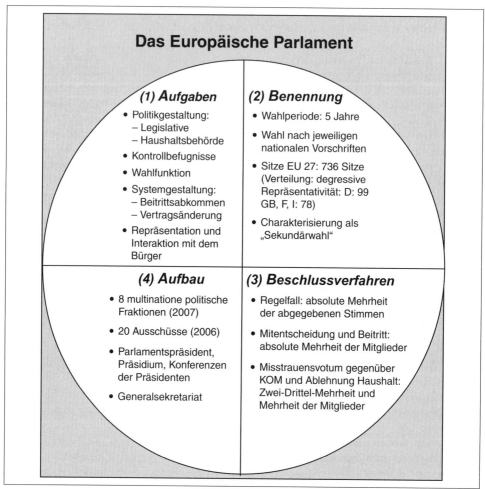

Quelle: Eigene Darstellung.

weiterhin häufig von nationalen „Vollparlamenten" abgegrenzt,[13] da es kein Volk bzw. keinen europäischen „demos" repräsentiert.[14] Eine entsprechende Aussage wird kategorisch formuliert: „Das Europäische Staatsvolk, das im Europäischen Parlament seine Repräsentanz fände, gibt es nicht."[15] Andererseits wird dem EP auf dem Weg zu einem „parlamentarischen Europa"[16] oder zu einem „Mehrebenenparlamentarismus"[17] eine wesentliche Rolle als „Garant von Legitimität"[18] zur Überwindung des demokratischen Defizits zugeschrieben.[19] Das EP könn-

---

13 Vgl. Lübbe 1994: 150; BVerfg 1994; vgl. dazu auch Maurer 2004a: 8; Wessels 1995a: 883.
14 Vgl. Judge/Earnshaw 2003: 82-84.
15 Lübbe 1994: 147.
16 Judge/Earnshaw 2003: 293-320.
17 Maurer 2002a: 17-22
18 Kohler-Koch/Conzelmann/Knodt 2004: 212-217.
19 Vgl. Leinen/Schönlau 2003; Brok 2002.

te dabei zum „Katalysator einer europäischen Öffentlichkeit"[20] werden. Aus dieser Sicht ist „Demokratie nicht an ein Staatsvolk gebunden";[21] vielmehr wird konstatiert: „Je mehr Hoheitsgewalt die Europäische Gemeinschaft gewinnt, desto stärker ist die Notwendigkeit des Ausbaus der Rechte des Europäischen Parlaments."[22] In einer derartigen Perspektive gilt das Europäische Parlament für einige Akteure und Beobachter als deutliches Symbol und pro-aktiver Träger einer ausgeprägten institutionellen Leitidee, die auf eine föderale bzw. supranationale Ausrichtung der institutionellen Architektur ausgerichtet ist.

Mit Hilfe eines „institutionellen Steckbriefs" sollen Entstehung und Entwicklung der geschriebenen Vertragsformulierungen und der realen Beteiligungsmuster des EP erfasst werden (siehe Abbildung III.1.1).[23]

1.2 Aufgaben: Geschichte und vertragliche Vorgaben

Im ursprünglichen Regelwerk hatten die Vertragsarchitekten der „Versammlung" (so die anfängliche Bezeichnung für das EP) nur die Funktionen eines (Diskussions-)„Forums" bzw. einer „Arena"[24] und eines Kontrollorgans der Kommission zugeschrieben (siehe Dokument III.1.1).

Dokument III.1.1: Europäisches Parlament – Die Versammlung im EGKS-Vertrag

---

Art. 20

Die Versammlung besteht aus Vertretern der Völker der in der Gemeinschaft zusammengeschlossenen Staaten; sie übt die *Kontrollbefugnisse* aus, die ihr nach diesem Vertrage zustehen.

Art. 24

Die Versammlung *erörtert* in öffentlicher Sitzung den Gesamtbericht, der ihr von der Hohen Behörde vorgelegt wird.

Wird auf Grund des Berichts ein *Misstrauensantrag* eingebracht, so darf die Versammlung über diesen Antrag nicht vor Ablauf von mindestens drei Tagen nach seiner Einbringung und nur in offener Abstimmung entscheiden.

Wird der Misstrauensantrag mit Zweidrittelmehrheit der abgegebenen Stimmen und mit der Mehrheit der Stimmen aller Mitglieder der Versammlung angenommen, so müssen die Mitglieder der Hohen Behörde geschlossen zurücktreten.

Quelle: Bundesgesetzblatt, Teil 2, 1952: 453; Hervorhebungen durch den Autor.

---

20 Kohler-Koch/Conzelmann/Knodt 2004: 217; Trenz/Eder 2004.
21 Zuleeg 1993: 1071; vgl. Hobe 1994.
22 Zuleeg 1993: 1073.
23 Vgl. Maurer 2004a.
24 Maurer/Wessels 2003b: 32-37.

Diese vergleichsweise schwach ausgebildeten Beteiligungsrechte haben Regierungskonferenzen über die letzten Jahrzehnte zunehmend zugunsten eines umfassenden und differenzierten Satzes an „starken" Rechten für das EP ausgebaut, die dem EP im Politikzyklus erhebliche Mitwirkungsmöglichkeiten einräumen (siehe Übersicht III.1.1 und Abbildung III.1.2). Vertragsänderungen seit Anfang der siebziger Jahre ließen das Europäische Parlament so zu einem zunehmend relevanten Eckpunkt in einem institutionellen Dreieck mit Kommission und Rat werden.

Übersicht III.1.1: Europäisches Parlament – Ausbau vertraglicher Beteiligungsrechte vom EGKS-Vertrag bis zum Reformvertrag

Jahr – Vertragsentwicklung		Aufgaben, Wegmarken und Funktionen des EP
1951	EGKS	Diskussionsforum Kontrolle der Hohen Behörde: Misstrauensvotum
1957	EWG/EAG („Römische Verträge")	Diskussionsforum Kontrolle der Kommission: Misstrauensvotum; Anhörungsrechte gegenüber Rat
1970	Vertrag zur Schaffung eines Systems von EG-Eigenmitteln	Teil der „Haushaltsbehörde" Beteiligung an Ausgabenverfahren und Kontrolle
1975	Vertragsergänzung	Erweiterung der Haushaltsrechte des EP
1979	Direktwahl des EP	Stärkung der Repräsentations- und Interaktionsfunktion
1987	EEA	Legislative Beteiligungsverfahren: „Zusammenarbeit" und „Zustimmung"
1993	EUV: Maastricht	Ausbau legislativer Rechte: Mitentscheidungsverfahren Ausdehnung der Zustimmungsverfahren Einsetzung von Untersuchungsausschüssen Wahlfunktion: – Zustimmung zum Kommissionspräsidenten – Zustimmung zur Kommission Unterrichtung in Fragen der 2. und 3. Säule
1999	EUV: Amsterdam	Ausdehnung und Reform der Mitentscheidungsverfahren Anrufung des EuGH bei Vertragsabschlüssen mit Drittstaaten
2003	EUV: Nizza	Ausdehnung der Mitentscheidungsverfahren Ausdehnung der Zustimmungsverfahren „normales" Klagerecht vor dem EuGH
2009 (?)	Verfassungs- bzw. Reformvertrag	Ausdehnung der Mitentscheidungsverfahren zum „ordentlichen Gesetzgebungsverfahren" Vorbereitung von Vertragsänderungen „Wahl" des Kommissionspräsidenten

Quelle: Eigene Darstellung; vgl. auch Shackleton 2006: 106.

Von spezifischem Interesse sind vor allem die Befugnisse des Europäischen Parlaments zur Vorbereitung, Verabschiedung, Durchführung und Kontrolle von Rechtsakten. Zu unterscheiden sind mehrere Beteiligungsregeln, die über die ersten Jahrzehnte auf- und ausgebaut wurden (siehe Übersicht III.1.1):[25]

---

25 Vgl. zur ausführlichen Darstellung der Verfahren Kapitel IV.

(1) Verfahren ohne Beteiligung des EP
(2) Unterrichtung des Europäischen Parlaments durch Kommission und Rat
(3) das Anhörungsverfahren
(4) das Verfahren der Zusammenarbeit
(5) das Zustimmungsverfahren
(6) das Mitentscheidungsverfahren

Nicht zu übersehen ist zunächst, dass Verfahren zur Politikgestaltung auch ohne vertraglich festgeschriebene Mitwirkung des Europäischen Parlaments ablaufen – so etwa bei der Gestaltung der gemeinsamen Handelspolitik (Art. 133 EGV) oder der Währungspolitik (Art. 105-111 EGV). In einigen Fällen gibt es aber auch in diesen Bereichen informelle Verfahren der Unterrichtung.

Bei einem Anspruch auf „Unterrichtung" haben Organe und Institutionen der Union die Verpflichtung, das Europäische Parlament zu informieren, so beim Bericht des Präsidenten des Europäischen Rats nach jeder Tagung (Art. 4 EUV) und beim jährlichen Bericht des Präsidenten der Europäischen Zentralbank (Art. 113 (3) EGV).

Bei der „Anhörung" oder „Konsultation" muss das Europäische Parlament im Verfahren nur gehört werden und kann zum Vorschlag der Kommission eine Position formulieren; es verfügt dabei nicht über weitergehende rechtliche Möglichkeiten, seine Interessen gegen den Rat durchzusetzen. Diese Form der Beteiligung ist bei vielen Politikfeldern festzustellen, bei denen die Organe nationale Instrumente koordinieren wollen, so etwa bei der Beschäftigungspolitik (Art. 128 EGV) oder einigen Regeln der Umweltpolitik (Art. 175 EGV).

Beim Verfahren der „Zusammenarbeit" oder „Kooperation" (Art. 252 EGV) verfügt das Parlament über ein aufschiebendes Veto. Dieses Verfahren bildete in der Einheitlichen Europäischen Akte den Einstieg des Parlaments in eine verstärkte Beteiligung; spätere Vertragsänderungen haben dieses Regelwerk in den meisten Artikeln durch das der „Mitentscheidung" ersetzt, sodass das Einstiegsmodell zum Auslaufmodell wurde.

Noch nachhaltiger ist die Rolle des EP bei dem Verfahren der „Zustimmung" einzustufen, das insbesondere bei quasi-konstitutionellen Fragen Anwendung findet: in diesen Fällen (beispielsweise bei einem Beitritt zur EU) muss das Europäische Parlament, in der Regel mit der Mehrheit seiner Mitglieder, zustimmen. Uneinigkeit oder Untätigkeit des Europäischen Parlaments führen zum Scheitern der entsprechenden Ratsvorlage.

Besonderer Aufmerksamkeit bedarf das Verfahren der „Mitentscheidung" (Art. 251 EGV). Dieses Regelwerk ist zu einem wesentlichen, wenn auch nicht ausschließlichen Verfahrenstyp geworden (siehe Kapitel IV.2). Der Text des Verfassungsvertrags betonte diese Entwicklung, in dem er das Mitentscheidungsverfahren als „ordentliches Gesetzgebungsverfahren" (Art I-34 VVE) ausschilderte. Bei diesem Verfahren entscheidet das Europäische Parlament in einem mehrstufigen Ablauf zusammen mit dem Rat über Inhalte und Rechtsformen zentraler Gesetzesakte für die Mitgliedstaaten und die Unionsbürger. Mit der Mehrheit seiner Mitglieder kann das Parlament auch eine Position des Rats ablehnen. Es verfügt so mit dieser Vetomöglichkeit über ein „starkes" Beteiligungsrecht.

Abbildung III.1.2 lässt erkennen, dass die Mitgliedstaaten als Vertragsarchitekten die Rechte des EP seit den fünfziger Jahren wesentlich ergänzt und insbesondere die „starken" Befugnisse („Mitentscheidung" und „Zustimmung") ausgebaut haben bzw. im Verfassungsvertrag weiter ausdehnen wollen.

Bei dieser historischen Entwicklung kann eine „nacheilende Parlamentarisierung"[26] beobachtet werden: Der Anteil der Artikel in den jeweiligen Vertragstexten, bei denen das EP über Beteiligungsrechte verfügt, hat nicht nur absolut, sondern auch relativ am Gesamtvolumen von Rechtsetzungsverfahren erheblich zugenommen (siehe Abbildung III.1.2), jedoch bleibt die parlamentarische Beteiligung weiterhin begrenzt.

Abbildung III.1.2: Europäisches Parlament – Ausbau vertraglicher Beteiligungsrechte von der EWG bis zum Verfassungs- bzw. Reformvertrag (in Prozent)[1]

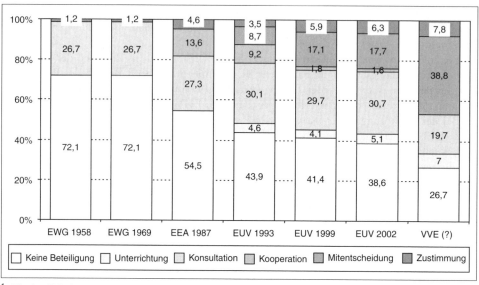

[1] Für den Fall eines Inkrafttretens des VVE.
Quelle: Eigene Darstellung in Anlehnung an Maurer/Wessels 2002: 37; ergänzt um VVE.

Bei diesen Verfahren zur Verabschiedung von Rechtsakten fällt auf, dass formale Initiativrechte den Abgeordneten ebenso wenig wie dem Rat zustehen. Jedoch kann das Europäische Parlament mit der Mehrheit seiner Mitglieder die Kommission auffordern, geeignete Vorschläge für Rechtsakte zu unterbreiten (Art. 192 EGV). Die Abgeordneten selbst haben sich nicht intensiv um die Zuteilung einer vertraglich gesicherten Einbringungsbefugnis bemüht, wohl auch, um dem Rat nicht ein ähnliches Recht einzuräumen.[27] Durch Initiativberichte und durch regelmäßige Kontakte – so etwa infolge der Aussprache zum Jahresprogramm der Kommission und in den Ausschüssen des Europäischen Parlaments – halten sie ihren Einfluss auf Kommissionsinitiativen für ausreichend.

Gegenüber dieser Rolle bei der Verabschiedung von Rechtsakten im EG-Vertrag sind die Beteiligungsrechte des EP bei mehreren Politikfeldern der ersten Säule, die die Koordinierung der nationalen Wirtschafts- und Beschäftigungspolitik regeln, nur schwach ausgeprägt. Bei der Gestaltung der wirtschaftspolitischen Außenbeziehungen variieren die Befugnisse des EP. Im zentralen Bereich der Gemeinsamen Handelspolitik (Art. 133 EGV) sieht der Vertrag keine

---
[26] Maurer/Wessels 2003b: 100-103.
[27] Vgl. Maurer 2004a: 19.

Beteiligungsrechte vor,[28] bei Abkommen mit Drittstaaten spricht er dem EP ein Anhörungsrecht zu (Art. 300 (3) EGV), handelt es sich um den Abschluss von Abkommen mit institutionellen und finanziellen Folgen (Art. 300 (3) EGV) und insbesondere bei Assoziierungsverträgen (Art. 310 EGV) sehen die Bestimmungen ein Zustimmungsrecht des EP vor.

Bei den Budgetfunktionen,[29] einem traditionellen Vorrecht jedes Parlaments, ist zunächst bemerkenswert, dass das Europäische Parlament über keine Befugnisse zur Festlegung der Einnahmen verfügt. Bei der Festlegung der Höhe und Art der Eigenmittel der EG steht dem Europäischen Parlament nur das Recht auf „Anhörung" zu (Art. 269 EGV). Seit Mitte der achtziger Jahre legt der Europäische Rat in siebenjährigen Abständen einen mittelfristigen Finanzrahmen fest, der die Höhe der Einnahmen und die Verteilung auf wesentliche Ausgabenkategorien festschreibt. Das Europäische Parlament wird an diesen Grundsatzbeschlüssen durch eine interinstitutionelle Vereinbarung zwischen den Organen beteiligt.

Ein starkes Mitwirkungsrecht gibt der Vertrag dem EP bei den jährlichen Haushaltsplänen: das Parlament bildet mit dem Rat die gemeinsame Haushaltsbehörde. Sie beschließen beide nach einem mehrstufigen Verfahren, das unterschiedliche Beteiligungsrechte des Parlaments je nach Art der Ausgaben vorsieht.[30] Das Europäische Parlament kann jedoch mit hohen Mehrheiten, d. h. mit Mehrheit der Stimmen seiner Mitglieder und zwei Dritteln der abgegebenen Stimmen den Haushaltsplan insgesamt ablehnen. Der Verfassungsvertrag hätte die Rechte des EP im jährlichen Haushaltsverfahren zusätzlich gestärkt (Art. I-55 VVE).

In Bezug auf Wahlfunktionen besitzt das Europäische Parlament einen Katalog von Möglichkeiten, Ämter in der institutionellen Architektur alleine oder mit anderen Organen zu besetzen.[31] Über eine Alleinentscheidungsgewalt verfügt das EP bei der Ernennung des Bürgerbeauftragten (Art. 195 EGV, siehe Dokument III.1.6). Daneben gewähren die Vertragsbestimmungen den Abgeordneten bei der Auswahl der Mitglieder des Rechnungshofs (Art. 247 (3) EGV)[32] und des Direktoriums der Europäischen Zentralbank (Art. 112 (2b) EGV)[33] Anhörungsrechte. Von besonderer Bedeutung ist die Mitwirkung des EP bei der Investitur der Kommission. Seit dem EGKS-Vertrag verfügt das EP bereits über das Recht, der Kommission als Kollegium das Misstrauen auszusprechen (siehe Dokument III.1.1), wozu hohe Mehrheiten im Europäischen Parlament vorausgesetzt werden (Art. 201 EGV). Seit dem Maastrichter Vertrag ist das Parlament zusätzlich auch bei dem zentralen Wahlakt beteiligt: Es muss in einem mehrstufigen Verfahren der Benennung des Präsidenten der Kommission und der Kommission insgesamt zustimmen.[34]

Kontrollrechte kann das EP durch schriftliche und mündliche Anfragen gegenüber Kommission und Rat auf allen Politikfeldern ausüben; besonders ausgeprägt sind diese gegenüber dem Haushaltsgebaren der Kommission (Art. 276 EGV). Zu dem Funktionenbündel einer Art öffentlichen Kontrolle sind auch die Ansprachen über Berichte des jeweiligen Präsidenten des Europäischen Rats und des Ministerrats zu zählen.

Wie bei anderen Vertragsorganen unterliegen auch die Aktivitäten des EP einer vertragsrechtlichen Kontrolle. Der EuGH kann „gemeinsamen Handlungen des Europäischen Parlaments und des Rats" sowie „Handlungen des Europäischen Parlaments mit Rechtswirkungen

---

28 Vgl. Kapitel IV.5.
29 Vgl. Kapitel IV.3.
30 Vgl. Kapitel IV.3.
31 Vgl. Nickel 2005: 73-92.
32 Vgl. Kapitel III.7.
33 Vgl. Kapitel III.8.
34 Vgl. Kapitel III.4.

gegenüber Dritten" für „nichtig" erklären (Art. 230 und 231 EGV); der Europäsche Gerichtshof kann das EP auch wegen „Untätigkeit" verurteilen (Art. 322 und 233 EGV). Eine weitere Form von Kontrollbefugnis ist durch die Möglichkeit gegeben unter festgelegten Voraussetzungen Untersuchungsausschüsse einzusetzen (Art. 193 EGV).

Auch nach mehreren Vertragsänderungen bleiben die Beteiligungsbefugnisse des Parlaments bei der Gemeinsamen Außen- und Sicherheitspolitik (2. Säule, Art. 21 EUV) sowie bei den Politikfeldern der polizeilichen und justiziellen Zusammenarbeit in Strafsachen (PJZS: 3. Säule, Art. 39 EUV) begrenzt. So wird das Europäische Parlament regelmäßig über die Entwicklungen in der GASP unterrichtet und kann Anfragen und Empfehlungen an den Rat richten (siehe Dokument III.1.2).

Dokument III.1.2: Europäisches Parlament – Beteiligungsrechte in GASP Verfahren

---

Art. 21 EUV

Der Vorsitz *hört* das Europäische Parlament zu den wichtigsten Aspekten und den grundlegenden Weichenstellungen der Gemeinsamen Außen- und Sicherheitspolitik und achtet darauf, dass die *Auffassungen* des Europäischen Parlaments *gebührend* berücksichtigt werden. Das Europäische Parlament wird vom Vorsitz und von der Kommission regelmäßig über die Entwicklung der Außen- und Sicherheitspolitik der Union *unterrichtet.*

Das Europäische Parlament kann *Anfragen oder Empfehlungen* an den Rat richten. Einmal jährlich führt es eine *Aussprache* über die Fortschritte bei der Durchführung der Gemeinsamen Außen- und Sicherheitspolitik.

Hervorhebungen durch den Autor.

Mit diesen Möglichkeiten sowie mit der einmal im Jahr vorgesehenen Aussprache über die Kernfelder nationaler und internationaler Politik kann das Parlament die Funktion eines Diskussionsforums für eine europäische Öffentlichkeit anstreben. Eine stärkere Beteiligung bei der GASP, die über eine vage Formulierung einer „gebührenden Berücksichtigung" seitens des Vorsitzes hinausgeht hätte auch der Verfassungsvertrag nicht eingeführt.

Bei den quasi-konstitutionellen Akten der Systemgestaltung sind die Beteiligungsrechte des Parlaments unterschiedlich geregelt. Bei einer Vertragsänderung (Art. 48 EUV) hat es nur das Recht auf Anhörung bei der Einberufung einer Regierungskonferenz,[35] während das Europäische Parlament beim Beitrittsverfahren (Art. 49 EUV) mit der absoluten Mehrheit seiner Mitglieder der Aufnahme eines weiteren Mitgliedstaats zustimmen muss.[36]

Zusammenfassend können zur Beschreibung des gegenwärtig bereits existierenden und auch in Zukunft geplanten Aufgabenkatalogs die Formulierungen des nicht ratifizierten Verfassungsvertrags herangezogen werden (siehe Dokument III.1.3).

---

35 Vgl. Kapitel IV.7.
36 Vgl. Kapitel IV.8.

*Dokument III.1.3: Europäisches Parlament – Aufgabenkatalog
(gemäß Verfassungsvertrag)*

> **Art. I-20 VVE**
>
> **Das Europäische Parlament**
>
> (1) Das Europäische Parlament wird gemeinsam mit dem Rat als *Gesetzgeber* tätig und übt gemeinsam mit ihm die *Haushaltsbefugnisse* aus. Es erfüllt Aufgaben der *politischen Kontrolle* und *Beratungsfunktionen* nach Maßgabe der Verfassung. Es *wählt* den Präsidenten der Kommission.

Quelle: www.europarl.europa.eu. Hervorhebungen durch den Autor.

Zu den historischen Veränderungen gehört auch eine grundlegende Neuregelung des Benennungs- bzw. Wahlmodus und eines damit einhergehenden Wandels der Legitimationsbasis. Bis zur ersten Direktwahl 1979 wurden die Abgeordneten aus der Mitte der nationalen Parlamente delegiert. Mit Zunahme der Aufgaben und Aktivitäten des Europäischen Parlaments konnten die Abgeordneten ein derartiges „Doppelmandat" jedoch nicht mehr sinnvoll ausüben. Durch seine Direktwahl seitens der Unionsbürger kann das EP nun auch eine eigenständige und direkte Legitimation geltend machen, die jedoch zu Kontroversen um die grundsätzliche Natur des EP und einer EU-Demokratie führen können. Im Hinblick auf eine derartige Funktion als Repräsentationsorgan sieht der derzeit gültige Vertrag die Abgeordneten als „Vertreter der Völker der in der Gemeinschaft zusammengeschlossenen Staaten" (Art. 189 EGV), während der Verfassungsvertrag von den Parlamentariern als den „Vertretern der Unionsbürgerinnen und Unionsbürger" (Art. I-20 VVE) spricht.

1.3 Zur Analyse der Praxis: Ein Aktivitätenprofil

In der gelebten Vertragswirklichkeit hat das Europäische Parlament seine Rechte in der Regel intensiv genutzt und seine Beteiligungsmöglichkeiten immer wieder in Graubereiche ausgeweitet.

Die Möglichkeiten, zum Forum einer europäischen Öffentlichkeit zu werden, nimmt das EP regelmäßig durch öffentliche Plenartagungen, Ausschusssitzungen sowie durch medienwirksame „events", wie etwaige Preisverleihungen (z. B. des Sacharow-Preises[37]), wahr. Die Themen seiner Debatten spiegeln die politischen Befindlichkeiten in Europa wider. Eine zufällig herausgesuchte Tagesordnung macht die Breite der politischen Arbeit an einem Sitzungstag deutlich (siehe Dokument III.1.4). Auf dieser Liste stehen sowohl Vorhaben, die der traditionellen Politikgestaltung staatlicher Innenpolitik wie auch der konventionellen Umweltpolitik zuzuordnen sind, als auch EU-spezifische Punkte der Systemgestaltung wie Beitrittsfragen und Vorbereitungen der Sitzungen des Europäischen Rats. Auch weitere Probleme der Politikgestaltung, die ihren unmittelbaren Ursprung nicht in einer EG-Politik selbst haben – so Drogenbekämpfung und Katastrophenschutz – werden behandelt.

---

37 Vgl. http://www.europarl.eu.int/news/public/focus_page/008-1530-293-10-42-901-20051017FCS01528-20-10-2005-2005/default_de.htm (Stand: 22.06.2007).

Dokument III.1.4: Europäisches Parlament – Tagesordnung eines Sitzungstages

---

Mittwoch, 15. Dezember 2004

9:00 – 12:00 Uhr
Erklärungen des Rats und der Kommission – Vorbereitung des Europäischen Rats
(17. Dezember 2004)

12:00 – 13:00 Uhr
Abstimmungen
– Fortschritte der Türkei auf dem Weg zum Beitritt
– Grenzüberschreitende Kfz-Kriminalität
– Pestizidrückstände in oder auf Lebens- und Futtermitteln
– EU/Russland-Gipfel
– Asylverfahren und Schutzkapazität von Herkunftsregionen
– EU-Strategie zur Drogenbekämpfung

15:00 – 17:30 und 21:00 – 24:00 Uhr
Bericht: Fortschritte Bulgariens auf dem Weg zum Beitritt
Bericht: Fortschritte Rumäniens auf dem Weg zum Beitritt
Bericht: Demokratie sowie Wahrung der Menschenrechte und Grundfreiheiten in Drittländern
Bericht: Aktionsprogramm für den Katastrophenschutz

17:30 – 19:00
Fragestunde mit Anfragen an den Rat

Quelle: www.europarl.europa.eu

Von derartigen Aktivitäten des EP gehen immer wieder indirekte Anstöße für weitergehende Orientierungen der EU-Aktivitäten insgesamt aus. Zur Setzung von Schwerpunkten für die Arbeit der EU-Organe haben Abgeordnete seit Jahrzehnten das Instrument von Initiativberichten und Dringlichkeitsentschließungen entwickelt und intensiv eingesetzt. Die Wirkung dieser Resolutionen für die weitere Gesetzgebung und andere Aktivitäten der EU – etwa im Bereich der GASP – ist jedoch nur in einzelnen Fallstudien herauszuarbeiten.

Von nachhaltiger Bedeutung ist die legislative Arbeit des EP. Daten für die Nutzung der vertraglich festgeschriebenen Verfahrensregeln für die Verabschiedung von Rechtsakten zeugen von einer umfassenden realen Beteiligung des Parlaments an der Politikgestaltung der EU (siehe Tabelle III.1.1).[38] In absoluten Zahlen hat das EP seine legislativen Aktivitäten ausgebaut. In den ersten zehn Jahren seit Inkrafttreten des Maastrichter Vertrages sind knapp 500 Verfahren nach den Regeln der Mitentscheidung abgeschlossen worden; sechs sind am EP gescheitert. Die Mehrzahl der Gesetzgebungsakte waren Richtlinien, die sich auf die Angleichung von Rechtsvorschriften für die Errichtung oder das Funktionieren des Gemeinsamen Markts bezogen (Art. 95 EGV bzw. vor der Amsterdamer Neuzählung Art. 100a EGV). Das Gewicht wird noch deutlicher, wenn man die relative Zahl der Rechtsakte betrachtet,[39] bei denen das EP mitentschieden hat. Intensiv diskutiert wird dazu, ob und in welchem Umfang

---

38 Vgl. auch Kapitel IV.
39 Vgl. auch Übersicht IV.2.2.

das EP diese Beteiligungsrechte in den unterschiedlichen Gesetzgebungsverfahren auch effektiv zur Vertretung seiner Interessen gegenüber den anderen Organen ausgeübt hat.[40] Mit der effektiven Nutzung der vertraglich zugeschriebenen Befugnisse zeichnet sich deutlich auch in der Praxis eine Entwicklung zu einem legislativen Zweikammersystem nach parlamentarisch-föderalen Mustern ab,[41] das mit der Kommission ein institutionelles Dreieck bildet.

Tabelle III.1.1: Europäisches Parlament – Reale Nutzung der vertraglich vorgesehenen Verfahren zur Rechtsetzung (1987 – 2004) (in absoluten Zahlen)

	Anhörung	Zusammenarbeit	Mitentscheidung	Zustimmung
1987	152	29	–	20
1988	131	134	–	14
1989	128	189	–	3
1990	159	175	–	2
1991	209	149	–	3
1992	243	198	–	11
1993	199	148	14*	8
1994	168	75	78	11
1995	164	48	72	17
1996	164	90	102	8
1997	154	51	94	15
1998	215	86	121	4
1999	177	34	140	17
2000	113	0	174	14
2001	190	0	188	16
2002	136	0	212	4
2003	129	0	172	16
2004	163	0	111	11

* Das Mitentscheidungsverfahren wurde 1993 mit dem Vertrag von Maastricht eingeführt.
Quelle: Europäische Kommission 2004.

Einen Schwerpunkt parlamentarischer Aktivitäten bildet seit den siebziger Jahren die Mitwirkung an der Erstellung und Kontrolle des EG-Budgets. Bei der Festlegung der Eigeneinnahmen (Art. 269 EGV) ist das Verfahren der Anhörung vorgesehen,[42] aber in den intensiven Verhandlungen zwischen den Mitgliedstaaten um die jeweiligen finanziellen Perspektiven spielt das EP trotz vielfacher Vorschläge und Bemühungen keine maßgebliche Rolle.[43] Bei der Verabschiedung des jährlichen Haushalts hat das EP jedoch seine Möglichkeiten intensiv genutzt. Nach einer zweifachen Ablehnung des Gesamthaushaltes durch das EP unmittelbar nach der ersten Direktwahl in den Jahren 1979 und 1984[44] haben Rat und EP als Haushaltsbehörden – nicht zuletzt durch informelle Verfahren des Haushaltstrilogs – einen modus vivendi etabliert, der grundsätzliche Kontroversen durch Vorabstimmungen zu verhindern sucht. Die europäischen Abgeordneten halten sich dabei zugute, die Prioritäten des EG-Budgets von einer starken Ausrichtung auf Agrarausgaben hin zu einer nachhaltigen Orientierung auf regionale und soziale Inhalte verschoben zu haben.[45] Im EP gehören die Mitgliedschaft im Haushaltsausschuss und dessen Vorsitz zu den einflussreichsten Positionen.

---

40 Vgl. Wessels 2007b; Selck/Steunenberg 2004; Judge/Earnshaw 2003; Rittberger 2003; Tsebelis 1994.
41 Vgl. Wessels 2007c; Maurer 2005b: 100-103; Maurer/Wessels 2003b: 213; Hix 2001.
42 Vgl. Kapitel IV.3.
43 Vgl. Becker 2005.
44 Vgl. Läufer 1985: 131; 1980: 157.
45 Vgl. Becker 2005: 190-191.

Schwach ausgeprägt ist dagegen die parlamentarische Beteiligung an den Bemühungen der Kommission und von Vertretern der Mitgliedstaaten, nationale Instrumente in der Wirtschafts, Fiskal-, Beschäftigungs- und Sozialpolitik zu koordinieren. Angesichts der begrenzten Anhörungsrechte und der komplexen Verfahren zwischen mehreren Ebenen wirken die Abgeordneten trotz Verabschiedung von Erklärungen in der Regel nicht an hervorgehobener Stelle mit.[46] So konnte das Europäische Parlament auch keine Rolle bei den fiskalpolitischen Kontroversen zwischen Mitgliedstaaten um die Einhaltung der Kriterien des Stabilitäts- und Wachstumspaktes spielen.[47] Die Parlamentarier sind auch nur in geringem Maße in die „Offene Methode der Koordinierung" involviert.[48]

In den Beziehungen zu anderen Akteuren des internationalen Systems sehen relevante Vertragsartikel[49] keine autonome Rolle für das Europäische Parlament vor. Durch Delegationen zu Parlamenten von Drittstaaten, in gemischten parlamentarischen Ausschüssen und durch medienwirksame Aktionen hat das EP jedoch ein Instrumentarium für eigenständige außen- und entwicklungspolitische Aktivitäten entwickelt. Auch Politiker aus Drittstaaten widmen dem EP immer wieder ihre Aufmerksamkeit. Um enge Kontakte mit Abgeordneten bemühen sich insbesondere Kandidatenländer, deren Beitritt das EP entsprechend den Vertragsbestimmungen (Art. 49 EUV) zustimmen muss.

Im Hinblick auf die Wahlfunktion hat das EP regelmäßig und intensiv eine Ausschöpfung seiner Möglichkeiten angestrebt.[50] In der Praxis ist zunächst zu beobachten, dass das Parlament bei den Verfahren zur Benennung der Kommission eine im Vertrag nicht vorgesehene Anhörung installiert hat.[51] Die durch die Regierungen der Mitgliedstaaten vorgeschlagenen Kandidaten müssen sich danach einem Hearing in den zuständigen Fachausschüssen stellen. Mit dieser „weichen Konstitutionalisierung"[52] haben die Abgeordneten den Graubereich ihrer Einflussnahme ausgedehnt.[53] Gegenüber den Vorschlägen der Staats- und Regierungschefs für den Posten des Präsidenten und für die Mitglieder des Kommissionskollegiums konnten die Abgeordneten bei den ersten beiden Anwendungsfällen dieses Zustimmungsverfahrens in den Jahren 1994 und 1999 zumindest eine gewisse Aufmerksamkeit wecken.[54] Bei der Einsetzung der Kommission Barroso 2004 haben Einsprüche von Abgeordneten gegen einige Kandidaten der Mitgliedstaaten zu neuen Vorschlägen seitens der betroffenen Regierungen geführt.[55] Das EP wird so in Zukunft nicht mehr als irrelevante Instanz zur Absegnung nationaler Personalvorschläge verstanden werden können. Auch der Text des Verfassungsvertrags macht dieses gewachsene Rollenverständnis deutlich (siehe Dokument III.1.5).

---

46 Vgl. Europäische Kommission 2005: 31; 2003: 16ff.; High Level Group 2004: 7, 39.
47 Vgl. Linsenmann 2003: 6.
48 Vgl. Pochet 2005; Borrás/Jacobsson 2004: 199; Linsenmann/Meyer 2002: 292.
49 Vgl. Art. 21 EUV; Art. 300 EGV
50 Vgl. zur Bestellung der Kommission Barroso: Nickel 2005: 74-87.
51 Vgl. Kapitel III.4, Abbildung III.4.2.
52 Thym 2005b.
53 Vgl. u. a. Maurer 2000: 61f.; Schmuck 1995: 64f.; vgl. auch Kapitel III.4.
54 Vgl. Rometsch 2000: 77-79; 1995: 55-57.
55 Vgl. Schild 2005: 42.

Dokument III.1.5: Europäisches Parlament – Beteiligung am Verfahren zur Wahl der Kommission (gemäß Verfassungsvertrag)

Art. I-27 VVE

Der Präsident der Europäischen Kommission

(1) Der Europäische Rat schlägt dem Europäischen Parlament nach *entsprechenden Konsultationen* mit qualifizierter Mehrheit einen Kandidaten für das Amt des Präsidenten der Kommission vor; dabei *berücksichtigt* er das *Ergebnis der Wahlen zum Europäischen Parlament*. Das Europäische Parlament *wählt* diesen Kandidaten mit der Mehrheit seiner Mitglieder. Erhält dieser Kandidat nicht die Mehrheit, so schlägt der Europäische Rat dem Europäischen Parlament innerhalb eines Monats mit qualifizierter Mehrheit einen neuen Kandidaten vor, für dessen Wahl das Europäische Parlament dasselbe Verfahren anwendet.

Hervorhebungen durch den Autor.

Die Möglichkeit, Kontrolle durch nichtständige Ausschüsse auszuüben, haben die Abgeordneten bisher nur begrenzt aufgegriffen (siehe Übersicht III.1.2). Dennoch hat beispielsweise die Auseinandersetzung mit der Problematik des Rinderwahns (BSE) zur Schaffung einer Europäischen Behörde für Lebensmittelsicherheit (EFSA) in Dublin geführt.[56] Auch die Gründung des Europäischen Amtes für Betrugsbekämpfung (OLAF) ist auf Kontrollbemühungen des Europäischen Parlaments zurückzuführen.[57]

Übersicht III.1.2: Europäisches Parlament – Nichtständige Ausschüsse in der Wahlperiode 1999–2004

Abkürzung	Gegenstand
1. TRANSIT	das gemeinschaftliche Versandverfahren
2. ESB1	BSE (spongiforme Rinderenzephalopathie)
3. ESB2	Weiterbehandlung der Empfehlungen zu BSE
4. ECHE	Abhörsystem ECHELON
5. GENE	Humangenetik und die anderen neuen Technologien in der modernen Medizin
6. FIAP	Maul- und Klauenseuche
7. MARE	Verbesserung der Sicherheit auf See
8. FINP	Politische Herausforderungen und Haushaltsmittel der erweiterten Union 2007-2013

Quelle: www.europarl.europa.eu.

Einflussmöglichkeiten und Kontrollfunktionen nimmt das Parlament durch Herstellung von Öffentlichkeit wahr: Die Reden der Präsidenten des Europäischen Rats und der Kommission sowie wichtiger Staats- und Regierungschefs vor dem EP finden ein Medienecho, das jedoch je nach politischer Lage stark variiert. Von den häufig wenig gut besuchten Fragestunden und

---

56 Vgl. http://www.europarl.eu.int/parliament/public/staticDisplay.do?id=46&pageRank=8& language=DE (Stand: 22.06.2007).
57 Vgl. Kapitel III.7.

der Vielzahl schriftlicher Anfragen sind dagegen kaum nachhaltige Effekte zu berichten. Insbesondere vom Ratsvorsitz wird die Berichterstattung gegenüber den Abgeordneten häufig nur als Pflichtübung verstanden.[58]

Zur Wahrnehmung von Kontrollfunktionen gehört auch in einem weiteren Verständnis die Arbeit des vom Europäischen Parlament gewählten Bürgerbeauftragten (siehe Dokument III.1.6). Die Aktivitäten dieses Amts zeigen für die tägliche Verwaltungsarbeit der Kommission und anderer EU-Einrichtungen nachhaltige Wirkungen (siehe Abbildung III.1.3).

Dokument III.1.6: Europäisches Parlament – Der Bürgerbeauftragte

---

Art. 195 EGV

(1) Das Europäische Parlament *ernennt* einen Bürgerbeauftragten, der befugt ist, Beschwerden von jedem Bürger der Union oder von jeder natürlichen oder juristischen Person mit Wohnort oder satzungsmäßigem Sitz in einem Mitgliedstaat über Missstände bei der Tätigkeit der Organe oder Institutionen der Gemeinschaft, mit Ausnahme des Gerichtshofs und des Gerichts erster Instanz in Ausübung ihrer Rechtsprechungsbefugnisse, entgegenzunehmen. [...] Hat der Bürgerbeauftragte einen Missstand festgestellt, so befasst er das betreffende Organ, das über eine Frist von drei Monaten verfügt, um ihm seine Stellungnahme zu übermitteln. Der Bürgerbeauftragte legt anschließend dem *Europäischen Parlament und dem betreffenden Organ einen Bericht* vor. [...]

Hervorhebungen durch den Autor.

Insgesamt gehen von den Kontrollmöglichkeiten des EP nur schwache, indirekte Wirkungen auf den Europäischen Rat, den Rat und die Regierungen der Mitgliedstaaten aus. Die Kommission dagegen reagiert zunehmend aufmerksam auf Kritikpunkte des Parlaments.

Im Vergleich zur EG-Säule blieben die bereits schwachen de jure-Beteiligungsformen in der GASP[59] und bei der Innen- und Justizpolitik[60] auch de facto wenig ausgeprägt.[61] Das EP hat in Fragen der Außen- und Sicherheitspolitik intensiv gearbeitet, aber nach außen konnte es in der Regel kein nachhaltiges Profil entwickeln. Die Vertragsänderungen der letzten Jahrzehnte haben zwar die vertraglichen Beteiligungsmöglichkeiten auf diesen zentralen Sektoren (national-)staatlicher Aktivitäten ausgedehnt. Zu „dem" Forum für eine europäische Öffentlichkeit ist das EP – trotz der erheblichen Bedeutung dieser Politikfelder auch in der Prioritätenliste der Bürger – jedoch nicht geworden.[62] Das EP, insbesondere der Ausschuss für Auswärtige Angelegenheiten hat zwar rege Aktivitäten entwickelt, die sich in Entschließungen und informellen Gesprächen in Brüssel mit dem Ratsvorsitz und dem Hohen Repräsentanten niederschlagen, aber infolge der vertragsrechtlichen Begrenzung sowie eingeschränkten Mittel hat das EP nur in wenigen Situationen eine deutliche Rolle in diesen Politikbereichen spielen können.[63] Die Außen- und Verteidigungspolitik bleibt eine Domäne der nationalstaatlichen Exekutiven, die bereits nationalen Parlamenten wenig Möglichkeiten für Kontrolle und Mitwirkung bieten und erst recht dem EP – bei mancherlei Gesten der Informationsweitergabe –

---

58 Vgl. Maurer/Wessels 2003b: 104-111.
59 Vgl. Kapitel IV.5.
60 Vgl. Kapitel IV.6.
61 Vgl. Maurer/Wessels 2003b: 95-97.
62 Vgl. Maurer/Wessels 2003b: 114-120.
63 Vgl. Mittag 2003: 153-161.

Abbildung III.1.3: Europäisches Parlament – Untersuchungen des Bürgerbeauftragten gegen Organe und Einrichtungen 1996 – 2004

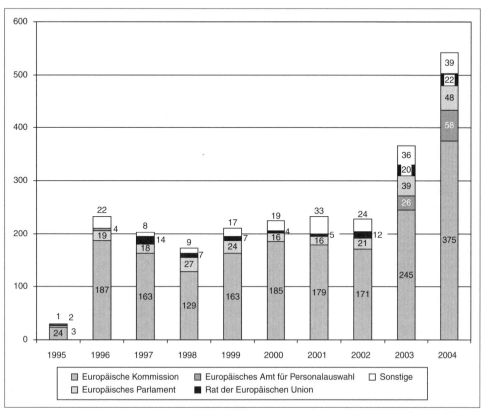

Quelle: Jahresberichte des Europäischen Bürgerbeauftragten 1996-2004; http://ombudsman.europa.eu/ (22.06.2007).

keine starken Mitwirkungsrechte zusprechen wollen.[64] Die GASP wird somit häufig als „parlamentsfreier Raum"[65] bezeichnet, der dem EP als „marginal player"[66] nur indirekte Einflussnahme ermögliche und deshalb nur als Form „informeller Parlamentarisierung"[67] verstanden werden könne. Im Bereich der Innen- und Justizpolitik hat das EP zunehmend Aktivitäten entwickelt.[68]

Im Hinblick auf quasi-konstitutionelle Akte zur Systemgestaltung bleiben die Mitgliedstaaten die ausschließlichen „Herren der Verträge".[69] Bei den Regierungskonferenzen zu Vertragsänderungen hat das EP durch eigene Entwürfe, Berichte, Stellungnahmen und Resolutionen die Verfahren und deren Ergebnisse aktiv und umfassend vorbereitet, begleitet und kom-

---

64 Vgl. Diedrichs 2004: 31-32; Mittag 2003: 152-161.
65 Thym 2005a.
66 Diedrichs 2004: 31f.
67 Maurer/Kietz 2005: 240-242.
68 Vgl. Maurer/Monar 1999.
69 BVerfG 1994: 190; Ipsen 1972: 5.

mentiert.[70] Bei den letzten Regierungskonferenzen haben jeweils zwei bzw. drei Abgeordnete des EP an den Vorbereitungssitzungen teilgenommen; angesichts der intensiven Beratungen und Verhandlungen zwischen den Staats- und Regierungschefs[71] ist es jedoch schwierig, einen unmittelbaren Einfluss des Parlaments auf revidierte und ergänzte Formulierungen des Vertragswerkes zu erkennen.[72] Die Rolle der 16 EP-Abgeordneten im europäischen Konvent, der zum Verfassungsvertrag führte,[73] war durch einen hohen Grad an Aktivität geprägt. Als „system(mit-)gestaltender Akteur" konnte das EP in wesentlichen Bereichen – so bei den Artikeln zur Gesetzgebung und zum Haushaltsverfahren – seine Vorstellungen einbringen und durchsetzen; die Grenzen der Einflussnahme wurden deutlich in den Themengebieten, bei denen die Mitgliedstaaten nationale Souveränitätsansprüche als besonders schutzwürdig betrachteten – so in der Außen- und Sicherheitspolitik sowie in der Innen- und Justizpolitik. Auch bei den abschließenden Verhandlungen über eine neue institutionelle Architektur des EU-Systems konnte das EP nur eine nachgeordnete Rolle einnehmen.[74]

Diese Bilanz sollte jedoch durch eine historische Langzeitbetrachtung ergänzt werden. Danach besteht im Hinblick auf die Systemgestaltungsfunktionen des EP eine Aufgabe für die Forschung herauszuarbeiten, ob und wie Abgeordnete des EP über die Jahrzehnte durch ihre Debatten und Entschließungen – zumindest indirekt – zur Genese von konsensfähigen Schwerpunkten und Ausprägungen der Vertragsänderungen beigetragen haben.[75] Entsprechend wäre zu überprüfen, ob und wie Entscheidungen der Regierungskonferenzen durch kontinuierliche Auseinandersetzungen um institutionelle Leitideen, wie sie im und vom EP geführt wurden, geprägt werden. Beobachtet werden könnte so vielleicht ein „prä-konstitutioneller" Beitrag des Europäischen Parlaments zur Konstruktion von Verständnissen der institutionellen Architektur.[76] Eine These sieht das EP – seit dem Spinelli-Entwurf zum Vertrag über die Europäische Union[77] – als „Ideengeber" und „Antreiber", dessen Vorschläge als „wahre Fundgrube" für Vorschläge zur Gestaltung der institutionellen Architektur dienten. Nach dieser Sicht hat sich das EP vom „unlogischen und abstrakten" zum „konkreten und pragmatischen" Systemgestalter entwickelt.[78]

Bei Vertragsänderungen hat der von einer direkten Wahl durch den Unionsbürger erwartete Legitimationsschub das EP bisher jedoch weder de jure noch de facto zu einem „starken" konstitutionellen Mitspieler werden lassen. Bei diesen systemgestaltenden Grundsatzentscheidungen bleibt das EP zweitrangig, insbesondere im Vergleich zur Rolle des Europäischen Rats.[79]

Im Hinblick auf Beschlüsse zu Beitrittsabkommen hat das EP – nach der Gewährung der Zustimmungsnotwendigkeit durch die Einheitliche Europäische Akte[80] – in jedem Fall die erforderliche Mehrheit für ein positives Votum gefunden.

Das EP hat dabei eine verantwortliche, systemtragende Rolle über eine institutionenbezogene Konfliktstrategie gestellt: die Parlamentarier nutzten diese starken Rechte nicht, um an

---

70 Vgl. Kapitel II und Kapitel IV.7.
71 Vgl. Kapitel III.2 und Kapitel IV.7.
72 Vgl. Maurer/Wessels 2003b:161-168.
73 Vgl. Brok 2002; Hänsch 2002; siehe auch Kapitel II.9.2. und Kapitel IV.7.4.
74 Vgl. Schunz 2005: 61-62.
75 Vgl. Maurer/Wessels 2003b: 170.
76 Vgl. u. a. Scholl 2006.
77 Vgl. Kapitel II.7.1.
78 Große Hüttmann 2005: 45.
79 Vgl. Kapitel III.2.
80 Vgl. Kapitel II.7.2.

anderer Stelle institutionelle Forderungen durchzusetzen. Bis auf wenige Ausnahmen ist ein ähnliches Grundmuster bei der erforderlichen Zustimmung des Europäischen Parlaments zu Abkommen mit Drittstaaten festzustellen. Angesichts der jeweiligen vorherrschenden politischen Meinungslage unterstützten die Abgeordneten in der Regel eher „vernünftige", aber weitgehend aus dem Kompromiss zwischen den Mitgliedstaaten entstandene Positionen als durch eine – zumindest teilweise mögliche – Blockade politische Aufmerksamkeit zu erlangen und weitere Rechte zu erkämpfen. Das EP hat so insgesamt immer wieder den Ausbau des EU-Systems mitgetragen, ohne nach außen eine herausgehobene Stellung zu erlangen.

Ein eher blasses Profil besitzt das EP im Hinblick auf die Repräsentations- und Interaktionsfunktionen, bei denen die Beziehungen zwischen Abgeordneten, Bürgern und intermediären Gruppierungen erfasst werden sollen – nicht zuletzt, um die Frage der Legitimität des EP und damit der gesamten EU zu thematisieren. Bei der Politikgestaltung sind Bemühungen seitens der Verwaltungen und Verbände um Kontakte mit Parlamentariern nachhaltig gestiegen.[81]

Nationale und europäische Interessengruppen wenden sich zunehmend in der Phase der Verabschiedung von Rechtsakten an Abgeordnete.[82]

Das Medienecho nimmt sporadisch immer wieder zu[83] – etwa bei Auseinandersetzungen mit der Kommission oder bei der Berichterstattung des Präsidenten des Europäischen Rats; aber der konsens- und sachorientierten Arbeitsweise des EP fehlen Polarisierung und Dramatik. Für Medien sind die Aktivitäten der Parlamentarier häufig zu „langweilig".[84]

Auch in den nationalen Debatten um zentrale Vorgänge in der EU sind Stimmen europäischer Abgeordneter häufig kaum zu vernehmen. So haben sich in den innerstaatlichen Kontroversen um die Ratifizierung des Verfassungsvertrags die Abgeordneten des EP zwar aktiv beteiligt, aber in der Regel wenig Aufmerksamkeit auf sich gezogen. Das EP konnte auch die seit Abschluss des Maastrichter Vertrages wachsende Europaskepsis nicht nutzen, um ein eigenständiges Profil – als Sprachrohr der politischen Unzufriedenheit – zu gewinnen. Kurzfristig erhielt es 1999 mehr Aufmerksamkeit beim erzwungenen Rücktritt der Santer-Kommission.[85] Trotz mancher Bemühungen und einiger „Sternstunden" in EU-weit wahrgenommenen Debatten hat das EP als Forum und Mitentscheidungsorgan keine europäische Öffentlichkeit in einem umfassenden Sinne herstellen können.[86] Abgeordnete berichten, dass das EP zwar in vielfältiger Weise „Adressat von Bürgerwünschen" geworden ist, aber in der „Mediengesellschaft" nicht in ausreichendem Maße zur Geltung kommt.[87]

Angesichts dieser Einschätzung sind andere Daten überraschend. Der Bekanntheitsgrad ist nach öffentlichen Umfragen relativ hoch. Im Vergleich zu anderen Organen haben die Unionsbürger/innen in den letzten Jahren ihr Vertrauen zum EP gesteigert; es liegt sowohl in Deutschland wie in der EU insgesamt über dem Vertrauen zum Ministerrat und zur Kommission.

Zu beobachten ist, dass das Interesse am Europäischen Parlament und sein Bekanntheitsgrad in der Regel zyklisch vor dem jeweiligen Urnengang ansteigen, um danach wieder abzu-

---

81 Vgl. Maurer/Kietz 2007: 247; Bouwen 2005; Eising/Kohler-Koch 2005: 70; Lehmann 2005: 159-163; Wonka 2005: 165-172; Wessels 2000a: 366; Kohler-Koch 1997b.
82 Vgl. u. a. Bouwen 2005: 118f.; Vgl. auch Kapitel III.6.
83 Vgl. Robers 2005: 173-177; Maurer/Wessels 2003b: 179-183.
84 Robers 2005: 176.
85 Vgl. Maurer 2000: 59-68.
86 Vgl. zu Begriffen der Europäischen Öffentlichkeit u. a. Trenz 2004b; Risse 2002; Eder/Kantner 2000.
87 Vgl. Leinen 2005: 145f.

Abbildung III.1.4: Europäisches Parlament – Bekanntheitsgrad/Wahrnehmung des EP
(1977 – 2002)*

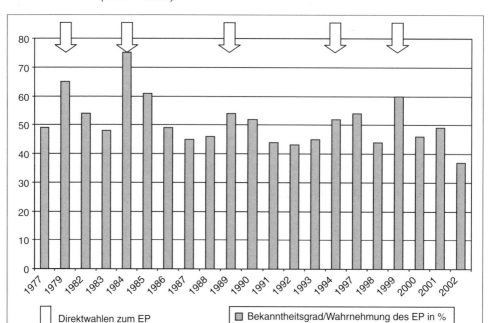

* Eine längere Zeitreihe ist nicht möglich, da seit 2003 diese Frage nicht mehr in der gleichen Form im Eurobarometer gestellt wird.
Quelle: Eigene Darstellung in Anlehnung an Eurobarometer 2005.

fallen.[88] Von nachhaltiger Bedeutung für eine Repräsentationsfunktion und eine damit verbundene Legitimität ist das Interesse und die Teilnahme der Unionsbürger an den Wahlen zum EP zu verstehen. Die Wahlbeteiligung nahm jedoch seit 1979 durchgängig ab; sie lag immer deutlich unter den „normalen" nationalen Durchschnittswerten (siehe Tabelle III.1.2). Das Europäische Parlament mag so als Teil des EU-Establishments insgesamt verstanden werden: seine spezifische Rolle innerhalb der institutionellen Architektur hingegen bleibt weitgehend unbekannt. Die wissenschaftlich wie politisch zentralen Fragen nach dem Legitimationsanspruch des EP bzw. nach dessen Wirkungen können mit diesem Befund begrenzt diskutiert werden.

1.4 Benennung und Wahl: Verteilung der Sitze nach Staaten und Parteien

Zeigt eine Funktionenbilanz eine zunehmende Bedeutung des EP in der institutionellen Architektur, so werden auch die Fragen nach den Modalitäten der Wahl und Zusammensetzung dieses Organs für die Entwicklung des EU-Systems insgesamt bedeutsamer.

---

88 Vgl. Hrbek 2004; Reif 1997: 115-124; 1993: 23-40.

■ Verteilung der Sitze auf die Mitgliedstaaten

Ein Ausgangspunkt für vertiefende Analysen ist die Verteilung der Sitze des EP zwischen den Mitgliedstaaten. Der Vertrag von Nizza hat – ohne ansonsten übliche Kontroversen über derartige Machtpositionen – für die Europäische Union mit 27 Mitgliedstaaten zunächst eine Zahl von genau 732 Sitzen festgelegt, die die Beitrittsakte für Bulgarien und Rumänien auf 736 Mitglieder ab 2009 erhöhte. Die Vorgaben zum Reformvertrag setzen die Höchstzahl auf 751 Sitze fest. Nach dem Beitritt Bulgariens und Rumäniens gibt es in einer Übergangsphase von 2007 bis 2009 während der zweiten Hälfte der Wahlperiode eine vorübergehende höhere Sitzzahl von 785. Unabhängig von der Gesamtzahl legt die Zuordnung von Mandaten pro Mitgliedstaat (siehe Tabelle III.1.3) eine degressive Repräsentativität mit einer Mindestvertretung für kleine Mitgliedstaaten fest; nach diesem Prinzip steigt der Zuwachs an Mandaten immer weniger proportional mit der Bevölkerungszahl. Für bevölkerungsarme Staaten – insbesondere Luxemburg und Malta – ist eine Mindestzahl als eine Art Minderheitenschutz vorgesehen. Für größere Mitgliedstaaten bedeutet diese Regel eine unterproportionale Vertretung der Bürger. So repräsentiert ein deutsches Mitglied des EP ca. 800 000 deutsche Unionsbürger, während ein Mandatsträger aus Malta ca. 80 000 Unionsbürger seines Lands vertritt.

Die Prinzipien einer demografischen Repräsentativität für ein Parlament in diesem besonderen politischen Systems sollten auch im Kontext der Stimmgewichtung der Mitgliedstaaten im Rat diskutiert werden.[89]

■ Wahltermine und -beteiligung

Wahlen zum EP finden alle fünf Jahre in der zweiten Woche im Juni statt.[90] Die Verfahren für diesen Urnengang unterscheiden sich zwischen den Mitgliedstaaten, die in der Regel ihre nationalen Wahlsysteme für die Europawahlen mit einigen Anpassungen fortschreiben. Festzustellen sind Variationen von Verhältniswahlsystemen.[91] Trotz vielfacher Bemühungen gibt es kein einheitliches EU-weites Wahlgesetz.[92]

Die Beteiligung bei den Wahlen zum EP hat über die Jahrzehnte teilweise dramatisch abgenommen (siehe Tabelle III.1.2).

Eine Erklärung für eine geringere Wahlbeteiligung als bei nationalen Parlamentswahlen wird in der Einstufung der EP-Wahl als „zweitrangige nationale Nebenwahl"[93] gesehen, da sich politische Bedeutung und Themen von einer derartigen „Sekundärwahl" aus dem Kontext der jeweiligen nationalen Politik ableiten: In den Augen der Bürger stehen danach nicht die Kandidaten auf der Liste zum Europäischen Parlament zur Abstimmung, sondern – in einer Art Zwischen- oder Testwahl – nationale Spitzenpolitiker der jeweiligen Regierungsparteien.[94] Zu beobachten ist dabei ein Stimmverhalten, das von dem nationaler Urnengänge abweicht: so werden in der Regel Parteien, die im nationalen Parlament in der Opposition stehen, sowie kleinere und neuere Parteien von den Wählern bevorzugt; Stammwähler von Regierungsparteien bleiben zuhause.[95]

Mit dieser Analyse ist aber nur begrenzt die Abnahme bei der Wahlbeteiligung zum EP über ein Vierteljahrhundert zu erklären. Angesichts der erheblichen Zunahme an parlamenta-

---

89 Vgl. Kapitel III.3, Tabelle III.3.4.
90 Vgl. zu Konstellationen, Ergebnissen und Interpretationen Hrbek 2004; 1999; 1994; 1989; 1984; 1979.
91 Vgl. Maurer/Kietz 2007: 245.
92 Vgl. Maurer/Kietz 2007: 250.
93 Vgl. Hix 2003: 168; Maurer/Wessels 2003b: 180.
94 Vgl. Maurer/Kietz 2007: 247; vgl. zu einer kritischen Analyse Niedermayer 2005.
95 Vgl. Hix 2003: 170f.; Maurer/Wessels 2003b: 180.

Abbildung III.1.5: Europäisches Parlament – Demografische Repräsentativität im EP

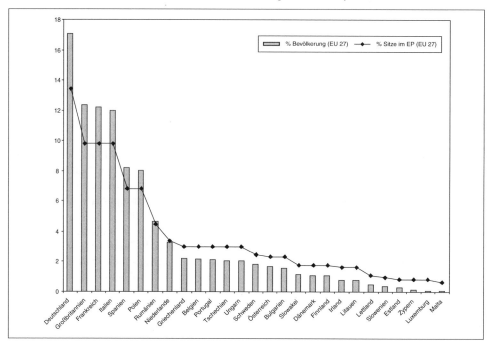

Mitgliedstaat	Bevölkerung EU 27*	Sitze im EP	% Bevölkerung (EU 27)	% Sitze im EP (EU 27)
Deutschland	82,2	99	17,1	13,5
Großbritannien	59,6	72	12,4	9,8
Frankreich	58,7	72	12,2	9,8
Italien	57,7	72	12,0	9,8
Spanien	39,4	50	8,2	6,8
Polen	38,7	50	8,0	6,8
Rumänien	22,4	33	4,7	4,5
Niederlande	15,9	25	3,3	3,4
Griechenland	10,5	22	2,2	3,0
Tschechien	10,3	22	2,1	3,0
Belgien	10,2	22	2,1	3,0
Portugal	10,0	22	2,1	3,0
Ungarn	10,0	22	2,1	3,0
Schweden	8,9	18	1,9	2,4
Österreich	8,1	17	1,7	2,3
Bulgarien	7,5	17	1,6	2,3
Slowakei	5,4	13	1,1	1,8
Dänemark	5,3	13	1,1	1,8
Finnland	5,2	13	1,1	1,8
Irland	3,8	12	0,8	1,6
Litauen	3,7	12	0,8	1,6
Lettland	2,4	8	0,5	1,1
Slowenien	2,0	7	0,4	1,0
Estland	1,4	6	0,3	0,8
Zypern	0,8	6	0,2	0,8
Luxemburg	0,4	6	0,1	0,8
Malta	0,4	5	0,1	0,7
Summe EU 25	**480,9**	**736**	**100**	**100**

* Bevölkerungszahlen differieren je nach Quelle (hinter dem Komma).
Quelle: Eigene Zusammenstellung.

Tabelle III.1.2: Europäisches Parlament – Entwicklung der Wahlbeteiligung 1979 – 2004

Jahr:	EG/EU	D	Zum Vergleich: Bundestagswahlen D	
1979:	63,0%	65,7%	1983:	88,4%
1984:	61,0%	56,8%	1987:	83,1%
1989:	58,5%	62,4%	1990:	77,8%
1994:	56,8%	60,0%	1994:	78,0%
1999:	49,4%	45,2%	1998:	82,2%
2004:	45,7%	43,0%	2002:	79,1%

Quelle: http://www.europarl.europa.eu/elections2004/elections.html.

rischen Mitwirkungsmöglichkeiten im Vertragstext wie auch in der Praxis erscheint es geradezu paradox, dass das Interesse der Unionsbürger an einer unmittelbaren direkten (Aus-)Wahl seiner Repräsentanten im EU-System zurückgegangen ist. Vermutet wird deshalb eine zunehmende Anti-Europa und Anti-Elitenstimmung.[96]

Der geringe Grad der Beteiligung mag zu einem Teil durch den Mangel an medienträchtigen Kontroversen innerhalb des Plenums,[97] aber zum Teil auch durch eine mangelnde Personalisierung des Wahlkampfes zu erklären sein; die europäischen Parteien präsentierten bisher auch noch keine europaweiten Kandidaten für die Position des Kommissionspräsidenten, obwohl das EP bei dessen Nominierung unmittelbar nach seiner eigenen Wahl eine zentrale Rolle spielt.[98] Eine entsprechende Politisierung der Wahl und der parlamentarischen Debatten könnte zumindest das Medieninteresse steigern. Ob eine derartige institutionelle Strategie europäischer Parteien eine Trendwende hin zu einer verstärkten Stimmabgabe bewirken kann, ist vertieft zu diskutieren.

▪ *Wahlergebnisse nach Parteien*

Die Ergebnisse der sechs Wahlen zum Europäischen Parlament seit 1979 (siehe Tabelle III.1.3) lassen mehrere Grundmuster erkennen:

▶ Stärke und Zusammensetzung der Fraktionen lassen wesentliche Linien in der Entwicklung der europäischen Parteienlandschaft seit 1979 erkennen, so etwa den Bedeutungszuwachs der Grünen sowie Variationen von extremen Rechts- und Linksparteien.
▶ Die Zahl der vertretenen Parteien ist beträchtlich; in der Wahlperiode 2004–2009 wurden 170 gezählt.[99] Auch innerhalb einzelner Fraktionen ist eine Vielzahl von Herkunftsparteien der Abgeordneten zu beobachten. So besteht die Fraktion (EVP-ED) der Europäischen Volkspartei (Christdemokraten) und Europäischen Demokraten aus Mitgliedern von 40 nationalen Parteien. Entsprechend gibt es erhebliche Unterschiede in den Vorstellungen zu europapolitischen Leitbildern und zur institutionellen Architektur auch innerhalb einzelner Fraktionen; so entzünden sich in der EVP-Fraktion häufig Kontroversen zwischen deutschen Christdemokraten mit föderalistischen Leitideen und britischen Konservativen mit einer starken intergouvernementalen Ausrichtung.[100] Trotz der Vielfalt wird innerhalb der Fraktionen ein hoher parteiinterner Zusammenhalt bei Abstimmungen im EP konsta-

---

96 Vgl. Manow 2005: 22.
97 Vgl. Maurer 2006c: 237.
98 Vgl. oben und Kapitel III.4.
99 Gezählt auf http://www.europarl.europa.eu/elections2004/ep-election/sites/de/results1306/parties.html vor dem Beitritt Bulgariens und Rumäniens (Stand: 12.09.2007).
100 Vgl. zum Begriff Kapitel I.

*Tabelle III.1.3: Europäisches Parlament – Mandatsverteilung der Europawahlen
1979 – 2004*

	SPE	EVP-ED	ELDR	GRÜNE	Sonstige Linke	Andere	FL	Insgesamt
1979	122	116	40	–	48	97	11	434
1984	165	115	44	20	48	124	2	518
1989	180	122	49	29	56	73	9	518
1994	214	181	43	28	33	95	32	626
1999	175	232	52	45	49	42	31	626
2004	201	266	89	42	41	62	29	732

Fraktionen im Europäischen Parlament (2005)
SPE: Fraktion der Sozialdemokratischen Partei Europas
EVP-ED: Fraktion der Europäischen Volkspartei (Christdemokraten) und Europäischer Demokraten
ELDR: Fraktion der Liberalen und Demokratischen Partei Europas
Grüne/FEA: Fraktion der Grünen/Freie Europäische Allianz
UEN: Fraktion Union für das Europa der Nationen (hier: unter „Andere")
IND-Dem: Fraktion Unabhängigkeit und Demokratie (hier: unter „Andere")
FL: Fraktionslose

Quelle: http://www.bpb.de/popup_bild.html?guid=O6XVJH (28.06.2007).

tiert.[101] Mit der Erweiterung um 12 Staaten müssen sich insbesondere die großen Fraktionen mit einer zunehmenden und neuartigen Heterogenität auseinandersetzen.[102]

▶ Zwischen den beiden größeren Gruppierungen wechseln sich die Mehrheitsverhältnisse ab; jedoch konnte keine von ihnen in einer der Wahlperioden eine absolute Mehrheit an Sitzen erlangen. Diese Ausgangskonstellation ist von nachhaltiger Bedeutung für Koalitionsmuster insbesondere bei Abstimmungen im Plenum.

1.5 Beschlussverfahren: Regeln und Koalitionsmuster

Die Regeln für die Beschlussfassung des Europäischen Parlaments weisen eine beträchtliche Variationsbreite auf (siehe Übersicht III.1.3), die es notwendig macht, jeweils die fallspezifischen Vertragsbestimmungen heranzuziehen. Im Regelfall entscheidet das Parlament mit der „absoluten Mehrheit" der jeweils von den anwesenden Abgeordneten „abgegebenen Stimmen" (Art. 198 EGV); um zufällige Mehrheiten zu vermeiden, legen die Vertragsbestimmungen jedoch je nach Beteiligungsrechten des EP besondere Quoren fest; bei Entscheidungen der Abgeordneten in wichtigen Rechtsakten der Politik- und Systemgestaltung wird die notwendigerweise zu erreichende Mindestzahl differenziert (siehe Übersicht III.1.3). So benötigt das EP für einen erfolgreichen Misstrauensantrag gegenüber der Kommission und für die Ablehnung des jährlichen Haushaltsplans zwei Drittel der im Plenum abgegebenen Stimmen und zugleich die Mehrheit der Mitglieder des EP; d.h die Hälfte der gesamten Mandate (d. h. von insgesamt 736 ab 2009) (Art. 201 und Art. 272 EGV). Bei Abänderung oder Ablehnung des vom Rat vorgelegten Gemeinsamen Standpunktes im Verfahren der Mitentscheidung (Art. 251 EGV)[103] und bei der Zustimmung zu Beitrittsverträgen[104] bedarf es der Mehrheit der Mitglieder des Europäischen Parlaments (Art. 49 EUV).

---
101 Vgl. Hix 2003: 156.
102 Vgl. Lang 2005: 32.
103 Vgl. Kapitel IV.2.2, Abbildung IV.2.1.
104 Vgl. Kapitel IV.9.

Übersicht III.1.3: Europäisches Parlament – Regeln für eine Beschlussfassung

EP: Beschlussfassung	Vertragsbestimmungen
Regelfall (Art. 198 EGV)	absolute Mehrheit der abgegebenen Stimmen
Mitentscheidung (Art. 251 (2) EGV)	Mehrheit der Mitglieder (bei Ablehnung und Änderungsvorschlägen)
Misstrauensvotum gegen KOM (Art. 201 EGV)	Mehrheit der Mitglieder **und** 2/3 der abgegebenen Stimmen
Ablehnung des Haushalts (Art. 272 EGV)	Mehrheit der Mitglieder **und** 2/3 der abgegebenen Stimmen
Einsetzen eines nichtständigen Untersuchungsausschusses (Art. 193 EGV)	auf Antrag mind. ¼ der Mitglieder
Zustimmung a) z. B. Organisation des Strukturfonds (Art. 161 EGV)	absolute Mehrheit der abgegebenen Stimmen
b) Beitritt nach Art. 49 EUV	Mehrheit der Mitglieder

Quelle: Eigene Darstellung.

Ausgehend von diesen Bestimmungen für die parlamentsinterne Beschlussfassung ist von besonderem Interesse zu beobachten, wie sich das „Innenleben" des EP entwickelt. Nach Grundannahmen institutionalistischer Theorieansätze[105] ist zu erwarten, dass sich diese geschriebenen Vorgaben in der Praxis nachhaltig auf das Verhalten der Fraktionen auswirken. Aus der vertraglich festgelegten Notwendigkeit – bei einigen wesentlichen Verfahren (so insbesondere Haushalt, Mitentscheidung, Zustimmung) – die Mehrheit aller Mitglieder des Europäischen Parlaments erreichen zu müssen, hat sich spätestens seit Inkrafttreten der Einheitlichen Europäischen Akte in zentralen Fragen immer wieder eine „große Koalition"[106] zwischen den Fraktionen der Sozialdemokraten (SPE) und der Europäischen Volkspartei (EVP-ED) eingespielt;[107] derartige Absprachen zwischen den großen Fraktionen wurden in der überwiegenden Mehrzahl der Fälle bereits bei der Wahl der Parlamentspräsidenten zu Beginn einer Legislaturperiode (siehe Übersicht III.1.4) deutlich.[108] Jedoch sind in den letzten Wahlperioden – insbesondere nach 1999 – auch Muster von Abstimmungsmehrheiten zu beobachten, die eher eine für nationale Parlamente übliche Rechts/Links-Teilung dokumentieren.[109] Mit einem derartigen Muster würde sich das Innenleben des EP in Richtung eines „normalen" Parlaments entwickeln.[110]

In der Praxis des Abstimmungsverhaltens sind ebenfalls parteiübergreifende nationale Koalitionen, so etwa in der Agrar- und Regionalpolitik, zu beobachten.[111] Zuweilen organisieren sich Abgeordnete auch fraktionsübergreifend in spezifischen „Intergroups". Von besonderer Bedeutung für die Systemgestaltung der EU war die „Krokodil-Gruppe", die – nach einem Restaurant in Straßburg benannt – in der ersten Wahlperiode des EP den Vertragsentwurf des

---

105 Vgl. Kapitel I.
106 Hix 2005: 109; Maurer/Wessels 2003b: 191.
107 Vgl. auch Nickel 2005: 67-68; Maurer/Wessels 2003b: 192-193.
108 Vgl. Maurer/Wessels 2003b: 190; vgl. auch Hix 2003: 154-158; Hix/Noury/Roland 2002: 4; Hix/Lord 1997: 139.
109 Zur Diskussion vgl. u. a. Judge/Earnshaw 2003: 151-154.
110 Vgl. Maurer/Wessels 2003b: 191; Hix/Noury/Roland 2002: 12.
111 Vgl. zu einem Fall Judge/Earnshaw 2003: 146.

EP zur Europäischen Union[112] ausarbeitete und sich für eine föderale Reform der institutionellen Architektur einsetzte.[113]

Insgesamt ist das Abstimmungsverhalten im Europäischen Parlament facettenreicher und vielfältiger als in nationalen Parlamenten der EU-Staaten, da sich dort in der Regel Mehrheit und Opposition gegenüberstehen, die sich spätestens bei der Wahl des jeweiligen Regierungschefs konstituieren.[114] Die bisherige Mitwirkung des EP an der Wahl des Kommissionspräsidenten[115] hat noch nicht zu einer vergleichbaren Polarisierung geführt. Im Unterschied zu den meisten nationalen Parlamenten ist deshalb keine eindeutige und deutliche Teilung des Parlaments in zwei Lager zu beobachten. Eine möglicherweise stärkere Politisierung der Wahl zum Kommissionspräsidenten könnte jedoch diese konventionellen parteipolitischen Trennlinien in Zukunft verstärkt zum bestimmenden Faktor des Abstimmungsverhaltens europäischer Abgeordneten werden lassen.

1.6 Aufbau und Arbeitsweise: Strukturen und Rollen

Mit der Zunahme an legislativen Beteiligungsrechten hat das Europäische Parlament seinen Arbeitsstil umfassend verändert. Aufgrund der in den EG-Verträgen ursprünglich auf Informations- und Kontrollrechte beschränkten Funktionen galt das Parlament lange Zeit als der Gruppe der „Redeparlamente" zugehörig.[116] Die Einführung des Zusammenarbeits- und dann des Mitentscheidungsverfahrens hatte damit nachhaltigen Einfluss auf die Funktionsweise und das interne Management des Europäischen Parlaments. Das EP hatte seine Aktivitäten zunehmend auf die Praxis eines gesetzgebenden „Arbeitsparlaments" auszurichten.[117]

Trotz seiner Größe und Heterogenität und trotz einer fehlenden Vorherrschaft einer Fraktion war das Europäische Parlament bislang in der Lage, sich auch bei knappen zeitlichen Vorgaben, wie z. B. der zweiten Lesung im Mitentscheidungsverfahren, effizient zu organisieren. Zu erklären ist dieser Prozess sowohl durch das Eigeninteresse von Abgeordneten, im Rahmen der Vertragsregeln konkret Politik zu gestalten, als auch durch den Aufbau einer handlungsfähigen Binnenstruktur. Das Europäische Parlament hat eine differenzierte Struktur für seine interne Willensbildung aufgebaut (siehe Abbildung III.1.6).

▪ Präsident, Präsidium und Konferenz der Präsidenten

„Aus seiner Mitte" wählt das EP „seinen Präsidenten und sein Präsidium" (Art. 197 EGV). Dieser Vorgang – so wie die Wahl zu anderen Positionen im Parlament, insbesondere zu Fraktions- und Ausschussvorsitzenden, erfolgt für jeweils eine Hälfte der Wahlperiode, d.h. für 2½ Jahre. Für ein neu gewähltes Parlament manifestieren sich bei der Wahl zum Parlamentspräsidenten dominierende Muster von „Koalitionen" zwischen Fraktionen. Aus der Auflistung der Präsidenten des Europäischen Parlaments seit der Direktwahl (siehe Übersicht III.1.4) wird das bereits identifizierte Muster deutlich; bis auf zwei Liberale (ELDR) haben sich bisher Abgeordnete der Europäischen Volkspartei und der Sozialdemokraten abgewechselt.

---

112 Siehe Kapitel II.7.1.
113 Vgl. Schöndube 1980: 84.
114 Vgl. Ismayr 2003; Steffani 1979: 52-55.
115 Vgl. auch Kapitel III.4
116 Vgl. generell Steffani 1979: 37-60.
117 Vgl. Maurer 2007a: 231-233; Maurer/Wessels 2003b: 194-195.

Abbildung III.1.6: Europäisches Parlament – Binnenstruktur

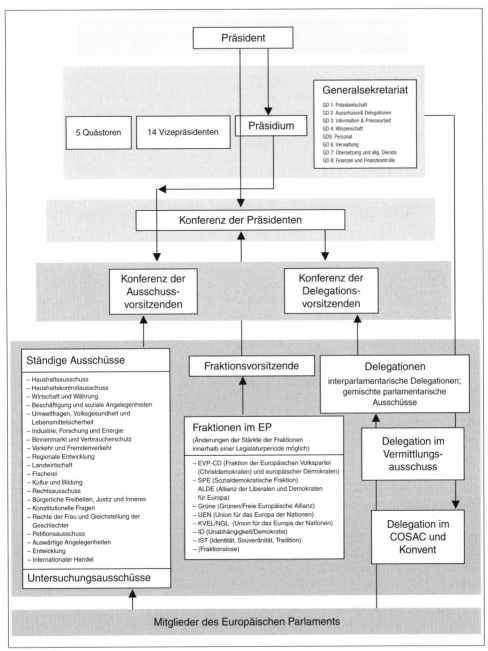

Quelle: Eigene Zusammenstellung in Anlehnung an www.europarl.europa.eu. (28.06.2007). Eine Auflistung der aktuellen Fraktionsmitglieder findet sich unter: http://www.europarl.europa.eu/members/expert.do;jsessionid=66267254E9113188A66C0991A0D34D72.node1?language=DE (28.062007).

Übersicht III.1.4: Europäisches Parlament – Präsidenten, Parteizugehörigkeit und Herkunftsstaat (seit 1979)

Wahl	Amtszeit	Präsident/in	Partei	Herkunftsstaat	
Wahl 1979	1979-1982	Simone Veil	ELDR	F	
	1982-1984	Pieter Dankert	SPE	NL	
Wahl 1984	1984-1987	Pierre Pflimlin	EVP	F	
	1987-1989	Lord Plumb	EVP	GB	
Wahl 1989	1989-1992	Enrique Barón Crespo	SPE	E	
	1992-1994	Egon Klepsch	EVP	D	
Wahl 1994	1994-1997	Klaus Hänsch	SPE	D	
	1997-1999	José María Gil-Robles Gil-Delgado	EVP	E	
Wahl 1999	1999-2002	Nicole Fontaine	EVP	F	
	2002-2004	Pat Cox	ELDR	IRL	
Wahl 2004	2004-2006	Josep Borrell	SPE	E	
Wahl 2006	2006-	Hans-Gert Pöttering	EVP	D	

Quelle: Eigene Zusammenstellung.

Der Präsident verfügt über einen Katalog allgemeiner Befugnisse zur Sitzungsleitung, internen Organisation (siehe Dokument III.1.7) und zur Außenvertretung. Wie auch aus Art. 19 (3) der Geschäftsordnung zu entnehmen ist, hat der Präsident bei Kontroversen im Parlament einen hohen Grad an Neutralität einzuhalten. Dieses Amt kann damit nur begrenzt zur Personalisierung und Politisierung europäischer Streitfragen genutzt werden. Angesichts der erheblichen parlamentsinternen Unterschiede muss damit das Profil des Amtsträgers gegenüber anderen Institutionen und der europäischen Öffentlichkeit in der Regel zurückhaltend bleiben.

Dokument III.1.7: Europäisches Parlament – Aufgaben des Präsidenten

---

Geschäftsordnung des Europäischen Parlaments*

Art. 19: Aufgaben des Präsidenten

1. Der Präsident *leitet* unter den in dieser Geschäftsordnung vorgesehenen Bedingungen *sämtliche Arbeiten* des Parlaments und seiner Organe. Er besitzt alle Befugnisse, um bei den Beratungen des Parlaments den Vorsitz zu führen und deren ordnungsgemäßen Ablauf zu gewährleisten. [...]

2. Der Präsident eröffnet, unterbricht und schließt die Sitzungen. Er entscheidet über die Zulässigkeit von Änderungsanträgen, über Anfragen an den Rat und die Kommission sowie über die Übereinstimmung von Berichten mit der Geschäftsordnung. Er *achtet auf die Einhaltung der Geschäftsordnung*, wahrt die Ordnung, erteilt das Wort, erklärt die Aussprachen für geschlossen, lässt abstimmen und verkündet die Ergebnisse der Abstimmungen. Er übermittelt den Ausschüssen die Mitteilungen, die ihre Tätigkeit betreffen.

3. Der Präsident darf in einer Aussprache *das Wort nur ergreifen*, um den *Stand der Sache festzustellen* und die Aussprache zum Beratungsgegenstand zurückzuführen; will er sich an der Aussprache beteiligen, so gibt er den Vorsitz ab; er kann ihn erst wieder übernehmen, wenn die Aussprache über den Gegenstand beendet ist.

4. Der Präsident *vertritt* das Parlament im internationalen Bereich, bei offiziellen Anlässen sowie in Verwaltungs-, Gerichts- und Finanzangelegenheiten; er kann diese Befugnisse übertragen.

---

* Stand Januar 2007; Hervorhebungen durch den Autor.

Der Präsident teilt seine Verantwortung sowohl mit dem Präsidium als auch mit Mitgliedern der Konferenz des Präsidenten, in denen auch die Fraktionsvorsitzenden ihr politisches Gewicht einbringen. Dieses Gremium bildet den zentralen Lenkungsausschuss für die Arbeit des EP. So entscheidet diese Konferenz u. a. über die Tagesordnung sowie die Zusammensetzung und Kompetenzen von Ausschüssen (siehe Dokument III.1.8).

Dokument III.1.8: Europäisches Parlament – Aufgaben des Präsidiums und der Konferenz der Präsidenten

---

Art. 22 Geschäftsordnung des EP*

1. [...]

2. Das *Präsidium* trifft finanzielle, organisatorische und administrative Entscheidungen in Angelegenheiten der Mitglieder sowie der *internen Organisation des Parlaments*, seines Sekretariats und seiner Organe. [...]

Art. 24 Geschäftsordnung des EP*

1. [...]

2. Die *Konferenz der Präsidenten* beschließt über die *Arbeitsorganisation des Parlaments* sowie über die Fragen im Zusammenhang mit der *Planung der Gesetzgebung*.

> 3. Die Konferenz der Präsidenten ist zuständig für Fragen im Zusammenhang mit den *Beziehungen zu den anderen Organen und Institutionen der Europäischen Union* sowie zu den nationalen Parlamenten der Mitgliedstaaten. [...]
>
> 5. Die Konferenz der Präsidenten stellt den *Entwurf der Tagesordnung für die Tagungen des Parlaments* auf.
>
> 6. Die Konferenz der Präsidenten ist zuständig für die *Zusammensetzung und die Kompetenzen der Ausschüsse* und der Untersuchungsausschüsse sowie der Gemischten Parlamentarischen Ausschüsse, der ständigen und der Ad-hoc-Delegationen.
> [...]

* Stand Januar 2007. Hervorhebungen durch den Autor.

■ *Fraktionen*

Fraktionen bilden die zentralen Entscheidungsträger innerhalb des EP. Für ihre Konstituierung sind nach der Geschäftsordnung „mindestens 20 Mitglieder [notwendig], die mindestens in einem Fünftel der Mitgliedstaaten gewählt wurden (Art. 29 (2) Geschäftsordnung EP 2007).

Die Geschäftsordnung überträgt den Fraktionen zentrale Rechte für den internen Ablauf (siehe Dokument III.1.9) nicht zuletzt, um die interne Handlungsfähigkeit des Parlaments sicherzustellen; damit werden aber auch Rechte einzelner Abgeordneter beschnitten; insgesamt setzt die Geschäftsordnung starke Anreize zur Bildung von multinationalen Fraktionen;[118] in-

Dokument III.1.9: Europäisches Parlament – Rechte der Fraktionen

> **Rechte, die von mindestens 32 Abgeordneten aus unterschiedlichen Fraktionen bzw. aus mindestens einer Fraktion wahrgenommen werden können:**
>
> – Einreichung der *Kandidaturen* für die Ämter des Präsidenten, der Vizepräsidenten und der Quästoren (Art. 13);
>
> – Mündliche *Anfragen* an den Rat und die Kommission (Art. 42);
>
> – Vorschläge zur *Ablehnung des Gemeinsamen Standpunktes* des Rats (Art. 79);
>
> – Einreichung von Änderungsanträgen zum Gemeinsamen Standpunkt des Rats (Art. 80);
>
> – Vorschläge für die *Dringlichkeit einer Aussprache* (Art. 112);
>
> – Anträge auf Rücküberweisung an den Ausschuss (Art. 144), auf Abschluss der Aussprache (Art. 145) auf Vertagung der Aussprache (Art. 146), auf Unterbrechung oder Schluss der Sitzung (Art. 147).

Quelle: Auf Basis mehrerer Artikel der Geschäftsordnung des Europäischen Parlaments von 2003, in Anlehnung an Maurer/Wessels 2003b: 187-189.

---

118 Vgl. Maurer 2007a: 231.

nerhalb dieser können dann Gruppierungen aus Abgeordneten von nationalen Parteien – insbesondere größerer Staaten – eine wichtige Vorklärungsrolle einnehmen.

Die Fraktionsvorsitzenden spielen innerhalb und außerhalb ihrer Gruppe eine wichtige Orientierungs-, Leitungs- und Lenkungsrolle, bei der sie jedoch – angesichts der fraktionsinternen Vielfalt – häufig mühsam einen tragfähigen Konsens suchen müssen. Mit der Erweiterung auf 27 Mitgliedstaaten ist diese Führungsaufgabe noch schwieriger geworden; sie verfügen über wenige institutionelle Möglichkeiten, die Kollegen zu einem fraktionsfreundlichen Verhalten zu bewegen. Bei der Vorgabe der zahlreichen Positionen im EP selber können sie aber eine wichtige Rolle spielen.

■ *Ausschüsse*

Die inhaltliche Arbeit des EP wird in den derzeit 20 ständigen Ausschüssen vorbereitet. Die Positionen der Ausschussvorsitzenden werden einerseits unter Berücksichtigung der jeweiligen Fraktionsstärke als auch andererseits nach relativer Stärke/Position nationaler Gruppierungen innerhalb einer Fraktion besetzt.

Angesichts der Zunahme an legislativen Befugnissen fielen einigen Ausschüssen neue Aufgaben zu, die aus mehreren „Lesungen" mit intensiven Beratungen zu Detailfragen bestehen. Diese Arbeit an Rechtsakten ist unterschiedlich auf die Fachausschüsse verteilt (siehe Tabelle III.1.4).

Tabelle III.1.4: Europäisches Parlament – Verteilung von Mitentscheidungsvorgängen nach Ausschüssen (fünfte Wahlperiode 1999 – 2004)

Ausschuss	Anzahl Verfahren	%
Konstitutionelle Fragen	2	0,5
Auswärtige Angelegenheiten	2	0,5
Landwirtschaft	13	3,2
Haushalt	10	2,5
Haushaltskontrolle	2	0,5
Kultur und Bildung	21	5,2
Entwicklung	12	3,0
Wirtschaft und Währung	32	7,9
Beschäftigung und soziale Angelegenheiten	20	5,0
Umweltfragen, Volksgesundheit und Lebensmittelsicherheit	117	29,0
Rechte der Frau und die Gleichstellung der Geschlechter	5	1,2
Industrie, Forschung und Energie	39	9,7
Recht	48	11,9
Bürgerliche Freiheiten, Justiz und Inneres	8	2,0
Regionalpolitik, Verkehr und Fremdenverkehr	72	17,9
Gesamt:	**403**	**100%**

Zeitraum: 1. Mai 1999 bis 30. April 2004; gezählt sind nur abgeschlossene Mitentscheidungsverfahren.
Quelle: Tätigkeitsbericht des Europäischen Parlaments (fünfte Wahlperiode 1999-2004), Annex 4; http://www.euro parl.europa.eu/code/information/activity_en.htm (28.06.2007).

Bei der Erstellung der Beschlussvorlagen des Ausschusses für das Plenum übernehmen die für jeden Vorgang neu benannten „Berichterstatter" und die „Koordinatoren" einzelner Fraktionen eine federführende Rolle.

Ein zunehmend wichtigeres Gremium für die Legislativarbeit des EP ist die „Delegation" des Parlaments im Vermittlungsausschuss (siehe Dokument III.1.10); sie umfasst 27 Mitglieder (dieselbe Anzahl wie Vertreter von Mitgliedstaaten): Drei Abgeordnete werden als „ständige Delegationsmitglieder" für alle Vermittlungsausschusssitzungen benannt; dazu kommen der Vorsitzende des zuständigen Parlamentsausschusses sowie der Berichterstatter. Die verbleibenden Sitze werden in der Regel von den betroffenen EP-Ausschüssen benannt.

Dokument III.1.10: Europäisches Parlament – Zusammensetzung der Delegation im Vermittlungsausschuss

---

Art. 64 Geschäftsordnung des EP*

1. Die Delegation des Parlaments im Vermittlungsausschuss besteht aus *derselben Anzahl von Mitgliedern* wie die Delegation des Rats.

2. Die politische Zusammensetzung der Delegation entspricht der *Fraktionszusammensetzung* des Parlaments. [...]

3. Die Mitglieder der Delegation werden für jede einzelne Vermittlung von den Fraktionen benannt, vorzugsweise aus den Reihen der Mitglieder der *betroffenen Ausschüsse*, abgesehen von *drei Mitgliedern*, die als ständige Mitglieder der aufeinanderfolgenden Delegationen für einen Zeitraum von zwölf Monaten benannt werden. [...] Der Vorsitzende und der Berichterstatter des federführenden Ausschusses sind in jedem Fall Delegationsmitglieder.

[...]

6. Die Delegation wird vom Präsidenten oder einem der drei ständigen Mitglieder geleitet.

7. Die Delegation beschließt mit der Mehrheit ihrer Mitglieder. Ihre Beratungen sind *nicht öffentlich*. [...]

---

* Stand Januar 2007. Hervorhebungen durch den Autor.

In der Praxis entwickelten sich die drei ständigen Mitglieder zu Spezialisten für die horizontalen, also politikfeldübergreifenden Aspekte des Verfahrens mit dem Rat. Ähnliche Verfahrens- und Sachkenntnisse haben spezialisierte Abgeordnete im Haushaltsverfahren entwickelt. Gegenüber der Kommission und dem Rat ist das Europäische Parlament damit bei diesen Verfahren durchaus durchsetzungsfähig. Die Ausweitung der EP-Befugnisse hat sich damit signifikant auf die Professionalisierung einer größer werdenden Gruppe von europäischen Abgeordneten ausgewirkt.

Weitere Handlungsgremien hat das EP durch die Beteiligung an derzeit 34 „interparlamentarischen Delegationen"[119], in denen Abgeordnete des EP und von Parlamenten aus Drittstaaten gemeinsam Empfehlungen ausarbeiten können.

Eine besondere Variation in der Binnenstruktur des EP bildet die Delegation des EP für die „Konferenz der Europaausschüsse" nationaler Parlamente (nach dem französischen Sprachgebrauch auch „COSAC" genannt).[120] Die Wirkungsmöglichkeiten dieser Konferenz von Abgeordneten mehrerer Ebenen auf Organe der Union gelten aber als sehr begrenzt.[121]

---

119 Europäisches Parlament 2007b: Art. 190.
120 Vgl. http://www.cosac.org.
121 Vgl. Maurer 2002b: 29-30.

Als eine spezifische Form der EP-Beteiligung ist die Gruppe der europäischen Abgeordneten im „Verfassungskonvent" zu nennen.[122]

▪ *Generalsekretariat*

Unterstützt werden die Abgeordneten durch eine zunehmende Zahl von Beamten im Generalsekretariat des Europäischen Parlaments, das in aufgabenbezogene Generaldirektionen gegliedert ist. Diese Beamten übernehmen mehr und mehr auch wesentliche Beratungsaufgaben bei der Formulierung von Vorlagen. Gegenüber Beamten des Rats und der Kommission sind sie sowohl in Sach- als auch Verfahrensfragen wettbewerbsfähig geworden.[123]

▪ *Besonderheiten: Tagungsorte und Sprachenregime*

Bei der Arbeitsweise dieses Organs sind mehrere Besonderheiten zu berücksichtigen. So tagt das EP während seiner 12 Plenarsitzungen in Straßburg; die Ausschüsse und Fraktionen treten monatlich in Brüssel zusammen; in beiden Städten verfügt das EP über großzügig angelegte Gebäude (siehe Abbildung III.1.7); das Generalsekretariat ist teils in Luxemburg, teils in Brüssel angesiedelt.

Abbildung III.1.7: Europäisches Parlament – Tagungsgebäude in Straßburg und Brüssel

Straßburg   Brüssel

Die Abgeordneten können sich in allen offiziellen Sprachen artikulieren, d.h. in der EU-27 in 23 offiziellen Sprachen. Unabhängig von den damit einhergehenden Kosten[124] der Übersetzungen leiden die Debatten häufig an einem Mangel an Spontaneität. Auch die Reaktionsfähigkeit des EP auf überraschende Entwicklungen wird durch eine notwendige Vielsprachigkeit bei der Vorlage von Stellungnahmen verzögert. Dennoch wird die Sprachen-Souveränität offiziell hoch gehalten, auch wenn in Beratungen innerhalb von Fraktionen und bei informellen Gesprächen wenige Arbeitssprachen vorherrschen.

---

122 Vgl. Kapitel II.9.2. und IV.7.4.
123 Vgl. Maurer/Wessels 2003b: 199f.
124 Vgl. Judge/Earnshaw 2003: 163-167.

1.7 Diskussion und Perspektiven

■ *Zur Charakterisierung: Eine „nacheilende Parlamentarisierung" des EU-Systems?*

Der Befund zur Funktionenwahrnehmung lässt im Hinblick auf den Vertragstext und die Praxis ein facettenreiches Bild entstehen:

▶ Dem historischen Status eines zwischenstaatlichen Diskussionsforums ist das EP entwachsen.
▶ Im Blick auf Politikgestaltungs- und Wahlfunktionen zeichnet sich bei der Beschlussfassung zu wesentlichen Rechtsakten – ob Legislative, Haushaltsbefugnis oder Zustimmung zur Nominierung der Kommission – eine Entwicklung zu einem Zweikammersystem nach parlamentarisch-föderalen Mustern ab:[125] Dabei ist das Parlament in einem institutionellen Dreieck mit der Kommission zu einem dem Rat weitgehend gleichwertiger Mitspieler geworden, der seine Rechte auch intensiv nutzt.
▶ Bei Systemgestaltungs- und Repräsentationsfunktionen bleibt das EP im Vergleich zu anderen Organen, aber auch zu nationalen Parlamenten, relativ blass. Bei zentralen quasi-konstitutionellen Akten – insbesondere bei Vertragsänderungen – ist das EP noch nicht zu einem mitentscheidenden Organ geworden, allerdings nimmt es bei Beitritten seine Zustimmungsrechte wahr.

Auch wenn das Europäische Parlament insgesamt in eine zentrale Position der EU-Architektur gerückt ist, bleibt weiterhin umstritten, ob es über dieselbe sozial-politische Legitimierungskraft verfügt, die nationalen Parlamenten in der Regel zugeschrieben wird.[126] Bildet dieses Organ als „Garant von Legitimität"[127] ein Fundament der EU-Architektur, das andere Organe (mit-)trägt und dessen weitere Stärkung für den Aufbau eines „parlamentarischen Europas"[128] von zentraler strategischer Bedeutung ist? Oder ist es trotz vielfacher Stärkung eine Institution neben anderen, deren Bedeutung für die politische Stabilität des EU-Systems nicht überschätzt werden darf?

Diese Rolle des EP wird in der institutionellen Architektur unterschiedlich gesehen: Föderalisten verstehen das EP als ein durch die Direktwahl gestärktes Repräsentationsorgan „eines" Europäischen Volkes; seine Rolle nach parlamentarischen Modellen wurde aus dieser Sicht bereits im Trend durch die Vertragsänderungen der letzten Jahrzehnte zur zentralen Kammer aufgewertet; bei zukünftigen Verfassungskonstruktionen sollte dieser schrittweise Ausbau weiter verstärkt werden.[129] Nach dieser institutionellen Leitidee[130] sollte das EP allein die Regierung der EU wählen, die aus der heutigen Kommission entstehen würde. Dem Rat wird als Länderkammer eine zweitrangige Rolle zugeschrieben. Der Europäische Rat erhält eine allgemeine Funktion als Forum, während der EuGH als Verfassungsgericht fungiert.

Dagegen sehen die Vertreter einer intergouvernementalen Leitidee das Europäische Parlament bestenfalls als hilfreiche Kontrollinstanz und begrenztes Mitwirkungsorgan, ohne dass dieses jedoch die Legitimierungskraft nationaler Parlamente besäße.[131]

---
125 Vgl. Maurer/Wessels 2003b: 213; Hix 2001; Rat der EU 2001.
126 Vgl. Judge/Earnshaw 2003: 294; Kapitel III.1.1.
127 Kohler-Koch/Conzelmann/Knodt 2004: 212-217.
128 Judge/Earnshaw 2003: 293-320.
129 Vgl. Leinen 2005a; Leinen/Schönlau 2003; Pinder 2001: 77-85.
130 Vgl. Abbildung I.4.6.
131 Vgl. BVerfG 1994.

Nach dieser Sicht, die die Existenz eines europäischen Staatsvolks verneint, entspricht die Vertragsformulierung, die Abgeordneten als „Vertreter *der Völker*" (Art. 189 EGV, Hervorhebungen durch den Autor) zu verstehen, auch weiterhin der Realität und sollte die Norm jeder weiteren Vertragsänderung bleiben, da nur die Parlamente der Mitgliedstaaten über eine ausreichende Legitimität verfügen, auf Grund derer sie nationale Souveränität ausüben können.

Folgt man dem Fusionsansatz,[132] so bildet das EP als Mitgestalter in einem komplexen Mehrebenensystem[133] einen wesentlichen Bestandteil einer „doppelten Legitimationsbasis"[134], wie sie auch der Text des Verfassungsvertrags in seinem Abschnitt vom „demokratischen Leben" der Union formuliert (siehe Dokument III.1.11). Im Lichte dieser Analyse wird eine Weiterentwicklung in Richtung eines „parlamentarischen Europas"[135] bzw. eines Mehrebenenparlamentarismus[136] erwartet.

Dokument III.1.11: Europäisches Parlament – Legitimationsvorgaben (gemäß Verfassungsvertrag)

Art. I-46 VVE

Grundsatz der repräsentativen Demokratie

(2) Die *Bürgerinnen und Bürger* sind auf Unionsebene *unmittelbar im* [...] *Europäischen Parlament vertreten*.

Die *Mitgliedstaaten* werden *im Europäischen Rat* von ihrem jeweiligen Staats- oder Regierungschef und *im Rat* von ihrer jeweiligen Regierung vertreten, die ihrerseits in demokratischer Weise gegenüber ihrem nationalen Parlament oder gegenüber ihren Bürgerinnen und Bürgern Rechenschaft ablegen müssen.

Hervorhebungen durch den Autor.

■ *Zur Zukunft: Vorschläge aus den Reformdebatten*

Entsprechend den divergierenden Leitideen werden auch unterschiedliche Strategien formuliert: Während die föderalistische Denkschule zur Überwindung des so genannten Demokratiedefizits einen weiteren Ausbau der Rechte des Europäischen Parlaments fordert, setzt die intergouvernementale Strategie auf eine verstärkte Beteiligung nationaler Parlamente bei der Verabschiedung verbindlicher Rechtsakte.

Der Europäische Konvent zur Zukunft Europas und die folgenden Regierungskonferenzen haben im Hinblick auf die Stärkung der parlamentarischen Beteiligung in einem typischen Kompromiss beide Grundrichtungen aufgegriffen.[137]

Nach den Wünschen der auf die Nationalstaaten orientierten Demokratievorstellungen sollen nationale Parlamente zum ersten Mal direkte Mitwirkungsmöglichkeiten erhalten, die sowohl über einen informellen und weitgehend irrelevanten Austausch der Europaausschüsse

---

132 Vgl. Judge/Earnshaw 2003: 88f.; Maurer/Wessels 2003b: 215-218. Vgl. auch Kapitel I.
133 Maurer/Wessels 2003b: 215-218; vgl. Kapitel I.
134 Judge/Earnshaw 2003: 89; Maurer/Wessels 2003b: 220.
135 Judge/Earnshaw 2003: 293-320.
136 Maurer 2002: 17-22.
137 Vgl. Maurer 2005a: 227-234; Nickel 2003.

nationaler Parlamente in der COSAC als auch über die teilweise umfassenden, wenn auch wenig genutzten Rechte der Parlamente bei der nationalen Vorbereitung- und Durchführung im EU- Politikzyklus[138] hinausgehen. Der Verfassungsvertrag und – in noch verstärkter Form der Reformvertrag – würde ein „Frühwarnsystem" installieren,[139] bei dem nationale Parlamente ihre Einwände in Fragen der Subsidiarität gegenüber den Vorschlägen der Kommission bei der Politikgestaltung einbringen und gegebenenfalls vor dem EuGH einklagen könnten.[140] Auch bei der Systemgestaltung würden Vetorechte einzelner nationaler Parlamente bei dem neu vorgesehenen vereinfachten Verfahren der Vertragsänderung[141] (Art. IV-444 (3) VVE) verankert.[142]

Auch wenn der Reformvertrag nicht in Kraft treten sollte, so werden diese konkreten Vorschläge auch weiterhin in der Debatte um den Ausbau des EU-Systems wegweisende Richtungen vorgeben. So hat der Europäische Rat bereits im Juni 2006 eine stärkere Beteiligung nationaler Parlamente vereinbart.[143]

Wie die vergangenen Vertragsrevisionen würde der Verfassungs- bzw. Reformvertrag jedoch auch die Aufgaben des Europäischen Parlaments bestätigen und dessen parlamentarische Funktionen ausweiten (siehe Dokument III.1.3). Zusätzlich einführen wollte der Verfassungsvertrag das Mitentscheidungsverfahren in 47 Entscheidungsfällen und dieses dabei auf weitere zentrale Politikbereiche staatlichen Handelns – so auf Vorschriften zur Asyl- und Einwanderungspolitik sowie auf Maßnahmen im Kampf gegen internationale Kriminalität und Terrorismus – ausdehnen. Die vorgesehenen Bestimmungen des Reformvertrags würden auch das Verfahren der Zustimmung für Grundsatzentscheidungen ausweiten.

Das jährliche Haushaltsverfahren würde – im Unterschied zu den gegenwärtig gültigen Vertragsartikeln[144] – in wesentlichen Schritten dem Verfahren der ordentlichen Gesetzgebung angenähert; damit gewänne das EP gegenüber dem Rat an zusätzlichen Rechten. Keine starken Beteiligungsrechte würde auch der Verfassungsvertrag dem EP bei der Ratifizierung von Vertragsänderungen und bei Beschlüssen über die Eigeneinnahmen der EG einräumen. Damit begrenzte auch dieses Vertragswerk die Mitwirkung des EP bei der weiteren Gestaltung des EU-Systems.

Insgesamt schreiben die vorgesehenen Bestimmungen wesentliche Trends der letzten fünf Jahrzehnte im Hinblick auf das Europäische Parlament fort.

Der Ausbau parlamentarischer Rechte und die damit häufig erwarteten Legitimationswirkungen bleiben auch weiterhin ein zentrales Thema bei der zukünftigen Gestaltung der institutionellen Architektur des EU-Systems.

---

138 Vgl. Maurer/Wessels 2001b: 434-453.
139 Vgl. Maurer 2005a: 232-234; Maurer/Wessels 2003a: 229-231.
140 Vgl. Kapitel III.5.
141 Vgl. Kapitel IV.7.
142 Vgl. Wessels 2005c.
143 Vgl. Europäischer Rat 2006a: 14.
144 Vgl. Kapitel IV.3.

1.8 Zur Wiederholung und Vertiefung

■ *Merkpunkte und Stichworte*

▶ Grundkenntnisse
  – Wegmarken für den Ausbau der Beteiligungsrechte
  – Dauer einer Wahlperiode
  – Sitzungsorte des EP
  – Namen von drei Fraktionen

▶ Verfahren des EP: Vertragliche Vorgaben und Praxis
  – Gesetzgebungsverfahren: Fünf Formen
  – in der GASP
  – bei der offenen Methode der Koordinierung
  – bei der Systemgestaltung

▶ Wahlen
  – Sitzverteilung nach Mitgliedstaaten: Prinzip und Probleme
  – „Sekundärwahl" bzw. Testwahl: Definition und Folge
  – Entwicklung in der Zusammensetzung nach Parteien

▶ Vertragliche Voraussetzung für:
  – Beschlussfassungsregel des EP bei Ablehnung der gemeinsamen Position des Rats bei der Mitentscheidung
  – Zustimmung zum Beitritt eines Beitrittskandidaten

▶ Struktur und Binnenorganisation: Definitionen und Funktionen
  – Präsidenten
  – Fraktionen
  – Konferenz des Präsidenten
  – Ausschüsse
  – Delegationen
  – Koalitionsmuster im EP

▶ Bürgerbeauftragter: Aufgabe und Praxis

■ *Fragen*

▶ Wie könnte die Abnahme in der Wahlbeteiligung erklärt werden?
▶ Wie könnten Wahlen zum EP „attraktiver" gestaltet werden?
▶ Wie kann prä-konstitutionelle Normgenese seitens des EP erfasst und erklärt werden?
▶ Welche Methoden zur Messung der Legitimationswirkungen des EP schlagen Sie vor?
▶ Wie ist die Handlungsfähigkeit dieses „vielstimmigen" Organs zu erklären?

■ *Thesen zur Diskussion*

▶ Trotz des Ausbaus der Mitwirkungsrechte bleibt das EP eine zweitrangige Institution.
▶ Der Ausbau der Rechte des Parlaments in den Vertragsänderungen ist überraschend, da er nicht im Interesse der Mitgliedstaaten liegt.
▶ Das aufwendige Gesetzgebungsverfahren mit der starken Rolle für das EP hemmt die Handlungsfähigkeit des EU-Systems.

▶ Der Ausbau der EP-Beteiligungsrechte dokumentiert eine „nacheilende Parlamentarisierung".

▶ Das EP und eine gleiche Anzahl Abgeordneter aus nationalen Parlamenten sollten eine große „EU-Versammlung" bilden, um die Grundlagenentscheidungen für das EU-System zu erörtern und zu treffen.

1.9 Literaturhinweise

■ *Online-Quellen*

http://www.europarl.europa.eu/
Offizielle Homepage des Europäischen Parlaments
http://www.europarl.de
Offizielle Homepage des EP-Informationsbüros für Deutschland

■ *Einführende Literatur*

Corbett, Richard/Jacobs, Francis/Shackleton, Michael (2003): The European Parliament, 4. Auflage, London.
Maurer, Andreas (2007): Europäisches Parlament, in: Weidenfeld, Werner/Wessels, Wolfgang (Hrsg.): Europa von A bis Z. Taschenbuch der europäischen Integration, 10. Auflage, Baden-Baden, S. 229-238.
Maurer, Andreas (2007): Europäisches Parlament, in: Weidenfeld, Werner/Wessels, Wolfgang (Hrsg.): Jahrbuch der Europäischen Integration 2006, Baden-Baden, S. 67-78.
Shackleton, Michael (2006): The European Parliament, in: Peterson, John/Shackleton, Michael (Hrsg.): The Institutions of the European Union, 2. Auflage, Oxford/New York, S. 104-124.

■ *Weiterführende Literatur*

Hix, Simon (2003): Parteien, Wahlen und Demokratie in der EU, in: Jachtenfuchs, Markus/Kohler-Koch, Beate, Europäische Integration, 2. Auflage, Opladen, S. 151-180.
Judge, David/Earnshaw, David (2003): The European Parliament, London.
Maurer, Andreas/Nickel, Dietmar (Hrsg.) (2005): Das Europäische Parlament. Supranationalität, Repräsentation und Legitimation, Baden-Baden.
Maurer, Andreas/Wessels, Wolfgang (2003): Das Europäische Parlament nach Amsterdam und Nizza: Akteur, Arena oder Alibi?, Baden-Baden.
Nickel, Dietmar (2003): Das Europäische Parlament als Legislativorgan – zum neuen institutionellen Design nach der Europäischen Verfassung, in: integration 4/2003, S. 501-509.

■ *Vertiefende Literatur*

Rittberger, Berthold (2005): Building Europe's Parliament. Democratic Representation Beyond the Nation State, Oxford.
Rittberger, Berthold (2003): The Creation and Empowerment of the European Parliament. Journal of Common Market Studies 41(2): 203-225.
Auel, Katrin/Rittberger, Berthold (2006): Fluctuant nec merguntur: the European Parliament, national Parliaments, and European Integration, in: Richardson, Jeremy (Hrsg.): European Union. Power and Policy-Making, London, S. 121-145.
Maurer, Andreas (2007): The European Parliament between Policy-Making and Control, in: Kohler-Koch, Beate/Rittberger, Berthold (Hrsg.): Debating the Democratic Legitimacy of the EU, Lanham.
Manow, Philip (2005): National Vote Intention and European Voting Behavior, 1979-2004. Second-Order Election Effects, Election Timing, Government Approval and the 'Europeanization' of EP-Elections, MPIfG Discussion Paper (11), Köln.

2. Der Europäische Rat

2.1 Eckpunkte im Überblick: Entstehung und Entwicklung einer Schlüsselinstitution

Keine andere Institution hat die Entwicklung der europäischen Integration seit den siebziger Jahren so nachhaltig geprägt wie der Europäische Rat.[1] Dieses rechtlich[2] und politikwissenschaftlich schwer fassbare „oberste" Gremium der EU wird – im vertragsrechtlichen Sinne – nicht als ein Organ der EG (siehe Art. 5 EUV und Art. 7 EGV) verstanden, sondern in einem eigenen Artikel (Art. 4 EUV) eingeführt. Nach dieser Formulierung „(gibt) der Europäische Rat der Union die für ihre Entwicklungen erforderlichen Impulse und legt die allgemeinen politischen Zielvorstellungen für diese Entwicklung fest". Dieser Wortlaut lässt jedoch den Stellenwert dieser Institution für die Politik- wie für die Systemgestaltung nicht erkennen; zugeschrieben werden dem Treffen der Staats- und Regierungschefs jedenfalls eine Reihe von spezifischen Charakterisierungen als „gemeinsames Entscheidungszentrum"[3], als „konstitutioneller Architekt"[4] sowie als „System kollektiver Führung"[5], als „hohe Vormundschaft" („haute tutelle")[6] und als „Gipfel der institutionellen Architektur"[7].

Wie viele zentrale Phänomene des politischen Lebens ist diese Institution nicht ausreichend durch vertraglich festgelegte Beschreibungen von Befugnissen und Zuständigkeiten zu erfassen. Zwischen den allgemeinen und fast zurückhaltend formulierten Aufgabenzuweisungen des Vertragstexts und der tatsächlichen Wahrnehmung von Funktionen in der politischen Praxis ist eine erhebliche Lücke zu beobachten. Wer diese Diskrepanz zwischen den geschriebenen Vorgaben und den realen Verhaltens- und Einflussmustern übersieht, fördert nicht nur Fehlanalysen des Europäischen Rats selbst, sondern übersieht auch Erklärungsmöglichkeiten für wesentliche Entwicklungen der institutionellen Architektur der EU insgesamt. Ohne eine historisch und empirisch angelegte Analyse dieses Gremiums sind zentrale Entwicklungslinien des europäischen Integrationsprozesses nicht angemessen zu erklären. Der Europäische Rat kann damit als „Schlüssel" zum Verständnis der Gestaltung des EU-Systems insgesamt gesehen werden.[8]

De facto prägte und prägt der Europäische Rat durch seine „geschichtsträchtigen Entscheidungen"[9] zu Vertragsänderungen und zu Erweiterungsrunden die europapolitischen Wegmarken[10] und „konstitutionellen Weichenstellungen"[11] des EU-Systems nachhaltig. Neben derartigen Beschlüssen zur Systemgestaltung beschäftigt sich der Europäische Rat auch regelmäßig mit zentralen Fragen der im EU-System üblichen Politikgestaltung.

Angesichts dieser Bedeutung ist jedoch auch die Schwierigkeit einer angemessenen Darstellung nicht zu übersehen: Die Institution der europäischen Führungs- und Regierungselite (im Sprachgebrauch häufig: „Chefs") entzieht sich einer einfachen Erfassung und Charakteri-

---

1 Vgl. u. a. de Schoutheete 2006: 57; Hayes-Renshaw/Wallace 2006: 173.
2 Vgl. de Schoutheete 2006: 39.
3 Tindemans-Bericht 1975, abgedruckt in: Schneider/Wessels 1977: 239-288, hier: 251.
4 Wessels 2005c: 55.
5 Ludlow 2005: 3.
6 Louis/Ronse 2005: 57.
7 Hayes-Renshaw/Wallace 2006: 173.
8 Vgl. u. a. Faber/Wessels 2006.
9 Vgl. zum Begriff „geschichtsträchtige Entscheidungen" Peterson/Bomberg 1999: 10.
10 Vgl. zum Begriff „critical juncture" Pierson 2000: 252.
11 Vgl. zum Begriff „Weichenstellungen" Loth 2004: 474; vgl. auch Mittag/Wessels 2004: 22f.

sierung. So wird vorgeschlagen, den Europäischen Rat nicht als „Institution", sondern als „locus of power"[12] zu bezeichnen. Die Schwierigkeit, den Europäischen Rat mithilfe bekannter Terminologien vollständig erfassen zu können, dokumentiert auch das Schrifttum, das bisher nur relativ wenige Arbeiten zum Europäischen Rat aufweist.[13]

Rechtlich gesehen bestehen die Treffen der Staats- und Regierungschefs aus Sitzungen des Europäischen Rats, Tagungen des Rats „auf der Ebene der Staats- und Regierungschefs" und Gipfelzusammenkünften mehrstufiger Regierungskonferenzen.[14] Sie unterscheiden sich nicht in der Zusammensetzung, sondern in der rechtlichen Verankerung. Diese rechtlichen Feinheiten werden von den Akteuren selbst kaum beachtet und deshalb im Folgenden auch nur begrenzt aufgegriffen.[15]

In der Regel wird der Europäische Rat als Beleg für eine spezifische theoretische Sichtweise herangezogen. Wenn man die Mitgliedstaaten als „Herren der Verträge"[16] bezeichnet, dann kann der Europäische Rat als das institutionelle Symbol, als „idée directrice"[17] für eine intergouvernementale Leitidee[18] verstanden werden.[19] Damit wird die Institution der Staats- und Regierungschefs als oberste Führungsinstanz einer durch die Exekutive der Staaten dominierten Union begriffen. Die Gründung des Europäischen Rats war aus dieser Sicht ein bewusster Akt der Regierungen, den autonomen Spielraum supranationaler Institutionen einzugrenzen.[20] Als Vertretung der höchsten nationalen Legitimität kann der Europäische Rat dann als jene Gipfelinstitution verstanden werden, die die Arbeit der Vertragsorgane lenkt und kontrolliert, ohne gleichzeitig selbst in ein institutionelles „checks and balances"-System zwischen den EG-Organen einbezogen zu sein. Damit verschöbe der Europäische Rat das institutionelle Gleichgewicht einer supranationalen Gemeinschaft zugunsten einer intergouvernementalen Prägung.

Gegenüber dieser Sicht kann der Europäische Rat in den letzten drei Jahrzehnten als aktiver Träger einer fundamentalen Evolutionslogik des EU-Systems gesehen werden, die als „Fusionsprozess"[21] beschrieben und analysiert werden kann.[22] Die Mitglieder des Europäischen Rats verstärken dabei gleichzeitig Tendenzen sowohl zur supranationalen Gemeinschaftsmethode[23] als auch zur intergouvernementalen Beteiligung und Kontrolle durch die Mitgliedstaaten. Dieses Spannungsverhältnis zwischen unterschiedlichen Formen des Regierens haben die nationalen Spitzenpolitiker durch vielerlei mehrdeutige Kompromissformeln selbst erzeugt. Der Verfassungsvertrag hat aus dieser Perspektive wesentliche Entwicklungen einer derartigen Praxis aufgegriffen und in rechtliche Bestimmungen gefasst.

Auch bei dieser Institution können Erfassung und Erklärung dem institutionellen Steckbrief folgen.

---

12 de Schoutheete 2006: 45.
13 Vgl. de Schoutheete 2006; 2002; Ludlow 2005; de Schoutheete/Wallace 2002; von Donat 1987; Bulmer/Wessels 1987; Wessels 1980.
14 Vgl. de Schoutheete 2002: 23.
15 Vgl. u. a. de Schoutheete 2006: 39.
16 BVerfG 1994: 190; Ipsen 1994: 5.
17 Hauriou 1965: 36.
18 Vgl. Wessels 1994: 310ff., vgl. auch Kapitel II.1.
19 Vgl. Bieling 2005; Steinhilber 2006; Schimmelfennig 2004; Moravcsik 1998: 309-313, 488.
20 Vgl. Moravcsik 1998: 488.
21 Vgl. Wessels 2005b; 2000a: 122-124.
22 Vgl. Kapitel I.3, Wessels 2007a: 211.
23 Vgl. de Schoutheete 2006: 47; vgl. auch zur Gemeinschaftsmethode Europäische Kommission 2002.

Abbildung III.2.1: Europäischer Rat – Institutioneller Steckbrief

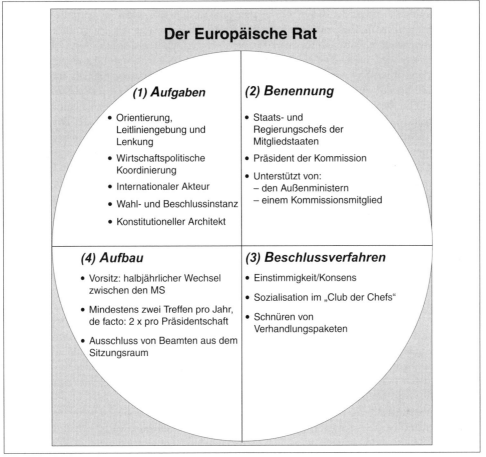

Quelle: Eigene Darstellung.

2.2 Aufgaben: Geschichte und vertragliche Vorgaben

„Die Europäischen Gipfelkonferenzen sind tot, es lebe der Europäische Rat!" Mit diesem Ausruf kündigte der damalige französische Staatschef Valéry Giscard d'Estaing die Gründung des Europäischen Rats auf der Gipfelkonferenz von Paris 1974 an.[24] Damit institutionalisierten die Regierungschefs der damals neun Mitgliedstaaten Erfahrungen aus mehreren Gipfelkonferenzen,[25] die insbesondere in der ersten Hälfte der 70er Jahre als nützlich,[26] aber nicht ausreichend zweckmäßig verstanden wurden.[27] Die beiden Väter des Europäischen Rats – neben

---
24 Vgl. Wessels 1980: 128; vgl. auch Kapitel II.6.2.
25 Vgl. de Schoutheete 2006: 39-40; Louis/Ronse 2005: 56.
26 Vgl. Mittag/Wessels 2004: 23-27; Wessels 1980: 75-80.
27 Vgl. Kapitel II.6.1.

Valéry Giscard d'Estaing der damalige deutsche Bundeskanzler Helmut Schmidt[28] – sahen in einem „Club der Chefs", der erfahrenen und sachkundigen „Macher", das politische Aktionszentrum, mit dem sie in deutlicher Distanz sowohl zu den als ineffizient empfundenen Gemeinschaftsorganen als auch zu den unverbindlichen, deklaratorischen Gipfelkonferenzen Politik gestalten wollten.[29] Im Unterschied zu den Vertragsorganen der EG (Art. 7 EGV) war der Europäische Rat damit eine Neuschöpfung, die nicht bereits in den Gründungsverträgen zur EGKS und zur EWG primärrechtlich angelegt war. Diese Gründung signalisiert damit die zunehmende Bedeutung der damaligen EG und der Europäischen Politischen Zusammenarbeit (EPZ): Die Regierungschefs wollten und mussten sich selbst in eine Arena einbringen, die für ihre eigene Rolle in der nationalen Politik zunehmend bedeutsamer wurde. Der Europäische Rat eröffnete ihnen zusätzliche Handlungsmöglichkeiten auch gegenüber anderen Akteuren im nationalen Kontext. Zwänge für eine stärkere Beteilung der Chefs ergaben sich nicht zuletzt auch aus den Schwierigkeiten der damaligen institutionellen Architektur: Der Allgemeine Rat (der Außenminister) erwies sich immer wieder als innenpolitisch zu schwach, um eine umfassende Koordinationsrolle gegenüber Ministern übernehmen zu können. Wie bei anderen nationalen Akteuren ist auch die Installierung des Europäischen Rats aus einer Mischung zwischen dem eigenen Wunsch auf Mitwirkung (im wissenschaftlichen Sprachgebrauch „Push"-Faktor) und dem Sog der Brüsseler Architektur (im wissenschaftlichen Sprachgebrauch „Pull"-Faktor) zu erklären.

Status und Funktionen ihres Gremiums definierten die Mitglieder selbst in mehreren Schritten. Die Konstruktion einer Leitidee für diese außergewöhnliche Institution war und ist jedoch durch Unschärfen und Mehrdeutigkeiten geprägt. Zunächst beruhte dieses regelmäßige Treffen auf einer vertragsrechtlich nicht fixierten Vereinbarung zwischen den Regierungschefs (siehe Dokument III.2.1), die interne wie externe Gründe für die Institutionalisierung dieses Gremiums benannten. Als notwendig empfanden es die Regierungschefs den „Gesamtzusammenhang" der EG und EPZ-Aktivitäten zu „gewährleisten".

Dokument III.2.1: Europäischer Rat – Gründungsformel

Kommuniqué der Pariser Gipfelkonferenz

[...] 2. In Anerkennung der Notwendigkeit, *die internen Probleme*, die der *Aufbau Europas* mit sich bringt, und die *Probleme*, die sich *Europa von außen* stellen, als *Ganzes* zu sehen, halten es die Regierungschefs für erforderlich, die *Entwicklung* und den *Gesamtzusammenhang* der Tätigkeiten der Gemeinschaften und der Arbeiten der politischen Zusammenarbeit zu gewährleisten.

3. Die Regierungschefs haben daher beschlossen, *dreimal jährlich* und *jedes Mal*, wenn dies notwendig erscheint, zusammen mit den Außenministern als Rat der Gemeinschaft und im Rahmen der politischen Zusammenarbeit zusammenzutreten.

Quelle: Kommuniqué der Pariser Gipfelkonferenz 1974, abgedruckt in: Wessels 1980: 399. Hervorhebungen durch den Autor. Vgl. auch Dokument II.6.2.

---

28 Vgl. Giscard d'Estaing 1988: 104-106.
29 Vgl. de Schoutheete 2002: 23-25; Wessels 1980: 80-95.

Die im Kommuniqué erwähnte Verortung als „Rat der Gemeinschaft" blieb bis zu den neunziger Jahren eine Leerformel. Beachtenswert ist, dass der Präsident der Europäischen Kommission als „gleicher unter gleichen" akzeptiert wurde.

Die kurze Gründungsformel erwies sich schnell als wenig tragfähig, um der tatsächlichen Rolle, aber auch den unterschiedlichen Vorstellungen von den Aufgaben des Europäischen Rats gerecht zu werden. In mehreren Anläufen bemühten sich die Staats- und Regierungschefs, ihre Rolle durch Aufgabenzuweisungen selbst zu bestimmen. Der belgische Premierminister Leo Tindemans sah in dem von den Staats- und Regierungschefs selbst in Auftrag gegebenen Bericht zur Europäischen Union den Europäischen Rat als „Entscheidungszentrum"[30].

In ihrer „feierlichen Erklärung von Stuttgart" definierten die Staats- und Regierungschefs ihren Aufgabenkatalog breiter, wenn auch nicht notwendigerweise eindeutiger (siehe Dokument III.2.2).

Dokument III.2.2: Europäischer Rat – Aufgabenkatalog gemäß der „Erklärung von Stuttgart"

Feierliche Erklärung von Stuttgart

Der Europäische Rat, der im Hinblick auf die Europäische Union handelt,

gibt dem europäischen *Aufbauwerk* einen *allgemeinen politischen Impuls*;

legt die *Ansatzpunkte für die Förderung des europäischen Aufbauwerks* fest und erlässt *allgemeine politische Leitlinien* für die Europäischen Gemeinschaften und die Europäische Politische Zusammenarbeit;

berät über *Fragen der Europäischen Union* unter ihren verschiedenen Aspekten und trägt dabei für deren Übereinstimmung Sorge;

eröffnet neue Tätigkeitsbereiche für die Zusammenarbeit;

bringt die *gemeinsame Position in Fragen der Außenbeziehungen feierlich zum Ausdruck*.

Quelle: Feierliche Deklaration zur Europäischen Union, abgedruckt in: Weidenfeld/Wessels 1983: 418-419. Hervorhebungen durch den Autor.

Deutlich wird ein Selbstverständnis, das eine umfassende Liste von Aufgaben anspricht, ohne eine eindeutige Begrenzung vorzuzeichnen.

Keine Aufgaben wurden dem Europäischen Rat zugeschrieben, als er erstmals in einem vertragsrechtlich verbindlichen Text (in Art. 2 der Einheitlichen Europäischen Akte (EEA)) erwähnt wurde.

In dem Text der EEA (siehe Dokument III.2.3) wurde auch die gleichberechtigte Teilnahme des Kommissionspräsidenten im Primärrecht festgeschrieben.

---

30 Tindemans-Bericht 1975, abgedruckt in: Schneider/Wessels 1977: 239-288.

Dokument III.2.3: Europäischer Rat – Bestimmungen der Einheitlichen Europäischen Akte

---

Einheitliche Europäische Akte

Art. 2

Im Europäischen Rat kommen die Staats- und Regierungschefs der Mitgliedstaaten *sowie der Präsident der Kommission* der Europäischen Gemeinschaften zusammen. Sie werden von den Ministern für auswärtige Angelegenheiten und einem Mitglied der Kommission *unterstützt*.

Der Europäische Rat tritt mindestens zweimal jährlich zusammen.

Quelle: EEA, abgedruckt in: Weidenfeld/Wessels 1986: 433. Hervorhebungen durch den Autor.

Der Vertrag über die Europäische Union (Maastricht) legte dann eine Reihe von Funktionen des Europäischen Rats in der institutionellen Architektur der EU fest, wobei viele Elemente der institutionellen Leitidee, wie sie sich in der Stuttgarter Erklärung niedergeschlagen hatte, wieder aufgenommen wurden. In Artikel D des Mastrichter Vertrags hat die Regierungskonferenz die allgemeinen Aufgaben vorgegeben, die dann auch bei den folgenden Vertragsänderungen in Art. 4 EUV übernommen wurden (siehe Dokument III.2.4).

Dokument III.2.4: Europäischer Rat – vertragliche Vorgaben (gemäß EUV und EGV)

Art. 4 EUV

Der Europäische Rat gibt der Union die für ihre Entwicklung *erforderlichen Impulse* und legt die *allgemeinen politischen Zielvorstellungen* für diese Entwicklung fest.

Art. 13 EUV

(1) Der Europäische Rat bestimmt die Grundsätze und die allgemeinen Leitlinien der Gemeinsamen Außen- und Sicherheitspolitik, und zwar auch bei Fragen mit verteidigungspolitischen Bezügen.

(2) Der *Europäische Rat* beschließt *gemeinsame Strategien*, die in Bereichen, in denen wichtige gemeinsame Interessen der Mitglieder bestehen, von der Union durchzuführen sind.

Art. 17 (1) EUV

Die *Gemeinsame Außen- und Sicherheitspolitik* umfasst sämtliche Fragen, welche die Sicherheit der Union betreffen, wozu auch die schrittweise Festlegung einer gemeinsamen Verteidigungspolitik gehört, die zu einer gemeinsamen Verteidigung führen könnte, falls der *Europäische Rat dies beschließt*. Er empfiehlt in diesem Fall den Mitgliedstaaten, einen solchen Beschluss gemäß ihren verfassungsrechtlichen Vorschriften anzunehmen.

****

Art. 128 (1) EGV

Anhand eines gemeinsamen Jahresberichts des Rats und der Kommission prüft der Europäische Rat jährlich die Beschäftigungslage in der Gemeinschaft und nimmt hierzu Schlussfolgerungen an.

> **Art. 214 (2, erster Satz) EGV**
>
> Der Rat, der in der Zusammensetzung der Staats- und Regierungschefs tagt, benennt mit qualifizierter Mehrheit die Persönlichkeit, die er zum Präsidenten der Kommission zu ernennen beabsichtigt; [...].

Hervorhebungen durch den Autor.

Wie bei der Einheitlichen Europäischen Akte siedelt der Vertrag über die Europäische Union den Europäischen Rat in dem Abschnitt zu den „Gemeinsamen Bestimmungen" (Art. 4 EUV) an, und damit „oberhalb" der Europäischen Gemeinschaft und deren institutioneller Konfiguration in Art. 7 EUV; damit bleibt der Europäische Rat außerhalb der vertragsrechtlichen Kontrollen durch den EuGH (siehe Art. 46 EUV) und auch außerhalb des institutionellen Gleichgewichts (in der Fachterminologie „checks and balances"), das durch einen „Respekt jedes Organs vor den Vertragsaufgaben der anderen" geprägt ist.[31]

Die allgemeinen vertraglichen Aufgabenbeschreibungen (Art. 4 EUV) sind vieldeutig interpretierbar. In weiteren Abschnitten des Unionsvertrags haben sich die Staats- und Regierungschefs dann auch für die zweite Säule zusätzliche Aufgaben zugeschrieben. Noch konkreter formulierten die späteren Vertragsvorschriften des Amsterdamer Vertrags die Funktionen dieser Institution für die GASP (Art. 13 (2) EUV). Auch eine systemgestaltende Öffnungsklausel für Politikbereiche der Union sprechen sie dem Europäischen Rat (im Hinblick auf die Verteidigungspolitik) durch die Vertragsänderungen zu (Art. 17 (1) EUV).

Die Staats- und Regierungschefs haben sich jedoch selbst auch an mehreren Stellen innerhalb der EG-Säule als „Rat auf oberster Ebene" eingebracht; sie konstituieren sich damit auch als Organ der EG. In diesen Fällen treffen sie Entscheidungen zu quasi-konstitutionellen Akten der Systemgestaltung und zu Wahlen zentraler Führungsposten. Den Beschluss zum Eintritt in die dritte Stufe der Währungsunion hat der Rat „in der Zusammensetzung der Staats- und Regierungschefs" (Art. 121 (4) EGV) zu fassen. Dieselbe Formel wird bei der Aussetzung der Rechte von Mitgliedstaaten im Falle schwerwiegender Verletzungen von Grundrechten (Art. 7 (3) EUV) und – seit dem Vertrag von Nizza – auch bei der Benennung des Kandidaten für die Position des Kommissionspräsidenten verwandt (Art. 214 (2) EUV). In diesen Fällen können die Staats- und Regierungschefs ihre Entscheidungen mit qualifizierter Mehrheit treffen.

Im EG-Regelwerk haben die Vertragsbestimmungen den Regierungschefs dazu auch Aufgaben eines Leitliniengebers im Stil eines „Obergutachters" zugeschrieben: In diesen Fällen soll der Europäische Rat eine Schlussfolgerung „zu den Grundzügen der Wirtschaftspolitik der Mitgliedstaaten und der Gemeinschaft" erörtern (Art. 99 (2) EGV) und „jährlich die Beschäftigungslage in der Gemeinschaft [prüfen] und hierzu Schlussfolgerungen an[nehmen]" (Art. 128 (1) EGV).[32]

Aus den Vertragbestimmungen ergibt sich außerdem eine weitere Kategorie von Funktionen für den Europäischen Rat, die als „Berufungsinstanz" gekennzeichnet werden kann; danach kann der (Minister-)Rat einen Beschluss, der bei der Durchführung einer gemeinsamen Strategie in der GASP durch einen Mitgliedstaat aus „wichtigen Gründen der nationalen Politik" aufgehalten wird, mit qualifizierter Mehrheit zur „einstimmigen Beschlussfassung an den Europäischen Rat" verweisen (Art. 23 (2) EUV).[33]

---
31 Vgl. Louis/Ronse 2005: 185f.
32 Vgl. Kapitel IV.4.
33 Vgl. Kapitel IV.5.

In der dritten Säule, der Polizeilichen und Justiziellen Zusammenarbeit in Strafsachen (PJZS), hat der Vertrag dem Europäischen Rat bisher keine explizite Rolle zugewiesen.

Der Text des Verfassungsvertrags hat den Katalog an Aufgaben aufgegriffen und im Hinblick auf den Ausschluss legislativer Funktionen ergänzt (Art. I-19 (1) VVE). Zudem hätte dieser Text den Europäischen Rat auch formal wie die anderen Organe in der institutionellen Architektur verankert und ihm einen breit gefächerten Katalog von system- und politikgestaltenden Aufgaben zugewiesen (siehe Dokument III.2.5).

Dokument III.2.5: Europäischer Rat – Bestimmungen gemäß Verfassungsvertrag

> **Vertrag über eine Verfassung für Europa**
>
> **Art. I-21 VVE**
>
> **Der Europäische Rat**
>
> (1) Der Europäische Rat gibt der Union die für ihre Entwicklung erforderlichen Impulse und legt die allgemeinen politischen Zielvorstellungen und Prioritäten hierfür fest. Er wird *nicht gesetzgeberisch* tätig.

Hervorhebungen durch den Autor.

Die Staats- und Regierungschefs haben das institutionelle Funktionenprofil ihres eigenen Gremiums im historischen Ablauf in Richtung von Orientierungs-, Leitungs- und Lenkungsfunktionen verfestigt. Der Ausschluss gesetzgeberischer Funktionen im Verfassungsvertrag ist als Bestätigung dieser Rollenbeschreibung zu verstehen,[34] die damit eine Abgrenzung gegenüber normalen Verfahren der Politikgestaltung im institutionellen Dreieck zwischen Kommission, EP und Rat zu setzen sucht.

2.3 Zur Analyse der Praxis: Ein Aktivitätenprofil

Gegenüber diesen Formulierungen zur Rolle des Europäischen Rats ergibt eine Analyse der Praxis einen abweichenden Befund. Diese Institution hat sich anders entwickelt als die beiden Gründungsväter, Valéry Giscard d'Estaing und Helmut Schmidt, in ihrer vertraulichen Spitzenrunde am Kamin geplant hatten[35] und die nächsten Generationen von Regierungschefs immer wieder formulierten. Der Umfang und die Intensität der tatsächlichen Aktivitäten und Funktionen des Europäischen Rats ist – gegenüber der vertragsoffiziellen Aufgabenzuweisung – erheblich breiter, differenzierter und gewichtiger.[36] Das Aktivitätsprofil folgt damit nicht strikt dem Vertragstext.

---

34 Vgl. de Schoutheete 2003: 474f.
35 Vgl. Wessels 1980: 336f., 341-352.
36 Vgl. Ludlow 2005; de Schoutheete/Wallace 2002; Beiträge zum Europäischen Rat in: Weidenfeld/Wessels 1980ff.

■ *Orientierungs-, Leitlinien- und Lenkungsfunktionen*

Im Selbstverständnis der Staats- und Regierungschefs hoch angesiedelt sind Funktionen der programmatischen Orientierung und politischen Lenkung durch „Agenda-setting" von EU-Aktivitäten. Eine Auflistung der „Schlussfolgerungen der Präsidentschaft des Europäischen Rats" und der „Erklärungen des Europäischen Rats" in einer historischen Längsschnittbeobachtung von 1975 bis 2004 (Übersicht III.2.1) ermöglicht einen Überblick über die Vielfalt der Themen, mit denen sich die Staats- und Regierungschefs beschäftigt haben. Deutlich wird eine erhebliche Breite der Themenpalette, die alle Politikfelder staatlichen Handelns abdeckt. Zu beobachten sind sowohl Konstanz als auch Veränderungen in den Schwerpunktsetzungen im Zeitablauf: Die Regierungschefs haben regelmäßig Positionen zur Außenpolitik der EU verabschiedet und Stellungnahmen zur wirtschaftlichen und sozialen Lage abgegeben. Fragen der quasi-konstitutionellen Gestaltung des EU-Systems bilden ebenfalls wiederkehrende Themen, wobei seit den neunziger Jahren eine Intensivierung im Hinblick sowohl auf Erweiterung wie auch auf Vertiefung zu beobachten ist. Neue Prioritäten bildeten seit Ende der neunziger Jahre Fragen der Innen- und Justizpolitik sowie seit 2001 die Terrorismusbekämpfung.

Im Laufe dieser Aktivitäten hat sich der Europäische Rat über einen „Debattierclub" hinaus zu einem programmatischen Leitliniengeber mit nachhaltiger Wirkung für die Gestaltung mehrerer zentraler Politikfelder der EU entwickelt. Die Regierungschefs haben dabei auch immer wieder neue Tätigkeitsbereiche für die EU eröffnet und dazu inhaltliche Eckpunkte und Prinzipien für die weitere Arbeit der Organe vorgegeben. Von den frühen Erklärungen der Gipfelkonferenzen zur Umweltpolitik[37] über das Programm von Tampere zur Innen- und Justizpolitik[38] und die „Strategie für Wachstum und Beschäftigung"[39] (Lissabonner Strategie) bis zum Kampf gegen den Terrorismus[40] haben die Staats- und Regierungschefs – in der Regel auf der Grundlage von Vorschlägen seitens der Kommission oder der Ministerräte – wegweisende Vorgaben gesetzt. Zu beobachten ist immer wieder, dass diese Texte die Genese von Normen dokumentieren, die – zunächst rechtlich unverbindlich formuliert – bei einer der nächsten Vertragsänderungen in Artikel des Vertragstexts gegossen wurden. Den Schlussfolgerungen der Präsidentschaft des Europäischen Rats sind damit prä-konstitutionelle Wirkungen zuzuschreiben.

Rückblickend kann man entsprechend „Pfade"[41] bzw. besser „Korridore"[42] beobachten, die die Regierungschefs im und durch den Europäischen Rat in mehreren Schritten selbst gestalteten: Von der Öffnung des Politikfeldes über inhaltlich-programmatische Vorgaben bis zur vertraglichen Verankerung. Teilweise haben sich die Regierungschefs bestimmte Dossiers auf eine regelmäßige Wiedervorlage gelegt. Von den frühen Gipfelkonferenzen an ist so ein „Stammbaum" an wegweisenden Entscheidungen zu beobachten,[43] die als Stufen auf einer „Fusionsleiter" verstanden werden können.[44]

Mit ihren Willensäußerungen schufen und propagierten die Staats- und Regierungschefs auch neue Strategien und Methoden der gemeinsamen Problemverarbeitung. So hat der Gip-

---

37 Vgl. etwa das Schlusskommuniqué der Gipfelkonferenz von Paris 1972, abgedruckt in Sasse 1975: 236-246.
38 Europäischer Rat 1999; vgl. Kapitel IV.6.
39 Europäischer Rat 2000; vgl. Kapitel IV.4.
40 Vgl. Europäischer Rat 2004; Giering/Neuhann 2004: 59; Gusy/Schewe 2004: 174f.; vgl. auch Kapitel IV.6.
41 Vgl. zum Begriff „Pfadabhängigkeit" Pierson 2000a: 251-253.
42 Vgl. Wessels 2000a: 408.
43 Vgl. Mittag/Wessels 2004.
44 Vgl. Kapitel V.

Übersicht III.2.1: Europäischer Rat – Aktivitätenprofil anhand der Themen der Schlussfolgerungen und Erklärungen 1975–2004

Themen	(1) Konstitutionelle Fragen			(2) Auswärtiges Handeln			(3) Wirtschafts- und Sozialpolitik						(4) Innenpolitik			(5) Sonstige	Summe
	Erweiterung	Institutionelle Fragen	Zukunft der EG/EU	EPZ/GASP	ESVP/GSVP	Außenbeziehungen	Wirtschaft & Wettbewerb	Finanzen	Beschäftigung & Soziales	WWU	Forschung & Technologie	Umweltpolitik	Justiz & Inneres	Europa der Bürger	Terrorismus		
1975	1	2	0	5	0	1	6	2	2	0	0	0	0	0	0	3	22
1976	0	0	2	2	0	1	3	0	2	0	0	0	0	0	1	2	13
1977	0	2	2	1	0	1	6	3	2	0	0	0	1	0	0	1	19
1978	1	1	1	6	0	3	11	2	6	0	0	2	0	0	1	3	37
1979	0	1	1	3	0	1	12	1	5	0	1	0	0	0	0	0	25
1980	3	0	0	8	0	4	12	3	4	0	0	0	0	0	0	2	36
1981	2	2	1	14	0	5	6	1	3	0	1	0	0	0	0	0	35
1982	2	1	0	14	0	4	6	2	5	0	0	0	0	0	0	1	35
1983	2	0	2	5	0	0	5	4	2	0	1	1	0	2	0	3	26
1984	1	2	1	6	0	1	7	3	4	0	0	0	0	2	1	3	23
1985	1	4	1	4	0	2	7	2	6	0	2	1	0	2	2	5	34
1986	0	0	3	7	0	0	10	3	0	0	2	2	1	0	0	0	42
1987	0	0	1	0	0	2	3	4	1	0	0	0	1	1	0	0	8
1988	0	3	1	9	0	0	6	4	3	2	2	2	1	2	0	3	33
1989	0	0	2	12	0	2	1	1	1	2	0	1	1	0	0	5	33
1990	1	1	2	10	0	7	1	0	3	1	1	0	3	1	0	0	28
1991	1	1	2	12	0	3	3	0	1	1	0	1	3	1	1	0	30
1992	3	5	4	24	0	2	4	2	1	0	0	0	3	3	0	2	53
1993	2	1	2	13	0	4	3	0	4	2	0	0	2	1	0	3	37
1994	1	0	0	25	0	2	8	1	2	0	0	0	8	3	1	0	51
1995	1	2	5	20	0	2	4	2	2	0	0	0	2	2	0	1	43
1996	2	5	0	24	0	3	1	0	3	2	0	2	3	1	0	1	47
1997	2	0	4	15	2	2	4	0	7	2	0	2	2	2	0	2	38
1998	2	2	4	27	2	2	6	4	3	2	0	2	3	2	0	5	63
1999	3	3	2	16	0	2	3	3	2	0	0	1	2	1	0	3	43
2000	2	2	1	12	1	6	5	2	5	1	2	2	2	2	0	0	45
2001	2	3	3	19	2	2	5	0	5	0	2	4	2	1	4	4	60
2002	6	4	2	22	1	2	6	1	3	0	2	0	1	0	4	4	55
2003	6	2	1	56	4	4	9	1	7	4	5	5	4	0	7	4	119
2004	11	0	1	31	5	6	9	3	5	1	1	2	4	1	3	2	85
Summe	56	50	49	422	15	75	167	54	98	18	21	33	46	27	21	66	1218

Quelle: Schlussfolgerungen von 1994–2004 auf http://europa.eu/european_council/conclusions/index_de.htm; Schlussfolgerungen von 1975–1999 auf http://cuej.u-strasbg.fr/archives/europe/europe_conclusion/cons_01_42/01_42_sce.html.

fel von Den Haag 1969 die intergouvernementale Methode der (Europäischen) Politischen Zusammenarbeit (EPZ) quasi-regierungsamtlich eingeführt; der Europäische Rat hat diese Verfahren in Berichten und Erklärungen und durch Vertragsänderungen weiterentwickelt und festgeschrieben.[45] In jüngerer Vergangenheit hat die Lissabonner Erklärung des Europäischen Rats die „Offene Methode der Koordinierung"[46] (OMK) als eine akzeptable Form gemeinsamen Arbeitens entwickelt und für mehrere Politikfelder propagiert.[47]

Zur Rolle des Europäischen Rats als programmatischer Leitliniengeber gehören auch die Erarbeitung und Verabschiedung von „Doktrinen" zur inhaltlichen Gestaltung weiterer Entscheidungen. Als signifikantes Beispiel können die in Kopenhagen 1993 verabschiedeten Prinzipien zur Erweiterungs- bzw. Beitrittspolitik gelten.[48]

Grundsatzentscheidungen des Gipfels prägen damit deutlich Folgebeschlüsse; die Regierungschefs konstruieren damit ihre konzeptionellen und strategischen Spielräume, ohne diese frühzeitig endgültig und im Detail festzuschreiben. Mit diesen Formen der Orientierung und Leitliniengebung hat der Europäische Rat nachhaltige Funktionen bei der Systemgestaltung übernommen.

Neben diesen Schwerpunkten im Aktivitätenprofil des Europäischen Rats ist in vielen Erklärungen auch ein nachhaltiger Einfluss auf die normale Politikgestaltung zu beobachten: Ohne ein vertraglich festgelegtes Initiativrecht, das formal nur der Kommission zusteht, werden z. B. in mehrjährigen Strategieprogrammen (siehe Dokument III.2.6) deutlich und nachhaltig Orientierungspunkte gesetzt, sodass der Europäische Rat auch prä-legislative Funktionen bei der Gesetzgebung übernimmt.

Dokument III.2.6: Europäischer Rat – Leitliniengebung

Europäischer Rat: Schlussfolgerungen des Vorsitzes, Sevilla, 22. Juni 2002

Entsprechend der ihm durch den Vertrag zugewiesenen Aufgabe, die *allgemeinen politischen Zielvorstellungen* der Union festzulegen, erlässt der Europäische Rat auf der Grundlage eines gemeinsamen Vorschlags der betroffenen Vorsitze, der in Absprache mit der Kommission erstellt wurde, auf Empfehlung des Rats „Allgemeine Angelegenheiten und Außenbeziehungen" ein *mehrjähriges Strategieprogramm für die nächsten drei Jahre*. [...]

Quelle: Europäischer Rat 2002a: 23. Hervorhebungen durch den Autor.

Nach dem Text des Verfassungs- und des Reformvertrags sollte die Rolle des Europäischen Rats im Politikzyklus noch deutlicher betont werden, wie die im Verfassungsvertrag ins Auge gefasste Aufgabenzuordnung in zentralen Fragen der Innen- und Justizpolitik belegt (siehe Dokument III.2.7).

Aus den Schlussfolgerungen und Erklärungen der Präsidentschaft des Europäischen Rats tritt auch die Lenkungsfunktion des Europäischen Rats zutage, die in der intensiv genutzten Vergabe von Aufträgen bzw. Bitten und Anforderungen an EG-Organe bzw. Einrichtungen und Gremien besteht. So haben die Staats- und Regierungschefs allein im Zeitraum von 1975 bis 1985 über 100 Aufträge verteilt.[49] Diese Funktion wird auch weiterhin intensiv wahrge-

---
45 Vgl. Regelsberger 2004b; Regelsberger/Wessels 2004, vgl. auch Kapitel IV.2.
46 Europäische Kommission 2001b. Vgl. zur Debatte Zeitlin/Pochet 2005; Linsenmann/Meyer 2002.
47 Vgl. Kapitel IV.4.
48 Vgl. Kapitel II.8, IV.8.
49 Vgl. Wessels 2000a: 229f.

Dokument III.2.7: Europäischer Rat – Leitliniengebung (gemäß Verfassungsvertrag)

> **Art. III-258 VVE**
>
> Der Europäische Rat legt die *strategischen Leitlinien* für die *gesetzgeberische* und *operative* Programmplanung im Raum der Freiheit, der Sicherheit und des Rechts fest.

Hervorhebungen durch den Autor.

nommen. Beispiele sind den Schlussfolgerungen des Europäischen Rats regelmäßig zu entnehmen, die mehrere Organe und Einrichtungen der Union sowie die Mitgliedstaaten als Adressaten von Aufträgen und Anweisungen vorsehen (siehe Dokument III.2.9).

Derartige Aufforderungen sind auch gleichzeitig als Hinweise auf die Arbeitsteilung zwischen diesen Institutionen – so etwa zwischen Kommission und mehreren Ratsformationen – zu verstehen. Der Europäische Rat entwickelt dabei ein Verständnis als Lenkungsinstanz der Arbeiten von Organen. Es wäre jedoch zu kurz gegriffen, wenn der Eindruck entstünde, der Europäische Rat entscheide quasi aus eigener Machtvollkommenheit über das Zusammenwirken anderer EU-Institutionen. Häufig wollen sich die genannten Organe und Gremien durch die Aufgabenzuweisung seitens des Europäischen Rats selbst legitimieren und leiten ein entsprechendes Vorhaben an die Staats- und Regierungschefs weiter.[50]

Zu diesen Lenkungsaufgaben sind auch Zeitpläne unterschiedlicher Art zu zählen, mit denen die Staats- und Regierungschefs die Vertragsorgane, aber nicht zuletzt auch sich selbst binden wollen.

Dokument III.2.8: Europäischer Rat – Lenkungsfunktion

> **Schlussfolgerungen des Vorsitzes, Brüssel, 15./16. Juni 2006**
>
> [...]
>
> 22. Der Europäische Rat hat in seinen Schlussfolgerungen vom März 2006 zu einer Energiepolitik für Europa aufgerufen und *die Kommission und den Rat ersucht*, ein Bündel von Maßnahmen mit einem klaren Zeitplan auszuarbeiten, damit der Europäische Rat auf seiner *Frühjahrstagung 2007* einen nach Prioritäten gestaffelten Aktionsplan annehmen kann.
>
> 23. Die externen Aspekte der Energiesicherheit werden einen wichtigen Bestandteil der Gesamtpolitik bilden und in den *Aktionsplan einzubeziehen* sein. Der Europäische Rat begrüßt daher das *gemeinsame Papier der Kommission und des Hohen Vertreters*, das eine solide Grundlage für eine auf Solidarität ausgerichtete Außenpolitik darstellt, die eine zuverlässige, erschwingliche und nachhaltige Energieversorgung für die Union sicherstellen soll. *Er ersucht die Kommission*, dieses Papier bei der Erarbeitung ihrer strategischen Begutachtung zu berücksichtigen. Er hebt hervor, dass alle verfügbaren Maßnahmen und Instrumente zur Unterstützung des außenpolitischen Vorgehens auf diesem Gebiet eingesetzt werden müssen.

Quelle: Europäischer Rat 2006a. Hervorhebungen durch den Autor.

---

50 Vgl. Ludlow 2005: 7.

Einen programmatischen Schwerpunkt ihrer Aktivitäten haben die Staats- und Regierungschefs bei der Koordinierung national angesiedelter Instrumente gesetzt, die sowohl in der Wirtschafts- und Beschäftigungspolitik als auch in der Außen- und Sicherheitspolitik sowie in der Innen- und Justizpolitik zu beobachten ist.

■ *Wirtschaftspolitische Koordinierungsinstanz*

Seit 1975 ist es üblich, dass der Europäische Rat regelmäßig Erklärungen zu wirtschafts- und sozialpolitischen Entwicklungen abgibt. Für die Gründungsväter Valéry Giscard d'Estaing und Helmut Schmidt, beide frühere Finanzminister, bildete dieses Themengebiet eine prioritäre Aufgabe. Die Staats- und Regierungschefs haben sich diese Funktion auch vertraglich – so zur Koordinierung der Wirtschaftspolitik (Art. 99 EGV) und zur Beschäftigungspolitik (Art. 128 EGV) – selbst zugeschrieben. Die in diesen Artikeln festgelegten Verfahren beruhen auf dem Modus einer „weichen Koordinierung" nationaler Maßnahmen ohne rechtliche Verpflichtung zur Umsetzung der gemeinsam beschlossenen Vorgaben.[51] Mit der Lissabonner Strategie haben sich die Regierungschefs erneut und verstärkt auf eine aktive Rolle in diesem Politikfeld verpflichtet. So behandeln sie seitdem auf ihrer Frühjahrssitzung regelmäßig sozioökonomische Fragen und verbinden dabei die Weiterentwicklung der wirtschaftlichen Integration mit Fragen der Strukturpolitik, der Beschäftigungsentwicklung sowie der sozialen Dimension der EU. Auf diese Weise versucht der jeweilige Frühlingsgipfel zudem, Aspekte der wirtschaftlichen und der sozialen Integration innerhalb der EU ausgewogen zu gestalten.

Die Sitzungen des Europäischen Rats stellen für diese regelmäßig wiederkehrenden Prozesse zentrale Orientierungspunkte dar, bei denen sie den Zeitplan und Schwerpunkte für die Arbeit anderer Organe vorgeben (siehe Dokument III.2.9).

Dokument III.2.9: Europäischer Rat – Wirtschaftspolitische Koordinierung

---

Schlussfolgerungen des Vorsitzes, Brüssel, 15. und 16. Juni 2006

[...]

20. Die *neubelebte Lissabonner Strategie* ist bereits in voller Übereinstimmung mit der Strategie für nachhaltige Entwicklung auf diejenigen Themen ausgerichtet worden, die für die Bürger am wichtigsten sind, nämlich Beschäftigung und Wachstum; besonderes Gewicht wurde auf Investitionen in Wissen und Innovation, Unternehmenspotenzial – insbesondere von kleinen und mittleren Unternehmen (KMU) – und Beschäftigung für vorrangige Bevölkerungsgruppen gelegt. Der Europäische Rat *begrüßt die Absicht der Kommission* und der *Mitgliedstaaten*, die *Lissabonner Strategie auf konsequente Weise weiterzuverfolgen* und das reibungslose Funktionieren der Wirtschafts- und Währungsunion sicherzustellen. [...]

Quelle: Europäischer Rat 2006b. Hervorhebungen durch den Autor.

In den letzten Jahren verstanden die Staats- und Regierungschefs auch Entscheidungen zum Wachstums- und Stabilitätspakt über die Grenzen nationaler Verschuldung als „Chefsache". Bei dieser „harten Koordinierung" haben sie mehrfach direkt in die Arbeit der Finanzminister eingegriffen[52].

---

51 Vgl. zum Begriff „weiche Koordinierung" Linsenmann/Meyer 2002.
52 Vgl. u. a. Linsenmann/Meyer/Wessels 2007; Linsenmann 2003; vgl. auch Kapitel IV.4.

Der Europäische Rat beschäftigt sich somit umfassend und intensiv mit Fragen der Wirtschafts-, Finanz- und Beschäftigungspolitik; programmatische Vorgaben und konkrete Entscheidungen addieren sich zu einer übergreifenden Koordinierungsrolle, die diese Institution zu einer Schlüsselinstanz in Fragen des wirtschaftspolitischen Regierens (im wissenschaftlichen Sprachgebrauch „economic governance") in Europa werden lässt, ohne dass der Europäische Rat zu einer eigentlichen wirtschaftspolitischen „Regierung" („gouvernement économique") wird.[53]

■ *Außenpolitischer Akteur*

Das außenpolitische Profil des Europäischen Rats ist auf hohe Sichtbarkeit angelegt.[54] Von Beginn an hat sich der Europäische Rat bzw. seine Präsidentschaft als Akteur und Sprachrohr für eine ausgeprägte Rolle im internationalen System verstanden. Die Regierungschefs verabschieden regelmäßig Erklärungen zu internationalen Entwicklungen (siehe Übersicht III.2.2). Von besonderer Bedeutung waren immer wieder Positionen zu den Entwicklungen im Nahen Osten, in Osteuropa, in Südosteuropa und der Sowjetunion bzw. der russischen Föderation.

Wenn auch die Regierungschefs häufig nur die von den Außenministern und Diplomaten vorgefertigten Texte absegnen, so bilden sie doch für die Mitgliedstaaten selbst wie für die betroffenen Drittstaaten zentrale Orientierungs- und Referenzpunkte. Eine besondere Rolle hat der Vertrag von Amsterdam dem Europäischen Rat bei der Verabschiedung von „Strategien" für die GASP zugeschrieben (Art. 13 (2) EUV); er hat zwischen 1999 und 2005 jedoch nur drei dieser Strategien verabschiedet, deren Nützlichkeit und Wirksamkeit von beteiligten Akteuren selbst nicht hoch eingestuft wird.[55] Nicht zu übersehen ist, dass der Europäische Rat häufig nur mehrdeutige Kompromissformeln – so zum Nahostkonflikt – verabschiedete, die von den Mitgliedsregierungen unterschiedlich ausgelegt wurden.

Immer wieder nutzten die Staats- und Regierungschefs den Europäischen Rat, um unerwartete Krisen im internationalen System gemeinsam anzugehen. Bei gravierenden historischen Ereignissen, so dem Fall der Berliner Mauer[56], dem terroristischen Anschlag vom 11. September 2001[57] und dem Irak-Konflikt[58] traten sie auch kurzfristig zusammen, um – wenn auch nicht immer erfolgreich – eine gemeinsame Linie für die EU festzulegen.[59]

Zu diesem Aktivitätsfeld gehört auch, dass der Vorsitzende des Europäischen Rats als höchster Repräsentant der Union „auf seiner Ebene" (Art. I-21 (2) VVE) Positionen der EU in regelmäßig stattfindenden Dialogen gegenüber dem Präsidenten der USA, der Russischen Föderation und weiteren Staats- oder Regierungschefs vertritt.[60]

---

53 Vgl. Linsenmann/Meyer/Wessels 2007; Linsenmann/Wessels 2002; vgl. Kapitel IV.4.
54 Vgl. u. a. de Schoutheete 2002: 36-37.
55 Vgl. Regelsberger 2003: 259; vgl. auch Kapitel IV.5.
56 Vgl. Hort 1990: 45ff.; Regelsberger 1990: 237ff.
57 Vgl. Regelsberger 2007a: 265-271.
58 Vgl. Giering 2003: 53ff.; Regelsberger 2003.
59 Vgl. Regelsberger 2004b; 2003.
60 Vgl. u. a. Regelsberger 2004b; 2003.

Übersicht III.2.2: Europäischer Rat – Schlussfolgerungen und Erklärungen zu
Außenbeziehungen und GASP-Themen 2004/2005

Tagung des ER	Themengebiete
25./26.03.2004	Zypern Internationale Lage: • *Nahost-Friedensprozess; Strategische Partnerschaft der EU mit dem Mittelmeerraum sowie dem Nahen und Mittleren Osten; Irak; Afghanistan; Serbien und Montenegro/Kosovo; Russland; Elfenbeinküste*
17./18.06.2004	• *Bulgarien und Rumänien; Türkei; Kroatien; Auswirkungen des Status Kroatiens auf die übrigen westl. Balkanstaaten* Außenbeziehungen/GASP/ESVP: • *Europäische Sicherheitsstrategie; Armutsbekämpfung und HIV/AIDS; Bewältigung der politischen Herausforderungen; eine aktive und handlungsfähigere Europäische Union; Entwicklung neuer Partnerschaftsinitiativen; Zusammenarbeit mit strategischen Partnern; Regionale Beziehungen; besondere Situationen, die Anlass zur Besorgnis geben: Sudan/Darfur, DR Kongo, Iran; Ernennung des Sonderbeauftragten des VN-Generalsekretärs für den Kosovo* Präsidentschaftswahlen in Serbien; Irak; Friedensprozess im Nahen Osten
04./05.11.2004	Auswärtige Angelegenheiten: • *Präsidentschaftswahlen in den USA; Sudan; Irak; Naher Osten; Iran: Nuklearfragen; Ukraine; Gemeinsame Strategie für den Mittelmeerraum* Erklärungen zu Irak und zu den Beziehungen zwischen der EU und Irak • *Allgemeines; Bulgarien; Rumänien; Kroatien; Türkei; Verhandlungsrahmen*
16./17.12.2004	Auswärtige Angelegenheiten: • *Maßnahmen zu den wichtigsten Anliegen: Aufbau stärkerer Beziehungen zu unseren Nachbarn; Eine Weltordnung auf der Grundlage eines wirksamen Multilateralismus; Zusammenarbeit mit den Partnern; ESVP; Internationale Zusammenarbeit* Erklärung zur Ukraine Erklärung zum Friedensprozess im Nahen Osten
22./23.03.2005	Vorbereitung des VN-Gipfels im September 2005 Libanon
16./17.6.2005	Außenbeziehungen • *Vorbereitung des Gipfeltreffens der VN im September 2005; Westlicher Balkan; Europäische Nachbarschaftspolitik; Strategische Partnerschaft mit dem Mittelmeerraum sowie dem Nahen und Mittleren Osten; Barcelona-Prozess; Irak; Iran; Friedensprozess im Nahen Osten; Transatlantische Beziehungen; Russland; Beziehungen zu Asien; Beziehungen zu den AKP-Staaten; Beziehungen zu Lateinamerika; ESVP.* Erklärung zum Kosovo Erklärung zum Friedensprozess im Nahen Osten Erklärung zu Libanon

Quelle: Eigene Darstellung in Anlehnung an die Schlussfolgerungen des Vorsitzes des Europäischen Rats 2004 und 2005, abrufbar unter: http://europa.eu/european_council/conclusions/index_de.htm.

■ *Wahl- und Beschlussinstanz*

Beim Nachzeichnen der Aktivitäten des Europäischen Rats wird immer wieder deutlich, dass diese Institution mehr als nur ein außergewöhnlicher „Gipfel" ist, der lediglich generelle Ziele proklamiert. Der Europäische Rat hat vielmehr seine Rolle im normalen Politikzyklus des EU-Systems deutlich auf- und ausgebaut.

In Ausweitung ihrer ursprünglich zugedachten Rolle haben die Staats- und Regierungschefs zunehmend die Aufgabe als oberste Beschlussinstanz in zentralen Fragen übernommen.⁶¹ Der Europäische Rat entwickelte sich gegenüber den „normalen" Organen halb gewollt – halb gedrängt zu einer weiteren Entscheidungsebene.⁶²

Zu dieser Rolle gehört die (Aus-)Wahl bzw. Benennung von Personen für die Führungsämter der EG-Organe und -Einrichtungen; so haben die Staats- und Regierungschefs seit 1975, auch ohne entsprechende vertragliche Rechte, den Präsidenten der Europäischen Kommission ausgewählt – in den meisten Fällen nach einigen Streitigkeiten über Verfahren und Person.⁶³ Nach dem gegenwärtig gültigen Vertrag schlagen die obersten nationalen Repräsentanten als „Rat in der Zusammensetzung der Staats- und Regierungschefs" den Präsidenten der Kommission – gegebenenfalls mit qualifizierter Mehrheit – dem EP zur Zustimmung vor (Art. 214 (2) EGV).⁶⁴ Nach derselben Formel ernennen sie auch den Präsidenten und das Direktorium der Europäischen Zentralbank (Art. 112 EGV).⁶⁵ Mit diesen Rechten übernehmen die Staats- und Regierungschefs eine zentrale Funktion der politischen Führung; sie räumen sich damit selbst die Möglichkeit ein, Leitungspositionen in der EU zu besetzen (im wissenschaftlichen Sprachgebrauch „Patronagemacht").

Als selbst ernannte oberste Instanz hat der Europäische Rat auch immer wieder in die Gestaltung der institutionellen Architektur eingegriffen – so bei der Festlegung eines Termins für die erste Direktwahl des Europäischen Parlaments⁶⁶ sowie bei der Festlegung der Zahl und Zusammensetzung von Formationen des Ministerrats.⁶⁷

Zu dieser Rollenwahrnehmung können auch die Beschlüsse zur Ansiedlung von EG-Einrichtungen oder von EG-Agenturen gezählt werden; auf einer Sitzung hat der Europäische Rat z. B. die Standorte von acht Agenturen verabschiedet. Zu derartigen Beschlüssen zählt auch die Festlegung von Straßburg als Tagungsort des EP (1992) und die Ansiedlung der Europäischen Zentralbank in Frankfurt am Main (1993).⁶⁸

Der Europäische Rat ist auch als Berufungs- und Schiedseinrichtung aktiv geworden.⁶⁹ Eine derartige Aufgabe, unerledigte Dossiers des Rats zu entscheiden, hat zwar bereits die Gründergeneration des Europäischen Rats abgelehnt, dann aber in der Praxis doch immer wieder übernommen.⁷⁰ Mit dem Amsterdamer Vertrag wurde diese latent immer vorhandene Aufgabe – zunächst nur für den Bereich der GASP – auch vertraglich verankert (Art. 23 (2) EUV). Auch wenn dieser Artikel bisher nicht direkt genutzt wurde, signalisiert er doch eine immer wieder angesprochene Reservefunktion des Europäischen Rats als Institution der politischen Letztentscheidung.⁷¹ Diese Rollenübernahme ist nicht zuletzt durch einen Reflex der politischen Führung bedingt. Bei Kontroversen im Ministerrat, die hohe politische Aufmerksamkeit auf sich ziehen, wollen Staats- und Regierungschefs auch Themen der normalen Politikgestaltung der Union selbst behandeln.⁷² Schlussfolgerungen zur umstrittenen Dienstleis-

---

61 Vgl. u. a. de Schoutheete 2006: 50-51.
62 Vgl. Hayes Renshaw/Wallace 2006: 171.
63 Vgl. zur Nominierung des Kommissionspräsidenten Jacques Santer: Rometsch 1995: 55-57; zur Nominierung der Kommission José Manuel Barroso: Schild 2005.
64 Vgl. Kapitel III.4.
65 Vgl. Koecke 1999: 63; vgl. Kapitel III.8.
66 Vgl. Wessels 1980: 178-186.
67 Vgl. Hayes-Renshaw/Wallace 2006: 364; Hartwig 2002: 75; vgl. auch Kapitel III.3.
68 Vertraglich festgeschrieben im Protokoll Nr. 8 zum EUV Amsterdam (1997). Straßburg als Sitz des EP wurde schon am 12. Dezember 1992 beschlossen (Gipfel von London), Frankfurt/Main als Sitz der EZB am 9. Oktober 1993 (Gipfel von Brüssel).
69 Vgl. de Schoutheete 2006: 50-51.
70 Vgl. Louis/Ronse 2005: 56.
71 Vgl. Europäischer Rat 2004: 5; 2003: 4; vgl. auch Giering/Neuhann 2004: 58.
72 Vgl. auch Ludlow 2005: 9.

tungsrichtlinie belegen in einer Frage der EG-Gesetzgebung eine direkte Einflussnahme auf die Arbeit von Rat und EP (siehe Dokument III.2.10).

Dokument III.2.10: Europäischer Rat – Einflussnahme auf die Politikgestaltung

> **Schlussfolgerungen des Vorsitzes – Brüssel, 22. und 23. März 2005**
>
> [...] Zur Förderung von Wachstum und Beschäftigung und zur Stärkung der Wettbewerbsfähigkeit muss der Binnenmarkt für Dienstleistungen in vollem Umfang funktionieren, wobei zugleich das europäische Sozialmodell zu wahren ist. Angesichts der derzeitigen Debatte, die zeigt, dass die vorliegende Fassung des Richtlinienvorschlags den Anforderungen nicht in vollem Umfang gerecht wird, *fordert der Europäische Rat, dass im Rahmen des Rechtsetzungsprozesses* alle Anstrengungen unternommen werden, damit ein breiter Konsens herbeigeführt werden kann, der allen Zielen gerecht wird.
>
> Der *Europäische Rat hält fest,* dass effizienten Dienstleistungen von allgemeinem wirtschaftlichem Interesse in einer leistungsfähigen und dynamischen Wirtschaft eine bedeutende Rolle zukommt. [...]

Quelle: Europäischer Rat 2005a. Hervorhebungen durch den Autor.

Besonders intensiv hat sich der Europäische Rat mit den ratifizierungsbedürftigen Entscheidungen zu den regelmäßig umstrittenen mittelfristigen Finanzperspektiven beschäftigt.[73] Bis ins Detail der Zahlenwerke haben die Staats- und Regierungschefs seit dem ersten „Gipfel der Taschenrechner"[74] von Dublin 1975 über die Delors-Pakete bis hin zur „Agenda 2000" im Jahr 1999[75] und der „Agenda 2007" im Jahr 2005[76] Einnahmequellen und Ausgabenstrukturen des EG-Budgets ausgehandelt und verabschiedet; damit haben sie Kommission, Rat und Parlament sowohl die Ausgabenhöhe als auch deren Arten für das jährliche Haushaltsverfahren weitgehend vorgegeben.[77] Diese Auseinandersetzungen über die Verteilungswirkungen der Beschlüsse zwischen den Mitgliedstaaten, die im Hinblick auf die Nettozahler eine hohe Medienwirksamkeit wecken, wollen die Mitglieder des Europäischen Rats nicht ihren Ministern überlassen.

▪ *Konstitutioneller Architekt*

Im Blick auf die Gesamtbedeutung für die Union ist nachdrücklich die Rolle des Europäischen Rats als „konstitutioneller Architekt"[78] bei der Gestaltung des EU-Systems zu nennen. Der Europäische Rat wurde die Schlüsselinstitution für Grundsatzentscheidungen[79] zur Vertiefung und Erweiterung der Union: Die Staats- und Regierungschefs haben die wesentlichen Verfahren und Vorgaben zu Systemgestaltung nicht nur umfassend vorgezeichnet, sondern auch als politisch höchste Vertreter de facto verabschiedet und damit politisch legitimiert.

---

73 Vgl. Deffaa 2000: 155; vgl. auch Kapitel IV.3.
74 Vgl. Wessels 1980: 142.
75 Vgl. Deffaa 2000: 155ff.
76 Vgl. Lehner 2007: 173-182.
77 Vgl. Kapitel IV.3.
78 Wessels 2007a: 208-209.
79 Vgl. Wallace 2000: 20.

Diese Funktionszuweisung mag zunächst überraschen, denn in den relevanten Artikeln zur Vertragsänderung (Art. 48 EUV) und zu Beitritten (Art. 49 EUV) wird der Europäische Rat – auch nach den Vertragsänderungen der letzten Jahrzehnte – nicht erwähnt.[80] Der Vertragstext schreibt nur die jeweiligen Rechte und Pflichten von Kommission, Rat und EP sowie der Mitgliedstaaten fest. Erst der Verfassungsvertrag schriebe die Rolle des Europäischen Rats bei der Vertragsänderung den realen Gegebenheiten entsprechend fest.[81]

Die Staats- und Regierungschefs haben jedoch in der Praxis die wesentlichen Grundzüge der konstitutionellen und geographischen Architektur der Union persönlich und direkt gestaltet. Von der Gipfelkonferenz in Den Haag über die Einheitliche Europäische Akte[82] und die Unionsverträge von Maastricht[83] und Amsterdam[84] bis hin zur Verabschiedung der zentralen Elemente des Nizzaer Vertrags[85] haben die politischen Führungspersonen der Union immer wieder die Probleme Westeuropas als gemeinsame Aufgaben für die EU/EG in Vertragsartikeln definiert und die Art und Weise ihrer Behandlung vertraglich festgelegt.[86]

Der Europäische Rat hat auch immer wieder neue Methoden zur Vorbereitung von Regierungskonferenzen vereinbart[87] – so etwa die „Dooge Gruppe"[88], die „Delors Gruppe"[89] und die „Reflexionsgruppe"[90]. Mit der Einsetzung des „Grundrechte-Konvents der Europäischen Union"[91] und in noch deutlicherer Weise mit der Einberufung eines Europäischen „Konvents zur Zukunft der Union"[92] haben die Staats- und Regierungschefs ein weiteres Verfahren zur Vorbereitung von Vertragsänderungen vereinbart,[93] wobei sie auch deutliche Vorgaben zu den Aufgaben und Strukturen – z. B. Teilnehmer, Vorsitzende, Arbeitsregeln – setzten.

Auch bei der Beschlussfassung zum Konventsentwurf[94] haben die Staats- und Regierungschefs ihre Schlüsselrolle als höchstinstanzliche Vertrags- bzw. Verfassungsgestalter erneuert. Mit ihren Vereinbarungen zur Behandlung des Verfassungsvertrages nach den negativen Referenden in Frankreich und den Niederlanden und mit der Einberufung der Regierungskonferenz zur Ausarbeitung des Reformvertrags haben sie diese Funktion erneut bestätigt.

Zu den quasi-konstitutionellen Akten der Systemgestaltung zählen auch entsprechende Beschlüsse des Europäischen Rats zur Aufnahme und zum Abschluss von Beitrittsverhandlungen.[95] Die Staats- und Regierungschefs haben diese Grundentscheidungen für das EU-System in jeder wesentlichen Phase de facto selbst getroffen – so bei der Festlegung von Beitrittskriterien (Kopenhagen 1993)[96] und beim Abschlussgipfel zur größten Beitrittsrunde in Kopenhagen 2002.[97] Auch die entsprechenden Verfahrensschritte im Beitrittsprozess haben sie jeweils

---

80 Vgl. Kapitel IV.7 und IV.8.
81 Vgl. Kapitel IV.7.
82 Vgl. Wessels 1987; 1986b.
83 Vgl. Wessels 1993; 1994a.
84 Vgl. Wessels 1998; 1997b.
85 Vgl. Wessels 2001b.
86 Vgl. Brunn 2004; Knipping 2004; Wessels 1980; vgl. auch Kapitel II.
87 Vgl. Kapitel II.
88 Vgl. zum „Ad-hoc-Ausschuss für institutionelle Fragen" („Dooge-Ausschuss") Hrbek 1985; Weidenfeld 1984: 20-21.
89 Vgl. zum „Ausschuss zur Prüfung der Wirtschafts- und Währungsunion" („Delors-Ausschuss") Weidenfeld 1990: 22; Rahmsdorf 1990.
90 Vgl. zur „Reflexionsgruppe" Weidenfeld 1997; Wessels 1996.
91 Vgl. Leinen/Schönlau 2001: 123.
92 Vgl. Kapitel II.9, IV.7.
93 Vgl. Maurer 2003a; Göler/Marhold 2003; Wessels 2003e.
94 Vgl. Giering/Neuhann 2004: 54ff.
95 Vgl. Kapitel IV.8.
96 Vgl. Kapitel II.8.
97 Vgl. Lippert 2003a; 2003b.

im Detail festgelegt, erneut 2004 für Bulgarien, Rumänien sowie für Kroatien und die Türkei.[98]

■ *Öffentlichkeits- und Legitimationswirkung*

Im Vergleich zu den Sitzungen der EG-Organe erfahren die Treffen der Staats- und Regierungschefs eine besondere Aufmerksamkeit in den Medien. Bei einer relativ wenig spektakulären Sitzung 2002 wurden 4 000 Journalisten akkreditiert, die für über 700 Medien aus 62 Staaten berichteten.[99] Nach jeder Sitzung – teilweise auch bereits während einer Tagung – halten die Regierungschefs für ihre nationalen Medienvertreter Pressekonferenzen, die häufig recht unterschiedliche „Erzählungen" über das Geschehen im Konferenzsaal präsentieren; diese Interviews erlauben eine mediengerechte Dramatisierung und Personalisierung europäischer Verhandlungen, die Kontroversen um sogenannte nationale Interessen in den Vordergrund rücken. Setzt man die einzelnen Berichte zusammen, so können brauchbare Vorstellungen von Ablauf und Inhalt der Sitzungen gewonnen werden.[100]

Mit dem „Familienfoto" (siehe Abbildung III.2.2) wird der europäischen Öffentlichkeit eine kollektive Führung präsentiert; gleichzeitig kann auch jeder Regierungschef seinen eigenen Ruf als wichtiger Akteur im Konzert europäischer Führungspersönlichkeiten dokumentieren. Offen bleibt dabei, inwieweit die Sitzungen des Europäischen Rats nicht nur als Spiegel nationaler Befindlichkeiten, sondern auch als Zusammenkunft eines gemeinsamen Führungs-

Abbildung III.2.2: Europäischer Rat – „Familienfoto"

Quelle: Homepage des Europäischen Rats: Europäscher Rat (Brüssel): 15. und 16. Juni 2006, http://europa.eu/european_council/index_de.htm.

---

98 Vgl. Kapitel II.9.4, Dokument II.9.4.
99 Vgl. Hayes-Renshaw/Wallace 2006: 168.
100 Vgl. de Schoutheete 2006: 44; Wessels 1980.

und Repräsentationsgremiums wahrgenommen werden, das im Interesse der Unionsbürger insgesamt handelt. Zu untersuchen wäre damit, ob dem Europäischen Rat eine von den Mitgliedstaaten losgelöste Rolle als Gipfel-Autorität mit einer eigenständigen Legitimationskraft zugesprochen wird.

2.4 Benennung und Zusammensetzung: oberste Entscheidungsträger am runden Tisch

Die Teilnehmer des Europäischen Rats rekrutieren sich aus den – nach dem jeweiligen nationalen Verfassungsverständnis – obersten politischen Entscheidungsträgern der Mitgliedstaaten (siehe Dokument III.2.3). Am Tisch sitzen Regierungschefs, Ministerpräsidenten, Kanzler und Premierminister sowie – aufgrund der jeweiligen Verfassungslage im französischen und finnischen Fall – die Staatspräsidenten.

Auch der Präsident der Europäischen Kommission ist ein gleichberechtigtes Mitglied; diese Beteiligung ist sowohl für die Kommission als auch für die Tätigkeit des Europäischen Rats selbst von Bedeutung.

Der Präsident des Europäischen Parlaments trägt zu Beginn jeder Sitzung die Positionen des EP vor. Nach einer kurzen, häufig wenig substantiellen Aussprache[101] verlässt er jedoch wieder den Raum. Zu bestimmten Abschnitten werden auch immer wieder Regierungschefs eines Beitrittskandidaten oder besondere Gäste wie der Generalsekretär der Vereinten Nationen eingeladen.

„Unterstützt" (Art. 4 EUV) werden diese Mitglieder von den Außenministern oder auch anderen Ministern bzw. einem Mitglied der Kommission. Im Unterschied zu normalen Sitzungen des Rats sind, bis auf einige hohe Beamte der Kommission, des Ratssekretariats und der Präsidentschaft, keine Beamten zugelassen. Die Gründungsväter des Europäischen Rats wollten damit den Charakter einer vertraulichen, direkten und persönlichen Aussprache unterstreichen, bei der bewusst nicht vorbereitete Papiere verlesen werden sollten.[102] Dem damaligen Bundeskanzler Helmut Schmidt wird die Forderung zugeschrieben: „Keine Papiere, keine Beamten!"[103]. Dem informellen Charakter wird ein besonderer Wert für eine Atmosphäre als „Club der Chefs" zugesprochen.[104] In den „Vorhallen" des Sitzungssaals werden jedoch in mehreren Zonen[105] bis zu 1000 Beamte gezählt,[106] die auf jede Nachfrage entsprechende Unterlagen zusammenstellen. Ein „note-taker" im Saal und die so genannte „Antici-Gruppe" ausgewählter Beamter sorgen für die Verbindungen zu den Regierungschefs im Verhandlungssaal.[107]

Der Europäische Rat tritt mehrmals im Jahr zusammen. Bei außergewöhnlichen Umständen oder in Krisen treffen sich die Mitglieder auch kurzfristig, so am 21. September nach den Anschlägen auf das World Trade Center in New York.[108] Beobachtbar ist eine hundertpro-

---

101 So mehrere gleich lautende Aussagen von Akteuren in Brüssel.
102 Vgl. Wessels 1980: 120.
103 de Schoutheete 2002: 30.
104 Vgl. u. a. de Schoutheete 2006: 42.
105 Vgl. de Schoutheete 2002: 26f.
106 Vgl. Wessels 2000a: 231.
107 Vgl. de Schoutheete 2006: 41.
108 Vgl. de Schoutheete 2002: 27.

Abbildung III.2.3: Europäischer Rat – Sitzordnung

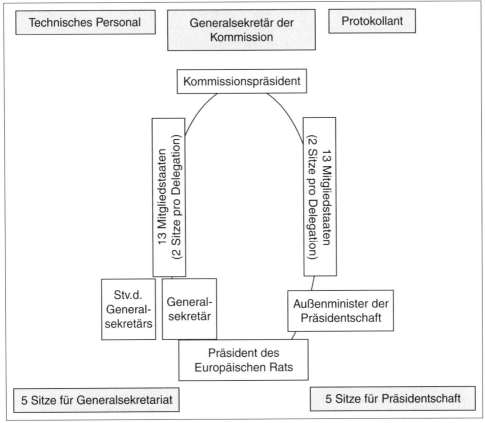

Quelle: Eigene Darstellung in Anlehnung an de Schoutheete 2006: 41.

zentige Teilnahmequote. Keiner der „Chefs" lässt sich etwa durch einen Außenminister vertreten.

Mit der Erweiterung der EU auf 27 Staaten ist die Zahl der Teilnehmer am Tisch auf 56 gestiegen. Die Regierungschefs und der Präsident der Kommission haben deshalb auch das ursprüngliche Konzept eines „Kamintreffens" nur unter den „Chefs" in den letzten Beschlüssen zur ihrer Arbeitsorganisation erneut aufgegriffen.[109]

2.5 Beschlussmodalitäten: Dynamik in einem intergouvernementalen Gremium

Nach dem Erfassen des Befundes stellt sich die Frage nach den Gründen zur Erklärung eines derartigen Aktivitätenprofils. Nach den üblichen Erfahrungen wäre zu erwarten, dass ein immer heterogener werdendes Gremium von selbstbewussten und an nationalen Interessen und Gegebenheiten orientierten Politikern, jeweils mit einem Vetorecht ausgestattet, wenig An-

---

[109] Vgl. Europäischer Rat 2002a, Anlage I.

reize und Möglichkeiten bietet, zu tragfähigen Entscheidungen zu kommen. Ohne eine eindeutige Hierarchie innerhalb des Gremiums, ohne Anpassungszwang aufgrund von Mehrheitsabstimmungen und in der Regel ohne einen direkten äußeren Zwang zur Einigung ist die Wahrscheinlichkeit, zu politisch akzeptablen Übereinkünften zu kommen, zunächst gering einzuschätzen. Gegenüber dieser Ausgangsvermutung ist jedoch eine überraschende Dynamik mit hoher Produktivität an Entscheidungen zu beobachten, die durch besondere Faktoren begründbar ist: In der Praxis sind aus Detailanalysen einzelner Sitzungen und vorliegenden Erzählungen beteiligter Akteure[110] Schlüsselelemente eines Verhandlungsstils zu beobachten, die – neben üblichen Mustern intergouvernementaler Verhandlungen – auch einige Spezifika aufweisen.

■ *Regeln und Normen*

Gemäß den Buchstaben des Vertrags entscheidet der Europäische Rat nach dem Konsensverfahren. In den wenigen Fällen, in denen der Rat auf der Ebene der Staats- und Regierungschefs tagt (Art. 121 (3) und (4), 122 (2) und 214 (2) EGV), kann diese „oberste" Ebene jedoch auch mit qualifizierter Mehrheit entscheiden; diese Möglichkeit wurde bisher von den Regierungschefs in der Ratsformation noch nicht genutzt. Berichtet wird jedoch regelmäßig von nur einer Abstimmung auf dem Europäischen Rat von Mailand (1985), die die Einberufung der Regierungskonferenz zur Einheitlichen Europäischen Akte gegen einige Mitgliedstaaten beschloss.[111]

Als ein Element zur Erklärung der Entscheidungsfähigkeit ist in der Realität zu beobachten, dass die Regierungschefs Spielregeln für ihr Verhalten als Mitglieder eines „Clubs" der höchsten Entscheidungsträger entwickelt haben. Sie konstruieren Vorstellungen von einem angemessenen Verhalten. Spieltheoretisch[112] gesehen verändert sich im Zuge der regelmäßigen Treffen ein prägendes Grundverhalten: Kompromissfähigkeit und Solidarität können sich auf Dauer auszahlen.

Die hohe Interaktionsfrequenz lässt den Europäischen Rat zu einem besonderen Gremium werden, der ein eigenständiges, durch einen intensiven Austausch der zuständigen Beamten gestütztes[113] Netzwerk bildet und der sich eine eigene kollektive Identität mit einem Satz von Normen als „Club der Chefs" gegeben hat. Damit sind derartige Gipfeltreffen nicht als Einzelereignisse zu betrachten, sondern als Zusammenkünfte einer quasi ständig tagenden Institution zu verstehen. Neu gewählte Staats- und Regierungschefs finden sich in der Regel schnell in den Verhandlungs- und Beratungsstil dieser Gruppe der Spitzenpolitiker ein.

■ *Muster der Konsensfindung*

Neben derartigen Lern- und Sozialisationsprozessen ist das Schnüren von umfassenden Verhandlungspaketen (im wissenschaftlichen Sprachgebrauch „big bargains")[114] eine spezifische Voraussetzung zur Konsensfindung: Nur die Staats- und Regierungschefs können Forderungen und Konzessionen einzelner Mitgliedstaaten aus mehreren Politikbereichen gegeneinander verrechnen. So wie in der Einheitlichen Europäischen Akte die Interessen einiger Mitgliedstaaten an der Herstellung des Binnenmarkts mit den Forderungen nach Verbesserung des

---

110 Vgl. Delors 2004; Genscher 1995; Thatcher 1993; Giscard d'Estaing 1988.
111 Vgl. de Schoutheete 2002: 31f.
112 Vgl. u. a. Scharpf/Treib 2000: 216-220.
113 Vgl. de Schoutheete 2002: 29.
114 Vgl. Laffan 2005: 474; vgl. Moravcsik 1998.

wirtschaftlichen und sozialen Zusammenhalts verknüpft wurden,[115] hat der Europäische Rat in seiner Geschichte regelmäßig politisch tragende Eckpunkte von Grundsatzentscheidungen zwischen den Mitgliedstaaten vereinbart. In einem derartigen „Kuhhandel" werden die Präferenzen der Mitgliedstaaten nicht grundsätzlich verändert, sondern in einem mühsamen Austauschprozess in einer für jeden positiven Gesamtvereinbarung (im wissenschaftlichen Sprachgebrauch „win win situation") zusammengefügt.[116]

Zur Entscheidungsproduktivität trägt damit die Zusammensetzung des Europäischen Rats aus den jeweils letztentscheidenden Personen nationaler Politik bei. Während Minister und Beamte unangenehme Beschlüsse durch den Hinweis auf Rücksprachenotwendigkeiten mit der Hauptstadt aufschieben können, kommt eine derartige Rückversicherung bzw. Rückfallposition für Politiker, die sich selbstbewusst als Führungsperson verstehen, nicht infrage.

Um Ergebnisse zu erzielen, brauchen die Regierungschefs einen erheblichen Zeitaufwand. Entgegen ihrem in den Vertragstexten dokumentierten Selbstverständnis als Impulsgeber (siehe Dokument III.2.4) müssen sich die Regierungschefs intensiv mit konkreten Formulierungen auseinandersetzen. Die Versuche der Staats- und Regierungschefs, nur „allgemeine politische Zielvorgaben" (Art. 4 EUV) zu setzen, erwiesen sich wiederholt als nicht tragfähig. Erst im – häufig zu Unrecht als „technisch" bezeichneten – Detail kommt die politische Kontroverse voll zum Tragen, und erst dabei können dann die notwendigen „harten" Entscheidungen getroffen werden. Durch dieses unmittelbare Engagement in Detailfragen ist jedoch eine Banalisierung des Gipfels im EU-System nicht zu vermeiden.

Zur Analyse von Verhandlungsmustern gehört, dass hartnäckiges Verhandeln über nationale Interessen und Präferenzen (im wissenschaftlichen Sprachgebrauch „bargaining") ebenso beobachtet wird wie ein Bemühen, sich durch Argumente gegenseitig zu überzeugen (im wissenschaftlichen Sprachgebrauch „arguing").[117] Als Erfolgsformel für die Verabschiedung „historischer Wegmarken" kann eine Mischung beider Stile verstanden werden. Folgt man der Berichterstattung in der nationalen Presse, so scheint eine hartnäckige Vertretung eindeutig festgelegter nationaler Interessen vorzuherrschen. In einer historischen Längsschnittuntersuchung werden jedoch auch immer wieder Wandel in nationalen Positionen deutlich. Mitglieder lernen, in einem kollegial-kompetitiven Verhandlungsmuster auf die Argumente und Interessen anderer Teilnehmer einzugehen. Insbesondere bei geschichtlichen Vergleichen ist festzustellen, dass Regierungschefs Sorgen und Zwänge ihrer Kollegen jeweils bis zu einer gewissen Grenze eigener vitaler Interessen berücksichtigen.

Zur Konsensfindung trägt bei, dass die Mitglieder des Europäischen Rats regelmäßig Risiken unbedachter Folgewirkungen (im wissenschaftlichen Sprachgebrauch: „law of unintended consequences") reduzieren. Grundsatzentscheidungen werden so in kleinen Schritten vorbereitet und dann nach intensivem Prozess über mehrere Ebenen und nach mehreren Sitzungen getroffen. Die Mitglieder des Europäischen Rats haben immer wieder entscheidende Punkte, die auf mehreren Ebenen strittig geblieben waren, in letzter Minute des selbst gesetzten Zeitplans entschieden – wie Vergleiche zwischen den entsprechenden Vorlagen für Abschlussgipfel und deren Ergebnisse dokumentieren.[118] Bei Vertragsänderungen, Erweiterungsbeschlüssen und Finanzpaketen wird angesichts eines vorweg selbst gesetzten Terminzwangs ein Verhandlungsmarathon bewusst eingeplant: Mit einer „Nacht der langen Messer"[119] wird eine Ver-

---
115 Vgl. Stadlmann 1986: 53ff.; siehe Kapitel II.7.
116 Vgl. Moravcsik 1998; Scharpf/Treib 2000: 216-220.
117 Vgl. zu den Begriffen „arguing" und „bargaining" u. a. Risse 2000; Moravcsik 1998.
118 Vgl. für eine aufschlussreiche Gegenüberstellung bei der Amsterdamer Konferenz de Schoutheete 2002: 41.
119 Vgl. de Schoutheete 2002; Wessels 2001b; Giering 2000.

handlungsdynamik geschaffen, die manchmal zu mehrdeutigen Kompromissformeln mit einigen überraschenden Vereinbarungen auch bei trivialen Punkten führt. Bei fortdauernden Kontroversen werden auch neue Zeitpläne mit weiteren Verschiebungen auf spätere Zeitpunkte (im Sprachgebrauch: „Rendezvous-Formeln") vereinbart. Vertagungen – etwa zu Beitrittsbeschlüssen – werden mit Arbeitsaufträgen versehen und auf Wiedervorlage für eine weitere Beschlussfassung gelegt. Auch bei der quasi-konstitutionellen Systemgestaltung ließen die Staats- und Regierungschefs bei jeder Vertragsänderung seit der Einheitlichen Europäischen Akte bis einschließlich des Gipfels von Nizza strittige Fragen (im Sprachgebrauch: „left overs") ungelöst, für die beim Abschluss jeweils sofort eine nächste Regierungskonferenz verabredet wurde. In derselben Logik der Risikominimierung werden Kompromisse aber auch häufig erst möglich, wenn die Mehrheit abweichenden Interessen mit Ausnahmeregeln (im europäischen Sprachgebrauch: „opt out") bzw. Rückfallklauseln entgegenkommt.

Bei diesem Vorgehen werden häufig Probleme derartiger Beschlussfassungsmodalitäten deutlich: Hektische Nachsitzungen ohne Experten im Sitzungssaal, eine Debatte in verschiedenen Sprachen mit Entwürfen, die unvorbereitet eingebracht werden, sowie Verhandlungspakete zu mehreren inhaltlich nicht verknüpften Politikfeldern, innenpolitischer Druck und zugespitzte Erwartungen lassen selten klare und zusammenhängende Texte entstehen.[120] Einige Stärken des Gremiums – so der informelle Charakter – zeigen damit ihre negativen Seiten. Relativ einfache Beschlussvorlagen werden in diesem Prozess erheblich komplexer und unverständlicher – bis hin zur Feststellung, dass Konsens manchmal nur durch wenig sinnvolle Formulierungen (als Merkformel: „consensus by nonsense") bzw. durch Komplexitätssteigerung (als Merkformel: „consensus by complexity") erreicht werden kann.[121] Durch diese Muster der Konsensfindung ist die Komplexität der Schlusstexte, die von Beamten in den folgenden Monaten nur teilweise bereinigt werden kann,[122] sowie die Unübersichtlichkeit des Vertragswerks einschließlich einer Vielzahl von Protokollen und Erklärungen einzelner Staaten zu erklären. Die Staats- und Regierungschefs haben diese Schwäche mit der Einberufung eines Konvents zur Zukunft Europas[123] selbst eingestanden.

■ *Macht- und Einflusskonstellationen*

Angesichts der politischen Bedeutung und des „Club"-Charakters des Europäischen Rats ist eine Analyse nicht geschriebener Macht- und Einflusskonstellationen angebracht. Sie kann von grundlegenden und wiederkehrenden Trennlinien (im wissenschaftlichen Sprachgebrauch: „cleavages") in den Institutionen ausgehen.

Als eine Differenzierung unter den Teilnehmern wird in den letzten Jahren insbesondere das Verhältnis zwischen „großen" und „kleinen" Mitgliedstaaten gesehen. Berichtet wird, dass Debatten im Europäischen Rat häufiger von den Regierungschefs der größeren Staaten geprägt werden als dies im Rat der Fall ist.[124] Diese können in vielen zur Entscheidung anstehenden Punkten auch mehr Ressourcen und Gewicht in die Verhandlungspakete einbringen. Unterschiede zwischen großen und kleinen Mitgliedstaaten traten insbesondere bei Fragen der Gestaltung der institutionellen Architektur zutage, bei denen sich die letztere Gruppe für eine „gleichberechtigte Beteiligung" bzw. Mitsprache einsetzte.[125] Je nach Thema spielen neben

---

120 Vgl. de Schoutheete 2002: 43.
121 Jüngste Beispiele sind einige Formulierungen des Gipfels von Brüssel 2004 zur qualifizierten Mehrheit.
122 Vgl. de Schoutheete 2002: 43.
123 Vgl. Kapitel II.9.
124 Vgl. de Schoutheete 2006: 46; Tallberg 2003: 6-7.
125 Vgl. hierzu Göler/Marhold 2005.

dem Präsidenten des Europäischen Rats auch der Präsident der Europäischen Kommission oder einzelne Regierungschefs kleinerer Staaten eine einflussreiche Rolle.[126] Den französisch-deutschen Tandems wurden in der Vergangenheit häufig besondere Fähigkeiten zugesprochen, andere Partner zu einem akzeptablen Kompromiss zu bewegen.[127] Diese Zweier-Führung wird aber zunehmend in Frage gestellt.

Unabhängig von der Größe hat es zwischen den Mitgliedstaaten insbesondere bei der Systemgestaltung immer wieder Gegensätze zwischen integrationsprogressiveren und -skeptischeren Gruppierungen gegeben. Parteipolitische Differenzen zwischen den Regierungschefs waren ebenfalls in einigen Fällen zu beobachten. Auch persönliche Fähigkeiten, häufig verknüpft mit der Länge der Teilnahme und erfolgreichen Präsidentschaften, können zu unterschiedlichen Einflusskonstellationen führen.[128] Nach den Gründungsvätern wird immer wieder von einer Führungsrolle des früheren Bundeskanzlers Helmut Kohl berichtet, der vom Europäischen Rat nach Jean Monnet zum zweiten „Ehrenbürger Europas" ernannt wurde.[129] Als einflussreiche Mitglieder genannt werden aber auch Regierungschefs kleinerer Mitgliedstaaten wie der gegenwärtige luxemburgische Ministerpräsident Jean-Claude Juncker.[130]

Die Dynamik und das Aktivitätsprofil des Europäischen Rats sind aber auch wesentlich von der Rollenwahrnehmung des Vorsitzes beeinflusst und damit von der Organisation der Vorbereitung, dem Ablauf und der Nachbereitung der Sitzungen abhängig.

2.6 Aufbau und Arbeitsweise

Vorbereitung, Ablauf und Nachbereitung

Ergebnisse der Tagungen bilden die offiziellen „Erklärungen" des Europäischen Rats und die – weniger verbindlichen – „Schlussfolgerungen der Präsidentschaft".[131] Die Verfahren zur Verabschiedung dieser Papiere sind nach Erfahrungen mit dem Ablauf mehrfach verändert worden.[132] Nach den vom Europäischen Rat selbst gesetzten Regeln aus dem Jahr 2002 (siehe Dokument III.2.11) werden beide Dokumente in der Regel sorgfältig durch den Allgemeinen Rat, die Präsidentschaft und Beamtengremien vorbereitet. Auch die Kommission ist involviert. Der Verfassungsvertrag wollte diese Vorbereitungsverfahren auch festschreiben. Der Ablauf der eigentlichen Sitzung ist nach Beschluss des Europäischen Rats erheblich gestrafft worden um Prioritäten für die Beratungen setzen zu können.

Der Präsident des Europäischen Rats – begleitet vom Präsidenten der Europäischen Kommission – erläutert auf einer gemeinsamen Pressekonferenz unmittelbar nach Abschluss der Tagung die Ergebnisse, ohne in der Regel auf die eigentlichen Beratungen im Detail einzugehen; er erstattet auch dem Plenum des Europäischen Parlaments einen Bericht, der zur Frustration der Abgeordneten in der Regel nicht über die bekannten Informationen hinausgeht,[133] aber auch zu gereizten Aussprachen führen kann.[134]

---
126 Vgl. u. a. Laffan 2005; Delors 2004; Christiansen 2002: 219ff.
127 Vgl. u. a. de Schoutheete 2006: 57; Engel 1992: 59ff.; Stadlmann 1986: 54.
128 Vgl. de Schoutheete 2006: 46-47.
129 Vgl. Europäischer Rat (Wien) 1998, Anlage I.
130 Vgl. de Schoutheete 2002: 31.
131 Vgl. Ludlow 2005: 5.
132 Vgl. Ludlow 2005: 7.
133 Vgl. de Schoutheete 2006: 44.
134 Zur Kontroverse zwischen Silvio Berlusconi und Martin Schulz vgl. Hartwig/Maurer 2004: 76f.

Dokument III.2.11: Europäischer Rat – Regeln zur Vorbereitung und zum Ablauf

Europäischer Rat

Schlussfolgerungen des Vorsitzes, Sevilla, 21./22. Juni 2002

ANLAGE I: REGELN FÜR DIE ORGANISATION DER BERATUNGEN DES EUROPÄISCHEN RATS

Vorbereitung

[...]

2. Die Tagungen des Europäischen Rats werden vom Rat „Allgemeine Angelegenheiten und Außenbeziehungen" vorbereitet, der die *gesamten Vorbereitungsarbeiten koordiniert und die Tagesordnung für die jeweilige Tagung des Europäischen Rats aufstellt*. Die Beiträge der anderen Ratsformationen zu den Beratungen des Europäischen Rats werden dem Rat „Allgemeine Angelegenheiten und Außenbeziehungen" spätestens zwei Wochen vor der Tagung des Europäischen Rats übermittelt.

3. Der Rat „Allgemeine Angelegenheiten und Außenbeziehungen" stellt auf einer Tagung, die mindestens vier Wochen vor der Tagung des Europäischen Rats stattfindet, auf Vorschlag des *Vorsitzes einen Entwurf für eine erläuterte Tagesordnung* auf [...].

Ablauf

[...]

8. Der *Vorsitz* sorgt für einen *ordnungsgemäßen Ablauf* der Beratungen. Zu diesem Zweck kann er alle geeigneten Maßnahmen treffen, die der optimalen Nutzung der verfügbaren Zeit förderlich sein können; dies umfasst die Festlegung der Reihenfolge, in der die Tagesordnungspunkte behandelt werden, die Begrenzung der Redezeit oder die Festlegung der Reihenfolge der Redebeiträge. [...]

Schlussfolgerungen

12. Die möglichst kurz gefassten *Schlussfolgerungen* geben die vom Europäischen Rat festgelegten politischen Zielvorstellungen und die von ihm angenommenen Beschlüsse wieder; dabei wird der jeweilige Kontext kurz dargestellt und die Verfahrensschritte für das weitere Vorgehen werden angegeben.

13. Am Tag der Tagung des Europäischen Rats wird r*echtzeitig vor Beginn der Beratungen ein Schema für Schlussfolgerungen* verteilt. In diesem Schema wird klar unterschieden zwischen zuvor abgestimmten Textteilen, die im Prinzip *nicht zur Debatte gestellt* werden, und den Textteilen, über die der Europäische Rat *beraten müsste*, um in der Sitzung zu endgültigen Schlussfolgerungen zu gelangen.

Quelle: Europäischer Rat 2002a. Hervorhebungen durch den Autor.

Die zentrale Rolle des Vorsitzes

Ein Treffen des Europäischen Rats ist die „Stunde des Vorsitzes"[135], der damit seine Reputation im Kollegenkreis festigen oder eben auch mindern kann. Die Präsidentschaft des Europäischen Rats nimmt derjenige Regierungschef wahr, dessen Staat im halbjährlich wechselnden Turnus den Vorsitz im Rat einnimmt. Der Vorsitz bereitet die Tagungen gründlich vor – so reist der jeweilige Regierungschef in der Regel vor jeder Sitzung zu seinen nationalen Kollegen. Die Politiker des Präsidentschaftslands nutzen die Gelegenheit, ihr eigenes Profil national gegenüber ihren Wählern wie international gegenüber anderen Regierungen zu entwickeln.[136]

Neben den üblichen Aufgaben einer Sitzungsleitung übernimmt der jeweilige Präsident des Europäischen Rats sowohl bei der Vorbereitung als auch bei der Verabschiedung von Entscheidungen zentrale politische Leitungs- und Lenkungsaufgaben. Von ihm werden ein hohes Engagement und die Fähigkeit erwartet, einen Konsens zwischen den Mitgliedern erreichen zu können. Bei kontroversen Fragen, in denen die Staats- und Regierungschefs auch nach längeren Debatten keine Einigung erzielen können, nutzt der Vorsitz das so genannte „Beichtstuhlverfahren"[137]. Bei diesem Vorgehen befragt er informell und vertraulich außerhalb des Tagungsraums bzw. außerhalb der Plenumssitzung jeden der jeweiligen Teilnehmer einzeln nach seinen tatsächlichen Präferenzen und lotet Kompromissformeln aus, die dann im großen Kreis auf Zustimmung stoßen können. (Plenar-)Sitzungen des Europäischen Rats lösen sich bei diesem Vorgehen immer wieder unter der Leitung des Vorsitzes in kleinere Gruppen auf, bei denen dann nur noch diejenigen Regierungsvertreter beteiligt sind, die zur Konsensfindung unmittelbar notwendig sind bzw. dazu beitragen können.

Der Vorsitz vertritt den Europäischen Rat auch nach außen, insbesondere bei der Berichterstattung vor dem Europäischen Parlament und gegenüber der politischen Führung anderer Staaten. Unterstützt wird der Vorsitz durch das Generalsekretariat des Rats.[138] Insbesondere der Generalsekretär hat immer wieder eine nützliche Zuliefererrolle übernommen.

Das Profil erfolgreicher Präsidenten weist eine hohe Variationsbreite auf: Konsens können aktive Regierungschefs größerer Mitgliedstaaten erreichen, die nach der Formel „présidence oblige" ein eigenes „Opfer" anbieten, um ein Nachgeben der Kollegen zu erreichen; aber auch die ruhige Arbeitsweise von Regierungschefs kleinerer Staaten, die ohne Eigeninteressen hinter den Kulissen agieren, kann zu Ergebnissen führen.[139]

Häufig setzen sich die Präsidenten plakative Ziele. So hat der dänische Vorsitz 2002 den Beschluss zur Erweiterung auf 25 Mitglieder zur historischen Präsidentschaftsaufgabe deklariert.[140] Damit gehen vom Vorsitz immer wieder politische Impulse aus, die eigene nationale Interessen mit EU-Plänen und Projekten eng verknüpfen.

Besonderheiten: Tagungsort und Sprachenregime

Bis zur Erweiterung 2004 fanden die Treffen in der Regel im Land des jeweiligen Vorsitzes statt. Mit dem Namen der Tagungsorte verbanden sich nicht nur die umfassenden Vertragsänderungen – Maastricht, Amsterdam, Nizza –, sondern auch besondere Programme – wie die

---

135 Hayes Renshaw/Wallace 2006: 178.
136 Vgl. Wessels/Schäfer 2007a.
137 Vgl. Hayes-Renshaw/Wallace 1997; vgl. auch Kapitel III.3.
138 Siehe Kapitel III.3
139 Vgl. Laffan 2005: 489-491; Giering/Neuhann 2004; vgl. auch Kapitel III.3.
140 Vgl. Laursen 2003: 335.

Lissabonner Strategie.[141] Seit 2004 finden alle Sitzungen in Brüssel im Justus-Lipsius-Gebäude des Rats statt.[142] Übersetzt werden die Beratungen in jede Amtssprache.

2.7 Diskussion und Perspektiven

▪ *Zur Charakterisierung: ein intergouvernmentales Führungsgremium?*

Das Wirken und die Wirkungen des Europäischen Rats haben sowohl „geschriebene" als auch „gelebte" Formen der Politik- und Systemgestaltung im EU-System grundsätzlich beeinflusst. Anhand des Aktivitätenprofils wird deutlich, dass sich die Staats- und Regierungschefs immer wieder bis ins Detail mit einem breiten Spektrum an Themen beschäftigten; dabei haben sie wiederholt de facto die Entscheidungen in zentralen Fragen der Politik- und Systemgestaltung selbst getroffen bzw. vorgegeben; wurden die vorgesehenen Vertragsregeln in der Praxis zu formalen Verfahren herabgestuft, die rechtlich notwendig waren, aber in der Substanz die Beschlüsse der „Chefs" nur noch nachvollzogen.

Mit diesem Profil ist die These zu diskutieren, ob diese Gipfelinstitution außerhalb und oberhalb der üblichen Konfiguration das ursprüngliche institutionelle Gleichgewicht einer supranationalen Gemeinschaft nachhaltig verändert hat.

Mit Bezug auf die intergouvernmentale Leitidee wurde und wird vielfach erwartet, dass dieses Gremium das EU-System zu Gunsten der Mitgliedstaaten verändern würde.[143] Aus dieser Sicht der institutionellen Architektur[144] würden die Staats- und Regierungschefs in der „gelebten Vertragspraxis" das Initiativmonopol der Europäischen Kommission untergraben und sie zu einem – in internationalen Organisationen üblichen – Generalsekretariat degradieren, den Ministerrat zu einer untergeordneten Beschlusskammer herabstufen und die Beteiligungsrechte des EP de facto unterlaufen. Mit dem im Jahre 2007 noch offenen Vorhaben des „Vertrags über eine Verfassung für Europa", einen hauptamtlichen Präsidenten des Europäischen Rats zu wählen, bekam diese Sicht einen weiteren Auftrieb. Nutzt man den „principal-agent"-Ansatz,[145] dann können die Staats- und Regierungschefs als „Herren" bzw. „Prinzipale" und „Eigner" der institutionellen Architektur gesehen werden; die Organe der EG stellen dann nur „Handlungsbeauftragte" bzw. „Vertreter" dar, die jedoch immer wieder versuchen, sich einer vollständigen Kontrolle zu entziehen.

Auch zum Innenleben des Europäischen Rats legt diese Perspektive spezifische Überlegungen vor. Folgt man Annahmen über das Streben von Staaten nach Macht zur Durchsetzung ihrer Interessen, dann ist zu erwarten, dass die Entscheidungsprozeduren innerhalb des „Clubs" durch einen konfrontativen Verhandlungsstil geprägt sind, bei dem insbesondere die größeren Staaten untereinander um das Ergebnis ringen.[146] Der Europäische Rat ist dann mehr eine Arena zum Austausch und Abgleich von Interessen als ein handelnder Akteur. In einer besonderen (neo-realistischen) Variante kann diese Institution auch als Verkörperung eines „integrativen Gleichgewichts" zwischen den „Hauptmächten" der Union verstanden werden.[147]

---

141 Vgl. Kapitel IV.7.
142 Vgl. Kapitel III.3.
143 Vgl. u. a. Louis/Ronse 2005: 189.
144 Vgl. Kapitel I, Abb. I.4.6.
145 Vgl. Kassim/Menon 2003; Pollack 1997; Moravcsik 1993.
146 Vgl. insbesondere Moravcsik 1998: 485.
147 In Anlehnung an Link 2006: 36-43.

Gegenüber diesen Erwartungen zeigen die tatsächlichen Rollenmuster des Europäischen Rats eine zunächst überraschende Bilanz: Die höchsten Entscheidungsträger nationaler Politik haben in den Grundsatzbeschlüssen zu Vertragsänderungen immer wieder Verfahren eingeführt und ausgebaut, die die Rechte supranational angelegter Organe – so die des Europäischen Parlaments, der Kommission und des EuGH – stärken und auf zusätzliche Politikbereiche übertragen; auch im Ministerrat haben sie durch die zunehmende Einführung von Verfahren zur Mehrheitsabstimmung Möglichkeiten für eigene Vetorechte abgebaut.[148]

Eine Langzeitbetrachtung identifiziert eine weitere Erklärungsmöglichkeit, die die Verschränkung und Verschmelzung von Verantwortlichkeiten in Form einer „Fusion" beschreibt.[149] Deutlich wird dieses Muster bei der Rolle der Kommission: Deren Präsident hat – entgegen vieler anderer Einschätzungen – insgesamt durch den Europäischen Rat an Profil und Status gewonnen, da er in diesem Spitzengremium vertreten ist und die Erklärungen des Europäischen Rats als „Mandat" von höchster Seite für weitergehende Kommissionsaktivitäten nutzen kann.[150] Diese Entwicklung haben die Regierungschefs auch in den Formulierungen des Vertrags von Nizza (Art. 217 EGV) und im Verfassungsvertrag (Art. I-27 VVE) selbst nachvollzogen. Darüber hinaus haben die Beschlüsse des Europäischen Rats zur Systemgestaltung auch Beteiligungsmöglichkeiten der Kommission insbesondere bei intergouvernementalen Verfahren in den Politikfeldern der Gemeinsamen Außen- und Sicherheitspolitik und der Polizeilichen und Justiziellen Zusammenarbeit ausgeweitet und aufgewertet.[151] Auch im Rahmen neuer Formen des Regierens – etwa bei der Offenen Methode der Koordinierung (OMK) – haben die Staats- und Regierungschefs der Kommission neue Spielräume eröffnet, die diese auch aktiv nutzt.[152] Wenn man nicht von einer vertraglich kaum ableitbaren übergeordneten Rolle der Kommission als „Regierung" nach traditionellem Verständnis ausgeht, so haben die höchsten Vertreter der Mitgliedstaaten die Rolle der Kommission und ihres Präsidenten insgesamt gestärkt.

Weniger eindeutig sind dagegen die Folgen für das Europäische Parlament: Das Vortragsrecht des Präsidenten des EP und die informelle Teilnahme von Abgeordneten an Regierungskonferenzen lassen noch keine tatsächliche Mitwirkung erkennen; dazu bleiben die vertraglichen Rechte des EP gegenüber dem Rat häufig formal, wenn die nationalen Minister durch die Beschlussfassung ihrer „Chefs" festgelegt sind und so in der EG-Praxis nur noch eine geringe Verhandlungsbereitschaft gegenüber dem Parlament einbringen.

Gegenüber der Einschätzung einer Marginalisierung ist gleichzeitig festzustellen, dass die Regierungschefs bei allen Vertragsänderungen die Rolle des EP in Richtung einer „zweiten Kammer" entwickelt haben, die in zentralen Legislativ-, Haushalts- und Wahlakten der EG weitgehend gleichberechtigt mit dem Rat beteiligt wird. Zu übersehen ist aber auch nicht, dass die Beteiligungsrechte des Europäischen Parlaments bei Grundsatzentscheidungen – so bei Vertragsänderungen und bei den Beschlüssen zu Eigeneinnahmen – auch im Verfassungsvertrag begrenzt blieben.

Auch die Zuständigkeiten des EuGH hat der Europäische Rat in den Beschlüssen zu Vertragsänderungen – etwa im Bereich der Innen- und Justizpolitik (Art. 230 EGV)[153] – ausge-

---

148 Vgl. Kapitel III.1 und III.3.
149 Vgl. Kapitel V.
150 Vgl. de Schoutheete 2006: 57; Kapitel III.4.
151 Vgl. Kapitel IV.5 und IV.6.
152 Vgl. Linsenmann/Meyer 2002.
153 Vgl. Müller 2003: 390f.

dehnt und dessen Sanktionsmöglichkeiten gegenüber den Mitgliedstaaten (Art. 169 EGV) gestärkt.[154]

Die „Herren der Verträge" als „Prinzipale" haben demnach ihre Zugriffs- und Einwirkungsmöglichkeiten gegenüber den möglicherweise als Handlungsbeauftragten („agents") verstandenen Organen selbst reduziert.

Mit ihrem immer wieder beobachtbaren Stückwerksvorgehen haben die Regierungschefs – bewusst oder unbewusst – die Monnet-Methode[155] begrenzter, aber realer Integrationsschritte übernommen und damit auch eine spillover[156]- bzw. Sachlogik[157]-Dynamik mitgetragen. Aus der Beobachtung des Verhandlungsstils ist dabei auch zu erkennen, dass sich der Europäische Rat bei allen Unterschieden und hartnäckigem Verfolgen nationaler Präferenzen und Interessen immer wieder auch als Institution kollektiven Regierens erwiesen hat, die Entscheidungen über das erwartete Nullsummenspiel zwischen den Mitgliedstaaten hinaus traf.

In der Kontroverse um die Prägung des EU-Systems durch diese Schlüsselinstitution ergibt sich so insgesamt ein paradox erscheinender Befund: Weitgehend intergouvernemental in der Zusammensetzung hat der Europäische Rat die Rechte der Gemeinschaftsorgane durch Akte der Systemgestaltung wesentlich ausgedehnt und damit durchaus auch die supranationale bzw. föderale Ausrichtung der institutionellen Architektur gestärkt.[158]

Problematisch aus einer supranationalen Perspektive bleibt die grundsätzliche Stellung des Europäischen Rats außerhalb der Gewaltenteilung: Bei jeder Vertragsänderung haben die Vertragsarchitekten ihre jeweilige Rolle außerhalb einer vertraglichen Überprüfung seitens des Gerichtshofs der Europäischen Gemeinschaft (EuGH) (Art. 46 EUV) auf- und ausgebaut. Mit einer stärkeren Verwendung der Vertragsformel als „Rat auf der Ebene der Staats- und Regierungschefs" haben die Mitgliedstaaten jedoch selbst diese Mängel einer extra-konstitutionellen Rolle in einigen Fällen behoben. Der Verfassungsvertrag (Art. III-365 (1) VVE) hat zu dieser Problematik eine besondere Formel gefunden.

Diese Zwitterrolle zwischen einer intergouvernementalen und supranationalen Ausrichtung versteht die Fusionsthese als systemisch zu erwartende Reaktion der Mitgliedstaaten auf ein Ebenen- und Entscheidungsdilemma: Die Regierungschefs suchen gleichzeitig eine wirksame, daher eher supranationale Problemlösung wie eine ausreichende intergouvernementale Beteiligung an zentralen Entscheidungen.[159] Aus dieser Sicht ist die Entwicklung dieser Gipfelinstanz deshalb kein zufälliges Produkt der politischen Laune einiger Regierungschefs, sondern eines unter mehreren Zeichen einer grundlegenden Evolutionsdynamik der Staaten (West-)Europas, die von einer gemeinsamen Nutzung staatlicher Instrumente in einer komplexen institutionellen Architektur geprägt ist.

In zeitgeschichtlicher Perspektive hat der Europäische Rat eine nachhaltige europapolitische Rolle gespielt.[160] Angesichts erheblicher politischer und wirtschaftlicher Herausforderungen in den letzten 30 Jahren hat diese Institution einen wesentlichen Beitrag zur Gestaltung Europas geleistet. Mit ihrem direkten Engagement trugen und tragen die Staats- und Regierungschefs dabei unmittelbar Verantwortung für die Stabilität, Leistungsfähigkeit und Entwicklungsrichtung der Europäischen Union. Sie bringen damit auch ihre national erworbene

---

154 Vgl. Kapitel III.5.
155 Vgl. u. a. Brunn 2004; Wessels 2001a; Fischer 2000; Monnet 1978.
156 Vgl. Schmitter 2004; 1969.
157 Vgl. Hallstein 1979.
158 Vgl. de Schoutheete 2002: 47.
159 Vgl. Wessels 2005d.
160 Vgl. Knipping 2004: 202-211.

Legitimität ein,[161] wie sie auch im Text des Verfassungsvertrags zum „demokratischen Leben" als ein Repräsentationsprinzip der Union benannt wurde (Art. I-46 VVE).[162]

■ Zur Zukunft: Vorschläge aus den Reformdebatten

Angesichts seiner gewachsenen Bedeutung ist zu erwarten, dass der Europäische Rat auch in Zukunft eine Schlüsselrolle im EU-System und dessen institutioneller Architektur spielen wird. Gleichzeitig mit dem Ausbau der Rechte für das Europäische Parlament haben die Staats- und Regierungschefs regelmäßig die Aufgabenbeschreibung „ihres" Europäischen Rats als zentraler Lenkungs- und Beschlussinstanz, Wahlgremium und konstitutionellen Architekten nicht nur bestätigt, sondern auch ausgebaut. Aufgrund der strukturellen Spannungen innerhalb dieser Institution treten aber auch immer wieder die Grenzen der Handlungsfähigkeit bei der Politik- und Systemgestaltung zutage: Trotz der – manchmal überraschend – hohen Beschlussfähigkeit ist der Europäische Rat für das Formulieren von Vertragsänderungen und für ein internationales Krisenmanagement wenig geeignet.[163] Angesichts der Fülle von kontroversen Themen und der zunehmenden Teilnehmerzahl bei Fortbestehen der Konsensregel erhöht sich das Risiko einer Überlastung dieser Schlüsselinstitution. Aus diesen Gründen ist es nicht überraschend, dass der Europäische Rat und insbesondere seine Führungsstruktur einen zentralen Punkt in der Debatte über die institutionelle Architektur des Verfassungsvertrags bildeten.[164]

Die Buchstaben des Verfassungsvertrags und die vorgesehenen Artikel des Reformvertrags folgen bei vielen Funktionszuweisungen der in den letzten drei Jahrzehnten „vor"-gelebten Praxis der Staats- und Regierungschefs und ergänzen sie noch. Auch wenn der Verfassungsvertrag in seiner ursprünglichen Fassung nicht in Kraft treten wird, lohnt sich eine nähere Analyse, da die Bestimmungen sowohl reale Entwicklungen in der Rolle des Europäischen Rats dokumentieren als auch Probleme der Wirkungsmöglichkeiten identifizieren und dazu Gestaltungsvorschläge unterbreiten, die der Reformvertrag wieder aufgegriffen hat.

In einer quasi-konstitutionellen Veränderung will der Verfassungs- und der Reformvertrag den Europäischen Rat – in einer Liste mit den bisherigen EG-Organen – als Organ der Union aufführen und ihn auch der Kontrolle des EuGH bei „Handlungen des Europäischen Rats mit Rechtswirkung gegenüber Dritten" (Art. III-365 (1) VVE) unterwerfen.

Die bisherige Aufgabenbeschreibung des Europäischen Rats hat der Verfassungsvertrag jedoch nicht nur bestätigt, sondern auch ausgebaut. Wie bisher formuliert soll der Europäische Rat der EU „Impulse" geben und die „allgemeinen politischen Zielvorstellungen und Prioritäten" (Art. I-21(I) VVE) festlegen. Eine gesetzgeberische Tätigkeit des Europäischen Rats wurde bewusst ausgeschlossen. Diese Bestimmungen sollen eine Schranke gegen eine Einmischung der Staats- und Regierungschefs in den normalen Gesetzgebungsprozess bilden.[165] Damit wäre jedoch weiterhin – auch in der üblichen Politikgestaltung im EG-Politikzyklus – eine Kluft zwischen einer de facto- und de jure-Rolle zu erwarten. Möglichkeiten des Europäischen Rats, auch ins Alltagsgeschäft einzugreifen, ergeben sich aus anderen Aufgabenbeschreibungen des Verfassungsvertrags; aufgrund dieser Artikel soll der Europäische Rat die „strategischen Leitlinien für die gesetzgeberische und operative Programmplanung" im „Raum der Freiheit, der Sicherheit und des Rechts" (Art. III-258 VVE) und für das „Auswärtige Handeln

---

161 Vgl. zum Begriff „Staatenunion" Louis/Ronse 2005.
162 Vgl. auch Kapitel III.1, Dokument III.1.11.
163 Vgl. de Schoutheete 2006: 54-56.
164 Vgl. Laffan 2005; Wessels 2005c; Europäischer Konvent 2003b: 2; Norman 2003.
165 Vgl. de Schoutheete 2003.

der Union" die „strategischen Interessen und Ziele der Union" (Art. III-293 (1) VVE) festlegen.

Auch die Funktion als übergeordnete Berufungsinstanz schreibt das Dokument fest: Der Europäische Rat könnte demnach die Fälle beraten, in denen ein Mitgliedstaat in Fragen der Innen- und Justizpolitik (Art. III-270 (3) VVE), der Sozialpolitik (Art. III-136 (2) VVE) und in der Gemeinsamen Außen- und Sicherheitspolitik (Art. III-300(2d) VVE) ein Veto gegen eine mögliche Mehrheitsabstimmung im Rat einlegt.

Neben dem bereits bestehenden Vorschlagsmonopol für den Präsidenten der Kommission und der Benennung des Präsidenten der Europäischen Zentralbank macht der Verfassungsvertrag dieses Organ auch zum Wahlgremium hinsichtlich seines neu eingeführten hauptamtlichen Präsidenten und des ebenfalls vorgesehenen Außenministers der Union, der nach dem Mandat für den Reformvertrag „Hoher Beauftragter der Union für Außen- und Sicherheitspolitik" heißen soll.

Nachdrücklich bestätigt der Text die Rolle als „konstitutioneller Architekt" bei der Systemgestaltung. Der Europäische Rat könnte nach dem Verfassungsvertrag auch de jure – wie in der Realität der letzten Jahrzehnte de facto üblich – eine Regierungskonferenz einberufen und die weiteren Verfahren gestalten.

Einführen würde der Verfassungsvertrag eine besondere Variante bei der Rollenwahrnehmung als konstitutioneller Architekt: Der Europäische Rat soll mit einer konstitutionellen „Brückenklausel" (im Sprachgebrauch: „la passerelle") aufgrund eines „vereinfachten Verfahrens zur Änderung des Vertrags" (Art. IV-444 VVE) einen Wechsel von der Einstimmigkeit zur Mehrheitsabstimmung im Rat oder von einem „besonderen" zu einem „ordentlichen Gesetzgebungsverfahren" beschließen können. Die Regierungskonferenz hat diese verkürzte Prozedur jedoch vom Wohlwollen der Parlamente der Mitgliedstaaten abhängig gemacht. Aufgrund einer zweiten, einfacher durchzuführenden Form der „Brückenklausel" sieht das Dokument vor, dass der Europäische Rat in offenen Gestaltungsfragen des institutionellen Gefüges über die jeweilige konkrete Ausgestaltung entscheidet; diese Fälle sind bei der Verteilung der Sitze im Parlament auf die Mitgliedstaaten sowie bei der Zusammensetzung und dem Vorsitz des Rats vorgesehen.

Angesichts der zentralen Rolle in der institutionellen Architektur sind auch Beschlussverfahren und Arbeitsweise dieser Institution erneut zu diskutieren (siehe Abbildung II.9.3). Von besonderem Interesse für eine vertiefende Analyse der möglichen Handlungsfähigkeit dieser Institution ist die geplante Neuregelung des Vorsitzes. Der Verfassungsvertrag will den bisher halbjährlich rotierenden Wechsel durch die Einrichtung eines hauptamtlichen Präsidenten des Europäischen Rats ersetzen (siehe Dokument III.2.12).

Dokument III.2.12: Europäischer Rat – Wahl und Funktionen des Präsidenten (gemäß Bestimmungen des Verfassungsvertrags)

Art. I-22 VVE

(1) Der Europäische Rat wählt seinen Präsidenten mit qualifizierter Mehrheit für eine *Amtszeit von zweieinhalb Jahren*; der Präsident kann einmal wiedergewählt werden. Im Falle einer Verhinderung oder einer schweren Verfehlung kann der Europäische Rat ihn im Wege des gleichen Verfahrens von seinem Amt entbinden.

(2) Der Präsident des Europäischen Rats

a) führt den *Vorsitz* bei den Arbeiten des Europäischen Rats und gibt ihnen *Impulse*,

> b) sorgt in Zusammenarbeit mit dem Präsidenten der Kommission auf der Grundlage der Arbeiten des Rats „Allgemeine Angelegenheiten" für die *Vorbereitung und Kontinuität* der Arbeiten des Europäischen Rats,
>
> c) wirkt darauf hin, dass *Zusammenhalt und Konsens* im Europäischen Rat gefördert werden,
>
> d) legt dem Europäischen Parlament im Anschluss an jede Tagung des Europäischen Rats einen *Bericht* vor.
>
> Der Präsident des Europäischen Rats nimmt in seiner Eigenschaft auf seiner Ebene, unbeschadet der Befugnisse des Außenministers der Union, die *Außenvertretung* der Union in Angelegenheiten der Gemeinsamen Außen- und Sicherheitspolitik wahr.
>
> Der Präsident des Europäischen Rats darf *kein einzelstaatliches Amt* ausüben.

Quelle: VVE 2004. Hervorhebung durch den Autor.

Gewählt nur von den Regierungschefs für eine zweieinhalbjährige Amtszeit – mit der Möglichkeit einer einmaligen Wiederwahl – soll der Amtsinhaber die Arbeit des Organs gegenüber dem bisherigen Verfahren einer halbjährlichen Rotation „professionalisieren" und im Hinblick auf die weiterhin einstimmige Beschlussfassung erleichtern. Außerdem nähme der Präsident des Europäischen Rats die Außenvertretung der Union in Angelegenheiten der Gemeinsamen Außen- und Sicherheitspolitik „auf seiner Ebene" wahr.

Nach diesen Formulierungen ist der Spielraum für den Amtsinhaber breit und unbestimmt angelegt; das Jobprofil der neuen Position ist letztlich nur vage skizziert. Der Europäische Rat erhielte ein „Gesicht" und eine „Stimme". Mittels der Aufgabenfülle und Entscheidungsmacht seiner Institution könnte der Präsident erheblichen Einfluss gegenüber anderen Akteuren in der institutionellen Architektur ausüben. Mit einem „Vollzeit"-Präsidenten, dessen Aufgaben – wahrscheinlich bewusst – interpretationsoffen angelegt wurden (Art. I-22 (2) VVE), könnten die Staats- und Regierungschefs versucht sein, mit einem von ihnen benannten „Vertreter" Positionen der Mitgliedstaaten direkter und nachdrücklicher in die Arbeit anderer Organe, insbesondere der Kommission, aber ebenfalls gegenüber dem ebenfalls neu eingerichteten Amt des Außenministers oder „Hohen Repräsentanten der Union für die Außen- und Sicherheitspolitik" einzubringen. Ein aktiver Präsident würde – nach dieser Sicht – im Namen der obersten nationalen Repräsentanten gegenüber anderen Institutionen eine extensiv angelegte Wächterfunktion übernehmen und die Vorherrschaft der Staats- und Regierungschefs gegenüber supranationalen Organen ausbauen; damit würde insgesamt die intergouvernementale Ausrichtung der institutionellen Architektur gestärkt.

Für eine derartige Rolle würde allerdings der Ruf des Präsidenten bei und gegenüber den Regierungschefs ausschlaggebend sein. Nur wenn der Amtsträger mehr als eine Funktion als „Sitzungsleiter" und „Pressesprecher" einnähme, könnte er gegenüber anderen Akteuren in und außerhalb des EU-Systems nachhaltig wirken. Besondere Verfahrensrechte gegenüber seinen „Kollegen" stellt der Text dem Präsidenten jedoch nicht zur Verfügung.

Nicht auszuschließen ist jedoch auch eine alternative Entwicklungsmöglichkeit: Ein ehrgeiziger Amtsinhaber könnte versucht sein, sich über eine Rolle als Vorsitzender hinaus gegenüber den nationalen Mitgliedern im Europäischen Rat zu profilieren. Er könnte von vielen innerhalb und außerhalb der Union – in Unkenntnis der Vertragsbestimmungen – als „Präsident der Union" insgesamt (und nicht nur des Europäischen Rats) verstanden werden und damit gegebenenfalls im Zusammenwirken mit anderen Organen sogar eine supranationale Ausprägung fordern und fördern. Die vorgesehene Unvereinbarkeit mit einem nationalen Amt (Art. I-22 (3) VVE) könnte eine derartige Loslösung begünstigen.

Insgesamt bestätigt, ergänzt und stärkt der Verfassungs- bzw. Reformvertrag wesentliche Rechte und Funktionen des Europäischen Rats. Die Verantwortung des Führungsgremiums im Rahmen der Gipfeltreffen würde durch die Ernennung eines hauptamtlichen Präsidenten noch stärker in die Aufmerksamkeit der europäischen Öffentlichkeit rücken. Die Vorgaben zum Reformvertrag greifen die entsprechenden Artikel des Verfassungsvertrags weitgehend auf.

Unabhängig von den Erwartungen zur Zukunft des Reformvertrags lassen die Debatten um diese Passagen des Verfassungsvertrages erhebliche Spannungsfelder innerhalb des Europäischen Rats und darüber hinaus gegenüber anderen Organen in der institutionellen Architektur insgesamt erkennen. Die Schlüsselrolle des Europäischen Rats bleibt das zentrale Element für die Erfassung und Erklärung des EU-Systems.

2.8 Zur Wiederholung und Vertiefung

■ *Merkpunkte und Stichworte*

▶ Grundkenntnisse
  – Gründungsdatum
  – Sitzungsfrequenz
  – Tagungsort(e)
  – Vertragliche Aufgabenzuweisungen

▶ Aufgaben und Rollen: jeweils Definition und Beispiele
  – Rat auf Ebene der Staats- und Regierungschefs
  – Intergouvernementale Führungsinstanz
  – Berufungsinstanz
  – Konstitutioneller Architekt
  – Wahlinstanz: für welche Ämter?
  – Prä-legislative Funktion
  – Prä-konstitutionelle Normgenese
  – Lenkungsfunktion

▶ Zur Arbeitsweise und Binnenorganisation: Definition und Beispiele
  – Rolle der Präsidentschaft
  – Rolle eines hauptamtlichen Vorsitzes
  – Verhandlungspaket
  – Der „Club der Chefs"
  – „Beichtstuhlverfahren"

▶ Rolle des Europäischen Rats: vertragliche Vorgaben und Praxis
  – in der GASP
  – bei der wirtschafts- und beschäftigungspolitischen Koordinierung
  – Vertragsänderungsverfahren
  – im Beitrittsverfahren

■ *Fragen*

▶ Welche Erklärungen gibt es für die Gründung des Europäischen Rats?
▶ Wie kann das Aktivitätenprofil des Europäischen Rats erfasst werden?
▶ Wie kann erklärt werden, dass eine intergouvernementale Führungsinstanz regelmäßig Schritte zur Vertiefung in Richtung einer supranationalen Ausrichtung der institutionellen Architektur beschlossen hat?

■ *Thesen zur Diskussion*

▶ Ein hauptamtlicher Vorsitz verändert die Funktionenwahrnehmung und Arbeitsweise des Europäischen Rats grundsätzlich.
▶ Der Europäische Rat gibt dem EU-System eine tragfähige Legitimationsbasis.
▶ Der Europäische Rat ist ein Hemmschuh für eine demokratische, transparente und wirksame Arbeitsweise der institutionellen Architektur des EU-Systems.
▶ Der Präsident des Europäischen Rats sollte gewählt werden
  – wie der Präsident der Europäischen Kommission;
  – von nationalen Parlamenten;
  – direkt von der EU-Bevölkerung.

2.9 Literaturhinweise

■ *Online-Quellen*

http://consilium.europa.eu
Offizielle Homepage des Rats der Europäischen Union mit weiterführenden Links unter anderem zum Europäischen Rat und zu den Schlussfolgerungen des Vorsitzes der letzten fünfzehn Jahre.
http://www.eu2007.de
Offizielle Homepage der deutschen EU-Ratspräsidentschaft (1. Halbjahr 2007)

■ *Einführende Literatur*

de Schoutheete, Philippe (2006): The European Council, in: Peterson, John/Shackleton, Michael (Hrsg.): The Institutions of the European Union, 2. Auflage, Oxford/New York, S. 37-59.
Giering, Claus/Neuhann, Florian (2007): Europäischer Rat, in: Weidenfeld, Werner/Wessels, Wolfgang (Hrsg.): Jahrbuch der europäischen Integration 2006, Baden-Baden, S. 55-64.
Hayes-Renshaw, Fiona/Wallace, Helen (2006): Overlapping Competences: the Council and the European Council, in: Hayes-Renshaw, Fiona/Wallace, Helen: The Council of Ministers, 2. Auflage, Houndmills/New York, S. 165-185.
Reichenbach, Horst/Emmerling, Thea/Staudenmayer, Dirk/Schmidt, Sönke (1999): Integration: Wanderung über europäische Gipfel, Baden-Baden.
Wallace, Helen (2005): An Institutional Anatomy and Five Policy Modes, in: Wallace, Helen/Wallace, William/Pollack, Mark A. (Hrsg.): Policy-Making in the European Union, 5. Auflage, Oxford/New York, S. 49-90.
Wessels, Wolfgang (2007): Europäischer Rat, in: Weidenfeld, Werner/Wessels, Wolfgang (Hrsg.): Europa von A bis Z, Taschenbuch der europäischen Integration, 10. Auflage, Baden-Baden, S. 207-211.

■ *Weiterführende Literatur*

Bulmer, Simon/Wessels, Wolfgang (1987): The European Council, Decision-Making in European Politics, Houndmills.

de Schoutheete, Philippe/Wallace, Helen (2002): Le conseil européen, in: Groupement d'Études et de Recherches Notre Europe, Research and European Issues, No. 19, Sept. 2002, online unter: http://www.notre-europe.eu/uploads/tx_publication/Etude19-fr.pdf (Stand: 18.09.2007).

Ludlow, Peter (2005): Die Führung der Europäischen Union durch den Europäischen Rat: Übergang oder Krise?, in: integration 1/05, S. 3-15.

■ *Vertiefende Literatur*

Hoscheit, Jean-Marc/Wessels, Wolfgang (1988): The European Council 1974-1986: Evaluation and Prospects, Maastricht.

Maurer, Andreas (2003): Die Rollendefinition des Europäischen Rats in der EU-Verfassung, SWP-Arbeitspapier, Juni 2003, http://www.swp-berlin.org/common/get_document.php?id=912&PHPSESSID=33cade41fc7fd815f75da736a58f3f5a (Stand: 12.07.2007)

Moravcsik, Andrew (1998): The Choice for Europe: Social Purpose and State Power from Messina to Maastricht, London.

Tallberg, Jonas (2003): The Agenda-Shaping Powers of the EU Council Presidency, in: Journal of European Public Policy, Vol. 10, Nr. 1, S. 1-19.

Wessels, Wolfgang (1980): Der Europäische Rat. Stabilisierung statt Integration? Geschichte, Entwicklung und Zukunft der EG-Gipfelkonferenzen, Bonn.

3. Der Rat der Europäischen Union

3.1 Eckpunkte im Überblick: Intergouvernementales Beschlussgremium oder supranationales Gemeinschaftsorgan

Der Rat, der in der Literatur und im Text des Verfassungsvertrags (Art. I-19 (1) VVE) auch häufig „Ministerrat" genannt wird, bildet einen spezifischen Eckstein in der institutionellen Architektur des EU-Systems. Im Hinblick auf Zuständigkeiten, Zusammensetzung und Beschlussfassungsregeln weist dieses Organ Charakteristika auf, die weder einen einfachen Vergleich mit dem Bundesrat nach deutschen Erfahrungen noch mit einem bei internationalen Organisationen üblichen Ministerkomitee – so dem Nato-Rat oder dem UN-Sicherheitsrat – zulassen.

Der Rat ist in seinen vielfältigen Zusammensetzungen das zentrale Organ, das verbindliche Entscheidungen für die Politik- und Systemgestaltung des EU-Systems de jure trifft.[1] Der Rat ist durch eine besondere Stellung geprägt: Als Organ des EG-Vertrags verfügt er über eine allgemeine Entscheidungsbefugnis (Art. 202 EGV) für verbindliche Beschlüsse, seine politische Funktion liegt insbesondere darin, innerhalb der institutionellen Konfiguration die Interessen der Mitgliedstaaten zu vertreten.

In den Vertragsänderungen der letzten Jahrzehnte haben die Mitgliedstaaten die Aktivitätsfelder des Rats und dessen Funktionen in allen drei Säulen erheblich ausgeweitet sowie die Beschlussfassungsregeln für die Abstimmungen mit qualifizierter Mehrheit reformiert und auf weitere Politikfelder ausgedehnt. Bei der Gestaltung dieser Vertragsregeln wird ein generelles Dilemma der Mitgliedstaaten deutlich: Einerseits streben sie eine effiziente Beschlussfähigkeit des Rats als Entscheidungsorgan an, aber andererseits wollen sie auch eine Absicherung ihrer nationalen Mitwirkung – gegebenenfalls mit einem Veto als Notbremse – erreichen.

Die zugeschriebenen und wahrgenommenen Rollen des Organs sind vielfältig. So ist der Rat:[2]

- Beschlussfassungsorgan innerhalb des institutionellen Dreiecks der EG, das nach dem Regelwerk der Gemeinschaftsmethode sowohl legislative und budgetäre als auch exekutive Rechte ausübt und für die EG internationale Verträge und Abkommen abschließt.
- Vorbereitungs- und Umsetzungsgremium von Beschlüssen des Europäischen Rats;
- Institution zur Koordination nationaler Instrumente in zentralen Bereichen einzelstaatlicher Politik; dabei übernimmt der Rat Steuerungsfunktionen in der Wirtschafts- und Beschäftigungspolitik sowie in der Außen- und Sicherheitspolitik als auch in der Innen- und Justizpolitik.
- Scharnier für ein komplexes Mehrebenenspiel, bei dem nationale Regierungen ihre Positionen auf der nationalen Bühne mit denen der EU-Arena eng verknüpfen.

Im Lichte der institutionellen Leitideen kann der Rat als intergouvernemental ausgerichtetes Gremium verstanden werden, das Regierungen zur Durchsetzung nationaler Interessen gegenüber EG-Organen supranationaler Ausrichtung nutzen. Bei seinem „Innenleben" ist nach dieser Sicht eine Machtbalance zwischen den Mitgliedstaaten zu erwarten, die sich zwischen den „großen" und „kleinen" Mitgliedstaaten, aber auch zwischen den „Hauptmächten"[3] einpen-

---
[1] Vgl. u. a. Hayes-Renshaw 2006: 66.
[2] Vgl. insbesondere Hayes-Renshaw 2006: 66; Hayes-Renshaw/Wallace 2006: 4-13.
[3] Link 2006: 36-43.

delt. Der Rat kann aber auch als ein Gemeinschaftsorgan verstanden werden, das zunehmend Entscheidungen mit qualifizierter Mehrheit gegebenenfalls gegen einzelne Mitgliedstaaten trifft; aus einer derartigen Perspektive sind damit ebenfalls Entwicklungen in Richtung einer supranationalen Ausrichtung dieser Institution zu diskutieren.

Abbildung III.3.1: Rat – Institutioneller Steckbrief

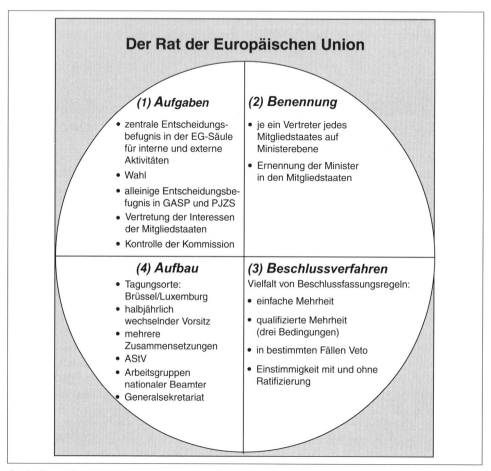

Quelle: Eigene Darstellung.

3.2 Aufgaben: Geschichte und vertragliche Vorgaben

Der Rat wurde bereits im EGKS-Vertrag in die institutionelle Architektur eingeführt, um die Interessen der Mitgliedstaaten gegenüber der Hohen Behörde, der heutigen Kommission, zu vertreten.[4] Im EWG-Vertrag erhielt der Rat in wesentlichen Fragen der Politik- und System-

---

4 Vgl. Hayes-Renshaw 2006: 61; Brunn 2004: 83.

gestaltung die Letztentscheidungsbefugnis. Das ursprüngliche Tandem von Rat und Kommission kann durch die im Brüsseler Sprachjargon entstandene Kurzformel beschrieben werden: „The Commission proposes – the Council disposes". Zwischenzeitlich haben die Mitgliedstaaten in den Vertragsänderungen seit Mitte der achtziger Jahre den Rat bei der Verabschiedung von Rechtsakten der EG zu einem Eckpunkt in dem mit dem EP neu gestalteten institutionellen Dreieck geformt.[5] Innerhalb der ersten Säule verfügt der Rat zwar in der Regel über die endgültige Entscheidungsbefugnis; modifiziert wird diese weiterhin starke Stellung des Rats im Politikzyklus[6] jedoch durch mehrere Faktoren. Von unwesentlichen Ausnahmen abgesehen kann der Rat nach dem Vertrag der EG nur auf Grundlage eines Vorschlags der Kommission tätig werden, wobei er das Recht hat, die Kommission zu einem solchen Vorschlag aufzufordern (Art. 208 EGV). An jeder Sitzung des Rats sowie seiner nachgeordneten Gremien nehmen Vertreter bzw. Beamte der Kommission teil, die den Vorschlag der Kommission ändern können. Beim Vollzug von Rechtsakten kann der Rat die Arbeit der Kommission (Art. 202 EGV) durch nationale Beamte kontrollieren. Dieses System administrativer Durchführungsausschüsse wird als Komitologie bezeichnet.[7]

Bei wesentlichen Zuständigkeiten der EG teilt der Rat seine Entscheidungsrechte in wachsendem Umfang mit dem Europäischen Parlament. Das Mitentscheidungsverfahren (Art. 251 EGV)[8] regelt seine Rolle bei wesentlichen Gesetzgebungskompetenzen, so z. B. in zentralen Fragen des Binnenmarktes. Beim EG-Haushalt bildet der Rat gemeinsam mit dem EP die Haushaltsbehörde.[9] Im Falle von Assoziierungsabkommen mit Drittstaaten (Art. 300 und 310 EGV) und Beitrittsverträgen (Art. 49 EUV) bestimmt das Verfahren der Zustimmung die relative Gewichtung zwischen Rat und Parlament.

Eine im Vergleich zur Mitentscheidung stärkere Rolle spielt der Rat in den Politikfeldern der EG, in denen die Mitgliedstaaten nationale Instrumente koordinieren. Insbesondere in der Wirtschafts- (Art. 99 EGV) und Fiskalpolitik (Art. 104 EGV) bildet der Rat das zentrale Organ für die Entscheidungsprozesse.[10] Auch bei Themengebieten, die mit den Methoden der „offenen Koordinierung" bearbeitet werden,[11] übernimmt der Rat wesentliche Aufgaben und Funktionen.

Die zentrale Rolle des Rats wird auch bei der Wahrnehmung von Wahlfunktionen deutlich. Ernennungen nimmt der Rat im Hinblick auf die Zusammensetzung anderer Organe und Ausschüsse vor – so bei der Bestätigung der Kommission (Art. 214 EGV)[12] sowie bei der Benennung der Mitglieder des EWSA (Art. 259 EGV)[13] und AdR (Art. 263 EGV).[14]

Im Unterschied zum Europäischen Rat unterliegen die Handlungen des Rats in der ersten Säule der Kontrolle des Europäischen Gerichtshofes, der Entscheidungen dieses Organs für „nichtig" erklären (Art. 230 und 231 EGV) bzw. den Rat wegen „Untätigkeit" verurteilen kann (Art. 232 und 233 EGV).[15]

---

5 Vgl. Kapitel II, Abbildung II.7.2.
6 Vgl. Kapitel I.4.2.
7 Vgl. u. a. Pedler/Bradley 2006: 240-257; Diedrichs 2007a: 158; vgl. Kapitel III.4.
8 Vgl. Kapitel IV.2.
9 Vgl. Kapitel IV.3.
10 Vgl. Kapitel IV.4.
11 Vgl. Linsenmann/Meyer 2002; vgl. auch Kapitel IV.4.
12 Vgl. Kapitel III.4.4.
13 Vgl. Kapitel III.6.3.
14 Vgl. Kapitel III.6.4.
15 Vgl. Kapitel III.5.

Seit dem Maastrichter Vertrag ist der Rat als Teil des „einheitlichen institutionellen Rahmens" (Art. 3 EUV) auch für die beiden anderen Säulen der Tempelkonstruktion zuständig. In der GASP (2. Säule) und bei der PJZS (3. Säule) fällt dem Rat im Unterschied zur EG (1. Säule) die alleinige Entscheidungsbefugnis zu, da der Unionsvertrag in diesen Politikfeldern der Kommission und dem Europäischen Parlament lediglich untergeordnete und dem EuGH – bis auf Ausnahmen in der PJZS – keine Zuständigkeit zuteilt. In der GASP ist der Ministerrat nach den Vertragsbuchstaben dem Europäischen Rat untergeordnet (Art. 13 EUV).

Neben Beschlüssen in einzelnen Politikfeldern hat der Rat auch bei der Systemgestaltung – so bei Vertragsänderungen und Beitritten – formal die jeweiligen Rechtsakte zu verabschieden[16] (Art. 48 und 49 EUV), auch wenn der Europäische Rat häufig die Entscheidungen in der Substanz de facto vorweg festschreibt.

In einer kurzen und prägnanten Form listet der Text des Verfassungsvertrags in einer – auch für eine gegenwartsbezogene Darstellung nützlichen Form – die Aufgaben und Zuständigkeiten des Rats auf (siehe Dokument III.3.1).

Dokument III.3.1: Rat – Aufgaben (gemäß Art. I-22 VVE)

Art. I-22 VVE: Der Ministerrat

(1) Der Rat wird gemeinsam mit dem Europäischen Parlament als *Gesetzgeber* tätig und übt gemeinsam mit ihm die *Haushaltsbefugnisse* aus. Er erfüllt Aufgaben der *Festlegung der Politik* und die *Koordinierung* nach Maßgabe der Verfassung.

Hervorhebungen durch den Autor.

Eine besondere Ausprägung bildet der Rat „auf der Ebene der Staats- und Regierungschefs"; er übernimmt spezifische Wahlaufgaben bei der Benennung des Kommissionspräsidenten (Art. 214 EGV) und des Präsidenten der Europäischen Zentralbank sowie außergewöhnliche Entscheidungsrechte – so insbesondere die Aussetzung der Rechte von Mitgliedstaaten (Art. 7 EUV) und den Eintritt in die dritte Stufe der Währungsunion (Art. 121 (3) EGV). Mit einer Ausschilderung als „Rat" unterwerfen sich die Staats- und Regierungschefs im Unterschied zu ihrem Handeln als Europäischer Rat den vertragsrechtlichen Regeln und Bedingungen eines EG-Organs.

Bei der Gestaltung des Vertragswerks zum Rat standen seit Beginn der Integrationskonstruktion die Beschlussfassungsregeln des Rats im Zentrum politischer Kontroversen; insbesondere die Einführung und Anwendung des Abstimmungsverfahren vom Typus der „qualifizierten Mehrheit" wurden intensiv diskutiert; Mitgliedstaaten haben sich in unterschiedlichem Maße in unterschiedlichen Politikfeldern bereit gezeigt, das Risiko eines Überstimmtwerdens einzugehen. Die spezifischen Modalitäten dieser Beschlussfassungsregeln bilden wesentliche Schlüsselfragen im Hinblick auf die Effizienz des Rats und damit auch für die Handlungsfähigkeit des EU-Systems insgesamt. Die Kriterien für eine qualifizierte Mehrheit bildeten auch in den Verhandlungen zum und nach dem Verfassungsvertrag zentrale Themen für die Systemgestaltung. Insbesondere im Hinblick auf die Verteilung von (Stimmen-)Macht zwischen den Mitgliedstaaten waren die vorgelegten Regelungen umstritten.[17]

---

16 Vgl. Kapitel IV.7; Kapitel IV.8.
17 Vgl. Wessels 2005c: 57-65.

Insgesamt sind die Möglichkeiten, einen Rechtsakt mit qualifizierter Mehrheit zu verabschieden, durch Vertragsänderungen quantitativ und im Verhältnis zur Einstimmigkeitsregelung wesentlich ausgedehnt worden (siehe Abbildung III.3.2).

Abbildung III.3.2: Rat – Beschlussfassungsregeln EGKS-VVE

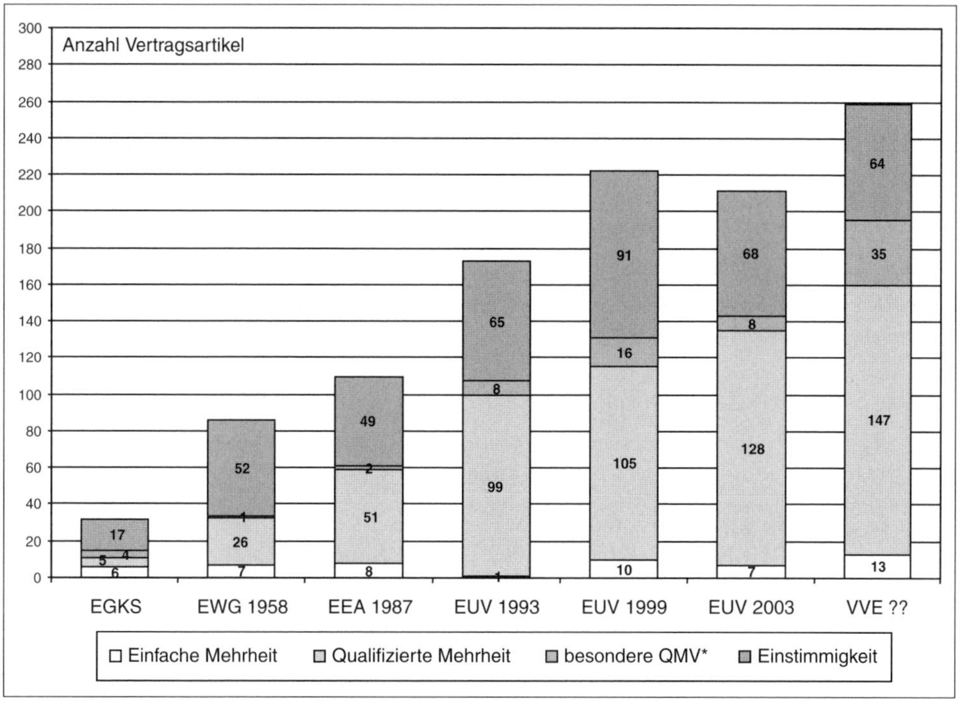

* bei der besonderen qualifizierten Mehrheitsentscheidung werden mehrere Regelwerke gezählt:
  – die QM mit 72 Prozent der Mitglieder und 65 Prozent Prozent Bevölkerungsanteil, wenn Entscheidungen nicht auf Vorschlag der Kommission oder des Außenministers gefällt werden (nach Art. I-25 VVE);
  – qualifizierte Mehrheitsentscheidungen, ausgenommen der betroffene Mitgliedstaat (QM minus 1);
  – qualifizierte Mehrheitsentscheidungen, an denen nur eine Gruppe bestimmter Staaten beteiligt ist, wie z. B. Verstärkte Zusammenarbeit oder Entscheidungen der Eurogruppe.

Quelle: in Anlehnung an Maurer/Wessels 2003b; ergänzt um den EUV 2003 durch Andreas Maurer und um den VVE durch Funda Tekin.

3.3 Zur Analyse der Praxis: Ein Aktivitätenprofil

Die Regierungen haben den Rat und den administrativen Unterbau in allen Aufgabengebieten intensiv genutzt. Abzulesen ist diese Entwicklung zunächst an der Zahl der Sitzungen pro Jahr und der Verabschiedung von Rechtsakten (siehe Tabelle III.3.1). Berücksichtigt man sitzungsfreie Wochen, so trifft der Rat in unterschiedlichen Zusammensetzungen durchschnittlich zweimal pro Woche zusammen.

Die Bilanz zeigt eine Rechtsetzungstätigkeit des Rats, die mit Variationen über die Jahre auf einem hohen Niveau bleibt. Die Arbeitsproduktivität des Rats, d. h. der Output pro Sitzung, schwankt dabei im Durchschnitt zwischen 3 und 5 Rechtsakten pro Sitzung (siehe Ta-

Tabelle III.3.1: Rat – Rechtsakte und Arbeitsproduktivität seit 1997

Jahr	Sitzungen	Angenommene Rechtsakte, davon:					Rechtsakte pro Sitzung
		Verordnungen	Richtlinien	Entscheidungen	Empfehlungen	Gesamt	
1997:	83	209	34	164	3	410	4,9
1998:	94	202	53	196	10	461	4,9
1999:	82	144	44	139	5	332	4,0
2000:	85	182	43	30	7	262	3,1
2001:	77	152	45	30	12	289	3,8
2002:	77	164	149	57	8	370	4,8
2003:	77	189	60	39	12	300	3,9
2004:	76	186	48	44	4	282	3,7
2005:	80	134	62	51	8	255	3,2

Quelle: Gesamtberichte der Kommission, online unter: http://europa.eu/generalreport/de/rgset.htm (Stand 18.06. 2007)

belle III.3.1). Diese Akte werden in Verordnungen, Richtlinien, Entscheidungen und Empfehlungen unterteilt.[18]

Dokument III.3.2: Rat – Arten von Rechtsakten (gemäß Art. 249 EGV)

Art. 249 EGV

Zur Erfüllung ihrer Aufgaben und nach Maßgabe dieses Vertrags erlassen das Europäische Parlament und der Rat gemeinsam, der Rat und die Kommission *Verordnungen, Richtlinien und Entscheidungen*, sprechen *Empfehlungen* aus oder geben *Stellungnahmen* ab.

Die *Verordnung* hat allgemeine Geltung. Sie ist in allen ihren Teilen verbindlich und gilt unmittelbar in jedem Mitgliedstaat.

Die *Richtlinie* ist für jeden Mitgliedstaat, an den sie gerichtet wird, hinsichtlich des zu erreichenden Ziels verbindlich, überlässt jedoch den innerstaatlichen Stellen die Wahl der Form und der Mittel.

Die *Entscheidung* ist in allen ihren Teilen für diejenigen verbindlich, die sie bezeichnet.

Die *Empfehlungen* und Stellungnahmen sind nicht verbindlich.

Hervorhebungen durch den Autor.

Die Schwerpunkte dieser Ratsentscheidungen haben sich über die Jahrzehnte verschoben. Neue Bereiche – wie die GASP sowie die Innen- und Justizpolitik – sind seit dem Maastrichter Vertrag hinzugekommen. Zu den Rechtsakten zählt auch die Verabschiedung von Verträgen mit Drittstaaten. So hat der Rat im Jahr 2006 83 Abkommen verabschiedet.[19]

Die Tagesordnung eines Rats für Allgemeine Angelegenheiten und Außenbeziehungen dokumentiert in einer Momentaufnahme die Breite und Vielfalt der Aktivitäten (siehe Dokument III.3.3).

---

18 Vgl. Kapitel IV.1.
19 Homepage des Rats der EU: Agreements Database, online unter: http://www.consilium.europa.eu/cms3_applications/Applications/accords/search.asp?lang=EN&cmsID=297 (Stand: 21.08.07).

Dokument III.3.3: Rat – Tagesordnung des Rats der EU
(Allgemeine Angelegenheiten und Außenbeziehungen)

Die 2796. Tagung des Rats der Europäischen Union (AUSSENBEZIEHUNGEN)
Vorsitz: der deutsche Bundesminister des Auswärtigen, Herr Frank-Walter Steinmeier.

Auf der Tagungsordnung
– WTO-Verhandlungen
– Golf-Kooperationsrat
– Gipfeltreffen EU-USA
– Sudan/Darfur
– Simbabwe
– Somalia
– Strategie für Zentralasien
– Iran
– Nahost-Friedensprozess
– Aussetzung der Anwendung der Todesstrafe

* * *

Am Rande der Ratstagung
Treffen der EU-Troika auf Ministerebene mit Russland
Tagung des Assoziationsrates EU-Algerien
Treffen der EU-Troika auf Ministerebene mit der Wirtschaftsgemeinschaft der westafrikanischen Staaten
Tagung des Assoziationsrates EU-Libanon

Quelle: Rat der Europäischen Union 2007, 2007a.

Im Hinblick auf Legitimitätsanforderungen gibt der Rat kein gutes Beispiel für die immer geforderte Transparenz der Brüsseler Entscheidungsmaschinerie. Die Öffentlichkeitsarbeit des Rats war immer wieder Gegenstand von Kontroversen.[20] Aus den Beratungen hinter verschlossenen Türen werden in der Regel nur die Ergebnisse bekannt. Der Vorsitz geht jedoch weder vor der Presse in Brüssel, noch bei den Fragestunden des EP auf Details der Verhandlungsprozesse im Rat ein; außerdem geben Politiker unterschiedliche Erläuterungen zum Hergang der Sitzungen.

Seit dem Maastrichter Vertrag ist zumindest der Zugang zu Dokumenten offener geregelt – so ist es seitdem möglich, das Abstimmungsverhalten jedes Mitgliedstaates zu dokumentieren. Beschlossen hat der Europäische Rat 2006 auch eine teilweise Öffnung der Sitzungen (siehe Dokument III.3.4).

---

20 Vgl. u. a. Hayes-Renshaw 2002: 65.

Dokument III.3.4: Rat – Politik der Transparenz

Schlussfolgerungen des Vorsitzes des Europäischen Rats, 16./17. Juni 2006, Brüssel

Anlage I

Eine Allgemeine Politik der Transparenz

Im Interesse noch größerer Offenheit und Transparenz und damit der Rechenschaftspflicht noch besser Genüge getan wird, vereinbart der Europäische Rat die folgenden Maßnahmen, mit denen die Bürger stärker in die Arbeit der Union einbezogen werden sollen:

- *Sämtliche Beratungen des Rats über gemäß dem Mitentscheidungsverfahren zu erlassende Rechtsakte sind öffentlich*, ebenso wie die Abstimmungen und die Erklärungen der Ratsmitglieder zur Stimmabgabe. Der Rat oder der AStV kann in Einzelfällen beschließen, dass die Beratungen nicht öffentlich sein sollen.

- Die *ersten Beratungen des Rats* über nicht gemäß dem Mitentscheidungsverfahren zu *erlassende Rechtsakte, die aufgrund ihrer Bedeutung auf einer Tagung des Rats von der Kommission mündlich vorgestellt werden, sind öffentlich*. Der Vorsitz kann in Einzelfällen beschließen, dass die weiteren Beratungen des Rats über einen bestimmten Rechtsakt öffentlich sind, sofern der Rat oder der AStV nicht etwas anderes beschließt.

- Der Rat hält regelmäßig *öffentliche Aussprachen über wichtige Fragen ab, die die Interessen der Union und ihrer Bürger berühren*. Solche Aussprachen werden nach einem mit qualifizierter Mehrheit gefassten Beschluss des Rats oder des AStV abgehalten. [...]

- Die Beratungen des Rats „Allgemeine Angelegenheiten und Außenbeziehungen" über das *Achtzehnmonatsprogramm und die Beratungen anderer Ratsformationen über ihre Prioritäten* sind öffentlich. Die Ausführungen der Kommmission zu ihrem Fünfjahresprogramm, ihrem jährlichen Arbeitsprogramm und ihrer jährlichen politischen Strategie sowie die anschließende Aussprache sind öffentlich.

Quelle: Europäischer Rat 2006a. Hervorhebungen durch den Autor.

3.4 Benennung und Zusammensetzung: Variationen von Ratsformationen

Der Rat setzt sich je Politikbereich aus den jeweiligen Ressortministern zusammen (siehe Tabelle III.3.2), d. h. es gibt vertragsrechtlich zwar nur einen Rat, dessen Arbeit jedoch in mehreren Formationen erfolgt.

Bis auf die Verteidigungsminister, die aber auch seit der Entwicklung der ESVP Ende der neunziger Jahre[21] informell am Rande eines Rats der Außenminister zusammenkommen, haben alle wichtigen nationalen Ministerien „ihren" Rat. Für die Bereiche, die in Deutschland in die ausschließliche Länderkompetenz fallen (z. B. Kultur), ermöglicht Artikel 203 EGV, dass die Position der Bundesrepublik Deutschland auch von einem der Landesminister vertreten

---

21 Vgl. Kapitel II und IV.5.

Tabelle III.3.2: Rat – Sitzungen in verschiedenen Formationen 1967–2005

	1967	1975	1990	1995	2000	2005
Allgem. Angelegenheiten	7	16	16	14	12	26
Landwirtschaft	8	15	13	10	13	11
Wirtschaft und Finanzen	1	8	10	9	12	11
Arbeit und Soziales	1	2	3	4	6	3
Verkehr	1	2	4	4	5	4
Haushalt[1]	0	3	2	2	2	4
Bildungswesen	0	1	2	2	7	3
Umwelt	0	2	5	4	5	4
Zus. Entwicklungsfragen	0	3	4	2	2	0
Binnenmarkt	0	0	7	2	6	7
Justiz und Inneres	–	–	–	4	5	6
Sonstige	2	6	17	20	10	0
Sitzungen insgesamt	20	57	90	79	85	80
Anz. Formationen	7	12	22	21	19	10[1]

[1] Bei den 10 Formationen wird der Haushaltsrat getrennt ausgewiesen; er kann aber auch dem Rat für Wirtschaft und Finanzen zugeordnet werden.

Quelle: Eigene Zusammenstellung nach http://www.consilium.europa.eu/cms3_fo/showPage.asp?id=339&lang=en (Stand 21.08.07).

wird. Diese Art der Mitwirkung durch die (Bundes-)Länder ist jedoch in der Praxis selten zu beobachten.

Zur Vermeidung einer ausufernden Vielfalt, die bis zu einer Zahl von 22 Zusammensetzungen führte (1990), hat der Europäische Rat von Sevilla 2002 die Zahl der Ratsformationen auf neun reduziert, wobei an „derselben Ratsformation mehrere Minister als Amtsinhaber teilnehmen" können.[22] Dieser Wortlaut ebenso wie die bisherige Praxis lassen erwarten, dass auch weiterhin die meisten Ministerien in Brüssel – gegebenenfalls als Teil eines größeren Rats – aktiv bleiben. Die Zahlen für 2005 lassen jedoch deutlich eine Verringerung in der Anzahl der Zusammensetzungen erkennen (siehe Tabelle III.3.2).

Zur Lösung besonders umfassender Probleme finden gelegentlich auch so genannte „Jumbo-Räte" statt, an denen zwei oder mehr Ressortminister jedes Mitgliedstaates teilnehmen. Die Produktivität dieser Veranstaltungen gilt aber als gering.

Aus diesem Überblick ist jedenfalls zu entnehmen, dass der Rat in seinen unterschiedlichen Zusammensetzungen ein weites Spektrum an Aufgaben öffentlicher Politik behandelt. Diese Differenzierung nach Sektoren unterstützt die Ausgangsbeobachtung einer Aufgabenexpansion des EU-Systems.[23]

In der Struktur der Ratsformationen ist eine gewisse Rangordnung zu beobachten, die sich auch an der Tagungsfrequenz ablesen lässt (siehe Tabelle III.3.2). Der Rat für „Allgemeine Angelegenheiten", in dem sich die Mitgliedsregierungen von dem jeweiligen Außenminister oder auch einem Europa- oder Staatsminister vertreten lassen, sollte nach dem ursprünglichen Verständnis die Koordination verschiedener Ratsformationen übernehmen. Eine umfassende Lenkungsaufgabe haben die Außenminister jedoch in der Regel angesichts der Interessen wichtiger Fachressorts nicht wahrnehmen können. Die Einrichtung eines Rats von spezialisierten Europaministern zur Übernahme der täglichen Koordinierung wird regelmäßig vorgeschlagen,[24] aber angesichts befürchteter Machtverschiebungen in Brüssel und in den nationa-

---

22 Europäischer Rat 2002a, S. 23.
23 Vgl. Kapitel I.1.
24 Vgl. bereits Sasse 1975: 183-197.

*Übersicht III.3.1: Rat – Formationen des Rats
(gemäß Beschluss des Europäischen Rats 2002)*

Bis Juni 2002	Ab Juni 2002
1. Allgemeine Angelegenheiten 2. Entwicklung	1. Allgemeine Angelegenheiten und Außenbeziehungen
3. Wirtschaft und Finanzen 4. Haushalt	2. Wirtschaft und Finanzen
5. Justiz, Inneres und Katastrophenschutz	3. Justiz und Inneres
6. Beschäftigung und Sozialpolitik 7. Gesundheit	4. Beschäftigung, Sozialpolitik, Verbraucherschutz, Gesundheit
8. Binnenmarkt, Verbraucherschutz, Tourismus 9. Forschung	5. Wettbewerbsfähigkeit (Binnenmarkt, Forschung, Industrie)
10. Energie und Industrie 11. Verkehr und Telekommunikation	6. Verkehr, Telekommunikation, Energie
12. Landwirtschaft 13. Fischerei	7. Landwirtschaft und Fischerei
14. Umwelt	8. Umwelt
15. Bildung und Jugend 16. Kultur und Audiovisuelle Medien	9. Bildung, Jugend und Kultur

Quelle: Hartwig 2003: 71, nach den Schlussfolgerungen des Vorsitzes, Sevilla, 21./22. Juni 2002, Anlage II.

len Hauptstädten nicht umgesetzt. Schließlich haben die Staats- und Regierungschefs selbst im Europäischen Rat Leitungs- und Lenkungsfunktionen übernommen.

Nach der Geschäftsordnung des Rats fällt dem (Teil-)Rat für Allgemeine Angelegenheiten nun eine wesentliche Rolle bei der Vorbereitung des Europäischen Rats zu (siehe Dokument III.3.5).

Dokument III.3.5: Rat – Aufgaben des Allgemeinen Rats (gemäß Geschäftsordnung)

Geschäftsordnung des Rats der Europäischen Union

Der Rat „Allgemeine Angelegenheiten und Außenbeziehungen" befasst sich mit den beiden folgenden Bereichen, für die er gesonderte Tagungen mit getrennten Tagesordnungen und eventuell zu unterschiedlichen Terminen abhält:

1. Die Tagung zum Bereich *„Allgemeine Angelegenheiten"* ist der Vor- und Nachbereitung der Tagungen des Europäischen Rats gewidmet, [...].

Im Rahmen dieser Tagung schlägt der Rat „Allgemeine Angelegenheiten und Außenbeziehungen" dem Europäischen Rat ein *mehrjähriges Strategieprogramm* vor. [...]

Darüber hinaus wird im Rahmen dieser Tagung die *Tagesordnung für die Tagung des Europäischen Rats* erstellt.

2. Die Tagung zum *Bereich „Außenbeziehungen"* ist der Gemeinsamen Außen- und Sicherheitspolitik (GASP), der Europäischen Sicherheits- und Verteidigungspolitik (ESVP) sowie Fragen des Außenhandels, der Entwicklungszusammenarbeit und der humanitären

> Hilfe gewidmet. In der Regel wird zwischen dieser Tagung und der Tagung des Europäischen Rats keine sonstige Rats- oder Ausschusstagung mehr abgehalten.
>
> [...]

Quelle: Europäischer Rat 2004. Hervorhebungen durch den Autor.

Eine zweite Aufgabe dieser Ratsformationen besteht in der Behandlung von unterschiedlichen Aspekten im Bereich „Außenbeziehungen".[25]

In der inoffiziellen Ratshierarchie haben die Formationen wichtiger Ressorts an Bedeutung gewonnen; seit Beginn der EWG hat der Agrarrat eine eigenständige Rolle entwickelt, mit dem Maastrichter Vertrag sind aber auch der Rat der Wirtschafts- und Finanzminister (im Brüsseler Sprachgebrauch: „ECOFIN") sowie derjenige der Innen- und Justizminister politisch aufgewertet worden.

Zu einer dritten Gruppe in einer derartigen Hierarchie können Formationen gezählt werden, die ungefähr zweimal pro Präsidentschaft einberufen werden. In diese Kategorie fallen z. B. Arbeit und Soziales, Umwelt und Verkehr.

Die Sitzungen des Rats sind häufig Großveranstaltungen, da die Minister von bis zu sechs Beamten pro Regierung begleitet und unterstützt werden; d. h. bei 27 Mitgliedstaaten können – einschließlich der Beamten der Kommission und des Generalsekretariats des Rats – 180 Personen im Konferenzsaal anwesend sein.

Um zu einer direkten Aussprache bzw. vertraulichen Verhandlung zu kommen, sind deshalb auch Sitzungen im kleineren Kreis (im Brüsseler Sprachgebrauch: „restricted sessions") mit den Ministern und je zwei Beamten oder gar „super-restricted sessions", bei denen nur Minister anwesend sind, vorgesehen. Regelmäßig treffen sich Minister auch zu so genannten „informellen Sitzungen" bei Mittagessen im kleinen Kreis oder zu Wochenend-Klausuren im Staat des jeweiligen Ratsvorsitzenden.

3.5 Beschlussverfahren: Abstimmungsregeln und Praxis

■ *Zum Regelwerk*

Die Beschlussfassungsregeln im Rat und damit auch die Formen der internen Willensbildung weisen eine beträchtliche Variationsbreite auf. Die jeweiligen Verfahren sind dabei in einzelnen Vertragsartikeln geregelt. Für jeden Politikbereich muss deshalb immer konkret geprüft werden, welche Verfahren für den Rat vorgesehen sind. Auch innerhalb eines Sektors können Unterschiede auftreten; so sind z. B. in den Artikeln zur Umweltpolitik (Art. 175 EGV) je nach Anwendungsfall unterschiedliche Verfahren zu beachten.

Eine Beschlussfassung im Rat mit einfacher Stimmenmehrheit, bei der jeder Mitgliedstaat eine Stimme hat, ist immer dann vorgesehen, wenn keine andere Bestimmung im Vertrag vorgeschrieben ist. Diese Fälle sind jedoch angesichts der Risikoscheue der Mitgliedstaaten nur auf Verfahrensfragen beschränkt. Abstimmungen mit einer Mehrheitsanforderung (qualifizierte Mehrheit) und die Einstimmigkeit stellen die Regel dar. Bei Entscheidungen von systemgestaltender Bedeutung – z. B. bei Vertragsänderungen, Beitrittsabkommen und Eigeneinnah-

---

25 Vgl. Kapitel IV.5.

Tabelle III.3.3: Rat – Beschlussfassungsregeln im Rat (gemäß Vertrag von Nizza)

Beschlussfassungsregeln im Rat	Anzahl der Artikel
Einstimmigkeit und Ratifikation	2
Einstimmigkeit	82
2/3 Mehrheit	4
4/5 Mehrheit	1
Qualifizierte Mehrheit (QMV)	139
QMV & Mehrheit der Mitglieder	6
QMV mit Weitergabe an den Europäischen Rat	5
QMV minus 1 (Mitgliedstaat)	1
Einfache Mehrheit	10
Summe	**250**

Quelle: Zusammengestellt von Funda Tekin, basierend auf dem Vertrag von Nizza.

men – ist neben der einstimmigen Beschlussfassung im Rat auch eine Ratifizierung durch die Mitgliedstaaten gemäß der jeweiligen verfassungsrechtlichen Vorschriften erforderlich.[26]

Von besonderem Interesse sind die Regeln zur qualifizierten Mehrheit und die entsprechende Vertragspraxis, da sie die Aufgabe von Souveränitätsvorbehalten zugunsten einer Steigerung der Handlungsfähigkeit des Rats beinhalten. Die Regierungskonferenzen der Mitgliedstaaten haben bei jeder Vertragsänderung der letzten Jahrzehnte diese Form von Mehrheitsabstimmungen auf weitere Politikfelder ausgedehnt (siehe Abbildung III.3.2).

Für die Beschlussfähigkeit des Rats sind dabei die jeweiligen Schwellen für die notwendige „Gestaltungsmehrheit" von zentraler Bedeutung. Aus Sicht einzelner Staaten ist dagegen die umgekehrte Rechnung, nämlich die Möglichkeit von „Sperrminoritäten", häufig noch wichtiger: Sie kalkulieren das Risiko, bei wichtigen Themen der nationalen Politik überstimmt zu werden.

Die Verfahrensbestimmungen sind nicht einfach nachzuvollziehen und erfordern deshalb eine nähere Betrachtung. Zu erklären ist diese Komplexität aus intensiven Kontroversen zwischen den Mitgliedstaaten um ihren jeweiligen relativen Einfluss. Nicht übersehen werden sollten auch bei den Streitpunkten Befindlichkeiten einer „symbolischen Politik": Die in der Stimmgewichtung zum Ausdruck kommenden „Macht" eines Staates muss insbesondere im Vergleich zu anderen „angemessen" erscheinen.

Die gegenwärtig gültigen Regeln sehen für einen Mehrheitsbeschluss des Rats zwei Muss- und ein Kann-Kriterium vor (siehe Übersicht III.3.2). Ein Vergleich mit dem Regelwerk des Verfassungs- bzw. vorgesehenen Reformvertrags hilft bei einer vertiefenden Analyse.

Für die Verabschiedung eines Rechtsakts mit qualifizierter („Gestaltungs-")Mehrheit sind folgende obligatorische Schwellenwerte festgelegt:

▶ die Mehrheit der Mitgliedstaaten;
▶ ein bestimmter Prozentsatz der so genannten „gewogenen" Stimmen.

Das Prinzip der gewogenen Stimmen teilt jedem Mitgliedstaat eine bestimmte Anzahl von Stimmen zu, die sich an der Einwohnerzahl des Staates orientiert (siehe Tabelle III.3.4). Die

---

26 Vgl. auch Kapitel IV.1.

Übersicht III.3.2: Rat – Bedingungen für qualifizierte Mehrheitsentscheidungen (gemäß EUV und VVE)

	Regeln des EUV (von Nizza)	Regeln des Verfassungs- bzw. Reformvertrags (VVE)
Rechtliche Grundlage	Art. 205 EGV; Art. 3 des Protokolls über die Erweiterung der Europäischen Union; Art. 12 der Beitrittsakte	Art. I-25 VVE Art. 9 c (Reformvertrag)
Zahl der Mitgliedstaaten	Mehrheit der Mitglieder (gegenwärtig 14 MS)	Mindestens 55% der MS (min. 15 MS)
Anzahl/Anteil der gewogenen Stimmen	255 (74% von 345)	entfällt
Anteil an der Bevölkerung der Union	Auf Antrag eines Mitglieds: Mindestens 62%	Mindestens 65%
Besondere Sperrminorität	–	Mindestens 4 Mitgliedstaaten

Die Modalitäten für die Rechtsetzungsverfahren, die nicht auf Vorschlag der Kommission getroffen werden, variieren leicht. Die Schwellenwerte liegen allgemein höher (vgl. Art. 205 EGV bzw. Art. I-25(2) VVE).
Quelle: Eigene Zusammenstellung.

Verteilung verläuft degressiv proportional von 29 (z. B. D und F) bis 3 (Malta) Stimmen. Bei der EU mit 27 Mitgliedern beläuft sich die Mehrheitsschwelle auf 74 Prozent von insgesamt 345 Stimmen aller Mitgliedstaaten. Die entsprechenden „Bestimmungen über die Stimmgewichtung im Rat"[27] wurden im Vertrag von Nizza neu geregelt. Die fünf bevölkerungsreichsten Mitgliedstaaten haben in diesem Vertrag erheblich an Stimmen gewonnen: Reichte die Streuung bis Nizza von 2 bis 10 Stimmen, so hat der gegenwärtig gültige Vertrag die Spannbreite von 3 bis 29 Stimmen wesentlich erweitert, ohne damit jedoch eine Gleichwertigkeit der Stimmen der einzelnen Unionsbürger aus jedem Mitgliedstaat vollständig zu erreichen. Die Verteilung dieser Stimmen war in der Gipfelkonferenz von Nizza Gegenstand intensiver Kontroversen zwischen größeren und kleineren Mitgliedstaaten.[28] Aber langwierige Verhandlungen waren auch zwischen Deutschland und Frankreich sowie zwischen Belgien und den Niederlanden zu beobachten. Spanien und indirekt damit auch Polen konnten sich eine relativ überproportionale Stimmenzahl sichern.

Außerdem kann ein Mitglied des Rats beantragen, dass bei einer Beschlussfassung des Rats mit qualifizierter Mehrheit überprüft wird, ob bei Erreichen der ersten beiden Schwellen auch mindestens 62 Prozent der Gesamtbevölkerung (d. h. bei 27 Mitgliedstaaten 299 von 481 Millionen) der Union repräsentiert werden. Falls diese Bedingung nicht erfüllt ist, kommt der betroffene Beschluss nicht zustande. Diese Regelung kam deutschen Wünschen nach einer Berücksichtigung des Bevölkerungsfaktors entgegen.

Die Regierungskonferenz zum Verfassungsvertrag und erneut der Entwurf des Reformvertrags sehen ein zunächst einfacher nachvollziehbares System einer „doppelten Mehrheit" vor, welches die Prinzipien der „Staatengleichheit" und der „Stimmengleichheit" jedes Unionsbürgers anstrebt. Für eine Gestaltungsmehrheit im Rat wären demnach notwendig:

---

27 Art. 3 des Erweiterungsprotokolls IV über die Erweiterung der Europäischen Union und Erklärung der Europäischen Union für die Schlussakte der Konferenz von Nizza.
28 Vgl. Kapitel II.9.1, vgl. auch Wessels 2001b: 12-14.

Tabelle III.3.4: Rat – Stimmgewichte und demografische Repräsentativität
(gemäß Vertrag von Nizza)

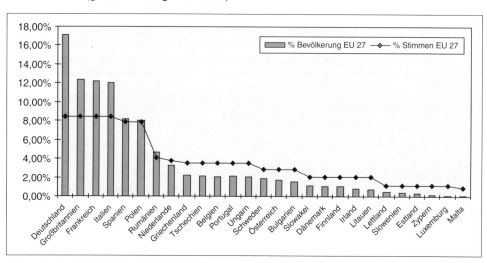

Mitgliedstaat	Bevölkerung EU 27	% Bevölkerung EU 27	Stimmen im Rat	% Stimmen EU 27	Differenz der prozentualen Anteile (Bev.-Stimmen)
Deutschland	82,2	17,09%	29	8,41%	8,69
Großbritannien	59,6	12,39%	29	8,41%	3,99
Frankreich	58,7	12,21%	29	8,41%	3,80
Italien	57,7	12,00%	29	8,41%	3,59
Spanien	39,4	8,19%	27	7,83%	0,37
Polen	38,7	8,05%	27	7,83%	0,22
Rumänien	22,4	4,66%	14	4,06%	0,60
Niederlande	15,9	3,31%	13	3,77%	−0,46
Griechenland	10,5	2,18%	12	3,48%	−1,29
Tschechien	10,2	2,12%	12	3,48%	−1,36
Belgien	10,0	2,08%	12	3,48%	−1,40
Portugal	10,3	2,14%	12	3,48%	−1,34
Ungarn	10,0	2,08%	12	3,48%	−1,40
Schweden	8,9	1,85%	10	2,90%	−1,05
Österreich	8,1	1,68%	10	2,90%	−1,21
Bulgarien	7,5	1,56%	10	2,90%	−1,34
Slowakei	5,4	1,12%	7	2,03%	−0,91
Dänemark	5,3	1,10%	7	2,03%	−0,93
Finnland	5,2	1,08%	7	2,03%	−0,95
Irland	3,8	0,79%	7	2,03%	−1,24
Litauen	3,7	0,77%	7	2,03%	−1,26
Lettland	2,4	0,50%	4	1,16%	−0,66
Slowenien	2,0	0,42%	4	1,16%	−0,74
Estland	1,4	0,29%	4	1,16%	−0,87
Zypern	0,8	0,17%	4	1,16%	−0,99
Luxemburg	0,4	0,08%	4	1,16%	−1,08
Malta	0,4	0,08%	3	0,87%	−0,79
Summe EU 27	480,9	100,00	345	100,00	

* Bevölkerungszahlen differieren je nach Quelle (hinter dem Komma).
Quelle: Eigene Zusammenstellung.

- 55 Prozent der Mitglieder des Rats, die
- mindestens 65 Prozent der EU-Bevölkerung, d. h. bei einer EU der 27 knapp 313 Millionen, repräsentieren müssten.
- Als zusätzliche Bedingungen, die den kleineren Mitgliedstaaten ein relativ größeres Gewicht zusprechen soll, wurde vorgesehen, dass bei dem ersten Kriterium mindestens 15 Mitgliedstaaten zustimmen und im Falle des Bevölkerungsindikators mindestens vier Mitgliedstaaten eine Sperrminorität bilden müssen.

Das im Entwurf des Reformvertrags vorgesehene Regelwerk soll ab 01.11.2014 in Kraft treten (siehe Übersicht III.3.2). Als Resultat kontroverser Verhandlungen mit Polen kann ein Mitgliedstaat jedoch in einer Übergangsphase noch bis 31.10.2017 das derzeit gültige Abstimmungsverfahren nach Nizza erwirken. Zusätzlich kann eine Minderheit von Staaten nach bestimmten Quoren unterhalb der Schwelle einer Sperrminorität einen Aufschub der Abstimmung in Form eines suspensiven Vetos beantragen.

■ *Auswirkungen: Gestaltungsmehrheiten und Sperrminoritäten*

Von besonderem Interesse ist zu erörtern, welche Auswirkungen von den Vertragsregeln auf die Entscheidungsfähigkeit des Rats und damit auch auf die Handlungsfähigkeit der EU in der Praxis zu erwarten sind. Zur Diskussion der Folgewirkungen auf die Verhaltensmuster nationaler Entscheidungsträger können Berechnungen herangezogen werden, die die statistische Wahrscheinlichkeit der Beschlussfähigkeit des Rats aufzeigen (siehe Abbildung III.3.3). Mit den Bedingungen für die qualifizierte Mehrheit, wie sie der gegenwärtig gültige Vertrag von Nizza anführt, sank danach die Wahrscheinlichkeit, eine Gestaltungsmehrheit zu finden, im Vergleich zu den vorausgegangenen Bedingungen erheblich. Damit verringerte sich aber auch

Abbildung III.3.3: Rat – Statistische Gestaltungsmehrheiten im historischen Vergleich

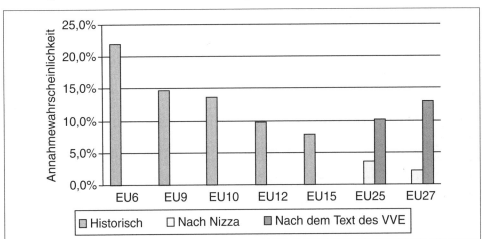

Quelle: Baldwin/Widgrén 2004: 6. Die Balken zeigen die Wahrscheinlichkeit an, mit der ein zufällig ausgewählter Vorschlag vom Ministerrat angenommen wird.[29]

---

29 Vgl. Baldwin/Widgrén 2004: 3; vgl. auch Baldwin/Wyplosz 2004.

Übersicht III.3.3: Rat – Koalitionen für qualifizierte Mehrheiten und Sperrminoritäten (gemäß Vertrag von Nizza und dem VVE) (Stand 2004)

	Anzahl der Staaten	Bevölke-rungs-quote EU-25 Gesamt	Gewogene Stimmen		Gestaltende Mehrheit	Sperr-Minorität
EU-6	6	24%	49,91%	116	36,13%	Nein	Ja
EU-9	9	36%	65,14%	159	49,53%	Nein	Ja
EU-12	12	48%	78,43%	210	65,42%	Nein	Ja
EU-15	15	60%	83,35%	237	73,83%	Ja	Ja
EU-25	25	100%	100%	321	100%	Ja	Ja
NATO-Staaten	19	76%	93,97%	280	87,23%	Ja	Ja
3 größte MS	3	12%	44,46%	87	27,10%	Nein	Ja/Nein[c] / Nein (kein 4. MS)[d]
13 größte MS	13	52%	91,37%	253	78,82%	Ja / Nein[d]	Ja
22 kleinste MS	22	88%	55,54%	234	72,90%	Ja/Nein[c] / Nein[d]	Ja
Eurogruppe	12	48%	66,98%	191	59,50%	Nein	Ja
Mittelmeerraum	5	20%	39,09%	109	33,96%	Nein	Ja
Ostseeanrainer	7	28%	24,19%	68	21,18%	Nein	Nein
Mitteleuropa	9	36%	35,96%	112	34,89%	Nein	Ja / Nein[d]
Neue Beitrittsländer	10	40%	16,65%	84	26,17%	Nein	Nein
MS mit soz. Regierungen[a]	11	44%	58,94%	173	53,90%	Nein	Ja
MS mit kons. Regierungen[a]	14	56%	41,06%	148	46,10%	Nein	Ja
„atlantisches" Europa[b]	11	44%	48,34%	159	49,53%	Nein	Ja
„europäisches" Europa[b]	14	56%	51,66%	162	50,47%	Nein	Ja
Alte Nettozahler	6	24%	51,75%	120	37,38%	Nein	Ja
Kohäsions-fondsländer	19	76%	48,25%	201	62,62%	Nein	Ja

[a] Stand: 13. Juli 2004 ohne Rumänien und Bulgarien.
[b] Gemeint sind mit „atlantisches Europa" die Staaten mit 2004 im Irak stationierten Soldaten. Entsprechend bezeichnet „europäisches Europa" hier die Staaten ohne militärische Beteiligung im Irak. (Stand Juli 2004)
[c] abhängig von einem Antrag auf Überprüfung des Anteils der Gesamtbevölkerung.
Die Einteilungen nach (a) und (b) sind Veränderungen unterworfen. Sie sollen exemplarisch mögliche Gruppierungen nach politischen Trennlinien beleuchten.
[d] geänderte Mehrheiten/Minoritäten nach den Vorgaben des VVE.
Quelle: Eigene Zusammenstellung nach Berechnungen von Ingo Linsenmann und Thomas Latschan 2004.

das durchschnittliche Risiko jedes Mitgliedstaates, überstimmt zu werden. Die im Verfassungsvertrag vereinbarten Abstimmungsverfahren würden dagegen die Wahrscheinlichkeit einer gestaltenden Mehrheit verbessern.

Methodologisch anzumerken ist jedoch, dass der statistisch bestimmte Raum von Abstimmungskombinationen nicht automatisch das Verhalten der Akteure im Rat determiniert, wie die Auswirkungen des Luxemburger Kompromisses auf die Einstimmigkeit als Regelfall zwischen 1966 und 1986 belegen.[30]

Neben diesen statistischen Modellberechnungen lassen sich anhand der Schwellenwerte für die drei Kriterien des gegenwärtigen Regelwerkes mögliche „Koalitionen" von Mitgliedstaaten identifizieren, die jeweils in der Lage sind, Gestaltungsmehrheiten oder, in der Gegenrechnung, Sperrminoritäten zu erreichen (siehe Übersicht III.3.3).

Für realitätsnahe Gedankenexperimente führt Übersicht III.3.3 Konstellationen von Mitgliedstaaten nach Zahl, Geografie, Bevölkerungszahl, parteipolitischer Zusammensetzung der Regierungen und außenpolitischer Positionierung auf und prüft, ob sie Mehrheiten oder Vetoblöcke bilden können.[31] Zu bedenken ist, dass sich die Trennlinien bei der Partei- und außenpolitischen Orientierung kurzfristig ändern können – wie der Regierungswechsel in Spanien 2004 belegt hat. Da Abstimmungen im Rat nur bei der Politikgestaltung möglich sind, wird dabei das Kriterium der integrationspolitischen Grundorientierung eines Staates nicht berücksichtigt, die stärker bei Zustimmung zu Akten der Systemgestaltung zum Tragen kommt.

Aus diesen Zusammenstellungen ergibt sich ein Bild begrenzter Handlungsfähigkeit des Rats. Demnach sind für eine gestaltende Mehrheit im Rat der EU-25 erst die 13 größten Mitgliedstaaten, die ca. 91 Prozent der Bevölkerung repräsentieren, ausreichend. Hingegen reichen die 22 Mitgliedstaaten mit kleinerem und mittlerem Bevölkerungsanteil für eine Annahme nur aus, solange kein Antrag auf Überprüfung der Bevölkerungsquote gestellt wird. Auch können weder die jetzige Eurogruppe mit nur 12 Mitgliedern und erst recht nicht die sechs Gründungsmitglieder der EWG eine Mehrheit im Rat erreichen.

Eine Mehrheit erlangen die 15 „alten" Mitgliedstaaten der EU. Für eine Sperrminorität genügen die 13 Mitgliedstaaten mit den geringsten Bevölkerungsanteilen, die zusammen nur 12,5 Prozent der EU-Bevölkerung repräsentieren, aber auch die drei bevölkerungsreichsten Mitgliedstaaten könnten einen Vetoblock bilden. Keine Sperrminoritäten können von den jetzigen Beitrittsländern und damit auch nicht von den neuen Staaten Mittel- und Osteuropas oder den Ländern des Ostseeraums ausgeübt werden. Das Bevölkerungsquorum (die „Kann-Schwelle") steigert insbesondere die „Vetomacht" der Bundesrepublik Deutschland.

Sperrminoritäten können auch Regierungen aus einer der großen Parteifamilien oder mit gemeinsamen außenpolitischen Grundhaltungen ebenso wie die Nettozahler erreichen.

Aus diesen Konstellationsberechnungen wird deutlich, dass die Mitgliedstaaten als Vertragsarchitekten eher in einer ängstlichen Abwehrhaltung ihren jeweiligen nationalen Einfluss absichern als eine von Vertrauen getragene Selbstsicherheit zu dokumentieren und den Rat entsprechend handlungsfähig zu machen. Diese Haltung schlägt sich auch im Text des Verfassungs- bzw. Reformvertrags nieder: Aus einer vergleichbaren Konstellationsanalyse für die veränderten Schwellenwerte lassen sich nur wenige Veränderungen bei den Möglichkeiten erkennen, Mehrheiten zu erreichen (siehe Übersicht III.3.3: grau ausgewiesene Bereiche).

---

30 Vgl. Engel/Borrmann 1991: 45 f., vgl. auch Kapitel II.
31 Vgl. zu ähnlichen Berechnungen auch Emmanouilidis 2005.

Strategien einer Risikominimierung seitens der Mitgliedstaaten werden nicht nur aus diesen Konstellationsberechnungen, sondern auch in zusätzlichen Vereinbarungen deutlich, die vom rechtlich unverbindlichen Luxemburger Kompromiss bis zu entsprechend vertraglich formulierten „Notbremsen" von Mitgliedstaaten bei Anwendung der qualifizierten Mehrheit im Bereich der GASP reichen.[32]

■ *Zur Vertragspraxis*

Vor dem Hintergrund der Komplexität der Verfahrensbestimmungen und deren potentieller Bedeutung für die Handlungsfähigkeit des Rats ist zu erörtern, ob und gegebenenfalls wie sich die Vertragsbuchstaben auf die Praxis der Beschlussfassung auswirken

Die Bewertung derartiger Regelwerke hängt wesentlich von dem Verhaltensmuster der Mitgliedstaaten ab. Häufig wird für die Ausdehnung der qualifizierten Mehrheit als einer strategischen Schlüsselvariable für die Beschlussfähigkeit des Rats und damit der Handlungsfähigkeit der EU insgesamt plädiert; von Praktikern wird dagegen eingewandt, dass der Rat quasi aus der inneren Logik heraus immer auf Konsens ausgerichtet ist und damit Mehrheitsabstimmungen nur eine „theoretische" Möglichkeit bzw. eine „leere Drohung" darstellen. Im Sinne einer intergouvernementalen Leitidee der institutionellen Architektur ist Konsens auch als die angemessene Verhaltensnorm im Rat zu verstehen, zumal wenn es um wichtige nationale Interessen eines Mitgliedstaats gehen sollte. Je nach politischen Konstellationen können derartige Einstellungen die Normen für angemessenes Verhalten im Rat prägen. So hatte in der Ratspraxis der Luxemburger Kompromiss zur Folge, dass zwischen 1966 und 1985 Beschlüsse bis auf wenige Ausnahmen nur einstimmig zustande kamen.

Gegenüber dieser Erwartung zeigt die Praxis mehrere reale Verhaltensmuster der Regierungen; sie sind aus Daten zur Abstimmungshäufigkeit des Rats und des Abstimmungsverhaltens von Mitgliedstaaten zu gewinnen. Zu diesen „harten" Informationen, die aus den Sitzungsprotokollen des Rats ablesbar sind, gibt es einen nicht eindeutig bestimmbaren Graubereich von nicht offen dokumentierten Abstimmungen; bei derartigen Fällen stellt der Vorsitz fest, dass die Voraussetzungen für einen Beschluss des Rats erfüllt sind. Mögliche Minderheiten von Mitgliedstaaten lassen ihren Widerspruch aus taktischen Gründen nicht protokollieren.[33]

Der vorliegende Befund an Beschlüssen zeigt ein Bild von Normalität und Akzeptanz von Mehrheitsentscheidungen (siehe Abbildung III.3.4).

Beobachtbar ist bei diesen Daten ein Anteil von tatsächlichen zu vertragsrechtlich möglichen Abstimmungen, die in den Jahren seit 1999 zwischen 11 und 21 Prozent schwankt. Die Beschlussfassung mit Mehrheiten ist so als eine durchaus übliche, wenn auch nicht immer unmittelbar genutzte Praxis zu betrachten. Die tatsächlichen Verhaltensmuster von Ministern und Beamten mögen zwar eine deutliche Neigung zur Konsenssuche zeigen, sie wird jedoch durch das Risiko einer möglichen Überstimmung dynamisiert:[34] Verhandlungen im Rat stehen – bei entsprechenden Vertragsregeln – nach Aussagen von beteiligten Akteuren immer im „Schatten" möglicher Abstimmungen.[35] Minister und Beamte müssen bei ihren Verhandlungspositionen deshalb grundsätzlich beachten, nicht marginalisiert zu werden. Entsprechend zielen Regierungen in einer absehbaren Minderheitenposition darauf, sich ihre Zustimmung

---

32 Vgl. Kapitel IV.5.
33 Vgl. Hayes-Renshaw/Wallace 2006: 125-126.
34 Vgl. Maurer/Wessels 2003a; Wallace 2000.
35 Vgl. Hayes-Renshaw/Wallace 2006: 259.

Abbildung III.3.4: Rat – Potentielle und reale Anwendung der qualifizierten Mehrheitsentscheidung

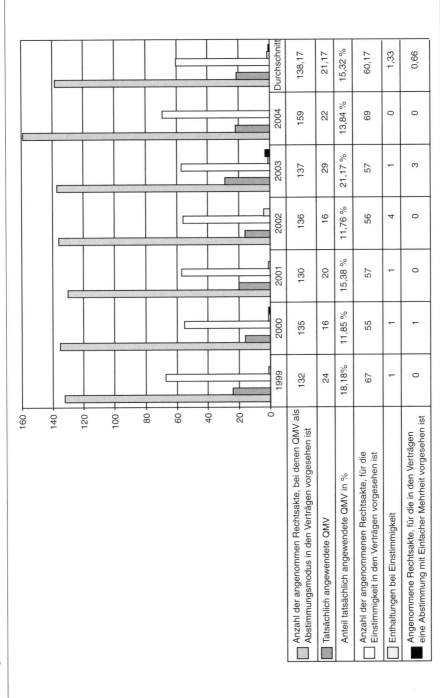

Quelle: Monatliche Aufstellung der Rechtsakte des Rats (aufbauend auf Maurer/Wessels 2003a: 47); vgl. auch Hayes-Renshaw/Wallace 2006: 284

durch ein Entgegenkommen der Mehrheit – zumindest in einigen Punkten – „abkaufen" zu lassen.

Abstimmungen im Rat werden in der Regel nur dann durchgeführt, wenn ein Mitgliedstaat oder wenige Mitgliedstaaten nicht willens oder fähig sind, einen lange gesuchten Kompromiss einzugehen. In der Mehrzahl der dokumentierten Fälle stimmte auch nur ein Mitgliedstaat gegen die Mehrheitsposition. Manchmal signalisieren wohl auch Minister, dass sie aus innenpolitischen Gründen eine Neinstimme oder eine Enthaltung aufrechterhalten wollen, aber insgesamt mit dem verabschiedeten Ratsbeschluss „leben" können.

Analysen der Neinstimmen bzw. der Enthaltungen ergaben keine Gruppierungen oder Koalitionen von durchgängig, d. h. politikfeldübergreifenden, minorisierten Mitgliedstaaten.[36] In der Regel sind sektorspezifische Positionen ausschlaggebend; so hat sich die Bundesregierung zwischen 1998 und 2004 in knapp 50 Fällen enthalten oder eine Gegenstimme abgegeben, davon betrafen 19 Fälle landwirtschaftliche Detailregelungen.[37]

Aus den Vertragsbestimmungen des Nizzaer Vertrags und nach dem Beitritt von 10 weiteren Mitgliedstaaten kann bis 2007 noch nicht endgültig abgelesen werden, ob und wie rechtliche Vorgaben genutzt werden und wie sie sich angesichts der Erweiterung auf zuerst 25 und ab 01.01. 2007 auf 27 Teilnehmer auf die Beschlussfähigkeit des Rats auswirken.

Trotz der Bedeutung des Regelwerks und der darauf aufbauenden Praxis ist die Verhandlungsdynamik im Rat nicht allein, und manchmal auch nicht ausschlaggebend, durch diese institutionellen und prozeduralen Faktoren bestimmt: Bedeutsamer könnte die „Kunst" einer politischen Führung sein, Interessenkonstellationen zwischen den Mitgliedern des Rats verhandlungstaktisch optimal zusammenzustellen. Bei dieser Konsenssuche spielt dabei der Vorsitz des Rats eine zentrale Rolle als „ehrlicher Makler".

3.6 Aufbau, Arbeitsweise und Struktur

Die Binnenorganisation des Rats weist eine breit angelegte und tief differenzierte Struktur auf.

■ *Beamtengremien: Ausprägungen eines administrativen Mehrebenensystems*

Der Rat hat seit seiner Gründung eine zunehmend differenzierte Verwaltungsstruktur entwickelt, deren Rolle zum Verständnis der EU als administratives Mehrebenensystem unverzichtbar ist. Besonders bedeutsam sind dabei die Aufgaben, die nationale Administrationen bei der unmittelbaren Vorbereitung des Rats in seinen unterschiedlichen Formationen übernommen haben. Bei näherer Betrachtung lässt der Befund stark differenzierte Formen von Ausschüssen und Arbeitsgruppen erkennen,[38] deren Entwicklung auch mit dem Unionsvertrag von Nizza nicht als abgeschlossen gelten kann. Diese „grenzüberschreitende Verwaltungspraxis"[39] ist ein wesentlicher Bestandteil der institutionellen Architektur der EU: 2005 waren 162 Ausschüsse und Arbeitsgruppen sowie 121 Unterarbeitsgruppen aufgelistet.[40]

---

36 Vgl. Hayes-Renshaw/Wallace 2006: 282-291.
37 Vgl. Hayes-Renshaw/Wallace 2006: 284.
38 Vgl. generell Bach 2005: 596-604; Wessels 2000a: 212-229.
39 Vgl. generell Wessels 2000a.
40 Vgl. Hayes-Renshaw/Wallace 2006: 70.

Abbildung III.3.5: Rat – Binnenstruktur

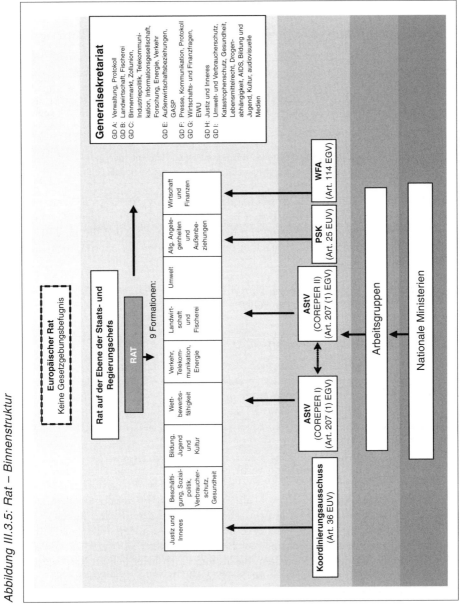

Quelle: Eigene Zusammenstellung in Anlehnung an Hayes-Renshaw/Wallace 2006: 71.

Tabelle III.3.5: Rat – Treffen in der Ratshierarchie 1997–2004

Jahr	Europäischer Rat	Ministerrat	AStV I	AStV II	Arbeitsgruppen
1997	3	80	59	65	2705
1998	2	92	57	59	3140
1999	4	82	56	51	3350
2000	4	87	75	55	3537
2001	5	78+6	76	64	4216
2002	4	76+1	87	69	4420
2003	4+2	77	70	64	4333
2004	4+1	75+1	61	67	3971

+ bedeutet zusätzliche oder außerordentliche Treffen des Europäischen Rats oder des Rats.
Quelle: Hayes-Renshaw/Wallace 2006: 98 (geringfügig abweichende Zählweise zu Tabelle III.3.1).

Oberstes Beamtengremium ist der Ausschuss der Ständigen Vertreter (AStV, im Brüsseler Sprachgebrauch auch nach der französischen Fassung: „COREPER"), in dem die „Botschafter" der Mitgliedstaaten unter Beteiligung von Kommissionsbeamten den Rat in dessen unterschiedlichen Zusammensetzungen vorbereiten und die ihm vom Rat übertragenen Aufgaben ausführen (siehe Dokument III.3.6.).

Dokument III.3.6: Rat – Bestimmungen zum Ausschuss der Ständigen Vertreter (gemäß Art. 207 (1) EGV)

Art. 207 (1) EGV

Ein Ausschuss, der sich aus den *Ständigen Vertretern* der Mitgliedstaaten zusammensetzt, hat die Aufgabe, die Arbeiten des Rates *vorzubereiten* und die ihm vom Rat übertragenen Aufträge *auszuführen*. Der Ausschuss kann in Fällen, die in der Geschäftsordnung des Rats festgelegt sind, Verfahrensbeschlüsse fassen.

Hervorhebungen durch den Autor.

Er ist an der Spitze einer Hierarchie von vorbereitenden Arbeitsgruppen[41] an einer zentralen Scharnierposition zwischen der nationalen und europäischen Ebene angesiedelt. Die Vertragstexte verweisen auf die Doppelnatur sowohl als Gremium der Vertreter der Mitgliedstaaten als auch als Ausschuss, der für die EG und im „einheitlichen institutionellen Rahmen" (Art. 3 EUV) auch für die EU insgesamt Verantwortung trägt. Diese rollenimmanenten Konflikte führen häufig zu einer Selbsteinschätzung der Brüsseler Vertreter als „Ständige Verräter" gegenüber Weisungen aus den Hauptstädten, die als nicht mehrheitsfähig im Rat erscheinen.[42] Die Arbeitsintensität dieses Ausschusses ist beträchtlich: Im Durchschnitt finden mehr als zwei Sitzungen pro Woche statt. Diese Belastung des AStV hat zu besonderen organisatorischen Anpassungsstrategien geführt. Bereits 1962 wurde der Ausschuss in zwei Ebenen geteilt. AStV I (der Stellvertreter) arbeitet primär für die so genannten technischen Räte, AStV II für den Rat „Allgemeine Angelegenheiten und Außenbeziehungen" (der Außenminister) sowie für den Rat der Wirtschafts- und Finanzminister (ECOFIN); er behandelt insgesamt die politisch kontroverseren Themen.[43] Die Bedeutung des AStV wird im Hinblick auf die Beschlussvorla-

---

41 Vgl. Hayes-Renshaw/Wallace 1997: 71f.
42 Vgl. Edwards 1996: 137; Mentler 1996: 109.
43 Vgl. Westlake 1995: 287.

gen für den Rat deutlich: Nach entsprechenden Angaben verabschiedet der Rat ca. 80 Prozent aller Tagungsordnungspunkte als so genannte „A-Punkte",[44] die nicht weiter von den Ministern selbst beraten, sondern aufgrund der Vorlage dieses Beamtengremiums nur „abgesegnet" werden.

Auf einer dritten Ebene der administrativen Ratsstruktur können der Rat, der AStV und die Präsidentschaft weitere vorbereitende Arbeitsgruppen bzw. Ausschüsse einsetzen. Die Zahl und Aufteilung der Arbeitsgruppen hat von zehn (1960) auf über 300 im ersten Jahrzehnt des 3. Jahrtausends zugenommen.[45]

Die Arbeitsgruppen gelten häufig als „Rückgrat" des Rats. 2004 wurden knapp 4 000 Sitzungen gezählt (siehe Tabelle III.3.5).

Unterstrichen wird der vorprägende Einfluss dieser Beamten[46] am Beispiel des Haushaltsausschusses, der dem AStV und dann dem Rat jährlich ein Dokument von 1 200 Seiten mit 6 000 Haushaltslinien vorlegt.

Neben dem AStV arbeiten andere, teilweise hierarchisch gleichrangig besetzte Beamtenausschüsse „ihrem" jeweiligen Fachrat zu. Der „Sonderausschuss Landwirtschaft" hat bereits seit den frühen Jahren der EWG unmittelbaren Zugang zum Agrarrat.[47] Besondere Charakteristika weisen diejenigen Ausschüsse auf, die „unbeschadet des Art. 207", d. h. des AStV, von sich aus Stellungnahmen an ihren jeweiligen Rat richten können.

Dazu gehört als Modellfall der Wirtschafts- und Finanzausschuss (WFA) – der frühere Währungsausschuss (siehe Dokument III.3.7).[48] Die Mitglieder, pro Staat je ein hoher Beamter aus dem Finanzministerium und der Zentralbank sowie zwei aus der Europäischen Kommission und der EZB, sind de jure unabhängig; der Vorsitz wird von den Mitgliedern selbst für zwei Jahre gewählt und verfügt im ECOFIN über ein Rederecht.

Dokument III.3.7: Rat – Bestimmungen für den Wirtschafts- und Finanzausschuss

---

Art. 114 (2) EGV

Der *Wirtschafts- und Finanzausschuss* hat die Aufgabe,

— auf Ersuchen des Rats oder der Kommission oder *von sich* aus *Stellungnahmen* an diese Organe abzugeben;

— die Wirtschafts- und Finanzlage der Mitgliedstaaten und der Gemeinschaft *zu beobachten* und dem Rat und der Kommission regelmäßig darüber Bericht zu erstatten, insbesondere über die finanziellen Beziehungen zu dritten Ländern und internationalen Einrichtungen;

— unbeschadet des Artikels 207 an der *Vorbereitung* der in Artikel 59 [...] genannten Arbeiten des Rats *mitzuwirken* und die sonstigen ihm *vom Rat übertragenen Beratungsaufgaben* und vorbereitenden Arbeiten *auszuführen* [...].

Hervorhebungen durch den Autor.

---

44 Vgl. Hayes-Renshaw/Wallace 2006: 53.
45 Vgl. Wessels/Schäfer 2007.
46 Vgl. Hayes-Renshaw/Wallace 2006: 96-100; Wessels 2003b: 365-368.
47 Vgl. Hayes-Renshaw/Wallace 2006: 94-96; Westlake 1995: 201.
48 Vgl. Linsenmann/Meyer 2003; Hanny/Wessels 1998: 109-126.

Formen und Strukturen des WFA waren Vorbild für neuere Gremien, so z. B. für den Beschäftigungsausschuss (Art. 130 EGV, im Amsterdamer Vertrag eingeführt) und den Ausschuss für Sozialschutz (Art. 144 EGV, im Vertrag von Nizza verankert).

Außerhalb der EG-Säule haben nationale Beamte im „Politischen und Sicherheitspolitischen Komitee" (PSK; Art. 25) mit entsprechenden Arbeitsgruppen[49] sowie im Koordinierungsausschuss für die PJZS (Art. 36 EUV), ebenfalls gestützt durch weitere Beamtengremien, einen eigenen Zugang zu „ihrem" Rat gefunden.

Mit der Initiative zur Europäischen Sicherheits- und Verteidigungspolitik (ESVP) beteiligen sich seit Ende der neunziger Jahre auch Offiziere nationaler Verteidigungsministerien im Militärausschuss und im Militärstab.

■ *Vorsitz: Verantwortung ohne Macht*

Zu den überraschenden Phänomenen der institutionellen Architektur gehören Entstehung und Entwicklung der Ratspräsidentschaft. Ausgehend von einer unscheinbaren Aufgabenliste als halbjährlich rotierender Vorsitz im (Minister)Rat und dessen Gremien (siehe Dokument III.3.8) nimmt sie mittlerweile eine Schlüsselposition bei der System- und Politikgestaltung der Europäischen Union ein.[50] Wie viele institutionelle Rollenzuschreibungen in der EU-Architektur sind auch die Funktionen und das Profil der Präsidentschaft nicht umfassend und eindeutig festgeschrieben, sondern Vertragstext und Praxis eröffnen einen gewissen Spielraum. Diese Interpretationsoffenheit kann für den Vorsitz ein Potential an Gestaltungsmöglichkeiten bieten, das im Rahmen der jeweils bestehenden politischen Lage auf Chancen und Grenzen auszuloten ist. Funktionen und Strukturen sind damit auch – so bei der Formulierung des Verfassungsvertrags – zu einem zentralen Thema bei der Diskussion um institutionelle Reformen geworden.

Dokument III.3.8: Rat – Bestimmungen für den Vorsitz (gemäß EGV)

> **Art. 203 (2) EGV**
>
> Der Vorsitz im Rat wird von den Mitgliedstaaten nacheinander für je sechs Monate wahrgenommen; die Reihenfolge wird vom Rat einstimmig beschlossen.

Grundlage für die zweimal im Jahr wechselnde Präsidentschaft ist ein Rotationssystem, das jeden Mitgliedstaat gleichberechtigt berücksichtigt. Nach intensiven Diskussionen hat der Rat im Dezember 2004 für die Jahre 2007 bis 2020 eine Reihenfolge festgelegt, bei der von einer alphabetischen Abfolge abgerückt wird; stattdessen wird jeweils eine Gruppe gebildet, die sich aus einem größeren Mitgliedstaat, einem kleineren Altmitglied und einem 2004 beigetretenen Mitgliedstaat zusammensetzt, wobei dieses System nicht immer strikt eingehalten werden kann (siehe Übersicht III.3.4)

Aus den Vertragsvorgaben wie auch aus einer langjährigen gelebten Praxis hat sich ein umfassender Katalog an Aufgaben entwickelt (siehe Übersicht III.3.5).

Organisatorisch betrachtet bedeutet eine Präsidentschaft zunächst, dass Regierungschefs, Minister und Beamte des betreffenden Mitgliedstaats für ein Halbjahr auf allen Ebenen der

---
49 Vgl. Kapitel IV.5, Abbildung IV.5.2.
50 Vgl. Thomas/Wessels 2006b; Wessels/Schäfer 2007a; vgl. auch Kapitel III.2.

Übersicht III.3.4: Rat – Wechsel im Vorsitz 2000–2010

2. Halbjahr 2010:	Belgien
1. Halbjahr 2010:	Spanien
2. Halbjahr 2009:	Schweden
1. Halbjahr 2009:	Tschechische Republik
2. Halbjahr 2008:	Frankreich
1. Halbjahr 2008:	Slowenien
2. Halbjahr 2007:	Portugal
1. Halbjahr 2007:	Deutschland
2. Halbjahr 2006:	Finnland
1. Halbjahr 2006:	Österreich
2. Halbjahr 2005:	Großbritannien
1. Halbjahr 2005:	Luxemburg
2. Halbjahr 2004:	Niederlande
1. Halbjahr 2004:	Irland
2. Halbjahr 2003:	Italien
1. Halbjahr 2003:	Griechenland
1. Halbjahr 2002:	Spanien
2. Halbjahr 2002:	Dänemark
2. Halbjahr 2001:	Belgien
1. Halbjahr 2001:	Schweden
2. Halbjahr 2000:	Frankreich
1. Halbjahr 2000:	Portugal

Quelle: Tagung „Allgemeine Angelegenheiten" des Rats, Brüssel 13. Dezember 2004.

Übersicht III.3.5: Rat – Aufgaben und Funktionen des Vorsitzes

- Einberufung und Vorbereitung aller formellen und informellen Treffen auf Minister- und Beamtenebene
- Bereitstellung der Vorsitzenden für jedes Treffen auf sämtlicher Hierarchieebenen
- Ordnungsgemäße Leitung der Sitzung mit „politischem Gespür"
- Sprecher und Verhandlungsführer des Rats gegenüber anderen Institutionen der EU
- Sprecher des Rats gegenüber Drittstaaten
- Steuerung der Außen- und Sicherheitspolitik
- Kompromisssuche bei Kontroversen
- Initiator und Beschleuniger der Arbeiten des Rats

Eigene Zusammenstellung aus der Geschäftsordnung des Rats vom 22. März 2004 und in Anlehnung an Hayes-Renshaw/Wallace 2006: 70.

Ratsstrukturen – vom Europäischen Rat bis zu den Arbeitsgruppen – den Vorsitz in den entsprechenden Organen und Gremien übernehmen.

Angesichts einer erheblichen Wachstums- und Binnendifferenzierung der Ratsstruktur erfordert die zunächst begrenzt erscheinende Aufgabe erhebliche Anstrengungen im Zeitbudget von Politik und Verwaltung. Mehr als 4 000 Sitzungen (siehe Tabelle III.3.5) sind für jedes Halbjahr auf allen Hierarchieebenen vorzubereiten und zu leiten. Für die Rats- und Gremiensitzungen sind jeweils eine doppelte Besetzung von Politikern und Beamten einzuplanen, die sowohl den Vorsitz als auch – die davon streng getrennte – Sprecherrolle des jeweiligen Mitgliedstaats übernehmen. So hat die deutsche Präsidentschaft im ersten Halbjahr 2007 in ungefär 250 Gremien doppelte Positionen auszufüllen.[51]

Langfristig vor dem eigentlichen Präsidentschaftshalbjahr sind die Schwerpunkte des Arbeitsprogramms zu planen, die mit Politikern und Beamten anderer Mitgliedstaaten sowie der Kommission und zunehmend auch dem Europäischen Parlament abgesprochen werden. Die Mehrzahl der Themen auf der Präsidentschaftsliste ergibt sich aus dem fortlaufenden Kalender der Gemeinschaftsaktivitäten und dem dreijährigen Strategieprogramm des Europäischen Rats. Von dem Vorsitz wird dann ein politisches Gespür erwartet, welche Punkte für die Tagesordnung behandlungsnotwendig und „entscheidungsreif" sind, und zu welchen Problemen weitere Bemühungen der Abklärung – gegebenenfalls vor einer Sitzung – unternommen werden sollten. Für eine gute Vorbereitung sind deshalb Gespräche mit Vertretern von denjenigen Mitgliedstaaten einzuplanen, die besondere Schwierigkeiten mit einer Vorlage signalisieren. Die Vorbereitung einzelner Sitzungen erfolgt in Absprache mit dem Generalsekretariat des Rats.

Die eigentliche Sitzungsleitung verlangt mehr als das Abhaken von Tagesordnungspunkten und das Erteilen des Rederechts. Mit Hilfe der Geschäftsordnung sowie mit „politischem Geschick" kann ein „einfühlsamer" und zielgerichteter Vorsitz den Ablauf der Beratungen und Verhandlungen nachhaltig beeinflussen. Erwartet werden intensive Bemühungen zur Konsenssuche – gegebenenfalls auch durch die „Androhung" von Abstimmungen bzw. Verweisung an unter- bzw. auch übergeordnete Gremien und Organe.

Eine besondere Taktik zur Konsenssuche besteht in dem „Beichtstuhlverfahren":[52] Dabei führt der Vorsitz – anstelle einer Plenarsitzung – bilaterale Gespräche mit einzelnen Delegationen, die Einwände gegen einen Entwurf einbringen; dabei kann er vertrauensvoll Rückfallpositionen abfragen und Konsensmöglichkeiten ausloten; im Anschluss werden von dem Vorsitz Vorschläge für Kompromissformeln und gegebenenfalls für umfassende Verhandlungspakete erwartet. Auch die Bildung kleinerer Gruppen von besonders betroffenen Staaten – die so genannten „Freunde der Präsidentschaft" – kann diesem Zweck dienen. Bei der Wahrnehmung dieser Vorsitzaufgaben werden nationale Minister und Beamte in die Rolle eines „neutralen und unparteiischen Vermittlers",[53] oder eines „ehrlichen Maklers" gedrängt, der im Interesse „seines" Organs oder Gremiums die Politik- und gegebenenfalls Systemgestaltung voranzutreiben hat.

Die Aufgabe der Präsidentschaft ist aber nicht nur nach innen gerichtet, sondern erstreckt sich auch auf die Darstellung und Vermittlung der erreichten Ergebnisse des Rats nach außen. Als eine Art „Sprecher" fällt diesem Amt – häufig zusammen mit der Kommission – die Aufgabe zu, die Ergebnisse der Ratssitzungen auf allen Ebenen gegenüber der Presse und insbesondere dem EP zu vertreten. Die Kontakte mit dm Europäischen Parlament haben an Zahl und Anforderungen erheblich zugenommen. So nahmen in der ersten Hälfte des Jahres 2006 Vertreter der österreichischen Präsidentschaft an über 40 Sitzungen des Parlaments bzw. seiner Ausschüsse teil. Zu diesen Aufgaben gehört auch die Beantwortung von schriftlichen und mündlichen Anfragen von Abgeordneten des EP, die durch das Generalsekretariat des Rats vorbereitet werden.

---

51 Vgl. zu diesen und weiteren Zahlen: Wessels/Schäfer 2007a.
52 Vgl. auch Kapitel III.2.
53 Generalsekretariat des Rats 1997: 5.

In den Legislativ- und Haushaltsverfahren übernimmt der Vorsitz auch gegenüber dem EP und der Kommission eine zentrale Aufgabe als Verhandlungsführer des Rats, die in den vertraglich vorgesehenen Vermittlungsausschüssen und in inoffiziellen „Trilogen" mit dem EP wahrgenommen wird.[54]

Als Repräsentant der Europäischen Union wirkt der Vorsitz auch gegenüber anderen Akteuren im internationalen System. In einer nicht immer einfach nachvollziehbaren Arbeitsteilung mit der Kommission ist das Präsidentschaftsland Ansprech- und Verhandlungspartner für andere Regierungen insbesondere in einer – mittlerweile schon zum Markenzeichen des „Auswärtigen Handelns der Union" gewordenen – Vielzahl von „Dialogen" der EU mit Drittstaaten. Die Zahl der Treffen mit Delegationen von Drittstaaten ist beträchtlich: So vertrat die deutsche Präsidentschaft im ersten Halbjahr 2007 die EU auf verschiedenen Ebenen in 200 Sitzungen mit Repräsentanten aus über 40 Drittstaaten.[55]

Eine herausgehobene Rolle hat der Unionsvertrag dem Vorsitz in der Gemeinsamen Außen- und Sicherheitspolitik (GASP), der zweiten Säule des EU-Vertragswerks, zugeschrieben[56] (siehe Dokument III.3.9). Er übernimmt in der GASP weitgehend Aufgaben, die in der EG-Säule der Europäischen Kommission zufallen: Die Präsidentschaft unterbreitet Beschlussvorlagen, sie leitet und moderiert die Sitzungen auf den jeweiligen Ebenen und vertritt die Ergebnisse nach außen – nicht zuletzt gegenüber den Politikern und Diplomaten von Drittstaaten. Die Vertretung gegenüber Nicht-EU-Staaten erfolgt vielfach in Form einer „Troika", die sich – so der Vertrag von Amsterdam (Art. 26 EUV) – aus der jeweiligen Präsidentschaft, dem Hohen Vertreter für die Gemeinsame Außen- und Sicherheitspolitik und einem Mitglied der Europäischen Kommission zusammensetzt.

Dokument III.3.9: Rat – Bestimmungen zum Vorsitz in der GASP (gemäß Art. 18 EUV)

Art. 18 EUV

(1) Der *Vorsitz vertritt* die Union in Angelegenheiten der Gemeinsamen Außen- und Sicherheitspolitik.

(2) Der Vorsitz ist für die *Durchführung* der nach diesem Titel gefassten Beschlüsse verantwortlich; im Rahmen dieser Aufgabe legt er grundsätzlich den *Standpunkt der Union* in internationalen Organisationen und auf internationalen Konferenzen dar.

Hervorhebungen durch den Autor.

Unvorhersehbare Krisen im internationalen System stellen besondere Anforderungen an die Präsidentschaft.

Der Selbstanspruch des Vorsitzes ist – abzulesen an entsprechenden Reden vor dem EP – häufig hoch. Neben der Vorgabe von breit und häufig ehrgeizig gesetzten Zielen versuchen Mitgliedstaaten immer wieder, ihrer jeweiligen Präsidentschaft auch eine besondere historische Rolle zuzuschreiben: So bemühen sich Regierungen, Beschlüsse zum institutionellen bzw. konstitutionellen Ausbau der Europäischen Union, zu programmatischen Zielsetzungen für einzelne Politikfelder oder zu Erweiterungsschritten der Europäischen Union während *ihres*

---

54 Vgl. Kapitel IV.3.
55 Vgl. Thomas/Wessels 2006b.
56 Vgl. Kapitel IV.5.

Halbjahres zur Entscheidungsreife voranzutreiben und damit historische Meilensteine bzw. Wegmarken an Weggabelungen des Integrationsprozesses zu setzen.

Die umfangreichen Aufgaben und erwarteten Funktionen der Präsidentschaft sind jedoch nicht mit starken Machtmitteln gegenüber den Kollegen und Partnern verbunden. Der Vorsitz ist stets an die Zustimmung des Rats gebunden. Die „Vorrechte" sind auf einige interne Verfahren und äußere Repräsentationsfunktionen begrenzt; nach dem allgemeinen Verständnis der Mitgliedstaaten und den praktizierten Normen sind sie auch nur zurückhaltend auszuüben, wenn sie die gewünschte Wirkung in Rat und Beamtengremien erzielen sollen, und wenn dann dem Halbjahr ein Zeugnis als „gute Präsidentschaft" ausgestellt werden soll.[57] Nicht zu überschätzen sind auch die Möglichkeiten, umfassend eigene bzw. neue Prioritäten zu setzen; in vielen Bereichen ist die Tagesordnung durch Vorgaben des Europäischen Rats, das Initiativmonopol der Kommission und Fristen aus Vertragsregeln festgelegt. In der Schwerpunktbildung können zwar eigene Interessen eingebracht werden, diese sollten jedoch mit der mittelfristigen strategischen Planung des Europäischen Rats übereinstimmen. Die Ausübung des Vorsitzes entspricht somit einer Übernahme hoher Verantwortung bei vergleichsweise geringer (Verfahrens-)macht und kann daher auch als „Dynamik in der Zwangsjacke"[58] beschrieben werden.

Angesichts dieser Bedingungen gibt es für eine erfolgreiche Präsidentschaft keine Zauberformel. Zwei idealtypische Muster bzw. Strategien zeichnen sich aus den Erfahrungen der letzen Jahre ab. Den klassisch-konventionellen Typ einer erfolgreichen Präsidentschaft bildet der „Konsensmanager" oder „Kompromissschmied". Ohne Interessen des eigenen Staates explizit und nachhaltig vertreten zu müssen, kann der (nationale) Politiker und Beamte des Präsidentschaftslands eine anerkannte Rolle als „ehrlicher Makler" bzw. als neutraler und unparteiischer Vermittler übernehmen, der bei vorhandenen Kontroversen im Interesse der Union ein Ergebnis bzw. eine Entscheidung erreichen möchte. Er wird – zulasten der üblichen Kommissionsrolle – zum „Motor" europäischer Entscheidungsfindung. Vertretern kleinerer Staaten fällt diese Rolle häufig leichter als den größeren, denen in der Regel eher ein Eigeninteresse unterstellt wird. Die letzte irische Präsidentschaft, die die Unterzeichnung des Verfassungsvertrags erreichte,[59] kann als Modellfall für dieses Muster gelten.

Eine andere Strategie geht von den zur Verfügung stehenden bzw. einzubringenden Ressourcen des Vorsitzes aus. Unter dem Motto *„presidence oblige"* kann der Vorsitz durch das Angebot, eigene Mittel oder Interessen einzubringen, als „Lokomotive" für das Zustandekommen eines Verhandlungspakets dienen. Führung wirkt hier nicht primär durch Vermittlung, sondern durch ein „Präsidentschaftsopfer", das dabei als „Investition" für eine allseits tragfähige Entscheidung zu verstehen ist. Diese Rolle kann eher von größeren Mitgliedstaaten eingenommen werden. Der deutsche Vorsitz von 1999, der einen Kompromiss zu den mittelfristigen Finanzperspektiven fand, kann als Modellfall für dieses Muster gelten. Beide Strategien für einen erfolgreichen Vorsitz können in der Realität auch verknüpft werden.

Diskutiert, aber kaum schlüssig beantwortet, wird häufig die Frage, ob größere Mitgliedstaaten mit mehr eigenen Ressourcen, aber teilweise auch komplizierteren internen Verfahren und weiter gesteckten Interessen neben der Präsidentschaft oder kleinere Mitgliedstaaten mit kürzeren Wegen und nachhaltigem Engagement bessere Leistungen als Vorsitz bringen.[60]

---

57 Vgl. Hayes-Renshaw/Wallace 2006: 68-71.
58 Janning 1997: 285.
59 Vgl. Laffan 2005: 485-491.
60 Vgl. Hayes-Renshaw 2002: 52.

Ein besonderes Problem des rotierenden Vorsitzes stellt die Vertretung der EU nach außen – insbesondere im Bereich der GASP – dar. Vertreter von Drittstaaten haben Schwierigkeiten, sich immer wieder nach sechs Monaten für die kurze Periode auf einen neuen Repräsentanten der Union einzustellen, insbesondere wenn diese von kleineren Mitgliedstaaten kommen. Die Handlungsfähigkeit der EU wird durch den häufigen Wechsel reduziert. Mehrere Versuche, mit einer Troika zu arbeiten, haben sich als wenig tragfähig erwiesen. Die Planung für einen „Hohen Repräsentanten der Union für die Außen- und Sicherheitspolitik", der nach den Vorstellungen des Reformvertrags diese Schwäche der Ratsstruktur überwinden sollte,[61] dokumentiert eine breite Übereinstimmung unter den Mitgliedstaaten, der Union zumindest für eine kontinuierliche Außenvertretung „Gesicht" und „Stimme" zu geben.

Trotz der Mühen und der Kosten einer Präsidentschaft sind die Mitgliedstaaten nachhaltig daran interessiert, ihr jeweiliges Halbjahr zu übernehmen. Diese Rolle wird – insbesondere von kleineren Mitgliedstaaten – gerne genutzt, um ihrem Land innerhalb der EU, aber angesichts der Außenwirkung der Union auch international ein besonderes Profil zu geben. Reformen zur Rolle oder Übernahme des Vorsitzes, die keine gleichberechtigte Rotation als Ausgangspunkt nehmen, haben damit keine Chance auf Verwirklichung.

■ *Generalsekretariat*

Unterstützt werden der Rat und die Präsidentschaft sowie Ausschüsse und Arbeitsgruppen durch ein Generalsekretariat, das funktional nach Politikfeldern gegliedert ist (Abbildung III.3.5) und über einen wachsenden Stab sach- und verfahrenskundiger Beamter verfügt. Den Beamten des Generalsekretariats werden neben Organisations- und Sekretariatsaufgaben wichtige informelle Aufgaben zugeschrieben,[62] die in prozeduraler und inhaltlicher Begleitung der Präsidentschaft und der Koordinierung mehrerer Politikfelder liegen. Dazu gehören auch wichtige beratende Funktionen im legislativen und budgetären „Trilog" mit dem EP und der Kommission. Bei Regierungskonferenzen und bei den beiden Konventen haben erfahrene Juristen des Rats auch wichtige Aufgaben bei der Formulierung von Vertragsänderungen übernommen.[63]

Eine besondere Rolle spielt der Generalsekretär des Rats, der als „Hoher Beauftragter für die GASP"[64] eine aktive Rolle bei der EU-Außenvertretung übernommen hat.[65]

■ *Besonderheiten: Sitzungsort und Sprachenregime*

Die Arbeitsweise des Rats wird auch durch Sitzungsort und Sprachenregime beeinflusst. Dieses Organ tagt – bis auf wenige Sitzungen im ersten Halbjahr in Luxemburg – in einem festungsähnlichen Gebäude im europäischen Viertel in Brüssel, das nach einem belgischen Gelehrten des 16. Jahrhunderts, Justus Lipsius, benannt wurde. Dort stehen Sitzungsräume unterschiedlicher Größe zur Verfügung, die auch Treffen in kleinerem Kreise ermöglichen (siehe Abbildung III.3.6).

Das Sprachenregime ist komplex. Wie beim EP bilden die Sprachen der Mitgliedstaaten auch die Amtssprachen, d. h. alle rechtsgültigen Dokumente müssen in jede Sprache übersetzt werden. Als Arbeitssprachen gelten, nicht unumstritten, Englisch, Französisch und Deutsch –

---

61 Vgl. Kapitel IV.5, Dokument IV.5.10.
62 Vgl. u. a. Hayes-Renshaw 2000: 60.
63 Vgl. u. a. Laffan 2005: 490.
64 Vgl. Kapitel IV.5, Dokument IV.5.6.
65 Vgl. u. a. Kapitel IV.5, Abbildung IV.5.2.

Abbildung III.3.6: Rat – Das Sitzungsgebäude

mit zunehmender Bedeutung des Englischen. Genutzt werden auch auf Arbeitsebene mehrere Sprachkombinationen, bei denen nicht in jede Sprache übersetzt wird. Für ein optimales Arbeiten und Verhandeln haben Beamte das Fachvokabular zu beherrschen. Insbesondere für die notwendigen Beratungen und Verhandlungen vor und außerhalb der offiziellen Sitzungen sind derartige Fähigkeiten für Politiker und Beamte notwendig oder doch zumindest hilfreich.

3.7 Diskussion und Perspektiven

■ *Zur Charakterisierung: intergouvernemental und supranational*

Der Befund zum Rat zeigt ein vielfältiges und kontrastreiches Bild an Rollen im EU-System. Der Rat hat in vielfältigen Ressortformationen legislative, exekutive und koordinierende Funktionen intensiv in einem variierenden und nicht immer konfliktfreien Zusammenspiel mit anderen Organen wahrgenommen.[66] Zu diskutieren ist sowohl aufgrund der Vertragsbuchstaben als auch im Hinblick auf die Praxis, ob der Rat in der institutionellen Architektur eher als intergouvernementales Organ zu verstehen ist, das die Mitgliedstaaten zur Verteidigung ihrer nationalen Souveränität nutzen und dabei nur zu einem beharrenden Verhandeln

---

66 Vgl. Hayes-Renshaw/Wallace 2006: 322-327.

Der Rat der Europäischen Union

(im wissenschaftlichen Sprachgebrauch: „bargaining") ihrer nationalen Interessen bereit sind, oder ob der Rat als Gemeinschaftsorgan zu sehen ist, das ein produktives Argumentieren (im wissenschaftlichen Sprachgebrauch: „arguing")[67] zwischen den Mitgliedstaaten fördert und infolge der Dynamik der Mehrheitsregeln supranationale Rechtsetzungsbefugnisse ausübt.[68]

Der Befund lässt ein „sowohl als auch" sinnvoll erscheinen: Der besondere Charakter dieses Organs liegt darin, horizontal zwischen den Mitgliedstaaten und vertikal zwischen nationaler und Unionsebene einen Ausgleich zu suchen und häufig auch zu finden. Der Rat wirkt als Scharnier zwischen mehreren Ebenen und unterschiedlichen Politikfeldern. Die Beteiligung der Europäischen Kommission, die Mitwirkungsformen des EP und die Kontrollmöglichkeiten des EuGH betten dieses Organ in eine gemeinschaftliche Gewaltenteilung ein. Die Ausweitung der Mehrheitsabstimmungen dokumentieren den Willen der Mitgliedstaaten, im Interesse einer Handlungsfähigkeit der Union auf ein einzelstaatliches Veto zu verzichten – selbst wenn diese Regeln noch durch einen Aufbau von Ausweich- und Rückfallpositionen geprägt werden. Der Output an verbindlichen Rechtsakten und die Beschlussproduktivität verdeutlichen, dass diese Institution ihre Rolle als Vertragsorgan durchaus genutzt und damit den supranationalen Charakter des EU-Systems gestärkt hat. Diese Aspekte lassen häufig Entwicklungen in Richtung eines institutionellen Leitbildes nach einem „fusionierten" Mischtyp erkennen.[69] Diese Charakterisierung, die nicht zuletzt in der komplexen Binnenstruktur und den Arbeitsweisen „hinter verschlossenen Türen" ihren Ausdruck findet, führt zu einer zentralen Problematik der institutionellen Architektur des EU-Systems: Diese Charakteristika des Rats führen nicht nur zu einer mangelnden Transparenz nur dieses Organs, sondern der Politik- und Systemgestaltung insgesamt. Wenn man nicht davon ausgeht, dass die starke Mitwirkung nationaler Politiker und Beamter im Rat bereits eine ausreichende Legitimation für die Entscheidungen des EU-Systems gewährleistet,[70] so stellt der Rat in den Diskussionen um ein Demokratiedefizit der EU ein Kernproblem dar.

■ *Zur Zukunft: Vorschläge aus den Reformdebatten*

In der Debatte um die Zukunft des Rats stehen zwei Themenkomplexe im Vordergrund: die Verbesserung oder zumindest Sicherstellung der Beschluss- und Handlungsfähigkeit in einer EU mit 27 oder mehr Mitgliedern sowie die Erhöhung der Transparenz. Zur Erörterung möglicher Reformperspektiven können Artikel des nicht ratifizierten Verfassungsvertrags relevante Anregungen geben.

Zum Rat schreibt der Verfassungs- bzw. Reformvertrag wesentliche Verfahren fort,[71] aber er plant auch mehrere, teils gravierende Änderungen im Vergleich zu dem jetzt gültigen Vertrag. Besonders umstritten sind die Regeln zur qualifizierten Mehrheit als dem zunehmend bedeutsamen Verfahren zur Beschlussfassung im Rat. Die Anwendungsfälle der vertraglich vorgesehenen Möglichkeiten zu Mehrheitsabstimmungen hätte der Verfassungsvertrag im Vergleich zu den gegenwärtig gültigen Bestimmungen um 44 Artikel erhöht (siehe oben Abbildung III.3.2). Umstritten waren und sind dabei Politikfelder, die als zentral für die Souveränität einzelner Staaten deklariert wurden. Als Ergebnis ist auch für die Zukunft zu konstatieren, dass bei der Politikgestaltung die Außen- und Verteidigungspolitik (Art. I-40 (7) VVE) sowie

---

67 Vgl. zum Gegensatzpaar „Bargaining" und „Arguing" u. a. Risse 2000; Moravcsik 1998; vgl. auch Kapitel III.3.
68 Vgl. auch eine entsprechende Diskussion zum Europäischen Rat Kapitel III.2.
69 Vgl. Kapitel I.4.
70 Vgl. Zu dieser Position Moravcsik 1998.
71 Vgl. u. a. Louis/Ronse 2005; Maurer 2005a; Wessels 2005b.

die Sozial- und Steuerpolitik (Art. III-210 (3) VVE) sowie bei der Systemgestaltung alle Grundentscheidungen der Einstimmigkeit unterworfen blieben.

Neben den Anwendungsfällen für diese Abstimmungsverfahren sind die Kriterien zu Erreichung einer qualifizierten Mehrheit umstritten. Mit den Bestimmungen des Reformvertrags (siehe Übersicht III.3.2) sollte die Handlungsfähigkeit im Hinblick auf die größere Union gestärkt werden; eine derartige Erwartung bedarf aber einer vertieften Diskussion (siehe Abbildung III.3.3 und Übersicht III.3.3).

Zu einer wesentlichen Änderung in der Ratsarbeit würde die im Reformvertrag vorgesehene Einführung eines „Hohen Vertreters der Union für die Außen- und Sicherheitspolitik" gehören: Diese Person soll durch die „Fusion" des Amtes des bisherigen Hohen Repräsentanten und des für Außenbeziehungen zuständigen Vizepräsidenten der Kommission in einem „Doppelhut" wesentliche Aufgaben beim „Auswärtigen Handeln der Union" (Titel V in Teil III des VVE) übernehmen.[72] Unterstützt werden soll der Amtsinhaber dabei von einem neu zu schaffenden „Europäischen Auswärtigen Dienst" (Art. III-296 (3) VVE).

Im Hinblick auf die Arbeitsorganisation des Rats soll der Europäische Rat nach den Plänen zum Reformvertrag die Aufgabe übernehmen, mit der Ausnahme des Rats für Auswärtige Angelegenheiten über die Zusammensetzung der Ratsformationen und den Vorsitz im Rat zu beschließen. Danach sollen Vertreter von jeweils drei Mitgliedstaaten den Vorsitz für einen Zeitraum von 18 Monaten wahrnehmen; diese sollen nach dem vertraglich verankerten Prinzip der gleichberechtigten Rotation festgelegt werden. Wesentliche Schritte zur Verbesserung der Kohärenz und Kontinuität der Ratsarbeit würden von dieser Regelung in der Praxis gegenüber dem Status quo nicht zu erwarten sein. Aufgrund der Profilsuche der Mitgliedstaaten, insbesondere kleinerer Staaten, wäre zu erwarten, dass Versuche, die halbjährlich rotierende Präsidentschaft in allen Ratsformationen zu Gunsten eines längeren hauptamtlichen ausgeübten Vorsitzes aufzugeben, scheitern werden. Nach langen Kontroversen sieht der Entwurf des Reformvertrags vor, einen hauptamtlichen Präsidenten zumindest für den Europäischen Rat[73] und für den neu zu installierenden Hohen Repräsenten einen ständigen Vorsitz im Rat für Auswärtige Angelegenheiten[74] einzuführen, aber für die anderen Formationen soll die Rotation beibehalten werden (Art I-24 (7) VVE).

Zur Transparenz sieht das Dokument vor, dass „der Rat öffentlich tagt, wenn er über Entwürfe zu Gesetzgebungsakten berät oder abstimmt". Der Europäische Rat hat diese Regel bereits vorweg verabschiedet (siehe Dokument III.3.4).[75]

Der Rat wird ein zentrales Testfeld darstellen, ob und wie die EU mit 27 oder mehr Mitgliedern mit oder gegebenenfalls auch ohne weitere Änderungen der Vertragsbestimmungen arbeiten kann.

---

72 Vgl. Wessels 2003d.
73 Vgl. Kapitel III.2.
74 Vgl. Kapitel IV.5, Abbildung IV.5.3.
75 Europäischer Rat 2006a: 23.

3.8 Zur Wiederholung und Vertiefung

■ *Merkpunkte und Stichworte*

▶ Grundkenntnisse
  – Historische Daten
  – Vertragsgrundlage
  – Tagungsort

▶ Aufgaben und Rolleninterpretationen des Rats: Definition und Beispiele
  – als Legislative
  – als Exekutive
  – als Koordinierungsinstanz
  – als internationaler Akteur

▶ Zur Arbeitsweise und Binnenorganisation
  – Allgemeiner Rat: Zusammensetzung und Aufgaben
  – Formationen des Rats
  – Qualifizierte Mehrheit im Vertrag von Nizza und dem Verfassungs- bzw. Reformvertrag: Regeln und Schwellenwerte
  – Sperrminoritäten: Definition und Koalitionen
  – Abstimmungsmuster: Praxis
  – Hochrangige Ausschüsse: Definition und Beispiele
  – Vorsitz: Rotationsprinzip und Aufgaben
  – AStV (COREPER): Definition und Aufgaben
  – Arbeitsgruppen: Aufgaben und Befund
  – Generalsekretariat: Aufgaben und Struktur

■ *Fragen*

▶ Wie kann der Rat als Mehrebenen- und Mehrfeldspieler erfasst und erklärt werden?
▶ Wie kann die Rolle des administrativen Unterbaus erfasst und erklärt werden?
▶ Welche theoretischen Ansätze können für Rolleninterpretationen des Rats genutzt werden?
▶ Ist die Verwendung des Begriffs „fusionierter Mischtyp" hilfreich?

■ *Thesen zur Diskussion*

▶ Eine Ausweitung der Regeln für eine qualifizierten Mehrheit erhöhen die Beschlussfähigkeit des Rats nicht.
▶ Der Vorsitz im Rat und dessen administrativer Unterbau sollten durchgängig hauptamtlich für mindestens zwei Jahre gewählt werden.
▶ Zur Koordinierung des Rats und seiner Gesetzgebungsfunktion ist ein Rat spezialisierter Europaminister einzurichten.
▶ Die Stimmengewichtung im Rat ist undemokratisch.
▶ Der Rat ist gegenüber den EP zu einer wirklichen zweiten Kammer (herab-)zu stufen.
▶ Der Rat ist ein supranationales Organ in intergouvernementaler „Verkleidung".
▶ Der Rat ist ein „intergouvernementaler Wolf" im „Schafspelz" eines Gemeinschaftsorgans.

3.9 Literatur

■ *Online-Quellen*

http://www.consilium.europa.eu
Offizielle Homepage des Rats der Europäischen Union

■ *Einführende Literatur*

Hartwig, Ines/Umbach, Gaby (2007): Rat der Europäischen Union, in: Weidenfeld, Werner/Wessels, Wolfgang (Hrsg.): Europa von A bis Z, Taschenbuch der europäischen Integration, 10. Auflage, Baden-Baden, S. 325-331.
Hayes-Renshaw, Fiona (2006): The Council of Ministers, in: Peterson, John/Shackleton, Michael (Hrsg.): The Institutions of the European Union, 2. Auflage, Oxford/New York, S. 60-80.
Kietz, Daniela (2007): Rat der Europäischen Union, in: Weidenfeld, Werner/Wessels, Wolfgang (Hrsg.): Jahrbuch der Europäischen Integration 2006, Baden-Baden, S. 77-88.

■ *Weiterführende Literatur*

Hayes-Renshaw, Fiona/Wallace, Helen (2006) (Hrsg.): The Council of Ministers, Houndmills/New York.
Thomas, Anja/Wessels, Wolfgang (2006): Die deutsche Verwaltung und die Europäische Union. Berlin – Brüssel – Berlin. Beteiligungs- und Einwirkungsmöglichkeiten deutscher Verwaltungsbediensteter im politischen System der Europäischen Union, Brühl.

■ *Vertiefende Literatur*

Baldwin, Richard/Widgrén, Mika (2004): Winners and Losers under Various Dual-Majority Voting Rules for the EU's Council of Ministers, Brussels (CEPS Policy Briefs Nr. 50).
Elgström, Ole (Hrsg.) (2003): European Union Council Presidencies. A comparative perspective, London u. a.
Maurer, Andreas/Matl, Saskia (2003): „Steuerbarkeit und Handlungsfähigkeit: die Reform des Ratssystems", in: integration 4/2003, S. 438-492.
Tallberg, Jonas (2004): The Power of the Presidency: Brokerage, Efficiency and Distribution in EU Negotiations, in: Journal of Common Market Studies, Vol. 42, Nr. 5, Dezember 2004, S. 999-1022 (24).

4. Die Europäische Kommission

4.1 Eckpunkte im Überblick: Ein zentraler Mitgestalter

Zu den auffälligen Erscheinungen der institutionellen Architektur der EU zählt die Europäische Kommission. Sie wird als eine der „merkwürdigsten Verwaltungen"[1] oder auch als die „originellste" Gründung[2] in der institutionellen Architektur des EU-Systems bezeichnet.

Im Rahmen der Politikgestaltung übernimmt sie wesentliche Aufgaben bei der Vorbereitung, Verabschiedung, Durchführung und Kontrolle von verbindlichen Entscheidungen. Dabei variieren die vertraglichen Aufgabenzuweisungen wie auch die reale Wahrnehmung dieser Funktionen erheblich zwischen den drei Säulen der EU-Tempelkonstruktion; aber auch innerhalb des EG-Vertrags sind unterschiedliche Aktivitätenprofile festzustellen. Bildete die Kommission in den ersten Jahrzehnten der Integrationskonstruktion bei vielen Verfahren ein „Tandem" mit dem Rat, so ist sie aufgrund des wachsenden institutionellen Gewichts des Europäischen Parlaments Teil eines institutionellen Dreiecks geworden. Mit der Aufgabenausweitung des EU-Systems hat sie auch in vielen Politikfeldern, die traditionell dem nationalstaatlichen Handeln der Mitgliedstaaten vorbehalten waren, zusätzliche – nicht immer eindeutig festgelegte – Aufgaben der Unterstützung, Koordinierung und Kontrolle übernommen. Einige ihrer bisherigen Präsidenten – so z. B. Jean Monnet[3] (Frankreich), Walter Hallstein (Deutschland) und Jacques Delors (Frankreich) – gewannen ein Profil als europäische Politiker von geschichtlichem Rang.

Im Hinblick auf Funktionen und Strukturen ist die Kommission nicht einfach in bekannte Typologien einzuordnen: Weder entspricht dieses Organ dem typischen Bild eines Generalsekretariats internationaler Organisationen, noch kann man sie im landläufigen Sinne als eine Regierung der EU beschreiben.

Mit dem Begriff „Mitgestalter" soll die Schlüsselrolle der Kommission in Kernfeldern der EG-Aktivitäten sowie zusätzliche Funktionen in anderen Politikfeldern des EU-Systems erfasst werden.[4]

Aktivitäten und Entscheidungen der Kommission werden sowohl im Alltag des EU-Geschehens als auch in der wissenschaftlichen Literatur häufig kontrovers diskutiert.[5] Legitimität und Handlungsfähigkeit dieses Organs sind regelmäßig Gegenstand intensiver Debatten. Von nationalen Politikern und Medien wird dieses Organ „dort im fernen Brüssel" immer wieder als Symbol einer ausufernden Bürokratie kritisiert und damit häufig als „Sündenbock" für europäische Fehlleistungen genutzt.

Die abwertende Aussage des damaligen französischen Staatspräsidenten De Gaulle, der die Kommission als „aréopage technocratique, apatride et irresponsable"[6] („technokratischer Club vaterlandsloser alter Herren ohne politische Verantwortung") bezeichnete, fand und findet in immer wieder neuen Variationen regen Widerhall in der politischen Diskussion.[7] In der wissenschaftlichen Debatte[8] finden sich Charakterisierungen wie „Eurokratie"[9], „politische (Fu-

---
1 Peterson 2006: 82.
2 Edwards 2006b: 1.
3 Jean Monnet war Präsident der „Hohen Behörde", dem Vorgänger der Europäischen Kommission.
4 Vgl. u. a. Diedrichs 2007a: 156-159.
5 Vgl. u. a. Edwards 2006b: 1-7; Bach 2005: 596-597; Landfried 2005: 305-309.
6 De Gaulle 1965.
7 Vgl. u. a. Thatcher 1993: 747.
8 Vgl. zu einer Typologie Diedrichs/Wessels 2006: 210-214.
9 Spinelli 1966.

Abbildung III.4.1: Europäische Kommission – Institutioneller Steckbrief

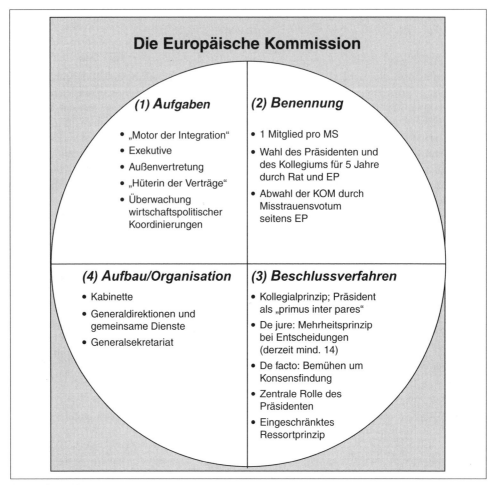

Quelle: Eigene Darstellung.

sions-) Bürokratie"[10] oder auch einer „Megabürokratie"[11]. Gesehen werden die Mitglieder der Kommission aber auch als „neue politische Elite"[12], als „politische Unternehmer im Dienst des „europäischen Gemeinwohls"[13] und als „aktiver Mehrebenenspieler"[14]. Im Kontext des Spannungsbogens dieses Lehrbuches[15] können für die Interpretation des Vertragstextes und für die Erfassung der täglichen Praxis insbesondere vier Leitideen gegenübergestellt werden:[16]

---

10 Bach 2005: 596; vgl. zur Diskussion auch Landfried 2005: 305-309.
11 Wessels 2003b: 358; 2000a: 254.
12 Landfried 2005: 305-367.
13 Bach 2005: 582-585.
14 Diedrichs/Wessels 2006: 213-214; vgl. zum Begriff Mehrebenenspieler Kapitel I.4.3.
15 Vgl. Kapitel I.4.
16 Vgl. Übersicht in: Diedrichs/Wessels 2006: 214.

Die Europäische Kommission

▶ eine föderalistisch inspirierte Leitidee der Kommission als „zukünftige Regierung der EU" (siehe Abbildung I.4.6 (1));
▶ eine intergouvernemental geprägte Leitidee der Kommission als „Agent" bzw. „Diener" oder „Handlungsbeauftragter" nationaler Regierungen (siehe Abbildung I.4.6 (2))[17], der in die Rolle eines – in internationalen Organisationen üblichen – Generalsekretariats hineingedrängt wird;
▶ eine neo-funktionalistisch inspirierte Leitidee der Kommission als „supranationale Technokratie"[18] bzw. „supranationale Verwaltungselite"[19];
▶ eine fusionsgeprägte Leitidee der Kommission als zentraler Mitgestalter in Mehrebenenprozessen.

Angesichts der Bedeutung und der erheblichen Unterschiede bei der geforderten bzw. gewünschten Rollenzuweisung ist es nicht überraschend, dass Zuständigkeiten und Zusammensetzung der Kommission immer wieder im Zentrum institutioneller Reformvorschläge stehen – wie die Debatte um den Verfassungsvertrag erneut dokumentierte.[20]

Für das Erfassen der Rollen dieses zentralen Organs der EU-Architektur ist deshalb eine Nahaufnahme mit Hilfe eines institutionellen Steckbriefs (siehe Abbildung III.4.1) hilfreich.

4.2 Aufgaben: Geschichte und vertragliche Vorgaben

Mit der Einrichtung der Hohen Behörde als unabhängigem Organ nahmen die Vertragsarchitekten der EGKS eine historische Weichenstellung vor:[21] Sie rückten diese Institution in eine zentrale supranationale Position, die bewusst nicht von den Interessen und Präferenzen der Regierungen abhängig sein sollte. Auch die folgenden Vertragsänderungen betonten die „Unabhängigkeit" der Kommission und deren Orientierung am „allgemeinen Wohl der Gemeinschaften" (siehe Art. 213 EGV, Dokument III.4.1).

Dokument III.4.1: Europäische Kommission – Vertragliche Vorgaben zum Profil der Mitglieder

---

Art. 213 EGV:

(1) Die Kommission besteht aus *zwanzig* Mitgliedern, die aufgrund ihrer *allgemeinen Befähigung* ausgewählt werden und volle *Gewähr für ihre Unabhängigkeit* bieten müssen. [...]

(2) Die Mitglieder der Kommission üben ihre Tätigkeit in *voller Unabhängigkeit* zum *allgemeinen Wohl* der Gemeinschaften aus. [...]

Hervorhebungen durch den Autor.

---

17 Vgl. Kassim/Menon 2003: 6; Moravcsik 1998.
18 Vgl. Diedrichs/Wessels 2006: 210.
19 Vgl. Bach 2005: 591.
20 Vgl. Wessels 2005c: 65-66.
21 Vgl. Diedrichs 2007a: 150; Brunn 2004: 70.

Die Römischen Verträge gründeten zusätzliche Kommissionen für die EWG und für Euratom. Erst mit der Fusion der Exekutiven von 1967 wurde eine einzige Kommission geschaffen.[22]

Auf der Grundlage der Vertragsvorgaben (insbesondere Art. 211 EGV, siehe Dokument III.4.2) werden der Europäischen Kommission mehrere Aufgabenbündel zugeschrieben.[23]

Dokument III.4.2: Europäische Kommission – Vertragliche Vorgaben für die Politikgestaltung

---

Art. 8 EGKS-Vertrag:

Die Hohe Behörde hat die Aufgabe, für die *Erreichung* der in diesem Vertrag festgelegten *Zwecke* nach Maßgabe des Vertrags zu sorgen.

Art. 211 EGV:

Um das *ordnungsgemäße Funktionieren und die Entwicklung des Gemeinsamen Markts* zu gewährleisten, erfüllt die Kommission folgende Aufgaben:

– für die *Anwendung dieses Vertrags* sowie der von den Organen aufgrund dieses Vertrags *getroffenen Bestimmungen* Sorge zu tragen;
– *Empfehlungen oder Stellungnahmen* auf den in diesem Vertrag bezeichneten Gebieten abzugeben, soweit der Vertrag dies ausdrücklich vorsieht oder soweit sie es für notwendig erachtet;
– nach Maßgabe dieses Vertrags *in eigener Zuständigkeit Entscheidungen* zu treffen und *am Zustandekommen der Handlungen des Rats und des Europäischen Parlaments mitzuwirken*;
– die *Befugnisse auszuüben*, die ihr der Rat zur Durchführung der von ihm erlassenen Vorschriften überträgt.

Hervorhebungen durch den Autor.

Diese Liste von Funktionen ist in den Vertragstexten wie in der Praxis immer wieder ergänzt worden. Herangezogen werden können auch Formulierungen des Verfassungsvertrags, da diese den gegenwärtig existierenden und auch in Zukunft geplanten Aufgabenkatalog in aussagekräftigen Grundzügen beschreiben.

Im Politikgestaltungszyklus[24] können entsprechend mehrere vertraglich festgelegte Rollen der Europäischen Kommission unterschieden werden.

▶ Bei der „Vorbereitung" gilt die Kommission durch ihr Initiativmonopol als „Motor der Integration". Rat und Europäisches Parlament können in der Regel Rechtsakte zur Gesetzgebung und zum Haushalt nur auf Vorschlag der Kommission beschließen.[25] Diese Organe können die Kommission nur „auffordern [...] geeignete Vorschläge [...] zu unterbreiten" (Art. 192; 208 EGV). Für die Orientierung der Legislativarbeiten wird die Kommission an der mehrjährigen strategischen Programmplanung des Europäischen Rats beteiligt. Durch das Vorschlagsmonopol soll die Kommission „im allgemeinen Interesse" (Art. I-26 VVE)

---

22 Vgl. Kapitel II.5.
23 Vgl. u. a. Diedrichs 2007a: 156-159; Edwards 2006b: 7-9; Hooghe/Nugent 2006: 152-154; Peterson 2006: 83.
24 Vgl. Kapitel I.4.2.
25 Vgl. Kapitel I.4.2, Abbildung I.4.3.

ein Gegengewicht zum Rat bilden, in dem einzelstaatliche Positionen und Präferenzen eingebracht werden.
- In der Phase der „Verabschiedung" von Rechtsakten wird die Kommission in den Beratungen und Verhandlungen des EP und des Rats als Mitgestalter aktiv; je nach Stand des Verfahrens kann sie ihre Vorschläge zurückziehen oder modifizieren; auch in den informellen „Trilogen" und den vertraglich vorgesehenen Vermittlungsausschüssen des Mitentscheidungs- und Haushaltsverfahrens spielt sie eine relevante Rolle.[26]
- In der Phase der „Durchführung" trifft die Kommission als „Exekutive" im Rahmen ihrer Befugnisse verbindliche Beschlüsse: Sie trägt „für die Anwendung des Vertrags sowie der von den Organen aufgrund dieses Vertrags getroffenen Bestimmungen Sorge" (Art. 211 EGV, siehe Dokument III.4.2). Zu diesem Kreis vertraglicher Zuständigkeiten gehören auch die Ausführung des Haushaltsplans (Art. 274 EGV) und die Verwaltung von Programmen. Bei einzelnen Instrumenten der Wettbewerbspolitik und der Außenhandelspolitik kann sie in eigener Zuständigkeit verbindliche Entscheidungen treffen (siehe Art. 88 EGV). Im Rahmen dieser Aktivitäten wird die Kommission durch Ausschüsse nationaler Beamter kontrolliert bzw. unterstützt. Angesichts mancher Kritik an der Kommissionsbürokratie ist zu erwähnen, dass die Kommission über keine eigene Vollzugsverwaltung „vor Ort" verfügt. EG-Recht wird von nationalen, regionalen und kommunalen Behörden und Beamten umgesetzt.
- In der Funktion als Exekutive nimmt die Kommission auch die „Vertretung der Union" nach außen wahr, wobei ihr diese Aufgabe nicht für die GASP (2. Säule) zugewiesen wird.[27] Unter anderem kann sie durch den Rat ermächtigt werden, auf der Grundlage eines Mandats seitens des Rats Verhandlungen mit Drittstaaten oder internationalen Organisationen zu führen (siehe Dokument III.4.3).

Dokument III.4.3: Europäische Kommission – Vertragliche Befugnisse für die Außenvertretung

---

Art. 133 (3) EGV:

Sind mit einem oder mehreren Staaten oder internationalen Organisationen Abkommen auszuhandeln, so legt *die Kommission dem Rat Empfehlungen vor*, dieser ermächtigt die Kommission zur Aufnahme der erforderlichen *Verhandlungen*. [...] Die Kommission *führt diese Verhandlungen* im Benehmen mit einem zu ihrer Unterstützung vom Rat bestellten besonderen Ausschuss nach Maßgabe der Richtlinien, die ihr der Rat erteilen kann. [...]

Hervorhebungen durch den Autor.

- In der Phase der „Kontrolle" überwacht die Kommission als „Hüterin der Verträge" unter der Rechtsprechung des Gerichtshofs die Anwendung des Vertragsrechts („Primärrecht") und die auf dieser Grundlage gefassten Beschlüsse („Sekundärrecht"). Mit der Wahrnehmung dieser Rolle ist sie ein wesentlicher Gestalter der EG als „Rechtsgemeinschaft".[28]

---

26 Vgl. Kapitel IV.2; Kapitel IV. 3.
27 Vgl. Kapitel IV.5.
28 Vgl. u. a. Hallstein 1979.

Die Vertragsänderungen der letzten Jahrzehnte haben bei der „Aufgabenexpansion der EU" die Zuständigkeiten der Kommission erweitert und in ihren Schwerpunkten verschoben. So haben die Mitgliedstaaten als „Herren der Verträge" der Kommission in wirtschafts-, fiskal- und sozialpolitischen Bereichen besondere Aufgaben für eine „multilaterale Überwachung" (siehe Dokument III.4.4) nationaler Aktivitäten übertragen.[29]

Dokument III.4.4: Europäische Kommission – Vertragliche Befugnisse bei der wirtschafts-, fiskal- und beschäftigungspolitischen Koordinierung

---

Art. 99 EGV

(3) Um eine engere Koordinierung der Wirtschaftspolitik und eine dauerhafte Konvergenz der Wirtschaftsleistungen der Mitgliedstaaten zu gewährleisten, überwacht der Rat anhand von *Berichten der Kommission* die wirtschaftliche Entwicklung in jedem Mitgliedstaat [...].

Zum Zwecke dieser multilateralen Überwachung *übermitteln die Mitgliedstaaten der Kommission* Angaben zu wichtigen einzelstaatlichen Maßnahmen auf dem Gebiet ihrer Wirtschaftspolitik sowie weitere von ihnen für erforderlich erachtete Angaben.

Art. 104 EGV

(2) *Die Kommission überwacht* die Entwicklung der Haushaltslage und der Höhe des öffentlichen Schuldenstands in den Mitgliedstaaten im Hinblick auf die Feststellung schwerwiegender Fehler.

Art. 128 EGV

Anhand eines gemeinsamen Jahresberichts des Rats und *der Kommission* prüft der Europäische Rat jährlich die Beschäftigungslage in der Gemeinschaft und nimmt hierzu Schlussfolgerungen an.

Hervorhebungen durch den Autor.

Auf den Politikfeldern, die die Mitgliedstaaten durch EU-Institutionen in der 2. und 3. Säule behandeln, hat die Kommission – nach Jahren einer nur geduldeten Teilnahme – im Maastrichter Vertrag auch ein Vorschlagsrecht bzw. eine Ko-Initiative erhalten (siehe Dokument III.4.5).[30] Im Bereich der GASP (2. Säule)[31] und der PJZS (3. Säule)[32] hat der Vertrag die Kommission „in vollem Umfang beteiligt" (vgl. Art. 18 EUV; Dokument III.4.5). Die Kommission erhält einen Status, der mit „Juniorpartner" charakterisiert wird.[33]

---

29 Vgl. Kapitel IV.4.
30 Vgl. Kapitel IV.5.
31 Vgl. Spence 2006b: 356-395.
32 Vgl. Lewis/Spence 2006: 293-312.
33 Diedrichs 2007a: 159.

Dokument III.4.5: Europäische Kommission – Vertragliche Befugnisse in der GASP und in der PJZS

Art. 18 EUV (GASP)

(1) Der Vorsitz vertritt die Union in Angelegenheiten der Gemeinsamen Außen- und Sicherheitspolitik.

(2) Der Vorsitz ist für die Durchführung der nach diesem Titel gefassten Beschlüsse verantwortlich; im Rahmen dieser Aufgabe legt er grundsätzlich den Standpunkt der Union in internationalen Organisationen und auf internationalen Konferenzen dar.

(4) Die *Kommission* wird an den Aufgaben nach den Absätzen 1 und 2 [in Angelegenheiten der Gemeinsamen Außen- und Sicherheitspolitik; Anm. d. Autors] *in vollem Umfang* beteiligt. Der Vorsitz wird gegebenenfalls von dem Mitgliedstaat, der den nachfolgenden Vorsitz wahrnimmt, bei dieser Aufgabe unterstützt.

Art. 22 EUV (GASP)

(1) Jeder Mitgliedstaat oder die *Kommission* kann den Rat mit einer Frage der Gemeinsamen Außen- und Sicherheitspolitik befassen und ihm Vorschläge unterbreiten.

Art. 36 EUV (PJZS)

(2) Die Kommission wird *in vollem Umfang* an den Arbeiten in den in diesem Titel genannten Bereichen [der Polizeilichen und Justiziellen Zusammenarbeit in Strafsachen; Anm. d. Autors] beteiligt.

Hervorhebungen durch den Autor.

In Fragen der Systemgestaltung wird der Kommission bei Vertragsänderungen und Beitrittsabkommen eine Vorschlags- bzw. Anhörungsfunktion (Art. 48; 49 EUV) zugestanden (siehe Dokument III.4.6).[34]

Dokument III.4.6: Europäische Kommission – Vertragliche Befugnisse bei Vertragsänderungen und Beitrittsabkommen

Art. 48 EUV

Die Regierung jedes Mitgliedstaats oder die *Kommission* kann dem Rat Entwürfe zur Änderung der Verträge, auf denen die Union beruht, vorlegen.

Gibt der Rat nach Anhörung des Europäischen Parlaments und gegebenenfalls der *Kommission* eine Stellungnahme zugunsten des Zusammentritts einer Konferenz von Vertretern der Regierungen der Mitgliedstaaten ab, so wird diese vom Präsidenten des Rats einberufen [...].

---

34 Vgl. Kapitel IV.7; IV.8.

> **Art. 49 EUV**
>
> Jeder europäische Staat, der die in Artikel 6 Absatz 1 genannten Grundsätze achtet, kann beantragen, Mitglied der Union zu werden. Er richtet seinen Antrag an den Rat; dieser beschließt einstimmig nach *Anhörung der Kommission* und nach Zustimmung des Europäischen Parlaments, das mit der absoluten Mehrheit seiner Mitglieder beschließt.

Hervorhebungen durch den Autor.

Im Hinblick auf eine Legitimitätsfunktion bieten die Vertragstexte nur indirekte Vorgaben; mit den Bestimmungen zur „Unabhängigkeit" und der Ausrichtung auf das „allgemeine Wohl der Gemeinschaften" (Art. 213 EGV; siehe Dokument III.4.1) bzw. die Förderung der „allgemeinen Interessen der Union" (Art. I-26 VVE, siehe Dokument III.4.7) kann die Kommission als „Vertreter eines europäischen Allgemeinwohls" verstanden werden.[35] Außerdem erhält sie doppelte indirekte Legitimation durch den Wahlmodus.

Für eine knappe, aber umfassende Beschreibung und Auflistung vertraglicher Aufgaben und Befugnisse gibt der Verfassungsvertrag (Art. I-26 VVE) einen nützlichen Überblick (siehe Dokument III.4.7).

Dokument III.4.7: Europäische Kommission – Aufgaben und Befugnisse gemäß Verfassungsvertrag

> **Art. I-26 VVE:**
>
> (1) Die Kommission fördert die *allgemeinen Interessen* der Union und ergreift *geeignete Initiativen* zu diesem Zweck.
>
> – Sie *sorgt* für die *Anwendung* der Verfassung sowie der von den Organen kraft der Verfassung erlassenen Maßnahmen.
> – Sie *überwacht die Anwendung* des Unionsrechts unter der Kontrolle des Gerichtshofs der Europäischen Union.
> – Sie *führt* den *Haushaltsplan* aus und *verwaltet die Programme*.
> – Sie übt nach Maßgabe der Verfassung *Koordinierungs-, Exekutiv- und Verwaltungsfunktionen* aus.
> – Außer in der Gemeinsamen Außen- und Sicherheitspolitik und den übrigen in der Verfassung vorgesehenen Fällen nimmt sie die *Vertretung der Union nach außen* wahr.
> – Sie leitet die *jährliche und die mehrjährige Programmplanung der Union* mit dem Ziel ein, interinstitutionelle Vereinbarungen zu erreichen.
>
> (2) Soweit in der Verfassung nichts anderes festgelegt ist, darf ein *Gesetzgebungsakt* der Union *nur auf Vorschlag der Kommission* erlassen werden. Andere Rechtsakte werden auf der Grundlage eines Kommissionsvorschlags erlassen, wenn dies in der Verfassung vorgesehen ist. [...]

Hervorhebungen durch den Autor.

---

35 Bach 2005: 582.

4.3 Zur Analyse der Praxis: Ein Aktivitätenprofil

Der Befund in der Praxis dokumentiert eine aktive und extensive Wahrnehmung der Vertragsrechte seitens der Kommission. Das Aktivitätenprofil der Kommission (siehe Tabelle III.4.1) lässt eine regelmäßige wöchentliche Arbeitsleistung und einen beachtlichen Output an Initiativen und Beschlüssen erkennen. Diese können nach Phasen des Politikzyklus der EG[36] und nach Säulen aufgeschlüsselt werden.

Tabelle III.4.1: Europäische Kommission – Aktivitätenprofil

	1997	1998	1999	2000	2001	2002	2003	2004	2005	2006
Zusammenkünfte der Kommission	48	47	46	45	44	46	48	45	43	43
Vorschläge für Richtlinien, Verordnungen und Beschlüsse bzw. Entscheidungen	555	576	405	594	456	516	491	526	411	482
Empfehlungen							3	5	6	7
(Memoranden), Mitteilungen und Berichte	283	293	301	304	297	265	459	260	288	324
Grünbücher*				0	6	3	6	6	14	10
Weißbücher**				0	4	0	1	2	2	2
Durch die Kommission angenommene Rechtsakte***	1435	1367	1417	1213	1286	1303	1293	1244	1305	k. A.

* Grünbücher sind von der Kommission veröffentlichte Mitteilungen, die zur Diskussion über einen bestimmten Politikbereich dienen (vgl. http://europa.eu/documents/comm/index_de.htm).
** Weißbücher enthalten Vorschläge für ein Tätigwerden der Gemeinschaft in einem bestimmten Bereich. Sie folgen zuweilen auf Grünbücher (vgl. http://europa.eu/documents/comm/index_de.htm).
*** Unberücksichtigt bleiben Rechtsakte, die im Amtsblatt der Europäischen Union nicht veröffentlicht wurden oder nicht im Fettdruck erscheinen (zeitlich begrenzte Rechtsakte, die die laufende Verwaltung betreffen).
Quelle: Eigene Zusammenstellung in Anlehnung an die Gesamtberichte über die Tätigkeit der Europäischen Union 1997-2006.

■ *Vorbereitung: Motor der Integration*

Anhand dieser Daten wird eine zentrale Rolle der Kommission als „Motor der Integration" bei der Vorbereitung verbindlicher Entscheidungen deutlich: Sie identifiziert Probleme und formuliert Beschlussvorlagen für Rechtsakte. Damit setzt sie die Agenda für die beiden anderen Organe im institutionellen Dreieck. Von besonderer Bedeutung sind ihre Vorlagen für die Gesetzgebung der EG[37] und für den jährlichen Haushaltsplan.[38] Zur Erarbeitung ihrer eigenen Überlegungen nutzt sie Grün- und Weißbücher zu bestimmten Politikbereichen, die unverbindliche, zumeist politisch ausgerichtete Positionen zur Diskussion stellen, von denen jedoch oft wichtige Impulse für die spätere Rechtsetzung ausgehen (siehe Übersicht III.4.1).

Die Tagesordnung setzt die Kommission aber nicht losgelöst von dem politischen Kontext. Gewichtige Anregungen erhält die Kommission seitens des Europäischen Rats, der vielfältige Orientierungen und Leitlinien vorgibt, aber auch seitens des EP und darüber hinaus durch Interessengruppen, Lobbys und Vertretern der Zivilgesellschaft.[39] Die Kommission

---

36 Vgl. Kapitel I.4.
37 Vgl. Kapitel IV.2.
38 Vgl. Kapitel IV.3.
39 Vgl. u. a. Mazey/Richardson 2006: 279-292.

Übersicht III.4.1: Europäische Kommission – Grün- und Weißbücher 2003 – 2005 (Auswahl)

	Grünbücher	**Weißbücher**
2003	(Auswahl; insgesamt: 6) • Unternehmergeist in Europa • Europäische Raumfahrtpolitik	(insgesamt: 1) • Die Raumfahrt: Europäische Horizonte einer erweiterten Union Aktionsplan für die Durchführung der europäischen Raumfahrtpolitik
2004	(Auswahl; insgesamt: 6) • Beschaffung von Verteidigungsgütern • Die gegenseitige Anerkennung von Überwachungsmaßnahmen ohne Freiheitsentzug im Ermittlungsverfahren • Angleichung, die gegenseitige Anerkennung und die Vollstreckung strafrechtlicher Sanktionen in der Europäischen Union	(insgesamt: 2) • Dienstleistungen von allgemeinem Interesse • Überprüfung der Verordnung (EWG) Nr. 4056/86 über die Anwendung der EG-Wettbewerbsregeln auf den Seeverkehr
2005	(Auswahl; insgesamt: 14) • Erb- und Testamentsrecht • Zukunft des europäischen Migrationsnetzes • Schadensersatzklagen wegen Verletzung des EU-Wettbewerbsrechts	(insgesamt: 2) • Austausch von Informationen über strafrechtliche Verurteilungen und deren Wirkung innerhalb der Europäischen Union • Finanzdienstleistungspolitik für die Jahre 2005-2010

Quelle: Europäische Kommission, online unter: http://europa.eu/documents/comm/green_papers/index_de.htm und http://europa.eu/documents/comm/white_papers/index_de.htm.

selbst hat den Prozentsatz der ausschließlichen Kommissionsinitiativen auf fünf bis zehn Prozent geschätzt.[40]

Die konkreten Vorlagen für Rechtsakte werden in der Regel nicht allein von der Kommission ausgearbeitet, sondern in speziellen Expertengruppen und beratenden Ausschüssen[41] vorbereitet, in denen auch Beamte aus den Mitgliedstaaten, Verbandsvertreter und unabhängige Sachverständige vertreten sind. Die Liste der durch die Kommission eingesetzten über 1700 Expertengruppen (siehe Tabelle III.4.2)[42] belegt die intensive Vorbereitung der Kommission über wesentliche Politikfelder.

Die Kommission bedient sich dieser Gremien und anderer informeller Treffen zur Informationssammlung und Optionensichtung sowie für eine erste Konsensbildung.[43] Sie bemüht sich damit, in einem frühen Stadium des Politikzyklus eine „Kameraderie unter Experten" zu bilden. Die Ausstattung der Kommission mit „guten" Ratschlägen für ihre Vorlagen wird dadurch erheblich verbessert. Dieser Gewinn seitens der Kommission ist jedoch auf Dauer nur durch einen Politikstil möglich, der nationale Beamte an der Problemverarbeitung im eigenen Gestaltungsraum zumindest indirekt beteiligt. Eine derartige Strategie der Verflechtung[44] beruht auf einem informellen Verfahren der Einbindung von nationalen Beamten und weiteren Experten; diese reduziert (ohne de jure-Festlegungen) die de facto-Autonomie aller Beteiligten

---

40 Die Schätzungen wurden vom Kabinett Santer anlässlich einer Sitzung des Europäischen Rats zum Thema „Subsidiarität" im Oktober 1998 in Pörtschach präsentiert; vgl. Peterson 1999: 59.
41 Vgl. Bünder/Friedrich 2004; Wessels 2003b: 363f.
42 Vgl. Thomas/Wessels 2006a: 87.
43 Vgl. Poullet/Déprez 1976: 116ff.
44 Vgl. Bellier 1997: 114; Westlake 1995: 127; Poullet/Déprez 1976: 120.

Tabelle III.4.2: Europäische Kommission – Eingesetzte Expertengruppen und Komitologieausschüsse (2004)

Generaldirektion	Experten-gruppen	Komitologie-ausschüsse
Generalsekretariat der Kommission	4	–
Juristischer Dienst	1	–
Politischer Beraterstab	7	–
Presse und Kommunikation	3	–
GD Wirtschaft und Finanzen	16	–
GD Unternehmen und Industrie	137	30
GD Wettbewerb	25	–
GD Beschäftigung, soziale Angelegenheiten und Chancengleichheit	156	6
GD Landwirtschaft und ländliche Entwicklung	65	31
GD Verkehr und Energie	106	40
GD Umwelt	163	35
GD Forschung	188	3
GD Gemeinsame Forschungsstelle	3	–
GD Informationsgesellschaft und Medien	73	10
GD Fischerei und maritime Angelegenheiten	40	3
GD Binnenmarkt und Dienstleistungen	47	11
GD Regionalpolitik	58	2
GD Steuern und Zollunion	109	10
GD Bildung und Kultur	113	9
GD Gesundheit und Verbraucherschutz	156	13
GD Justiz, Freiheit und Sicherheit	56	10
GD Außenbeziehungen	20	3
GD Handel	5	11
GD EuropeAid – Amt für Zusammenarbeit (inkl. GD Entwicklung)	32	9
GD Erweiterung	5	2
GD ECHO – Amt für humanitäre Hilfe	82	1
GD Personal und Verwaltung	9	–
GD Haushalt	4	1
GD Dolmetschen	7	–
GD Amt für Betrugsbekämpfung	12	1
Statistisches Amt (Eurostat)	–	7
Insgesamt	**1702**	**248**

Quelle: Eigene Darstellung in Anlehnung an den Bericht der Kommission über die Tätigkeiten der Ausschüsse im Jahre 2004: http://eur-lex.europa.eu/LexUriServ/site/de/com/2005/com2005_0554de01.pdf (abgerufen am 27.06.2007); Thomas/Wessels 2006a: 87.

zugunsten der Zunahme an Mitgestaltungsmöglichkeiten europäischer und nationaler Administrationen für den weiteren Verlauf der jeweiligen Verfahren. Zu beobachten ist häufig, dass dieselben nationalen und europäischen Beamten, die in den Expertengruppen noch unverbindlich über Probleme diskutieren, denselben Vorgang erneut und regelmäßig in den Arbeitsgruppen des Rats und in den Durchführungsausschüssen behandeln.

Berücksichtigt man die vielfältigen Formen der Einflussnahme auf die Kommission und deren eigene Strategie der frühzeitigen Einbindung, so ist die reale Autonomie der Kommission bei der Ausübung des Initiativmonopols in der Praxis begrenzter als aus der Vertragslektüre allein zu erwarten ist.[45]

---

45 Vgl. Wessels 2003b: 372; Peterson 2002: 89; Schmidt 2001.

- *Mitwirkung bei der Verabschiedung von Rechtsakten*

Bei der Verabschiedung von Rechtsakten ist die Kommission durch eine regelmäßige Teilnahme und intensive Mitwirkung in den Ausschüssen des Parlaments sowie im Rat und dessen administrativen Unterbau umfassend beteiligt. Der reale Einfluss der Kommission variiert dabei beträchtlich: ihre Mitgestaltungsmöglichkeiten in der Praxis werden durch die vertraglichen Entscheidungsregeln und die Ausstattung mit Instrumenten im jeweiligen Politikbereich sowie durch die Fähigkeiten des zuständigen Kommissars und seiner Beamten in den verhandlungspolitischen Konstellationen geprägt. Auch bei dem Verfahren der Mitentscheidung zwischen EP und Rat hat die Kommission eine gewichtige Rolle behalten bzw. errungen.

- *Exekutive und Außenvertretung*

Als Exekutive führt die Kommission den EG-Haushalt in eigener Verantwortung aus. Sie verwaltet Ausgaben von 210 Mrd. Euro (2004)[46], insbesondere in den Agrar- und Strukturfonds, für Forschungsprojekte, aber auch für humanitäre Sofortmaßnahmen.

Im Rahmen der vom Vertrag oder vom Rat an sie delegierten Befugnisse kann die Kommission auch selbständig Richtlinien, Verordnungen und Entscheidungen erlassen, insbesondere im Bereich des Binnenmarkts und der Agrarpolitik (siehe Tabelle III.4.1).

Um ihre Interessen angemessen auch in dieser Phase des Politikzyklus einzubringen, haben die Mitgliedstaaten durch den Rat ein differenziertes System von Ausschüssen, die so genannte „Komitologie"[47], geschaffen, in denen Beamte nationaler Ministerien nach mehreren Verfahren über konkrete Durchführungsbeschlüsse der Kommission mitbestimmen (siehe Tabelle III.4.2). Wie bei den Expertengruppen wird die Breite der Politikbereiche deutlich, in denen Kommission und nationale Verwaltungen gemeinsam aktiv werden. Beratende Ausschüsse bilden die schwächste und Regelungsausschüsse die stärkste Form der Mitwirkung nationaler Beamter.

Zu beachten ist jedoch, dass die Kommission bei allen Verfahren über eine starke Position verfügt, da die Beamten der nationalen Verwaltungen in den Ausschüssen eine qualifizierte Mehrheit erreichen müssen, um die jeweiligen Vorlagen der Kommission zu verändern bzw. abzulehnen. In der Praxis entscheiden nationale und Kommissionsbeamte meist im Konsens.[48] Angesichts der komplexen Verfahren, die hinter „verschlossenen Türen" stattfinden, wird regelmäßig der Vorwurf mangelnder demokratischer Kontrollmöglichkeiten über dieses administrative Geschehen erhoben.[49]

Aus diesen Verfahren gehen pro Jahr rund 3000 Beschlüsse hervor, die in ca. 1000 Treffen der 248 Komitologieausschüsse (siehe Tabelle III.4.2) verabschiedet werden.[50]

Eine aktive und zentrale Rolle hat die Kommission regelmäßig in den Außenbeziehungen der EG gespielt. Sie leitete Verhandlungen zum GATT und der WTO und über die Assoziierungsabkommen mit Drittstaaten; sie entwickelt auch immer wieder neue Konzepte – so zur Entwicklungspolitik und zur Europäischen Nachbarschafts- und Partnerschaftspolitik.[51]

---

46 Vgl. Kapitel IV.3.
47 Vgl. u. a. Pedler/Bradley 2006: 235-262.
48 Vgl. u. a. Wessels 2003b.
49 Bünder/Friedrich 2004; Gerken/Schick 2003.
50 Vgl. Bünder/Friedrich 2004; vgl. auch den Bericht der Europäischen Kommission über die Tätigkeit der Ausschüsse 2004: http://eur-lex.europa.eu/LexUriServ/site/de/celex/2005/5DC/COM_2005_586de.html.
51 Vgl. u. a. Diedrichs 2007c: 95-97; Spence 2006b; Kapitel IV.4

Die Europäische Kommission

In Bereichen eigener Zuständigkeit verfügt die Kommission auch über autonome Entscheidungsbefugnisse, die sie unabhängig vom Rat ausübt, vor allem hinsichtlich ihrer Selbstorganisation sowie im Bereich des Wettbewerbs- und Kartellrechts (Art. 88 (1), (2) EGV).

▪ *Kontrolle: Hüterin der Verträge*

Als „Hüterin der Verträge" übernimmt die Kommission – im langen Schatten der Rechtsprechung des EuGH – eine zentrale Kontrollaufgabe bei der Umsetzung und Durchführung des Primär- und Sekundärrechts. Eine wesentliche Grundlage ist das Vertragsverletzungsverfahren (Art. 226 EGV). Diese Bestimmungen umfassen mehrere Tatbestände und sehen mehrere Verfahrensschritte vor. Tabelle III.4.3 belegt die Zunahme an Kommissionsaktivitäten, die sowohl auf die Zunahme von Mitgliedstaaten als auch auf das Wachstum an verbindlichen Rechtsakten zurückzuführen ist. Die Kommission hat die Zahl sowohl erster (Mahn-)Schreiben an die Mitgliedstaaten als auch die mit Gründen versehene Stellungnahmen zwischen 1980 und 2004 versechsfacht. Als Folge dieses Vorgehens sah sie sich dann in erheblich weniger Fällen gezwungen, zum Instrument einer Klage zu greifen; doch hat die Klagehäufigkeit gegenüber einzelnen Mitgliedstaaten zugenommen. Die Kommission hat 1980 nur eine Klage gegen die Bundesrepublik Deutschland erhoben, während sie 2003 18 Fälle vor den EuGH brachte.[52]

Die meisten dieser Urteile des EuGH führen im Sinne der Rechtsauffassung der Kommission zur Verurteilung der Mitgliedstaaten. 2005 sind von 136 Fällen nur fünf abgewiesen worden, in 131 Fällen wurden Mitgliedstaaten verurteilt.[53] Auch zur Überprüfung der Rechtmäßigkeit des Handelns anderer EG-Organe kann die Kommission Klage vor dem EuGH erheben (Art. 230 EGV).

Tabelle III.4.3: Europäische Kommission – Einleitung von Vertragsverletzungsverfahren gegen Mitgliedstaaten

	EG insgesamt		
	Schreiben	**MGvS**	**Klagen**
1980	227	68	28
1990	964	279	78
2000	1317	460	172
2004 (EU 15)	1552	533	215

Quelle: Europäische Kommission, Jahresberichte über die Kontrolle der Anwendung des Gemeinschaftsrechts, verschiedene Jahrgänge. MGvS: Mit Gründen versehene Stellungnahme.

▪ *Überwachung der (wirtschafts-)politischen Koordinierung*

Der konventionelle Katalog an Kommissionstätigkeiten deckt aber nicht das gesamte Aktivitätenprofil dieses Organs ab. Von zunehmender Bedeutung und politischer Brisanz wurden die Begutachtungs- und Überwachungsfunktionen in neueren Politikfeldern der EG; so ist die Kommission in zentralen Phasen der Anwendung des Stabilitäts- und Wachstumspakts[54] ge-

---

52 Vgl. Europäische Kommission, Jahresberichte über die Kontrolle der Anwendung des Gemeinschaftsrechts, verschiedene Jahrgänge.
53 Vgl. Kapitel III.5.
54 Vgl. Kapitel IV.4.

gen Mitgliedstaaten vorgegangen,[55] aber auch bei „weichen" Formen der Zusammenarbeit in der Beschäftigungspolitik hat sie ausführlich Stellung bezogen und ein eigenes Profil entwickelt.[56] In den Bereichen der „offenen Methode der Koordinierung"[57] hat dieses Organ wesentliche Orientierungs- und Lenkungsfunktionen übernommen.[58] Diese Entwicklung in der Praxis entsprach nicht ersten Vermutungen, die eine Schwächung der Kommission durch diese neuen Verfahren erwarteten.[59] Die Kommission selbst setzt immer wieder Prioritäten bei dem koordinierten Vorgehen bei Wachstum, Wettbewerbsfähigkeit und Beschäftigung.[60] Das Lissabonner Programm[61] verfolgt sie mit besonderem Nachdruck.

▪ *Aktivitäten in der 2. und 3. Säule*

In der GASP und der PJZS ist die Kommission in der Praxis umfassend in allen Gremien vertreten, jedoch benutzt sie ihr Initiativrecht in beiden Politikfeldern nur zurückhaltend. Zu GASP-Fragen hat die Kommission seit dem Maastrichter Vertrag formal keine Initiative eingebracht, während sie in Fragen der Innen- und Justizpolitik aktiver geworden ist. Zwischen 1993 und 2005 hat die Kommission im Bereich des „Raums der Freiheit, der Sicherheit und des Rechts" 89 Vorschläge eingebracht.[62]

Im Bereich der GASP wird ihre Rolle nicht nur durch den Vorsitz des Rats, sondern auch durch den wachsenden Einfluss des „Hohen Repräsentanten für die GASP" begrenzt.[63] Die Aufgaben der Kommission in Angelegenheiten des „Raums der Freiheit, der Sicherheit und des Rechts"[64] haben die Regierungen jedoch angesichts der Attentate in New York 2001, Madrid 2004 und London 2005 immer wieder ergänzt.[65]

Insgesamt ist die Rolle der Kommission in diesen Politikbereichen nicht nur nach den Bestimmungen des Vertragstexts, sondern auch in der Praxis weniger gewichtig als in der ersten Säule.

▪ *Beteiligung an Vertragsänderungen und Beitrittsabkommen*

Bei der Systemgestaltung lässt der Befund der Kommissionsaktivitäten erhebliche Unterschiede in der Praxis erkennen. Bei Vertragsänderungen erwiesen sich die Vorschläge der Kommission – nach einer gewissen Leitliniengebung bei der Einheitlichen Europäischen Akte – in den Regierungskonferenzen seit Maastricht als wenig wegweisend, da sie in der Regel im Prozess des Aushandelns zwischen nationalen Interessen keine eigenständige Bedeutung gewinnen konnte.[66] Beim Europäischen Konvent zur Zukunft Europas haben die beteiligten Mitglieder der Kommission intensiv mitgewirkt, jedoch wurden Vorschläge seitens dieses Organs von anderen Teilnehmern als wenig hilfreich verstanden.[67] Erreicht hat die Kommission bei den Vertragsänderungen zwar die Ausdehnung ihrer Befugnisse auf neue Politikfelder; insgesamt

---

55 Vgl. Diedrichs 2007c: 93-95.
56 Vgl. Linsenmann/Meyer 2002; www.govecor.org; vgl. auch Kapitel IV.4; Linsenmann/Meyer/Wessels 2007.
57 Vgl. Kapitel IV.4.2.
58 Vgl. Pochet 2005; Radaelli 2003; Dyson/Featherstone 1999.
59 Vgl. Europäische Kommission 2001b.
60 Vgl. Diedrichs 2007c: 93.
61 Vgl. Kapitel IV.4.
62 Recherche bei EurLex, online unter: http://eur-lex.europa.eu/.
63 Vgl. Diedrichs 2007a: 159 und Kapitel IV.5.
64 Vgl. Kapitel IV.6.
65 Vgl. u. a. Diedrichs 2007c: 94-95.
66 Vgl. Christiansen 2003; Moravcsik 1998; vgl. auch Kapitel IV.7.
67 Vgl. Norman 2003: 167f.

kann der Kommission jedoch bei Schritten zur Vertiefung keine nachhaltige Rolle als Motor der Integration zugeschrieben werden.

Bei den Verfahren zur Erweiterung hat die Kommission dagegen die Vorbereitung und Durchführung der Beitrittsverhandlungen wesentlich geprägt und entsprechende Beschlüsse des Europäischen Rats nachhaltig beeinflusst.[68]

Im Hinblick auf die Wahrnehmung der Kommission in der Öffentlichkeit und dem Vertrauen seitens der Unionsbürger werden erhebliche Defizite festgestellt. In der öffentlichen Wahrnehmung variiert das Bild der Kommission beträchtlich. Verbunden wird die Reputation in der Regel mit dem Ruf ihres jeweiligen Präsidenten, der in der Geschichte der Kommission erheblichen Schwankungen unterworfen war.[69] Einige Persönlichkeiten, wie Monnet, Hallstein und Delors, erreichten eine breitere Öffentlichkeit. Der Kommission Santer wurde aufgrund der Korruptionsvorwürfe und des dann erfolgten Rücktritts eine besondere Medienaufmerksamkeit zuteil.

4.4 Benennung und Zusammensetzung: Mehrstufiger Wahlakt

Angesichts der Fülle an Aufgaben und Befugnissen ist das Verfahren zur Ernennung der Kommission (Art. 214 EGV) von hoher politischer Relevanz, wie auch die Kontroversen um die Artikel des Verfassungsvertrags zur Zusammensetzung der Kommission erneut belegten.[70]

■ *Kontroverse um Größe und Zusammensetzung der Kommission*

Bei der Debatte um die Größe der Kommission stehen sich zwei Prinzipien gegenüber: die Sicherstellung der internen Beschluss- und Handlungsfähigkeit, deren Optimum bei 15 Mitgliedern angesetzt wird, und das Kriterium der nationalen Repräsentanz, bei dem jeder Staat ein Mitglied für dieses Organ vorschlagen kann. Angemahnt wird dabei durchgängig eine Gleichberechtigung aller Mitgliedstaaten (siehe Dokument III.4.8). Damit stehen sich auch zwei Prinzipien von Legitimität gegenüber: angemessene „nationale" Repräsentativität und eine erwartete höhere Output-Legitimität in Form einer verbesserten Handlungsfähigkeit.

Zur Zusammensetzung der Kommission sehen die Bestimmungen des Vertrags seit Nizza vor, dass zunächst der Kommission ein Staatsangehöriger jedes Mitgliedstaats angehört. Mit diesen Bestimmungen gaben die größeren Mitgliedstaaten (D, F, I, GB, E) das Recht auf, ein zweites Mitglied vorzuschlagen.

Angesichts der Erweiterung auf 27 Staaten haben diese Vertragbestimmungen die Zahl der Kommissionsmitglieder nicht auf die Größe einer überschaubaren Mannschaft verringert. Jedoch ist bei einer Gesamtzahl von 27 Staaten eine Reduzierung der Größe und dazu eine „gleichberechtigte Rotation" zwischen den Mitgliedstaaten vorgesehen, die der Rat „nach der Unterzeichnung des Beitrittsvertrags des siebenundzwanzigsten Mitglieds einstimmig festlegt". Nach dieser – sorgfältig ausgehandelten – Formulierung soll dann das „demografische und geografische Spektrum der Gesamtheit der Mitgliedstaaten der Union auf zufrieden stellende Weise zum Ausdruck" kommen (siehe Dokument III.4.8). Außerdem soll die „Auszeit" für einen Mitgliedstaat nur für jeweils eine Amtszeit der Kommission gelten.

---

68 Vgl. Lippert 2004 und Kapitel IV. 8.
69 Vgl.u. a. Peterson 2006: 82-84.
70 Vgl. Wessels 2005c; Norman 2003.

Dokument III.4.8: Europäische Kommission – Vertragliche Bestimmungen zur Anzahl der Mitglieder (gemäß EUV)

> **Art. 4 des Protokolls 10 des EUV**
> **zur Erweiterung der Europäischen Union**
>
> 3. Der Rat legt nach der Unterzeichnung des Beitrittsvertrags des siebenundzwanzigsten Mitgliedstaats der Union einstimmig Folgendes fest:
>
> – die *Zahl* der Mitglieder der Kommission;
> – die Einzelheiten der *gleichberechtigten Rotation*; diese umfassen sämtliche Kriterien und Vorschriften, die für die automatische Festlegung der Zusammensetzung der aufeinander folgenden Kollegien auf der Grundlage folgender Grundsätze erforderlich sind:
>
> a) Die Mitgliedstaaten werden bei der Festlegung der Reihenfolge und der Dauer der Amtszeiten ihrer Staatsangehörigen in der Kommission *vollkommen gleich* behandelt; demzufolge kann die Gesamtzahl der Mandate, welche Staatsangehörige zweier beliebiger Mitgliedstaaten innehaben, niemals um *mehr als eines* voneinander abweichen;
>
> b) vorbehaltlich des Buchstabens a ist jedes der aufeinander folgenden Kollegien so zusammengesetzt, dass das *demographische und geografische Spektrum der Gesamtheit der Mitgliedstaaten* der Union auf zufrieden stellende Weise zum Ausdruck kommt.

Hervorhebungen durch den Autor.

Der Text des Verfassungsvertrags schlägt ein nur leicht abweichendes Verfahren vor (Art. I-26 (6) VVE). Mit diesen Bestimmungen im bestehenden EU-Vertrag und im Verfassungsvertrag haben sich insbesondere kleinere Mitgliedstaaten mit ihrem Anspruch auf eine umfassende und gleichberechtigte Vertretung durchgesetzt.

■ *Das Ernennungsverfahren*

Zur Wahl der Kommission sehen die Vertragsbestimmungen ein mehrstufiges Verfahren vor (siehe Abbildung III.4.2).

Die Amtszeit der Kommission von fünf Jahren wird mit der Legislaturperiode des EP verknüpft. Nach den EP-Wahlen durch die Unionsbürger, die alle fünf Jahre in der zweiten Juniwoche[71] stattfinden, schlägt der „Rat in der Zusammensetzung der Staats- und Regierungschefs"[72] dem Europäischen Parlament einen Kandidaten für das Amt des Kommissionspräsidenten vor. Bereits vor dieser Regelung im Vertrag von Nizza haben die Staats- und Regierungschefs in der Praxis der letzten Jahrzehnte die (Aus-)Wahl des Kommissionspräsidenten vor jeder Amtsperiode selbst getroffen. Um die Auswahl einer geeigneten Persönlichkeit gab es immer wieder Kontroversen, die dann häufig zur Ernennung eines weniger profilierten Kompromisskandidaten führten. Die Liste bisheriger Amtsträger (siehe Übersicht III.4.2) lässt eine breite Auswahl von Persönlichkeiten unterschiedlicher nationaler und parteipolitischer Herkunft erkennen.

Nach dem Vorschlag der Staats- und Regierungschefs ist im nächsten Schritt die Zustimmung des Europäischen Parlaments erforderlich, bei der parteipolitische Mehrheiten im EP eine zu-

---
71 Vgl. Kapitel III.1.
72 Vgl. Kapitel III.2.

Abbildung III.4.2: Europäische Kommission – Regelwerk zur Ernennung (gemäß Art. 214 EGV)

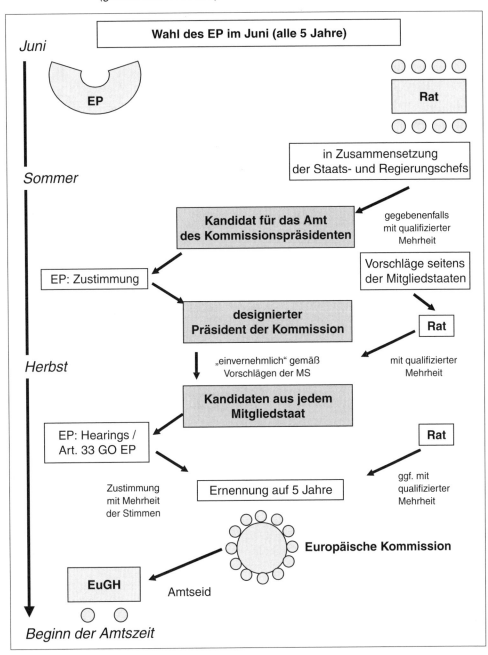

Quelle: Eigene Darstellung.

Übersicht III.4.2: Europäische Kommission – Die Präsidenten

Amtszeit	Präsident	Partei	Herkunftsstaat	
1952-1955	Jean Monnet		F	
1955-1958	René Mayer	Parti Radical	F	
1958-1967	Walter Hallstein	Christlich Demokratische Union	D	
1967-1970	Jean Rey	Parti Reformateur Libéral	B	
1970-1972	Franco Maria Malfatti	Democrazia Cristiane	I	
1972-1973	Sicco Mansholt	Partij van de Arbeid	NL	
1973-1976	François-Xavier Ortoli	Union pour la défense de la République	F	
1976-1981	Roy Jenkins	Labour Party	GB	
1981-1985	Gaston Thorn	Demokratesch Partei	L	
1985-1995	Jacques Delors	Parti Socialiste	F	
1995-1999	Jacques Santer	Chrëschtlech Sozial Vollekspartei	L	
1999-2004	Romano Prodi	„L'Ulivo"	I	
2004-	José Durao Barroso	Partido Social Democrata	P	

Quelle: Eigene Darstellung.

nehmende Rolle spielen. Nach diesem Akt des EP wird der designierte Präsident von jeder Regierung an der Auswahl seiner zukünftigen Kollegen beteiligt, wobei er häufig mit Vorstellungen der Mitgliedsregierungen zum jeweiligen Aufgabengebiet des vorgeschlagenen Kandidaten innerhalb der Kommission konfrontiert wird. Die Regierungen schlagen in der Regel erfahrene Politiker oder hochrangige Beamte vor, die jedoch nicht notwendigerweise Erfahrungen im EU-System haben. Der Rat nimmt diese Liste gegebenenfalls mit qualifizierter Mehrheit an.

Nach der Benennung durch die Mitgliedstaaten legt der designierte Kommissionspräsident – in Absprache mit seinen nominierten Kollegen – die zukünftige Aufgabenverteilung innerhalb der Kommission fest. Dieses Kollegium präsentiert sich in der nächsten Stufe des Verfahrens dem EP; dabei spielen für die Meinungsbildung der Abgeordneten die Anhörungen der Kandidaten vor den zuständigen Fachausschüssen eine gewichtige Rolle. Diese Hearings hat das EP ohne Vertragsvorgaben durch eine Änderung seiner Geschäftsordnung eingeführt. Auf der Grundlage dieser Vorstellung jedes Kandidaten entscheidet das EP über das zukünftige Kollegium mit der Mehrheit der Stimmen.

Im letzten Schritt des Wahlverfahrens ernennt der Rat dann die Mitglieder der Kommission. Seit dem Vertrag von Nizza können die entsprechenden Wahlakte zum Präsidenten und zu den Kommissionsmitgliedern im Rat mit qualifizierter Mehrheit erfolgen. Bei den bisherigen Ernennungsvorgängen wurde aber Wert auf einen Konsens der Regierungen gelegt.

Bei der Auswahl des Präsidenten und noch mehr bei einzelnen Mitgliedern der Kommission haben einige politische Fraktionen des EP zunehmend Einfluss ausgeübt. Spätestens seit den Kontroversen um die Ernennung der Kommission Barroso (2004)[73] ist das EP bei diesem Wahlakt auch de facto zu einer „zweiten Kammer" geworden.[74] Trotz dieser Stärkung der Parlamentsrolle ist damit noch kein nachhaltiger Schritt in Richtung einer „Parlamentarisierung der Kommission"[75] vollzogen worden, der traditionellen Mustern europäischer Regierungssysteme entsprechen würde.

Bei diesem Ernennungsverfahren erhält die Kommission – zumindest den Buchstaben des Vertrags nach – durch den Rat und das Parlament eine doppelte indirekte Legitimation; sie beruht auf den nationalen und auf den europäischen Parlamentswahlen durch die Unionsbürger. Eine weitere Legitimation ergibt sich aus den Auswahlprinzipien: Die Vertragsbestimmungen schreiben vor, dass die Mitglieder „volle Gewähr für ihre Unabhängigkeit bieten müssen" (Art. 213 (1) EGV), und dass sie „ihre Tätigkeit in voller Unabhängigkeit zum allgemeinen Wohl der Gemeinschaft aus[üben]" (Art. 213 (2) EGV; siehe Dokument III.4.1).

Nur das Europäische Parlament – also nicht der Rat – kann die Kommission als Kollegium, also weder den Präsidenten noch einzelne Mitglieder allein, durch ein Misstrauensvotum zum Rücktritt zwingen (Art. 201 EGV).[76] Bisher haben die Parlamentarier diese Möglichkeit trotz mehrerer Anläufe noch nicht genutzt. Die Kommission des Präsidenten Santer ist 1999 einem derartigen Verfahren durch einen kollektiven Rücktritt zuvorgekommen.[77]

Das Ernennungsverfahren führt insgesamt zu einem hohen Grad an Heterogenität in der parteipolitischen Zusammensetzung der Kommission. Universitäre Ausbildung, berufliche Erfahrungen sowie vorangegangene politische Karrieren und integrationspolitische Präferenzen weichen ebenfalls erheblich voneinander ab.[78] Auch die Bedeutung des Kommissionsamts

---

73 Vgl. Diedrichs 2007c: 89f.; Spence 2006a: 36-37.
74 Vgl. Kapitel I.4.
75 Vgl. Diedrichs 2007a: 152; Diedrichs 2006: 92; Schild 2005: 33-46.
76 Vgl. Kapitel III.1.
77 Vgl. Rometsch 1999: 75-77.
78 Vgl. Landfried 2005: 309-325.

Übersicht III.4.3: Europäische Kommission – Deutsche Mitglieder seit 1958

Jahr	Name	Partei	Aufgabengebiet
1958-1962	Walter Hallstein	CDU	Präsident
	Hans von der Groeben	CDU	Wirtschaft und Wettbewerb
1962-1967	Walter Hallstein	CDU	Präsident
	Hans von der Groeben	CDU	Wirtschaft und Wettbewerb
1967-1970	Fritz Hellwig	CDU	Vizepräsident; Forschung, Atomenergie
	Hans von der Groeben	CDU	Binnenmarkt, Handel und Steuern
	Wilhelm Haferkamp	SPD	Energie
1970-1973	Wilhelm Haferkamp	SPD	Vizepräsident; Binnenmarkt, Rechtsharmonisierung
	Ralf Dahrendorf	FDP	Außenbeziehungen; Außenhandel
1973-1977	Wilhelm Haferkamp	SPD	Vizepräsident; Wirtschaft und Finanzen
	Guido Brunner	FDP	Forschung, Wissenschaft und Bildung
1977-1981	Wilhelm Haferkamp	SPD	Außenbeziehungen
	Guido Brunner	FDP	Energie
1981-1985	Wilhelm Haferkamp	SPD	Außenbeziehungen und Atomenergie
	Karl-Heinz Narjes	CDU	Binnenmarkt; industrielle Innovation; Zollunion; Umwelt- und Verbraucherschutz; Reaktorsicherheit
1985-1989	Karl-Heinz Narjes	CDU	Industrie
	Peter Schmidhuber	CSU	Haushalt
1989-1993	Martin Bangemann	FDP	Binnenmarkt; Industrie
	Peter Schmidhuber	CSU	Haushalt
1993-1995	Martin Bangemann	FDP	Industrie, Informations- und Telekommunikationstechnologie
	Peter Schmidhuber	CSU	Haushalt
1995-1999	Martin Bangemann	FDP	Gewerbliche Wirtschaft, Informations- und Telekommunikationstechnologie
	Monika Wulf-Mathies	SPD	Beziehungen zum AdR, Regionalpolitik, Kohäsionsfonds
1999-2004	Günter Verheugen	SPD	Erweiterung
	Michaele Schreyer	Grüne	Haushalt
2004-	Günter Verheugen	SPD	Vizepräsident; Industrie- und Unternehmenspolitik

Quelle: Eigene Darstellung in Anlehnung an http://ec.europa.eu/.

wird unterschiedlich eingeschätzt: In einigen Mitgliedstaaten werden regelmäßig erfahrene Politiker benannt. Die Barroso-Kommission zählt drei frühere Premierminister, fünf ehemalige Außenminister und drei frühere Finanzminister zu ihren Mitgliedern. Insbesondere kleinere Staaten geben dem Posten in der Kommission einen hohen Rang.[79] In anderen Mitgliedstaaten wird die Brüsseler Aufgabe nicht als eine Spitzenfunktion verstanden. Manchmal dient eine Benennung auch als „Trostpreis" für verdiente Politiker, die damit auch von der nationalen Bühne verabschiedet werden können. Über die deutschen Mitglieder der Kommission gibt Übersicht III.4.3 einen Überblick.

---

79 Vgl. Spence 2006a: 35.

4.5 Beschlussmodalitäten: Die Rolle des Kollegiums und des Präsidenten

Im Unterschied zum EP und zum Rat sind die geschriebenen Regeln für die interne Beschlussfassung einfach. Das politisch verantwortliche Gremium der Kommission ist das „Kollegium", das seine Beschlüsse de jure mit Mehrheit seiner gleichberechtigten Mitglieder fasst (Art. 219 EGV). In der Praxis der Kommissionsarbeit wird jedoch intensiv ein Konsens gesucht. Abstimmungen haben – den vorliegenden Informationen nach – nur selten stattgefunden.[80]

Zur Erfassung der realen Prozesse innerhalb der Führungsmannschaft kann ein „Dreieck" an Lenkungs- und Leitungsmöglichkeiten für die interne Organisation von Institutionen genutzt werden (siehe Abbildung III.4.3). Diese Beziehungskonstellation lässt sich als „magisch" charakterisieren, da nicht alle drei (Selbst-)Lenkungsprinzipien gleichzeitig verwirklicht werden können. Innerhalb der Kommission sind entsprechend Spannungen zwischen der kollektiven Verantwortung als Kollegium, dem Anspruch des Präsidenten auf politische Führung und der fachlichen Ressortzuständigkeit einzelner Kommissionsmitglieder immer wieder neu auszutarieren.

Abbildung III.4.3: Europäische Kommission – Das „Magische Dreieck" von Leitungs- und Lenkungsprinzipien

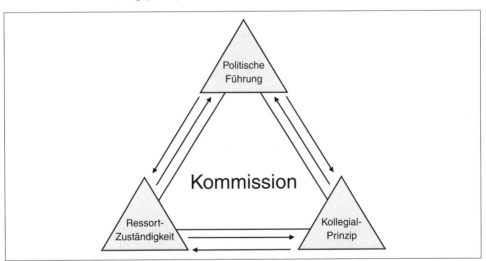

Quelle: Eigene Darstellung.

Die Vertragsartikel der Gründungsverträge haben zunächst das Prinzip der Kollegialität festgeschrieben. Dieses wird auch weiterhin an den Bestimmungen zum Misstrauensvotum (Art. 201 EGV) deutlich, bei dem nur die gesamte Kommission abgewählt werden kann.

Entsprechend wurde die Rolle des Präsidenten zunächst bewusst als „Erster unter Gleichen" (im Sprachgebrauch: „primus inter pares") zur Lenkung der Kommission konzipiert. Diese Bestimmung bedeutet, dass dem Präsidenten bei den Abstimmungen innerhalb des Kollegiums keine besonderen Vorrechte gegeben werden. Gleichzeitig wird jedoch deutlich, dass

---
80 Vgl. Peterson 2006: 94.

der Zusammenhalt innerhalb der Kommission wesentlich von der Führungsstärke ihres jeweiligen Präsidenten abhängt.[81] Angesichts begrenzter vertraglicher Möglichkeiten gilt diese Aufgabe des Präsidenten als besonders schwierig.[82]

Die Stellung des Präsidenten innerhalb des Kollegiums wurde in der Praxis zunehmend – insbesondere im Außenverhältnis – herausgehoben; so ist er „geborenes" Mitglied des Europäischen Rats und nimmt an den Sitzungen der Präsidenten und der Regierungschefs der G7/8 Gruppe teil.

Angesichts der Erhöhung der Mitgliederzahl sind für die Handlungsfähigkeit der Kommission die Bestimmungen des Vertrags zur „Organisation der Kommission und Stärkung der Befugnisse ihres Präsidenten" von zunehmender Bedeutung. Nach vorangegangenen Entwicklungen der Kommissionspraxis haben die relevanten Artikel die Rechte des Präsidenten bei der „politischen Führung", der „internen Organisation" und „Zuständigkeitsverteilung" gestärkt (Art. 217 EGV; siehe Dokument III.4.9). Er hat damit gewisse Vorrechte, die er aber im Kontext der immer wieder betonten Kollegialität ausüben muss.

Dokument III.4.9: Europäische Kommission – Rechte des Präsidenten (gemäß Vertrag)

Art. 217 EGV

„(1) Die Kommission übt ihre Tätigkeit unter der *politischen Führung* ihres Präsidenten aus; dieser *entscheidet über ihre interne Organisation*, um sicherzustellen, dass ihr Handeln kohärent und effizient ist und auf der Grundlage der Kollegialität beruht.

(2) Die *Zuständigkeiten* der Kommission werden von ihrem Präsidenten gegliedert und *zwischen ihren Mitgliedern aufgeteilt*. Der Präsident kann diese Zuständigkeitsverteilung im Laufe der Amtszeit ändern. Die Mitglieder der Kommission üben die ihnen vom Präsidenten übertragenen Aufgaben unter *dessen Leitung* aus.

(3) Nach *Billigung durch das Kollegium ernennt der Präsident* unter den Mitgliedern der Kommission *Vizepräsidenten*.

(4) Ein Mitglied der Kommission erklärt seinen Rücktritt, wenn der *Präsident* es nach *Billigung durch das Kollegium* dazu auffordert."

Hervorhebungen durch den Autor.

Trotz dieser Möglichkeiten zur Lenkung „seines" Teams sind ihm bei einem zentralen Recht jeder politischen Führung Grenzen gesetzt: Die Bestimmungen geben dem Präsidenten kein eigenständiges Entlassungs- bzw. direktes Ernennungsrecht von Kommissaren. Für eine Aufforderung zum Rücktritt braucht der Präsident die Billigung seiner Kollegen. Dann ernennt der Rat mit qualifizierter Mehrheit einen Nachfolger. Damit bleibt der Präsident bei zentralen Personalentscheidungen zunächst von der Zustimmung zumindest einer Mehrheit seiner Kollegen und danach von den Personalinteressen nationaler Regierungen abhängig.

Als weiterer Eckpunkt in der Selbstorganisation der Kommission ist der Trend zu einer wachsenden „Ressortverantwortung" einzelner Mitglieder nicht zu übersehen: Aufgrund der Ausdehnung der zu behandelnden Politikfelder ist auch in diesem Organ eine zunehmende Spezialisierung festzustellen, bei der einzelne Kommissare für das Handeln der Kommission

---
81 Peterson 2006: 94.
82 Peterson 2006: 89; Spence 2006a: 27.

verstärkt an Bedeutung gewinnen. Das für Agrarfragen zuständige Mitglied, aber auch der Wettbewerbskommissar haben ein relativ hohes Eigengewicht entwickeln können.[83] Laut Geschäftsordnung ist jeder Kommissar für seinen Zuständigkeitsbereich dem Kollegium gegenüber für Vorbereitung und Durchführung verantwortlich.[84] Die Kommission kann auch einzelne Mitglieder ermächtigen, bestimmte Beschlüsse selbständig zu treffen.[85] In jeder Kommission haben sich im Alltagsleben starke und schwache Persönlichkeiten herausgebildet, wobei das Gewicht des Herkunftslands keine ausschlaggebende Rolle spielt.

Trotz der Stärkung der Rolle des Präsidenten und des Einflusses einzelner Kommissare bleibt das Kollegialprinzip ein zentraler Eckpunkt der Willensbildung.[86] Dem Einvernehmen in diesem Gremium wird eine hohe Bedeutung zugesprochen.[87] Die Kommission versteht sich so weiterhin als Gremium, das auf der Gleichheit der Mitglieder beruht; es soll als kollektives Entscheidungsorgan mit gemeinsam geteilter Verantwortung handeln und mit einer Stimme sprechen.[88] Insgesamt hat der Kommissionspräsident – trotz einer Zunahme an Vorrechten – keine Rolle im Sinne eines Premierministers oder Kanzlers übernehmen können.

4.6 Aufbau und Arbeitsweise

Für die Rolle der Kommission in der institutionellen Architektur des EU-Systems ist die Analyse des Aufbaus, der Arbeitsweise und der internen Organisation von nachhaltiger Bedeutung.

Das Kollegium tagt in der Regel wöchentlich am Mittwoch unter dem Vorsitz seines Präsidenten; bis auf den Generalsekretär der Kommission sollten keine weiteren Beamten anwesend sein. Der Generalsekretär ist verantwortlich für den Vollzug der Beschlüsse der Kommission. Infolge seiner Rolle bei der Vorbereitung und der Durchführung der Kommissionsentscheidungen nimmt der Generalsekretär hinter den Kulissen eine Schlüsselrolle ein. Der erste und langjährige Generalsekretär der EG-Kommission Emile Noël wurde aufgrund seiner umfassenden Kenntnisse der Kommissionstraditionen als eine „graue Eminenz" dieses Organs geschildert.[89]

Der eigentliche Verwaltungsapparat der Kommission besteht aus insgesamt 37 (2005) Generaldirektionen und Diensten (Generalsekretariat, Juristischer Dienst, Amt für Veröffentlichungen der EG, Statistisches Amt u. a.). Die Generaldirektionen sind – vergleichbar mit nationalen Ressorts – funktional-hierarchisch strukturiert, so z. B. die Generaldirektionen für Agrarpolitik oder für Beschäftigung und Soziales. Daneben unterhält die Kommission eigene Vertretungen in jedem EU-Mitgliedstaat und über 123 Delegationen in Drittstaaten und bei internationalen Organisationen.[90]

Eine der Ausprägungen der Kommissionsorganisation weicht deutlich von dem Aufbau deutscher Ministerialverwaltungen ab: Den einzelnen Kommissaren direkt unterstellt sind die „Kabinette", die aus einer kleinen Gruppe politischer Vertrauter bestehen,[91] sie werden vom

---

83 Vgl. Spence 2006a: 46.
84 Vgl. Europäische Kommission 2005; 2000.
85 Vgl. Europäische Kommission 2000: 29.
86 Vgl. Peterson 2006: 94.
87 Vgl. Spence 2006a: 47-48.
88 Europäische Kommission 2000.
89 Vgl. Kassim 2006: 77-93.
90 Vgl. Europäische Kommission 2004.
91 Vgl. Spence 2006a: 60-72.

Abbildung III.4.4: Europäische Kommission – Binnenstruktur

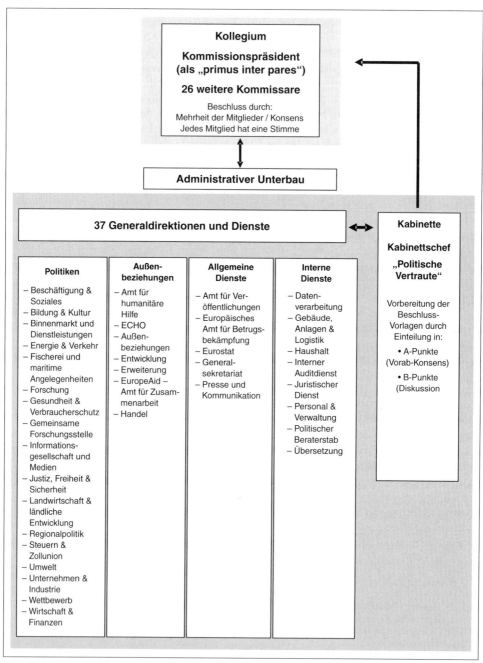

Quelle: Eigene Darstellung in Anlehnung an http://ec.europa.eu/dgs_de.htm (Stand 27.06.2007).

Kommissar ausgewählt und sind gegenüber den jeweiligen Diensten und Generaldirektionen „weisungsbefugt".[92]

Die Kabinette bereiten, unter Vorsitz des für die interne Koordination zuständigen Generalsekretärs der Kommission, die Beschlussvorlagen für die Sitzungen der Kommission vor. In ihren wöchentlichen Treffen legen die Kabinettschefs fest, über welche Vorlagen Einigkeit besteht („A-Punkte"), und welche der weiteren Diskussion und Entscheidung durch das Kommissionskollegium bedürfen („B-Punkte").[93]

Der internen Willensbildung der Kommission liegt in der Regel ein Entwurf der zuständigen Generaldirektion zugrunde, bei dem die federführende Dienststelle andere, ebenfalls beteiligte und betroffene (General-)Direktionen anhört. Der Juristische Dienst prüft jeden Vorschlag auf seine Vertragskonformität; diese Dienststelle wird dadurch zu einem Nadelöhr und zu einer zentralen Schaltstelle für jede Vorlage. Bei diesem Ablauf wird immer wieder von Spannungsverhältnissen zwischen Generaldirektionen und zuständigen Kabinetten berichtet.[94] Andererseits ist eine enge Abstimmung für die interne Effizienz unerlässlich.[95]

Die Programm- und Managementarbeit der Kommission wird von einer zunehmenden Zahl von Personal geleistet; 2004 haben knapp 11 000 Beamte mit Universitätsabschluss (in der Fachterminologie: „A-Beamte") entsprechende Funktionen wahrgenommen.[96] Diese Statistiken werden häufig unterschiedlich interpretiert. Weist die Kommission selbst gerne auf die administrative Personalausstattung größerer Städte hin, die die Beamtenzahl der Kommission als vergleichsweise klein erscheinen lässt, so beklagen andere Beobachter den „bürokratischen Wasserkopf" Brüssel. Geht man von ähnlichen Funktionen der Gesetzesvorbereitung in nationalen Administrationen aus, so entspricht die Zahl dieser – nach dem deutschen Sprachgebrauch „höheren Beamten" – ungefähr der Größenordnung ihrer „Kollegenschaft" in bundesdeutschen Ministerien.[97] Zu beachten sind bei dieser Diskussion über die Größenordnung, dass ungefähr 2 000 Beamte für die notwendigen Übersetzungsdienste arbeiten.[98] Der normale Weg auf eine Beamtenstelle der Kommission und der Generalsekretariate andere Organe geht über ein mehrstufiges und anspruchsvolles Auswahlverfahren (im Sprachgebrauch: „concours").[99]

Bei der Zahl der Kommissionsbeamten prüfen Regierungen auch immer wieder, mit welchem Anteil Bürger ihres Landes vertreten sind.[100] Im Vergleich zur Bevölkerungszahl und zum Anteil am EG-Budget sieht sich die Bundesrepublik Deutschland immer wieder benachteiligt.[101] Die Erfassung der Verwaltungsstrukturen der EU darf nicht bei der Beschreibung und Analyse der Organisation der Kommission stehen bleiben. Von zentraler Bedeutung für die Funktionenwahrnehmung und die Arbeitsweise der institutionellen Architektur ist die enge Verflechtung mit nationalen Administrationen, die im Politikzyklus – wie in diesem Kapitel anhand der Expertengruppen und Komitologieausschüsse beschrieben – mehrere und unterschiedliche Formen annehmen kann.[102] Nicht zu übersehen ist, dass Aufgaben der

---
92 Europäische Kommission 2000: 29.
93 Vgl. Spence 2006a: 67.
94 Vgl. Spence 2006a: 69-70.
95 Vgl. Diedrichs 2007a: 155.
96 Vgl. Spence/Stevens 2006: 176-179.
97 Vgl. Wessels 2000a.
98 Vgl. Spence/Stevens 2006: 177.
99 Vgl. Thomas/Wessels 2006a: 198-203.
100 Vgl. zu Zahlen Spence/Stevens 2006: 199.
101 Vgl. Neuss/Hilz 1999: 7.
102 Vgl. Bach 2005; Wessels 2003a; 2000b.

Kommission in einer zunehmenden Zahl von Politikfeldern auf Agenturen übertragen werden.[103]

Von besonderem Interesse für politikwissenschaftliche Studien ist das Zusammentreffen unterschiedlicher administrativer Kulturen bei der täglichen Arbeit sowohl innerhalb der Kommission selbst als auch in der Praxis in der administrativen Mehrebenenkooperation.[104]

■ *Besonderheiten: Sitz und Sprachenregime*

Sitz der Kommission ist Brüssel; die Dienststellen sind auf mehrere Gebäude verteilt. Die Zentrale ist im Berlaymont-Gebäude (siehe Abbildung III.4.5) angesiedelt, das gegenüber dem Gebäude des Rats im Europaviertel und in Fußnähe der Gebäude des EP liegt.

Abbildung III.4.5: Europäische Kommission – Das Berlaymont-Gebäude als Sitz

Quelle: http://de.wikipedia.org/wiki/Berlaymont-Geb%C3%A4ude.

Die meistgenutzten Arbeitssprachen sind Englisch und Französisch; ihre Anwendung variiert zwischen den einzelnen Einheiten.[105]

---

103 Vgl. Groenleer 2006: 156-172.
104 Vgl. u. a. Bach 2005: 592.
105 Vgl. Spence/Stevens 2006: 204.

4.7 Diskussion und Perspektiven

■ *Zur Charakterisierung: Institutionelle Leitideen im Test*

Angesichts vermeintlicher oder auch tatsächlicher bürokratischer Fehlleistungen, aber auch im Hinblick auf die Gesamtleitungsfähigkeit der institutionellen Architektur werden immer wieder Fragen nach der internen Handlungsfähigkeit, dem äußeren Wirkungsvermögen sowie nach der (demokratischen) Legitimation der Europäischen Kommission aufgeworfen. Für eine sinnvolle Erörterung ist von einem Befund auszugehen, der die Aktivitäten dieses Organs in der Praxis des EU-Systems beleuchtet.

In der Alltagsarbeit der Politikgestaltung hat die Kommission in der institutionellen Architektur besonders nachgefragte Fähigkeiten herausgebildet: Die Kapazität, Expertenwissen zu bündeln, Ideen in konkrete Vorschläge zu gießen und die politische Agenda zu bestimmen, geben der Kommission den Charakter einer „Ideenschmiede", deren Handeln als „politisches Unternehmertum" bezeichnet werden kann.[106] Bei der Ausübung ihrer vertraglichen Aufgaben hat die Kommission so eine für die institutionelle Architektur wesentliche Funktion als aktiver Vermittler übernommen,[107] der Netzwerke von Akteuren mehrerer Ebenen und aus unterschiedlichen Politikbereichen zusammenführt und zur Entwicklung gemeinsamer Positionen anregt.[108] Die Aufgabe als „Motor der Integration" hat sie entsprechend umfassend ausgeübt, wenn auch ihre „Macht" bei der Setzung von Schwerpunkten und der Ausarbeitung von Vorschlägen nicht überschätzt werden darf.

In ihrer Exekutivfunktion trifft sie Beschlüsse über wesentliche Entwicklungen im wirtschaftlichen und sozialen Leben Europas. Als „Hüterin der Verträge" hat sie das gemeinschaftskonforme Handeln der Mitgliedstaaten intensiv überwacht und damit ein Auseinanderfallen des gemeinschaftlichen Rechtsraums verhindert. Orientierungs- und Überwachungsfunktionen hat sie auch im Hinblick auf die Koordinierung wirtschaftspolitischer Instrumente übernommen. Bei der Systemgestaltung blieb ihre Rolle bei Vertragsänderungen sekundär, während sie eine zentrale Rolle bei den Beitrittsverhandlungen spielte. Trotz mancher immer wieder zu hörender Skepsis insbesondere älterer Beamter hat sich die Kommission in den letzten Jahrzehnten im Verhältnis zum Europäischen Rat, zum Rat und zum EP zu einem bedeutsamen Mitspieler bzw. Mitgestalter in einer zunehmenden Zahl von zentralen Politikfeldern des EU-Systems entwickelt. Die häufig von Vertretern einer derartigen „Gemeinschaftsorthodoxie" eingebrachte These vom Einflussverlust kann so nicht einfach aufrechterhalten werden – es sei denn, man erwartet von der Kommission eine regierungsähnliche Führungsrolle, die zumindest im Vertragstext nicht als institutionelle Leitidee festgelegt wurde.

Aus der Beschreibung und Analyse dieses Organs wird aber auch deutlich, dass in den Jahrzehnten ihrer Existenz die gelebte Rolle der Kommission keiner institutionellen Leitidee für die EU-Architektur eindeutig und vollständig entspricht.[109] Sie erfüllt nicht die konventionellen Kriterien einer parlamentarisch gestützten Regierung, wie sie Anhänger einer föderalistischen Strategie anstreben. Die Merkmale einer supranationalen Technokratie können angesichts der engen Verflechtung mit nationalen Verwaltungen, aber auch angesichts der nur begrenzten Zuteilung von Beteiligungsrechten bei der Koordinierung der wirtschaftspolitischen Instrumente der Mitgliedstaaten ebenfalls nicht als umfassend erfüllt gelten. Aber auch

---
106 Bach 2005: 582-585.
107 Vgl. Hooghe/Nugent 2006: 153.
108 Vgl. Peterson 2006: 99.
109 Vgl. u. a. Peterson 2006: 97-99.

die Erwartungen der intergouvernementalistischen Denkschule sind nicht eingetroffen: Die Rollenwahrnehmung der Kommission entspricht nicht dem Bild des typischen Generalsekretariats einer internationalen Organisation; das Aktivitätenprofil der Kommission in wesentlichen Phasen des Politikzyklus lässt eine einfache Charakterisierung als „Agent" oder „Diener" der Mitgliedstaaten nicht zu.

Bei einer tiefer gehenden Analyse können auch Trends zur Herrschaft einer (Mehrebenen-) „Megabürokratie"[110] diskutiert werden; nach den Charakteristika dieses Modells schaffen nationale und gemeinschaftliche Administrationen ein undurchsichtiges und unkontrollierbares Geflecht von de facto- Entscheidungswegen und schotten sich bewusst durch die oben beschriebene Vielzahl und Vielfalt an Beamtengremien gegen Politiker und Verbände ab.[111] Gegen diese Kennzeichnung spricht jedoch insbesondere die intensive Beteiligung von nationalen und europäischen Politikern am EU-Geschehen. Dieses implizit häufig angesprochene Modell wird nicht den durch die Verträge selbst gesetzten Verfahrensvorschriften sowie den weiteren Mitgestaltungsformen des Europäischen Rats, des Rats und des EP gerecht. Angesichts dieses Befunds könnte jedoch eine Charakterisierung der Kommission als Mitgestalter in einem sich fusionierenden Mehrebenensystem als Ausgangspunkt für vertiefte Untersuchungen dienen.[112]

■ *Zur Zukunft: Vorschläge aus den Reformdebatten*

Für die weitere Gestaltung der Kommissionsrolle in der institutionellen Architektur des EU-Systems bilden Zusammensetzung, Wahl und Aufgaben der Kommission weiterhin zentrale Diskussionspunkte; die Deliberationen im Konvent und die Verhandlungen der Regierungskonferenzen haben sich mit diesen Fragen intensiv und kontrovers beschäftigt.

Der Text des Verfassungsvertrags will die Zuständigkeiten der Kommission insgesamt erhalten (Art. I-26 (1) VVE): Entgegen mancher Vorschläge wurde in dem Dokument das seit langem festgelegte Aufgabenprofil – einschließlich des Initiativmonopols – bestätigt; die Zuständigkeitsfelder der Kommission weitet das Dokument erneut auf weitere Politikbereiche aus, so insbesondere auf Bestimmungen für den „Raum der Freiheit, der Sicherheit und des Rechts".

Einen besonderen Streitpunkt bildeten Größe und Zusammensetzung der Kommission. Zwischen den Polen eines großen Gremiums mit einer „repräsentativen" Besetzung, d. h. einem Mitglied auf Vorschlag jedes Mitgliedstaates, und eines kleineren Organs mit höherer Handlungsfähigkeit entschied sich die Regierungskonferenz für das beliebte Mittel einer Aufschiebung der endgültigen Entscheidung:[113] Nach dem Verfassungsvertrag und in den Beratungen zum Reformvertrag wird vorgesehen, die Größe auf zwei Drittel der Anzahl der Mitgliedstaaten zu reduzieren, die nach einem System der gleichberechtigten Rotation ausgewählt werden sollen.

Beim Wahlverfahren der Kommission schreibt der Verfassungsvertrag die bestehende Praxis weitgehend fort. Für europäische Abgeordnete ist von Bedeutung, dass das EP nicht mehr dem Vorschlag des Rats auf Ebene der Staats- und Regierungschefs „zustimmt", sondern den Präsidenten der Kommission „wählt".[114]

---

110 Vgl. Bach 2005: 596-604; Wessels 2003b: 375-379; Wessels 2000a: 254.
111 Vgl. Bach 1995.
112 Bach 2005: 596; Wessels 2003b: 378-379; vgl. zur Diskussion Peterson 2006: 99.
113 Vgl. Wessels 2004a: 171.
114 Vgl. Brok 2005: 532; Hänsch 2005: 554; Leinen 2005b: 542.

Im Hinblick auf die interne Handlungsfähigkeit der Kommission, die angesichts der Vergrößerung der Kommission weiter abzunehmen droht, wollte die Regierungskonferenz die Aufgaben des Präsidenten und seine Rechte innerhalb des Kollegiums erneut ausbauen (siehe Dokument III.4.10) – bis hin zur Möglichkeit, einzelne „Kollegen" nur durch eine von ihm selbst zu verantwortende Aufforderung zu entlassen. Das Recht des designierten Präsidenten bei der Auswahl seiner Kollegen bliebe auf ein „Einvernehmen" mit dem Rat beschränkt. Im Dreieck zwischen mehreren Organisationsprinzipien (siehe Abbildung III.4.3) würde der Verfassungsvertrag die Rechte des Präsidenten erneut stärken, ohne ihm jedoch eine autonome Führungsrolle zuzuschreiben.

Dokument III.4.10: Europäische Kommission – Die Zuständigkeiten des Präsidenten (gemäß Verfassungsvertrag)

Art. I-27 (3) VVE

Der Präsident der Kommission

a) legt die *Leitlinien* fest, nach denen die Kommission ihre Aufgaben ausübt,

b) beschließt über die *interne Organisation* der Kommission, um die Kohärenz, die Effizienz und das Kollegialitätsprinzip im Rahmen ihrer Tätigkeit sicherzustellen,

c) *ernennt* mit Ausnahme des Außenministers der Union, die Vizepräsidenten aus dem Kreis der Mitglieder der Kommission.

Ein Mitglied der Kommission legt sein Amt nieder, wenn es vom *Präsidenten* dazu aufgefordert wird. Der Außenminister der Union legt sein Amt gemäß dem Verfahren nach Artikel I-28 Absatz 1 nieder, wenn er vom Präsidenten dazu aufgefordert wird.

Hervorhebungen durch den Autor.

Der Stärkung der Präsidentenrolle würde jedoch keine entsprechende Änderung des Misstrauensvotums folgen: Auch nach dem Verfassungsvertrag könnte das EP nur das Kollegium insgesamt und nicht allein den Präsidenten abberufen.

Angesichts der Einrichtung eines hauptamtlichen Präsidenten des Europäischen Rats und der Schaffung eines „Hohen Repräsentanten der Union für die Außen- und Sicherheitspolitik",[115] der mit seinem „Doppelhut" auch Vizepräsident der Kommission ist,[116] würde der Präsident der Kommission nach Inkrafttreten des Reformvertrags in einem stärker personalisierten intra- und interinstitutionellen Konfliktfeld agieren müssen.[117]

Auch ohne Ratifizierung des Reformvertrags bleiben die Fragen zur Ausgestaltung der Kommission auf der Tagesordnung. Nach dem Beitritt Bulgariens und Rumäniens schreibt der gegenwärtig gültige Vertrag die Verkleinerung der Kommission vor (vgl. Dokument III.4.8). Auch unterhalb der Änderungen des Vertragstextes hat die Kommission immer wieder Maßnahmen ergriffen, um ihre Arbeitsfähigkeit durch personalpolitische und organisatorische Maßnahmen zu verbessern.[118]

---

115 Vgl. Kapitel IV.5.
116 Vgl. Diedrichs 2007a: 153.
117 Vgl. Wessels 2005c.
118 Vgl. Hooghe/Nugent 2006: 154-162.

4.8 Zur Wiederholung und Vertiefung

■ *Merkpunkte und Stichworte*

▶ Grundkenntnisse: Aufgaben, Zusammensetzung, Verfahren der Ernennung
  – Zusammensetzung der Kommission (nach gültigem EGV)
  – Verfahren zur Ernennung des Präsidenten
  – fünf Aufgaben der Kommission
  – Drei bekannte Kommissionspräsidenten
  – Name des gegenwärtigen Kommissionspräsidenten
  – Name des gegenwärtigen Mitgliedes aus der Bundesrepublik Deutschland
  – (Magisches) Dreieck der Möglichkeiten zur Binnenorganisation

▶ Aufgaben und Befugnisse: Vertragsbestimmungen und Befund aus der Praxis
  – „Hüterin der Verträge"
  – „Motor"
  – Exekutive
  – Außenbeziehungen
  – Mitwirkung bei Vertragsänderungen
  – Rolle bei Beitrittsverhandlungen

▶ Zur Struktur und Arbeitsweise: Definitionen, Regeln und Befund aus der Praxis
  – Kabinett
  – Generaldirektion
  – Expertengruppe
  – Komitologieausschüsse
  – Abwahl der Kommission
  – Kollegialprinzip
  – Ressortprinzip
  – Entlassungsrechte des Kommissionspräsidenten (nach dem gültigen EGV)
  – Außenvertretung der EG

▶ Rolle und Funktionen als:
  – (Mehrebenen-)„Megabürokratie"
  – Supranationale Technokratie
  – „Agent" bzw. Handlungsbeauftragter und „Sekretariat"
  – Fusionierte Mehrebenenverwaltung

■ *Fragen*

▶ Wie können die Rollenelemente der Kommission empirisch erfasst werden?
▶ Welche integrationstheoretischen Ansätze sollten zur Erklärung der Entstehung und Entwicklung der Kommission genutzt werden?
▶ Welche institutionellen und prozeduralen Vorkehrungen sind notwendig, damit die Europäische Kommission auch bei 30 Mitgliedstaaten handlungsfähig bleibt?
▶ Welche Legitimationskriterien können im Hinblick auf Zusammensetzung, Wahl und das Aktivitätenprofil der Kommission angelegt werden?

■ *Thesen zur Diskussion*

▶ Die Europäische Kommission ist nach Vertragstext und Praxis Symbol und Träger der supranationalen Ausrichtung der institutionellen Architektur des EU-Systems.
▶ Der Präsident der Europäischen Kommission sollte von den EU-Bürgern direkt gewählt werden.
▶ Für die Position des Kommissionspräsidenten sollten europäische Parteien Kandidaten für den Wahlkampf zum Europäischen Parlament aufstellen.
▶ Die Kommission ist eine „Mammutbürokratie", die zugunsten eines „leichten" Sekretariats für den Europäischen Rat aufgelöst werden sollte.
▶ Die EU-Administration kann nur als Mehrebenenverwaltung verstanden werden.
▶ Die Kommission ist zu einer Regierung nach konventionellem Verständnis parlamentarischer Regierungssysteme auszubauen.
▶ Die Kommission kann als Vorbild für eine entpolitisierte Sachverwaltung dienen.

4.9 Literaturhinweise

■ *Online-Quellen*

http://ec.europa.eu/
Offizielle Homepage der Europäischen Kommission
http://ec.europa.eu/deutschland/index_de.htm
Offizielle Homepage der Vertretung der Europäischen Kommission in Deutschland

■ *Einführende Literatur*

Diedrichs, Udo (2007): Europäische Kommission, in: Weidenfeld, Werner/Wessels, Wolfgang (Hrsg.): Europa von A bis Z, Taschenbuch der europäischen Integration, 10. Auflage, Baden-Baden, S. 150-159.
Diedrichs, Udo (2007): Die Europäische Kommission, in: Weidenfeld, Werner/Wessels, Wolfgang (Hrsg.): Jahrbuch der Europäischen Integration 2006, Baden-Baden, S. 91-100.
Edwards, Geoffrey (2006): The European Commission in Perspective, in: Spence, David/Edwards, Geoffrey (Hrsg.): The European Commission, 3. Auflage, London, S. 1-24.
Peterson, John (2006): The College of Commissioners, in: Peterson, John/Shackelton, Michael (Hrsg.): The Institutions of the European Union, 2. Auflage, Oxford/New York, S. 81-103.

■ *Weiterführende Literatur*

Hooghe, Liesbet/Nugent, Neil (2006): The Commission's Services, in: Peterson, John/Shackelton, Michael (Hrsg.): The Institutions of the European Union, 2. Auflage, Oxford/New York, S. 147-168.
Spence, David/Edwards, Geoffrey (Hrsg.) (2006): The European Commission, 3. Auflage, London.

■ *Vertiefende Literatur*

Bach, Maurizio (2005): Europa als bürokratische Herrschaft. Verwaltungsstrukturen und bürokratische Politik in der Europäischen Union, in: Schuppert, Gunnar Folke/Pernice, Ingolf/Haltern, Ulrich (Hrsg.): Europawissenschaften, Baden-Baden, S. 575-612.
Bauer, Michael (2005): Orientierungsnot im Machtdreieck: Die Europäische Kommission auf der Suche nach einem neuen Leitbild, in: integration 1/2005, S. 47-54.
Landfried, Christine (2005): Das politische Europa. Differenz als Potential der Europäischen Union, 2. Auflage, Baden-Baden.

Rasmussen, Anne (2003): The Role of the European Commission in Co-decision – a facilitator operating in a situation of structural disadvantage, in: European Integration Online Papers, Vol. 7, No 10, online unter: http://eiop.or.at/eiop/texte/2003-010a.htm (Stand: 27.04.2007).

Schild, Joachim (2005): Barrosos 'blind date' in Brüssel – Auf dem Weg zu einer Parlamentarisierung der Kommissionsinvestitur, in: integration 1/2005, S. 33-46.

5. Der Gerichtshof der Europäischen Gemeinschaften (EuGH)

5.1 Eckpunkte im Überblick: Funktionen und Rolle eines supranationalen Gerichtes

Der Gerichtshof der Europäischen Gemeinschaften – oft auch als Europäischer Gerichtshof bezeichnet, kurz: EuGH – spielt eine tragende Rolle in der institutionellen Architektur der EG. Er entscheidet letztinstanzlich über Rechtsfragen und sichert damit den Charakter der EG als „Rechtsgemeinschaft"[1]. Allgemein sind der Gerichtshof sowie das Gericht erster Instanz mit der „Wahrung des Rechts bei der Auslegung und Anwendung" des EG-Vertrags betraut (Art. 220 EGV). Damit sind Kompetenzen der Gerichtsbarkeit im Wesentlichen auf die erste Säule der Union beschränkt (Art. 46 EUV). Seit den Verträgen von Amsterdam und Nizza wurden dem EuGH auch begrenzte Zuständigkeiten im Bereich der Polizeilichen und Justiziellen Zusammenarbeit in Strafsachen (PJZS, 3. Säule) zugesprochen. Der Kompetenzbereich des Gerichtshofs umfasst nicht die Politikbereiche der GASP (2. Säule) oder das Handeln des Europäischen Rats.

Fünf Verfahrensformen können – unter mehreren Aufgaben – im Hinblick auf die Politik- und Systemgestaltung als zentrale Aktivitätsfelder gesehen werden:[2]

▸ die Überwachung des vertragsrechtskonformen Verhaltens der Mitgliedstaaten durch das „Vertragsverletzungsverfahren" (Art. 226, 227, 228 EGV);
▸ die Überwachung der Rechtmäßigkeit des Handelns von EG-Organen aufgrund einer „Nichtigkeits"- bzw. „Anfechtungsklage" (Art. 230, 231 EGV);
▸ die Rüge eines Gemeinschaftsorgans wegen „Untätigkeit" (Art. 232 EGV);
▸ die Gewährleistung einer einheitlichen Auslegung des Gemeinschaftsrechts durch das „Vorabentscheidungsverfahren" (bzw. „Vorlageverfahren") (Art. 234 EGV);
▸ die Erstellung eines Gutachtens über die Vereinbarkeit eines geplanten Abkommens (der EG) mit dem (EG-)Vertrag (Art. 300 (6) EGV).

Als Folge seiner Rechtsprechung beeinflusst der EuGH das Verhalten anderer Organe bei der Politikgestaltung nachhaltig. Dies geschieht nicht nur unmittelbar bei der Durchführung und Kontrolle von Entscheidungen, sondern eine mögliche Anrufung des Gerichtshofs wirft auch „einen langen Schatten" auf Vorbereitung und Verabschiedung von Rechtsakten im EG-Politikzyklus.[3]

Durch die Auslegung der Bestimmungen hat der EuGH das Gemeinschaftsrecht fortgebildet[4] und durch wegweisende Urteile immer wieder auch zur quasi-konstitutionellen Systemgestaltung beigetragen.[5] Formen und Funktionsweise der institutionellen Architektur der EU sind ohne eine Betrachtung der relevanten Rechtsprechung des EuGH nicht ausreichend zu verstehen.

Sucht man Vergleiche mit innerstaatlichen Formen der Gerichtsbarkeit[6], so wird der EuGH oft verstanden als:

---
1 Bieber/Epiney/Haag 2005: 245-246; Oppermann 2005: Rn. 104; Hallstein 1979: 56-61.
2 Vgl. Magiera/Trautmann 2007a: 198-199; Kennedy 2006: 132-137.
3 Vgl. Kapitel I.
4 Hobe 2006: Rn. 210; Bieber/Epiney/Haag 2005: 245-249.
5 Kennedy 2006: 140; vgl. u. a. Weiler 1999; Wolf-Niedermaier 1997.
6 Vgl. u. a. Hobe 2006: Rn. 375; Kennedy 2006: 127.

- „Verfassungsgericht", das das institutionelle Gleichgewicht zwischen den Institutionen der Union definiert und bewahrt;
- „Verwaltungsgericht", das die Legalität von Verwaltungsmaßnahmen überprüft;
- „Revisionsinstanz" gegenüber Urteilen des Gerichts der ersten Instanz.

Bei der Wahrnehmung derartiger Funktionen wird die Rolle des Gerichtshofs häufig in der wissenschaftlichen und politischen Diskussion in einem Spannungsfeld zwischen mehreren Polen gesehen. Zum einen wird der EuGH als aktiver Träger einer rechtlichen Integrationsdynamik verstanden, der sich zu einem Verfassungsgericht nach Mustern föderaler Staaten entwickelt (siehe Abbildung I.4.6(1)).[7] Die Institution kann damit als prägendes Symbol einer supranationalen Leitidee verstanden werden, da sie eine im Vergleich zu internationalen Organisationen einzigartige Rechtsgemeinschaft gewährleistet[8] und so den „zivilisatorischen

Abbildung III.5.1: Europäischer Gerichtshof – Institutioneller Steckbrief

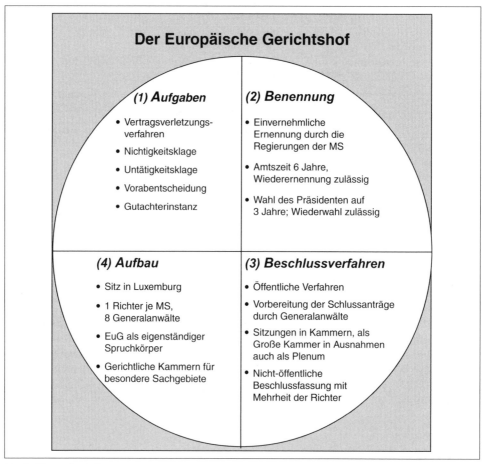

Quelle: Eigene Darstellung.

---

7 Bieber/Epiney/Haag 2005: 247-249; Streinz 2005: Rn. 566; Hitzel-Cassagnes 2004: 119-120.
8 Vgl. u. a. Kennedy 2006: 126.

Fortschritt im Umgang mit gegensätzlichen Interessen in Europa"[9] sichert. Aus einer intergouvernementalen Sicht (siehe Abbildung I.4.6(2)) wird der EuGH aber auch als (fern-)gesteuerter Handlungsbeauftragter bzw. „Agent" oder „Vollzugsbehörde" der Mitgliedstaaten verstanden, der in einem langfristigen Interesse dieser „Herren der Verträge" die Glaubwürdigkeit der von ihnen selbst eingegangen Verpflichtungen absichern soll.[10]

Manche Beobachter sehen in der Rechtsprechung auch eine einseitige und unkontrollierte Ausübung und Ausweitung supranationaler Kompetenzen; der EuGH handelt aus dieser Sicht nur im Interesse der Gemeinschaft und ohne Rücksicht auf die Befugnisse der Mitgliedstaaten (Merkformel: „in dubio pro communitate"). Kritische Kommentare diskutieren demokratieproblematische Auswirkungen eines „richterlichen Aktivismus"[11] (im englischen Sprachgebrauch: „judicial activism"), der zu einem „Richterstaat" (im französischen Sprachgebrauch auch „gouvernement des juges") führt.[12] Ungeachtet dieser Kontroverse wird dem EuGH in der öffentlichen Meinung überwiegend hohes Vertrauen geschenkt.

5.2 Aufgaben: Geschichte und vertragliche Vorgaben

■ *Vertragsänderungen und systemgestaltende Urteile*

Bereits im EGKS-Vertrag galt ein unabhängiger Gerichtshof als integraler Bestandteil der institutionellen Architektur.[13] Dieses Organ – eingesetzt in Art. 7, 31ff. EGKSV – sollte nicht nur die Gewaltenteilung zwischen Mitgliedstaaten und der neuen Gemeinschaft sowie zwischen den neu geschaffenen Organen gewährleisten, sondern es galt auch als ein Symbol für Rechtsstaatlichkeit (im englischen Sprachgebrauch: „rule of law")[14] in einer neuen und anderen Form von „vertiefter Gemeinschaft"[15].

In sukzessiver Ergänzung und Änderung der Verträge haben die Mitgliedstaaten Zuständigkeiten, Sanktionsmöglichkeiten und die Strukturen des EuGH ausgebaut (siehe Übersicht III.5.1).

So sehen die Bestimmungen des Maastrichter Vertrags erstmals seit dem EGKS-Vertrag die Möglichkeit vor, gegenüber einem Mitgliedstaat, der ein Urteil des EuGH nicht umsetzt, ein Zwangsgeld zu verhängen (Art. 228 EGV).

Die Entwicklung zur gegenwärtigen Kompetenzfülle des Gerichtshofs ist jedoch nicht allein durch explizite Veränderungen der primärrechtlichen Grundlagen zu beschreiben. Durch eine Reihe von wegweisenden Urteilen mit systemgestaltender Wirkung hat der EuGH seine eigene Position im und für das EU-System ausgebaut. Im Mittelpunkt der Rechtsfortbildung steht insbesondere die Rechtsprechung des EuGH zur „unmittelbaren Anwendbarkeit" und zum „Vorrang des Gemeinschaftsrechts" sowie zur Anerkennung der „Grundrechte als Bestandteil der Gemeinschaftsrechtsordnung".[16] Bei seinen Begründungen orientiert sich der Gerichtshof am Prinzip der Wirksamkeit der Verträge (im französischen Sprachgebrauch: „ef-

---

9 Mayer 2005: 481-483.
10 Alter 1998: 121-147; Moravcsik 1998.
11 Vgl. Kennedy 2006: 141f.
12 Oppermann 2005: Rn. 116f.
13 Magiera/Trautmann 2007a: 197.
14 Vgl. u. a. Kennedy 2006: 126.
15 Vgl. Präambel EGKS Vertrag; Kapitel II; Dokument II.4.1.
16 Mayer 2005: 456-467.

Übersicht III.5.1: EuGH – Ausbau vertraglicher Rechte und Strukturen

1954	EGKS-Gerichtshof: erstes Urteil
1958	E(W)G- und EAG-Gerichtshof: Aufnahme der Tätigkeit
1988	Errichtung des „Gerichts erster Instanz der Europäischen Gemeinschaften" (EuG) durch Beschluss des Rats (jetzt in Art. 224 und 225 EGV)
1993	Vertrag von Maastricht: Verstärkung der Sanktionsmöglichkeiten des EuGH, Verhängung von Zwangsgeldern (Art. 228 EGV)
2003	Vertrag von Nizza: Reform des Gerichtssystems durch die Möglichkeit der Bildung spezieller „gerichtlicher Kammern" (Art. 225a EGV)
2004	Errichtung des „Gerichts für den europäischen öffentlichen Dienst" durch Beschluss des Rats (auf Basis des Art. 225 EGV)
?	VVE: Ausschuss zur Beratung über Eignung der von den Mitgliedstaaten vorgeschlagenen Richter (Art. III-357 VVE)

Quelle: Eigene Zusammenstellung auf der Grundlage von http://curia.europa.eu/.

fet utile"),[17] denen er in seiner Rechtsprechung eine im Völkerrecht neuartige Stellung zuordnet.[18] So etablierte der EuGH in seinem ersten „konstitutionalisierenden"[19] Urteil „van Gend en Loos" 1963[20] die „unmittelbare Wirkung" des Gemeinschaftsrechts, die die im Völkerrecht traditionelle Mediatisierung des Einzelnen durch den Staat aufhebt (siehe Dokument III.5.1). Damit begründete der EuGH die Möglichkeit für Bürger, sich vor nationalen Gerichten auf das Gemeinschaftsrecht zu berufen, ohne dass letzteres stets durch nationale Gesetzgebung in einzelstaatliches Recht umgesetzt werden muss.[21]

Dokument III.5.1: EuGH – Urteil zur unmittelbaren Wirkung des Gemeinschaftsrechts

„Das Ziel des EWG-Vertrages ist die Schaffung eines gemeinsamen Markts, dessen Funktionieren die der Gemeinschaft angehörigen Einzelnen unmittelbar betrifft; damit ist zugleich gesagt, dass der Vertrag mehr ist als ein Abkommen, das *nur wechselseitige Verpflichtungen zwischen den vertragsschließenden Staaten* begründet. Diese Auffassung wird durch die Präambel des Vertrages bestätigt, die sich nicht nur an die Regierungen, sondern auch an die Völker richtet. Sie findet eine noch augenfälligere Bestätigung in der Schaffung von Organen, welchen Hoheitsrechte übertragen sind, deren Ausübung in gleicher Weise die Mitgliedstaaten wie die Staatsbürger berührt [...] aus alledem ist zu schließen, dass die Gemeinschaft eine *neue Rechtsordnung des Völkerrechts* darstellt, zu deren Gunsten *die Staaten, wenn auch in begrenztem Rahmen, ihre Souveränitätsrechte eingeschränkt haben, eine Rechtsordnung, deren Rechtssubjekte nicht nur die Mitgliedstaaten, sondern auch die Einzelnen sind.*"

Quelle: EuGH, Rs 26/62, *van Gend & Loos*, Slg 1963, 1; Hervorhebungen durch den Autor.

---

17 Hobe 2006: Rn. 305; Streinz 2005: Rn. 570.
18 Wichard 2004: 557.
19 Hitzel-Cassagnes 2004: 119.
20 Rs 26/62, van Gend & Loos, Slg 1963, 1.
21 Hitzel-Cassagnes 2004: 124-125; Wichard 2004: 557.

Nur ein Jahr darauf etablierte der Gerichtshof im Fall Costa/ENEL[22] den „Vorrang des Gemeinschaftsrechts" vor nationalem Recht (siehe Dokument III.5.2), der in den Gründungsverträgen nicht explizit erwähnt wurde. Dieses Prinzip gewährleistet, dass das Gemeinschaftsrecht durch nationales Recht weder aufgehoben noch abgeändert werden kann und im Konfliktfall vorrangige Anwendung vor nationalem Recht findet, auch wenn dieses zeitlich später erlassen wurde. Im Fall „Simmenthal II"[23] bestätigte der Gerichtshof den Vorrang des Gemeinschaftsrechts selbst gegenüber nationalem Verfassungsrecht.[24]

Dokument III.5.2: EuGH – Urteil zum Vorrang von Gemeinschaftsrecht

„Aus alledem folgt, dass *dem vom Vertrag geschaffenen, somit aus einer autonomen Rechtsquelle fließenden Recht wegen dieser seiner Eigenständigkeit keine wie immer gearteten innerstaatlichen Rechtsvorschriften vorgehen können*, wenn ihm nicht sein Charakter als Gemeinschaftsrecht aberkannt und wenn nicht die Rechtsgrundlage der Gemeinschaft selbst in Frage gestellt werden soll. Die *Staaten* haben dadurch, dass sie nach Maßgabe der Bestimmungen des Vertrages Rechte und Pflichten, die bis dahin ihren inneren Rechtsordnungen unterworfen waren, der Regelung durch die Gemeinschaftsrechtsordnung vorbehalten haben, eine *endgültige Beschränkung ihrer Hoheitsrechte bewirkt,* die durch spätere einseitige, mit dem Gemeinschaftsbegriff unvereinbare Maßnahmen nicht rückgängig gemacht werden kann."

Quelle: EuGH, Rs 6/64, *Costa/ENEL*, Slg 1964, 1251; Hervorhebungen durch den Autor.

Ab 1969 hat der EuGH auch die Menschen- und Grundrechte als allgemeine Rechtsgrundsätze für die Interpretation des Gemeinschaftsrechts herangezogen (siehe Dokument III.5.3).

Dokument III.5.3: EuGH – Urteil zur Berücksichtigung von Menschenrechten

„[...] lässt sich der Gerichtshof von den *gemeinsamen Verfassungstraditionen* der Mitgliedstaaten sowie von den Hinweisen leiten, die die völkerrechtlichen Verträge über den *Schutz der Menschenrechte* geben, an deren Abschluss die Mitgliedstaaten beteiligt waren oder denen sie beigetreten sind."

Quelle: Rs. C-112/00, Schmidberger, Slg. 2003, I-5659 Rdnr. 71, aus Mayer 2005; Hervorhebungen durch den Autor.

Nach anfänglich widerstrebender Rezeption haben diese Grundsätze des EuGH mittlerweile Anerkennung in allen Mitgliedstaaten gefunden.[25] In Bezug auf die Legitimation des EuGH betont der Vertrag (siehe Dokument III.5.4) als zentrale Aufgabe der Gerichtstätigkeit die „Wahrung des Rechts", die durch die Unabhängigkeit und Qualifikation der Richter erreicht werden soll. Durch die Benennung jeweils eines Richters je Mitgliedstaat und durch die enge Verzahnung beim Verfahren der Vorabentscheidung werden auch die Rechtstraditionen der Mitgliedstaaten eingebunden.

---

22 Rs. 6/64, Costa/ENEL, Slg 1964, 1251.
23 Rs. 106/77, Staatliche Finanzverwaltung/Simmenthal, Slg. 1978, 629.
24 Streinz 2005: Rn. 219.
25 Hobe 2006: Rn. 344-352.

Dokument III.5.4: EuGH – Legitimation gemäß Vertragsartikel

> **Art. 220 EGV:**
> „Der Gerichtshof und das Gericht erster Instanz sichern im Rahmen ihrer jeweiligen Zuständigkeiten die *Wahrung des Rechts* bei der Auslegung und Anwendung dieses Vertrags […]."
>
> **Art. 223 EGV:**
> „Zu Richtern und Generalanwälten des Gerichts sind Persönlichkeiten auszuwählen, die jede *Gewähr für Unabhängigkeit* bieten und in ihrem Staat die für die *höchsten richterlichen Ämter* erforderlichen Voraussetzungen erfüllen oder Juristen von anerkannt hervorragender Befähigung sind; […]."

Hervorhebungen durch den Autor.

■ *Verfahrensformen*

Nach Entwicklungen im Vertragstext, die im Vergleich zu anderen Organen relativ gering waren, sehen die gegenwärtig gültigen Bestimmungen mehrere Formen von Verfahren vor dem EuGH vor (siehe Übersicht III.5.2).

- In „Vertragsverletzungsverfahren" (Art. 226-228 EGV) sind grundsätzlich jeder Mitgliedstaat und die Kommission klagebefugt; aus politischen Gründen nehmen Mitgliedstaaten jedoch zumeist Abstand von einer Klage gegen einen anderen Mitgliedstaat, sodass die Kommission die Rolle als „Hüterin der Verträge" vollständig übernehmen muss.[26] Der EuGH urteilt über Verstöße von Mitgliedstaaten gegen gemeinschaftsrechtliche Verpflichtungen, die aus dem EG-Vertrag, aus verabschiedeten Rechtsakten der Organe oder aus den von der EG geschlossenen Verträgen mit Drittstaaten oder internationalen Organisationen resultieren.
- Im Zuge der „Nichtigkeitsklage" (Art. 230-231 EGV) stellt der Gerichtshof fest, ob Gemeinschaftsrechtsakte wegen Unzuständigkeit, Verletzung wesentlicher Formvorschriften, Verletzung des Vertrags, einer bei seiner Durchführung anzuwendenden Rechtsnorm oder wegen Ermessensmissbrauchs für nichtig erklärt werden müssen. Uneingeschränkt klageberechtigt sind die Mitgliedstaaten, das Europäische Parlament, der Rat und die Kommission. Ferner klageberechtigt sind der Rechnungshof sowie die Europäische Zentralbank, sofern die Klage auf die Wahrung ihrer jeweiligen Rechte aus dem Vertrag abzielt. Auch jede natürliche oder juristische Person, die unmittelbar und individuell von dem Rechtsakt betroffen ist, kann klagen. Der EuGH legt die Klageberechtigung dieses Personenkreises jedoch eng aus.[27]
- Bei „Untätigkeit" (Art. 232 EGV) können Mitgliedstaaten und andere Gemeinschaftsorgane Klage erheben, wenn sie der Meinung sind, dass es das Europäische Parlament, der Rat oder die Kommission unter Verletzung des Vertrags unterlassen hat, einen Beschluss zu fassen.

---

26 Hobe 2006: Rn. 384.
27 Bieber/Epiney/Haag 2005: 263-271.

Übersicht III.5.2: EuGH – Verfahrensformen

	Antrags-/Klageziel	Antrags-/Klageberechtigter
Vertragsverletzungsverfahren (Art. 226, 227, 228 EGV)	Rüge der Verletzung von Gemeinschaftsrecht durch nationale Organe und Behörden	Kommission und Mitgliedstaaten
Nichtigkeitsklage (Art. 230, 231 EGV)	Beseitigung eines rechtswidrigen Gemeinschaftsaktes	EP, Rat, Kommission, Mitgliedstaaten, EZB, EuRH, natürliche und juristische Personen
Untätigkeitsklage (Art. 232 EGV)	Feststellung rechtswidriger Untätigkeit von EP, Rat, Kommission oder EZB	Mitgliedstaaten, Gemeinschaftsorgane, natürliche und juristische Personen
Vorabentscheidungsverfahren (Art. 234 EGV)	Auslegung des Vertrags und Gültigkeitsprüfung des Handelns der Organe und der EZB mit dem Gemeinschaftsrecht	Jedes Gericht eines Mitgliedstaates

Quelle: Eigene Darstellung in Anlehnung an Hobe 2006: 119.

▶ Beim Verfahren der „Vorabentscheidung" (Art. 234 EGV) kann jedes Gericht eines Mitgliedstaates dem EuGH Fragen über die Auslegung und Gültigkeit des Gemeinschaftsrechts vorlegen, sofern es eine Entscheidung des EuGH zum Erlass seines Urteils für erforderlich hält. Vorlageberechtigt ist jedes nationale Gericht; letztinstanzliche Gerichte sind vorlagepflichtig. Der Beschluss des EuGH betrifft dabei nur die Auslegung des relevanten Gemeinschaftsrechts; der EuGH entscheidet nicht den konkreten Fall vor dem nationalen Gericht. Dies bedeutet, dass das rechtlich bindende Urteil letztlich durch das nationale Gericht ergeht. Diese Verbindung zwischen nationaler und europäischer Rechtsprechung dient der einheitlichen Ausbildung des Gemeinschaftsrechts in den Mitgliedstaaten.[28]

▶ Europäisches Parlament, Rat und Kommission oder die Mitgliedstaaten können den EuGH ersuchen, als „Gutachterinstanz" (Art. 300 EGV) geplante vertragliche Vereinbarungen mit dritten Staaten und internationalen Organisationen auf ihre Vereinbarkeit mit den EG-Verträgen zu überprüfen. Sollte das Gutachten negativ ausfallen, so ist der Abkommensentwurf mit einem Drittstaat neu auszuhandeln oder der Vertrag zu ändern (vgl. Art. 300 (6) Satz 2 EGV).

Daneben gibt es weitere Verfahrensarten: Amtshaftungsklagen (Art. 235 in Verbindung mit Art. 288 EGV), Dienst- und Disziplinarstreitsachen (Art. 236 EGV), Schiedsverfahren zwischen den Mitgliedstaaten (Art. 239 EGV), induzierte Normenkontrollverfahren zu Verordnungen (Art. 241 EGV), einstweilige Anordnungen (Art. 243 EGV), Aussetzung der Zwangsvollstreckung (Art. 256 EGV) und Rechtsmittelverfahren gegen Urteile des Gerichts erster Instanz.

Die ergangenen Urteile binden die Verfahrensbeteiligten. Gefragt wird aber regelmäßig nach der Möglichkeit des EuGH, für die Befolgung seiner Rechtsprechung auch in ausreichendem Maße zu sorgen. Über eine „Durchsetzungsmacht" mit „eigener Vollzugsgewalt"

---

[28] Bieber/Epiney/Haag 2005: 280f.

verfügt die EG nicht; vielmehr ist sie weitgehend auf „freiwillige Beachtung" angewiesen.[29] Kommt ein Mitgliedstaat einem Urteil im Rahmen eines Vertragsverletzungsverfahrens nicht nach, kann die Kommission nach Art. 228 EGV beim Gerichtshof die Verhängung eines Zwangsgeldes oder eines Pauschalbetrags erwirken.[30]

■ *Ausbau des Gerichtssystems*

Eine wesentliche Entwicklung in der institutionellen Architektur fand durch den Ausbau und die Differenzierung des Gerichtssystems statt. Der Rat richtete bereits 1988 ein „Gericht erster Instanz" (EuG, auch abgekürzt als EuGeI) ein. Mit dem Vertrag von Nizza erfuhr das EuG eine rechtliche Aufwertung zu einer eigenständigen Rechtsprechungsinstitution.[31] Im Vertrag ist die Zuständigkeitsverteilung zwischen Gerichtshof und Gericht erster Instanz grundsätzlich festgelegt. Das EuG ist für Klagen zuständig, die nicht gemäß der Satzung des Gerichtshofs dem EuGH vorbehalten sind oder eigenständigen gerichtlichen Kammern übertragen werden (Art. 225 EGV) – so unter anderem für Schadensersatzklagen und sonstige Klagen von Bediensteten der EG-Organe. Jedoch soll dem Gerichtshof als oberstem Rechtsprechungsorgan der EU die Urteilsfindung in den grundlegenden Fragen des Gemeinschaftsrechts vorbehalten bleiben.

Die Vertragsänderungen von Nizza haben auch die Möglichkeit geschaffen, „gerichtliche (Fach-)Kammern" als selbständige gerichtliche Institutionen einzurichten (Art. 220, Satz 2, 225 a EGV). Aufgrund der stark steigenden Zahl von Rechtssachen gibt es in den letzten Jahren verstärkt Bestrebungen, derartige Fachkammern für bestimmte Rechtsbereiche zu bilden. So hat das seit Dezember 2005 arbeitende „Gericht für den öffentlichen Dienst der Europäischen Union" von EuGH und EuG Zuständigkeiten für dienstrechtliche Klagen von Bediensteten der Gemeinschaften gegen ihren Dienstherrn übernommen. Die Einrichtung eines „Gerichts für das Gemeinschaftspatent" wird gegenwärtig (2006) geprüft.

5.3 *Zur Analyse der Praxis: Ein Aktivitätenprofil*

■ *Zur Rechtsprechung des EuGH*

Die Ausübung der Funktion der „Wahrung des Rechts" kann an der Inanspruchnahme des EuGH durch die Bürger, EG-Organe und Mitgliedstaaten gemessen werden. Zu beobachten ist, dass über die Jahrzehnte die Klage- oder Verfahrensmöglichkeiten intensiv genutzt worden sind (siehe Abbildung III.5.2). Bei dem Wachstum der Tätigkeiten, so insbesondere bei den Vorabentscheidungsverfahren, ist die Zunahme an Mitgliedstaaten zu berücksichtigen.

Im Jahr 2005 wurden 467 Rechtssachen beim EuGH neu anhängig, darunter 221 Vorabentscheidungsersuche, 170 Vertragsverletzungsverfahren und 9 Nichtigkeitsklagen. Untätigkeitsklagen waren und sind selten.[32] Tabelle III.5.1 zeigt die Erledigung von Rechtssachen in einem Jahr und die Verteilung auf Politikfelder. Schwerpunkte der Urteile und Beschlüsse lagen in den Bereichen der Landwirtschaftspolitik, der Rechtsangleichung sowie der Umwelt-

---

29 Mayer 2005: 479.
30 Bieber/Epiney/Haag 2005: 262-263.
31 Hobe 2006: Rn. 368.
32 Vgl. Europäischer Gerichtshof 2006; online unter: http://www.curia.europa.eu/de/instit/presentationfr/rapport/stat/st05cr.pdf, (Stand 13.09.2007).

Abbildung III.5.2: EuGH – Entwicklung der Rechtsprechungstätigkeit 1953–2005

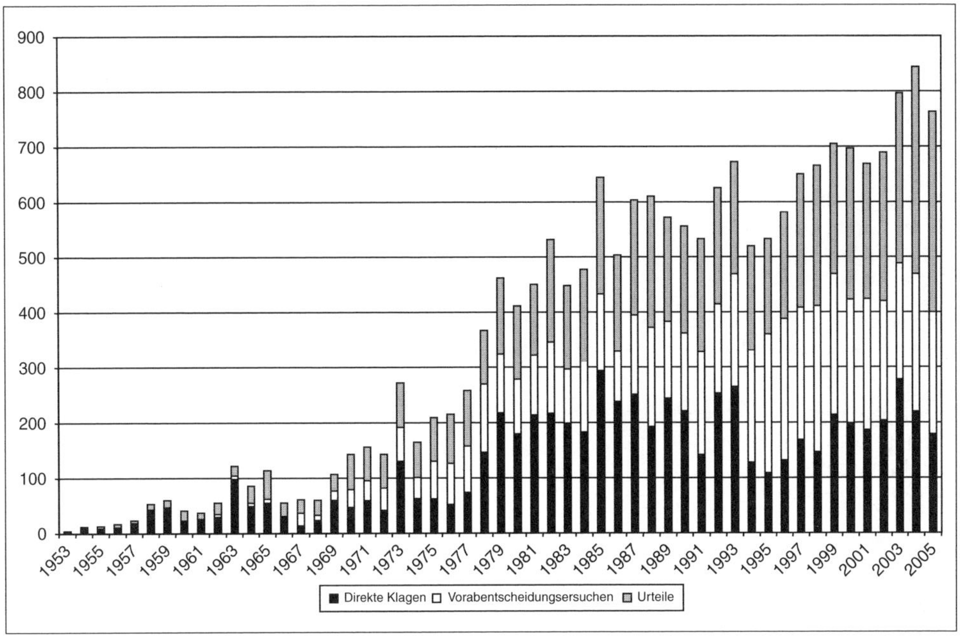

Quelle: Rechtsprechungsstatistiken des Gerichtshofs 2005, online unter:
http://curia.europa.eu/de/instit/presentationfr/index_tpi.htm (Stand 08.01.2007).

und Verbraucherpolitik. Im Hinblick auf die Ausweitung der Politikfelder sind auch die Urteile zum „Raum der Freiheit, der Sicherheit und des Rechts" zu erwähnen.

Bei Vertragsverletzungsverfahren (siehe Tabelle III.5.2) ist die nationale „Sünderliste" von Interesse. Die Tabelle lässt zwischen den Mitgliedstaaten eine ungleichmäßige Verteilung von „Vertragstreue" erkennen.

Von der Möglichkeit, ein Zwangsgeld wegen Nichtbefolgung eines früheren Urteils gegen einen Mitgliedstaat zu erlassen, machte der EuGH zum ersten Mal in einem Urteil vom 4. Juli 2000 (gegen Griechenland) Gebrauch.[33] Am 12. Juli 2005 verhängte der EuGH dann erstmals sowohl ein Zwangsgeld als auch die Strafzahlung eines Pauschalbetrags gegen einen Mitgliedstaat (in diesem Fall Frankreich) und schöpfte damit sein Sanktionspotential aus.[34] Die Wirkung und Durchsetzungsfähigkeit der Urteile beruht jedoch weitgehend auf der grundsätzlichen Akzeptanz der EuGH-Rechtsprechung durch die Mitgliedstaaten und deren (Verfassungs-)Gerichte. Daten zur Befolgung der Rechtsprechung lassen einen hohen Grad an tatsächlicher Durchsetzungsfähigkeit erkennen.

---

33 Rs. 387/97, Kommission/Griechenland, Slg. 2000, 5047.
34 Rs. 304/02, Kommission/Frankreich, Slg. 2005.

Tabelle III.5.1: EuGH – Erledigte Rechtssachen nach Verfahrensgegenstand (2005)

Politikbereich	Summe
Assoziation der überseeischen Länder und Gebiete	2
Auswärtige Beziehungen	8
Beitritt neuer Mitgliedstaaten	1
Brüsseler Übereinkommen	8
Eigenmittel der Gemeinschaften	2
Energie	3
Fischereipolitik	11
Freier Dienstleistungsverkehr	11
Freier Kapitalverkehr	5
Freier Warenverkehr	11
Freizügigkeit	17
Geistiges Eigentum	5
Gemeinsamer Zolltarif	7
Grundsätze des Gemeinschaftsrechts	2
Handelspolitik	4
Industriepolitik	11
Institutionelle Vorschriften	16
Landwirtschaft	63
Niederlassungsfreiheit	5
Raum der Freiheit, der Sicherheit und des Rechts	5
Rechtsangleichung	41
Regionalpolitik	5
Soziale Sicherheit der Wanderarbeitnehmer	10
Sozialpolitik	29
Staatliche Beihilfen	23
Steuerrecht	34
Umwelt und Verbraucher	44
Unionsbürgerschaft	2
Unternehmensrecht	24
Verkehr	16
Vorrechte und Befreiungen	1
Wettbewerb	17
Zollunion	9
EG-Vertrag	**452**
EU-Vertrag	**3**
EGKS-Vertrag	**3**
EAG-Vertrag	**1**
Verfahren	1
Beamtenstatut	6
Verschiedenes	7
Gesamtsumme	**466**

Quelle: Rechtsprechungsstatistiken des Europäischen Gerichtshofs 2005, online unter: http://www.curia.europa.eu/de/instit/presentationfr/rapport/stat/st05cr.pdf (Stand 08.01.2007).

Tabelle III.5.2: EuGH – Klagen wegen Vertragsverletzungen einzelner Mitgliedstaaten (gemäß Art. 226 EGV) 1953–2005

Mitgliedstaat	1953 bis 1997[1]	1997	1998	1999	2000	2001	2002	2003	2004	2005	Σ
Belgien	203	19	22	13	5	13	8	17	13	8	**321**
Dänemark	20	0	1	1	0	2	2	3	2	3	**34**
Deutschland	117	20	5	9	12	13	16	18	14	13	**237**
Estland	–	–	–	–	–	–	–	–	0	1	**1**
Finnland	0	0	1	0	4	3	1	6	8	10	**43**
Frankreich	163	15	22	35	25	20	22	22	23	11	**358**
Griechenland	143	10	17	12	18	15	17	16	27	18	**293**
Irland	74	6	10	13	14	12	8	16	3	9	**165**
Italien	343	20	12	29	22	21	24	20	27	36	**574**
Lettland	–	–	–	–	–	–	–	–	0	0	**0**
Litauen	–	–	–	–	–	–	–	–	0	0	**0**
Luxemburg	78	8	8	14	11	10	12	16	14	19	**190**
Malta	–	–	–	–	–	–	–	–	0	0	**0**
Niederlande	56	3	3	1	12	5	5	9	13	8	**115**
Österreich	1	0	4	8	8	7	15	20	14	9	**86**
Polen	–	–	–	–	–	–	–	–	0	0	**0**
Portugal	36	15	5	13	10	7	10	10	7	7	**120**
Schweden	0	0	1	1	3	3	2	5	5	5	**25**
Slowakei	–	–	–	–	–	–	–	–	0	0	**0**
Slowenien	–	–	–	–	–	–	–	–	0	0	**0**
Spanien	54	7	6	7	9	15	11	28	11	6	**154**
Tschechische Republik	–	–	–	–	–	–	–	–	0	0	**0**
Ungarn	–	–	–	–	–	–	–	–	0	0	**0**
Vereinigtes Königreich	40	1	1	6	4	11	15	8	12	7	**105**
Zypern	–	–	–	–	–	–	–	–	0	0	**0**
Summe	**1328**	**124**	**118**	**162**	**157**	**157**	**168**	**214**	**193**	**170**	**2791**

[1] Zu beachten ist der jeweilige Zeitpunkt des Beitritts.

Quelle: Rechtsprechungsstatistiken des Europäischen Gerichtshofs 2005, online unter: http://www.curia.europa.eu/de/instit/presentationfr/index.htm (Stand 15.12.2006).

■ *Zur Rechtsprechung des Gerichts erster Instanz*

Auch das Gericht erster Instanz zeigt einen beträchtlichen Grad an Aktivität (siehe Abbildung III.5.3). Die Verfahren des Gerichtes erster Instanz konzentrieren sich auf Rechtmäßigkeitsprüfungen, Schadensersatzklagen und auf die Bearbeitung von Anträgen auf vorläufigen Rechtsschutz. Im Jahr 2005 wurden vor dem EuG 469 Rechtssachen neu anhängig, darunter 160 Nichtigkeitsklagen, 9 Untätigkeitsklagen, 16 Schadensersatzklagen und 151 Klagen in Angelegenheiten des Öffentlichen Dienstes.[35]

Abbildung III.5.3: EuG – Anhängig gewordene und erledigte Rechtssachen 1989–2005

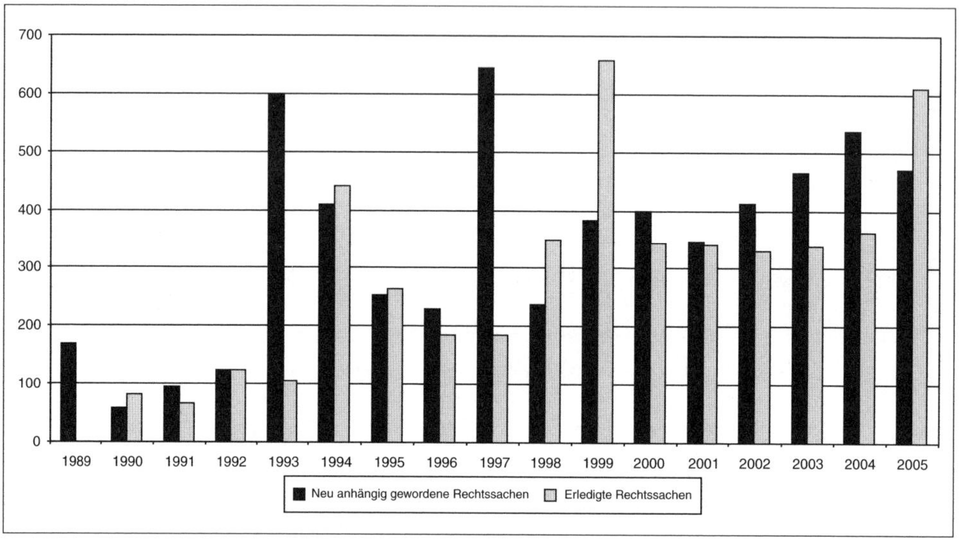

Quelle: Rechtsprechungsstatistiken des Gerichts erster Instanz 1997–2005, online unter: http://www.curia.europa.eu/de/instit/presentationfr/index.htm (Stand 08.01.2007).

5.4 Benennung: Voraussetzungen und Verfahren

Die Regierungen der Mitgliedstaaten benennen in gegenseitigem Einvernehmen auf jeweils sechs Jahre einen Richter je Mitgliedstaat (derzeit 27) und acht Generalanwälte. Eine Wiederernennung ist möglich. Voraussetzung für die Nominierung ist die Befähigung für die Ausübung der höchsten richterlichen Ämter des Ursprungslandes und die Gewähr für Unabhängigkeit (Art. 223 EGV, siehe Dokument III.5.4). Eine teilweise Neubesetzung der Richterämter findet alle drei Jahre statt. Die Richter wählen aus ihrer Mitte den Präsidenten des Gerichtshofs für jeweils drei Jahre; auch hier ist eine Wiederwahl zulässig.

Das Verfahren für das EuG ist analog geregelt. Es gibt beim Gericht erster Instanz jedoch keine ständigen Generalanwälte; diese Tätigkeit kann von einem zu diesem Zweck bestimmten Richter ausgeübt werden.

---

35 Europäischer Gerichtshof 2006; online unter: http://www.curia.europa.eu/de/instit/presentationfr/rapport/stat/st05tr.pdf (Stand 13.09.2007).

Das Gericht für den öffentlichen Dienst besteht aus sieben Richtern. Auf Antrag des Gerichtshofs kann die Zahl der Richter vom Rat mit qualifizierter Mehrheit erhöht werden. Die Richter werden ebenfalls für eine Amtszeit von sechs Jahren einstimmig vom Rat ernannt; eine Wiederernennung ist zulässig. Laut Satzung „achtet der Rat auf eine ausgewogene Zusammensetzung des Gerichts, indem die Richter unter den Staatsangehörigen der Mitgliedstaaten auf möglichst breiter geografischer Grundlage ausgewählt und die vertretenen einzelstaatlichen Rechtsordnungen berücksichtigt werden"[36]. Auch das Gericht für den öffentlichen Dienst wählt aus seiner Mitte einen Präsidenten für drei Jahre.

Anzumerken ist, dass bei der (Aus-)Wahl dieser Amtsträger, die in der institutionellen Architektur eine tragende Rolle spielen, keine öffentliche Anhörung der Kandidaten durch nationale Organe oder durch das Europäische Parlament erfolgt. Der Verfassungs- bzw. der Reformvertrag sieht zumindest einen Ausschuss vor, der vor einer Ernennung eine Stellungnahme über die „Eignung der Bewerber" abzugeben hat (Art. III-357 VVE).

5.5 Beschlussverfahren: Arbeitsteilung

In der Regel tagt der EuGH intern in einzelnen Kammern von drei oder fünf Richtern (Zahlen bis 2006; siehe Abbildung III.5.4). Auf Antrag eines am Verfahren beteiligten Mitgliedstaates oder Gemeinschaftsorgans tagt der Gerichtshof als „Große Kammer" bestehend aus 13 Richtern (Zahl bis 2006). In besonderen Fällen, die in der Satzung geregelt sind, kann der Gerichtshof als Plenum, also mit allen Richtern, zusammentreten.[37]

Abbildung III.5.4: EuGH – Anteil der Spruchkörper an anhängigen Rechtssachen 2005

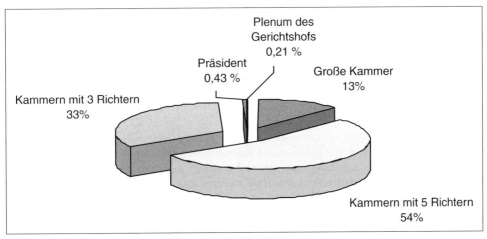

Quelle: Rechtsprechungsstatistiken des Gerichtshofs 2005, online unter:
http://curia.europa.eu/de/instit/presentationfr/index_tpi.htm (Stand 08.01.2007).

---

36 Europäischer Gerichtshof 2005: Anhang Art. 3(1), online unter: http://www.curia.europa.eu/de/instit/txtdocfr/txtsenvigueur/statut.pdf (Stand: 08.01.2007).
37 Bieber/Epiney/Haag 2005: 149f.

Zu jedem Fall wird aus der Mitte der Kammer ein Berichterstatter bestimmt, der die Urteilsfindung vorbereitet. Die Verhandlungen sind öffentlich, die Beratungen zur Urteilsfindung innerhalb des Organs jedoch nicht. Für jeden Fall des EuGH wird ein Generalanwalt bestimmt, eine in Deutschland in dieser Form nicht bestehende Einrichtung der Rechtspflege. Er bereitet die anhängigen Streitsachen auf und stellt sogenannte Schlussanträge mit einem konkreten Entscheidungsvorschlag.[38] An der eigentlichen Beschlussfassung in der Gruppe der Richter nimmt er aber nicht teil. Der Gerichtshof muss in seiner Urteilsfindung der Meinung des Generalanwalts nicht folgen; seine Schlussanträge zeichnen jedoch häufig den Urteilsspruch des EuGH vor.

Ein Prozess vor dem EuGH läuft nach einem festgelegten öffentlichen Verfahren ab. In der ersten Phase wird bei Direktklagen die Klageschrift, in Vorabentscheidungsverfahren der Beschluss des nationalen Gerichts bei der Kanzlei des Gerichtshofs eingereicht. Eine Mitteilung über die Klage samt Klagegründen wird vom Kanzler im Amtsblatt der Europäischen Union veröffentlicht. Danach erstellt der Bericht erstattende Richter den „Vorbericht", der Vorschläge zur Verweisung in andere Kammern oder zu anderen Maßnahmen enthält. Im mündlichen Verfahren, der zweiten Phase, können sowohl die Richter als auch die Generalanwälte die Prozessbeteiligten, die durch Bevollmächtigte, Beistände oder Anwälte vertreten werden, befragen. Um den Entscheidungsprozess nicht von den politischen Akteuren abzukoppeln, sieht Art. 20 der Satzung des EuGH vor, dass eine Abschrift des Vorlagebeschlusses an die Kommission, die Mitgliedstaaten und, falls er betroffen ist, auch an den Rat weiterzugeben ist. Diese können dann ebenfalls eine Erklärung abgeben und somit ihrerseits den Ausgang des Verfahrens argumentativ beeinflussen. Der Generalanwalt legt abschließende Schlussanträge vor und leitet diese an die Richter weiter. Der Beschluss des Gerichts kommt auf der Grundlage eines Entwurfs des Berichterstatters – gegebenenfalls durch eine Mehrheitsentscheidung – zustande und wird zusammen mit den Schlussanträgen in allen Amtssprachen in der amtlichen „Sammlung der Rechtsprechung des EuGH und des Gerichts erster Instanz der EG" veröffentlicht. Nicht vorgesehen ist jedoch – wie in Deutschland bei Urteilen des Bundesverfassungsgerichts möglich –, abweichende Voten von beteiligten Richtern zu veröffentlichen.[39]

Das Gericht erster Instanz tagt im Regelfall in Kammern mit drei oder fünf, das Gericht für den öffentlichen Dienst laut Satzung mit drei Richtern. In bestimmten Fällen können die Gerichte als Plenum oder als Einzelrichter tagen; das Gericht erster Instanz kann zusätzlich als Große Kammer mit 13, das Gericht für den öffentlichen Dienst als Kammer mit fünf Richtern zusammentreten. Der Verfahrensablauf ähnelt dem vor dem Gerichtshof, ein bedeutender Unterschied ist jedoch das Fehlen von Schlussanträgen seitens eines Generalanwalts.

Mit der Gründung des EuG und „gerichtlicher (Fach-)Kammern" wurden mehrstufige Verfahren möglich. So ist das Gericht für den öffentlichen Dienst der Europäischen Union für dienstrechtliche Klagen von Bediensteten der Gemeinschaften gegen ihren Dienstherrn im ersten Rechtszug zuständig. Gegen diese Entscheidungen kann ein Rechtsmittel beim Gericht erster Instanz, gegen dessen Urteil wiederum beim Europäischen Gerichtshof ein auf Rechtsfragen beschränktes Rechtsmittel eingelegt werden, vergleichbar mit der Revision im deutschen Recht. Im Bereich des Dienstrechts wurde demnach auf europäischer Ebene im Ansatz ein „dreistufiger Instanzenzug" etabliert.[40]

---

38 Bieber/Epiney/Haag 2005: 149f.
39 Hobe 2006: Rn. 183.
40 Hobe 2006: Rn. 376.

5.6 Aufbau: Übersicht über das Gerichtssystem

Der Gerichtshof verfügt über einen differenzierten Verwaltungsapparat. Der Präsident des Gerichtshofs steht der Verwaltung vor. Der EuGH wählt auf sechs Jahre einen Kanzler, der die Aufgaben der Justizverwaltung übernimmt; er ist zugleich Generalsekretär des Gerichtshofs. Zum administrativen Unterbau gehört neben den Dienststellen „Wissenschaftlicher Dienst und Dokumentation", „Presse und Information", „Protokoll und Besucher" sowie „Innere Dienste und Informatik" insbesondere auch ein umfangreicher „Dolmetscher- und Übersetzungsdienst". Das Gericht erster Instanz sowie das Gericht für den öffentlichen Dienst der Union verfügen über eigene Kanzleien, greifen aber ansonsten auf den Verwaltungsapparat des Gerichtshofs zurück.

Abbildung III.5.5: Gerichtsarchitektur – Binnenstruktur

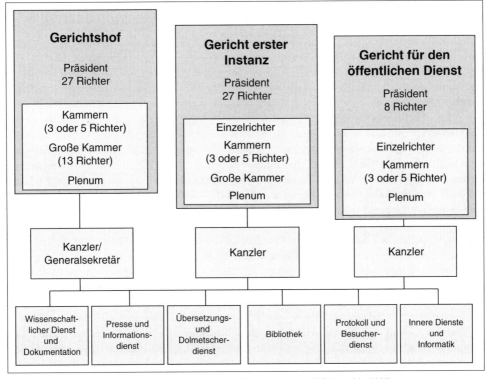

Quelle: Eigene Darstellung auf der Grundlage von http://curia.europa.eu/; Zahlen bis 2007.

■ *Besonderheiten: Sitz und Sprachenregime*

Der Gerichtshof, das Gericht erster Instanz sowie das Gericht für den öffentlichen Dienst der Europäischen Union haben ihren Sitz in Luxemburg. Das Sprachregime ist komplex, um allen Beteiligten und Betroffenen gerecht zu werden. Grundsätzlich kommen alle Amtssprachen der Union zum Tragen. Der EuGH selbst hat das „Prinzip gleichrangiger Vielsprachigkeit" entwickelt.[41] Die Wahl obliegt dem Kläger; wenn es sich jedoch bei dem Beklagten um einen Mitgliedstaat oder eine juristische oder natürliche Person aus einem der Mitgliedstaaten handelt, muss als Verfahrenssprache die Amtssprache dieses Landes gewählt werden. In Vorabentscheidungsverfahren richtet sich die Verfahrenssprache nach dem vorlegenden Gericht. Mündliche Verhandlungen werden nach Bedarf simultan in die Amtssprachen der EU übersetzt. Ersuche für Vorabentscheidungen, die Schlussanträge der Generalanwälte sowie die Urteile werden ebenfalls in allen Amtssprachen veröffentlicht. Die interne Arbeitssprache des Gerichtshofs ist Französisch.

Abbildung III.5.6: EuGH – Gebäude in Luxemburg

Quelle: www.newsfoxx.de.

---

41 Mayer 2005: 477.

5.7 Diskussion und Perspektiven

▪ *Zur Charakterisierung: supranationales Verfassungsgericht oder ferngesteuerter Handlungsbeauftragter der Mitgliedstaaten?*

Angesichts des Wirkens und der Wirkungen des EuGH ist seine Bedeutung für die Politik- und Systemgestaltung des EU-Systems intensiv zu diskutieren. Ein wesentlicher Ausgangspunkt der Debatte ist, dass der EuGH in seiner Rechtsprechung das Gemeinschaftsrecht als eigenständige Rechtsordnung etabliert und dabei die vertraglichen Vorgaben extensiv auslegt (Dokumente III.5.1; III.5.2).[42] Weitgehend unbestritten ist, dass er einen nachhaltigen Effekt auf die Entwicklung der institutionellen Architektur hatte und hat.[43] Für eine weiterführende Analyse bilden die institutionellen Leitideen eines supranationalen Verfassungsgerichts oder eines von den Mitgliedstaaten (fern-)gesteuerten Handlungsbeauftragten bzw. „Agenten" Orientierungspunkte.

Ein Ausgangspunkt einer Diskussion um die Charakterisierung des EuGH geht auf strukturelle Bedingungen der institutionellen Architektur ein. Die ausgeprägte Rolle des EuGH ist demnach nicht allein oder vielleicht nicht wesentlich auf eine eher integrationsfreundliche Grundstimmung der Luxemburger Richter, sondern auf gewollte oder auch ungewollte Eigenschaften des EU-Systems zurückzuführen:

➤ Wie in anderen Mehrebenensystemen fällt dem EuGH notwendigerweise eine Aufgabe als richterliche Letztentscheidungsinstanz zu, zumindest, wenn Vertragsbestimmungen und Rechtsakte gemeinschaftsweit eingehalten werden sollen.
➤ Schwächen und Defizite in der institutionellen Architektur können zu Blockaden führen, die Umfang und Intensität der Rechtsprechung als „Ersatz" für Entscheidungen der „normalen" Politik- und Systemgestaltung des EU-Systems erklären; so werden einige der wegweisenden Urteile auf Blockaden im Rat in den sechziger und siebziger Jahren zurückgeführt.[44]
➤ Eine damit verknüpfte Begründung verweist auf wesentliche Eigenschaften der Rechtstexte: Viele Formulierungen des Vertrags und sekundärer Rechtsakte sind aufgrund des Konsenszwangs- bzw. zumindest eines hohen Konsensdrucks im Europäischen Rat und im Rat bzw. im Mitentscheidungsverfahren zwischen Rat und EP durch einen beträchtlichen Grad an Mehrdeutigkeit geprägt, der richterliche Klärungen geradezu herausfordert. Der Kompromisscharakter der verabschiedeten Gesetzgebung führt im konkreten Einzelfall immer wieder zu Konflikten über die Auslegung und Anwendung des europäischen Rechts und erfordert entsprechend eine verbindliche Auslegung.

Geht man von diesen Überlegungen aus, so ergeben sich im Hinblick auf die Leitideen mehrere Argumentationslinien. Eine Denkschule betont, dass die Mitgliedstaaten als „Herren der Verträge" aus Sorge vor mangelnder Vertragstreue und Rechtsunsicherheit den EuGH – trotz teils massiver Kritik an einzelnen Urteilen – immer wieder im Sinne eines aufgeklärten Eigeninteresses an einem Funktionieren des EU-Systems gestärkt haben. Ungeliebte Urteile wurden anerkannt, um durch die eigene Vertragstreue ein entsprechendes Verhalten anderer Akteure zumindest zu begünstigen. Insofern ist das Interesse der Mitgliedstaaten an einem möglichst unabhängigen Gerichtshof funktional begründet. Der EuGH kann nach dieser Argumenta-

---
42 Hitzel-Cassagnes 2005: 119f.
43 Kennedy 2006: 137.
44 Weiler 1999.

tion nur sehr allgemein als („fern-)gesteuerter Agent" verstanden werden,[45] vielmehr kann der Begriff eines weitgehend autonomen „Treuhänders" (im englischen Sprachgebrauch: „Trustee")[46] genutzt werden, der im Grundinteresse der Mitgliedstaaten systemtragende und -erhaltende Funktionen übernimmt.

Mit dieser Charakterisierung nähert man sich einer weiteren Argumentationslinie: Nach dieser Denkschule ist es aufgrund der strukturellen Bedingungen nicht überraschend, dass der EuGH eher zugunsten der Gemeinschaftsebene entscheidet und dadurch zu einem „Integrationsfaktor erster Ordnung" wird.[47] Aus dieser Perspektive kann der EuGH innerhalb der institutionellen Architektur als Symbol und aktiver Träger einer supranationalen Leitidee verstanden werden. Beide Denkschulen schließen sich nicht aus, sondern können zu einer Charakterisierung als „supranationaler Treuhänder" führen.

Zentralisierungstendenzen zugunsten der europäischen Ebene haben jedoch zu einer zunehmenden Diskussion über einen „Richterstaat"[48] geführt, bei dem ein „richterlicher Aktivismus" über eine richterliche Selbstbeschränkung (im englischen Sprachgebrauch: „judicial self-restraint") siegt.[49] Angesichts dieser Rollenwahrnehmungen wird auch die Frage nach der Legitimität einer obersten Instanz gestellt.[50] Entsprechend finden sich Forderungen nach Begrenzung der Rechte des EuGH oder nach einer weiteren „übergeordneten" Instanz, die sich zumindest in Fragen der Subsidiarität aus Verfassungsrichtern der Mitgliedstaaten und Richtern des EuGH zusammensetzen soll.[51]

In dieser Debatte um die Rolle des EuGH ist das Verfahren der Vorabentscheidung besonders zu beachten: Im Zusammenhang mit den Prinzipien des Vorrangs und der direkten Wirkung des Gemeinschaftsrechts eröffnet sich Bürgern die Möglichkeit, die Konformität nationalen Rechts mit dem Gemeinschaftsrecht vor nationalen Gerichten in Frage zu stellen. Regierungen und Verwaltungen sehen sich also gegebenenfalls mit einer nationalen Rechtsprechung konfrontiert, die sie nicht ignorieren können. Insbesondere gut organisierte Verbände mit europarechtlicher Expertise nutzen diese Möglichkeiten als nicht-offizielle „Wächter" des Gemeinschaftsrechts, um ihre besonderen Interessen – seien diese Freihandel, Freizügigkeit, Umwelt- oder Verbraucherschutz – in den Politikgestaltungsprozess einzubringen. In diesem Verständnis können auch nationale Gerichte so zu Mitträgern der institutionellen Architektur des EU-Systems werden.

Im Rahmen dieses Verfahrens führt die Kooperation mehrerer Ebenen der Gerichtsbarkeit zu einer „Gemeinschaft der Gerichte" und damit zu einer gelebten Mehrebenenverfassung (im englischen Sprachgebrauch: „multi-level constitutionalism"), die Fusionstendenzen des EU-Systems auch in diesem Teil der institutionellen Architektur fördert.[52]

■ *Zur Zukunft: Vorschläge aus der Reformdebatte*

Angesichts häufig geäußerter Kritik an einzelnen Urteilen erscheint es zunächst überraschend, dass der Text des Verfassungsvertrags und auch die Vorgaben zum Reformvertrag die Rolle

---

45 Vgl. Moravcsik 1998.
46 Alter 2004: 121; vgl. auch Majone 2001.
47 Hitzel-Cassagnes 2004: 119-120; Oppermann 2005: Rn. 116.
48 Oppermann 2005: Rn. 117.
49 Streinz 2005: Rn. 569; vgl. auch Kennedy 2006: 140f.
50 Vgl. Hitzel-Cassagnes 2004: 132-134.
51 European Constitutional Group 2003; vgl. Schüssel 2005, online unter: http://www.sueddeutsche.de/ausland/artikel/256/67189/ (Stand 22.08.2007).
52 Vgl. Kapitel I.

des Europäischen Gerichtshofes erneut stärken würden. Die Jurisdiktion dieses Organs würde auf weitere Politikfelder – insbesondere in Fragen der Innen- und Justizpolitik – ausgedehnt. Ausgebaut würden auch Möglichkeiten zum Individualrechtschutz. Bei der Wahl der Richter soll ein beratender Ausschuss eingesetzt werden. Überlegungen zu einer Art „übergeordnetem" Gericht mit nationalen Verfassungsrichtern in Fragen der Subsidiarität wurden nicht aufgegriffen. Das im Verfassungsvertrag niedergelegte Modell lässt sich dabei als „Nizza-Plus" bezeichnen.[53] Die nur begrenzte Diskussion um die Rolle des EuGH im Konvent und in den Regierungskonferenzen dokumentiert eine breite Akzeptanz seines bisherigen Wirkens und damit seiner Rolle als ein supranationaler Treuhänder.

Im Hinblick auf die letzte und größte Beitrittsrunde wird die Durchsetzungsfähigkeit der EU-Gerichtsbarkeit bei den neuen Mitgliedstaaten – insbesondere in Bezug auf die Verfahren zur Vertragsverletzung und zur Vorabentscheidung – getestet.

Von besonderem Interesse ist jedoch auch, ob zunehmende Schwerfälligkeiten und Blockaden in der institutionellen Architektur – wie in früheren Phasen – wieder zu einer stärkeren Rolle des EuGH führen. Im Falle eines Scheiterns der Vorhaben zur Verfassungsänderung fiele der Rechtsprechung des EuGH vielleicht eine besondere Funktion zur Systemgestaltung zu.

5.8 Zur Wiederholung und Vertiefung

■ *Merkpunkte und Stichworte*

▶ Grundkenntnisse:
  – Gründungsdatum
  – Wesentliche Befugnisse

▶ Verfahren: Vertragliche Vorgaben und Praxis
  – Vertragsverletzung
  – Nichtigkeit
  – Untätigkeit
  – Vorabentscheidung

▶ Zum Aktivitätenprofil:
  – Umfang und Schwerpunkte der Urteilsfindung
  – Wegweisende Urteile

▶ Struktur und Binnenorganisation
  – Zusammensetzung des EuGH
  – Gericht erster Instanz: Struktur und Aufgaben
  – Gerichtliche Kammer: Beispiel und Aufgaben
  – Generalanwalt: Definition und Aufgabe

▶ Rolle und Funktionen des EuGH: Definitionen und Relevanz
  – Verfassungsgericht
  – Richterstaat
  – supranationaler Treuhänder

---

53 Läufer 2003: 510.

■ *Fragen*

▶ Wie sind die Funktionen des EuGH (politik-)wissenschaftlich zu erfassen und zu erklären?
▶ Wie ist die Rolle des EuGH als „supranationaler Treuhänder" zu beschreiben und in der Praxis zu überprüfen?
▶ Welche Legitimitätskriterien können für das Wirken und die Wirkungen des EuGH entwickelt und in der Praxis angelegt werden?

■ *Thesen zur Diskussion*

▶ Der EuGH ist das Schlüsselorgan für die supranationale Ausrichtung der institutionellen Architektur.
▶ Bei ihrer Wahl sollten die Richter des EuGH auf Vorschlag des Rats benannt und vom EP bestätigt werden.
▶ Notwendig ist ein übergeordneter Gerichtshof zu Subsidiaritätsfragen, der sich aus nationalen Verfassungsrichtern und Mitgliedern des EuGH zusammensetzt.

5.9 Literaturhinweise

■ *Online-Quelle*

http://curia.europa.eu/
Offizielle Homepage des Europäischen Gerichtshofs. Hier finden sich sowohl Informationen zum Europäischen Gerichtshof und dem Gericht erster Instanz allgemein, als auch zu ihren verfahrensrechtlichen Vorschriften und der Rechtsprechung.

■ *Einführende Literatur*

Kennedy, Tom (2006): The European Court of Justice, in: Peterson, John/Shackleton, Michael (Hrsg.): The Institutions of the European Union, 2. Auflage, Oxford/New York, S. 125-143.
Magiera, Siegfried/Niedobitek, Matthias (2007): Gerichtshof, in: Weidenfeld, Werner/Wessels, Wolfgang (Hrsg.): Jahrbuch der Europäischen Integration 2006, Baden-Baden, S. 99-108.
Magiera, Siegfried/Trautmann, Ramona (2007): Europäischer Gerichtshof, in: Weidenfeld, Werner/Wessels, Wolfgang (Hrsg.): Europa von A bis Z, Taschenbuch der europäischen Integration, 10. Auflage, Baden-Baden, S. 197-201.

■ *Weiterführende Literatur*

Bieber, Roland/Epiney, Astrid/Haag, Marcel (2005): Die Europäische Union. Europarecht und Politik, Baden-Baden.
Dehousse, Renaud (1998): The European Court of Justice: The Politics of Judicial Integration, Basingstoke.
Hobe, Stephan (2006): Europarecht, 3. Auflage, Köln.
Oppermann, Thomas (2005): Europarecht. Ein Studienbuch, 3. Auflage, München

■ *Vertiefende Literatur*

Stone Sweet, Alec (2005): The Judicial Construction of Europe, Oxford.
Weiler, Joseph H.H. (1999): The Transformation of Europe, in: Ders.: The Constitution of Europe: „Do the New Clothes Have an Emperor?" and Other Essays on European Integration, Cambridge, S. 10-101.
Wolf-Niedermaier, Anita (1997): Der Europäische Gerichtshof zwischen Recht und Politik: Der Einfluss des EuGH auf die föderale Machtbalance zwischen der Europäischen Gemeinschaft und ihren Mitgliedstaaten, Baden-Baden.

6. Mitspieler und beratende Ausschüsse in der institutionellen Architektur

6.1 Eckpunkte im Überblick: Vielzahl und Vielfalt relevanter Akteursgruppen

Zur Analyse der institutionellen Architektur der EU gehören, wie zum Studium anderer politischer Systeme,[1] Aktivitäten von Akteuren, die nicht unmittelbar innerhalb der Institutionen wirken, aber als Mitspieler in den realen Entscheidungsprozessen der Politik- und Systemgestaltung von nachhaltiger Bedeutung sind oder zumindest sein können. In dieses Untersuchungsfeld zur politischen Infrastruktur gehören auch die vertraglich verankerten „beratenden Ausschüsse" (Art. 7(2) EGV), d. h. der „Europäische Wirtschafts- und Sozialausschuss" (EWSA) (Art. 257-262 EGV) und der „Ausschuss der Regionen" (AdR) (Art. 263-265 EGV), auch wenn sie die relevanten Beziehungen zwischen ihren Mitgliedsorganisationen und den Organen nur begrenzt bündeln. In vielen Bereichen der Politikgestaltung sind zudem Vertreter der Zivilgesellschaft in beratenden Gremien der Kommission aktiv (siehe Tabelle III.6.1).

Der Kreis der politisch relevanten Akteursgruppen wird angesichts der beobachtbaren Phänomene im EU-System bewusst weit gezogen; üblicherweise werden zu dieser politischen Infrastruktur Parteien, Interessengruppen, Nicht-Regierungsorganisationen (im englischen Sprachgebrauch: Non-Governmental Organisations (NGOs)) und Medien,[2] aber auch Kirchen, Bürgerinitiativen und Unternehmen[3] sowie Think Tanks und Einrichtungen der Politikberatung gezählt.[4] Eine grobe Übersicht über die Zahl und Herkunft von Organisationen, die sich als „europäisch" verstehen und sich in der Mehrzahl in Brüssel angesiedelt haben (siehe Tabelle III.6.2) lässt auf ein zunehmendes Interesse einer beträchtlichen Vielfalt von Akteuren schließen, einen Zugang zu den Institutionen herzustellen.[5]

Bei den relevanten Mitspielern sind im EU-System jedoch auch Vertretungen anderer staatlicher Einheiten einzubeziehen; so haben Regionen bzw. (Bundes-)Länder, Kommunen und Vertretungen von Drittstaaten sowie zunehmend nationale Parlamente eigene Büros in Brüssel eingerichtet. Auch die Organe selbst – insbesondere die Europäische Kommission und das Europäische Parlament – suchen Kontakte zu Akteuren aus der Zivilgesellschaft, um Informationen zu gewinnen und eigene Positionen zu stärken.[6]

Vertreter dieses breiten Spektrums an Akteursgruppen beteiligen sich – wenn auch mit unterschiedlichen Möglichkeiten und unterschiedlicher Intensität – auf einer Vielzahl von Politikfeldern an der Vorbereitung, Verabschiedung, Durchführung und Kontrolle von verbindlichen Rechtsakten.[7] Die Aktivitätenprofile dieser Mitspieler zeigen erhebliche Variationen an formalisierter und informeller Einflussnahme auf die Politikgestaltung.[8]

---

1 Vgl. Ismayr 2003.
2 Vgl. Ismayr 2003: 7.
3 Vgl. von Alemann/Eckert 2006: 4.
4 Vgl. u. a. Woll 2006: 34; Eising/Kohler-Koch 2005: 11-75; Wessels 2000a: 351-377.
5 Vgl. Woll 2006: 36f.; Bouwen 2005: 95-122.
6 Vgl. u. a. Woll 2006: 37f.; Platzer 2004: 196-197.
7 Vgl. u. a. Bender 2007: 360-363; Eising/Kohler-Koch 2005; Jansen 2004: 168f.; Platzer 2004: 192; Wessels 2000a: 355-363.
8 Vgl. generell von Alemann/Eckert 2006: 4; Platzer 2004: 196-200.

Tabelle III.6.1: Mitspieler – Organisationen der Zivilgesellschaft und beratende Gremien aufgeschlüsselt nach Politikbereichen

Politikbereiche	Organisationen der Zivilgesellschaft	Beratungsgremien der Kommission
Außenbeziehungen	37	1
Außenhandel	72	1
Beschäftigung	55	35
Bildung	91	16
Binnenmarkt	131	1
Energie	55	5
Entwicklung	54	1
Erweiterung	61	9
Fischerei	15	3
Forschung	76	3
Gesamtpolitische Angelegenheiten der EU	81	1
Gesundheit	101	9
Humanitäre Hilfe	11	0
Informationsgesellschaft	57	3
Justiz und Inneres	34	0
Kultur	74	2
Landwirtschaft & ländliche Entwicklung	113	31
Menschenrechte	62	2
Regionalpolitik	26	3
Soziales	94	35
Steuern	34	0
Umwelt	137	18
Unternehmen	226	25
Verbraucherschutz	97	5
Verkehr	78	11
Wettbewerb	49	0
Wirtschaft und Finanzen	51	2

Quelle: Eigene Zusammenstellung; gezählt in der CONECCS-Datenbank der Europäischen Kommission, online unter: http://ec.europa.eu/civil_society/coneccs/index_de.htm, Mehrfachnennungen sind möglich (Stand 01.06.2006).

Bei der Systemgestaltung haben die beratenden Ausschüsse und viele der genannten Akteure immer wieder Positionen zu Vertragsänderungen – so bei den Beratungen des Europäischen Konvents zur Zukunft Europas[9] – und zu Beitritten weiterer Mitgliedstaaten vorgelegt.

Neben der Analyse der unmittelbaren Einflussnahme auf die Politik- und Systemgestaltung ist grundsätzlich die Frage nach den Wirkungen dieser Akteursgruppierungen auf die Entwicklung der EU als politisches System zu stellen: Entwickeln sich Formen der Beteiligung von Parteien und Medien sowie von Gruppierungen der Zivilgesellschaft vergleichbar mit denen auf nationaler Ebene, oder sind sie spezifisch für dieses System, sodass Vergleiche und Analogien jeweils intensiv auf ihre jeweilige Nützlichkeit für eine tiefergehende Analyse geprüft werden müssen?

Heranzuziehen sind Charakterisierungen aus einem weitgesteckten Spektrum an Ansätzen, die Muster von Interessenvermittlung in demokratischen Systemen herausarbeiten. So werden in der wissenschaftlichen Debatte allgemein eine „Herrschaft der Verbände"[10] oder „Lobbyismus als Schattenpolitik"[11], bzw. EU-spezifisch eine „Herrschaft der Lobbyisten in der Euro-

---

9 Vgl. Kapitel II.9; Kapitel IV.7.
10 Eschenburg 1963.
11 von Alemann/Eckert 2006: 3-10.

päischen Union"[12] oder ein „europäischer Tripartismus"[13] thematisiert; auch das Begriffspaar „Korporatismus" und „Pluralismus"[14] wird für eine entsprechende Analyse des EU-Systems genutzt.[15] Zentrale Unterscheidungsmerkmale liegen bei dieser Kategorienbildung in den Möglichkeiten des Zugangs zur institutionellen Architektur. Nach korporatistischen Mustern werden nur der Europäische Wirtschafts- und Sozialausschuss und einige wenige ausgewählte europäische Dachverbände als Vertreter der organisierten Zivilgesellschaft in den Politikzyklus einbezogen. Dagegen würde bei einem pluralistischen Muster eine Vielzahl von Akteuren aus unterschiedlichen Bereichen nationaler Politik zu Mitspielern werden.

6.2 Zahl und Beteiligung von Akteuren der Zivilgesellschaft

■ *Wachstum und Differenzierung der Akteurslandschaft: Horizontaler und vertikaler Pluralismus*

Angaben zur Zahl und Herkunft der in Brüssel tätigen Interessenvertretungen zeigen einen beträchtlichen Wachstums- und Differenzierungstrend[16] (siehe Tabellen III.6.1; III.6.2). Die Vielfalt und Anzahl der Ansprechpartner für Politiker und Beamte nimmt zu – ebenso wie die Komplexität der Verfahren, mit denen sich diese am Politikzyklus in der institutionellen Architektur beteiligen. Aus den Daten kann sowohl ein horizontaler wie ein vertikaler Pluralismus festgestellt werden: Die Vertretungen dieser Akteursgruppen sind nicht auf einige wenige Sektoren begrenzt, sondern decken weite Bereiche öffentlicher Politik ab (siehe Tabelle III.6.2). Auch innerhalb einzelner Themengebiete gibt es keine eindeutige hierarchische Struktur, die konventionellen korporatistischen Modellen entsprechen würde. Eher ist ein vertikaler Pluralismus festzustellen, bei dem sich Repräsentanten aus mehreren Ebenen gleichzeitig um die Aufmerksamkeit von Akteuren in den Institutionen bemühen.

Aus den Übersichten (siehe Tabellen III.6.1; III.6.2) ist zunächst ein hoher Grad an horizontalem Pluralismus zu entnehmen: Traditionelle Interessengruppen – wie Arbeitgeber- und Arbeitnehmerorganisationen – haben sich bereits früh in Brüssel engagiert,[17] aber auch Sozialorganisationen, Kirchen und NGOs wie Greenpeace und Attac widmen dem Brüsseler Geschehen zunehmend Aufmerksamkeit.

Als Dachverbände sind insbesondere der „Europäische Gewerkschaftsbund" (EGB)[18], die „Union der Industrie- und Arbeitgeberverbände von Europa" (UNICE) und die Agrarlobby, das „Comité des Organisations Professionnelles de l'Agriculture" (COPA)[19] zu nennen. Neben derartigen europaweiten Zusammenschlüssen haben nationale Verbände, so z. B. der „Bundesverband der Deutschen Industrie" (BDI) und der „Deutsche Gewerkschaftsbund" (DGB) und über 300 Unternehmen, z. B. Daimler-Chrysler und Boeing, eigene Büros in Brüssel eröffnet, die teilweise personell besser ausgestattet sind als die jeweiligen Dachverbände. Zusätzliche Formen der Politikbeeinflussung sind an der wachsenden Zahl an Beratungsfirmen, Anwaltskanzleien und Think Tanks abzulesen.

---

12 Woll 2006: 33-38.
13 Platzer 2004: 199.
14 Vgl. u. a. Schuman 1994: 71-108; Schmitter/Streeck 1991: 133-164.
15 Vgl. u. a. Eising/Kohler-Koch 2005: 42-44.
16 Vgl. Kohler-Koch 1996: 215; Schmitter/Streeck 1991: 133-135.
17 Vgl. u. a. Platzer 2004:188-190.
18 Vgl. Hillenbrand 2007: 421-422.
19 Vgl. Hillenbrand 2007: 411-412.

Tabelle III.6.2: Mitspieler – Vertretungen von Akteursgruppen in Brüssel 1990 – 2005

Art der Interessenvertretung	Anzahl			
	1990	1995	2000	2005
Unternehmensvertretungen	189	329	349	303
Europäische Interessenvertretungen (Dachverbände)	527	632	704	827
Gemeinnützige Interessengruppen	147	187	267	426
Handelskammern – aus EU-Ländern[1] – aus Nicht-EU-Ländern	19 13 6	34	29 11 18	30 17 13
Nationale Arbeitgeber- bzw. Industrieverbände	19	22	33	36
Think Tanks	5	14	27	71
Gewerkschaften	15	20	27	21
Auf EG/EU spezialisierte Anwaltskanzleien	87	159	145	117
Politikberatungen	56	85	91	148
Wirtschafts und Managementberatungen	15	39	39	
PR-Beratungen	14	18	14	
Nationale Interessenverbände	177	109	126	127
Presseagenturen	40	48	49	40
Medienvertretungen	419	358	313	346
Regionalvertretungen	48	106	165	197
Vertretungen von Drittstaaten	177	177	186	154
Gesamt	**1954**	**2337**	**2564**	**2843**

1 ab 2004 inklusive der zehn neuen Mitgliedstaaten.
Quelle: Eigene Zusammenstellung in Anlehnung an Fallik, mehrere Jahrgänge.

Im Hinblick auf die Präsenz in Brüssel wird regelmäßig eine Asymmetrie zugunsten der Arbeitgeber- bzw. Unternehmerseite und zulasten der Vertretungen der Arbeitnehmer durch Gewerkschaften angemerkt.[20] Die relativ kleine Anzahl von Gewerkschaftsbüros sollte jedoch nicht deren durchaus intensive Aktivitäten übersehen lassen.

Als eine Mischform, d. h. „halb-öffentliche" Interessenvertretung, sind die knapp 200 Vertretungen von Regionen der EU, einschließlich denen der Länder der Bundesrepublik, zu verstehen.[21] Die Einrichtungen der Länder sind in der Regel personell gut ausgestattet. So arbeiten im Büro des Freistaats Bayern neun höhere Beamte, die aus allen Ministerien in München kommen.[22] Von nicht-deutschen Akteuren wird die bewusst gepflegte Präsenz deutscher Länder manchmal mit leichter Ironie gesehen und kommentiert.

Neben den Regionen sind im EU-Mehrebenensystem auch zunehmend Bemühungen der Kommunen um Beteiligung am Politikzyklus zu beobachten.[23] In mehreren Bereichen ihrer

---

20 Vgl. u. a. Woll 2006: 35.
21 Vgl. u. a. Schmuck 2007a: 136-139; Schmuck 2007b: 113-116; Christiansen/Lintner 2005; Conzelmann/Knodt 2002; Wessels 2000a: 280-282.
22 Vgl. Homepage der Bayrischen Staatskanzlei, online unter http://www.bayern.de/Europa/Bruessel/ (Stand: 25.01.2007); vgl. auch Wessels 2000a: 280-282.
23 Vgl. u. a. Münch 2005; Wessels 2003g: 457ff.; Wessels 2000a: 267.

üblichen Aufgaben ist auch diese Ebene von verbindlichen Beschlüssen der EG direkt finanziell, funktional und administrativ betroffen.[24] Die Kommunen sind Adressaten des Gemeinschaftsrechts, Vollzugsbehörde von EG-Rechtsakten und potentielle Nutznießer von vielfältigen Förderprogrammen. Betroffen sind lokale Aufgaben auf den Gebieten Umweltschutz, Vergabe öffentlicher Aufträge, Binnenmarktregelungen für Strom und Gas, Harmonisierung des Asylrechts sowie Aufenthaltsrecht und Kommunalwahlrecht von EU-Bürgern. Auch Urteile des Gerichtshofs der Europäischen Gemeinschaft können direkt die kommunale Aufgabenwahrnehmung berühren. Beteiligungsmöglichkeiten der Kommunen wurden vertraglich in den Bestimmungen zum AdR formalisiert, der im Vertrag als Ausschuss zusammengesetzt aus Vertretern der regionalen und *lokalen Gebietskörperschaften* (Art. 263 EGV) (Hervorhebung durch den Autor) bezeichnet wird. Nach erheblichem Widerstand seitens der Länder stehen den Kommunen der Bundesrepublik Deutschland drei der 24 deutschen Sitze zu.

Auch Regierungen von Drittstaaten (154 diplomatische Vertretungen im Jahr 2005) und Verbände aus Nicht-EU-Ländern, z. B. aus den USA, sind als Mitspieler in der institutionellen Architektur des EU-Systems zu verstehen. Sie versuchen Entscheidungen der EG-Organe zu beeinflussen, die ihre Interessen – so in der Handelspolitik, aber auch bei Umweltnormen und in der Wettbewerbspolitik – berühren. Vertretungen von Beitrittskandidaten – wie die der Türkei – werben bei einer Vielzahl von Akteuren – nicht zuletzt bei Abgeordneten des EP – für ihre Anliegen und sind damit zumindest indirekt an der Systemgestaltung beteiligt.

Die Formen der Zusammenarbeit innerhalb dieser Akteursgruppen sind vielfältig, jedoch lassen sich einige Grundmuster erkennen,[25] die sich in der Praxis häufig ergänzen und überlappen können; auch typische Entwicklungen von unverbindlicheren zu festeren Formen der gruppeninternen Kooperation sind zu beobachten:

▶ Varianten unverbindlichen Informationsaustausches ohne feste Strukturen um einen „runden Tisch" (im englischen Sprachgebrauch „round table");
▶ zielgerichtete gemeinsame Lobbyaktivitäten auf spezifischen Sektoren bzw. bei konkreten Legislativvorhaben;
▶ europäisch ausgeschilderte Zusammenschlüsse von Verbänden oder Parteien, die für ein breiteres Themenspektrum die „intergouvernemental" gelenkten Strukturen eines Mehrebenennetzwerks[26] aufweisen;
▶ „supranational" angelegte Spitzenorganisationen.

Angesichts dieser Vielzahl kann sich der einzelne EU-Bürger durch diese Gruppen mehrfach repräsentiert sehen – so durch Vertreter seines Berufsverbands, seiner Gewerkschaft oder Kirche sowie seiner Region und seiner Kommune.

■ *Formen der Beteiligung: Varianten formalisierter und informeller Einflussnahme*

Die Formen der Einflussnahme auf Organe im Politikzyklus sind vielfältig. Mehrere Zugangsmöglichkeiten zur institutionellen Architektur wurden dabei gleichzeitig ausgebaut und werden teilweise parallel bei der Politikgestaltung genutzt.[27] Als Grundtypen können identifiziert werden:

---

24 Vgl. u. a. Martini 1992; Rhodes 1986.
25 Vgl. u. a. Platzer 2004: 192-195.
26 Vgl. Kapitel I.4.
27 Vgl. zu einer geringfügig abweichenden Typisierung Tömmel 1994: 263-282.

▶ Informelle Kontakte, die eingespielte Muster aufweisen; besonders relevant sind dabei Politiknetzwerke,[28] die sich themenbezogen zwischen Akteuren mehrerer Institutionen und Interessengruppen in rechtlich nicht verfestigten Formen herausbilden;
▶ Quasi-formalisierte Interaktionsstränge, so in Sachverständigenausschüssen und Expertengruppen der Kommission;[29]
▶ Vertraglich ermöglichte Beteiligung an formalisierten Entscheidungsverfahren im Politikzyklus;
▶ Mitwirkung durch beratende Ausschüsse und Gremien, so im „Europäischen Wirtschafts- und Sozialausschuss (EWSA)" und im „Ausschuss der Regionen" (AdR).

Wichtigster Ansprechpartner von Verbänden im Politikzyklus sind – angesichts des Initiativmonopols der Kommission – die Mitglieder der Kommission, die Kabinette der Kommissare und zuständige Generaldirektionen.[30] Die Kommission selbst fördert eine „Politik des offenen Dialogs"[31]. In ihrer Öffnungsstrategie verfolgt dieses Organ einen doppelten Zweck: Neben der Rolle als „technische Sachverständige" können diese Akteure auch als Koalitionspartner gegenüber Regierungen genutzt werden.[32]

Nicht formalisierte, aber typisch erwartbare Interaktionen sind häufig zu beobachten. Soziale Anlässe, wie Empfänge und Essen, gehören ebenso dazu wie Konferenzen, Foren, wissenschaftliche Tagungen und Treffen in kleinerem Kreis. Kommissionsmitglieder sind häufig Gast der Präsidien, Lenkungs- oder Exekutivausschüsse wichtiger Dachverbände. Einige Generaldirektionen, wie z. B. „Landwirtschaft und ländliche Entwicklung" oder „Beschäftigung, soziale Angelegenheiten und Chancengleichheit", stehen mit den betroffenen Verbänden in besonders engem Kontakt. Die letztgenannte Generaldirektion gilt infolge von differenzierten Interaktionssträngen mit relevanten Interessengruppen als ein „klassisches Verbandsherzogtum der Gewerkschaften"[33].

Beratende Ausschüsse und – weniger formalisierte – Sachverständigen- und Expertengruppen weisen eine hohe Dichte und Nutzungsintensität auf (siehe Tabelle III.6.1). Die Angaben über die unübersichtliche Gremienlandschaft variieren dabei. Für 2004 listet die Kommission 1700 permanente und temporäre Expertengruppen auf.[34] Im Bereich der Zivilgesellschaft als „regelmäßiger Dialogpartner der Kommission bei der Entwicklung politischer Maßnahmen"[35] führt sie 2006 732 Organisationen der Zivilgesellschaft und 222 beratende Gremien auf. Diese Formen der Beteiligung ermöglichen eine frühzeitige Beratung von Kommissionsvorlagen, aber auch Interessengruppen erhöhen damit ihre eigene Wettbewerbsfähigkeit gegenüber Beamten nationaler Ressorts.

Regelmäßige Beziehungen unterhalten die Verbände auch zu anderen Organen und Gremien der EG. Der Ministerrat als Organ ist insgesamt weniger Interaktionspartner europäischer Dachverbände. Die dort entscheidenden Minister werden in der Regel über nationale

---

28 Vgl. u. a. Jachtenfuchs/Kohler-Koch 2003b: 25-27; Wessels 2000a: 153-163.
29 Vgl. zu einer Übersicht von Expertengruppen Thomas/Wessels 2005: 87 und dortige Verweise; siehe Homepage der Kommission CONECCS, online unter http://ec.europa.eu/civil_society/coneccs/question.cfm?CL=de, (Stand 25.01.2007); vgl. Kapitel III.3 und Kapitel III.4.
30 Vgl. u. a. Platzer 2004: 196.
31 Eising/Kohler-Koch 2005: 58.
32 Vgl. Lehmann 2005: 155-156.
33 Platzer 1991: 101.
34 Vgl. Thomas/Wessels 2005: 87.
35 So die offizielle Formulierung, vgl. Homepage der Kommission CONECCS, online unter: http://ec.europa.eu/civil_society/coneccs/question.cfm?CL=de, (Stand 25.01.2007).

Verbände angesprochen. Die Ebene der Mitgliedstaaten gilt dabei weiterhin als zentral.[36] Betont wird jedoch immer wieder die Notwenigkeit, auf mehreren Ebenen gleichzeitig und abgestimmt aktiv zu werden.

Interessengruppen pflegen auch enge Kontakte mit Fraktionen und Ausschüssen des Europäischen Parlaments.[37] Diese Aktivitäten haben mit der Zunahme an Rechtsetzungsbefugnissen des EP beträchtlich an Intensität gewonnen.[38] Parlamentarier und Lobbyisten gehen dabei informelle Koalitionen ein, um ihre jeweiligen Einflussmöglichkeiten zu optimieren. Abgeordnete suchen insbesondere Informationen, und Verbandsvertreter bemühen sich um politische Unterstützung. Beide Akteursgruppen bilden jedoch füreinander nur jeweils einen von mehreren Interaktionspartnern.[39] Geschätzt wird, dass pro Jahr ungefähr 70 000 Einzelkontakte stattfinden[40] und dass während der Sitzungsperioden mindestens 150 Lobbyisten täglich an Mitglieder des Parlaments herantreten.[41] Hinzuzurechnen ist im EP wie bei nationalen Parlamenten die „innere Lobby"[42], die sich aus Abgeordneten zusammensetzt, die aus Verbänden kommen bzw. ihnen nahe stehen.

Weitere formalisierte Beteiligungsformen von Interessengruppen finden in Verwaltungsräten einiger Agenturen der EG statt, zu denen das „Europäische Zentrum für Förderung der Beruflichen Bildung" (CEDEFOP)[43] in Thessaloniki und die „europäische Stiftung für die Verbesserung der Lebens- und Arbeitsbedingungen"[44] in Dublin gehören. Eine spezifische Form der Mitgestaltung bieten auch die halb-offiziellen europäischen Standardisierungsausschüsse: In ihnen beschließen Industrieverbände und Unternehmen europäische Normen.[45]

Seit den 70ern wurden zusätzliche Foren für Beteiligungsmöglichkeiten gegründet. In „Dreierkonferenzen" der siebziger Jahre und im „sozialen Dialog" seit der zweiten Hälfte der achtziger Jahre versuchen Vertreter der Arbeitgeber, Arbeitnehmer und der Kommission in Arbeitsgruppen und Ausschüssen wesentliche ökonomische und soziale Probleme zu behandeln.[46]

Neue Formen der formalisierten Mitgestaltung in Richtung eines „Tripartismus"[47] führte der Vertrag von Maastricht ein (Art. 138 und 139 EGV): Bei spezifischen Gestaltungsaufgaben der Sozialpolitik ist eine umfassende und mehrstufige Beteiligung der Sozialpartner in der Vorbereitungsphase durch die Kommission vorgeschrieben (Art. 138 EGV); in einem weitergehenden besonderen Schritt können die Sozialpartner einen gemeinsamen Antrag vorlegen, den der Rat auf Vorschlag der Kommission als Rechtsakt verabschieden kann (Art. 139 EGV).

Auch in neueren Formen des Regierens – insbesondere bei der „offenen Methode der Koordinierung"[48] – sollen betroffene Vertreter der Zivilgesellschaft mitwirken.

Viele Verbände haben auch ihre Vorstellungen zu den vertragsändernden Regierungskonferenzen und zur Arbeit des Konvents formuliert. Vertreter der Zivilgesellschaft – so die Euro-

---

36 Vgl. Baltz/König/Schneider 2005: 306.
37 Vgl. u. a. Platzer 2004: 197.
38 Vgl. Lehmann 2005: 149-163; Wonka 2005: 165-172.
39 Vgl. Kohler-Koch 1997b; van Schendelen 1993a: 70.
40 Vgl. Lehmann 2005: 158.
41 Vgl. van Schendelen 1993: 68.
42 Vgl. zum Begriff Sebaldt 1996: 678.
43 Vgl. Hillenbrand 2007: 411.
44 Vgl. Homepage der European Foundation for the Improvement of Living and Working Conditions, online unter http://europa.eu/agencies/community_agencies/eurofund/index_de.htm (Stand 4.12.2007).
45 Vgl. Armstrong/Bulmer 1998: 148-168.
46 Vgl. Hillenbrand 2007: 413-414; Sadowski/Timmesfeld 1994: 503-527, insb. 505.
47 Vgl. Platzer 2004: 199.
48 Vgl. Kapitel IV.4.

päische Bewegung[49] und die Union Europäischer Föderalisten[50] – plädieren für weitergehende föderalistische Ziele mit entsprechenden institutionellen Leitideen.

Akteure aus intermediären Gruppierungen sind also in der Regel de facto oder auch teilweise de jure an mehreren Phasen der Verarbeitung derjenigen Probleme beteiligt, von denen sie unmittelbar betroffen sind. Diese Feststellung trifft zunächst nur auf diejenigen Mitspieler zu, die über ausreichende Ressourcen für Teilnahmemöglichkeiten in Brüssel und in nationalen Hauptstädten verfügen. Diffuse Interessen, die nicht oder nur schwach organisiert werden (können), werden erheblich weniger berücksichtigt;[51] aber auch gemeinwohlinteressierte Gruppen konnten ihren Einfluss durchaus geltend machen. Zudem fördert die Kommission die Arbeit europäischer Netzwerke mit schwacher finanzieller Ausstattung auf vielfache Art und Weise. Aus dem nachdrücklich eingebrachten Angebot interessierter und relevanter Mitspieler und einer durchaus bemerkenswerten Nachfrage seitens der Organe[52] hat sich so ein „politischer Meinungsmarkt"[53] herausgebildet, der umfassend und nachhaltig in die Arbeit der institutionellen Architektur hineinwirkt.

6.3 Der Europäische Wirtschafts- und Sozialausschuss (EWSA)

■ Aufgaben und vertragliche Befugnisse: Buchstaben und Praxis

Eine institutionalisierte Form der Einflussnahme von „Vertretern der verschiedenen wirtschaftlichen und sozialen Bereiche der organisierten Zivilgesellschaft" (Art. 257 EGV) bildet der Europäische Wirtschafts- und Sozialausschuss. Bereits der EGKS-Vertrag hatte einen beratenden Europäischen Wirtschafts- und Sozialausschuss vorgesehen. Die Vertragsbestimmungen haben dem EWSA in der institutionellen Architektur eine Stellung als „Ausschuss mit beratender Aufgabe" (Art. 7 (2) EGV) zugeschrieben und ihm mehrere Beteiligungsrechte zugesprochen, er:

▶ „muss vom Rat oder der Kommission in den in diesem Vertrag vorgesehenen Fällen gehört werden";
▶ „kann von diesen Organen in allen Fällen gehört werden, in denen diese es für zweckmäßig erachten";
▶ „kann von sich aus eine Stellungnahme in den Fällen abgeben, in denen er dies für zweckmäßig erachtet" (Art. 262 EGV).

Der EWSA nutzt diese obligatorischen und fakultativen Vertragsrechte umfassend. Seine Beratungen und Stellungnahmen erstrecken sich über weite Bereiche der EG-Agenda, zu denen Wirtschafts-, Finanz- und Sozialfragen sowie Themen der inneren Sicherheit gehören (siehe Übersicht III.6.1). Das wesentliche und intensiv genutzte Instrument des EWSA ist die Stellungnahme. In den letzten vier Jahren hat der Ausschuss durchschnittlich 180 Stellungnahmen verabschiedet.[54]

---

49 Vgl. Hillenbrand 2007: 419.
50 Vgl. Homepage der Union der Europäischen Föderalisten, online unter http://de.federaleurope.org/ (Stand 25.01.2007).
51 Vgl. u. a. Kohler-Koch 1993: 41ff.
52 Vgl. Woll 2006: 37.
53 Lehmann 2005: 152.
54 Vgl. Linsenmann 2007c: 227.

Abbildung III.6.1: Der Europäische Wirtschafts- und Sozialausschuss – Institutioneller Steckbrief

Quelle: Eigene Darstellung.

Aufgrund des beratenden Charakters und der heterogenen Zusammensetzung des Ausschusses selbst sind diese gemeinsamen Positionen für die Durchsetzung der häufig gegensätzlichen Interessen verschiedener wirtschaftlicher und sozialer Gruppen nur begrenzt wirksam, obwohl der Ausschuss für sich in Anspruch nimmt, dass etwa zwei Drittel seiner Vorschläge von Kommission, Europäischem Parlament und Rat berücksichtigt werden.[55]

---

[55] Vgl. Linsenmann 2007c: 227.

Übersicht III.6.1: EWSA – Aktivitätenprofil

Plenartagung des EWSA im April 2006: Verabschiedete Stellungnahmen	
Industriepolitik	• Moderne Industriepolitik • Industrieller Wandel in grenzüberschreitenden Regionen • Treibhausgase und industrieller Wandel
Sozialschutz	• Strategie der offenen Koordinierung im Bereich Sozialschutz • Übertragbarkeit von Zusatzrentenansprüchen
Chancengleichheit	• Situation behinderter Menschen – EU-Aktionsplan 2006-2007
Wirtschaftlicher und sozialer Zusammenhalt	• Strategische Leitlinien der Kohäsionspolitik (2007-2013) • Neuer Gesellschaftsvertrag in Lateinamerika
Gesundheit und Verbraucherschutz	• Rechtsrahmen für die Verbraucherpolitik
Verkehr	• Europäische Binnenschifffahrt • Gemeinsame Vorschriften/EASA • Sicherheit in der Zivilluftfahrt
Umweltschutz	• Klimaauswirkungen des Luftverkehrs • Thematische Strategie – Meeresumwelt
Unionsbürgerschaft und Bürgerrechte	• Unterhaltspflichten • Europäisches Jahr des interkulturellen Dialogs (2008)
Einwanderungspolitik	• Wanderung und internationaler Schutz
Forschung	• Nanowissenschaften und Nanotechnologien • Spezifische FTE-Programme
Bekämpfung der Finanzierung des Terrorismus	• Angaben zum Auftraggeber bei Geldtransfers

Quelle: Eigene Zusammenstellung in Anlehnung an Europäischer Wirtschafts- und Sozialausschuss 2006.

■ *Benennung, Beschlussverfahren und Aufbau*

Der EWSA setzt sich aus bis zu 350 „Vertretern der verschiedenen wirtschaftlichen und sozialen Bereiche der organisierten Zivilgesellschaft, insbesondere der Erzeuger, der Landwirte, der Verkehrsunternehmer, der Arbeitnehmer, der Kaufleute und Handwerker, der freien Berufe, der Verbraucher und des allgemein Interesses" (Art. 257 EGV) zusammen.

Die Zusammensetzung ist konventionell in drei Gruppen organisiert: Arbeitnehmer, Arbeitgeber und verschiedene Interessen (siehe Abbildung III.6.2; Übersicht III.6.3). Die Herkunftsorganisation lässt die Auswahl der deutschen Teilnehmer erkennen.

Die Mitglieder werden vom Rat auf Vorschlag der nationalen Regierungen und nach Anhörung der Kommission mit qualifizierter Mehrheit auf vier Jahre ernannt (Art. 259 EGV). Die EWSA-Mitglieder wählen selbst aus ihrer Mitte und für die Dauer von zwei Jahren einen Präsidenten und das Präsidium (Art. 260 EGV). Das Plenum des EWSA entscheidet mit der einfachen Mehrheit auf der Grundlage von Berichten, die in den Fachgruppen vorbereitet werden.

Abbildung III.6.2: EWSA – Binnenstruktur

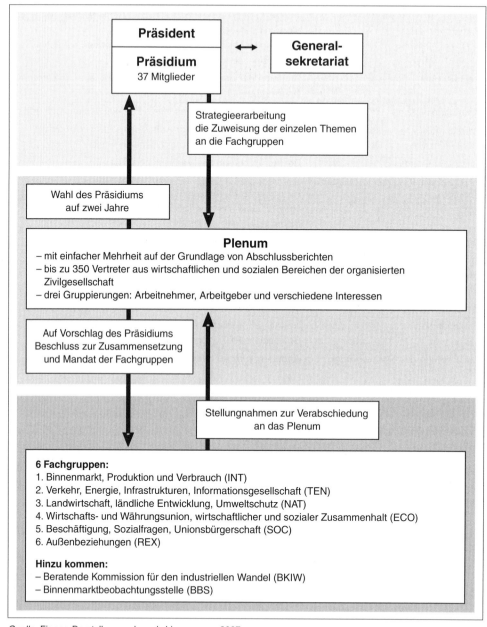

Quelle: Eigene Darstellung; vgl. auch Linsenmann 2007.

Übersicht III.6.2: EWSA – Zusammensetzung nach Mitgliedstaaten

Deutschland:	24	Schweden:	12
Frankreich:	24	Ungarn:	9
Großbritannien:	24	Dänemark:	9
Italien:	24	Finnland:	9
Polen:	21	Litauen:	9
Spanien:	21	Slowakei:	9
Rumänien:	15	Irland:	9
Belgien:	12	Lettland:	7
Bulgarien:	12	Slowenien:	7
Tschechische Republik:	12	Estland:	7
Griechenland:	12	Luxemburg:	6
Niederlande:	12	Zypern:	6
Österreich:	12	Malta:	5
Portugal:	12		

Quelle: Erklärung Nr. 20 der Regierungskonferenz 2000 in Nizza.

Übersicht III.6.3: EWSA – Die deutschen Vertreter (2002 – 2006)

Name	Fachgruppe	Herkunftsorganisation
Alleweldt, Karin	REX, ECO	Deutscher Gewerkschaftsbund (DGB)
Buntenbach, Annelie	SOC	Deutscher Gewerkschaftsbund (DGB)
Clever, Peter	SOC, REX	Bundesvereinigung der Deutschen Arbeitgeberverbände
Frerichs, Göke	ECO, REX	Bundesverband des deutschen Groß- und Außenhandels (BGA)
Graf von Schwerin, Alexander-Michael	TEN, REX	Öffentlicher Dienst Transport und Verkehr (ÖTV)
Gräfin zu Eulenburg, Soscha	INT, SOC	Deutsches Rotes Kreuz (DRK)
Heinisch, Renate	SOC, REX	Bundesarbeitsgemeinschaft der Senioren Organisation
Kienle, Adalbert	NAT, ECO	Deutscher Bauernverband (DBV)
Korn, Peter	CCMI, INT, REX	Deutscher Industrie- und Handelskammertag (DIHK)
Lehnhoff, Jochen	INT, ECO	Bundesverband der deutschen Volksbanken und Raiffeisenbanken e. V.
Matecki, Claus	ECO	Deutscher Gewerkschaftsbund (DGB)
Metzler, Arno	INT, ECO	Deutscher Bauernverband (DBV)
Ott, Erhard	INT, TEN	Ver.di
Petersen, Volker	NAT, TEN	Deutscher Raiffeisenverband e. V.
Ribbe, Lutz	NAT, TEN, CCMI	EURONATUR
Rusche, Jörg	NAT, TEN	Bundesverband der Deutschen Binnenschiffahrt e. V.
Schallmeyer, Manfred	SOC, CCMI	IG-Metall, Textil, Bekleidung, Textile Dienste
Schleyer, Hanns-Eberhard	INT, ECO	Zentralverbands des Deutschen Handwerks (ZDH)
Steffens, Heiko	INT, REX	Verbraucherzentrale
Stöhr, Frank	SOC, REX	Dbb beamtenbund und tarifunion

Name	Fachgruppe	Herkunftsorganisation
Von Wartenberg, Ludolf	INT, REX	Bundesverband der Deutschen Industrie e. V. (BDI)
Wilms, Hans-Joachim	INT, NAT	Industriegewerkschaft Bauen-Agrar-Umwelt (BAU)
Wolf, Gerd	INT, TEN	Institut für Plasmaphysik des Forschungszentrum Jüllich
Woller, Wilfried	NAT, TEN	Industriegewerkschaft Bergbau, Chemie, Energie (IG/BCE)

TEN: Transport, Energie, Infrastruktur und Informationsgesellschaft
REX: Auswärtige Beziehungen
SOC: Beschäftigung und Soziales
INT: Gemeinsamer Markt, Produktion und Verbrauch
ECO: Landwirtschaft, Regionale Entwicklung und Umwelt
NAT: Wirtschafts- und Währungsunion und wirtschaftliche und soziale Kohäsion

Quelle: Eigene Zusammenstellung in Anlehnung an die Homepage des Europäischen Wirtschafts- und Sozialausschusses, online unter: http://eescmembers.eesc.europa.eu/eescmembers.aspx?culture=en (Stand 05.02.2007).

■ *Zur Charakterisierung: Keine korporatistische Vertretung*

Trotz einer Ausweitung der Beteiligungsmöglichkeiten des EWSA durch Vertragsänderungen auf 41 Fälle gilt der reale Einfluss auf die Organe der EU in der Regel als begrenzt. Interessengruppen, einzelne Verbände und Unternehmen suchen gewöhnlich am EWSA vorbei den Weg des direkten Einflusses auf die Europäische Kommission, die nationalen Regierungen und das Europäische Parlament. Entsprechend kann dieser Ausschuss in der Praxis der Politikgestaltung keine Exklusivität als Institution effektiver Lobbyarbeit beanspruchen. Angesichts dieses Befunds kann er nicht als Symbol und Träger eines korporatistischen Modells der Interessenvermittlung dienen. Er selbst versteht sich zunehmend als „gesellschaftlicher Dialogpartner", der als Gesprächsforum, Mediator und Förderer der organisierten Zivilgesellschaft wirkt.[56] So hat der EWSA auch versucht, an den systemgestaltenden Debatten des „Europäischen Konvents zur Zukunft Europas" mitzuwirken.[57]

Angesichts der vielfältigen und differenzierten Strategien von Repräsentanten der organisierten Zivilgesellschaft und der nicht im EWSA vertretenen Gruppierungen ist dieser Ausschuss nicht als ein unentbehrliches Schlüsselgremium in der Vermittlung ökonomischer und sozialer Interessen zu verstehen. Vielmehr bildet er für seine Mitglieder einen unter mehreren Zugängen zur institutionellen Architektur.

6.4 Der Ausschuss der Regionen (AdR)

■ *Aufgaben und Funktionen: Buchstaben und Praxis*

Eine weitere – im Maastrichter Vertrag gegründete – institutionalisierte Form der Einflussnahme spezifischer Interessen bildet der Ausschuss aus Vertretern „regionaler und kommunaler Gebietskörperschaften" (AdR; Art. 263-265 EGV). Ihm hat der Vertrag in der institutionellen Architektur der EU – ebenso wie dem EWSA – eine Stellung als „Ausschuss mit beratender Aufgabe" (Art. 7 (2) EGV) zugeschrieben. Er ermöglicht Repräsentanten der regiona-

---
56 Vgl. Linsenmann 2007c: 228; Eising/Kohler-Koch 2005: 41, 56.
57 Vgl. Linsenmann 2007c: 228.

Abbildung III.6.3: Der Ausschuss der Regionen – Institutioneller Steckbrief

Quelle: Eigene Darstellung.

len und lokalen Ebene eine eigenständige Mitwirkung an der Politik- und Systemgestaltung.[58] Der Ausschuss der Regionen reklamiert dabei eine besondere Bürgernähe.[59] Dem AdR hat der Vertrag (Art. 265 EGV) mehrere Beteiligungsrechte zugeteilt, die weitgehend denen des EWSA entsprechen, er:

- „wird vom Rat oder der Kommission in den in diesem Vertrag vorgesehenen Fällen [...] gehört";
- „(wird) in allen anderen Fällen gehört, in denen eines der beiden Organe dies für zweckmäßig erachtet, insbesondere in Fällen, welche die grenzüberschreitende Zusammenarbeit betreffen";

---

58 Vgl. Mittag 2007: 74.
59 Vgl. Homepage des Ausschusses der Regionen, online unter http://www.cor.europa.eu/de/presentation/bringing.htm (25.01.2007).

▶ „kann vom Europäischen Parlament gehört werden";
▶ „kann, wenn er dies für zweckdienlich erachtet, von sich aus eine Stellungnahme abgeben".

Zur Erfüllung dieser Aufgaben muss er in 24 Feldern der Gemeinschaftspolitik konsultiert werden, z. B. in den Bereichen Bildung und Kultur, Gesundheitswesen, transeuropäische Netze und Industrie.

Der Ausschuss nimmt seine Aktivitäten intensiv wahr (siehe Übersicht III.6.4). In den Jahren 2002 bis 2006 hat er 227 Stellungnahmen verabschiedet.

Übersicht III.6.4: AdR – Aktivitätenprofil

Plenartagung des AdR im November 2005: Verabschiedete Stellungnahmen (gekürzte Fassung)	
Kohäsionspolitik	• Wachstum und Beschäftigung – Strategische Leitlinien 2007–2013 • Sicherheit von Verkehrsträgern und ihre Finanzierung
Wirtschafts- und Sozialpolitik	• Wettbewerbsfähigkeit und Dezentralisierung • Umstrukturierung und Beschäftigung • Einrichtung eines Rahmenprogramms für Wettbewerbsfähigkeit und Innovation (2007–2013) • Demografischer Wandel • Reform des Beihilferechts (2005–2009) • Nichtdiskriminierung und Chancengleichheit • Europäisches Jahr der Chancengleichheit (2007)
Nachhaltige Entwicklung	• Umsetzung der Richtlinie über Abfalldeponien auf regionaler und lokaler Ebene • EU-Forststrategie • Die Rolle der lokalen und regionalen Gebietskörperschaften bei der Bekämpfung des Klimawandels
Kultur und Bildung	• Siebtes Rahmenprogramm der Europäischen Gemeinschaft für Forschung, technologische Entwicklung und Demonstration (2007–2013) • Siebtes Rahmenprogramm der Europäischen Atomgemeinschaft (Euratom) für Forschungs- und Ausbildungsmaßnahmen (2007–2013) • Veranstaltung „Kulturhauptstadt Europas" (2007–2019)
Konstitutionelle Fragen und Regieren in Europa	• Leitlinien für Anwendung und Kontrolle der Grundsätze der Subsidiarität und der Verhältnismäßigkeit • Rolle der Regionalparlamente mit Gesetzgebungsbefugnissen im demokratischen Leben der Union • Programm „Bürger/innen für Europa" (2007–2013) zur Förderung einer aktiven europäischen Bürgerschaft
Außenbeziehungen	• Eine europäische Zukunft für das Kosovo • Aufstellung eines Rahmenprogramms für Solidarität und die Steuerung der Migrationsströme (2007–2013) • Einrichtung des Europäischen Flüchtlingsfonds (2008–2013) • Einrichtung des Außengrenzenfonds (2007–2013) • Integration von Drittstaatsangehörigen (2007–2013) • Europäischer Rückkehrfonds (2008–2013) • Dezentralisierte Zusammenarbeit bei der Reform der Entwicklungspolitik der EU

Quelle: Ausschuss der Regionen: 62. Plenartagung des AdR, verabschiedeten Stellungnahmen, nach Fachkommissionen geordnet, 16./17. November 2005, online unter http://www.cor.europa.eu/document/de/avis_parcomm_de.pdf (Stand 04.01.2007).

■ Benennung, Beschlussverfahren und Aufbau

Abbildung III.6.4: AdR – Binnenstruktur

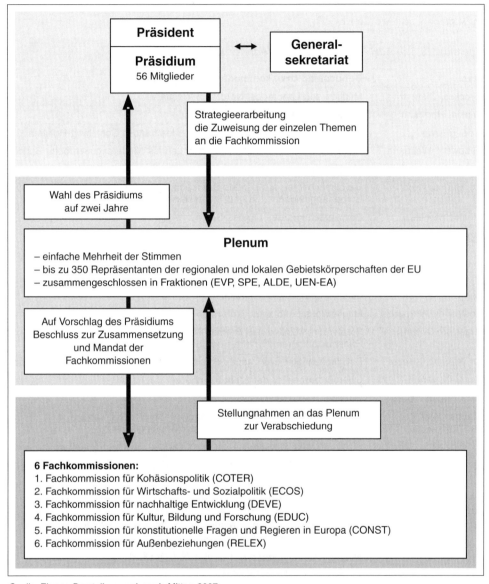

Quelle: Eigene Darstellung, vgl. auch Mittag 2007.

Der AdR setzt sich aus bis zu 350 gewählten Repräsentanten der regionalen und lokalen Gebietskörperschaften und einer gleichen Zahl von Stellvertretern zusammen, die auf Vorschlag der Mitgliedstaaten vom Rat mit qualifizierter Mehrheit für vier Jahre ernannt werden. Die Verteilung der Sitze auf die einzelnen Mitgliedstaaten folgt dem Schlüssel des EWSA (siehe Übersicht III.6.2).

Obwohl sich die Vertragsbestimmungen über den Ausschuss der Regionen eng an diejenigen zum Europäischen Wirtschafts- und Sozialausschuss anlehnen, bestehen zwischen beiden Gremien Unterschiede. So soll sich der Ausschuss der Regionen ausschließlich aus Vertretern zusammensetzen, die über ein Wahlmandat verfügen oder einer Versammlung politisch verantwortlich sind (Art. 263 EGV).

Übersicht III.6.5: AdR – Die deutschen Vertreter (2006)

Name	Bundesland bzw. kommunaler Dachverband
Brockes, Dietmar	Mitglied des Landtages, Nordrhein-Westfalen
Dinkla, Hermann	Mitglied des Landtages, Niedersachsen
Döring, Uwe	Minister für Justiz, Arbeit und Europa des Landes Schleswig-Holstein
Gibowski, Wolfgang	Staatssekretär, Bevollmächtigter des Landes Niedersachsen beim Bund
Harlinghausen, Rolf	Mitglied des Europaausschusses der Hamburgischen Bürgerschaft
Dr. Harms, Gerd	Bevollmächtigter des Landes Brandenburg für Bundes- und Europaangelegenheiten und Staatssekretär in der Staatskanzlei
Helbig, Monika	Bevollmächtigte des Landes Berlin
Hoff, Volker	Minister für Bundes- und Europaangelegenheiten und Bevollmächtigter des Landes beim Bund, Hessen
Holter, Helmut	Minister für Arbeit, Bau und Landesentwicklung des Landes Mecklenburg-Vorpommern
Jahn, Helmut M.	Landrat des Hohenlohekreises
Jostmeier, Werner	Mitglied des Landtages, Nordrhein-Westfalen
Kiessler, Kerstin	Staatsrätin, Mitglied des Bremer Senats, Bevollmächtigte der Freien Hansenstadt Bremen beim Bund und für Europa
Dr. Klär, Karl-Heinz	Bevollmächtigter des Landes Rheinland-Pfalz beim Bund und für Europa
Dr. Maly, Ulrich	Oberbürgermeister der Stadt Nürnberg
Prof. Mannle, Ursula	Mitglied des Landtages, Bayern
Rauber, Karl	Mitglied des Landtages des Saarlandes, Minister für Bundes- und Europaangelegenheiten und Chef der Staatskanzlei
Dr. Schneider, Michael	Staatssekretär, Bevollmächtigter des Landes Sachsen-Anhalt beim Bund
Sinner, Eberhard	Mitglied des Landtages des Freistaates Bayern; Staatsminister für Europaangelegenheiten und Regionale Beziehungen in der Staatskanzlei
Speckert, Sandra	Mitglied der Bremischen Bürgerschaft
Stachele, Willi	Minister des Staatsministeriums und für europäische Angelegenheiten, Mitglied des Landtages von Baden-Württemberg
Straub, Peter	Mitglied des Landtages von Baden-Württemberg
Vogel, Hans-Josef	Bürgermeister der Stadt Arnsberg
Winkler, Hermann	Staatsminister und Chef der Staatskanzlei des Freistaates Sachsen
Wucherpfennig, Gerold	Minister für Bundes- und Europaangelegenheiten und Chef der Staatskanzlei des Freistaates Thüringen

Quelle: Homepage des AdR, online unter http://www.cor.europa.eu/de/presentation/list.htm (Stand 26.07.2006).

Zu den deutschen Mitgliedern gehörten und gehören Ministerpräsidenten, Länderminister, Landtagsabgeordnete und Bürgermeister.

Über die Verteilung der Sitze auf regionale oder lokale Gebietskörperschaften wurde in mehreren Mitgliedstaaten eine kontroverse und zum Teil heftige Auseinandersetzung geführt. In Deutschland wurde eine Lösung gefunden, nach der auf die Bundesländer 21 der 24 Sitze fallen und die drei kommunalen Spitzenverbände jeweils einen Sitz erhalten.

Der AdR wählt seinen Präsidenten und das Präsidium für zwei Jahre (Art. 264 EGV). Es wird durch ein Generalsekretariat unterstützt. Die Willensbildung im Ausschuss der Regionen vollzieht sich in Fachkommissionen und im Rahmen von politischen Fraktionen, von denen sich bisher vier konstituiert haben: die Europäische Volkspartei (EVP), die Sozialdemokratische Partei Europas (SPE), die Fraktion der Allianz der Liberalen und Demokraten für Europa (ALDE) und die Europäische Allianz (UEN-EA). Bei den Beratungen zeichnen sich jedoch auch weitere spezifische politische Trennlinien ab; sie schlagen sich in Unterschieden zwischen nord- und südeuropäischen Regionen, zwischen Vertretern der Kommunen und Regionen sowie zwischen Vertretern von „kompetenzstarken" Regionen mit legislativen Kompetenzen (so die deutschen Länder) und Vertretern von „kompetenzschwächeren" Gebietskörperschaften nieder.[60]

■ *Zur Charakterisierung: Ein Europa „mit" Regionen*

Wie bereits am Verhalten von Interessengruppen im Verhältnis zum EWSA beobachtet, verfolgen auch die Regionen differenzierte Strategien innerhalb und außerhalb des AdR; sie richten sich gleichzeitig an mehrere Akteure auf jeder Ebene des EU-Systems.[61] So nutzen Länderregierungen und -verwaltungen den Bundesrat und dessen Rechte (Art. 23 GG) während der deutschen Vorbereitung von EG-Beschlüssen[62] sowie den Rat oder die Rats- und Kommissionsausschüsse während der Verabschiedung von Beschlüssen auf europäischer Ebene. In der Durchführungsphase intervenieren sie auch direkt für einzelne Projekte bei der Europäischen Kommission und der Bundesregierung.

Insgesamt lassen die Aktivitäten der Bundesländer und anderer Regionen in und neben dem AdR erkennen, dass sie auf europäischer und teilweise auch auf nationaler Ebene zu aktiven Mitspielern im EU-Mehrebenensystem geworden sind,[63] aber auch dass sie ihre Rolle nicht zu einer Vetoposition ausbauen konnten.[64] Charakterisiert werden kann diese Entwicklung als ein „Europa ‚mit' Regionen", aber nicht als ein „Europa ‚der' Regionen",[65] das dieser Ebene eine starke Position einräumen würde.

---

60 Vgl. Mittag 2007: 75f.
61 Vgl. Kapitel I.2.
62 Vgl. Maurer 2003b: 115-149.
63 Vgl. Kapitel I.4; Übersicht I.4.2.
64 Vgl. Wessels 2000a: 300.
65 Vgl. zu den Begrifflichkeiten de Rougemont 1962.

6.5 Europäische Parteien

■ *Aufgaben und Vertragsbestimmungen: Geschichte und Praxis*

Wie in jedem politischen System sind auch in der institutionellen Architektur der EU (europäische) Parteien aktiv.[66] Entscheidungen im EU-System – so die Wahl der Führungspersonen – werden nachhaltig durch parteipolitische Erwägungen bestimmt;[67] zentrale Mitspieler sind dabei allerdings nationale Parteien. Bei den sich selbst so bezeichnenden „Europäischen Parteien" sind dagegen Rolle und Charakter näher zu untersuchen.

Zusammenschlüsse von Parteien haben sich seit Beginn der Integrationskonstruktion herausgebildet; einen wesentlichen Schub erhielten sie mit der ersten Direktwahl zum Europäischen Parlament 1979. Lange Zeit waren sie organisatorisch, finanziell und personell „Kinder" der entsprechenden Fraktionen im EP.[68] Mit dem Vertrag über die Europäischen Union haben die wesentlichen „Parteifamilien" zu Beginn der neunziger Jahre „Europäische Parteien" gegründet.[69]

Europäische Parteien gelten für viele Akteure und Beobachter als „unverzichtbar für die Europäische Demokratie"[70]. Ihre Rolle als „Faktor der Integration" wird vom Vertrag bestätigt und mit den allgemeinen Funktionen der Bildung eines „europäischen Bewusstseins" und der Artikulation des politischen Willens der Bürger verknüpft (siehe Dokument III.6.1).

Dokument III.6.1: Europäische Parteien – Vertragliche Bestimmungen (gemäß Art. 191 EGV)

Art. 191 EGV – Vertragliche Verankerung der Europäischen Parteien

Politische Parteien auf europäischer Ebene sind wichtig als *Faktor der Integration* in der Union. Sie tragen dazu bei, ein *europäisches Bewusstsein* herauszubilden und den *politischen Willen* der Bürger der Union zum *Ausdruck zu bringen.*

Der Rat legt gemäß dem Verfahren des Artikels 251 die Regelungen für die politischen Parteien auf europäischer Ebene und insbesondere die Vorschriften über ihre Finanzierung fest.

Hervorhebungen durch den Autor.

Ein besonderes Statut regelt in Form einer Verordnung[71] die „Satzung und Finanzierung europäischer Parteien", die Kriterien für den Status als europäische Partei und die Zuwendungsmodalitäten aus dem Haushalt der EG.[72] Im Verfassungsvertrag sollten die gegenwärtig gültigen Bestimmungen mit geringfügigen Änderungen bestätigt werden (Art. I-46 (4) VVE).

Die „Sozialdemokratische Partei Europas" (SPE), die „Europäische Volkspartei" (EVP), die „Europäische Liberale, Demokratische und Reform Partei" (ELDR), die „Europäische Fö-

---

66 Vgl. Maurer/Mittag 2007: 168; Jansen 2004.
67 Vgl. Hix 2005: 180.
68 Vgl. Jansen 2004: 181.
69 Vgl. Jansen 2004: 167-169.
70 Leinen 2006: 230, vgl. auch Jansen 2004.
71 Vgl. Leinen 2006: 234; vgl. auch Jansen 2004: 170-173.
72 Vgl. Maurer/Mittag 2007: 170-171.

deration Grüner Parteien" (EFGP), die „Partei der Europäischen Linken" (EL) und die „Demokratische Partei der Völker Europas – Freie Europäische Allianz" (DPVE-FEA)[73] sind Dachorganisationen, die von nationalen Parteien aus ähnlichen programmatischen „Familien" getragen werden; trotz mancher ideologischer Gemeinsamkeiten arbeiten in ihnen Parteien unterschiedlicher Traditionen, Strukturen und europapolitischer Ausrichtung zusammen (siehe Übersicht III.6.6).

Übersicht III.6.6: Europäische Parteien – Mitgliedsparteien von EVP und SPE

Mitgliedstaat	European People's Party (EVP)	Party of European Socialists (SPE)
Belgien	• centre démocrate Humaniste • CD&V	• Parti Socialiste • Sociaal Progressief Alternatief
Bulgarien	• Union of Democratic Forces • Democratic Party • Banu-People's Union • Democrats for a Strong Bulgaria	• Bulgarski Socialdemocrati • Bulgarska Sotsialisticheska Partiya
Dänemark	• DET KONSERVATIVE FOLKEPARTI • Kristendemokraterne	• Socialdemokraterne
Deutschland	• Christlich-Soziale Union • Christlich Demokratische Union	• Sozialdemokratische Partei Deutschlands
Estland	• Isamaa ja Res Publica Liit, Pro Patria and Res Publica Union	• Sotsiaaldemokraatlik Erakond
Finnland	• Kansallinen Kokoomus	• Suomen Sosialidemokraattinen Puolue
Frankreich	• Union pour un Mouvement Populaire	• Parti Socialiste
Griechenland	• NEA DEMOKRATIA	• Panellinio Sosialistiko Kinima
Irland	• Fine Gael	• Labour Party
Italien	• UDC – Unione dei Democratici Cristiani e dei Democratici di Centro • POPOLARI UDEUR • Forza Italia	• Democratici Di Sinistra • Socialisti Democratici Italiani
Lettland	• TAUTAS PARTIJA • New Era	• Latvijas Socialdemokratiska Strandnieku Partija
Litauen	• Homeland Union • Lietuvos Krikscionys Demokratai	• Lietuvos Socialdemokratu Partija
Luxemburg	• Chrëschtlech Sozial Vollekspartei	• Lëtzebuerger sozialistesch Aarbechterpartei (LSAP)
Malta	• Partit Nazzjonalista	• Partit Laburista
Niederlande	• Christen Democratisch Appèl	• Partij Van De Arbeid
Österreich	• Austrian People's Party	• Sozialdemokratische Partei Österreichs
Polen	• Platforma Obywatelska • PSL	• Sojusz Lewicy Demokratycznej • Unia Pracy

---

73 Vgl. Jansen 2004: 169.

Mitgliedstaat	European People's Party (EVP)	Party of European Socialists (SPE)
Portugal	• Partido Social Democrata	• Partido Socialista
Rumänien	• Democratic Party • Romániai Magyar Demokrata Szövetség • Partidul National Taranesc Crestin Democrat	• Partidul Social Democrat
Schweden	• Kristdemokraterna • Moderaterna	• Sveriges Socialdemokratiska Arbetareparti
Slowakei	• Slovak Democratic and Christian Union – Democratic Party • Strana Madarskej koalície • KDH	
Slowenien	• Nova Slovenija – Krscanska ljudska stranka • Slovenian Democratic Party • Slovenian People's Party/Slovenska ljudska stranka	• Socialni Demokrati
Spanien	• Partido Popular • Unio Democràtica de Catalunya	• Partido Socialista Obrero Español
Tschechien	• Krestanka a demokraticka unie	• Ceská strana sociálne demokratická
Ungarn	• Magyar Demokrata Fórum • Fidesz – Magyar Polgári Szövetség	• Magyarorszagi Szocialdemokrata Párt • Magyar Szocialista Párt
Vereinigtes Königreich		• Labour Party • Social Democratic and Labour Party
Zypern	• Democratic Rally of Cyprus	• Kinima Sosialdimokraton

Quelle: In Originalsprache übernommen von den Internetseiten der European People's Party, online unter http://www.epp.eu/memberparties.php?hoofdmenuID=2 (Stand 04.01.2007) bzw. den Internetseiten der Party of European Socialists, online unter http://www.pes.org/content/view/43/0/lang,en/ (Stand 04.01.2007).

Die Parteien stellen Zusammenschlüsse dar, die keine zusätzliche Hierarchieebene oberhalb ihrer nationalen Mitglieder bilden.[74] Sie zeigen im Hinblick auf ihre wahrgenommenen Funktionen ähnliche Grundmuster (siehe Übersicht III.6.7).

Die Aktivitäten der Europäischen Parteien sind dabei breit gestreut.

Generell bieten die Gremien der Parteien nützliche Foren für die Meinungsbildung unter den beteiligten nationalen Mitgliedern;[75] insbesondere erlauben die Treffen der jeweiligen Parteiführer vor Sitzungen des Europäischen Rats Vorabklärungen politischer Positionen.[76] Auch im „Europäischen Konvent zur Zukunft Europas" haben europäische Parteien Mitglieder aus mehreren Gruppierungen dieses Gremiums, d. h. beispielsweise Europaabgeordnete und nationale Parlamentarier zusammengeführt.[77]

Eine konkrete, immer wiederkehrende Aufgabe liegt in der Verabschiedung eines gemeinsamen Manifestes oder Programms, für die alle fünf Jahre stattfindenden Wahlen zum Europäischen Parlament; diese Dokumente werden häufig nur nach schwierigen Verhandlungen

---

74 Vgl. Maurer/Mittag 2007: 171.
75 Vgl. Ladrech 2003.
76 Vgl. Kapitel III.1; Maurer/Mittag 2007: 172-173; vgl. auch Hix 2005: 192.
77 Vgl. Kapitel IV.7.

Übersicht III.6.7: Europäische Parteien – Führungspersonen und Aktivitätenprofil

Partei	Hauptthemen
SPE: Sozialdemokratische Partei Europas http://www.pes.org/ **Vorsitzender:** Poul Nyrup Rasmussen (DK)	**Manifest Juni 2004:** 1. Steigerung des Wirtschaftswachstums in Europa, die Armutsbekämpfung und die Schaffung von neuen und qualifizierten Arbeitsplätzen 2. Die Europäische Union den Bürgerinnen und Bürgern näher bringen 3. Die Steuerung der Zuwanderung und die Vertiefung der sozialen Integration 4. Der Aufbau einer sicheren, nachhaltigeren, friedlicheren und gerechteren Welt 5. Die Förderung Europas als Raum der Demokratie und Gleichberechtigung Quelle: http://www.pes.org/downloads/Manifesto_2004_DE.pdf
EVP: Europäische Volkspartei http://www.epp-eu.org/ **Vorsitzender:** Wilfried Martens (BE)	**Aktionsplan für 2004–2009:** 1. Eine wissensbasierte Wirtschaft: Förderung der Wettbewerbsfähigkeit 2. Nachhaltige Entwicklung: Bauen für die Zukunft 3. Europas Bürger: Das wachsende Bedürfnis nach Sicherheit 4. Europa in der Welt: Die neuen sicherheitspolitischen Herausforderungen 5. Vernünftige Ausgabenverwaltung: Die Notwendigkeit strenger Vorschriften Quelle: http://www.epp-ed.eu/group/de/priorities.asp
ELDR: Europäische Liberale und Demokratische Reform Partei http://www.eldr.org/ **Vorsitzende:** Annemie Neyts Uyttebroeck (BE)	**Wahlprogramm 2004–2009:** 1. Die Verfassung 2. Ein erweitertes Europa, das seinen Bürgern nah ist 3. Ein erweitertes Europa der Freiheit, der Sicherheit und des Rechts 4. Beibehaltung und Förderung eines Europas der Vielfalt 5. Ein erweitertes, weltoffenes Europa 6. Der EU-Haushalt: Kosten-Nutzen-Verhältnis Quelle: http://www.eldr.org/EP2004pdf1/German.pdf
EFGP: Europäische Föderation Grüner Parteien http://www.eurogreens.org/ http://www.europeangreens.org/ **Sprecher:** Ulrike Lunacek (A) Philippe Lamberts (BE)	**Gemeinsames Manifest zur Wahl 2004:** 1. Schutz der Umwelt 2. Sozial und Grün 3. Demokratie weiterentwickeln 4. Friedenspolitik stärken 5. Globalisierung von unten fördern Quelle: http://www.eurogreens.org/cms/default/rubrik/3/3133.manifesto@de.htm

Quelle: Eigene Zusammenstellung.

erstellt; sie spielen dann jedoch in den vorwiegend national geprägten Wahlkämpfen in der Regel keine oder nur eine untergeordnete Rolle. Angesichts unterschiedlicher Traditionen und Kulturen ist eine interne Positionsbestimmung zu zentralen Fragen der Politik- und Systemgestaltung häufig schwierig.[78]

---

78 Vgl. Leinen 2006: 232-233.

Für den europäischen Wahlkampf haben die großen Parteien bisher noch keine „Spitzenkandidaten" für das Amt des Kommissionspräsidenten präsentiert,[79] obwohl dieser unmittelbar nach der EP-Wahl auf Vorschlag des Rats auf der Ebene der Staats- und Regierungschefs von den Abgeordneten des EP bestätigt wird und die Ergebnisse der Parteien bei den Wahlen zum EP bei dessen Wahl berücksichtigt werden sollen.[80] Auch bei der Aufstellung der Kandidaten für die Wahlen zum Europäischen Parlament sind europäische Parteien nicht beteiligt. Bei der Vergabe wichtiger Ämter in der Kommission oder im EP spielen die Europäischen Parteien als solche ebenfalls keine ausgeprägte Rolle.[81]

■ *Strukturen, Verfahren und Aufbau*

In ihren Statuten haben die Parteien einige typische Formen für die Mitgliedschaft und ihre gemeinsamen Aktivitäten entwickelt. Sie sind insbesondere ausgerichtet auf enge Kontakte zwischen:

▶ Parteien mehrerer Ebenen,
▶ Mitgliedern der Parteien in EG-Organen z. B. in der Kommission und
▶ nahe stehenden Verbänden.

Die europäischen Parteien weisen ähnliche Organisations- und Binnenstrukturen auf (siehe Abbildung III.6.5).

Zentrales Gremium ist der Kongress, in den die nationalen Mitgliedsparteien ihre Delegierten schicken. Dieses Gremium soll über das politische Programm befinden; es wählt auch den Vorsitzenden/Präsidenten und einen Vorstand für das Tagesgeschäft. Dieser tagt in der Regel mehrfach im Jahr. Zum Präsidenten wählen die Delegierten häufig einen erfahrenen und angesehenen Politiker einer Mitgliedspartei, der national nicht mehr im Rampenlicht steht. Eine zentrale Rolle für die interne Kommunikation und das organisatorische Tagesgeschäft übernehmen auch der Generalsekretär und die Geschäftsstelle. In Anlehnung an ähnliche Strukturen einiger Mitgliedsparteien haben Parteien auch transnationale Vereinigungen für bestimmte Gruppen von Mitgliedern – so von Jugendlichen und Frauen – gegründet.[82]

Die Konferenz der Partei- und Regierungschefs übernimmt eine wichtige Vorklärungs- und Abstimmungsfunktion für programmatische und personelle Entscheidungen im EU-System.

Trotz der Beteiligung der obersten Repräsentanten der nationalen Parteien bleibt die Kommunikation zwischen nationaler und europäischer Ebene in der Regel schwach entwickelt:[83] Die Europäische Parteien spielen – schon aufgrund der begrenzten personellen Ausstattung – für ihre Mitglieder und deren Unterorganisationen eine marginale Rolle. Auch für die normalen Aktivitäten „ihrer" Fraktionen im EP sind Europäische Parteien kaum von Bedeutung.

---

79 Vgl. Kapitel III.4; vgl. auch Leinen 2006: 233.
80 Vgl. Art. I 27(1) VVE.
81 Vgl. Maurer/Mittag 2007: 175.
82 Vgl. Jansen 2004: 175.
83 Vgl. Jansen 2004: 177-178.

Abbildung III.6.5: Europäische Parteien – Typische Organisations- und Binnenstrukturen

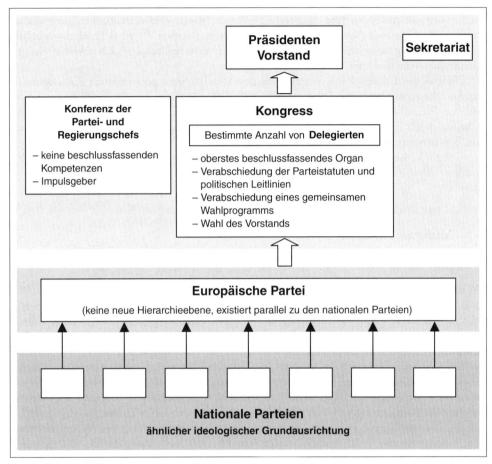

Quelle: Eigene Darstellung.

■ *Zur Charakterisierung: Eine institutionelle Architektur ohne eigenständiges Parteiensystem?*

In der Praxis ist die Rolle der europäischen Parteien bei der Politik- und Systemgestaltung gering. Die heterogene Zusammensetzung (siehe Übersicht III.6.6) und die Schwerfälligkeit der parteiinternen Verfahren erlaubt es selten, eine gemeinsame Politik innerhalb der Europäischen Union mit tragfähiger Klarheit und in angemessenem Zeitraum festzulegen. Die Abgeordneten des Europäischen Parlaments benötigen die Parteien weder für ihre parlamentarische Alltagsarbeit noch für ihre erneute Aufstellung als Kandidat, da diese Schlüsselentscheidung für die politische Laufbahn nicht von ihrem Engagement in den Europäischen Parteien abhängt.

Zentrale Verfahren zur (Aus-)Wahl und Rekrutierung des politischen Führungspersonals, die eine konstitutive Schlüsselfunktion von Parteien in demokratischen Systemen einnehmen,[84] haben nationale Parteien auch für die EG-Organe nicht an ihre europäische Ebene ab-

---

84 Zur Elitenrekrutierung als Zentralfunktion politischer Parteien vgl. z. B.: Helms 1995; von Beyme 1982: 25.

gegeben. Die „parteien-unfreundliche Struktur der EU"[85] bietet in der institutionellen Architektur zu wenig Anreize, um ein Parteiensystem herauszubilden, das bekannten Formen und Funktionen nationaler Systeme entspräche.[86] Vorgeschlagen wird deshalb, die „Europäischen Parteien als ‚föderative Vereinigungen von nationalen Parteien'"[87] zu definieren, wobei die Erscheinungsformen in der Praxis eher einen „intergouvernementalen" Charakter dieser Akteursgruppe herausheben.

Erwartet werden verstärkte Anstöße von der Absicht, einen gemeinsamen Kandidaten für das Amt des Kommissionspräsidenten aufzustellen, der im Wahlkampf zum EP zu einer europäischen Identifikationsfigur – zumindest für die eigene Partei – werden könnte. Die Schwierigkeiten dieser EU-weiten Personalisierung für die Mobilisierung von Wahlen werden auch von Befürwortern nicht unterschätzt.[88]

Eine starke Rolle wird Parteien auch für die von Akteuren und Beobachtern als notwendig erachtete „Politisierung" der Debatten um die Politik- und Systemgestaltung der EU zugesprochen.[89]

6.6 Nationale Parlamente

■ *Aufgaben und Aktivitätenprofil: Geschichte, Vertragsbestimmungen und Praxis*

Zu den Mitspielern in der EU-Architektur sind auch zunehmend die Parlamente der Mitgliedstaaten zu zählen. In den ersten Jahrzehnten der Entstehung und Entwicklung des EU-Systems galt die Rolle nationaler Parlamente weitgehend als irrelevant, da der Vertrag nur die Mitgliedstaaten, repräsentiert durch die nationalen Regierungen im Europäischen Rat und im Ministerrat, anerkennt. Angesichts der Ausweitung der Zuständigkeiten der Union auf traditionelle Kernbereiche nationaler Souveränität und damit auch auf Tätigkeitsbereiche der mitgliedstaatlichen Legislativen[90] werden nationale Parlamente als „Verlierer" des Einigungsprozesses oder zumindest als „Nachzügler" verstanden,[91] die sich durch die notwendige parlamentarische Ratifizierung von Vertragsänderungen auch noch selbst immer wieder eigene Zuständigkeiten entzögen. Für Akte der Systemgestaltung, insbesondere bei Vertragsänderungen,[92] Beitritten von neuen Mitgliedstaaten[93] und bei der Ausstattung der EG mit Eigenmitteln,[94] ist die Zustimmung der nationalen Legislativen unerlässlich; aber ihre Rolle bei der Politikgestaltung ist in zentralen Bereichen öffentlicher Aktivitäten auf eine nachträgliche Absegnung der Entscheidungen ihrer Regierungen von Rechtsakten begrenzt.

Seit dem Maastrichter Vertrag haben Parlamente ihre konstitutionellen Beteiligungsrechte an der Europapolitik innerhalb der Mitgliedstaaten erheblich ausgebaut; Intensität und Formen der Mitwirkung von nationalen Legislativen an den Positionen ihrer Regierungen variie-

---

85 Leinen 2006: 231f.
86 Vgl. Hix 2005: 192.
87 Jansen 2004:175.
88 Vgl. Leinen 2006: 233.
89 Vgl. Hix 2006; Jansen 2004: 183f.
90 Vgl. Hölscheidt 2001: 132.
91 Vgl. Maurer 2001: 38.
92 Vgl. Kapitel IV.7.
93 Vgl. Kapitel IV.8.
94 Vgl. Kapitel IV.3.

ren dabei in beträchtlichem Ausmaß.[95] Als ein Modellfall für einen „starken Mitspieler" wird insbesondere das dänische Parlament genannt.[96]

Für die EU-Architektur gaben eine Erklärung zum Maastrichter Vertrag und insbesondere das „Protokoll über die Rolle einzelstaatlicher Parlamente in der Europäischen Union" als Teil des Amsterdamer Vertrags nationalen Parlamenten Rechte auf frühzeitige Informationen seitens der Kommission. Im Auftrag des Europäischen Rats für den „Europäischen Konvent für die Zukunft Europas"[97] wurde „der Rolle nationaler Parlamente" (Erklärung 23 des Vertrags von Nizza über die Zukunft Europas) eine hohe Priorität eingeräumt. Nationale Abgeordnete konnten dann auch im Konvent zum ersten Mal direkt an der prä-konstitutionellen Gestaltung des EU-Systems teilnehmen.[98] Eine schwache Form der Beteiligung seitens nationaler Parlamente geht von der Zusammenarbeit der Europaausschüsse nationaler Parlamente in der „Konferenz der Ausschüsse für Gemeinschafts- und Europa-Angelegenheiten" (COSAC) aus, bei denen die EU-Ausschüsse nationaler Parlamente mit EP-Abgeordneten zusammenarbeiten.[99] Einzelne Parlamente – so der Bundestag im Jahr 2006 – haben zwischenzeitlich auch eigene Büros in Brüssel eröffnet.

Im Trend dieses schrittweisen Ausbaus sieht der Verfassungsvertrag vor, legislative Mitgestaltungsrechte nationaler Parlamente bei spezifischen Fällen der Politikgestaltung auszubauen (siehe Dokument III.6.2).[100]

Dokument III.6.2: Nationale Parlamente – Befugnisse für ein Frühwarnsystem (gemäß Verfassungsvertrag und Schlussfolgerungen des Europäischen Rats)

Art. I-11 VVE

Grundsätze

(3) Abs. 2: Die Organe der Union wenden das Subsidiaritätsprinzip nach dem Protokoll über die Anwendung der Grundsätze der Subsidiarität und der Verhältnismäßigkeit an. Die *nationalen Parlamente* achten auf die *Einhaltung des Subsidiaritätsprinzips* nach dem in jenem Protokoll vorgesehenen Verfahren.

Europäischer Rat: Schlussfolgerungen des Vorsitzes – 15./16. Juni 2006

(37) Der Europäische Rat weist auf die *Zusammenhänge zwischen europäischer und einzelstaatlicher Rechtsetzung* hin. Er begrüßt daher besonders die Zusage der Kommission, den *nationalen Parlamenten* alle *neuen Vorschläge* und *Konsultationspapiere* direkt zur Verfügung zu stellen und sie um *Stellungnahmen* zu bitten, um so den Prozess der Politikgestaltung zu verbessern. Die Kommission wird ersucht, die Stellungnahmen der nationalen Parlamente – insbesondere in Bezug auf die Grundsätze der Subsidiarität und der Verhältnismäßigkeit – *gebührend zu berücksichtigen*. Die nationalen Parlamente werden aufgefordert, bei der Überwachung der Einhaltung des Subsidiaritätsprinzips verstärkt im

---

95 Vgl. Maurer/Wessels 2001b: vgl. dort insbesondere 449 und 462f.
96 Vgl. Laursen 2001.
97 Kapitel II.9; Kapitel IV.7.
98 Vgl. Kapitel IV.7; Übersicht IV.7.2.
99 Vgl. Kapitel III.1; Hillenbrand 2007: 455; zur Verfahrensordnung vgl. Maurer 2004b; Maurer/Becker 2004: 10, 22; Maurer 2002a: 362f.; Krekelberg 2001: 481; Maurer/Wessels 2001b: 434-453.
100 Vgl. Maurer/Becker 2004.

> Rahmen der *Konferenz der Ausschüsse für Gemeinschafts- und Europa-Angelegenheiten* (COSAC) zusammenzuarbeiten.

Quelle: VVE 2004; Rat der Europäischen Union: Schlussfolgerungen des Vorsitzes – 15./16. Juni 2006. Hervorhebungen durch den Autor.

Das vorgesehene Frühwarnsystem[101] schriebe nationalen Parlamenten – unter bestimmten Voraussetzungen – eine begrenzte Rolle in der prä-legislativen Vorbereitung von EG-Rechtsakten zu. Der Europäische Rat hat 2006 ein entsprechendes Vorhaben in die Wege geleitet (siehe Dokument III.6.2) und ausdrücklich als eine wesentliche Vorgabe für den Reformvertrag gesetzt. Auch bei derartigen Änderungen ist zu erwarten, dass nationale Parlamente nur punktuell als starker „Mehrebenenspieler"[102] unmittelbar in der institutionellen Architektur aktiv werden.

■ *Zur Charakterisierung: „Verlierer" oder „Nachzügler"?*[103]

Der Befund zur Beteiligung nationaler Parlamente weist auf eine Rolle als „schwacher Mehrebenenspieler"[104] in der institutionellen Architektur hin. Zur Erklärung dieser Beobachtungen werden mehrere Argumente herangezogen, die jeweils variiert und verbunden werden; sie haben sich im Laufe der Integrationskonstruktion verändert:

▶ Europapolitik kann – wie Außenpolitik – als eine alleinige Angelegenheit der Exekutive, d. h. nationaler Regierungen, verstanden werden; Legislativen stehen demnach keine Ansprüche auf Mitwirkung bei der Politikgestaltung der EU zu. Diese Position wird in dieser allgemeinen Form nur noch selten vertreten; aber sie wird weiterhin für bestimmte Politikfelder – so in der GASP – als relevant betrachtet.
▶ Nationale Parlamente sollen auf der Ebene der Mitgliedstaaten die Europapolitik ihrer jeweiligen Regierungen kontrollieren; es ist demnach Aufgabe nationaler Verfassungen, die Rechte und Aufgaben der heimischen Abgeordneten festzulegen, wie dies in Art. 23 GG erfolgte.
▶ Das EP übernimmt die für politische Systeme notwendigen parlamentarischen Funktionen; einer De-Parlamentarisierung auf nationaler Ebene folgt demnach eine Re-Parlamentarisierung auf europäische Ebene.[105] Für Vertreter nationaler Souveränität und sich daraus ergebender Legitimationsvorstellungen ist diese Argumentation nicht überzeugend.
▶ Nationale Parlamente beteiligen sich ausreichend an der Politik- und Systemgestaltung über die „Konferenz der Ausschüsse für Gemeinschafts- und Europa-Angelegenheiten" (COSAC). Ein Einfluss dieses Gremiums auf die Politik- und Systemgestaltung wird jedoch selten festgestellt.
▶ Nationale Parlamente sind aufgrund anderer Prioritäten nicht interessiert oder fähig, gleichzeitig auf mehreren Ebenen des EU-System zu agieren. Überraschend ist immer wieder festzustellen, dass die Praxis der Parlamentsaktivitäten hinter den selbst gesetzten allgemeinen Ansprüchen auf frühzeitige und umfassende Mitwirkung zurückbleibt.[106]

---

101 Vgl. Wessels 2005c: 67; Maurer/Becker 2004: 22.
102 Maurer/Wessels 2001b: 463; vgl. zum Begriff Kapitel I.4.
103 Maurer/Wessels 2001a.
104 Maurer/Wessels 2001b: 463; vgl. zum Begriff Kapitel I.4.
105 Vgl. Maurer 2001: 49.
106 Vgl. u. a. Wessels 2000a: 322-350.

Zu beobachten wird sein, ob und wie die vom Europäischen Rat in die Wege geleitete frühzeitige Beschäftigung mit EG-Dossiers nationalen Parlamenten stärkere Anreize setzt, zu aktiven Mitspielern zu werden. Entsprechend wird zu bewerten sein, ob nationale Parlamente von „Verlierern" noch zu „Nachzüglern" des Integrationsprozesses werden.

6.7 Medien

■ *Aktivitätsprofile*

Zur Analyse politischer Systeme wird in der Regel auch die Rolle von Medien bei der Politik- und Systemgestaltung untersucht.[107] Von besonderem Interesse ist dabei die Frage, ob und wie Medien als „wichtige Multiplikatoren von europäischer Öffentlichkeit"[108] wirken, die zur „Überwindung der Legitimitätsdilemmata der EU"[109] beitragen. Entsprechend sind Medienvertreter in Brüssel als eine Gruppe von Akteuren in der politischen Praxis der EU-Architektur zu verstehen.

Die Presselandschaft ist vielfältig. 2005 verfolgten und kommentierten 40 Presseagenturen und 346 Medienvertretungen (siehe Tabelle III.6.2) sowie spezialisierte Journalisten die Aktivitäten der EU-Organe. Von etwa 1000 in Brüssel akkreditierten Berichterstattern arbeiten 150 für deutsche Zeitungen und öffentlich-rechtliche Sender.[110] Bis auf Skandale, die auch für Massenmedien relevant sind,[111] ist im Wesentlichen die Qualitätspresse zu einem Berichterstatter, Vermittler und Kommentator geworden.[112] Zentralredaktionen räumen Berichten und Analysen aus dem EU-System eine zunehmende Priorität ein. Der Wettbewerb um frühzeitige Informationen aus der Brüsseler Arena hat sich dabei erheblich verschärft.[113] In ihrer Rolle als Mitspieler in der EU-Architektur werden Veränderungen bei der Rollenwahrnehmung von einem „Verlautbarungs- zu einem Investigationsjournalismus"[114] – insbesondere in Fällen von Missmanagement und Korruption – deutlich. Im Hinblick auf die Politikgestaltung üben Europäische Medien damit zunehmend eine Kontrollfunktion gegenüber Akteuren in den Organen aus. Weniger ausgeweitet hat sich dagegen die Berichterstattung im Massenmedium Fernsehen, dem eine Schlüsselrolle bei der Entwicklung des öffentlichen Bewusstseins zugeschrieben wird.[115]

Das Informationsangebot seitens der Organe, einschließlich ihrer Webseiten, ist vielfältig. Möglichkeiten zur direkten Nachfrage werden durch regelmäßige Pressekonferenzen umfassend angeboten, da Politiker und Interessengruppen selbst jeweils ihre Sicht einbringen möchten. Über ein spezifisches Ereignis – etwa über eine Sitzung des Europäischen Rats – geben beteiligte Politiker entsprechend ihrer Interessenlage jeweils eigene Darstellungen und Interpretationen, die unterschiedliche „Erzählungen" der Geschehnisse in den Organen wiedergeben können.

---

107 Vgl. Ismayr 2003: 7.
108 Franzius 2004: 14; vgl. Risse 2004a: 145-151; Trenz 2004a: 88-90.
109 Vgl. Maurer 2006c: 216-248; Meyer 2002: 10.
110 Vgl. Maurer 2005b: 93-119.
111 Vgl. Meyer 2002: 91-120.
112 Vgl. Trenz 2004a: 90-94.
113 Vgl. Stabenow 2004: 233-234.
114 Meyer 2002: 147-150.
115 Vgl. Stabenow 2004: 234-235; vgl. auch Meyer 2002: 191.

Besondere Informationsdienste, wie z. B. „Agence Europe"[116], „EurActiv"[117] und einige englischsprachige Zeitungen, stellen eine europäische Öffentlichkeit her, die aber auf relativ kleine Kreise von Beteiligten und Experten beschränkt bleibt. Eine umfassende Europäische Öffentlichkeit[118] bzw. „Kommunikationsgemeinschaft"[119], die in Umfang und Dichte dem Informations- und Meinungsaustausch in den politischen Arenen der Mitgliedstaaten entsprechen würde, ist bisher (noch) nicht zu beobachten. „Transnationale Erfahrungs- und Erinnerungszusammenhänge" können zwar bereits beobachtet werden, aber auch die Grenzen eines „Wir in Europa"[120] werden deutlich.

■ *Zur Charakterisierung: Abbau eines öffentlichkeitsfreien Raums?*

Ist der Befund zur Medienlandschaft relativ deutlich, so ist in der wissenschaftlichen Analyse umstritten, ob und wie öffentliche Debatten zur Politik- und Systemgestaltung auf Beiträge zum jeweiligen nationalen Diskurs begrenzt bleiben bzw. ob die Fälle zunehmen, in denen Argumente grenzüberschreitend mit Bezug auf Inhalte von Debatten in anderen Mitgliedstaaten ausgetauscht werden.[121] Häufig lassen Diskussionen zu EU-Themen kein vertieftes Verständnis von einem gemeinsam wahrgenommenen EU-System und einer gemeinsamen EU-Identität erkennen.[122] Zwar greifen Medien aus den Mitgliedstaaten Ereignisse gleichzeitig und in der Analyse und Bewertung ähnlich auf, aber ein Miteinander-Argumentieren über die Grenzen hinweg ist im Vergleich zu nationalen Debatten unterentwickelt. Selbst der Verfassungsvertrag als fundamentales Projekt zur Selbstverständigung über eine Systemgestaltung führte nur in Ansätzen zu einer gemeinsamen, europaweit geführten Debatte. Derselbe Text wurde in getrennten nationalen Teilöffentlichkeiten mit unterschiedlichen Schwerpunkten und Intensitäten erörtert. Nachhaltige Wirkungen einer umfassend transnationalen europäischen Debatte auf die Gestaltung wesentlicher Grundlagen des EU-Systems sind so nur selten zu beobachten.[123]

Insgesamt haben europäische Medien noch nicht umfassend jene Funktionen im EU-System übernommen, wie sie für das politische Leben der Mitgliedstaaten zu Beginn des 21. Jahrhunderts prägend geworden sind. Festzustellen ist aber auch, dass der „öffentlichkeitsfreie" Raum für die EU-Institutionen geschrumpft ist.

6.8 Diskussion und Perspektiven: Pluralistische Differenzierung

Der Befund zu Akteuren außerhalb der Organe belegt ein umfassendes Engagement und eine nachhaltige Beteiligung von politischen und wirtschaftlichen Gruppierungen an der Politikgestaltung. Sie schlagen sich in entsprechenden Zugängen und Beteiligungsmöglichkeiten an den Verfahren zur Vorbereitung, Verabschiedung, Durchführung und Kontrolle von Rechtsakten nieder. Repräsentanten vielfacher Herkunft drängen ins Brüsseler Geschehen, aber auch EG-Organe selbst fordern und fördern enge Kontakte; entsprechend kann man von „push

---

116 Homepage der Agence Europe: http://www.agenceurope.com (Stand: 07.03.2007).
117 Homepage EurActiv: http://www.euractiv.com/de/ (Stand: 07.03.2007).
118 Vgl. Eder 2004; Risse 2004a; Trenz 2004a: 88-90.
119 Eder 2004: 66-70; Kielmannsegg 2003: 53-61.
120 Vgl. Eder 2004: 72-77.
121 Vgl. Risse 2004a: 140.
122 Vgl. zu derartigen Kriterien u. a. Risse 2004a: 150.
123 Vgl. u. a. Maurer 2006c: 241-242.

und pull"-Effekten des EU-Systems sprechen. Viele dieser Mitspieler bemühen sich häufig mit Erfolg, im Mehrebenensystem gleichzeitig auf Politiker der Mitgliedstaaten wie auf Institutionen der EU-Architektur einzuwirken.

In einer historischen Sicht auf die Entwicklung des EU-Systems ist ein umfassender Ausbau einer politischen Infrastruktur als Teil der institutionellen Architektur zu beobachten. Formen eines horizontalen und vertikalen Pluralismus lassen einen offenen und vielstimmigen Meinungsmarkt entstehen, der die Politikprozesse im EU-System begleitet und beeinflusst.

Konventionelle Kategorien zur Erfassung und Erklärung derartiger Phänomene lassen sich dabei nicht einfach auf das EU-System übertragen. Die Interessenvertretung auf europäischer Ebene erfolgt weder im AdR nach föderalen Vorstellungen eines „Europas ‚der' Regionen" noch im EWSA nach einem (neo-)korporatistischen Muster. Auch das Parteien- und Mediensystem haben sich (noch?) nicht nach üblichen Grundmustern parlamentarischer Demokratien in Europa entwickelt.

Zur Gestaltung der Infrastruktur um die Vertragsorgane sind immer wieder Vorschläge unterbreitet worden – so etwa zur Transparenz von Interessengruppen, zum Status nationaler Parlamente und europäischer Parteien. Der Verfassungsvertrag hat einige institutionelle und prozedurale Regelwerke – z. B. zum EWSA und zum AdR – bestätigt, aber auch weitergehende Vorschläge, so zum prä-legislativen Frühwarnsystem durch nationale Parlamente und zu Teilaspekten des „demokratischen Lebens" der Union vorgelegt. Die Union soll dementsprechend „einen offenen, transparenten und regelmäßigen Dialog" mit Kirchen und weltanschaulichen Gemeinschaften pflegen (Art. I-52 (3) VVE).

Ungeachtet allgemeiner Trends sind zur Beteiligung von Akteuren in einzelnen Politikfeldern Detailstudien heranzuziehen bzw. zu erstellen. Rollenwahrnehmung von Mitspielern in der institutionellen Architektur und die damit verbundene „Logik der Interessenvertretung"[124] bleiben ein spannendes und ein wichtiges Feld für die Untersuchung des EU-Systems.

6.9 Zur Wiederholung und Vertiefung

■ *Merkpunkte und Stichworte*

▶ Grundkenntnisse
– Mitspieler in der politischen Infrastruktur: wichtige Akteursgruppen
– Aufgaben, Zusammensetzung und Bedeutung:
  – EWSA
  – AdR
  – COSAC

▶ Akteursgruppen: Kurzbeschreibung und Bedeutung
– UNICE
– EGB
– COPA
– EVP-ED
– SPE
– ELDR

---

[124] Woll 2006: 36-38.

▶ Begriffe: Definition, Befund und Bedeutung
  – Frühwarnsystem
  – Horizontaler Pluralismus
  – Vertikaler Pluralismus
  – Europäische Öffentlichkeit

■ *Fragen*

▶ Wie ist die politische Infrastruktur des EU-Systems zu erfassen und zu erklären?
▶ Wie sind Europäische Interessenverbände zu erfassen und zu erklären?
▶ Wie ist ein europäisches Parteiensystem zu erfassen und zu erklären?

■ *Thesen zur Diskussion*

▶ Das EU-System ist von einer spezifischen Ausprägung einer transnationalen Zivilgesellschaft geprägt.
▶ Nationale Parteien sind die Verlierer des Integrationsprozesses.
▶ Organisierte Vertreter der Zivilgesellschaft sollten eine stärkere Beteiligungsmöglichkeit in der institutionellen Architektur erhalten.
▶ Der AdR sollte ein Klagerecht beim EuGH in Fragen der Subsidiarität erhalten.
▶ Das EU-System ist auf dem Weg zu einem „Europa ‚der' Regionen".
▶ Der EWSA fördert eine „korporatistische" Ausgestaltung der EU-Architektur.
▶ Nur wenn europäische Parteien im Wahlkampf zum EP einen Spitzenkandidaten für den Posten des Präsidenten der Europäischen Kommission aufstellen, wird sich ein europäisches Parteiensystem entwickeln.
▶ Zur Herausbildung einer europäischen Öffentlichkeit ist ein gemeinsames Mediensystem eine notwendige Voraussetzung.

6.10 Literaturhinweise

■ *Online-Quellen*

http://eesc.europa.eu/
  Europäischer Wirtschafts- und Sozialausschuss (EWSA)
http://www.cor.europa.eu/
  Ausschuss der Regionen (AdR)
http://www.epp.eu/
  Europäische Volkspartei (EVP) / European People's Party (EPP)
http://www.pes.org/
  Sozialdemokratische Partei Europas (SPE) / Party of European Socialists (PES)
http://www.eldr.org/index.php
  Liberale und Demokratische Partei Europas (LIBE) / European Liberal Democratic Reform Party (ELDR)
http://www.europeangreens.org/
  European Federation of Green Parties (EFGP)
http://www.guengl.org/
  Vereinte Europäische Linke/Nordische Grüne Linke / European United Left/Nordic Green Left (GUE/NGL)

■ *Einführende Literatur*

Große Hüttmann, Martin (2007): Europäischer Wirtschafts und Sozialausschuss, in: Weidenfeld, Werner/Wessels, Wolfgang (Hrsg.): Jahrbuch der Europäischen Integration 2006, Baden-Baden, S. 117-120.
Jansen, Thomas (2004): Europäische Parteien, in: Weidenfeld, Werner (Hrsg.): Europa-Handbuch, Band I, S. 166-185.
Leinen, Jo (2006): Europäische Parteien: Aufbruch in eine neue demokratische EU, in: integration 3/06, S. 229-235.
Linsenmann, Ingo (2007): Europäischer Wirtschafts und Sozialausschuss, in: Weidenfeld, Werner/Wessels, Wolfgang (Hrsg.): Europa von A bis Z, Taschenbuch der europäischen Integration, 10. Auflage, Baden-Baden, S. 226-228.
Mittag, Jürgen (2007): Ausschuss der Regionen, in: Weidenfeld, Werner/Wessels, Wolfgang (Hrsg.): Europa von A bis Z, Taschenbuch der europäischen Integration, 10. Auflage, Baden-Baden, S. 74-76.
Nugent, Neill (2006): The Government and Politics of the European Union, Houndmills, S. 311-347.
Platzer, Hans-Wolfgang (2004): Interessenverbände und europäischer Lobbyismus, in: Weidenfeld, Werner (Hrsg.): Europa-Handbuch, Band I, S. 186-202.
Schmuck, Otto (2007): Der Ausschuss der Regionen, in: Weidenfeld, Werner/Wessels, Wolfgang (Hrsg.): Jahrbuch der Europäischen Integration 2006, Baden-Baden, S. 113-116.
Woll, Cornelia (2006): Herrschaft der Lobbyisten in der Europäischen Union?, in: Aus Politik und Zeitgeschichte: Verbände und Lobbyismus, 15-16/2006, S. 33-38.

■ *Weiterführende Literatur*

Eising, Rainer/Kohler-Koch, Beate (Hrsg.) (2005): Interessenpolitik in Europa, Regieren in Europa, Band 7, Baden-Baden.
Hix, Simon (2005): Interest Representation, in: Ders.: The Political System of the European Union, Basingstoke, S. 208-231.
Johansson, Karl-Magnus/Zervakis, Peter (2002) (Hrsg.): European Political Parties between cooperation and integration, Baden-Baden.
Kohler-Koch, Beate (1997): Organized Interests in the EC and the European Parliament, in: European Integration online Papers (EIoP), Vol. 1, Nr. 9, online unter: http://eiop.or.at/eiop/texte/1997-009.htm, (Stand 26.06.2007).
Ladrech, Robert (2006): The European Union and Political Parties, in: Katz, Richard S./Crotty, William J. (Hrsg.): Handbook of Party Politics, London/Thousand Oaks/New Delhi, S. 492-498.
Maurer, Andreas/Wessels, Wolfgang (Hrsg.) (2001): National Parliaments on their ways to Europe: Losers or latecomers? Baden-Baden.
Mittag, Jürgen/Bräth, Eva (2006): Parteizusammenarbeit in Europa: Entwicklungslinien und Perspektiven, in: Mittag, Jürgen (Hrsg.): Politische Parteien und europäische Integration. Entwicklung und Perspektiven transnationaler Parteienkooperation in Europa, Essen, S. 699-722.

■ *Vertiefende Literatur*

Bouwen, Pieter (2005): Zugangslogik in der Europäischen Union: Der Fall des Europäischen Parlaments, in: Eising, Rainer/Kohler-Koch, Beate (Hrsg.): Interessenpolitik in Europa, Regieren in Europa, Band 7, Baden-Baden, S. 95-122.
Christiansen, Thomas/Lintner, Pamela: The Committee of the Regions after 10 Years: Lessons from the Past and Challenges for the Future, in: EIPASCOPE 2005/01, S. 7-13.
Ehmke, Claudia (2006): Die Sozialdemokratische Partei Europas: Legitimationsvermittlerin für die Europäische Union?; in: Mittag, Jürgen (Hrsg.): Politische Parteien und europäische Integration. Entwicklung und Perspektiven transnationaler Parteienkooperation in Europa, Essen, S. 557-578.
Ehmke, Claudia/Mittag, Jürgen/Wessels, Wolfgang (2006): Verspätete Akteure: Interaktionsstränge von Parteien im Kontext „fusionierter" Staatlichkeit in Europa, in: Mittag, Jürgen (Hrsg.): Politische Parteien und europäische Integration. Entwicklung und Perspektiven transnationaler Parteienkooperation in Europa, Essen, S. 115-144.

Franzius, Claudio/Preuß, Ulrich K. (2004): Europäische Öffentlichkeit, Baden-Baden.
Greenwood, Justin (2007): Interest Representation in the European Union, Basingstoke.
Hanley, David (2002): Christian Democracy and the Paradoxes of Europeanization. Flexibility, Competition and Collusion, in: Party Politics, Vol. 8, No. 4, 463-481.
Hrbek, Rudolf/Oispuu, Jane (2006): Strukturen und Entwicklungspfade: Die Genese transnationaler Parteienzusammenarbeit, in: Mittag, Jürgen (Hrsg.): Politische Parteien und europäische Integration. Entwicklung und Perspektiven transnationaler Parteienkooperation in Europa, Essen, S. 97-114.
Jansen, Thomas (2001): Die Entstehung einer europäischen Partei. Vorgeschichte, Gründung und Entwicklung der EVP, Bonn.
Meyer, Christoph O. (2002): Europäische Öffentlichkeit als Kontrollsphäre: Die Europäische Kommission, die Medien und politische Verantwortung. Informationskultur in Europa, Band 2, Berlin.
Mittag, Jürgen (Hrsg.) (2006): Politische Parteien und europäische Integration. Entwicklung und Perspektiven transnationaler Parteienkooperation in Europa, Band 37, Essen.
Nasshoven, Yvonne (2006): „Let's Green Europe"? Von der Europäischen Föderation Grüner Parteien zur Europäischen Grünen Partei, in: Mittag, Jürgen (Hrsg.): Politische Parteien und europäische Integration. Entwicklung und Perspektiven transnationaler Parteienkooperation in Europa, Essen, S. 617-638.
Steuwer, Janosch/Janssen, Siebo M. H. (2006): Die christlich-konservative Volkspartei: Potenziale und Probleme der Zusammenarbeit christdemokratischer und konservativer Parteien in der EVP, in: Mittag, Jürgen (Hrsg.): Politische Parteien und europäische Integration. Entwicklung und Perspektiven transnationaler Parteienkooperation in Europa, Essen, S. 579-602.

7. Der Europäische Rechnungshof (EuRH) und das Amt für Betrugsbekämpfung (OLAF)

7.1 Eckpunkte im Überblick: Institutionelle Innovationen zur Finanzkontrolle

Der Europäische Rechnungshof (EuRH), gegründet 1977, und das Amt für Betrugsbekämpfung („Office européen de lutte anti-fraude" (OLAF)), gegründet 1999, bilden Innovationen in der institutionellen Architektur der EU. Sie haben notwendige Aufgaben in der Kontrollphase des EU-Politikzyklus übernommen. Angesichts eines jährlichen EG-Haushalts in Höhe von über 106 Mrd. Euro[1] (2005) mit einem breit gefächerten Ausgabenkatalog ist eine unab-

Abbildung III.7.1: Europäischer Rechnungshof – Institutioneller Steckbrief

Quelle: Eigene Darstellung.

---

1 Vgl. Europäischer Rechnungshof 2006; vgl. Kapitel IV.3.

hängige Instanz erforderlich, um die „Rechtmäßigkeit" und „Ordnungsmäßigkeit" der Einnahmen und Ausgaben sowie die „Wirtschaftlichkeit der Haushaltsführung" zu überprüfen (siehe Dokument III.7.1). Der Rechnungshof ist somit ein wichtiges Organ, das zur Transparenz und parlamentarischen Verantwortlichkeit des Haushaltsverfahrens beiträgt.[2] Die Arbeit des EuRH wird ergänzt durch das Amt für Betrugsbekämpfung. Die Gründung von OLAF ist das Resultat mehrerer Skandale innerhalb der EU-Organe, aber auch unsachgemäßer Verwendung von EG-Mitteln durch Mitgliedstaaten.[3] Verkürzt werden diese Institutionen als Reaktion des „rechtsstaatlichen Europas" gegen das „kriminelle Europa" verstanden.[4]

7.2 Aufgaben: Geschichte und vertragliche Vorgaben

Aufgrund fortschreitender Vergemeinschaftung wichtiger Aufgabenbereiche ist die Bedeutung des EG-Haushalts für die Politikgestaltung seit den siebziger Jahren beständig gewachsen.[5] Auch wenn der EG-Haushalt Ausgaben nur bis maximal 1,24 % des EU-Bruttonationaleinkommens tätigen darf,[6] sind seine Leistungen für spezifische Gruppen von nachhaltiger Bedeutung. Entsprechend wurde die Gründung einer unabhängigen Kontrollinstanz für das Haushaltsgebaren der EG-Organe – insbesondere der Kommission –, aber auch der administrativen Durchführung in den Mitgliedstaaten notwendig. Die Staats- und Regierungschefs beschlossen 1973 die Schaffung des Rechnungshofes, im Vertrag vom 22. Juli 1975[7] wurde er formal gegründet und nahm 1977 seine Arbeit auf.

Die Einsetzung des EuRH ist sowohl aus der gleichzeitig beschlossenen Ausstattung der EG mit Eigenmitteln als auch aus der verstärkten Rolle des Europäischen Parlaments als eine der beiden Haushaltsbehörden der Gemeinschaft zu erklären. Im Maastrichter Vertrag über die Europäische Union wurde der EuRH in den Rang eines Organs (Art. 7 EGV) erhoben. Die zentralen Aufgaben des Europäischen Rechnungshofs bestehen in der Kontrolle des Ein- und Ausgabengebarens der EG (siehe Dokument III.7.1).

Dokument III.7.1: EuRH – Vertragliche Vorgaben

Art. 248 EGV

(2) Der Rechungshof prüft die *Rechtmäßigkeit* und *Ordnungsmäßigkeit* der Einnahmen und Ausgaben und überzeugt sich von der *Wirtschaftlichkeit* der Haushaltsführung. Dabei berichtet er insbesondere über alle *Fälle von Unregelmäßigkeiten*. [...]

Hervorhebungen durch den Autor.

Dieses Organ prüft dabei nach den üblichen Kriterien von Rechnungshöfen die Rechts- und Ordnungsmäßigkeit sowie die Wirtschaftlichkeit der Durchführung des EG-Budgets. Bei der

---

2 Vgl. Magiera/Trautmann 2007b: 212-214.
3 Laffan 2006: 212-213.
4 Laffan 2006: 223.
5 Vgl. Kapitel IV.3
6 Vgl. Kapitel IV.3.1.
7 Vertrag vom 22. Juli 1975 zur Änderung bestimmter Finanzvorschriften der Verträge zur Gründung der Europäischen Gemeinschaften und des Vertrages zur Einsetzung eines gemeinsamen Rats und einer gemeinsamen Kommission der Europäischen Gemeinschaften (ABl. L 359 vom 31.12.1977, S. 4).

jährlichen Entlastung der Kommission (Art. 276 EGV) greift das Europäische Parlament auf die Berichte des Rechnungshofs zurück. Die Kontrolltätigkeit des EuRH erstreckt sich auf alle Einnahmen und Ausgaben der EU. Diese Aufgabe schließt auch die Anleihe- und Darlehenstätigkeit der EG sowie die von den EG-Organen geschaffenen nachgeordneten Institutionen ein. Die Prüfungsbefugnis erstreckt sich – mit Einschränkungen – auch auf das Finanzgebaren der Europäischen Zentralbank und der Europäischen Investitionsbank sowie auf die Ausgaben der Gemeinsamen Außen- und Sicherheitspolitik (2. Säule) und der Polizeilichen und Justiziellen Zusammenarbeit in Strafsachen (3. Säule). Neben der nachträglichen Kontrolle der Haushaltsführung kann der EuRH auch vor Rechnungsabschluss mit einer Prüfung beginnen, der so genannten „begleitenden Kontrolle". Als weiteres Instrumentarium kann der EuRH Sonderberichte zu speziellen Fragen und – auf Antrag eines EG-Organs – eine gutachterliche Stellungnahme (Art. 248 EGV) erstellen. Er hat dabei auch zu prüfen, ob die Ausgaben die gesetzten Ziele erfüllt haben und wo Mängel in der Ausführung zu beheben sind.

Die Basis der Rechnungsprüfung sind die „Rechnungsunterlagen" (Art. 248 EGV); alle Organe und Einrichtungen der Mitgliedstaaten sind verpflichtet, den Rechnungshof bei der Erfüllung seiner Aufgaben auch „an Ort und Stelle" zu unterstützen. Die Mitglieder des Rechnungshofs sind entsprechend berechtigt, ihre Prüfung weltweit bei jedem Empfänger von Gemeinschaftsmitteln – mit den zuständigen einzelstaatlichen Dienststellen – durchzuführen. Die Arbeit des EuRH beruht auf den Grundsätzen der Offenheit und Transparenz. Ein wichtiges Ziel der Kommunikationspolitik besteht darin, den Bürgern der Union Rechenschaft über die Arbeit des Hofes abzulegen. In seinen Jahresberichten berichtet er dabei „insbesondere über alle Fälle von Unregelmäßigkeiten" (siehe Dokument III.7.1). Der umfangreiche Jahresbericht wird den EG-Organen vorgelegt und mit deren Stellungnahmen im Amtsblatt der Europäischen Gemeinschaften veröffentlicht.

Ergänzend zur Kontrolle seitens des EuRH führten Erfahrungen mit Fällen von Bestechlichkeit 1999 zur Gründung des „Europäischen Amts für Betrugsbekämpfung" (OLAF). Als unabhängiger Ermittlungsdienst kann sich dieses Amt bei der Bekämpfung von Betrug, Korruption und anderen illegalen Aktivitäten zum Schaden der finanziellen Interessen der Union auf alle Befugnisse der Europäischen Kommission zur Durchführung von Ermittlungen stützen. Diese vom Europäischen Parlament angemahnte und von der Kommission gegründete Einrichtung ist ein besonderes Beispiel für die Ergänzung der institutionellen Architektur durch eine Vielzahl von funktional ausgerichteten Behörden.[8]

7.3 Zur Analyse der Praxis: Ein Aktivitätenprofil

Der EuRH hat eine umfassende Berichterstattung entwickelt (siehe u. a. Tabelle III.7.1). Er hat 2006 neben seinem 29. Jahresbericht (zum Haushaltsjahr 2005) 20 Berichte zu den Jahresabschlüssen der selbstständigen Einrichtungen und der EZB sowie 13 Sonderberichte abgegeben.[9]

Die wesentlichen Aufgabengebiete ergeben sich aus der Struktur des EG-Haushalts. Probleme hat der EuRH wiederholt bei seiner konkreten Kontrolltätigkeit vor Ort – so etwa der Überprüfung von Ausgaben für Aktionen im Rahmen der Gemeinsamen Außen- und Sicherheitspolitik. Immer wieder verweist der Rechnungshof auf fehlerhafte Zahlungen und gravie-

---

8 Vgl. generell Groenleer 2006; Majone 2006.
9 Vgl. Europäischer Rechnungshof 2006.

Tabelle III.7.1: EuRH – Aktivitätenprofil

	1997	1998	1999	2000	2001	2002	2003	2004	2005	2006
Jahresberichte	1	1	1	1	1	1	1	1	1	1
Sonderberichte EU-Einnahmen		3	1	2						
Sonderberichte Landwirtschaft	3	5	2	6	5	3	6	5	1	2
Sonderberichte Strukturpolitik		6	2	3	3	2	2	1		2
Sonderberichte Interne Politikbereiche		2	1	2	1	1	1	1	1	
Sonderberichte Heranführungsstrategie für Kandidatenländer								2	2	
Sonderberichte Externe Politikbereiche	3	6	2	7	5	2	4	1	2	5
Sonderberichte Verwaltungsaufgaben		2		2				1		4
Sonderberichte Finanzinstrumente und Bankaktivitäten		1	1							
Sonderberichte insgesamt	**6**	**25**	**9**	**22**	**14**	**8**	**16**	**10**	**4**	**13**

Quelle: Eigene Zusammenstellung in Anlehnung an den Europäischen Rechnungshof, online unter: http://www.eca.europa.eu/audit_reports/list_reports/list_reports_index_de.htm (Stand: 21.12.2006)

rende Mängel bei der Verwaltung von EU-Geldern in den Mitgliedstaaten sowie auf Schwachstellen bei der internen Kontrolle der Kommission (siehe Dokument III.7.2).[10]

OLAF hat von 1999 bis Ende 2005 über 5.000 Fälle registriert (siehe auch Tabelle III.7.2).[11] 2005 sind 857 Hinweise eingegangen, 531 Fälle wurden einer Bewertung unterzogen, und in 257 dieser Fälle wurden weitere Untersuchungen eingeleitet.[12] In der Praxis werden derartige Unregelmäßigkeiten fast immer in enger Zusammenarbeit mit nationalen Ermittlungsbehörden untersucht und aufgedeckt.[13]

---

10 Vgl. Magiera/Trautmann 2007c.
11 Europäisches Amt für Betrugsbekämpfung 2006: 17.
12 Europäisches Amt für Betrugsbekämpfung 2006: 18.
13 Vgl. Europäisches Amt für Betrugsbekämpfung, online unter: http://ec.europa.eu/dgs/olaf/mission/pdf/de.pdf (Stand 05.01.07).

Dokument III.7.2: EuRH – Kontrollfunktion

> **Jahresbericht zum Haushaltsjahr 2005 des EuRH**
> **2. Interne Kontrolle der Kommission**
> [...]
> 2.25. Trotz der Fortschritte, die die Kommission bei der Verbesserung der jährlichen Tätigkeitsberichte als Instrument zur Förderung der Rechenschaftslegung und Kommunikation erzielt hat, stellte der Hof bei seinen Prüfungen erhebliche Unzulänglichkeiten in den Überwachungs- und Kontrollsystemen in mehreren Rubriken der Finanziellen Vorausschau (31) fest [...].

Quelle: Europäischer Rechnungshof 2005: 49, online unter: http://www.eca.europa.eu/audit_reports/annual_reports/docs/2005/ra05_de.pdf (Stand: 21.12.2006).

Tabelle III.7.2: Europäisches Amt für Betrugsbekämpfung (OLAF) – Aktivitätenprofil

	2001	2002	2003	2004	2005
Neu erhaltende Hinweise	735	571	601	720	857
Anzahl der eingeleiteten Untersuchungen nach einer Bewertungsphase (externe und interne Untersuchungen, Koordinierungsfälle etc.)[a][b]	647	470	366	248	257

[a] enthält auch Hinweise aus den Vorjahren, in denen in diesem Jahr weitere Untersuchungen eingeleitet wurden.
[b] ohne die Hinweise, die zu keiner Bewertung geführt haben bzw. in denen nach der Bewertung keine weiteren Untersuchungen mehr eingeleitet wurden (sogenannte „prima facie non-cases" und „non-cases")

Quelle: Eigene Zusammenstellung in Anlehnung an: Europäisches Amt für Betrugsbekämpfung 2006: 18.

7.4 Benennung, Beschlussverfahren und Aufbau

Der EuRH besteht aus einem Staatsangehörigen pro Mitgliedstaat. Die Amtsträger werden mit qualifizierter Mehrheit vom Rat auf Vorschlag der einzelnen Mitgliedstaaten nach Anhörung des Europäischen Parlaments für sechs Jahre ernannt (Art. 247 (3) EGV). Sie sollen ihre Tätigkeit „in voller Unabhängigkeit" ausüben, wodurch die Unabhängigkeit der Rechnungsprüfung garantiert werden soll. Voraussetzung für die Ernennung sollen besondere fachliche Eignung und Erfahrung sein (Art. 247 (2) EGV). Das Europäische Parlament hat von Beginn an die Auswahl sorgfältig begleitet.[14]

Die Mitglieder wählen aus ihrer Mitte den Präsidenten des EuRH für drei Jahre. Wiederwahl des Präsidenten wie auch Wiederernennung der Mitglieder sind zulässig. Der Rechnungshof entscheidet mit der Mehrheit seiner Mitglieder. Die Organisationsstruktur orientiert sich an den Funktionen und Budgetschwerpunkten des EG-Haushalts (siehe Übersicht III.7.1). Den Mitgliedern des EuRH wird auf Vorschlag des Präsidenten jeweils eine Prüfungsgruppe zugewiesen.[15] Offizieller Sprecher für einen bestimmten Sonderbericht oder ein

---
14 Vgl. Laffan 2006: 213.
15 Vgl. Europäischer Rechnungshof 2005: 5, Art. 10.

Übersicht III.7.1: EuRH – Binnenstruktur

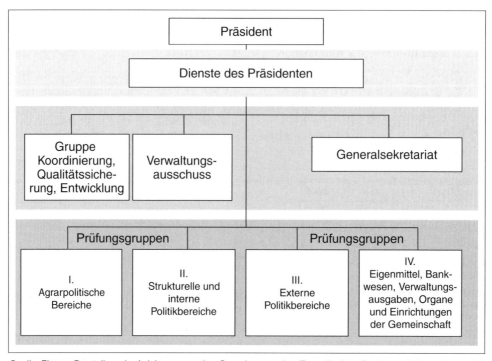

Quelle: Eigene Darstellung in Anlehnung an das Organigramm des Europäischen Rechnungshofs, online unter: http://www.eca.europa.eu/eca/organisation/eca_organisation_organigramme_de.htm (Stand: 05.01.07)

Übersicht III.7.2: OLAF – Binnenstruktur

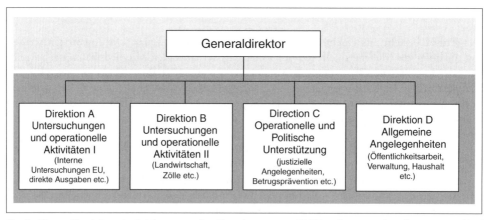

Quelle: Eigene Darstellung in Anlehnung an das Organigramm von OLAF, online unter: http://ec.europa.eu/dgs/olaf/directory/org_chart/de.pdf (Stand: 05.01.07).

besonderes Thema ist das berichterstattende Mitglied; ansonsten fällt dem Präsidenten diese Aufgabe zu. Der Sitz des EuRH ist Luxemburg.

OLAF ist durch eine Zwitterkonstruktion geprägt:[16] Dieses Amt verfügt zwar über einen Status der Unabhängigkeit, ist aber gleichzeitig organisatorisch Teil der Kommission. Der Organisationsplan folgt den Schwerpunkten der Gemeinschaftsaktivitäten (siehe Übersicht III.7.2).

7.5 Diskussion und Perspektiven

Status und Aktivitäten des Europäischen Rechnungshofs und – in abweichender Weise – auch von OLAF verdeutlichen den supranationalen und rechtsstaatlichen Charakter der EU. Berichte und Stellungnahmen dieser Einrichtungen sind ein wichtiger Teil im Politikzyklus der EG. Der Europäische Rechnungshof ist dabei ein oft unterschätztes Organ in der institutionellen Architektur, doch bei einer weiterhin anhaltenden Zunahme der Ausgaben[17] in 27 Mitgliedstaaten werden seine Aufgaben ebenso wie die Rolle von OLAF weiter an Bedeutung gewinnen. Der Verfassungs- bzw. Reformvertrag (Art. III-384 VVE) sieht keine wesentliche Änderungen bei den Vertragsbestimmungen zum Rechnungshof vor.

7.6 Zur Wiederholung und Vertiefung

■ *Merkpunkte und Stichworte*

▶ EuRH:
– Gründe für die Errichtung
– Verfahren zur Benennung der Mitglieder
– Aufgaben und Aktivitäten

▶ OLAF
– Gründe für die Errichtung
– institutionelle Einbindung
– Aufgaben und Aktivitäten

■ *Fragen*

▶ Welche Probleme ergeben sich für eine effektive Finanzkontrolle aus dem Charakter der EU als Mehrebenensystem?
▶ Wie können die kurz- und mittelfristigen Wirkungen beider Einrichtungen erfasst werden?

---

16 Laffan 2006: 216.
17 Vgl. Abbildung IV.3.1.

■ *Thesen zur Diskussion*

➤ Entstehung und Aktivitäten des EuRH und von OLAF sind als zu erwartende Weiterentwicklungen der institutionellen Architektur des EU-Systems zu erklären.
➤ Ein Ausgabensystem über mehrere Ebenen mit unterschiedlichen Verwaltungskulturen der Staaten entzieht sich jeder effektiven Kontrolle.
➤ OLAF ist ein Indikator für die Korruptionsanfälligkeit des EU-Systems.

7.7 Literaturhinweise

■ *Online-Quellen*

http://eca.europa.eu/
Offizielle Homepage des Europäischen Rechnungshofs (EuRH)
http://ec.europa.eu/anti_fraud/index_de.html
Offizielle Homepage des Europäischen Amts für Betrugsbekämpfung (OLAF)

■ *Einführende Literatur*

Laffan, Birgid (2006): Financial Control: The Court of Auditors and OLAF, in: Peterson, John/Shackleton, Michael (Hrsg.): The Institutions of the European Union, 2. Auflage, Oxford/New York, S. 210-228.
Magiera, Siegfried/Trautmann, Ramona (2007): Europäischer Rechnungshof, in: Weidenfeld, Werner/Wessels, Wolfgang (Hrsg.): Europa von A bis Z, Taschenbuch der europäischen Integration, 10. Auflage, Baden-Baden, S. 212-214.
Magiera, Siegfried/Trautmann, Ramona (2007): Der Rechnungshof, in: Weidenfeld, Werner/Wessels, Wolfgang (Hrsg.): Jahrbuch der Europäischen Integration 2006, Baden-Baden, S. 109-112.

■ *Weiterführende Literatur*

Freytag, Michael (2003): Der Europäische Rechnungshof. Institution, Funktion und politische Wirkung, Baden-Baden.

■ *Vertiefende Literatur*

Laffan, Brigid (2003): Auditing and Accountability in the European Union, in: Journal of European Public Policy, 10/5, S. 762-777.
Levy, Roger (1996): Managing Value for Money Audit in the European Union: The Challenge of Diversity, in: Journal of Common Market Studies, 43/4, S. 509-529.

8. Die Europäische Zentralbank (EZB)

8.1 Eckpunkte im Überblick: die Entwicklung einer Notenbank eigener Art

Die Gründung der Europäischen Zentralbank (EZB) 1998 markiert eine gravierende Entwicklung im Aufbau der institutionellen Architektur des EU-Systems. Die EZB als Auftragnehmer des „Europäischen Systems der Zentralbanken" (ESZB) (Art. 110 EGV) übernimmt zentrale Aufgaben für die Geld- und Währungspolitik der Eurozone; die dreizehn EU-Mitgliedstaaten (Stand 2007) der „Eurogruppe"[1] haben einen zentralen Teil ihrer staatlichen Souveränität auf Gremien dieser Institution übertragen.

Die Zielsetzungen der EZB (siehe Dokument III.8.1) waren lange umstritten: Während deutsche Experten und Politiker seit Beginn der Planungen für eine Wirtschafts- und Währungsunion[2] die Inflationsbekämpfung als einziges Ziel fordern, plädieren französische Stimmen regelmäßig für die Einbettung in eine umfassender angelegte Wirtschaftspolitik.[3] Als Gegenpol zu dieser autonom handelnden und damit auf den ersten Blick „entpolitisierten" Institution wird deshalb immer wieder – insbesondere von französischer Seite – die Bildung einer „Wirtschaftsregierung" (im französischen Sprachgebrauch: „gouvernement économique") vorgeschlagen.[4]

Die EZB ist kein Organ im Sinne des EG-Vertrags (Art. 7 EGV), sondern wird in einem getrennten Vertragsartikel (Art. 8 EGV) primärrechtlich verankert. Sie besitzt eine eigene Rechtspersönlichkeit im Sinne des Völkerrechts. Im Sprachgebrauch des Verfassungsvertrags wird ihre Stellung als „sonstiges Organ" ausgeschildert.

Basierend auf einer komplexen Mehrebenenstruktur kann die EZB als eine einzigartige supranationale Einrichtung verstanden werden, die die Gestaltung eines zentralen Politikfelds mit einer bisher keiner anderen Notenbank zugesprochenen Unabhängigkeit regelt.[5] In Hinsicht auf die institutionelle Ausgestaltung gilt ein besonderes Interesse den Benennungs- und Entscheidungsmodalitäten der EZB, die die Unabhängigkeit dieser Institution gegenüber mitgliedstaatlichen Einflüssen garantieren sollen.

Das von der EZB gesteuerte Politikfeld bildet ein Kernstück der „Wirtschafts- und Währungspolitik" (Titel VII des EGV)[6] und damit des EU-Systems insgesamt. Damit stellen sich auch Schlüsselfragen zum Wirken und zu den Wirkungen dieser Institution – nicht zuletzt unter dem Gesichtspunkt demokratischer Legitimität.[7] Die Eingriffstiefe und die Nachhaltigkeit der von der EZB getroffenen Entscheidungen dokumentieren eine Politikgestaltung besonderer Art. Dieser Teil des EU-Systems ist von besonderem Gewicht, da die Rücknahme des geldpolitischen Kompetenztransfers von den Mitgliedstaaten der Eurozone nicht oder nur unter besonderen Bedingungen möglich sein wird. Die EZB nimmt dabei eine zentrale Rolle ein, der – im Unterschied zu anderen Fällen unabhängiger Notenbanken wie in den USA und früher in der Bundesrepublik Deutschland – keine Regierung mit ausgedehnten Möglichkeiten zur Fiskal- und Haushaltspolitik gegenübersteht.[8]

---

1 Linsenmann 2007a: 131-133.
2 Vgl. u. a. Caesar/Kösters 2004; Scharrer/Wessels 1983.
3 Vgl. zur aktuellen Diskussion Caesar/Kösters 2004.
4 Vgl. u. a. Linsenmann/Meyer/Wessels 2007: 211-231; Sarkozy 2007; de Villepin 2005: 10; Juncker 2001.
5 Vgl. auch Linsenmann 2007b: 194-196; McNamara 2006: 170, 185-187.
6 Vgl. Kapitel IV.4.
7 Vgl. u. a. Linsenmann/Meyer/Wessels 2007: 211ff.; McNamara 2006: 185-187; Waigel 1999.
8 Vgl. u. a. McNamara 2006: 187; Kapitel IV.4.

Abbildung III.8.1: EZB – Institutioneller Steckbrief

Quelle: Eigene Darstellung.

Das vertragliche Regelwerk lässt so Charakteristika einer institutionellen Leitidee erkennen, die als „supranationale oder fusionierte Mehrebenen-Technokratie"[9] beschrieben werden kann; sie erinnert damit an Bestimmungen bei der Konstruktion der „Hohen Behörde" der EGKS.[10]

8.2 Aufgaben: Geschichte und vertragliche Vorgaben

Mit dem Beschluss zum Übergang in die dritte Stufe der Wirtschafts- und Währungsunion (WWU) hat der Rat in der Zusammensetzung der Staats- und Regierungschefs am 1. Juni 1998 offiziell die EZB gegründet. Dieser Rechtsakt war der bisherige Schlussstein einer insti-

---
9 Wessels 2003b: 356; Wessels 2000a: 117.
10 Vgl. Kapitel II.4.

tutionellen Entwicklung, die mit den Vorgaben des Den Haager Gipfels 1969 und daraus folgenden Plänen zur Wirtschafts- und Währungsunion sowie der Gründung des Europäischen Währungssystems (EWS) 1979 einsetzte.[11] Als institutionelle Vorläufer der EZB können sowohl Formen enger Zusammenarbeit der nationalen Zentralbanken innerhalb des EWS als auch das Europäische Währungsinstitut (EWI), das mit dem Übergang zur zweiten Stufe der WWU 1994 geschaffen wurde, verstanden werden. Mit dem Beginn der Währungsunion am 1. Januar 1999 hat die EZB alle im EG-Vertrag und in einem speziellen Protokoll festgelegten Befugnisse für die Eurozone übernommen.[12]

Für die Politikgestaltung bestimmt der EG-Vertrag als „vorrangige[s] Ziel des ESZB [...], die Preisstabilität zu gewährleisten" (siehe Dokument III.8.1). In der Priorität deutlich abgestuft, „unterstützt das ESZB die allgemeine Wirtschaftspolitik in der Gemeinschaft" (siehe Dokument III.8.1).

Dokument III.8.1: ESZB/EZB – Ziele, Aufgaben und Instrumente (gemäß Art. 105 EGV)

Art. 105 EGV

(1) Das *vorrangige Ziel des ESZB* ist es, die *Preisstabilität zu gewährleisten*. Soweit dies *ohne Beeinträchtigung des Zieles der Preisstabilität* möglich ist, unterstützt das ESZB die allgemeine Wirtschaftspolitik in der Gemeinschaft, um zur Verwirklichung der in Artikel 2 festgelegten Ziele der Gemeinschaft beizutragen.

(2) Die *grundlegenden Aufgaben* des ESZB bestehen darin,
– die Geldpolitik der Gemeinschaft festzulegen und auszuführen,
– Devisengeschäfte im Einklang mit Artikel 111 durchzuführen,
– die offiziellen Währungsreserven der Mitgliedstaaten zu halten und zu verwalten,
– das reibungslose Funktionieren der Zahlungssysteme zu fördern.

[...]

Hervorhebungen durch den Autor.

Für die Verfolgung dieser Ziele hat die ESZB „die Geldpolitik der Gemeinschaft festzulegen und auszuführen, Devisengeschäfte [...] durchzuführen, die offiziellen Währungsreserven der Mitgliedstaaten zu halten und zu verwalten (sowie) das reibungslose Funktionieren der Zahlungssysteme zu fördern" (siehe Dokument III.8.1).

Zur Wahrnehmung dieser Aufgaben verfügt das ESZB über einen Katalog von Handlungsinstrumenten:

▶ Das ausschließliche Recht zur Ausgabe von (Euro-)Banknoten (Art. 106 (1) EGV),
▶ die Festlegung der Leitzinsen,
▶ die Geldmengensteuerung,
▶ Offenmarkt- und Kreditgeschäfte,[13]
▶ Festlegung von Mindestreserven für Kreditinstitute[14] und
▶ Interventionen auf dem Devisenmarkt.

---

11 Vgl. Kapitel II.6.
12 Europäische Zentralbank 1992: 68ff; im Folgenden auch bezeichnet als „EZB-Satzung".
13 Europäische Zentralbank 1992: Art. 18.
14 Europäische Zentralbank 1992: Art. 19.

Das ESZB soll ebenfalls zur Aufsicht über die Kreditinstitute und zur Stabilität des Finanzsystems beitragen.

Für diese Aktivitäten kann die EZB verbindliche Rechtsakte in Form von „Verordnungen" und „Entscheidungen" (Art. 110 (1) EGV) erlassen sowie Empfehlungen und Stellungnahmen abgeben. Art. 12 der EZB-Satzung spricht außerdem allgemein von „Leitlinien", die der EZB- Rat verabschieden kann.[15]

Des Weiteren ist die EZB befugt, die für ihre Arbeit notwendigen Statistiken einzuholen, im Bereich der internationalen Zusammenarbeit vertreten zu sein und sich an internationalen Währungseinrichtungen zu beteiligen (Art. 23 und Art. 6 (2) EZB-Satzung). Sie verfügt über einen eigenen Haushalt, der hinsichtlich seiner effizienten Mittelverwendung vom Europäischen Rechnungshof überprüft wird (Art. 27 und Art. 35 EZB-Satzung). Die EZB hat zusätzlich das Recht, bei allen Vorschlägen für Rechtsakte der Gemeinschaft und zu allen Gesetzesvorschlägen nationaler Behörden, die ihren Zuständigkeitsbereich betreffen, gehört zu werden. Damit ist die EZB auch in die sie betreffende EU-Systemgestaltung einbezogen. Zu diesem Satz an Rechten gehört auch, dass die EZB über ein Klagerecht vor dem Europäischen Gerichtshof verfügt.

Das Vertragswerk hat der EZB nicht in allen Bereichen der Währungsunion eine ausschließliche Zuständigkeit zugewiesen: Bei möglichen internationalen Vereinbarungen für ein Wechselkurssystem und im Bereich der Außenbeziehungen ist der „Rat der Wirtschafts- und Finanzminister" (ECOFIN-Rat) nach Anhörung der EZB verantwortlich (Art. 111 EGV). In der Wechselkurspolitik teilt sich die EZB mit dem ECOFIN-Rat in einer nicht eindeutig festgelegten Arbeitsteilung die Zuständigkeiten.[16] Für die Außenvertretung der Währungsunion bei internationalen Organisationen ist eine umständliche Regelung gefunden worden: Der EZB-Präsident und der jeweilige Vorsitzende der Eurogruppe teilen sich diese Aufgabe.

Zu dem zweiten Politikbereich der WWU, der Wirtschaftsunion, kann die EZB Stellungnahmen abgeben, jedoch bildet der ECOFIN-Rat das zentrale Entscheidungsorgan in der Wirtschafts-, Fiskal- und Beschäftigungspolitik;[17] insbesondere im Rahmen des Wachstums- und Stabilitätspaktes zur Vermeidung übermäßiger öffentlicher Defizite (Art. 104 EGV) bleibt der EZB nur eine Rolle als eine Art sachkundiger Kommentator.[18]

Besonderen Wert legen die Vertragsbestimmungen auf detaillierte Vorkehrungen zur institutionellen Architektur der EZB. Nach dem Regelwerk bildet die EZB gemeinsam mit den nationalen Zentralbanken der Mitgliedstaaten der EU das ESZB. Innerhalb der vertraglich angelegten Architektur treffen das Direktorium, der EZB-Rat und der Erweiterte EZB-Rat die jeweiligen Beschlüsse (Abbildung III.8.3).

Zu der institutionellen Architektur ist – obwohl bisher vertraglich nicht formalisiert – die „Eurogruppe" der Finanzminister der Eurozone zu zählen, die einen Präsidenten für zwei Jahre wählt.

Insgesamt dokumentieren diese vertraglichen Vorgaben sowohl im Hinblick auf die Zielvorgaben als auch bei der institutionellen Ausgestaltung eine „Doktrin währungspolitischer Stabilität".[19]

---

15 Für eine Übersicht der Rechtsakte und der weiteren der EZB zur Verfügung stehenden Rechtsinstrumente vgl. Europäische Zentralbank 1999: 53-59.
16 Vgl. u. a. McNamara 2006: 184.
17 Vgl. Kapitel III.3 und IV.4.
18 Vgl. Linsenmann 2007b: 195.
19 Vgl. u. a. Dyson 2006: 13; McNamara 2006: 179.

8.3 Zur Analyse der Praxis: Ein Aktivitätenprofil

Tabelle III.8.1: EZB – Übersicht über Rechtsakte

	1998	1999	2000	2001	2002	2003	2004	2005
Verordnungen	2	2	2	3	3	2	1	0
Entscheidungen/Beschlüsse	9	14	5	7	3	11	12	3
Empfehlungen	7	7	3	2	1	4	2	5
Stellungnahmen[a]	15	3	5	11	2	10	9	13
Leitlinien	5	1	7	7	6	6	6	9
Summe	**38**	**27**	**22**	**30**	**15**	**33**	**30**	**30**

Im Amtsblatt veröffentlichte Rechtsakte der EZB. Eigene Darstellung in Anlehnung an:
1998 – 2000: Eur-Lex; www.ecb.eu.
2001 – 2005: Jahresbericht der EZB, abrufbar unter www.ecb.eu.
[a] Stellungnahmen der EZB nach Konsultation durch eine europäische Institution.

Der EZB-Rat tagt in der Regel zweimal monatlich und verabschiedet dabei regelmäßig Rechtsakte (siehe Tabelle III.8.1). Über die Beratungen und Beschlüsse informiert der Präsident die Presse und damit die Öffentlichkeit. Die genauen Formulierungen dieser Einlassungen werden seitens der Fachpresse und von Marktteilnehmern – wie zum Beispiel Banken – mit großer Aufmerksamkeit verfolgt und im Hinblick auf mögliche Entwicklungen in der Geldpolitik interpretiert. Die EZB ist sich der zentralen Bedeutung ihrer Rechenschaftspflicht in Hinsicht auf die Gewährleistung einer stabilen Geldpolitik bewusst.[20]

Eine zentrale Aufgabe der EZB ist die Beschlussfassung zu Leitzinsen.[21] Seit Aufnahme ihrer Tätigkeit hat sie bis Ende 2006 den Leitzinssatz 21 mal verändert.[22] Wie angesichts der Wirkungen derartiger Entscheidungen zu erwarten ist, wird die geld- und währungspolitische Strategie des EZB-Rats immer wieder kontrovers diskutiert.[23] Angelastet wurde ihr in den letzten Jahren, dass sie nicht zur Überwindung der längeren Phase einer wirtschaftlichen Stagnation in der Eurozone beigetragen habe.[24] So hat das Europäische Parlament 2005 dem EZB-Jahresbericht erstmalig seine Zustimmung verweigert.[25]

Konstatiert wird häufig, dass die EZB angesichts unterschiedlicher wirtschaftlicher Entwicklungen in der Eurozone strukturelle Schwierigkeiten habe, eine effiziente Politik für den gesamten Währungsraum zu gestalten. Wirtschaftswissenschaftliche Analysen bestätigen häufig, dass die Eurozone keinen optimalen Währungsraum darstelle.[26] Letztlich sieht sich die EZB-Geldpolitikstrategie auch aufgrund ihrer Komplexität Kritik ausgesetzt.[27]

Regelmäßig und mit großem Nachdruck hat die EZB zur Wirtschaftspolitik der Mitgliedstaaten und insbesondere zu Entwicklungen hinsichtlich des Wachstums- und Stabilitätspakts Stellung bezogen,[28] wobei sie häufig die Defizitneigung nationaler Fiskalpolitiken kritisierte. Insgesamt versteht sich die EZB als „Gralshüter" der Währungsunion, der diesen Teil des

---
20 Vgl. Europäische Zentralbank 2006: 162.
21 Vgl. u. a. Selmayr 2007: 121.
22 Vgl. http://www.ecb.int/stats/monetary/rates/html/index.en.html#info (Stand: 24.07.2007).
23 Vgl. u. a. McNamara 2006: 180.
24 Vgl. Grauwe 2005: 207.
25 Vgl. Selmayr 2006: 123.
26 Vgl. u. a. Baldwin/Wyplosz 2004: 329-56.
27 Vgl. De Haan/Amtenbrink/Waller 2004: 789 f.
28 Vgl. u. a. Selmayr 2006: 127; Kapitel IV.4.

EU-Systems gegen grundsätzliche Kritik – so nach den negativen Referenden in Frankreich und den Niederlanden – verteidigt.[29]

Die EZB beobachtet auch intensiv die Entwicklungen des Euro-Wechselkurses, insbesondere gegenüber dem US-Dollar. Direkte Interventionen auf dem Devisenmarkt hat sie, so weit beobachtbar, nicht vorgenommen.[30] Angesichts des Gewichts des Euro in der europäischen und globalen Wirtschaft kann sie jedoch – gewollt oder ungewollt – Einfluss auf das Verhalten von Teilnehmern auf den entsprechenden Märkten nehmen. Sie ist damit zu einem zentralen Akteur der internationalen Geld- und Wechselkurspolitik geworden.

Im Hinblick auf ihre Legitimation achtet die EZB auf ihre Reputation in Kreisen der Marktteilnehmer und der Wissenschaft. Der erste Amtsträger Wim Duisenberg und der als Chefökonom fungierende erste Vizepräsident der EZB, der frühere deutsche Professor Otmar Issing, haben in der ersten Phase des EZB-Wirkens in den relevanten Kreisen hohe Anerkennung gefunden. Bei Umfragen des Eurobarometers unter der EU-Bevölkerung rangiert die EZB mit rund 45 Prozent der Befragten, die ihr eher vertrauen, und rund 25 Prozent, die eher Misstrauen äussern, knapp vor dem Ministerrat.[31] Gegenüber der Öffentlichkeit sucht sie eine breite Unterstützung durch effizientes Handeln mit effektiven Wirkungen; charakterisiert werden kann eine derartige Strategie als ein Streben nach „Output-Legitimität".[32]

8.4 Benennung: Regeln und Praxis

Im Zentrum der institutionellen Regelungen stehen die Vorkehrungen zur Sicherung spezifischer Strukturen: Bei Auswahl und Ernennung der Mitglieder der EZB-Organe legen die Vertragsbestimmungen deshalb besonderen Wert auf Kompetenz und Unabhängigkeit (siehe Dokument III.8.2).

Dokument III.8.2: EZB – Zusammensetzung und Ernennung (gemäß Art. 112 EGV)

Art. 112 EGV

(1) Der EZB-Rat besteht aus den *Mitgliedern des Direktoriums* der EZB und den *Präsidenten der nationalen Zentralbanken.*

(2) a) Das Direktorium besteht aus dem Präsidenten, dem Vizepräsidenten und vier weiteren Mitgliedern.

b) Der Präsident, der Vizepräsident und die weiteren Mitglieder des Direktoriums werden von den Regierungen der Mitgliedstaaten auf der Ebene der Staats- und Regierungschefs auf Empfehlung des Rats, der hierzu das Europäische Parlament und den EZB-Rat anhört, aus dem Kreis der in *Währungs- oder Bankfragen anerkannten und erfahrenen Persönlichkeiten einvernehmlich ausgewählt* und ernannt.

Ihre Amtszeit beträgt acht Jahre; *Wiederernennung ist nicht zulässig.*

---

29 Vgl. Selmayr 2006: 127 f.
30 Vgl. Selmayr 2007: 122.
31 Vgl. Eurobarometer Interactive Search System, online unter: http://ec.europa.eu/public_opinion/cf/index_en.cfm (Stand: 24.07.2007).
32 Vgl. zum Begriff Scharpf 1999: 16-28.

> Nur Staatsangehörige der Mitgliedstaaten können Mitglieder des Direktoriums werden.

Hervorhebungen durch den Autor.

Der Präsident, der Vizepräsident und die vier weiteren Mitglieder des Direktoriums (siehe Dokument III.8.2) werden für einen – im Vergleich zu den Mitgliedern der Europäischen Kommission verhältnismäßig langen – Zeitraum von acht Jahren vom Rat auf Ebene der Staats- und Regierungschefs auf Empfehlung des Ministerrats (ECOFIN) und nach Anhörung des EZB-Rats und des Europäischen Parlaments einvernehmlich ernannt. Erfahrung und Reputation der Kandidaten werden als Auswahlkriterien besonders aufgeführt. Im Unterschied zu den Mitgliedern der Kommission und den Richtern am EuGH wird eine Wiederernennung bewusst ausgeschlossen; damit soll vermieden werden, dass Mitglieder des Direktoriums Vorgaben „ihrer" nationalen Regierungen folgen.

Bei der Ernennung des ersten Präsidenten gab es erhebliche politische Kontroversen, da die französische Regierung ihren Kandidaten zunächst erfolglos gegen den Wunschkandidaten der anderen Mitgliedstaaten, den Niederländer Wim Duisenberg, durchsetzen wollte. Der frühere französische Notenbankpräsident Jean-Claude Trichet übernahm dann im November 2003 nach dem freiwilligen Rücktritt Duisenbergs das Amt des Präsidenten.[33]

Abbildung III.8.2: EZB – Die Präsidenten Wim Duisenberg, Jean-Claude Trichet

Wim Duisenberg (li.), EZB-Präsident von 1998 bis 2003
Jean-Claude Trichet, EZB-Präsident seit 1. November 2003
Quelle: http://www.ecb.eu/press/pictures/decision/html/index.en.html (Stand: 24.07.2007).

---

33 Vgl. Selmayr 2003: 117.

Bei der Benennung der übrigen Mitglieder des Direktoriums legen die Regierungen der Eurozone hohen Wert auf eine angemessene Beteiligung. Die größeren Mitgliedstaaten streben dabei eine ununterbrochene Mitgliedschaft eines Experten aus ihrem Land an: Nach dem vertraglich vorgesehenen Ausscheiden des ersten deutschen Mitglieds wurde so erneut ein deutscher Währungspolitiker ernannt.[34]

8.5 Beschlussverfahren: Interne Verfahren und externe Abgrenzung

Bei den Prozeduren zur Entscheidungsfindung sind zwei Aspekte zu behandeln: die internen Abstimmungsmodalitäten und die Abgrenzung gegenüber externen Einflussversuchen.

Das Direktorium kann Entscheidungen immer und der EZB-Rat in der Regel mit einfacher Mehrheit treffen. Bei Stimmengleichheit entscheidet die Stimme des Präsidenten. In der bisherigen Vertragspraxis haben die Mitglieder des EZB-Rats keine weiteren Angaben über ihr tatsächliches Abstimmungsverhalten gemacht. Trotz mancher interner Dispute über die jeweils angemessene Geldstrategie haben die bisherigen Präsidenten zumindest nach innen eine Konsensposition erzielen und diese nach außen geschlossen vertreten können. Nach den jeweiligen Sitzungen verkündet der Präsident in einer Pressekonferenz die Position der EZB. Innerhalb des EZB-Rats lässt sich eine deutliche Lenkungs- und Führungsrolle der Mitglieder des Direktoriums gegenüber den nationalen Notenbankpräsidenten konstatieren.[35]

Dokument III.8.3: EZB – Bestimmungen zur Unabhängigkeit (gemäß EGV)

Art. 108 EGV

Bei der Wahrnehmung der ihnen durch diesen Vertrag und die Satzung des ESZB übertragenen Befugnisse, Aufgaben und Pflichten darf *weder die EZB* noch eine *nationale Zentralbank* noch ein *Mitglied ihrer Beschlussorgane Weisungen* von Organen oder Einrichtungen der Gemeinschaft, Regierungen der Mitgliedstaaten oder anderen Stellen *einholen* oder *entgegennehmen*. [...]

Art. 113 EGV

(1) Der Präsident des Rats und ein Mitglied der Kommission können *ohne Stimmrecht* an den Sitzungen des EZB-Rats *teilnehmen*.

Der Präsident des Rats kann dem EZB-Rat einen Antrag zur Beratung vorlegen.

(2) Der Präsident der EZB wird zur *Teilnahme an* den Tagungen des Rats *eingeladen*, wenn dieser Fragen im Zusammenhang mit den Zielen und Aufgaben des ESZB erörtert.

(3) Die EZB *unterbreitet* dem Europäischen Parlament, dem Rat und der Kommission sowie auch dem Europäischen Rat einen *Jahresbericht* über die Tätigkeit des ESZB und die Geld- und Währungspolitik im vergangenen und im laufenden Jahr. Der Präsident der EZB legt den Bericht dem Rat und dem Europäischen Parlament vor, das auf dieser Grundlage eine *allgemeine Aussprache* durchführen *kann*.

---

34 Vgl. Selmayr 2006: 125.
35 Vgl. McNamara 2006: 177.

> Der *Präsident der EZB* und die anderen Mitglieder des Direktoriums können auf Ersuchen des Europäischen Parlaments oder auf ihre Initiative hin von den zuständigen Ausschüssen des Europäischen Parlaments *gehört* werden.

Hervorhebungen durch den Autor.

Die Unabhängigkeit der Entscheidungsfindung soll durch mehrere Vorkehrungen sichergestellt werden, die als institutionelle, rechtliche, persönliche, funktionelle, operative, finanzielle und organisatorische Unabhängigkeit bezeichnet werden können.[36] Neben den Bedingungen zur Wahl – die auch einen Ausschluss der Wiederernennung enthalten – legt der Vertrag fest, dass weder die EZB als ganze noch die einzelnen Mitglieder der Beschlussorgane der EZB Weisungen erhalten dürfen (siehe Dokument III.8.3). Die Norm der Weisungsunabhängigkeit betrifft so nicht nur das Direktorium, sondern auch den EZB-Rat: Auch für die Präsidenten der nationalen Zentralbanken gilt, dass kein Organ der EG und keine nationale Regierung die Mitglieder des Rats beeinflussen soll (Art.108 EGV). Auch die nationalen Zentralbanken müssen nach innerstaatlichen Rechtsvorschriften unabhängig sein (Art. 109 EGV).

Mit entsprechendem Blick auf die Unabhängigkeit haben die Vertragsbestimmungen auch die externen Einfluss-, Beteiligungs- und Kontrollmöglichkeiten durch andere Organe bewusst begrenzt (siehe Dokument III.8.3).

An den Sitzungen des EZB-Rats können je ein Mitglied der Kommission und der ECOFIN-Präsident teilnehmen, wie umgekehrt die EZB im ECOFIN-Rat und dessen Gremien sowie zusätzlich in der informellen Eurogruppe vertreten ist. Dadurch bestehen vielfältige Gelegenheiten des Meinungsaustausches, bei denen jedoch die jeweilige Autonomie der beteiligten Institutionen betont wird. Die EZB selbst ist nur zu einem regelmäßigen Berichtswesen verpflichtet. Neben einer wöchentlichen Veröffentlichung der konsolidierten Bilanz des Eurosystems und einem Jahresbericht (Art. 113 (3) EGV) gibt die EZB einen monatlichen Tätigkeitsbericht heraus und bietet Informationen auf umfassenden Internetseiten. Nicht veröffentlicht werden dagegen die internen Protokolle der EZB-Sitzungen, die Aufschluss über Positionsunterschiede ermöglichen und damit eine gewisse Transparenz herstellen würden, aber auch einzelne Mitglieder verstärkt Versuchungen der Einflussnahme aussetzen könnten.

Darüber hinaus können der Präsident und Direktoriumsmitglieder vom zuständigen Ausschuss des Europäischen Parlaments gehört werden bzw. aus eigener Initiative dort sprechen. Das EP hält außerdem eine Plenardiskussion zum Jahresbericht der EZB; die Abgeordneten haben der EZB gegenüber aber keine weitergehenden Sanktionsmöglichkeiten. Kritische Entschließungen des Parlaments sind entsprechend folgenlos.

Mit diesen Vorkehrungen hat der Maastrichter Vertrag wesentliche Elemente der früheren deutschen Geldverfassung aufgegriffen und zu einer – im internationalen Vergleich – einzigartigen Unabhängigkeit weiterentwickelt.[37]

---

36 Vgl. u. a. Scheller 2004: 122 ff.
37 Vgl. u. a. McNamara 2006: 178.

8.6 Aufbau, Arbeitsweise und Struktur

Beschlussorgane der EZB sind das EZB-Direktorium, der EZB-Rat und der Erweiterte EZB-Rat (siehe Abbildung III.8.3).

Dem EZB-Direktorium gehören der Präsident, der Vize-Präsident und vier weitere Mitglieder an. Das Direktorium ist verantwortlich für die Ausführung der Geldpolitik gemäß den Leitlinien und Entscheidungen des EZB-Rates und für die damit verbunden Weisungen an die nationalen Zentralbanken sowie für die Führung der laufenden Geschäfte (Art. 11 und 12 EZB-Satzung). Die Mitglieder des Direktoriums vereinbaren unter sich eine weitergehende Aufgabenteilung. Unterhalb des Direktoriums arbeiten elf Generaldirektionen, die nach Funktionen und Sachgebieten strukturiert sind.

Dem EZB-Rat gehören die Mitglieder des EZB-Direktoriums sowie die Präsidenten der nationalen Zentralbanken der Eurogruppe an. Der EZB-Rat ist das oberste Beschlussorgan im ESZB. Er erlässt die maßgeblichen Leitlinien, Entscheidungen und Verordnungen und ergreift die notwendigen Maßnahmen zur Erfüllung der im Vertrag an das ESZB übertragenen Aufgaben.

Dem Erweiterten EZB-Rat gehören die Präsidenten aller nationalen Zentralbanken der EU-Mitgliedstaaten an, auch wenn sie nicht Mitglied der Eurozone sind. Die Mitglieder des Direktoriums sind bis auf den Präsidenten und den Vizepräsidenten in diesem Organ nicht stimmberechtigt. Der Erweiterte Rat ist vor allem mit den Aufgaben beschäftigt, die sich daraus ergeben, dass nicht alle Mitgliedstaaten der Europäischen Union auch zur Eurogruppe zählen. Deshalb bemüht er sich unter anderem, die Beschlüsse des EZB-Rats denjenigen Ländern zu vermitteln, die die gemeinsame Währung nicht eingeführt haben. Er tagt in der Regel vierteljährlich.

▪ *Eurogruppe*

Ein wichtiges Gremium in der Praxis der institutionellen Architektur stellt auch die bisher nicht vertraglich formalisierte Eurogruppe dar, in der die Finanzminister der Eurozone vor Sitzungen des ECOFIN relevante Punkte der Tagesordnung vorklären.[38] Der luxemburgische Premier- und Finanzminister Jean-Claude Juncker ist auf zwei Jahre zum Vorsitzenden dieser Gruppe gewählt worden.[39]

▪ *Besonderheiten: Sitz und Sprachenregime*

Auf Wunsch der Bundesrepublik Deutschland und in Nachfolge der bedeutsamen Rolle der deutschen Bundesbank ist der Sitz der EZB Frankfurt a. M. (siehe Abbildung III.8.4). Englisch hat sich als Arbeitssprache durchgesetzt. Beobachtet wird die Entstehung einer neuen internationalen Kultur der Zusammenarbeit mit einer eigenständigen Identität.[40]

---

38 Vgl. Linsenmann 2007a: 131; McNamara 2006: 182.
39 Vgl. Kapitel IV.4.
40 Vgl. McNamara 2006: 179.

Abbildung III.8.3: EZB – Binnenstruktur

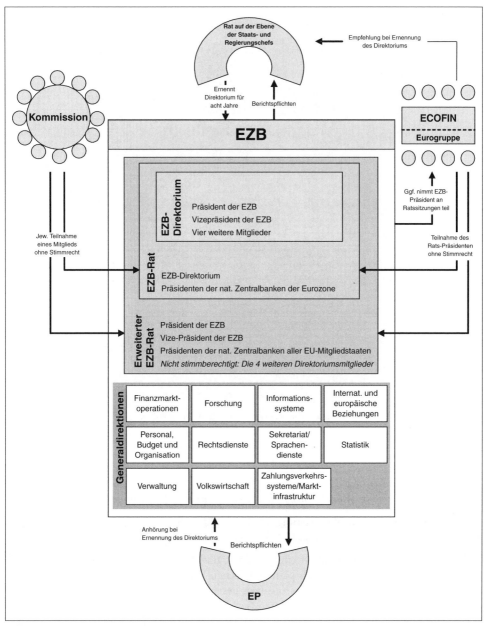

Quelle: Eigene Darstellung, Stand 2007.

Abbildung III.8.4: EZB – Der „Euro-Tower" in Frankfurt

Quelle: http://www.ecb.eu/ecb/orga/escb/html/image7.en.html (Stand: 24.07.2007).

8.7 Diskussion und Perspektiven

■ *Zur Charakterisierung: Modell einer fusionierten Mehrebenentechnokratie*

Ausgangspunkte einer Charakterisierung der EZB bilden die Unabhängigkeit der EZB sowie ihre Verfahren:

▶ die Auswahl der Personen nach Fachkompetenz und Erfahrung – also die Ernennung von „Weisen", die bewusst nicht nach parteipolitischen Kriterien ausgewählt werden sollen;
▶ die Gestaltung einer optimalen Politik nach bestem Wissen der Experten für ein deutlich vorgegebenes Ziel von allgemeinem Interesse;
▶ eine autonome Entscheidungsbefugnis, die von anderen Organen nicht begrenzt werden kann.

Diese Ausgestaltung kommt der institutionellen Leitidee einer „Technokratie" nahe. Die EZB kann damit ein Modell für Institutionen bilden, die losgelöst von demokratischen Mehrheitsentscheidungen (im englischen Sprachgebrauch: „non-majoritarian institution") verbindliche Beschlüsse treffen.[41]

Eine weitere besondere Eigenschaft ist das Zusammenwirken mehrerer Ebenen: Im EZB-Rat als Entscheidungsgremium sind gleichermaßen die Mitglieder des in Frankfurt angesiedelten Direktoriums als auch die Präsidenten der nationalen Notenbanken stimmberechtigt. Charakterisiert werden kann dieses Organ damit durch eine Verschmelzung supranationaler und intergouvernementaler Merkmale,[42] die sich zu einer fusionierten Mehrebenentechnokratie entwickelt.[43]

■ *Zur Zukunft: Vorschläge aus der Reformdebatte*

Der Verfassungsvertrag sah zur EZB/ESZB keine grundsätzlichen Veränderungen vor. Die Vorgabe der Preisstabilität war bei den Zielen der Union insgesamt (Art. I-3 VVE) und als Vorgabe für das ESZB (Art. III-185 VVE) erneut verankert worden.[44] Auch die institutionellen Regelungen sind weitgehend übernommen worden. Ein Unterschied träte bei der Auswahl und Ernennung des Direktoriums auf: Dieser Akt könnte nach dem Verfassungsvertrag durch den Europäischen Rat mit qualifizierter Mehrheit erfolgen (Art. III-382 VVE). Formalisiert würde die Rolle der bisher informell agierenden Eurogruppe (Art. III-194 und 195 VVE sowie Protokoll betreffend die Eurogruppe). Die Einladung an die EZB, wie bisher an den Sitzungen dieser Teilgruppe teilzunehmen, erhielte eine rechtliche Verankerung.

Zur Reformdebatte gehören Forderungen, die EZB stärker auf die Ziele Wachstum und Bekämpfung der Arbeitslosigkeit zu verpflichten und ihr eine Art europäische Wirtschaftsregierung gegenüberzustellen.[45] Ein Vorschlag in diese Richtung ist die Aufwertung der Eurogruppe, die immer wieder von beteiligten Politikern gefordert wird.

Diese Debatte wurde auch im Kontext des Reformvertrags geführt. Unter dem Gesichtspunkt der institutionellen Handlungsfähigkeit wird – wie auch bei der Kommission – die optimale Größe des EZB-Rats nach weiteren Beitritten diskutiert. Dazu haben die Mitgliedstaaten 2003 beschlossen, dass nach der Aufnahme des 15. Mitglieds in die Eurozone die Präsidenten der beteiligten nationalen Notenbanken – nach einem komplexen Rotationssystem innerhalb mehrerer Gruppen – zeitweise auf ihr Stimmrecht im EZB-Rat verzichten.[46] Danach werden immer nur insgesamt 15 Vertreter aus dieser Gruppe stimmberechtigt sein, während die anderen nationalen Repräsentanten lediglich an den Beratungen teilnehmen. Dieser Wechsel folgt aber – anders als bei der zukünftigen Zusammensetzung der Kommission oder bei der Präsidentschaft des Rats – nicht einer gleichberechtigten Rotation, sondern ist abhängig von der Wirtschaftskraft des Mitgliedstaats.

Mit Erweiterungen der Eurozone durch Staaten aus der Gruppe der neuen EU-Mitgliedstaaten und angesichts der wirtschaftlichen Entwicklung des Euro-Gebietes insgesamt steht die EZB vor der schwierigen Aufgabe, eine einheitliche Politik für die gesamte Eurozone und langfristig für die gesamte EU zu konzipieren und durchzusetzen.

---

41 Vgl. u. a. Coen/Thatcher 2005; Kassim/Menon 2003; Majone 2001.
42 Vgl. zu den Begriffen Kapitel I.4.
43 Vgl. zum Begriff Wessels 2003b: 355.
44 Vgl. zur Diskussion Caesar/Kösters 2005: 259-274.
45 Vgl. u. a. Sarkozy 2007.
46 Vgl. McNamara 2006: 177; Europäischer Rat 2003d.

8.8 Zur Wiederholung und Vertiefung

■ *Merkpunkte und Stichworte*

▶ Grundkenntnisse
  – Ziel(e) der EZB
  – Gründungsdatum
  – Vertragliche Einordnung der EZB in die institutionelle Architektur der EU

▶ Institutionelle Architektur
  – Ernennung, Zusammensetzung und Aufgaben
  – EZB-Rat
  – Erweiterter EZB-Rat
  – Eurogruppe
  – Rolle des Rats gegenüber der EZB
  – Rolle der Kommission gegenüber der EZB
  – Rolle des EP gegenüber der EZB
  – Institutionelle Vorkehrungen für die Unabhängigkeit

▶ Rolle der EZB: Vertragliche Vorgaben und Praxis
  – in der Geld- und Währungspolitik
  – in der wirtschafts- und beschäftigungspolitischen Koordinierung
  – in den Außenbeziehungen der Währungsunion

■ *Fragen*

▶ Wie kann die Rolle der EZB bei der Politikgestaltung erfasst und erklärt werden?
▶ Welche Charakterisierungen der Institution EZB können zum Verständnis des EU-Systems insgesamt nützlich sein?
▶ Welche Legitimitätskriterien sollen bei Wirken und Wirkungen der EZB angelegt werden?

■ *Thesen zur Diskussion*

▶ Der EZB-Rat sollte seine Protokolle veröffentlichen, um Transparenz herzustellen.
▶ Die EZB sollte nicht einer Europäischen Wirtschaftsregierung untergeordnet werden.
▶ Das EP sollte das Recht erhalten, dem EZB-Direktorium – nach denselben Verfahren und mit denselben Wirkungen wie bei der Kommission – das Misstrauen auszusprechen.
▶ Deutschland sollte einen „ständigen Sitz" im EZB-Direktorium erhalten.
▶ Die EZB stellt ein geeignetes Vorbild für EG-Agenturen dar, technokratische nicht-majoritäre Entscheidungen zu treffen.
▶ Die EZB wird bei ihrer Aufgabenerfüllung scheitern, da die Eurozone nach Erweiterungen immer weniger einen „optimalen Währungsraum" darstellt.
▶ Die EZB ist das Modell für eine fusionierte Mehrebenentechnokratie.

8.9 Literaturhinweise

■ *Online-Quelle*

http://www.ecb.europa.eu
Offizielle Homepage der Europäischen Zentralbank

■ *Einführende Literatur*

Linsenmann, Ingo (2007): Europäische Zentralbank, in: Weidenfeld, Werner/Wessels, Wolfgang (Hrsg.): Europa von A bis Z: Taschenbuch der europäischen Integration, 10. Auflage, Baden-Baden, S. 194-196.

Scheller, Hanspeter K. (2004): The European Central Bank. History, Role and Functions, Frankfurt/Main.

Selmayer, Martin (2007): Europäische Zentralbank, in: Weidenfeld, Werner/Wessels, Wolfgang (Hrsg.) Jahrbuch der Europäischen Integration 2006, Baden-Baden, S. 121-126.

Verdun, Amy (2004): The Euro and the European Central Bank, in: Dinan, Desmond/Green Cowles, Maria (Hrsg.): Developments in European Union Politics, London/New York, S. 85-99.

■ *Weiterführende Literatur*

Dyson, Kenneth (Hrsg.) (2002): European States and the Euro. Europeanization, Variation and Convergence, Oxford

Heine, Michael/Herr, Hansjörg (2004): Die Europäische Zentralbank. Eine kritische Einführung in die Strategie und Politik der EZB, Marburg.

Junius, Karsten (2002): Handbuch Europäische Zentralbank. Beobachtung, Analyse, Prognose, Bad Soden.

McNamara, Kathleen R. (2006): Managing the Euro. The European Central Bank, in: Peterson, John/Shackleton, Michael (Hrsg.): The Institutions of the European Union, 2. Auflage, Oxford/New York, S. 169-189.

Tilch, Stefan (2000): Europäische Zentralbank und europäisches System der Zentralbanken, Frankfurt am Main.

Wagener, Andreas (2001): Die Europäische Zentralbank, Wiesbaden.

■ *Vertiefende Literatur*

De Haan, Jakob/Amtenbrink, Fabian/Waller, Sandra (2004): The Transparency and Credibility of the European Central Bank, in: Journal of Common Market Studies 42(4): 775-794.

Dyson, Kenneth (Hrsg.) (2006): Enlarging the Euro Area. External Empowerment and Domestic Transformation in East Central Europe, Oxford/New York.

Gaitanides, Charlotte (2005): Das Recht der Europäischen Zentralbank. Unabhängigkeit und Kooperation in der Europäischen Währungsunion, Tübingen.

Linsenmann, Ingo/Meyer, Christoph O./Wessels, Wolfgang (2007): Economic Government of the EU. A Balance Sheet of New Modes of Policy Coordination, Houndmills.

Waigel, Christian (1999): Die Unabhängigkeit der Europäischen Zentralbank gemessen am Kriterium demokratischer Legitimität, Baden-Baden.

IV.

Verfahren in der institutionellen Architektur – Formen der Politik- und Systemgestaltung

1. Eckpunkte im Überblick: Variationen und Komplexität

1.1 Nahsicht von Verfahrensprofilen: Zunahme an Vielfalt

Im Mittelpunkt jeder Untersuchung des EU-Systems stehen die geschriebenen und gelebten Verfahren, die zwischen den Organen, Gremien und Ausschüssen in der institutionellen Architektur stattfinden.[1] Zu betonen ist, dass für das Erfassen und Erklären von Verfahrensprofilen sowohl Interpretationen des Vertragstextes als auch Beobachtungen in der täglichen Anwendung notwendig sind. Eine wesentliche Lehre für die Nahsicht von Verfahren besteht somit darin, die relevanten Vertragsartikel konkret zu identifizieren und die „gelebte Praxis" realitätsnah heranzuziehen. Zum Einstieg und gleichzeitig als Warnung vor einfachen Formeln ist unmittelbar anzumerken, dass Regelwerk und reale Nutzungsmuster durch einen hohen Grad an Vielfalt und Komplexität geprägt sind.

Ausgangspunkt ist die Beobachtung, dass die Organe der Europäischen Union auf einer zunehmenden Breite staatlicher Aktivitätsfelder verbindliche Entscheidungen für die Unionsbürger und Mitgliedstaaten treffen, und so das politische, wirtschaftliche und soziale Leben Europas nachhaltig beeinflussen. Dieses „Regieren"[2] umfasst immer mehr traditionelle und auch neuere Bereiche staatlichen Handelns; neben dem Binnenmarkt, der Agrarpolitik oder der Währungspolitik regeln Verfahren des Vertragswerks inzwischen auch weite Teile der Außen- und Innenpolitik.

Die Vorbereitung, Verabschiedung, Durchführung und Kontrolle der Beschlüsse gestalten die Organe je nach Vertragsgrundlage in vielfältigen und unterschiedlichen Formen. Trotz der Beschwörung eines „einheitlichen institutionellen Rahmen(s)" (Art. 3 EUV) haben die Mitgliedstaaten bei jeder Vertragsänderung die Variationen dieses Regelwerks vergrößert. Die durch die Regierungskonferenzen von Amsterdam (1997) und Nizza (2000) angestrebte Vereinfachung der Verfahren konnte nicht erreicht werden, obwohl die Anwendungsfälle für das Mitentscheidungsverfahren zwischen Rat und EP und für Mehrheitsbeschlüsse im Rat ausgeweitet wurden. Die konstitutionellen Architekten, d. h. insbesondere die Staats- und Regierungschefs im Europäischen Rat, haben bisher noch kein durchgängig anzuwendendes Regelwerk bzw. keine dominierende Form des Regierens entwickelt. Vielmehr haben die bisherigen Änderungen des Primärrechts die Vielfalt an quasi-konstitutionellen Vorgaben immer wieder erhöht – so haben die Mitgliedstaaten im Amsterdamer Vertragswerk 1999 neuartige Bestimmungen für eine „Verstärkte Zusammenarbeit" zwischen einer Gruppe von Mitgliedstaaten als eine spezifische Form von Flexibilisierung verankert.[3] Gleichzeitig haben die Akteure in und neben den geschriebenen Vorgaben auch die Variationsbreite gelebter Formen immer wieder erhöht. Eines der neueren Muster und „Moden" ist dabei die „Offene Methode der Koordinierung", die Regierungen als innovative und optimale Form des gemeinsamen Regierens für mehrere Felder staatlicher Aktivitäten propagieren und ausprobieren.[4]

---

1 Vgl. generell zu derartigen (neo-)institutionalistischen Ansätzen u. a. Pollack 2004; Maurer/Wessels 2003a; Schneider/Aspinwall 2001; Olsen 2000; Peters 1999.
2 Jachtenfuchs/Kohler-Koch 2003b: 14.
3 Vgl. Kapitel IV.9.
4 Vgl. Kapitel IV.4 und die dort angegebene Literatur.

1.2 Variationen der vertragsrechtlichen Systematik

Der Eindruck der Verfahrensvielfalt wird durch ein systematisches Durchgehen des geschriebenen Textes verstärkt. Als ein möglicher Orientierungspunkt für eine nähere Zuordnung von Verfahrensprofilen kann das nach der Grobstruktur des Vertragswerks skizzierte Bild einer „Tempelkonstruktion" nur begrenzt herangezogen werden, denn die Entscheidungsregeln im EU-System unterscheiden sich nicht nur zwischen den drei Säulen der Europäischen Union, sondern zeichnen sich auch innerhalb dieser einzelnen Vertragsteile und sogar auch innerhalb einzelner Politikfelder durch eine hohe Variationsbreite aus. So greifen z. B. in der Umweltpolitik je nach der Zielsetzung unterschiedliche Regeln (Art. 175 (1) und (2) EGV). Für eine vertiefende Typologie der Verfahren können die Gemeinschaftsmethode mit ausgeprägten supranationalen Elementen sowie Regeln für Kooperation und Koordinierung mit stark intergouvernementalen Charakteristika unterschieden werden.

Übersicht IV.1.1 kombiniert wesentliche Bestimmungen für die zwei entscheidenden Organe: Nach dem Stand der Verfahrensvorschriften gemäß des Vertrags von Nizza zählt sie Variationen bei den Beschlussfassungsregeln des Rats (horizontale Achse) und die Beteiligungsrechte des EP (vertikale Achse). Zunächst lässt diese Gegenüberstellung die Vielfalt der rechtlichen Vorgaben erkennen. So können für Entscheidungsregeln im Rat zusammenfassend drei Möglichkeiten gezählt werden, die von der Einstimmigkeit im Rat, die zusätzlich noch in Fälle mit und ohne Ratifizierung unterschieden werden könnte, über Formen der (qualifizierten) Mehrheit bis hin zur einfachen Mehrheit reichen.[5] Von besonderer Bedeutung sind die Angaben zur qualifizierten Mehrheit: Die Vertragsbestimmungen sehen für den Rat Einstimmigkeit in 86 Fällen und unterschiedliche Formen der qualifizierten Mehrheit in 155 Fällen der Vertragsbestimmungen vor.

Übersicht IV.1.1: Verfahren – Beschlussfassungsregeln Rat / EP (gemäß Vertrag von Nizza)

EP \ Rat	Einstimmigkeit	QMV	Einfache Mehrheit	Summe Formen EP-Beteiligung
Keine Beteiligung	31	56	10	97
Unterrichtung	1	3	1	5
Anhörung	25	44	1	70
Zusammenarbeit	–	4	–	4
Zustimmung	25	6	–	32
Mitentscheidung	4	42	–	46
Summe Rat – Entscheidungsart	86	155	12	254[1]

[1] Die Summe beinhaltet auch den Fall, in dem das EP sich seine Geschäftsordnung gibt (ohne Beteiligung des Rats).
Quelle: Eigene Darstellung.

---

5 Vgl. Kapitel III.3.

Für die Beteiligungsrechte des EP (vertikale Achse) können mindestens 6 Varianten aufgelistet werden, die von keiner Beteiligung über „schwache" bis zu „starken" Formen reichen.[6] Keine Beteiligung des EP sieht das Vertragswerk weiterhin in 97 Fällen der Artikel vor.

Zählt man die vertraglich vorgesehenen Beteiligungsformen und Beschlussverfahren beider Organe, so ergeben sich bereits bei dieser vereinfachten Darstellung 14 Möglichkeiten, nach denen beide Organe Entscheidungen treffen können. Das Mitentscheidungsverfahren nach Art. 251 EGV (qualifizierte Mehrheit im Rat und absolute Mehrheit im EP) ist mit 42 Fällen ein maßgeblicher, aber keinesfalls dominierender Regelfall für die Verabschiedung von Rechtsakten. Zu bedenken ist jedoch, dass diese Angaben zu den Vertragsartikeln noch keine Aussagen über die tatsächliche Nutzung erlauben. Die Praxis (siehe unten) kann davon erheblich abweichen.

Die Vielfalt des vertraglichen Regelwerks wird weiter gesteigert, wenn Variationen der Befugnisse von Kommission und EuGH im Politikzyklus hinzugezählt werden. So sieht der Unionsvertrag für den EuGH in der GASP-Säule keine Zuständigkeiten vor. Selbst im EG-Vertragswerk gibt es einen Fall, bei dem eine Anrufung des EuGH ausgeschlossen wird.[7] In der dritten Säule werden mehrere Möglichkeiten einer Rechtsprechung durch den EuGH festgeschrieben.[8] Die Vertragsbestimmungen kennen auch variierende Formen von Initiativrechten der Kommission. Für eine vollständige Übersicht für Verfahrensprofile sind ebenfalls Beratungsbefugnisse des Europäischen Wirtschafts- und Sozialausschusses (EWSA) und des Ausschusses der Regionen (AdR) hinzuzuziehen. Insgesamt kennt das Vertragswerk mindestens 50 unterschiedliche Verfahren.[9]

Zusätzlich ist zu beachten, dass die Vertragsbestimmungen mehrere Varianten von Sonderregelungen in einzelnen Politikfeldern[10] vorsehen und für einzelne Mitgliedstaaten gesondert festgelegte Ausnahmen in Form eines „opting-out" ermöglichen.[11] Auch die Verfahren zur „verstärkten Zusammenarbeit" unterliegen je nach Säule spezifischen Regeln.[12]

Bei einer Beurteilung dieser prozeduralen Vielfalt ist zu beachten, dass auch nationale Verfassungen unterschiedliche Beschlussfassungsverfahren kennen, die sich aus den Eigenschaften eines Rechtsaktes und der Natur eines Politikfelds ergeben:[13] Ein Gesetzgebungsverfahren zu Umweltnormen kann und muss anders geregelt werden als Entscheidungen der Zentralbank zu Interventionen auf dem Devisenmarkt oder Aktionen von Außenministerien gegen Menschenrechtsverletzungen in Drittstaaten; trotz der Anerkennung politikfeldbedingter Variationen bleibt der Grad der Verfahrensdifferenzierung in der EU hoch.

---

6 Vgl. Kapitel III.1.
7 Vgl. Art. 104 (10) EGV.
8 Vgl. Art. 35 EUV.
9 Vgl. Wessels 2005c: 72.
10 Vgl. Art. 95 (4) EGV für den Binnenmarkt.
11 Vgl. für das Vereinigte Königreich im Bereich des „Raums der Freiheit, der Sicherheit und des Rechts".
12 Vgl. Kapitel IV.9.
13 Vgl. u. a. Héritier 2003; Lowi 1964.

1.3 Variationen nach Feldern der Politikgestaltung und Formen der Systemgestaltung

Angesichts dieser Vielfalt sind für die Erfassung und Erklärung von Verfahren in der institutionellen Architektur der EU Formen des Regierens[14] (im wissenschaftlichen Sprachgebrauch „modes of governance")[15] jeweils für einzelne Aktivitätsfelder der EU zu beschreiben. Mit Blick auf folgende Kapitel sind für die Politikgestaltung anzuführen:

- Binnenmarkt: „Richtlinien" und „Verordnungen" als Formen der Gesetzgebung. Die Rechtsakte für diese Kernaufgabe der EG werden in der Regel nach der supranational angelegten Gemeinschaftsmethode im institutionellen Dreieck zwischen Kommission, Rat und EP vorbereitet und verabschiedet: die Prozeduren unterliegen der Rechtsprechung durch den EuGH. Auch andere Politikfelder – so Teile der Umweltpolitik – werden nach diesem Verfahrenstyp behandelt.
- Haushalt: Zur Verfolgung zentraler Ziele verfügt die EG über eigene Haushaltsmittel, deren Höhe und Verteilung auf Ausgabenfelder alle sieben Jahre durch die Mitgliedstaaten für einen längeren Zeitraum festgelegt werden. Das jährliche Budget wird danach auf Vorschlag der Kommission durch EP und Rat als gemeinsame Haushaltsbehörden verabschiedet.
- Geldpolitik: Die Entscheidungen für die Eurozone werden verbindlich durch die EZB getroffen.
- Fiskalpolitik der Mitgliedstaaten: Diese spezifische Form der „harten Koordinierung" sieht bei Überschreitung der Schwellenwerte für Haushaltsdefizite Sanktionsmechanismen durch das Verhängen von Geldstrafen gegen „Sünderstaaten" vor.
- Beschäftigungspolitik: Dieses Beispiel zur „weichen Koordinierung"[16] beruht auf Formen „sanften Regierens"[17] mit Hilfe von „naming, shaming, blaming" der das Ziel verfehlenden Regierungen.
- Außenhandelspolitik: Dieser Teil des „Auswärtigen Handelns" erfolgt wesentlich durch das Tandem Kommission – Rat.
- Außen- und Sicherheitspolitik: Die GASP als zentraler Teil des „Auswärtigen Handelns" beruht auf einer intergouvernemental angelegten Zusammenarbeit zwischen den Regierungen der Mitgliedstaaten. Sie erfolgt ohne eine (wesentliche) Rolle für das EP, die Kommission und den EuGH.
- Innen- und Justizpolitik: Die vertraglichen Bestimmungen für den „Raum der Freiheit, der Sicherheit und des Rechts" sind durch spezifische Mischformen intergouvernementaler und supranationaler Verfahren gekennzeichnet gekennzeichnet.
- Gesundheits- und Bildungspolitik: Bei diesen und einigen anderen Politikfeldern werden Varianten der „Offenen Methode der Koordinierung" angewandt. Diese Form der Zusammenarbeit – in der Regel ohne vertragliche Regelung bei fortdauernder Zuständigkeit der Mitgliedstaaten – gilt als Beispiel unkonventioneller und innovativer Verfahren

Für die Verfahren in der institutionellen Architektur sind auch Vertragstexte und die Praxis der Systemgestaltung in die Untersuchung einzubeziehen. Dazu gehören insbesondere:

---

14 Vgl. Jachtenfuchs/Kohler-Koch 2003b: 23-27.
15 Vgl. u. a. http://www.eu-newgov.org.
16 Vgl. u. a. Linsenmann/Meyer/Wessels 2007.
17 Jachtenfuchs/Kohler-Koch 2003b: 31.

▶ Vertragsänderung: Diese Verfahren – häufig unter dem Stichwort „Vertiefung" behandelt – sind durch relativ einfache primärrechtliche Regeln (Artikel 48 EUV) und eine komplexe Realität geprägt.
▶ Beitritt neuer Mitgliedstaaten: Die Regeln – häufig unter dem Stichwort der „Erweiterung" thematisiert – weisen spezifische Muster im Vertragstext (Artikel 49 EUV) und in der Praxis auf.

Beide quasi-konstitutionellen Prozeduren wurden und werden häufig genutzt.[18]

---

18 Hinweise auf Literatur sowie Merkpunkte, Fragen und Thesen werden in den folgenden Kapiteln gegeben.

2. Gesetzgebung und Rechtsetzung

2.1 Zur Typologie von Rechtsakten

Einen Schwerpunkt in der politischen und wissenschaftlichen Aufmerksamkeit zum EU-System bilden die Entscheidungsverfahren der Europäischen Gemeinschaft (EG), die für die Mitgliedstaaten und die Unionsbürger verbindliches Recht setzen. Der EG-Vertrag als „Primärrecht" bietet im Hinblick auf die Reichweite und Unmittelbarkeit gestaffelte Möglichkeiten für die Setzung von „sekundärem Recht" (Art. 249 EGV); die vertraglichen Instrumente sehen danach folgenden Katalog vor:

- Die „Richtlinie" ist für jeden Mitgliedstaat hinsichtlich des zu erreichenden Ziels verbindlich, überlässt jedoch den nationalen Organen die Wahl der Form und der Mittel zur Umsetzung.
- Die „Verordnung" hat allgemeine Geltung. Sie ist in all ihren Teilen verbindlich und gilt in jedem Mitgliedstaat unmittelbar.
  Die „Entscheidung" ist in allen Teilen für diejenigen verbindlich, an die sie gerichtet ist.
- „Empfehlungen" und „Stellungnahmen" sind nicht verbindlich.

Diese Formen der Rechtsetzung wurden seit dem Inkrafttreten der Einheitlichen Europäischen Akte (1987) um weitere Rechtsakte erweitert, die in Form von (Programm-)Beschlüssen gefasst werden (z. B. Bildungsprogramm SOKRATES).[1]

Die Verordnungen, Richtlinien und Entscheidungen werden vom Präsidenten des Rats – im Falle des Mitentscheidungsverfahrens auch vom EP-Präsidenten – unterzeichnet und im Amtsblatt der Europäischen Gemeinschaften veröffentlicht (Art. 254 EGV).

2.2 Regelwerk: Die Verfahren gemäß den vertraglichen Bestimmungen

Die bestehenden Verfahren zur Verabschiedung von EG-Rechtsakten weisen eine Reihe von Variationen auf, die im EG-Vertrag festgelegt und in der Alltagspraxis auch intensiv genutzt werden. Zu unterscheiden sind sechs Verfahren, nach denen Kommission, EP und Rat Rechtsakte vorbereiten und verabschieden. Die folgende Typologie (siehe auch Übersicht IV.1.1) orientiert sich an der Form und „Stärke" der Beteiligungsrechte des EP.

■ *Verfahren ohne EP-Beteiligung*

Verfahren, bei denen die Entscheidung des Rats ohne jegliche Beteiligung des Europäischen Parlaments zustande kommt, sind im EU-Vertrag insgesamt in mehr als einem Drittel der Vertragsartikel möglich (siehe Übersicht IV.1.1), sie spielen auch in der EG-Säule bei einigen supranationalen Zuständigkeiten, z. B. in der Handels- und Geldpolitik, weiterhin eine große Rolle. In einigen Bereichen hat der Rat dem Parlament zumindest in interinstitutionellen Abkommen eine laufende Information zugesagt.

---

[1] Vgl. Bogdandy/Bast/Arndt 2002.

■ *Unterrichtung des EP*

In einer geringen Zahl von Fällen (siehe Übersicht IV.1.1) hat der Rat das EP lediglich zu informieren; diese „schwache" Beteiligungsform ist insbesondere im Bereich der GASP zu finden (Art. 21 EUV). Aber auch der EG-Vertrag sieht derartige Fälle vor, so soll das EP bei der Koordinierung nationaler Wirtschaftspolitiken nur unterrichtet werden (Art. 99 EGV).[2]

■ *Das Konsultations- bzw. Anhörungsverfahren: Ausgangs- und Standardmodell*

Das erste Verfahren, bei dem das Europäische Parlament mit eigenständigen Beteiligungsrechten in den Gesetzgebungsprozess einbezogen wurde, ist das Anhörungs- bzw. Konsultationsverfahren. Bis zur Gegenwart bildet es ein häufig genutztes Regelwerk: 2005 wurden 113 Rechtsakte nach diesem Verfahren verabschiedet.[3]

Der entsprechende Rechtsetzungszyklus sieht folgendes Standardverfahren vor: Der Vorschlag der Kommission an das EP wird vom Präsidenten des Europäischen Parlaments an den zuständigen bzw. federführenden Parlamentsausschuss überwiesen, der seinen Entschließungsantrag dem Plenum unterbreitet. Nach einer entsprechenden Verabschiedung des Entschließungsantrages wird die Stellungnahme dem Rat zugeleitet. Damit ist das Konsultationsverfahren beendet.

Der Rat ist an den Inhalt der EP-Entschließung nicht gebunden. Eine Unterlassung der EP-Anhörung stellt aber eine Verletzung wesentlicher Formvorschriften dar, die zu einer Nichtigkeitsklage beim Europäischen Gerichtshof führen kann.[4]

Die Präambel eines Ratsbeschlusses (siehe Dokument IV.2.1) dokumentiert den Ablauf und die Rolle einzelner Organe. Ein Beispiel für dieses Verfahren bildet die Einsetzung des Beschäftigungsausschusses (Art.130 EGV).

Dokument IV.2.1: Rechtsetzungsverfahren – Präambel eines Ratsbeschlusses nach dem Anhörungsverfahren

> Der Rat der Europäischen Union –
>
> gestützt auf den Vertrag zur Gründung der Europäischen Gemeinschaft, insbesondere auf Artikel 166,
>
> auf Vorschlag der Kommission,
>
> nach Stellungnahme des Europäischen Parlaments,
>
> nach Stellungnahme des Wirtschafts- und Sozialausschusses, [...]
>
> hat folgende Entscheidung erlassen: [...]

Quelle: Dokument 2002/834/EC.

---

2 Vgl. Kapitel IV.4.
3 Vgl. Kapitel III.1, Tabelle III.1.1.
4 Ein Beispiel für die Anwendung dieses Verfahrens bildet das Urteil des Gerichtshofes vom 10. Juni 1997 in der Rechtssache C-392/95 Europäisches Parlament gegen Rat der Europäischen Union betreffend den Erlass einer Verordnung zur Bestimmung der Drittländer, deren Staatsangehörige beim Überschreiten der Außengrenzen der Mitgliedstaaten im Besitz eines Visums sein müssen.

■ Das Kooperations- bzw. Zusammenarbeitsverfahren: Ein Einstiegs- und Auslaufmodell

Das „Verfahren der Zusammenarbeit" bzw. „Kooperationsverfahren" wurde durch die Einheitliche Europäische Akte für einige zentrale Politikbereiche der EG eingeführt; es bietet dem EP in Form eines „suspensiven Vetos" die Möglichkeit, den Rat in einer zweiten Lesung zu einem einstimmigen Beschluss zu zwingen (Art. 252 EGV). Für das EP bildete das Regelwerk einen Einstieg in eine stärkere Mitwirkung am Gesetzgebungsverfahren. Der Amsterdamer Vertrag reduzierte den Anwendungsbereich des Verfahrens – in der Regel zugunsten des Mitentscheidungsverfahrens – auf nunmehr vier Fälle im Bereich der Währungsunion (z. B. Art. 106 (2) EGV). In der Vertragspraxis ist dieses Verfahren seit dem Jahr 2000 unbedeutend. Der Verfassungs- bzw. Reformvertrag würde diese Form nicht mehr aufgreifen.

■ Das Zustimmungsverfahren: Eine Vetooption für das EP

Das Verfahren der Zustimmung gibt dem EP eine vertraglich gesicherte Vetooption. Dabei muss das EP der vom Rat verabschiedeten Vorlage teils mit der Mehrheit der Stimmen (z. B. bei der Errichtung der Strukturfonds nach Art. 161 EGV), teils mit der absoluten Mehrheit seiner Mitglieder (so bei Beitritten zur EU nach Art. 49 EUV) zustimmen; ansonsten bleiben die Beschlüsse des Rats ohne Rechtskraft. Dieses Verfahren kann bei 32 (12 Prozent) Rechtsakten der EG Anwendung finden.

Das Zustimmungsverfahren verleiht dem Parlament zwar keine Befugnisse zur substantiellen Mitwirkung bei der Vorbereitung der beabsichtigten Rechtsakte; in der Praxis kann das EP dieses Regelwerk jedoch zur Vorab-Einflussnahme – so beim Beitrittsvorhaben und beim Abschluss von Abkommen mit Drittstaaten – nutzen. Es wurde in der Wahlperiode von 1999 bis 2004 bei 78 Rechtsakten genutzt.

■ Das Mitentscheidungsverfahren: Auf dem Weg zu einem „ordentlichen Gesetzgebungsverfahren"

Für die Rechtsakte der EG haben die Vertragsänderungen das Mitentscheidungsverfahren (Art. 251 EGV) zwar noch nicht zum Regelfall,[5] aber zum institutionellen Leitbild parlamentarischer Mitwirkung gemacht. Eingeführt im Maastrichter Vertrag, ist es im Amsterdamer Vertrag effizienzsteigernd und parlamentsfreundlich revidiert worden.[6] Der Verfassungsvertrag sah ein geringfügig verändertes Regelwerk als „ordentliches Gesetzgebungsverfahren" vor (Art. I-34 VVE).

Die Vertragsbestimmungen legen einen Mehrphasenablauf im Wechselspiel zwischen den beteiligten Organen fest (siehe Abbildung IV.2.1)[7].

Aufgrund ihres Initiativmonopols unterbreitet die Kommission – in der Regel nach Vorabkonsultationen – dem EP und dem Rat einen Vorschlag für einen Rechtsakt. Wenn vertraglich vorgesehen oder politisch gewollt, verabschieden der EWSA und der AdR zu dem Vorschlag eine entsprechende Stellungnahme.

In einer ersten Lesung verabschiedet das Plenum des EP nach Vorbereitung in den Ausschüssen und aufgrund der Willensbildung in den Fraktionen eine Stellungnahme. Die Kommission kann daraufhin ihren Vorschlag modifizieren.

Der Rat kann in seiner eigenen ersten Lesung, mit qualifizierter Mehrheit, die Fassung des EP billigen – in diesem Fall ist der Rechtsakt erlassen. In der 5. Wahlperiode des EP von 1999

---

5 Vgl. Kapitel III.1, Tabelle III.1.1.
6 Vgl. Maurer/Wessels 2003a: 76-83.
7 Vgl. u. a. Pennera/Schoo 2004.

Abbildung IV.2.1: Rechtsetzungsverfahren – Mitentscheidung – Ablauf
(gemäß Art. 251 EGV)

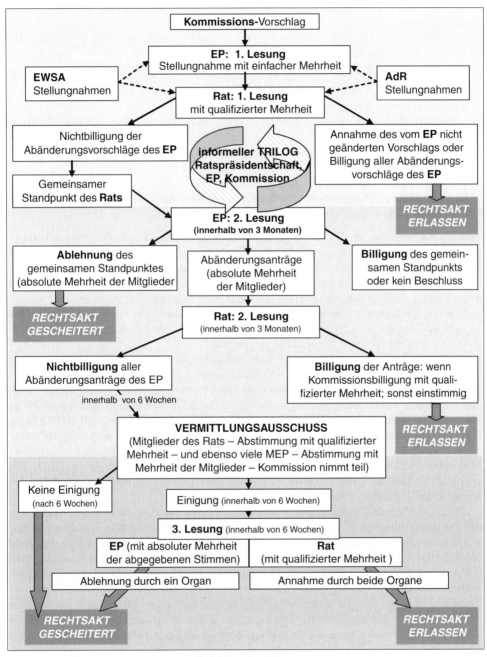

Quelle: Eigene Darstellung in Anlehnung an Tekin/Wessels 2007.

bis 2004 ist dieser Fall 115 mal (28 Prozent aller im Mitentscheidungsverfahren verabschiedeten Dossiers) eingetreten.[8] Im Falle eines Dissenses legt der Rat – gegebenenfalls mit qualifizierter Mehrheit – „einen gemeinsamen Standpunkt" fest. Erneut kann die Kommission dazu Stellung beziehen.

Auf diese Position des Rats muss das EP nun innerhalb von drei Monaten reagieren. Dabei stellen sich den Abgeordneten drei Möglichkeiten:

▶ Billigt es den gemeinsamen Standpunkt des Rats oder fasst es keinen Beschluss, dann ist der Rechtsakt erlassen. Dieser Ablauf ist in der Beobachtungsperiode bei 25 Prozent der verabschiedeten Vorlagen festzustellen.
▶ Lehnen die Parlamentarier den „Gemeinsamen Standpunkt" des Rats mit der (absoluten) Mehrheit der Mitglieder ab, dann ist der Rechtsakt gescheitert. Die Kommission müsste dann einen neuen Vorschlag einbringen. Dieser Fall ist in der 5. Wahlperiode des EP nicht vorgekommen.
▶ Ebenfalls mit der (absoluten) Mehrheit seiner Mitglieder kann das EP Abänderungen vorschlagen. Dieses Verhaltensmuster ist häufig zu konstatieren – so in 75 Prozent der Verfahren der Beobachtungsperiode.

Für den Fall, dass das EP Abänderungen vorgeschlagen hat, muss nun seinerseits der Rat innerhalb von drei Monaten reagieren. Für den Abstimmungsmodus gilt, dass der Rat mit qualifizierter Mehrheit beschließen kann, falls die Kommission den Abänderungen des EP zustimmt. Ansonsten muss der Rat einstimmig abstimmen. Somit kann die Kommission auch in dieser Phase der Gesetzgebung eine gewisse, wenn auch begrenzte Rolle spielen.

Für den Rat bieten sich für seine zweite Lesung ebenfalls mehrere Reaktionsmöglichkeiten: Er kann der Vorlage des EP zustimmen und somit den Rechtsakt erlassen. Dieser Fall ist in 25 Prozent der verabschiedeten Rechtsakten eingetreten.

Wenn der Rat die Vorschläge des EP nicht akzeptiert, dann berufen der Präsident des Rats und des EP binnen sechs Wochen einen Vermittlungsausschuss ein, der paritätisch besetzt ist: Er setzt sich aus den Mitgliedern des Rats oder deren Vertretern aus dem Ausschuss der Ständigen Vertreter – 2007 also 27 – sowie einer gleichen Zahl von Mitgliedern aus dem EP zusammen. Die Kommission ist an den Arbeiten beteiligt. Dieses Gremium soll eine Einigung über einen gemeinsamen Entwurf innerhalb von sechs Wochen erzielen. Gegebenenfalls kann dieser Beschluss mit der qualifizierten Mehrheit der Mitglieder des Rats und der Mehrheit der Mitglieder des EP gefasst werden. Zwischen 1999 und 2004 ist der Ausschuss 84 mal (22 Prozent = abgeschlossene Verfahren nach Vermittlungsverfahren) einberufen worden.[9] Gescheitert ist er bei 2 Vorgängen (0,5 Prozent der Vorlagen).

Billigt der Vermittlungsausschuss einen gemeinsamen Entwurf, so verfügen das EP und der Rat erneut über sechs Wochen, um den Rechtsakt entsprechend dem gemeinsamen Entwurf zu erlassen; im EP ist nur die absolute Mehrheit der jeweils abgegebenen Stimmen erforderlich; diese Vorgabe erleichtert – im Vergleich zu der Erfordernis einer absoluten Mehrheit der Abgeordneten – das Verfahren im Plenum. Im Rat ist jedoch weiterhin die qualifizierte Mehrheit notwendig.

Nach einem endgültigen Scheitern kann die Kommission einen neuen Vorschlag vorlegen, der dann jedoch denselben Verfahrensweg gehen muss. Mitgliedstaaten, die an einer Beschlussfassung zu einem Rechtsakt interessiert bleiben, könnten bei entsprechenden Voraus-

---

8 Vgl. Europäisches Parlament 2004.
9 Vgl. Europäisches Parlament 2004.

setzungen auch ein Verfahren der „Verstärkten Zusammenarbeit" einleiten.[10] Dieser Einstieg in eine Flexibilität ist – seit Inkrafttreten dieser Regel 1999 – bis 2006 noch nicht genutzt worden.

Belegt wird dieser formalisierte Ablauf in der entsprechenden Präambel des Rechtsakts (siehe Dokument IV.2.2):

Dokument IV.2.2: Rechtsetzungsverfahren – Mitentscheidung – exemplarische Präambel

> Das Europäische Parlament und der Rat der Europäischen Union –
>
> gestützt auf den Vertrag zur Gründung der Europäischen Gemeinschaft, insbesondere auf die Artikel 95 und 133,
>
> auf Vorschlag der Kommission,
>
> nach Stellungnahme des Wirtschafts- und Sozialausschusses,
>
> nach Stellungnahme des Ausschusses der Regionen,
>
> gemäß dem Verfahren des Artikels 251 des Vertrags,
>
> aufgrund des vom Vermittlungsausschuss am 5. April 2001
>
> gebilligten gemeinsamen Entwurfs,
>
> in Erwägung nachstehender Gründe: [...]
>
> haben folgende Richtlinie erlassen: [...]

Quelle: Richtlinie 2001/37/EG.

2.3 Zur Analyse der Praxis: Muster realer Nutzung

Der Ablauf eines legislativen Verfahrens kann über die Datenbank „Legislative Observatory"[11] des Europäischen Parlaments nachverfolgt werden. Diese Informationen dokumentieren einzelne Schritte der Rechtsetzung im Zusammenwirken einzelner Institutionen (siehe Übersicht IV.2.1).

Aus der Nutzungsbilanz der Verfahren zur Rechtsetzung (siehe Abbildung III.1.3 und Übersicht IV.2.2) ist Folgendes festzustellen:[13]

▶ das Konsultations-/Anhörungsverfahren wird weiterhin häufig angewandt;
▶ das Verfahren der Zusammenarbeit/Kooperation ist seit 1999 irrelevant;
▶ Entscheidungen nach dem Verfahren der Zustimmung sind quantitativ gering, wenn auch politisch in der Regel von hoher Bedeutung.

Das Mitentscheidungsverfahren ist von zentraler Bedeutung, wenn auch noch nicht das quantitativ dominierende Verfahren; ein systematischer Überblick über die bisherige Praxis der Mitentscheidung ergibt ein Bild relativer Verfahrenseffizienz (siehe Übersicht IV.2.2): Seit In-

---

10 Vgl. Kapitel IV.9.
11 Online unter: http://www.europarl.europa.eu/oeil.

Übersicht IV.2.1: Rechtsetzungsverfahren – Mitentscheidung (exemplarischer Ablauf)

Titel: Verbraucherschutz: Schutz der Verbraucher bei der Angabe der Preise der ihnen angebotenen Erzeugnisse		
Gesetzliche Grundlage: Amtsblatt E 129-p2		
Gegenstand: 4.60.02 Verbraucherinformation, Öffentlichkeitsarbeit		
Erreichte Stufe: Maßnahme beendet und veröffentlicht		
Stufen		**Datum**
Kom	Vorschlag für einen Rechtsakt	12/07/1995
EWSA	Stellungnahme	20/12/1995
EP	Entwurf vom zuständigen Ausschuss	17/04/1996
EP	1. Lesung	18/04/1996
Kom	modifizierter Vorschlag	24/06/1996
Rat	Gemeinsamer Standpunkt	27/09/1996
Kom	Mitteilung über den Gemeinsamen Standpunkt	15/10/1996
EP	Entwurf vom zuständigen Ausschuss	22/01/1997
EP	2. Lesung	18/02/1997
Kom	Stellungnahme zum EP Text	04/04/1997
EP/Rat	Gemeinsamer Text	09/12/1997
EP	Entwurf vom zuständigen Ausschuss	12/12/1997
EP	Beschlussfassung, 3. Lesung	16/12/1997
Rat/EP	Letzter legislativer Akt	16/02/1998

Quelle: Eigene Darstellung in Anlehnung an http://www.europarl.europa.eu/oeil/file.jsp?id=102132 (Stand: 24.07.2007) (gekürzte Fassung).

krafttreten des Maastrichter Vertrags bis zum 30. April 2004 sind 568[12] Verfahren nach den Regeln der Mitentscheidung abgeschlossen worden, fünf Vorlagen sind am EP gescheitert. Zu beobachten ist, dass dabei die Zahl von Verabschiedungen von Rechtsakten nach der 1. Lesung von 0 Prozent (1994-1999) auf 39 Prozent (2003-2004) gestiegen ist. Auffallend ist entsprechend, dass sich die Zahl der Fälle im Vermittlungsausschuss von 40 Prozent (im Zeitraum von 1994-1999) auf 15 Prozent aller Mitentscheidungsverfahren 2004 verringert hat.[13]

Zurückgeführt wird diese – angesichts institutioneller Ansprüche des EP auf Mitwirkung zunächst überraschende – Entwicklung auf die Intensivierung der vertraglich nicht formalisierten „Triloge":[14] In diesen Beratungen hinter verschlossenen Türen formulieren die Ratspräsidentschaft, repräsentiert durch den Stellvertretenden Ständigen Vertreter, zwei oder drei Mitglieder der Parlamentsdelegation und einen Direktor bzw. einen Generaldirektor der Kommission, unverbindliche „Überlegungen" zum vorliegenden Rechtsakt, ohne förmliche Beschlüsse fassen zu können. Diese Übereinkünfte werden dann häufig von den beiden Gesamtdelegationen ohne weitere Verhandlungen als sogenannte A-Punkte akzeptiert.[15] Ein der-

---

12 Vgl. Europäisches Parlament 2004.
13 Vgl. Shackleton/Raunio 2003; Europäisches Parlament 2004.
14 Vgl. Wessels 2007c; Shackleton/Raunio 2003; Rat der Europäischen Union 2000: 13.
15 Vgl. Shackleton/Raunio 2003.

Übersicht IV.2.2: Rechtsetzungsverfahren – Reale Nutzung (1987–2004)

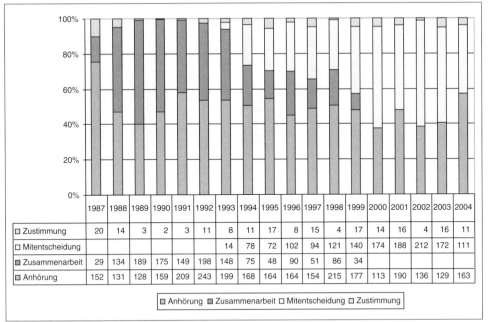

Quelle: Europäische Kommission 2004.

artiger Trilog ermöglicht den „beiden Gesetzgebern in Partnerschaft mit der Kommission"[16], in einer Vielzahl der Fälle bereits in der ersten oder zweiten Lesung, d. h. ohne Sitzung des Vermittlungsausschusses, zu einer Einigung zu kommen.[17]

Diese in der Praxis entwickelten Verhaltensmuster verstehen beteiligte Akteure als eine „neue Legislativkultur"[18] bzw. eine „neue Rechtskultur"[19]. Durch einen derartigen Arbeitsstil verbesserten die beteiligten Organe ihre jeweiligen internen Abläufe und die Effizienz ihres Zusammenspiels; nach einer Eingewöhnungsphase senkten sie damit auch die durchschnittliche Verfahrensdauer von 582 Tagen bei Vorschlägen der Kommission aus dem Jahre 1999 auf 314 bei Vorschlägen aus den Jahren 2002 und 2003.[20]

Angesichts des notwendigen Arbeitsaufwands ist sowohl bei den Vertretern des EP wie auch des Rats eine Spezialisierung bei einigen wenigen Akteuren zu beobachten;[21] sie führt zugleich zu organinternen Machtverschiebungen:[22] So erhöht die Trilogpraxis im Rat den Einfluss der Präsidentschaft und die Rolle des AStV gegenüber den Ministern,[23] während im Parlament die Rolle der Berichterstatter in den Ausschüssen gestärkt wurde, jedenfalls solange sie bei den großen Fraktionen ausreichend Unterstützung mobilisieren können. Diesem Ge-

---

16 Rat der Europäischen Union 2000: 16.
17 Vgl. Rat der Europäischen Union 2000: 10.
18 Shackleton/Raunio 2003: 176.
19 Rat der Europäischen Union 2000: 16.
20 Vgl. Maurer 2003c: 63.
21 Vgl. Maurer/Wessels 2003a: 129-132.
22 Vgl. Farrell/Héritier 2003.
23 Vgl. Farrell/Héritier 2002: 588-593.

Übersicht IV.2.3: Rechtsetzungsverfahren – Praxis des Mitentscheidungsverfahrens (1994–2004)

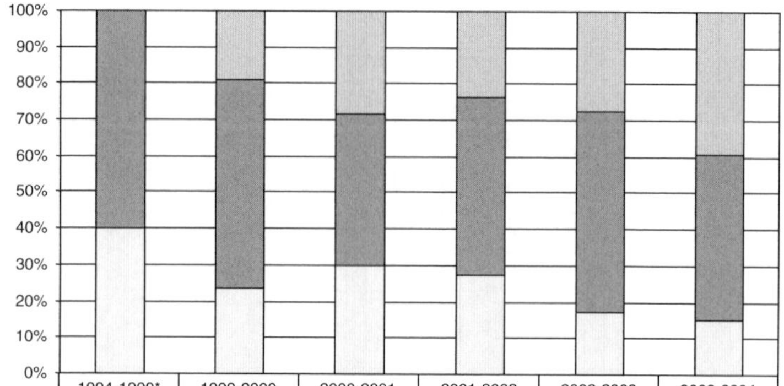

	1994-1999*	1999-2000	2000-2001	2001-2002	2002-2003	2003-2004
☐ abgeschlossene Verfahren 1. Lesung	0	13	19	18	24	41
■ abgeschlossene Verfahren 2. Lesung	18	39	28	37	48	48
☐ abgeschlossene Verfahren nach Vermittlungsausschuss	12	16	20	21	15	16
Summe	30	68	67	76	87	105

* im Jahresdurchschnitt.
Die Zahlen gelten jeweils vom 1. Mai bis zum 30. April des Folgejahres.
Quelle: Europäisches Parlament: Tätigkeitsberichte der Delegationen im Vermittlungsausschuss.

winn an Verfahrensschnelligkeit steht ein deutlicher Verlust an Transparenz gegenüber, der den Anspruch an demokratischer Mitwirkung des EP und dessen Profil gegenüber seinen Wählern schwächt.[24] Von dieser Form der gelebten Praxis profitiert damit insbesondere der Rat, da informelle Verhandlungen hinter verschlossenen Türen seinem eigenen Arbeitsstil entsprechen, während das EP für offene parlamentarische Beratungen steht.

2.4 Diskussion und Perspektiven

■ *Zur Charakterisierung: Vom Tandem zum Dreieck*

Das Regelwerk und die Praxis der Vorbereitung und Verabschiedung von Rechtsakten ist in der Vielfalt der Variationen, aber auch bei einzelnen Verfahren – so insbesondere der Mitentscheidung – von beträchtlicher Komplexität geprägt. Als Grundtrend der letzten Jahrzehnte ist sowohl im Vertragstext als auch in der Realität der verabschiedeten Rechtsakte eine deutliche Verschiebung in der institutionellen Architektur bei der Gesetzgebung zu beobachten: das „Tandem" von Kommission und Rat[25] wird infolge einer wachsenden de jure und de facto Beteiligung des EP von einem „Dreieck" abgelöst. Diese Verfahrensentwicklung kann entsprechend als eine „schleichende Parlamentarisierung"[26] verstanden werden.

---

24 Vgl. Shackleton/Raunio 2003: 179-181.
25 Vgl. Wallace 2003: 262.
26 Maurer/Wessels 2003a.

■ *Zur Zukunft: Vorschläge aus der Reformdebatte*

Gegenüber dem Variantenreichtum an Entscheidungsregeln war es eine wesentliche Absicht des Konvents und der folgenden Regierungskonferenzen, im Vertrag ein übersichtliches und transparentes Regelwerk festzulegen.[27] Im Unterschied zu manchen Erfolgsmeldungen schreibt der Text des Verfassungsvertrags jedoch relevante Entscheidungsregeln der bisherigen Säulenstruktur mit leicht veränderten Etiketten fort. Bei einer näheren Detailanalyse ist ein Weiterleben der politikfeldspezifischen Regeln aus der als überholt bezeichneten Tempelkonstruktion festzustellen. Ein Vergleich der Entscheidungsregeln von Rat und EP zwischen dem Verfassungsvertrag bzw. den Vorgaben zum Reformvertrag und dem geltenden Vertrag lassen zwar einige, aber keine grundsätzlichen Verschiebungen erkennen (siehe Tabelle IV.2.1). Die Regeln der Mitentscheidung würden von 14 auf 32 Prozent erhöht werden;[28] insgesamt sind jedoch im Falle einer Inkraftsetzung dieses Texts kaum durchgehende Vereinfachungen der Verfahrenskomplexität zu erwarten.

Tabelle IV.2.1: Rechtsetzungsverfahren – Veränderung der Beschlussfassungsregeln im Verfassungsvertrag

EP \ Rat	Einstim-migkeit	QMV	Einfache Mehrheit	Summe Formen EP-Beteiligung	Vergleich zu Nizza
Keine Beteiligung	25	44	4	73	– 24
Unterrichtung	2	11	–	13	+ 8
Anhörung	24	29	4	57	– 13
Zusammenarbeit	–	–	–	0	– 4
Zustimmung	13	8	5	26	– 4
Ordentliche Gesetzgebung: Mitentscheidung	–	93	–	93	+ 47
2.2 Summe Rat – Entscheidungsart	64	185	13	262[1]	
2.3 Vergleich zu Nizza	– 22	+ 30	+ 1		

[1] Gezählt wurden alle Artikel, die Verfahren und Abstimmungen vorsehen.
Quelle: Eigene Darstellung von Funda Tekin auf Grundlage des VVE 2004.[29] Vgl. Übersicht IV.1.1.

Die Beratungen des Konvents und die Verhandlungen der Regierungskonferenzen zu der weiteren Ausgestaltung des Regelwerkes lassen einen hohen Konsens zu diesen Verfahren der EG-Gesetzgebung erkennen. Schwachstellen – etwa im Hinblick auf Transparenz und Nachvollziehbarkeit – werden jedoch nur begrenzt thematisiert.

---

27 Vgl. Kapitel IV.7; siehe auch Erklärung von Laeken: Europäischer Rat 2001b.
28 Vgl. Kapitel III.1.
29 Vgl. u. a. Maurer 2005a: 216.

2.5 Zur Wiederholung und Vertiefung

■ *Merkpunkte und Stichworte*

▶ Grundkenntnisse
  – Drei Variationen in den Beteiligungsformen des EP
  – Drei Beschlussmodalitäten im Rat
  – Vermittlungsausschuss
  – Trilog
  – Regelwerke für fünf Politikbereiche – Kurzcharakterisierung
  – Zwei Verfahren der Systemgestaltung

▶ Stationen im geschriebenen Regelwerk und Befund
  – Anhörungsverfahren
  – Zustimmungsverfahren
  – Mitentscheidungsverfahren

■ *Fragen*

▶ Wie ist die Formenvielfalt im EU-Regelwerk zu erklären?
▶ Wie kann der wissenschaftliche Beobachter die Rolle des EP in den Rechtsetzungsakten erfassen?
▶ Welche Kriterien für Handlungsfähigkeit und Legitimation können bei den Verfahren angelegt werden?

■ *Thesen zur Diskussion*

▶ Die Änderungen des Regelwerkes sind als „nachvollziehende Parlamentarisierung" zu verstehen.
▶ Der Verfassungsvertrag stellt den Übergang zu einem einfacheren und übersichtlicheren System dar.
▶ Das institutionelle Dreieck bei der Gesetzgebung wird weiterhin vom Rat beherrscht – Regelauslegung und Befund.
▶ Die Mitentscheidung ist das vorherrschende Verfahren der EG-Gesetzgebung – Regelwerk und Befund.
▶ Informelle Vorab-Beratungen im Trilog sind undemokratisch.
▶ Der Verfassungs- bzw. der Reformvertrag verstärkt den Trend zur Parlamentarisierung der institutionellen Architektur.

2.6 Literaturhinweise

■ *Online-Quelle*

http://www.europarl.europa.eu/
Offizielle Homepage des Europäischen Parlaments

■ *Einführende Literatur*

Cini, Michelle/Bourne, Angela (Hrsg.) (2006): European Union Studies, Houndmills/New York.
Kietz, Daniela (2007): Rat der Europäischen Union, in: Weidenfeld, Werner/Wessels, Wolfgang (Hrsg.): Jahrbuch der Europäischen Integration 2006, Baden-Baden, S. 77-88.
Maurer, Andreas (2007): Das Europäische Parlament, in: Weidenfeld, Werner/Wessels, Wolfgang (Hrsg.): Jahrbuch der Europäischen Integration 2006, Baden-Baden, S. 65-76.
Tekin, Funda/Wessels, Wolfgang (2007): Entscheidungsverfahren, in: Weidenfeld, Werner/Wessels, Wolfgang (Hrsg.): Europa von A bis Z, Taschenbuch der Europäischen Integration, 10. Auflage, Baden-Baden, S. 106-115.
Wallace, Helen (2005): An Institutional Anatomy and Five Policy Modes, in: Wallace, Helen/Wallace, William/Pollack, Mark A. (Hrsg.): Policy-Making in the European Union, Oxford/New York, S. 49-90.

■ *Weiterführende Literatur*

Maurer, Andreas (2004): Die Macht des Europäischen Parlaments: Eine prospektive Analyse im Blick auf die kommende Wahlperiode 2004-2009, SWP-Studie, Berlin.
Shackleton, Michael/Raunio, Tapio (2003): Co-decision since Amsterdam, A laboratory for institutional innovation and change, in: Journal of European Public Policy, Vol. 10, Nr. 2, S. 171-187.
Wessels, Wolfgang (2005): Die institutionelle Architektur des Verfassungsvertrag: Ein Meilenstein in der Integrationskonstruktion, in: Jopp, Mathias/Matl, Saskia (Hrsg.): Der Vertrag über eine Verfassung für Europa. Analysen zur Konstitutionalisierung der EU, Baden-Baden, 2005, S. 45-85.

■ *Vertiefende Literatur*

Bogdandy, Armin von/Bast, Jürgen/Arndt, Felix (2002): Handlungsformen im Unionsrecht. Empirische Analysen und dogmatische Strukturen in einem vermeintlichen Dschungel, in: Zeitschrift für ausländisches öffentliches Recht und Völkerrecht, Heidelberg Journal of International Law, Band 62, Nr. 1-2, S. 78-160.
Farrell, Henry/Héritier, Adrienne (2003): Formal and Informal Institutions under Codecision: Continuous Constitution Building in Europe, in: Governance, Vol. 16, Nr. 4, S. 577-600.
Hix, Simon (2001): Legislative behaviour and party competition in the European Parliament. An application, in: Journal of Common Market Studies, Vol. 39, November 2001, Oxford, S. 663-688.
Tsebelis, George (2002): Veto players: How Political Institutions Work, New York.
Tsebelis, George (1994): The power of the European Parliament as a conditional agenda setter, in: American Political Science Review, S. 128-142.
Wessels, Wolfgang (2005): The Constitutional Treaty: Three Readings from a Fusion Perspective, in: Journal of Common Market Studies, Annual Review 2004/2005. S. 11-36.

3. Haushalt

3.1 Eckpunkte im Überblick: Phasen des Haushaltsverfahrens

Für die Politikgestaltung in der EU hat der Haushalt der EG[1] seit den sechziger Jahren auf einer Vielzahl von Sektoren staatlichen Handelns nachhaltig an Bedeutung gewonnen. Die Bestimmungen des Vertragstextes bildeten und bilden gleichzeitig einen zentralen Baustein für das EU-System insgesamt. Mit der zunehmenden Relevanz wächst gleichzeitig das politische Gewicht der entsprechenden vertraglichen und außervertraglichen Regelwerke. Festzustellen ist zunächst eine erhebliche prozedurale Komplexität, die sich insbesondere aus einem Spannungsfeld zwischen stärker supranational ausgerichteten und eher intergouvernmental geprägten Leitideen für die institutionelle Architektur der EU-Finanzverfassung ergibt.[2]

Im Vertragstext und in der Praxis können mehrere Phasen unterschieden werden:

▶ Nach den Vertragsvorschriften legt der Rat das System der Eigenmittel sowie deren Höhe einstimmig auf Vorschlag der Kommission und nach Anhörung des Parlaments fest und „empfiehlt sie den Mitgliedstaaten zur Annahme gemäß ihren verfassungsrechtlichen Vorschriften" (Art. 269 EGV).
▶ In der außervertraglichen Praxis hat der Europäische Rat seit den achtziger Jahren in Form einer „Finanziellen Vorausschau" die Höhe und Art der Eigenmittel sowie die Eckpunkte für die Ausgaben des EG-Budgets im Voraus jeweils für fünf bis sieben Jahre[3] beschlossen; diese Ergebnisse werden in einer interinstitutionellen Vereinbarung mit dem EP als finanzielle Vorgaben für die jährlichen Budget-Verhandlungen festgeschrieben.[4]
▶ Innerhalb dieses „mehrjährigen Finanzrahmens" (so der Begriff in Artikel III-402 des Verfassungsvertrags) verabschieden EP und Rat als Hauhaltsbehörden auf der Grundlage eines Vorentwurfs der Kommission und nach einem mehrstufigen Wechselspiel den jährlichen Etat (Art. 272 EGV).
▶ Ausgeführt wird der Haushalt durch die Kommission bzw. nationale Administrationen.
▶ Kontrolliert wird das Haushaltsgebaren durch den Europäischen Rechnungshof (EuRH) und das „Amt gegen Betrugsbekämpfung" (OLAF).[5]
▶ Auf Empfehlung des Rats erteilt das Europäische Parlament der Kommission eine Entlastung für die Ausführung des vergangenen Haushaltsplans.
▶ Bei Streitfällen über die Auslegung der Bestimmungen des Vertrags kann der EuGH angerufen werden.

3.2 Eigenmittel und die Finanzielle Vorausschau: Regelwerk und Praxis

Die Festlegung der Höhe und der Art der Eigenmittel sowie des Umfangs der jeweiligen Aufgabenkategorien gehört zu dem systemgestaltenden Regelwerk des EU-Systems. Alle sechs Jahre findet ein mehrjährig vorbereiteter Beschluss über die „finanzielle Vorausschau" hohe Aufmerksamkeit; nicht zuletzt die medienwirksam ausgetragenen Kontroversen zu Vertei-

---
1 Vgl. Heinemann 2007: 275-277.
2 Vgl. Weise 2005: 275.
3 Vgl. Kapitel III.2.
4 Vgl. zum Verfahren für die Agenda 2007 Lehner 2007: 173-182; Becker 2006: 106-121.
5 Vgl. Kapitel III.7.

lungswirkungen zwischen den Mitgliedstaaten stehen häufig im Vordergrund. Der Verhandlungsprozess zu diesem Grundsatzbeschluss kann in drei Phasen eingeteilt werden,[6] in denen Organe und Akteure unterschiedliche Rollen einnehmen. Zunächst legt die Kommission nach vielen internen und informellen Vorgesprächen „Mitteilungen" vor, in denen sie Ziele und Schwerpunkte eines Finanzrahmens vorschlägt. Die zweite Phase wird von den Regierungen im Rat und dessen Arbeitsgruppen geprägt. Nach internen Verhandlungen zwischen den Mitgliedstaaten verabschiedet dann der Europäische Rat auf einem Abschlussgipfel das Gesamtpaket. Das Ergebnis sowohl bei den Einnahmen als auch bei den Ausgaben basiert auf jeweils politisch austarierten und komplexen Verhandlungspaketen, die die Staats- und Regierungschefs selbst nach langen (Nacht-)Sitzungen verabschieden.[7] Häufig übersehen wird, dass noch eine dritte Phase folgt, in der Rat, Kommission und das Europäische Parlament eine „Interinstitutionelle Vereinbarung" treffen müssen,[8] um diesen Richtwerten auch im jährlichen Haushaltsprozess zu folgen. Der Spielraum des EP ist dabei begrenzt, aber die Parlamentarier können im Detail einige Forderungen einbringen.

■ *Einnahmen*

Der Haushalt der EG wird „vollständig aus Eigenmitteln finanziert" (Art. 269 EGV). Zu diesen gehören (siehe Abbildung IV.3.1):

▶ die traditionellen Eigenmittel: sie umfassen insbesondere Zölle und sogenannte Agrarabschöpfungen, die im Rahmen der Gemeinsamen Handelspolitik und Agrarpolitik erhoben werden
▶ Anteile aus dem Mehrwertsteueraufkommen der Mitgliedstaaten
▶ Finanzbeiträge der Mitgliedstaaten, die nach einem komplizierten Schlüssel aus dem Bruttonationaleinkommen (BNE)[9] der Mitgliedstaaten berechnet wird. Diese Zuweisungen bilden dabei zunehmend die Haupteinnahmequelle der EG.

Eine eigene EG-Steuer, deren Einführung immer wieder diskutiert wird,[10] haben die Mitgliedstaaten bisher abgelehnt. Kredite zum Ausgleich von Budgetdefiziten dürfen die Hauhaltsbehörden nicht aufnehmen. Eine Besonderheit bildet der sogenannte „Briten-Rabatt", bei dem das Vereinigte Königreich bei der Leistung von Eigenmitteln entlastet wird. Diese Regelung trägt wesentlich zur Komplexität der Finanzverfassung bei.

Die Obergrenze der Eigeneinnahmen haben das EP, der Rat und die Kommission auf 1,24 Prozent des Bruttonationaleinkommens (BNE) der EG festgelegt (siehe Übersicht IV.3.1, Zeile 9).[11] Im Beschluss der interinstitutionellen Vereinbarung vom Mai 2006 wurde der Höchstsatz auf 1,06 Prozent des BNE für 2007 festgelegt (siehe Übersicht IV.3.1, Zeile 8). Die realen Einnahmen und Ausgaben liegen jedoch in der Regel unter dieser Grenze. Dieser Anteil der EG ist erheblich geringer als die Staatsquote der Mitgliedstaaten, die im Durchschnitt der EU 27 bei 47 Prozent liegt.[12]

---

6 Vgl. u. a. Becker 2006: 115-118.
7 Vgl. Lehner 2007: 173-182; Kapitel III.2.
8 Europäisches Parlament/Rat der Europäischen Union/Europäische Kommission 2006.
9 Bruttonationaleinkommen (BNE): Die Summe des Bruttosozialprodukts (BSP) zu Marktpreisen, zuzüglich des Nettoprimäreinkommens aus der übrigen Welt. Das BNE hat das BSP als Wohlstandsindikator weitgehend ersetzt.
10 Vgl. u. a. Heinemann 2007: 276.
11 Vgl. u. a. Huber/Runkel 2005: 573.
12 Vgl. Europäische Kommission (Eurostat), Gesamtausgaben des Staates, online: http://epp.eurostat.ec.europa.eu/portal/page?_pageid=0,1136173,0_45570701&_dad=portal&_schema=PORTAL (Stand: 19.01.2007).

Abbildung IV.3.1: Haushalt – Entwicklung des Systems der Eigenmittelfinanzierung (ab 2004 auf 25 Mitgliedstaaten erweitert; in Prozent)

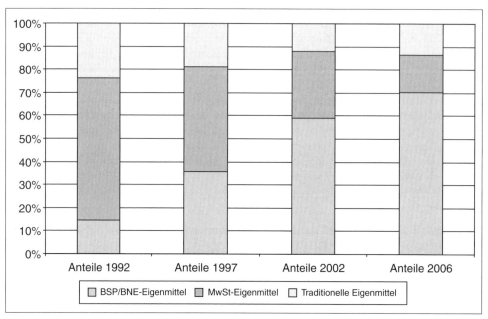

Quelle: Bis 2004 Ist-Zahlen gemäß Kommissionsbericht über die Mittelaufteilung nach Mitgliedstaaten 2004; ab 2005 Haushaltsplandaten; in Anlehnung an: http://www.bundesfinanzministerium.de/cln_03/nn_1282/DE/Europa/Europapolitik/EU__Haushalt/node.html__nnn=true.

■ *Ausgabenstrukturen*

Anhand der Entwicklungen der Ausgabenkategorien (siehe Abbildung IV.3.2) werden die Schwerpunkte deutlich, die die EG für die Politikgestaltung über die letzen vier Jahrzehnte anhand finanzieller Zuwendungen setzte.

Die Agrarpolitik war und ist auch in der nun anstehenden mehrjährigen Periode bis 2013 (siehe Übersicht IV.3.1) ein Schwerpunkt in der Ausgabenstruktur, der von Mitgliedstaaten mit hoher landwirtschaftlicher Produktion – insbesondere Frankreich – verteidigt wird. Diese Haushaltsposition (siehe Übersicht IV.3.1, Zeile 2) wird gefolgt von Ausgaben für Strukturpolitik, die von weniger wohlhabenden Ländern und Regionen gefordert werden,[13] die ihren Niederschlag in Posten des Kapitels 1 (Nachhaltiges Wachstum) finden. Für das Lissabonner Programm sind insbesondere Ausgaben im Kapitel „Wettbewerbsfähigkeit für Wachstum und Beschäftigung" vorgesehen. Im Politikbereich „EU als globaler Partner" werden Zahlungen für Entwicklungszusammenarbeit und für Staaten in der Nachbarschaft der EU getätigt, vor allem Staaten Osteuropas und des Kaukasus. Für die „Gemeinsame Außen- und Sicherheitspolitik"[14] stellt die Interinstitutionelle Vereinbarung für den Zeitraum 2007 bis 2013 einen Betrag von mindestens 1 740 Mio Euro bereit.[15] Andere politische Prioritäten, wie zum Beispiel der Ausbau des „Raumes der Freiheit, der Sicherheit und des Rechts" gewinnen langsam

---

13 Vgl. Becker 2006.
14 Vgl. Kapitel IV.5.
15 Europäisches Parlament/Rat der Europäischen Union/Europäische Kommission 2006: 7.

Abbildung IV.3.2: Haushalt − Ausgaben der Gemeinschaft im Zeitraum 1960 bis 2004
(Geleistete Zahlungen; in Mio. EUR)

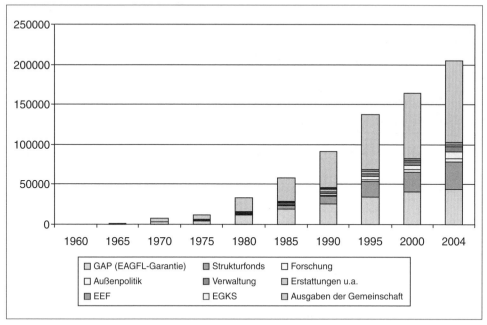

Quelle: Europäische Union: Finanzbericht 2004, Anhang I. Der Haushalt der Europäischen Union: historische Tabellen (1958-2004), http://ec.europa.eu/budget/library/publications/fin_reports/fin_report_04_de.pdf.

auch für die Ausgabenstruktur an Bedeutung. Im Vergleich zu den Schwerpunkten normaler nationaler Haushalte ist festzustellen, dass im EG-Haushalt keine Ausgaben für Verteidigung, einen Schuldendienst und zentrale Bereiche der Sozial- und Bildungspolitik vorgesehen sind. Eine Besonderheit bildet die Klassifizierung der Ausgaben in „obligatorische Ausgaben", die sich „zwingend aus den Verträgen oder den aufgrund der Verträge erlassenen Rechtsakte ergeben",[16] und „nichtobligatorischen Ausgaben". Außerdem wird zwischen Verpflichtungs- und Zahlungsmittel unterschieden.

---

16 Europäisches Parlament/Rat der Europäischen Union/Europäische Kommission 2006: 6.

Übersicht IV.3.1: Haushalt – Mehrjähriger Finanzrahmen 2007 – 2013
(gemäß interinstitutioneller Vereinbarung vom 17.5.2006, in Mio. EUR)

Verpflichtungsmittel	2007	2010	2013	Total 2007-2013
1. Nachhaltiges Wachstum	51 267	54 294	58 303	382 139
1a. Wettbewerbsfähigkeit für Wachstum und Beschäftigung	8 404	10 434	12 961	74 098
1b. Kohäsion für Wachstum und Beschäftigung	42 863	43 860	45 342	308 041
2. Bewahrung und Bewirtschaftung der natürlichen Ressourcen	54 985	53 035	51 161	371 344
davon: marktbezogene Ausgaben und Direktzahlungen	43 120	41 864	40 645	293 105
3. Unionsbürgerschaft, Freiheit, Sicherheit und Recht	1 199	1 503	1 988	10 770
3a. Freiheit, Sicherheit und Recht	600	910	1 390	6 630
3b. Unionsbürgerschaft	599	593	598	4 140
4. Die EU als globaler Akteur	6 199	7 009	8 029	49 463
5. Verwaltung	6 633	7 111	7 610	49 800
6. Ausgleichszahlungen	419			800
7. Verpflichtungsmittel insgesamt Verpflichtungsmittel in % des BNE	120 702 1,10 %	122 952 1,04 %	127 091 1,01 %	864 316 1,048 %
8. Zahlungsmittel insgesamt Zahlungsmittel in % des BNE	116 650 1,06 %	118 280 1,00 %	118 970 0,94 %	820 780 1,00 %
Spielraum 9. Eigenmittel-Obergrenze in & des BNE	0,18 % 1,24 %	0,24 % 1,24 %	0,30 % 1,24 %	0,24 % 1,24 %

Quelle: gekürzte Fassung; Interinstitutionelle Vereinbarung zwischen dem Europäischen Parlament, dem Europäischen Rat und der Europäischen Kommission über die Haushaltsdisziplin und die wirtschaftliche Haushaltsführung (2006/C 139/01), 17. Mai 2006, Anhang I.

■ *„Gewinner" und „Verlierer": Nettopositionen der EU-Mitgliedstaaten*

Zu bestimmenden Faktoren in der politischen Praxis gehören insbesondere bei den Beschlüssen zur finanziellen Vorrausschau Auseinandersetzungen über die erwarteten Salden für jeden Mitgliedstaat (siehe Abbildung IV.3.3), die in den Medien häufig als „Gewinne" bzw. „Verluste" hoch stilisiert werden. Bei diesen Verhandlungen ringen Netto-Zahler und Netto-Empfänger-Staaten um ihre jeweilige Belastung durch Zahlungen an die EG und Zuschüsse aus Einnahmen aus dem EG-Budget. Dabei werden auch als eine Art Kompensation besondere Zuweisungen an einzelne Mitgliedstaaten beschlossen;[17] umstritten sind insbesondere der spezielle Rabatt für das Vereinigte Königreich und die Ausgaben für die Agrarpolitik. Eine methodisch saubere „ehrliche" Berechnung der tatsächlichen Kosten und Nutzen jedes Mitgliedstaates ist generell schwierig zu erstellen.[18]

---
17 Vgl. u. a. Becker 2006: 111.
18 Feld 2006: 94.

Abbildung IV.3.3: Haushalt – Haushaltssalden¹ pro Mitgliedstaat 2004 (in Prozent des BNE)²

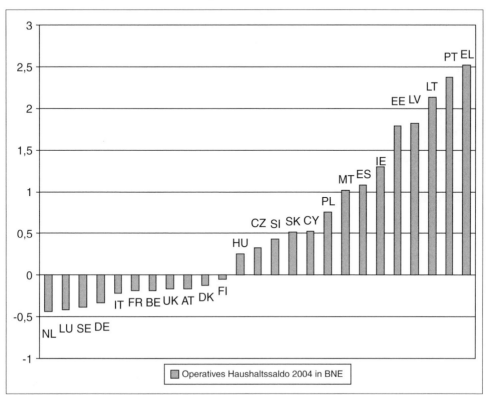

1 Haushaltssalden: der Unterschied zwischen dem, was ein Land aus dem EU Haushalt empfängt und in diesen einzahlt.
2 ausgenommen Verwaltungsausgaben und einschließlich der Zahlungen für den Ausgleich für das Vereinigte Königreich („Briten-Rabatt").
Quelle: Europäische Kommission: Aufteilung der EU-Ausgaben 2004 nach Mitgliedstaaten, S. 137, http://ec.europa.eu/budget/pdf/execution/execution/financialreport04/rap_fin_de.pdf.

3.3 Das jährliche Haushaltsverfahren: Regelwerk und Praxis

■ *Vorbereitung und Verabschiedung*

Für das Verfahren zur Verabschiedung des jährlichen Budgets regelt der umfangreiche Artikel 272 EGV die komplizierten Beschlussmodalitäten. Der Ablauf ist durch mehrstufige Lesungen zwischen den beiden Haushaltsbehörden geregelt (siehe Abbildung IV.3.4).

▶ Bis zum 1. Juli legt jedes Organ einen Haushaltsvoranschlag für seine Ausgaben vor, auf dessen Basis die Kommission bis spätestens 1. September einen Vorentwurf mit einer eigenen Stellungnahme aufstellt. Dieser soll dem tatsächlichen Finanzbedarf der Gemeinschaft entsprechen.[19]

---
19 Europäisches Parlament/Rat der Europäischen Union/Europäische Kommission 2006: 5.

- Im nächsten Schritt stellt der Rat – gegebenenfalls mit qualifizierter Mehrheit – den Entwurf des Haushaltsplans auf und legt ihn bis zum 5. Oktober dem EP vor.
- Für das weitere Vorgehen ist die Art der Ausgabe von zentraler Bedeutung, die im EG-Budget spezifische Formen annimmt. Bei den „obligatorischen Ausgaben" (OA), die insbesondere zur Finanzierung der Agrarpolitik dienen, hat der Vertrag dem Rat ein stärkeres Gewicht zugeschrieben; bei „nicht-obligatorischen Ausgaben" (NOA) – so die Finanzierung der Strukturfonds – hat das EP stärkere Rechte erhalten. Je nach Art kann das EP dann in seiner ersten Lesung innerhalb von 45 Tagen
  - Abänderungen an den nicht-obligatorischen Ausgaben des Haushaltsentwurfes vornehmen, dazu ist die Mehrheit der Stimmen seiner Mitglieder notwendig;
  - dem Rat Änderungen für obligatorische Ausgaben vorschlagen, dazu ist nur die absolute Mehrheit der abgegebenen Stimmen Voraussetzung; oder
  - schon zu diesem Zeitpunkt den Entwurf des Rats endgültig annehmen.
- Nach Vorlage des EP beschließt der Rat innerhalb von 15 Tagen:
  - über die obligatorischen Ausgaben. Beinhalten die EP-Änderungsvorschläge hierzu eine Erhöhung der Gesamtausgaben, so bedarf es zur Annahme einer qualifizierten Mehrheit im Rat, andernfalls sind die Änderungen abgelehnt. Beinhalten die EP-Änderungsvorschläge keine Erhöhung der Gesamtausgaben, so braucht der Rat eine qualifizierte Mehrheit, um diese abzulehnen.
  - Bei nicht-obligatorischen Ausgaben kann der Rat mit einer qualifizierten Mehrheit die Abänderungen des EP erneut ändern.
- Abschließend kann das EP innerhalb von 15 Tagen in seiner zweiten Lesung mit der Mehrheit der Stimmen seiner Mitglieder und 3/5 der abgegebenen Stimmen die vom Rat an den nicht-obligatorischen Ausgaben vorgenommenen Änderungen erneut ändern oder ganz ablehnen. In beiden Fällen, sowie beim Fehlen eines Entschlusses, ist der abgeänderte Haushaltsplan angenommen.
- Allerdings kann das EP mit der Mehrheit seiner Mitglieder und 2/3 der abgegebenen Stimmen den Haushaltsplan auch insgesamt ablehnen. In diesem Fall muss die Kommission einen neuen Entwurf vorlegen.

Rechtskräftig wird der Haushaltsplan erst, wenn der Präsident des Europäischen Parlaments den Haushaltsplan unterzeichnet hat.

Ist der Haushaltsplan zu Beginn eines Haushaltsjahres noch nicht verabschiedet, so tritt eine Regelung in Kraft, nach der Ausgaben monatlich bis zu einem Zwölftel des abgelaufenen Haushaltsjahres vorgenommen werden können (Art. 273 EGV).

Wie bei dem Verfahren der Mitentscheidung[20] haben die beteiligten Organe auch bei diesem Regelwerk in der Vertragspraxis Formen frühzeitiger Abstimmung entwickelt; in den „Haushaltstrilogen"[21] soll eine frühzeitige Koordination der Positionen der drei am Haushaltsverfahren beteiligten Organe erreicht werden, um einen möglichst reibungslosen und ergebnisorientierten Ablauf zu gewährleisten. Schwierigkeiten durch einzelne Organe können durch vertrauliche Vorabklärungen und Absprachen im Vorfeld bzw. während des Verfahrens leichter behoben werden. Nach einigen Konflikten, die im Anschluss an die erste Direktwahl des EP[22] stattfanden, fanden drei Organe in der Mitte der achtziger Jahre zu einem modus vivendi, der – trotz häufiger Streitigkeiten um Schwerpunktsetzungen – durch das Bemühen al-

---

20 Vgl. Kapitel IV.2.
21 Heinemann 2007: 278.
22 Vgl. Läufer 1987.

Abbildung IV.3.4: Haushalt – Vorbereitung und Verabschiedung des jährlichen Budgets (gemäß Art. 272 EGV)

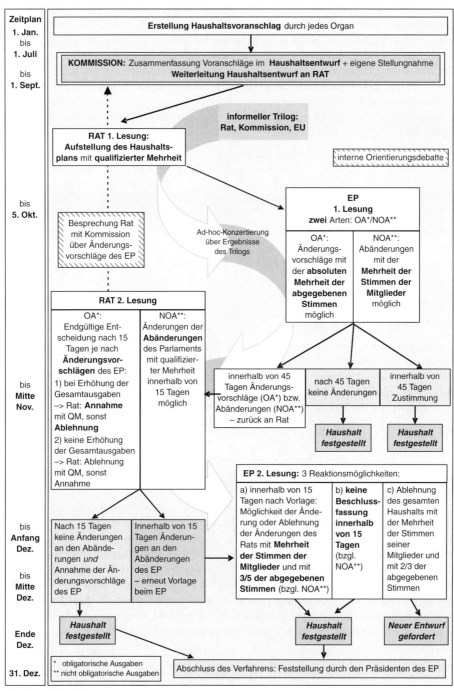

Quelle: Eigene Darstellung.

ler drei Institutionen gekennzeichnet ist, das komplizierte Regelwerk ohne Aufgabe eigener Interessen kooperativ und flexibel auszulegen. In der interinstitutionellen Vereinbarung vom Mai 2006 haben die drei Organe erprobte Praktiken nochmals zu Regeln für die „interinstitutionelle Zusammenarbeit im Haushaltsbereich" festgeschrieben. Für jede Phase wird dem „Trilog" eine federführende und vorentscheidende Rolle zugeschrieben. Die Delegationen der Organe in diesem Gremium werden vom Präsidenten des Haushaltsrats, vom Vorsitzenden des Haushaltsausschusses des EP und von dem für den Haushalt zuständigen Mitglied der Kommission geführt.[23] Außerdem haben die drei Organe für alle Ausgaben ein spezifisches „Konzertierungsverfahren" eingeführt.[24]

■ *Ausführung*

Für die Ausführung des Gemeinschaftshaushalts gelten allgemeine finanzwissenschaftliche Grundsätze: Einheit, d.h. alle Einnahmen und Ausgaben sind in einem einzigen Dokument ausgewiesen; Jährlichkeit, d.h. die Haushaltsvorgänge müssen in einem bestimmten Haushaltsjahr abgewickelt werden; und Haushaltsausgleich, bei dem die Ausgaben die Einnahmen nicht übersteigen dürfen. Insbesondere das letzte Prinzip wird strikt eingehalten. Die EG Haushaltbehörden verabschieden eines der wenigen öffentlichen Budgets, das keine Schulden macht.

Die Kommission setzt als „Exekutive" den Etat entsprechend dem verabschiedeten Haushaltsplan um. Diese Beschlüsse werden in der Regel in Ausschüssen mit nationalen Beamten beraten und abgesegnet.

■ *Kontrolle und Entlastung*

Kontrolliert wird das Ausgabengebaren sowohl auf der EG- wie auf der mitgliedstaatlichen Ebene durch den Europäischen Rechnungshof, der in seinen Berichten nicht zuletzt auf Fehlleistungen bei der nationalen Umsetzung verweist.[25] Korruptionsfälle soll das Europäische Amt für Betrugsbekämpfung (OLAF) aufdecken bzw. verhindern.

Die Entlastung der Kommmission bezüglich der Ausführung des vorjährigen Haushalts obliegt – auf Empfehlung des Rats – dem EP, der dieses Verfahren zur kritischen Beurteilung der Kommissionspolitik insgesamt nutzt.

3.4 Diskussion und Perspektiven

■ *Zu Charakterisierung: ein Mischtyp?*

Die vertraglichen Vorgaben und die Praxis zur mehrjährigen Festsetzung der Eigeneinnahmen und Ausgabenstrukturen sowie das Verfahren zum jährlichen Haushalt sind nur mühsam nachvollziehbar. Bei der Verabschiedung der „Eigeneinnahmen" in der finanziellen Vorausschau bleiben die Mitgliedstaaten die „Herren des Verfahrens", auch wenn die Kommission Vorschläge als Basis der zwischenstaatlichen Verhandlungen unterbreitet. Das EP verfügt – im Unterschied zu den historisch gewachsenen Rechten nationaler Parlamente – nicht über die Einnahmehoheit, sondern nur über begrenzte Beteiligungsmöglichkeiten, die bei der vertrag-

---

23 Europäisches Parlament/Rat der Europäischen Union/Europäische Kommission 2006: 11.
24 Europäisches Parlament/Rat der Europäischen Union/Europäische Kommission 2006: 11.
25 Vgl. Magiera/Trautmann 2007c: 111-112.

lich vorgesehenen Anhörung und besonders im Anschluss an den Gipfelbeschluss für die notwendige interinterinstitutionelle Vereinbarung genutzt werden. Im jährlichen Budgetverfahren ist eine besonders komplexe Ausprägung des institutionellen Dreiecks zu beachten, bei der das EP gegenüber Kommission und Rat starke Beteiligungsrechte entwickeln und durchsetzen konnte. In der Aufteilung des Budgets in obligatorische und nicht-obligatorische Ausgaben wird jedoch die Risikoscheu der Mitgliedstaaten gegenüber einer zu starken Mitwirkung des EP deutlich.

Insgesamt ist das Regelwerk zum Haushalt so durch ein komplexes Systgem von „checks and balances" zwischen den beteiligen Institutionen geprägt. Zu charakterisieren ist das Haushaltsverfahren demnach als ein Mischtyp von supranationalen und intergouvernementalen Elementen, der als ein typischer Fall von Fusion bezeichnet werden kann.[26]

■ *Zur Zukunft: Vorschläge aus der Reformdebatte*

Mit dem Beschluss zur finanziellen Vorausschau im Dezember 2005 haben die Staats- und Regierungschefs eine umfassende und grundsätzliche Überprüfung der Einnahmen- und Ausgabenstrukturen beschlossen (siehe Dokument IV.3.1) die auch an den „Tabufragen" der Gemeinsamen Agrarpolitik (GAP) und des britischen Beitragsrabatts ansetzen soll.

Dokument IV.3.1: Haushalt – Überprüfung der Strukturen

Rat der Europäischen Union, Dok 15915/05

80. Der Europäische Rat fordert die Kommission deshalb auf, eine *vollständige, weit reichende Überprüfung* vorzunehmen, die *sämtliche Aspekte der EU-Ausgaben, einschließlich der GAP*, und der *Eigenmittel*, einschließlich der *Ausgleichszahlung an das Vereinigte Königreich*, abdeckt, und darüber 2008/2009 Bericht zu erstatten. Auf der Grundlage dieser Überprüfung kann der *Europäische Rat* dann zu allen Punkten, die darin behandelt wurden, entsprechende *Beschlüsse* fassen. Die Überprüfung wird auch bei der Vorbereitung der nächsten Finanziellen Vorausschau berücksichtigt.

Hervorhebungen durch den Autor.

Da die bisherigen Vereinbarungen das Ergebnis eines langen Verhandlungsprozesses und eines ausgewogenen Verhandlungspakets sind, ist nicht zu erwarten, dass diese Revision wesentlich über den Status quo hinausführt.[27]

Neben der Überprüfung der Eckdaten des Haushalts werden auch die Verfahren der Finanzverfassung diskutiert. Dazu sieht der Verfassungs- und der Reformvertrag vor:[28]

▶ Bei der Festlegung der Eigenmittel werden keine Veränderungen geplant.
▶ Im Hinblick auf eine mittelfristige Planung soll „der mehrjährige Finanzrahmen" weiterhin mit Einstimmigkeit im Rat, aber nun mit der „Zustimmung des EP, das mit der Mehrheit seiner Mitglieder entscheidet", verabschiedet werden; die außervertragliche „finanzielle Vorausschau" würde so vertraglich verankert. Ein Schritt in Richtung einer de-blockierenden Mehrheitsabstimmung ist aber erneut nicht vorgesehen.

---

26 Vgl. zu den Begriffen Kapitel I.4.3.
27 Vgl. Becker 2006: 119-121.
28 Vgl. Weise 2005: 276-279.

▶ Das Verfahren zur Festlegung des jährlichen Haushaltsplans soll durch Wegfall der Unterscheidung in obligatorische und nicht-obligatorische Ausgaben dem der „Mitentscheidung"[29] entsprechen; das EP würde dann im Ablauf gegenüber dem Rat deutlich an Gewicht gewinnen.

Ingesamt hätte der Verfassungsvertrag keine grundsätzliche Veränderung in der Finanzverfassung der EU – etwa im Hinblick auf eine eigene Steuerhoheit – festgeschrieben, sondern, aus der Sicht einer supranationalen Leitidee, lediglich in einigen Punkten die Rolle des EP gestärkt. Die Vorgaben zum Reformvertrag greifen die Bestimmungen des Verfassungsvertrags weitgehend auf.

Auch unabhängig vom Inkrafttreten des Reformvertrags wird die Diskussion über das Finanzsystem ein wesentliches Element der Debatte über die Zukunft der Union bleiben. Bereits bei der ab 2008 vorgesehenen Überprüfung der Strukturen des EG-Haushaltes werden zentrale Probleme thematisiert werden, die nicht nur unmittelbar den Haushalt, sondern damit auch gleichzeitig die Handlungsfähigkeit und Legitimität des EU-Systems insgesamt betreffen.

3.5 Zur Wiederholung und Vertiefung

■ *Merkpunkte und Stichworte*

▶ Grundkenntnisse
– Finanzielle Vorausschau: Definition und Beschlussmodalitäten
– Einnahmen: Arten und Verfahren der Festlegung
– Ausgaben: Schwerpunkte des EG-Haushalts
– Stationen des jährlichen Haushaltsverfahrens

▶ Zur institutionellen Architektur: Rolle der Kommission, des EP und des Europäischen Rats bei:
– Festlegung der Eigenmittel
– Finanzielle Vorausschau
– jährliches Haushaltsverfahren

▶ Haushaltstrilog: Zusammensetzung und Aufgaben

▶ Nettozahler – Nettoempfänger; Definition und Befund

▶ Briten-Rabatt

■ *Fragen*

▶ Wie sind die Haushaltsverfahren zu erfassen?
▶ Wie ist die Komplexität der Regelwerke zu erklären?
▶ Was sind allgemeine, was sind spezifische Elemente des EG-Budgets (im Vergleich zu normalen nationalen Haushalten)?

---

29 Vgl. Kapitel IV.2.

■ *Thesen zur Diskussion*

▶ Der Haushalt ist das Kernstück des EU-Systems.
▶ Der EG-Haushalt wird von den Mitgliedstaaten beherrscht.
▶ Das EP sollte die Kompetenz erhalten, den Unionsbürger direkt zu besteuern.
▶ Die EU braucht einen in Umfang und Aufteilung „normalen" Haushalt, um ihren Aufgaben gerecht zu werden.

3.6 Literaturhinweise

■ *Online-Quelle*

http://ec.europa.eu/budget/index_de.htm
Offizielle Homepage der Europäischen Kommission, Generaldirektion Haushalt

■ *Einführende Literatur*

Becker, Peter (2006): Fortschreibung des Status Quo – Die EU und ihr neuer Finanzrahmen. Agenda 2007, in: integration 2/06, S. 106-121.
Heinemann, Friedrich (2007): Haushalt und Finanzen, in: Weidenfeld, Werner/Wessels, Wolfgang (Hrsg.): Europa von A bis Z, Taschenbuch der europäischen Integration, 10. Auflage, Baden-Baden, S. 274-281.
Lehner, Stefan (2007): Haushaltspolitik, in: Weidenfeld, Werner/Wessels, Wolfgang (Hrsg.): Jahrbuch der Europäischen Integration 2006, Baden-Baden, S. 173-182.

■ *Weiterführende Literatur*

Begg, Iain (2005): Funding the European Union. Making Sense of the EU budget, The Federal Trust, London.
Laffan, Brigid (1997): The Finances of the European Union, Houndmills.
Weise, Christian (2005): Die Finanzen der Europäischen Union im Verfassungsvertrag, in: Jopp, Mathias/Matl, Saskia (Hrsg.): Der Vertrag über eine Verfassung für Europa. Analysen zur Konstitutionalisierung der EU, Baden-Baden, S. 275-281.

■ *Vertiefende Literatur*

Baldwin, Richard (2005): The real budget battle. Une crise peut en cacher une autre, CEPS Policy Briefs, No 76, Brüssel.
Feld, Lars P. (2006): Nettozahler Deutschland? Eine ehrliche Kosten-Nutzen-Rechnung, in: Diedrichs, Udo/Wessels, Wolfgang (Hrsg.): Die neue Europäische Union: im vitalen Interesse Deutschlands? Studie zu Kosten und Nutzen der Europäischen Union für die Bundesrepublik Deutschland, Berlin, S. 93-113.
Wynn, Terry (2006): The EU Budget – Public Perception & Fact, Brüssel.

4. Wirtschaftspolitische Koordinierung

4.1 Eckpunkte im Überblick: Weiche, harte und offene Formen der Koordinierung

Als einen Schwerpunkt der Politikgestaltung im EU-System haben die Regierungen der Mitgliedstaaten in den letzten Jahrzehnten hoch differenzierte Regelwerke zur Zusammenarbeit in der Wirtschafts-, Fiskal- und Beschäftigungspolitik sowie in anderen Sektorpolitiken entwickelt. Insbesondere der Europäische Rat hat seit seiner Gründung 1974 und speziell nach der Etablierung der Wirtschafts- und Währungsunion mit dem Maastrichter Vertrag immer wieder zusätzliche Verfahren zur Koordination national angesiedelter Instrumente in diesen zentralen Feldern nationaler Politik vereinbart, an denen Institutionen der EG in unterschiedlichen Formen beteiligt sind. Als Bezugspunkt und als Stichwort für viele Aktivitäten ist die „Lissabonner Strategie" zu nennen, die der Europäische Rat im Jahre 2000 verabschiedet hat.[1] Aber auch die Anwendung des Stabilitäts- und Wachstumspakts (SWP) zur Einhaltung fiskalpolitischer Disziplin der Euro-Mitgliedstaaten steht immer wieder im Lichte politischer und wissenschaftlicher Aufmerksamkeit.[2]

Diese Verfahren sind als eigenständige Formen des Regierens (im englischen Sprachgebrauch auch: „modes of governance"[3]) zu betrachten. Sie weisen zwar einige gemeinsame Charakteristika auf; gleichzeitig existieren aber erhebliche Variationen. Ein Unterscheidungsmerkmal der diversen Verfahren liegt im Grad ihrer Verbindlichkeit. Je nach Möglichkeiten der Sanktionierung von abweichendem Verhalten spricht man von „weicher" oder „harter" Koordinierung.[4] Dabei sind beide Begriffe als Pole eines Kontinuums zu verstehen, zwischen denen eine Anzahl von Abstufungen zu beobachten ist.

In diesem Spektrum wird auch die „Offene Methode der (Politik-)koordinierung" (OMK) angesiedelt, die in diesem Jahrzehnt besonders beobachtet und analysiert wurde.

Im Hinblick auf die Entwicklung des EU-Systems wird das Vorgehen der Politikkoordinierung häufig als ein „Dritter Weg" verstanden, der mit seiner innovativen Methode zwischen supranationaler Regulierung nach der Gemeinschaftsmethode einerseits und konventioneller intergouvernementaler Zusammenarbeit andererseits angesiedelt ist.[5] Integrationsorientierte Erwartungen sehen diese Bemühungen als eine wichtige Stufe für eine weitere Vertiefung, während souveränitätsgeprägte Leitideen die Nutzung dieser Verfahren zur Abwehr von weitergehenden Kompetenzverlagerungen verstehen. Erfolge bzw. Misserfolge beeinflussen damit auch die Debatte um die weitere Gestaltung der institutionellen Architektur.

4.2 Gemeinsame Charakteristika und Variationen der Koordinierung

Die vertraglich festgelegten und die außervertraglich entwickelten Regeln – so auch Variationen der OMK – weisen einige grundlegende Gemeinsamkeiten auf. Sie variieren jedoch bei

---

[1] Vgl. u. a. Becker 2007: 146; Europäischer Rat 2000.
[2] Vgl. u. a. Heipertz/Verdun 2004.
[3] Vgl. March/Olsen 1995; Zürn 1998; Hooghe/Marks 2001; Benz 2004; siehe auch Website des „New Modes of Governance"-Projekts (www.eu-newgov.org).
[4] Vgl. Linsenmann/Meyer/Wessels 2007.
[5] Eberlein/Kerwer 2004: 123; De Búrca/Zeitlin 2003: 2; Wessels 2003h: 3; Héritier 2002: 203; Linsenmann/Meyer 2002: 285.

den geschriebenen und praktizierten Verfahren, sodass die genaue institutionelle Architektur jeweils vertieft betrachtet werden muss.

Charakteristisch für diese Form des Regierens sind einige wesentliche Elemente:[6]

▶ Die Regierungen der Mitgliedstaaten formulieren gemeinsame Ziele für Politikbereiche, bei denen sie sich von einer europäischen Zusammenarbeit Gewinn versprechen; die Zuständigkeiten verbleiben jedoch auf nationaler Ebene. So betont der Vertrag an mehreren Stellen dass „die Maßnahmen keinerlei Harmonisierung der Rechts- und Verwaltungsvorschriften [einschließen]" (z. B. Art. 129 EGV zur Beschäftigungspolitik). Bewusst ausgeschlossen wird damit eine direkte Vergemeinschaftung der Kompetenzen und Handlungsinstrumente sowie die Anwendung der Gemeinschaftsmethode[7]. Auf diese Weise soll die Wirksamkeit nationaler Politik durch Lernprozesse verbessert werden, ohne die Handlungsautonomie der Mitgliedstaaten real zu beschneiden. So wird erwartet, dass ein „sanftes Regieren"[8] möglichst ohne oder mit nur begrenzter Rechtsverbindlichkeit zu Verbesserungen führt.
▶ Für die gemeinsamen Ziele werden Leitlinien vorgegeben, die gegebenenfalls mit konkreten Vorgaben (im Sprachgebrauch: „benchmarks") sowie einem Zeitplan für die Erstellung und Umsetzung von nationalen Aktionsplänen verbunden werden: Bei der Umsetzung dieser Ziele unterliegen die Mitgliedstaaten einer Berichtspflicht. Entsprechende Aktivitäten der Mitgliedstaaten werden einer regelmäßigen multilateralen Überwachung durch gegenseitige Überprüfung (im Sprachgebrauch „peer review") unterzogen, die auf Berichten und Vorschlägen der Kommission beruht.
▶ Die Verfahren enden nicht – wie bei der Gesetzgebung – in einem festgeschrieben Rechtsakt, sondern laufen in vielen Fällen nach einem festen jährlichen Zyklus mit klaren Phasen der Beobachtung, Bewertung und Überwachung ab (siehe Abbildung IV.4.2 und Abbildung IV.4.3).
▶ Einfluss auf das Verhalten von Staaten, die die gemeinsam gesetzten Ziele nicht erreichen, kann in drei Grundformen ausgeübt werden:
  – in offenen Beratungen, die gegebenenfalls in gemeinsame Überlegungen münden; sie schließen jedoch keine „Zeugnisse" für nationales (Fehl-)Verhalten ein;
  – als „weiche" Variante in Form von „Empfehlungen", die auch veröffentlicht werden können. Durch moralischen Druck (im Sprachgebrauch: „naming, blaming und shaming") erwartet man eine Läuterung des „Sünders";
  – als „harte" Variante, die nur in der fiskalpolitischen Koordinierung des Stabilitäts- und Wachstumspakts festgeschrieben ist. In diesem Fall kann der Rat nach einer langwierigen Prozedur Geldbußen verhängen.

Übersicht IV.4.1 vermittelt einen Überblick über bestehende Formen derartiger Koordinierung im Bereich der Wirtschaftspolitik.

Die Offene Methode ist eine besondere Variante, die zentrale Elemente der „weichen" Koordinierung aufgreift. In der Diskussionslandschaft sind die Abgrenzungen zwischen diesen Verfahrensformen allerdings nicht eindeutig gezogen.

Entsprechend dieser Verfahren unterscheidet sich das Zusammenwirken der Organe und Gremien deutlich von den Vertragsregeln und der Praxis, die bei der Gesetzgebung und Rechtsetzung zwischen Kommission, EP und Rat beschrieben wurden. Die institutionelle Ar-

---
6 Linsenmann 2007d: 295.
7 Vgl. Kapitel IV.2.
8 Jachtenfuchs/Kohler-Koch 2003b: 31.

Übersicht IV.4.1: Wirtschaftspolitische Koordinierung – Übersicht über zentrale Formen

Politikfelder	allgemeine Wirtschaftspolitik	Nationale Haushaltspolitik	Beschäftigungspolitik
Vertragsrechtliche Basis	Art. 2, 4, 99 EGV	Art. 2, 4, 104 EGV, Protokoll	Art. 2, 128 EGV
Ergänzungen	Europäischer Rat von Helsinki 1999	Ratsverordnungen 1466/97, 1467/97, Veränderungs-Verordnungen 1055/2005 und 1056/2005	Europäischer Rat von Luxemburg 1997
Politikziele	Nachhaltige und abgestimmte Wirtschafts- und Haushaltspolitik	Mittelfristige Haushaltskoordinierung und Vermeidung übermäßiger Defizite	Erhöhung der Beschäftigungsquote durch Arbeitsmarktreformen, Qualifizierungen, Förderung
Instrumente	Grundzüge der Wirtschaftspolitik (seit 1992)	Stabilitäts- und Wachstumspakt (seit 1997) mit weichen und harten Komponenten	Luxemburg-Prozess (seit 1997)
„Harte" Sanktionsmöglichkeiten	Nein	Finanzielle Strafen	Nein
Verfahrens-Elemente	Jährliches Verfahren in Zyklen	Jährliche Zyklen, Einleitung des Defizitverfahrens nach Sachlage	Jährliches Verfahren in Zyklen
Rolle der EU-Kommission	Überwachung von Zielen, Vorschlag für Empfehlung an Rat (QMA)	Überwachung von Zielen, Vorschlag für Empfehlung an Rat (QMA)	Überwachung von Zielen, Vorschlag für Empfehlung an Rat (QMA), gemeinsamer Bericht mit Rat
EP	Unterrichtung	ex-post	Anhörung
Beteiligung nicht-staatlicher Akteure	europäische Sozialpartner indirekt durch makroökonomischen Dialog	Nein	Sozialpartner

Quelle: Eigene Darstellung in Anlehnung an Linsenmann/Meyer 2002: 289.

chitektur zu diesen Politikbereichen (siehe Abbildung IV.4.1) lässt eine Vielzahl von Organen und Gremien erkennen, die in diesen zentralen Bereichen staatlicher Politik auf der nationalen wie auf der europäischen Ebene aktiv sind.

Zentrale Charakteristika für die entsprechende Politikgestaltung sind:

▷ Die Staats – und Regierungschefs verabschieden in festen Abständen „Schlussfolgerungen"; der Europäische Rat wirkt so in einigen Bereichen als oberste Instanz zur Setzung von Leitlinien.

▷ Die Regierungen der Mitgliedstaaten koordinieren ihre Arbeit in mehreren Formationen des Rats und verschiedenen Beamtengremien; mit dem „Wirtschafts- und Finanzausschuss"[9] (Art. 114 EGV), dem „Beschäftigungsausschuss" (Art. 130 EGV) und dem „Aus-

---
9 Vgl. Hillenbrand 2007b: 454; Hanny/Wessels 1998.

Abbildung IV.4.1: Wirtschaftspolitische Koordinierung – Die institutionelle Architektur der Fiskal- und Beschäftigungspolitik

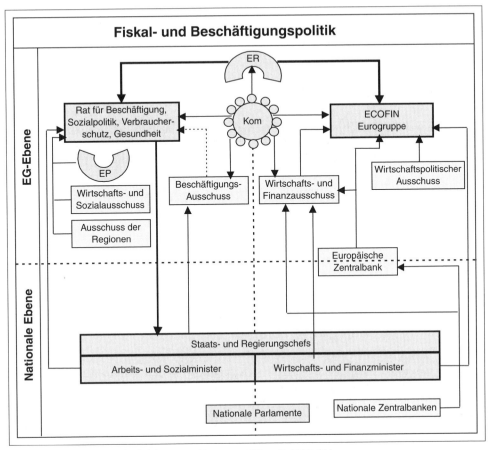

Quelle: Eigene Darstellung in Anlehnung an Linsenmann/Wessels 2006: 114.

schuss für Sozialschutz" (Art. 144 EGV) sowie einer Reihe von Arbeitsgruppen haben hohe Beamte der Mitgliedstaaten sowie der Kommission und der EZB besondere Formen administrativer Bearbeitung der jeweiligen Politikbereiche entwickelt.

▶ Der Kommission fällt – trotz der im Vergleich zur Gemeinschaftsmethode eingeschränkten Befugnisse – eine maßgebliche Rolle zu: Sie formuliert Vorschläge für Leitlinien und Empfehlungen, erstellt Berichte für die multilaterale Überwachung der Mitgliedstaaten und übernimmt wesentliche Teile der organisatorischen Arbeit.
▶ Das EP wird in der Regel „unterrichtet" bzw. „angehört" und kann durch Initiativberichte im begrenzten Maße zur Meinungsbildung beitragen.
▶ Dem EuGH fällt keine oder nur eine begrenzte Rolle zu.

Ein grundsätzliches Spannungsverhältnis besteht im Rahmen dieser institutionellen Architektur darin, dass die Regeln zur „Wirtschaftsunion" einer anderen Leitidee als der zur „Währungsunion" folgen. So fällt die nationale Haushalts- und Beschäftigungspolitik weiterhin in die Verantwortung der Mitgliedstaaten, während die Geldpolitik – zumindest für die Staaten der Eurozone – ausschließlich in den Händen der Europäischen Zentralbank liegt.

4.3 Variationen der Koordinierung in Regelwerk und Praxis: Politikfelder im Vergleich

■ *Multilaterale Überwachung nationaler Wirtschaftspolitik: Eine Variante der weichen Koordinierung*

Eine Form wirtschaftspolitischer Koordinierungsverfahren stellt die multilaterale Überwachung der Grundzüge der nationalen Wirtschaftspolitik dar. Art. 99 EGV (siehe Dokument IV.4.1) schreibt ein mehrstufiges Zusammenwirken von EU-Institutionen fest.

Dokument IV.4.1: Wirtschaftspolitische Koordinierung – Multilaterale Überwachung der Wirtschaftspolitik (gemäß Art. 99 EGV)

Art. 99 EGV

[...] (2) Der Rat erstellt mit qualifizierter Mehrheit auf Empfehlung der Kommission einen Entwurf für die Grundzüge der Wirtschaftspolitik der Mitgliedstaaten und der Gemeinschaft und erstattet dem Europäischen Rat hierüber Bericht.

Der Europäische Rat erörtert auf der Grundlage dieses Berichtes des Rats eine Schlussfolgerung zu den Grundzügen der Wirtschaftspolitik der Mitgliedstaaten und der Gemeinschaft.

Auf der Grundlage dieser Schlussfolgerung verabschiedet der Rat mit qualifizierter Mehrheit eine Empfehlung, in der diese Grundzüge dargelegt werden. Der Rat unterrichtet das Europäische Parlament über seine Empfehlung.

(3) Um eine engere Koordinierung der Wirtschaftspolitik und eine dauerhafte Konvergenz der Wirtschaftsleistungen der Mitgliedstaaten zu gewährleisten, überwacht der Rat anhand von Berichten der Kommission die wirtschaftliche Entwicklung in jedem Mitgliedstaat und in der Gemeinschaft [...].

Zum Zwecke dieser multilateralen Überwachung übermitteln die Mitgliedstaaten der Kommission Angaben zu wichtigen einzelstaatlichen Maßnahmen auf dem Gebiet ihrer Wirtschaftspolitik sowie weitere von ihnen für erforderlich erachtete Angaben.

(4) Wird im Rahmen des Verfahrens nach Absatz 3 festgestellt, dass die Wirtschaftspolitik eines Mitgliedstaats nicht mit den in Absatz 2 genannten Grundzügen vereinbar ist oder das ordnungsgemäße Funktionieren der Wirtschafts- und Währungsunion zu gefährden droht, so kann der Rat mit qualifizierter Mehrheit auf Empfehlung der Kommission die erforderlichen Empfehlungen an den betreffenden Mitgliedstaat richten. Der Rat kann mit qualifizierter Mehrheit auf Vorschlag der Kommission beschließen, seine Empfehlungen zu veröffentlichen.

Der Präsident des Rats und die Kommission erstatten dem Europäischen Parlament über die Ergebnisse der multilateralen Überwachung Bericht. [...]

Übersicht IV.4.2: Wirtschaftspolitische Koordinierung – Aus der Praxis der multilateralen Überwachung

2000	11. April	Kommission: Empfehlung bezüglich des Entwurfs der Grundzüge der Wirtschaftspolitik (GzWP) für 2000
	08. Mai	Rat: Verabschiedung des Berichts bezüglich des Entwurfs der GzWP für 2000
	15. Juni	Europäischer Rat in Santa Maria da Feira: Billigung der GzWP für 2000
	19. Juni	Rat: Empfehlung für die GzWP für 2000
2001	12. Februar	Rat: Empfehlung gem. Art. 99(4) EGV an Irland mit dem Ziel, die mangelnde Übereinstimmung mit den Grundzügen der Wirtschaftspolitik (GzWP) zu beenden
	25. April	Kommission: Empfehlung bezüglich des Entwurfs der GzWP für 2001
	05. Juni	Rat: Verabschiedung des Berichts bezüglich des Entwurfs der GzWP für 2001
	15. Juni	Europäischer Rat in Göteborg: Billigung der GzWP für 2001
	15. Juni	Rat: Empfehlung für die GzWP für 2001
2002	24. April	Kommission: Empfehlung bezüglich des Entwurfs der GzWP für 2002
	20. Juni	Rat: Verabschiedung des Berichts bezüglich des Entwurfs der GzWP für 2002
	21.–22. Juni	Europäischer Rat in Sevilla: Billigung der GzWP für 2002
	21. Juni	Rat: Empfehlung für die GzWP für 2002
2003	20.–21. März	Europäischer Rat in Brüssel: Dreijährige Zyklen für GzWP und Beschäftigungsleitlinien
	24. April	Kommission: Empfehlung bezüglich des Entwurfs der GzWP 2003–2005
	03. Juni	Rat: Bericht bezüglich der GzWP 2003-2005 und der Beschäftigungsleitlinien
	19.–20. Juni	Europäischer Rat in Thessaloniki: Billigung der GzWP 2003–2005 und der Beschäftigungsleitlinien
	26. Juni	Rat: Empfehlung für die GzWP 2003–2005
2004	21. Januar	Kommission: Erster Umsetzungsbericht bezüglich der GzWP 2003–2005
	07. April	Kommission: Empfehlung bezüglich der Aktualisierung für 2004 der GzWP 2003–2005
	02. Juni	Rat: Verabschiedung des Berichts bezüglich der GzWP 2003–2005 und der Beschäftigungsleitlinien
	17.–18. Juni	Europäischer Rat in Brüssel: Billigung der GzWP 2003–2005 und der Beschäftigungsleitlinien
	05. Juli	Rat: Verabschiedung der Aktualisierung der GzWP und der Beschäftigungsleitlinien für 2004
2005	27. Januar	Kommission: Zweiter Umsetzungsbericht bezüglich der GzWP 2003–2005
	12. April	Kommission: Empfehlung bezüglich der Integrierten Leitlinien 2005–2008
	12. Juli	Rat: Verabschiedung der Integrierten Leitlinien 2005-2008

Quelle: Eigene Zusammenstellung in Anlehnung an Linsenmann/Meyer/Wessels 2007: 234-242.

Nach diesen Vorgaben betrachten die Mitgliedstaaten ihre Wirtschaftspolitik als „eine Angelegenheit von gemeinsamem Interesse", die sie „im Rat koordinieren" (Art. 99 (1) EGV). Sie sollen sich dabei an dem „Grundsatz einer offenen Marktwirtschaft mit freiem Wettbewerb" (Art. 98 EGV) orientieren. Der Ablauf ist zyklisch angelegt (siehe Übersicht IV.4.2): Nach den Verfahrensregeln verabschieden der Rat und der Europäische Rat regelmäßig auf der

Grundlage von Vorlagen der Kommission „Empfehlungen" zu „Grundzügen der Wirtschaftspolitik der Mitgliedstaaten" (Art. 99 (2) EGV; siehe Dokument IV.4.1). Auf der Basis der Ergebnisse einer multilateralen Überwachung (Art. 99 (3) EGV) kann der Rat „Empfehlungen" an einzelne Mitgliedstaaten richten, falls „die Wirtschaftspolitik eines Mitgliedstaats nicht mit den Grundzügen vereinbar" ist oder das „ordnungsgemäße Funktionieren der Wirtschafts- und Währungsunion zu gefährden droht" (Art. 99 (4) EGV). Die einzige vorgesehene Sanktion gegenüber nationalen Vollzugsdefiziten besteht in der möglichen Veröffentlichung der Empfehlungen. Von dieser Option hat der Rat bisher einmal Gebrauch gemacht, als er 2001 Irland Maßnahmen zur Vermeidung einer befürchteten Überhitzung der nationalen Wirtschaft nahelegte.[10]

Es lassen sich also folgende zentrale Merkmale dieser „weichen", aber in Phasen „verstärkten" Form der vertraglich festgelegten Koordinierung festhalten:

▶ Gegenstand ist die Koordinierung nationaler Wirtschaftspolitiken anhand der von Kommission und Rat vorgelegten „Grundzüge der Wirtschaftspolitik";
▶ Der Europäische Rat und der Rat können versuchen, durch öffentlichen Druck die Zusammenarbeit zwischen den Mitgliedstaaten zu fördern; weitergehende Sanktionen gegen abweichende Staaten sind jedoch nicht vorgesehen.

■ *Der Stabilitäts- und Wachstumspakt: Weiche und harte Formen der Koordinierung*

Eine im Vertrag einmalige Form der Koordinierung zentraler nationaler Instrumente bilden die Regeln des „Stabilitäts- und Wachstumspakts" (SWP). Mit dem Beginn der dritten Stufe der Wirtschafts- und Währungsunion (WWU) im Januar 1999 sahen die Mitgliedstaaten einen gesteigerten Bedarf, die Haushaltspolitik der Mitgliedstaaten auf gemeinsame Ziele fiskalpolitischer Stabilisierung festzulegen. Die Einführung der WWU machte es aus dieser Sicht notwendig, dass die Mitgliedstaaten ihre Finanzpolitik in der Eurozone abstimmen, um Konflikte zwischen der Fiskalpolitik der Euro-Staaten und der Geldpolitik der EZB zu verringern.[11]

Jeder Mitgliedstaat, der an der WWU teilnehmen möchte, sollte deshalb in der Lage sein, die erforderliche Konvergenz in der wirtschaftspolitischen Leistungsfähigkeit dauerhaft zu gewährleisten. Als Messlatte dienen die sogenannten Maastrichtkriterien:[12] Im Rahmen des EG-Vertrages[13] sind vier Bedingungen benannt, die jeder Mitgliedstaat beim Eintritt in die Währungsunion erfüllen muss:

▶ Preisniveaustabilität;
▶ Eine auf Dauer tragbare Finanzlage der öffentlichen Hand, gemessen an folgenden Kriterien:
  – Schuldenstand des Staates (Vorgabe: Maximal 60 % des BIP)
  – Öffentliches Defizit (Vorgabe: Maximal 3 % des BIP)
▶ Einhaltung der normalen Bandbreiten des Wechselkursmechanismus;
▶ Konvergenz der langfristigen Zinssätze.

---

10 Vgl. Meyer 2004.
11 Vgl. von Hagen/Mundschenk 2002; http://www.govecor.org.
12 Vgl. Grosche 1994: 468ff.
13 Art. 121 EGV i. V. m. dem Protokoll (Nr. 20) über das Verfahren bei einem übermäßigen Defizit und dem Protokoll (Nr. 21) über die Konvergenzkriterien nach Art. 121 des Vertrags zur Gründung der Europäischen Gemeinschaft.

Der Vertrag sieht vor, dass die beiden fiskalischen Vorgaben – die Begrenzung des öffentlichen Defizits und des Schuldenstands – auch nach Eintritt in die dritte Stufe der WWU weiter erfüllt werden müssen.[14]

Ausgehend von diesen Vertragsartikeln setzt sich der SWP aus einer Reihe unterschiedlicher und in ihrer rechtlichen und politischen Bindungswirkung ungleicher Instrumente zusammen. Entgegen landläufigen Urteilen beinhaltet er nicht nur die strengen Regeln der fiskalpolitischen Überwachung zur Vermeidung eines übermäßigen Defizits und Schuldenstands, sondern umfasst auch weichere und weniger strikte Formen der Koordinierung. Folgende Bausteine des Stabilitäts- und Wachstumspakts sind insgesamt zu berücksichtigen:

▶ Die vertraglichen Bestimmungen in den Art. 2, 4, 99, 104 EGV sowie das Protokoll (Nr. 20) über das Verfahren bei einem übermäßigen Defizit im Anhang zum EGV;
▶ die Entschließung des Europäischen Rats über den SWP vom 17.06.1997 als rechtlich unverbindliche politische Verpflichtung zur fiskalischen Disziplin;
▶ präventive (weiche) Elemente: Art. 99(4) EGV; Verordnungen des Rats (VO 1466/97 und VO 1055/2005) über die haushaltspolitische Überwachung und die Koordinierung der Wirtschaftspolitiken mitsamt eines Frühwarnmechanismus im Falle einer Abweichung vom mittelfristigen Haushaltsziel;
▶ disziplinarische (harte) Elemente: Art. 104 EGV; Protokoll über das Verfahren bei einem übermäßigen Defizit; Verordnungen 1467/97 und 1056/2005 des Rats über das Verfahren zur Vermeidung eines übermäßigen Defizits mitsamt der Möglichkeit, Sanktionen gegen säumige Mitgliedstaaten zu erlassen; Verordnung 3605/93 des Rats über die Anwendung des Protokolls, verändert durch Verordnungen 475/2000 und 2103/2005 des Rats und Verordnung 351/2002 der Kommission;
▶ der Bericht des Rats an den Europäischen Rat „Verbesserung der Umsetzung des Stabilitäts- und Wachstumspakts", angenommen vom Europäischen Rat am 22./23. März 2005, mit einer Reihe von Veränderungen und Anpassungen des SWP.

Abbildung IV.4.2 gibt einen Überblick zum Ablauf des Verfahrens. Die Zweiteilung des SWP in eine „weiche" haushaltspolitische Koordinierung (siehe Verfahren 1 in Abbildung IV.4.2) und die „harten" Regeln der fiskalpolitischen Überwachung zur Vermeidung eines übermäßigen Defizits und Schuldenstands (Verfahren 2 in Abbildung IV.4.2) wird dabei deutlich.

Die Bestimmungen des SWP sehen zunächst einen Berichts- und Bewertungsmechanismus vor, der auf der Grundlage nationaler Stabilitäts- (für Euroländer) oder Konvergenzprogramme (für Nicht-Euroländer) vorgenommen wird.

Insgesamt kommt dem Rat eine zentrale Rolle als Prüfungs- und Empfehlungsinstanz zu, die er mit Unterstützung und Zuarbeit der Kommission und des Wirtschafts- und Finanzausschusses wahrnimmt. Sollten sich in einem frühen Stadium bereits Abweichungen von den mittelfristigen Haushaltszielen ergeben, so kann der Rat Empfehlungen im Rahmen einer Frühwarnung vor einem übermäßigen Defizit an die betreffenden Mitgliedstaaten richten und diese in einem nächsten Schritt bei anhaltender Nichtbeachtung durch einen Mitgliedstaat auch veröffentlichen. Dieser Frühwarnmechanismus ist bis 2006 in vier Fällen durch eine Empfehlung der Kommission an den Rat eingeleitet worden, führte aber nur in einem einzigen Fall zu einem formellen Akt des Rats, der eine Frühwarnung an Frankreich im November 2003 aussprach; in den übrigen Fällen wurden die Verfahren vorzeitig für beendet erklärt, nachdem die Zusagen der betroffenen Mitgliedstaaten als ausreichend bewertet wurden, um

---

14 Vgl. Art. 104(2) EGV.

Abbildung IV.4.2: Wirtschaftspolitische Koordinierung – Der Zyklus zur Überwachung der nationalen Haushaltspolitik (Art. 104 EGV)

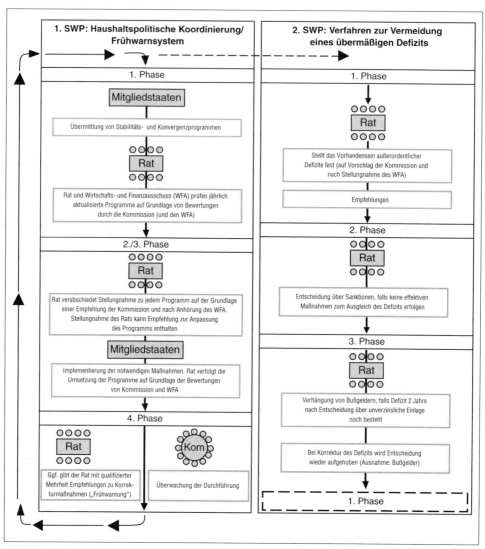

Quelle: Eigene Darstellung.

der Gefahr eines übermäßigen Defizits zu begegnen (siehe Übersicht IV.4.3). Dieses Verhalten seitens der Mitgliedstaaten lässt darauf schließen, dass selbst vermeintlich „weiche" Formen von Sanktionen weitgehend gemieden wurden.

Die harte Komponente des SWP besteht im Verfahren zur Vermeidung eines übermäßigen Defizits in den Haushalten der Mitgliedstaaten (siehe Verfahren 2 in Abbildung IV.4.2). Nach diesen Vorgaben haben sich die Mitgliedstaaten verpflichtet, übermäßige öffentliche Defizite (im jährlichen Haushalt) zu vermeiden (Art. 104 (1) EGV) und den öffentlichen Schuldensstand (Art. 104 (2) EGV) abzubauen.

Übersicht IV.4.3: Wirtschaftspolitische Koordinierung – Eingeleitete Frühwarnverfahren

	Portugal	Deutschland	Frankreich	Italien
Empfehlung der Kommission an den Rat, eine Frühwarnung auszusprechen	30.01.2002	30.01.2002	19.11.2002	28.04.2004
Empfehlung des Rats zur Frühwarnung vor einem übermäßigen Defizit			21.01.2003	
Entscheidung des Rats, ein Frühwarnverfahren zu beenden	12.02.2002	12.02.2002		05.07.2004

Quelle: Europäische Kommission, GD Wirtschaft und Finanzen, Aufstellung der Frühwarnverfahren, abrufbar unter: http://ec.europa.eu/economy_finance/about/activities/sgp/proceduresew_en.htm.

Zur Einhaltung der Vorgaben bei den Kriterien für die nationale Fiskalpolitik legen die Vertragsbuchstaben einen lückenlosen Prozess zur Überwachung der nationalen Fiskalpolitik fest. In einer zentralen Rolle als Überwachungsinstanz erstellt die Kommission Berichte und legt dem Rat Stellungnahmen zur Beurteilung nationaler Fiskalpolitik vor. Dieser kann gegebenenfalls in der Folge nach Feststellung eines übermäßigen Defizits auf Empfehlung der Kommission in einem mehrstufigen Prozess Sanktionen verhängen und verschärfen, wofür 2/3 der gewogenen Stimmen der Mitgliedstaaten notwendig sind.[15] Der betroffene Staat darf selbst nicht abstimmen. Für den Typus der harten Koordinierung ist insbesondere auf Art. 104 (11) EGV zu verweisen, der empfindliche Sanktionen gegen einen „Sünderstaat" ermöglicht: Wenn ein Staat keine ausreichenden Maßnahmen zur Behebung des öffentlichen Defizits unternimmt, kann von ihm die Hinterlegung einer unverzinslichen Einlage bei der Gemeinschaft verlangt werden. Wird das Defizit nicht innerhalb von zwei Jahren behoben, kann die unverzinsliche Einlage in eine Geldbuße umgewandelt werden. Wegen der Bedeutung des Verfahrens und seiner prozeduralen Schwerfälligkeit ist ein Blick auf den Vertragstext und den Ablauf (siehe Abbildung IV.4.2) nützlich.

In einer „Erprobungsphase" von 1999 bis 2005 haben einige Mitgliedsregierungen, insbesondere auch die der Bundesrepublik Deutschland, durch politische Einflussnahme auf Partnerregierungen erreicht, dass der Rat nicht die notwendigen Mehrheiten erreichte, um trotz fortdauernder Haushaltsdefizite Sanktionen zu verhängen (siehe Übersicht IV.4.4).[16] Nicht zuletzt aufgrund der kaum ausgeschöpften Sanktionsmöglichkeiten trotz fortdauernder Defizite mehrerer Mitgliedstaaten ist der SWP in eine heftige politische und akademische Debatte um seine Wirksamkeit und Glaubwürdigkeit geraten. Zur „Verbesserung der Umsetzung des Stabilitäts- und Wachstumspakts" hat der Europäische Rat im März 2005 daher einen Bericht des Rats angenommen, in dem die Vorgaben flexibler interpretiert wurden.[17] Kritisch wurde angemerkt, dass die ursprünglich strikten Vorgaben des SWP dadurch „aufgeweicht" worden seien.[18]

---

15 Vgl. Kapitel III.3.
16 Vgl. Döhrn/Kösters 2003.
17 Vgl. Europäischer Rat 2005a; vgl. Döhrn/Kösters 2007.
18 Vgl. u. a. Becker/Böttcher 2007: 215.

Übersicht IV.4.4: Wirtschaftspolitische Koordinierung – Aus der Praxis der haushaltspolitischen Überwachung

2002	30. Januar	Kommission: Empfehlung an Rat für „Frühwarnung" auf Grundlage des Stabilitäts- und Wachstumspaktes an Deutschland und Portugal
	12. Februar	Rat: Entscheidung, die Frühwarnverfahren gegen Deutschland und Portugal einzustellen
	24. September	Kommission: Einleitung eines Verfahrens zur Vermeidung eines übermäßigen Defizits gegen Portugal gem. Art. 104(3) EGV
	05. November	Rat: Entscheidung gem. Art. 104(6) EGV, dass in Portugal ein übermäßiges Defizit vorliegt
	19. November	Kommission: Empfehlung an Rat für eine „Frühwarnung" im Rahmen des SWP an Frankreich (gem. Art. 104(3) EGV) und Einleitung eines Defizitverfahrens gegen Deutschland
2003	21. Januar	Rat: Verabschiedung einer „Frühwarnung" an Frankreich, Entscheidung gem. Art. 104(6) EGV, dass in Deutschland ein übermäßiges Defizit vorliegt, Verabschiedung von Empfehlungen gem. Art. 104(7) EGV
	02. April	Kommission: Einleitung eines Verfahrens zur Vermeidung eines übermäßigen Defizits gegen Frankreich gem. Art. 104(3) EGV
	03. Juni	Rat: Entscheidung gem. Art. 104(6) EGV, dass in Frankreich ein übermäßiges Defizit vorliegt, und Verabschiedung einer Empfehlung gem. Art. 104(7) EGV
	25. November	Rat: Entscheidung, die Defizitverfahren gegen Deutschland und Frankreich einzustellen
2004	13. Januar	Kommission: Beschluss zur Klage gegen Rat wegen Einstellung des SWP-Verfahrens
	28. April	Kommission: Empfehlung an Rat für eine „Frühwarnung" an Italien, Einleitung eines Defizitverfahrens gem. Art. 104(3) EGV gegen die Niederlande, Empfehlung zur Einstellung des Defizitverfahrens gegen Portugal.
	11. Mai	Rat: Beschluss gem. Art. 104(12) EGV zur Einstellung des Defizitverfahrens gegen Portugal
	12. Mai	Kommission: Einleitung eines Defizitverfahrens gem. Art. 104(3) EGV gegen sechs der neuen Mitgliedstaaten, namentlich Zypern, die Tschechische Republik, Ungarn, Malta, Polen und die Slowakei
	20. Mai	Kommission: Einleitung eines Defizitverfahrens gem. Art. 104(3) EGV gegen Griechenland
	02. Juni	Rat: Entscheidung gem. Art. 104(6) EGV, dass in den Niederlanden ein übermäßiges Defizit vorliegt und Verabschiedung einer Empfehlung gem. Art. 104(7) EGV
	05. Juli	Rat: Entscheidung gem. Art. 104(6) EGV, dass in Zypern, der Tschechischen Republik, Ungarn, Malta, Polen und der Slowakei ein übermäßiges Defizit vorliegt und Verabschiedung von Empfehlungen gem. Art. 104(7)
	05. Juli	Rat: Beschluss gem. Art. 104(12) EGV zur Einstellung des Defizitverfahrens gegen Italien
	13. Juli	EuGH: Entscheidung des Rats, die Defizitverfahren gegen Deutschland und Frankreich einzustellen, ist nichtig. Da das Urteil keine weiteren Schritte beinhaltet, bleibt es für die Defizitverfahren ohne Konsequenzen
	22. September	Griechenland: Eingeständnis, den SWP im Jahr 2000 verletzt zu haben
	14. Dezember	Kommission: Entscheidung, die Defizitverfahren gegen Deutschland und Frankreich einzustellen

2005	18. Januar	Rat: Beschluss, dass weitere Schritte in den Defizitverfahren gegen Deutschland und Frankreich zu diesem Zeitpunkt nicht nötig sind, und dass die von Zypern, der Tschechischen Republik, Malta, Polen und der Slowakei ergriffenen Maßnahmen den Ratsempfehlungen vom 5. Juli 2004 entsprechen
	18. Januar	Rat: Beschluss gem. Art. 104(8) EGV, dass Ungarn und Griechenland keine wirksamen Maßnahmen bezüglich der Ratsempfehlungen vom 5. Juli 2004 eingeleitet haben. Da Ungarn kein Mitglied der Eurogruppe ist, kommen hier Art. 104(9) und die folgenden Schritte nicht zur Anwendung
	17. Februar	Rat: Beschluss gem. Art. 104(9) EGV, Griechenland in Verzug zu setzen
	08. März	Rat: Verabschiedung von Empfehlungen gem. Art. 104(7) EGV an Ungarn
	12. April	Rat: Beschluss, dass die von Griechenland ergriffenen Maßnahmen den Ratsempfehlungen vom 17. Februar entsprechen
	07. Juni	Rat: Beschluss gem. Art. 104(12) EGV zur Einstellung des Defizitverfahrens gegen die Niederlande
	07. Juni	Kommission: Einleitung eines Defizitverfahren gem. Art. 104(3) EGV gegen Italien
	22. Juni	Kommission: Einleitung eines Defizitverfahren gem. Art. 104(3) EGV gegen Portugal
	12. Juli	Rat: Entscheidung gem. Art. 104(6) EGV, dass in Italien ein übermäßiges Defizit vorliegt
	20. September	Rat: Entscheidung gem. Art. 104(6) EGV, dass in Portugal ein übermäßiges Defizit vorliegt, und Verabschiedung von Empfehlungen gem. Art. 104(7)
	21. September	Kommission: Einleitung eines Defizitverfahrens gem. Art. 104(3) EGV gegen das Vereinigte Königreich
	08. November	Rat: Beschluss gem. Art. 104(8) EGV, dass Ungarn keine wirksamen Maßnahmen bzgl. der Ratsempfehlungen vom 8. März 2005 eingeleitet hat

Quelle: Eigene Zusammenstellung in Anlehnung an Linsenmann/Meyer/Wessels 2007: 234-242.

■ *Die Beschäftigungspolitik: Weiche Koordinierung*

Im zentralen Politikfeld der nationalen Beschäftigungspolitik war das verfügbare Instrumentarium der EG bis zum Inkrafttreten des Vertrages von Amsterdam auf die Koordinierung der Grundzüge der Wirtschaftspolitik (Art. 99 EGV) beschränkt. Auch in der Regional-, Struktur- und Kohäsionspolitik sowie der Sozialpolitik wurden Maßnahmen verabschiedet, die beschäftigungspolitische Wirkungen erzielen sollten. Sie blieben jedoch nur Einzelaktionen. Mit der Essener Strategie (1994) rückte die Entwicklung einer „koordinierten Beschäftigungsstrategie" (Art. 125 EGV) in das Zentrum der Aufmerksamkeit. Auf Initiative einiger Mitgliedstaaten (Schweden, Frankreich, Österreich) verständigte man sich während der Amsterdamer Regierungskonferenz auf die Schaffung eines eigenen Vertragsabschnitts zur „Beschäftigungspolitik" (Titel VIII EGV: Beschäftigung) (siehe Dokument IV.4.2).

Art. 128 EGV regelt detailliert die Verfahren, die vom Rat verabschiedete Leitlinien zur Beschäftigungspolitik und nationale Aktionsprogramme beinhalten (siehe Abbildung IV.4.3). Dabei weisen sie viele Ähnlichkeiten mit der Koordinierung der Grundzüge der Wirtschaftspolitik auf. Im Zuge der Reform der Lissabonner Strategie[19] im Jahr 2005 wurden die beiden Koordinierungsprozesse miteinander verknüpft; schon seit dem Europäischen Rat von Brüssel

---
19 Vgl. Europäischer Rat 2005a.

Dokument IV.4.2: Wirtschaftspolitische Koordinierung – Bestimmungen zur Beschäftigungspolitik (gemäß Art. 125 und 126 EGV)

Art. 125 EGV

Die Mitgliedstaaten und die Gemeinschaft arbeiten nach diesem Titel auf die Entwicklung einer koordinierten Beschäftigungsstrategie und insbesondere auf die Förderung der Qualifizierung, Ausbildung und Anpassungsfähigkeit der Arbeitnehmer sowie der Fähigkeit der Arbeitsmärkte hin, auf die Erfordernisse des wirtschaftlichen Wandels zu reagieren, um die Ziele des Artikels 2 des Vertrags über die Europäische Union und des Artikels 2 des vorliegenden Vertrags zu erreichen.

Art. 126 EGV

(1) [...]

(2) Die Mitgliedstaaten betrachten die Förderung der Beschäftigung als Angelegenheit von gemeinsamem Interesse und stimmen ihre diesbezüglichen Tätigkeiten nach Maßgabe des Artikels 128 im Rat aufeinander ab, wobei die einzelstaatlichen Gepflogenheiten in Bezug auf die Verantwortung der Sozialpartner berücksichtigt werden.

im März 2003 war der zeitliche Horizont beider Leitlinienpakete von einem auf drei Jahre ausgedehnt worden.[20]

Neben dieser Verabschiedung und Überwachung von Leitlinien können auch nach dem Mitentscheidungsverfahren[21] Anreizmaßnahmen beschlossen werden.

Auch hier wird der jährliche Zyklus bei einem Blick auf die praktische Nutzung deutlich (siehe Übersicht IV.4.5).

Anhand der Formulierung der Vertragsartikel und ihrer Anwendung werden erneut zentrale Merkmale dieser weichen Form der Koordinierung deutlich:

▸ Gegenstand sind Austausch von Informationen, vergleichende Analysen und Gutachten unter Rückgriff auf Beschäftigungsleitlinien, die seit 2005 in einen umfassenden Drei-Jahres-Zyklus eingebunden sind (siehe Abbildung IV.4.3);
▸ der Rat kann nur „Anreizmaßnahmen zur Förderung der Zusammenarbeit zwischen den Mitgliedstaaten" setzen, z. B. im Rahmen des Europäischen Sozialfonds. Sanktionen gegen abweichende Staaten sind nicht vorgesehen;
▸ die für die EG Gesetzgebung im Binnenmarkt übliche „Harmonisierung der Rechts- und Verwaltungsvorschriften" wird ausdrücklich ausgeschlossen.

Die Artikel ermöglichen damit die Erarbeitung und ständige Fortschreibung einer zwischen den Mitgliedstaaten im Rahmen der EU-Organe koordinierten Beschäftigungsstrategie.

---

20 Vgl. Europäischer Rat 2003b.
21 Vgl. Kapitel IV.2.

Abbildung IV.4.3: Wirtschaftspolitische Koordinierung – Der Zyklus in der Beschäftigungspolitik (Art. 128 EGV)

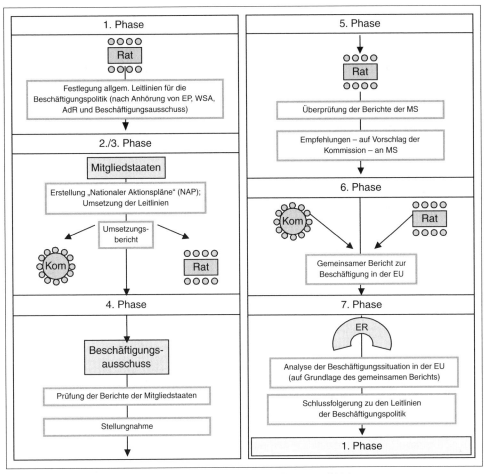

Quelle: Eigene Darstellung des bisherigen Verfahrens. Vgl. dazu Dokument IV.4.4.

■ *Die „Offene Methode der Koordinierung" – eine innovative Methode?*

Im Katalog wirtschaftspolitischer Koordinierungsverfahren hat „die Offene Methode der Koordinierung" besondere Aufmerksamkeit gefunden. Nach der sogenannten „Lissabon-Strategie" aus dem Jahre 2000 sollte die Union bis 2010 das „Ziel der Vollbeschäftigung durch den Ausbau der EU zum wettbewerbfähigsten und dynamischsten wissensbasierten Wirtschaftsraum der Welt"[22] erreichen. Als das prozedurale Kernelement dieser Strategie zur Modernisierung nationaler Volkswirtschaften hat der Europäische Rat die OMK (siehe Dokument IV.4.3) vorgesehen.[23] Die ursprünglichen Erwartungen waren hoch: Diese Methode soll den Mitgliedstaaten Möglichkeiten zur Politikgestaltung bieten, die eine gemeinsame Behandlung

---

22 Europäischer Rat 2000.
23 Vgl. Kapitel III.2.

Übersicht IV.4.5: Wirtschaftspolitische Koordinierung – Aus der Praxis der Beschäftigungspolitik

1999	12. Juli	Rat: Verabschiedung der ersten beschäftigungspolitischen Leitlinien inklusive länderspezifischer Bestimmungen
2000	14. Februar	Rat: Erste Empfehlungen zur Umsetzung nationaler Beschäftigungspolitiken
	13. März	Rat: Verabschiedung der beschäftigungspolitischen Leitlinien für 2000
2001	19. Januar	Rat: Verabschiedung der beschäftigungspolitischen Leitlinien für 2001
2002	18. Februar	Rat: Verabschiedung der beschäftigungspolitischen Leitlinien für 2002 sowie Empfehlungen bezüglich der Umsetzung nationaler Beschäftigungspolitiken
2003	20.–21. März	Europäischer Rat in Brüssel: Dreijährige Zyklen für GzWP und Beschäftigungsleitlinien
	20. März	Dreigliedriger Sozialgipfel
	03. Juni	Rat: Verabschiedung des Berichts bezüglich der GzWP 2003–2005 und der Beschäftigungsleitlinien
	19.–20. Juni	Europäischer Rat in Thessaloniki: Billigung der GzWP 2003–2005 und der Beschäftigungsleitlinien
	22. Juli	Rat: Verabschiedung der Beschäftigungsleitlinien für 2003 sowie Empfehlungen bezüglich der Umsetzung nationaler Beschäftigungspolitiken
2004	25. März	Dreigliedriger Sozialgipfel
	02. Juni	Rat: Verabschiedung des Berichts bezüglich der GzWP 2003–2005 und der Beschäftigungsleitlinien
	17.–18. Juni	Europäischer Rat in Brüssel: Billigung der GzWP 2003–2005 und der Beschäftigungsleitlinien
	05. Juli	Rat: Verabschiedung der Aktualisierung der GzWP und der Beschäftigungsleitlinien für 2004
	04. Oktober	Rat: Verabschiedung der Beschäftigungsleitlinien für 2004
	14. Oktober	Rat: Verabschiedung der Empfehlungen bezüglich der Umsetzung nationaler Beschäftigungspolitiken
2005	22. März	Dreigliedriger Sozialgipfel
	12. April	Kommission: Empfehlung bezüglich der „Integrierten Leitlinien" 2005–2008
	12. Juli	Rat: Verabschiedung der „Integrierten Leitlinien" 2005–2008

Quelle: Eigene Zusammenstellung in Anlehung an Linsenmann/Meyer/Wessels 2007: 234-242.

von ähnlichen Problemen ohne jegliche vertragsrechtliche „Zwangsjacke" erlauben. Außerhalb von verbindlichen Entscheidungen nach der Gemeinschaftsmethode sollen dezentrale Formen der Absprache und Abstimmung zu gemeinsamem Lernen in Erfahrungsgemeinschaften und zu einer Europäisierung von Konzepten, Orientierungsrahmen und Strategien führen. Die OMK sollte damit auch eine transnationale Debatte anstoßen, die eine europäische (Teil-)Öffentlichkeit in ausdifferenzierten Netzwerken etabliert.

Die Offene Methode der Koordinierung wird seit Lissabon auch in weiteren Politikfeldern – so im Bereich der sozialen Eingliederung und Altersversorgung, in der Bildungspolitik, im Bereich der Migrationspolitik und der Jugendpolitik – genutzt (siehe Übersicht IV.4.6).

Dokument IV.4.3: Wirtschaftspolitische Koordinierung – Die OMK gemäß der Lissabonner Strategie

> **Schlussfolgerungen des Vorsitzes – Lissabon, 23. und 24. März 2000**
>
> [...]
>
> *Anwendung eines neuen offenen Koordinierungsverfahrens*
>
> 37. Dieses strategische Ziel [der Ausbau der EU, Anm. des Verf.] wird sich durch die Anwendung eines *neuen offenen Koordinierungsverfahrens* als eines Mittels für die Verbreitung der bewährten Praktiken und die Herstellung einer größeren Konvergenz in bezug auf die wichtigsten Ziele der EU leichter verwirklichen lassen. Diese Verfahrensweise, die den Mitgliedstaaten eine Hilfe bei der *schrittweisen Entwicklung* ihrer eigenen Politiken sein soll, umfasst folgendes:
>
> ▶ *Festlegung von Leitlinien* für die Union mit einem jeweils *genauen Zeitplan* für die Verwirklichung der von ihnen gesetzten kurz-, mittel- und langfristigen Ziele;
> ▶ gegebenenfalls Festlegung *quantitativer und qualitativer Indikatoren und Benchmarks* im Vergleich zu den Besten der Welt, die auf die in den einzelnen Mitgliedstaaten und Bereichen bestehenden Bedürfnisse zugeschnitten sind, als Mittel für den Vergleich der bewährten Praktiken;
> ▶ Umsetzung dieser europäischen Leitlinien in die *nationale und regionale Politik* durch Entwicklung konkreter Ziele und Erlass entsprechender Maßnahmen unter Berücksichtigung der nationalen und regionalen Unterschiede;
> ▶ *regelmäßige Überwachung, Bewertung und gegenseitige Prüfung* im Rahmen eines Prozesses, bei dem alle Seiten voneinander lernen.
>
> [...]

Quelle: Europäischer Rat 2000, Hervorhebungen durch den Autor.

Die Reform der Lissabon-Strategie 2005 führte auch zu einer Revision der Verfahren für die Leitlinien der Wirtschafts- und der Beschäftigungspolitik (siehe Dokument IV.4.4):[24] Beide werden seit 2006 als so genannte „Integrierte Leitlinien" in einem Dokument zusammengeführt, bleiben aber als Texte getrennt. Der Zyklus wird angepasst und für beide synchron geschaltet.

---

24 Vgl. Europäischer Rat 2005a.

Übersicht IV.4.6: Wirtschaftspolitische Koordinierung – OMK-Verfahren nach Politikfeldern

Politikfelder	Startpunkt
Einwanderung	1999 (Europäischer Rat Tampere)
Besteuerung	1999 (ECOFIN) 2000 (Europäischer Rat Feira)
Bessere Verwaltung	2000 (Europäischer Rat Lissabon)
Training/Ausbildung	2000 (Europäischer Rat Lissabon)
Unternehmen	2000 (Europäischer Rat Lissabon)
Informationsgesellschaft	2000 (Europäischer Rat Lissabon)
Forschung und Entwicklung	2000 (Europäischer Rat Lissabon)
Soziale Teilhabe	2001 (Europäischer Rat Stockholm)
Nachhaltigkeit	2001 (Europäischer Rat Göteborg)
Gesundheit	2001 (Europäischer Rat Göteborg)
Jugend	2001 (Weißbuch der Kommission)
Renten	2001 (Europäischer Rat Laeken)
Tourismus	2002 (Verordnung des Rats)

Quelle: Übersetzte und gekürzte Version von Laffan/Shaw 2005: 13f.

Dokument IV.4.4: Wirtschaftspolitische Koordinierung – Anpassungen durch den Europäischen Rat

Schlussfolgerungen des Vorsitzes – Brüssel, 22. und 23. März 2005

[...]

39. Dieser *Neuansatz*, der auf einem in diesem Jahr beginnenden und 2008 zu erneuernden *dreijährigen Zyklus* beruht, wird folgende Schritte umfassen:

a) Am Ausgangspunkt des Zyklus steht das Synthesedokument der Kommission („*Strategiebericht*"). Dieser Bericht wird in den zuständigen Ratsgremien geprüft und vom Europäischen Rat auf seiner Frühjahrstagung erörtert; der *Europäische Rat* legt dann die *politischen Zielvorstellungen* für die wirtschaftliche, die soziale und die umweltpolitische Dimension der Strategie fest.

b) Gemäß den Verfahren der Artikel 99 und 128 des Vertrags und auf der Grundlage der Schlussfolgerungen des Europäischen Rats nimmt der Rat *„integrierte Leitlinien"* an, die aus zwei Komponenten bestehen: den Grundzügen der Wirtschaftspolitik und den Leitlinien für die Beschäftigungspolitik. Die Grundzüge der Wirtschaftspolitik sollten als allgemeines wirtschaftspolitisches Koordinierungsinstrument weiterhin das gesamte Spektrum der makroökonomischen, mikroökonomischen und beschäftigungspolitischen Maßnahmen – soweit die Beschäftigungspolitik mit den anderen genannten Bereichen in Wechselwirkung steht – abdecken; sie sollten für die *wirtschaftliche Gesamtkohärenz* der drei Dimensionen der Strategie sorgen.

c) Auf der Grundlage der „integrierten Leitlinien"
   – erstellen die Mitgliedstaaten unter ihrer Verantwortung *„nationale Reformprogramme"*, die ihren Bedürfnissen und ihren spezifischen Gegebenheiten entsprechen. Zu diesen Programmen werden alle auf regionaler und nationaler Ebene Beteiligten, einschließlich der Parlamentsgremien nach den Verfahren eines jeden Mitgliedstaats, gehört. Die Programme tragen den nationalen Politikzyklen Rechnung und können bei Veränderung der Lage überarbeitet werden. Die Mitgliedstaaten verstärken ihre *innerstaatliche Koordinierung*, gegebenenfalls durch die Benennung eines „nationalen Lissabon-Koordinators";
   – unterbreitet die *Kommission* ihrerseits als Gegenstück zu den einzelstaatlichen Programmen ein *„Lissabon-Programm der Gemeinschaft"*, das alle auf Gemeinschaftsebene zu treffenden Maßnahmen für Wachstum und Beschäftigung umfasst und dabei dem Erfordernis der Konvergenz der Politiken Rechnung trägt.

d) Die jährlich von den *Mitgliedstaaten an die Kommission gerichteten Berichte* über die Umsetzung der Lissabonner Strategie – auch hinsichtlich der Anwendung der offenen Koordinierungsverfahren – werden künftig in einem einzigen Dokument zusammengefasst, in dem die einzelnen Handlungsbereiche deutlich voneinander abgegrenzt und die Maßnahmen aufgeführt werden, die während der zwölf vorangegangenen Monate zur Durchführung der nationalen Programme ergriffen worden sind; das erste Dokument dieser Art wird im Herbst 2006 vorgelegt.

e) Die Kommission wird jährlich über die *Umsetzung der Strategie in den drei Dimensionen Bericht erstatten*. Der Europäische Rat zieht in jedem Frühjahr ausgehend von der Analyse der Kommission Bilanz über die erzielten Fortschritte und äußert sich dazu, welche Anpassungen der „integrierten Leitlinien" sich als erforderlich erweisen.

f) Für die Grundzüge der Wirtschaftspolitik gelten die bestehenden multilateralen Überwachungsverfahren.

40. Am Ende des dritten Jahres eines jeden Zyklus werden die „integrierten Leitlinien", die „nationalen Reformprogramme" und das „Lissabon-Programm der Gemeinschaft" nach dem vorstehend beschriebenen Verfahren erneuert; hierbei dient ein *Strategiebericht der Kommission als Grundlage*, der sich auf eine umfassende Bewertung der in den drei vorangegangenen Jahren erzielten Fortschritte stützt.
[...]

Quelle: Europäischer Rat 2005a. Hervorhebungen durch den Autor.

4.4 Diskussion und Perspektiven

▪ *Zur Charakterisierung einer Experimentier- und Erprobungsphase: Ernüchterung und pragmatische Reform*

Die institutionelle Architektur wirtschaftspolitischen Regierens zeigt einen hohen Grad an Variationen und Komplexität im Detail. Die Verfahren der Koordinierung – insbesondere die OMK – sind Gegenstand intensiver politischer und wissenschaftlicher Diskussionen. Diese thematisieren die bisherige Bilanz im Hinblick auf Handlungsfähigkeit und Legitimation bei der Politikgestaltung und damit auch – mit Blick auf die Gestaltung des EU-Systems – die Nützlichkeit dieser Verfahren als Alternativen und Ergänzungen zum bisherigen Aufbau der institutionellen Architektur.

Nach einigen Jahren der intensiven Nutzung in der Praxis hat der Europäische Rat selbst Bilanz gezogen und einzelne Verfahren geändert (siehe Dokument IV.4.4). Das Dokument lässt erkennen, dass die Mitgliedstaaten die von ihnen selbst verabschiedeten Verfahren für revisionsbedürftig hielten. Der Versuch, eine neue institutionelle Dynamik aus dem Verfahren der Koordinierung – insbesondere für wirtschafts- und arbeitsmarktpolitische Reformen – nutzbar zu machen, scheint in der Bilanz der Begründer und „Herren" dieser Verfahren selbst nicht geglückt zu sein. Im Bereich der haushaltspolitischen Koordinierung durch den Stabilitäts- und Wachstumspakt hat sich erwiesen, dass in der Tat „the dogs that bark don't bite".[25] Weichere oder auch harte Sanktionen erweisen sich mit Mitteln einer Koordinierung als nicht umsetzbar. Einzige Ausnahme ist eine Frühwarnung an Frankreich im Jahre 2003. Ansonsten haben die Reformen des SWP im Jahre 2005 de facto eine Aufweichung der Anwendungskriterien zur Folge gehabt.[26]

Angesichts der Vielfalt in der Praxis wird deutlich, dass die Regierungen auch nach den Teilreformen von 2005 keine eindeutig festgelegten Methoden für ihre Zusammenarbeit vereinbaren konnten. Vielmehr setzen sie verschiedene Elemente aus einem vielfältig sortierten „Instrumentenkasten" für einzelne Politikbereiche jeweils getrennt zusammen.

Eine wissenschaftlich abgesicherte Bilanz dieser Form des Regierens ist auch nach mehreren Jahren der Praxis nur mit einigen Schwierigkeiten zu erstellen.[27] Insbesondere mögliche Lernprozesse der beteiligten Politiker und Beamten in den regelmäßigen Politikzyklen sind nicht einfach zu messen.

Bisherige Erfahrungen mit den Methoden der Koordinierung lassen jedoch – gestützt auf Ergebnisse empirischer Untersuchungen – einige, sicherlich vorläufige, Ergebnisse erkennen. Die tatsächliche Nutzung derartiger Verfahren ist zunächst von den politischen Präferenzen und Konstellationen zwischen den Regierungschefs, aber auch von Vorgehen und Geschick der Kommission abhängig. Einige Ansätze zur Anwendung der OMK sind von den Regierungen praktisch wieder eingestellt worden.[28] Andere erscheinen mehr als Rituale, die Zeitpläne einhalten, ohne jedoch die selbst gestellten Aufgaben ernsthaft anzugehen.[29]

Vorteile dieser Verfahren sind für die beobachtete Erprobungsphase nicht einfach herauszuarbeiten. Entgegen ersten Erwartungen sind Formen der weichen und offenen Koordinierung jedoch keine prozeduralen „Wunderwaffen", die wegen ihrer Unverbindlichkeit in allen

---

25 Heipertz/Verdun 2004.
26 Vgl. u. a. Becker/Böttcher 2007: 215.
27 Vgl. Linsenmann/Meyer/Wessels 2007: 211-221; Börzel 2005a; Kohler-Koch 2005a; Wallace/Wallace/Pollack 2005; Zeitlin/Pochet 2005; Bórras/Jacobsson 2004; http://www.eu-newgov.org.
28 Z. B. Migration, vgl. Kommissionsvorschlag (Europäische Kommission 2001a) und Laffan/Shaw 2005: 15.
29 Z. B. Informationsgesellschaft, vgl. Laffan/Shaw 2005: 9.

Politikfeldern mit Gewinn einsetzbar wären. In den bisherigen Anwendungsbereichen „sanften Regierens" sind häufig nur schwache Wirkungen feststellbar.[30] Mittelfristig könnten Lernprozesse jedoch dazu führen, dass Konzepte nationaler Wirtschaftspolitiken überdacht und angepasst werden. Veränderungen im konkreten Verhalten sind bisher kaum direkt auf diese Verfahren zurückzuführen; häufig bleiben die Ergebnisse auf medienwirksame Erklärungen und intensive Beratungen kleiner Beamtenzirkel begrenzt.[31]

Trotz möglicherweise guter Absichten sind Regierungen bei der Umsetzung der gemeinsamen Zielvorgaben und Zeitpläne zurückhaltend. Ein derartiges Auseinanderfallen zwischen erklärtem Willen und tatsächlichen Aktivitäten lässt sich durch Denkfiguren spieltheoretischer Ansätze erklären.[32] Um dieses Dilemma zu reduzieren werden die gemeinsamen Vorgaben häufig von den nationalen Regierungen mit der Absicht formuliert, in der Phase der Überwachung nicht zu den „tadelswerten" Mitgliedstaaten zu gehören – auch um der heimischen Opposition keinen Ansatzpunkt für Kritik zu geben.[33] Bei einem derartigen Verhalten geht aber die Fähigkeit, Defizite nationaler Politik zu beheben, erheblich zurück.

Auch im Hinblick auf die Legitimität dieser Verfahren sind Kritikpunkte anzubringen. Trotz aller geforderten Offenheit sind bei einer rechtsstaatlichen und demokratischen Bewertung erhebliche Mängel festzustellen. Die Verfahren der weichen Koordinierung stärken administrative Akteure der nationalen Exekutive und der Kommission. Nationale Parlamente und das EP sind nur begrenzt beteiligt. Gleichzeitig verwischt diese Praxis eine direkte politische Verantwortungszuordnung für die entsprechenden Maßnahmen.

■ *Politikkoordinierung in integrationstheoretischer Sicht*

Hinsichtlich von Wirkungen auf den Ausbau und die weitere Gestaltung des EU-Systems sind zwei Denkschulen zu erörtern. Nach einem ersten Ansatz zeigen bisherige Erfahrungen mit informellen Koordinierungsansätzen, dass derartige Vorhaben nationaler Regierungen eine erste Stufe auf einer „Fusionsleiter" in Richtung zu mehr Integration bilden können.[34] Nach dieser Erwartung bilden Formen der Koordinierung, insbesondere die OMK, eine Art Testlauf für die Anwendung verschiedener Instrumente auf neuen, bisher nicht vergemeinschafteten Politikfeldern. Folgt man dieser Analyse, so sehen sich die Mitgliedstaaten als „Herren der Verträge" nach Enttäuschungen über die begrenzten Problemlösungskapazitäten unverbindlicher Regelwerke veranlasst, nationale Zuständigkeiten in stärker supranationale Formen des Regierens in der EU-Architektur zu überführen. Formen der Koordinierung könnten dann als eine notwendige Erprobungsphase im Sinne einer Versuchs- und Irrtumsmethode (im englischen Sprachgebrauch: „trial and error") gesehen werden. In einer „experimentellen Union"[35] könnten sich damit diese Methoden als Einstieg in eine „schleichende" Vergemeinschaftung erweisen. In einem „Überschwappeffekt" (im wissenschaftlichen Sprachgebrauch: spill-over) wird der neu definierte Aufgabenkatalog mit anderen Tätigkeitsgebieten der EG verknüpft. Entsprechend diesen Erwartungen instrumentalisieren z. B. die finanzielle Vorausschau[36] und das 7. Forschungsrahmenprogramm der EU diese Vorgaben. Auch die Kommission nutzt die

---

30 Vgl. Linsenmann/Meyer/Wessels 2007; Borrás/Jacobsson 2004; De la Porte/Nanz 2004.
31 Vgl. http://www.govecor.org.
32 Vgl. u. a. Scharpf 2000b.
33 Vgl. Linsenmann/Meyer 2002: 293.
34 Vgl. Kapitel I.
35 Vgl. Laffan 1999.
36 Vgl. Kapitel IV.3.

breite Agenda der Lissabon-Strategie, um mit Hilfe ihrer Initiativrechte ihr eigenes Aufgabengebiet zu erweitern.[37]

In einer alternativen Sichtweise[38] können offene Methoden der Koordinierung aber auch als ein Schritt zum Abbau des bisherigen Besitzstands interpretiert werden. Die „Offenheit" führt zur verstärkten Flexibilisierung, ohne die Prinzipien der Rechtsstaatlichkeit und Demokratie zu berücksichtigen. Eine schleichende Erosion der Gemeinschaftsmethode würde so in Richtung auf ein „Europe à la carte" weisen.[39] Die Dominanz nationaler Exekutiven, das Fehlen von rechtsverbindlichen Instrumenten und die schwache parlamentarische und justizielle Kontrolle machen die Koordinierung für Regierungen attraktiv und erweisen sich als „autonomieschonend".[40] Zudem kann aufgrund der Komplexität der Verfahren eine Diffusion der politischen Verantwortung betrieben werden, die Fehlleistungen auf der Brüsseler Ebene ablädt, während nationale Regierungen sich Erfolge zuschreiben können.

Eindeutige Schlussfolgerungen in der Kontroverse zwischen beiden Schulen sind noch nicht zu ziehen. Festzuhalten ist jedoch, dass die Regierungen und Verwaltungen der Mitgliedstaaten mit diesen Verfahren die Aufgabengebiete des EU-System insgesamt ausgedehnt und die Komplexität des Mehrebenensystems weiter gesteigert haben.

■ *Zur Zukunft: Vorschläge aus der Reformdebatte*

Entgegen Erwartungen eines „Überschwappeffektes" und damit eines weiteren Ausbaus der institutionellen Architektur sind im Verfassungsvertrag keine wesentlichen Veränderungen im Hinblick auf Koordinierungsverfahren formuliert worden. In den Beratungen des Europäischen Konvents zur Zukunft Europas war eine vertragliche Formalisierung der offenen Methode der Koordinierung umstritten.[41] Im unterzeichneten Entwurf des Verfassungsvertrags sind schließlich entsprechende Formulierungen an mehreren Stellen aufgenommen worden.[42] Bei anderen Politikbereichen hat der Verfassungsvertrag keine Schritte zur integrationspolitischen Aufwertung bisheriger Koordinierungsverfahren vorgesehen. Der Wortlaut des Verfassungsvertrages schreibt leicht abweichende Formen der wirtschafts- und auch sozialpolitischen Koordinierung (siehe Dokument IV.4.5) fest. Betont wird in allen drei Feldern – Wirtschafts-, Beschäftigungs- und Sozialpolitik – die Möglichkeit der Koordinierung von Instrumenten, die weiterhin im nationalen Zuständigkeitsbereich verbleiben. Eine Übertragung von Kompetenzen ist daher nicht vorgesehen. Die Vorgaben zum Reformvertrag folgen weitgehend den Formulierungen des Verfassungsvertrags.

Auch wenn die Mitgliedstaaten für den Verfassungsvertrag und in ihrer Revision vom März 2005 (siehe Dokument IV.4.4) keine institutionellen Veränderungen beschlossen haben, so wird das Thema der Wirtschafts- und Sozialpolitik weiterhin einen prominenten Platz auf der EU-Tagesordnung einnehmen. Angesichts der Auswirkungen von Globalisierung und demographischem Wandel ist weiterhin ein hoher Handlungsbedarf im EU-System zu erwarten, von dem ein Druck auf Reformen von Verfahren und Institutionen ausgehen kann.

Gegenüber den „weichen" Formen der Koordinierung, die ohne besondere öffentliche Aufmerksamkeit weiter genutzt werden, kann der Stabilitäts- und Wachstumspakt als die „harte" Variante je nach Konjunkturlage wieder an politischer Brisanz gewinnen. Auch Forde-

---

37 Vgl. u. a. Europäische Kommission 2001a: 5.
38 Vgl. u. a. Europäischen Kommission 2001b.
39 Vgl. Kap. V.
40 Vgl. Scharpf 1994.
41 Vgl. Louis/Ronse 2005.
42 Vgl. Louis/Ronse 2005: 37.

Dokument IV.4.5: Wirtschaftspolitische Koordinierung – Artikel zur Wirtschafts-, Beschäftigungs- und Sozialpolitik

---

Vertrag über eine Verfassung für Europa

Art. I-15 VVE

Die Koordinierung der Wirtschafts- und Beschäftigungspolitik

(1) Die Mitgliedstaaten *koordinieren* ihre *Wirtschaftspolitik* innerhalb der Union. Zu diesem Zweck erlässt der Ministerrat Maßnahmen; insbesondere beschließt er die Grundzüge dieser Politik. [...]

(2) Die Union trifft *Maßnahmen zur Koordinierung* der *Beschäftigungspolitik* der Mitgliedstaaten, insbesondere durch die Festlegung von Leitlinien für diese Politik.

(3) Die Union kann *Initiativen zur Koordinierung* der *Sozialpolitik* der Mitgliedstaaten ergreifen.

Hervorhebungen durch den Autor.

rungen zur Verbesserung der Koordination wirtschafts- und währungspolitischer Instrumente in Form einer „Wirtschaftsregierung" (im Brüsseler Sprachgebrauch: „gouvernement économique"[43]) werden Debatten um die Zukunft dieser Verfahren mitbestimmen.

4.5 Zur Wiederholung und Vertiefung

■ *Merkpunkte und Stichworte*

▶ Grundkenntnisse:
  – Formen von Koordinierungsverfahren: gemeinsame Merkmale und jeweilige Anwendungsgebiete
  – „Weiche" und „harte" Koordinierung: Unterschiede und jeweilige Anwendungsgebiete
  – Lissabonner Strategie: zentrale Ziele und Methoden
  – Stabilitäts- und Wachstumspakt: zentrale Ziele und Verfahren
  – Offene Methode der Koordinierung: Merkmale und Anwendungsgebiete

▶ Zur institutionellen Architektur: Vertragsbestimmungen und Befund aus der Praxis
  – Rolle des Europäischen Rats
  – Rolle des ECOFIN
  – Rolle der Kommission
  – Rolle des EP
  – Rolle ausgewählter (Beamten-)Ausschüsse

▶ Phasen der Koordinierung
  – in der Beschäftigungspolitik
  – in der Fiskalpolitik

▶ Gemeinschaftsmethode und Koordinierungsverfahren: Unterschiede

---

43 Vgl. u. a. Linsenmann/Meyer/Wessels 2007; De Villepin 2005: 10. Vgl. auch Kapitel III.8.

■ *Fragen*

▶ Wie lassen sich Lernprozesse bei Koordinierungsverfahren erfassen?
▶ Wie ist eine Bilanz der Offenen Methode der Koordinierung zu ziehen?
▶ Wie ist das hohe Interesse der Politikwissenschaft an der OMK zu erklären?

■ *Thesen zur Diskussion*

▶ Die Offene Methode der Koordinierung ist die geeignete Methode zwischen Gemeinschaftsmethode und intergouvernementaler Koordinierung.
▶ Eine „harte" Koordinierung bei der Überwachung der nationalen Haushaltspolitik ist politisch nicht durchsetzbar.
▶ Der Europäische Rat und die Kommission sind die Gewinner der Koordinationsverfahren.
▶ Ohne Anreize aus dem EG-Haushalt werden die Koordinierungsbemühungen ergebnislos bleiben.
▶ Die Verfahren der Koordinierung sind unter dem Gesichtspunkt von Transparenz und rechtsstaatlichen Kriterien negativ zu beurteilen.
▶ Koordinierungsverfahren bilden eine Übergangsstufe zu mehr Integration auf einer „Fusionsleiter".

4.6 Literaturhinweise

■ *Online-Quellen*

http://ec.europa.eu/growthandjobs/
Koordinierung der Lissabonstrategie
http://ec.europa.eu/economy_finance/about/activities/sgp/main_en.htm
englischsprachige Website der Europäischen Kommission zum Stabilitäts- und Wachstumspakt

■ *Einführende Literatur*

Becker, Peter (2007): Beschäftigungs- und Sozialpolitik, in: Weidenfeld, Werner/Wessels, Wolfgang (Hrsg.): Jahrbuch der Europäischen Integration 2006, Baden-Baden, S. 145-150.
Böttcher, Barbara (2007): Wirtschaftspolitik, in: Weidenfeld, Werner/Wessels, Wolfgang (Hrsg.): Europa von A bis Z. Taschenbuch der Europäischen Integration, 10. Auflage, Baden-Baden, S. 384-387.
Linsenmann, Ingo/Meyer, Christoph O. (2002): Dritter Weg, Übergang oder Teststrecke? Theoretische Konzeption und Praxis der offenen Politikkoordinierung, in: integration 4/02, S. 285-296.

■ *Weiterführende Literatur*

Jacobsson, Kerstin/Vifell, Asa (2007): New Governance Structures in Employment Policy-Making: Loose Co-ordination in Action, in: Linsenmann, Ingo/Meyer, Christoph O./Wessels, Wolfgang: Economic Government of the EU. A Balance Sheet of New Modes of Policy Coordination, Houndmills, S. 53-71.
Le Cacheux, Jaques/Touya, Florence (2007): The Dismal Record of the Stability and Growth Pact, in: Linsenmann, Ingo/Meyer, Christoph O./Wessels, Wolfgang (Hrsg.): Economic Government of the EU. A Balance Sheet of New Modes of Policy Coordination, Houndmills/New York, S. 72-90.
Radaelli, Claudio (2003): The open method of coordination: a new governance architecture for the European Union?, Stockholm.
Zeitlin, Jonathan/Pochet, Philippe (Hrsg.) (2005): The Open Method of Coordination in Action. The European Employment and Social Inclusion Strategies, Brüssel.

■ *Vertiefende Literatur*

De la Porte, Caroline/Pochet, Philippe (Hrsg.) (2002): Building Social Europe through the Open Method of Co-ordination, Brüssel.

Hodson, Dermot/Maher, Imelda (2001): The Open Method as a new mode of governance: The case of soft economic policy co-ordination, in: Journal of Common Market Studies 39(4), S. 719-746.

Journal of European Public Policy, vol. 11, no 2, April 2004.

Linsenmann, Ingo/Meyer, Christoph O./Wessels, Wolfgang (2007): Economic Government of the EU. A Balance Sheet of New Modes of Policy Coordination, Houndmills.

5. Auswärtiges Handeln: Außenbeziehungen und die Gemeinsame Außen- und Sicherheitspolitik

5.1 Eckpunkte im Überblick: Ein Katalog an Verfahren für einen globalen Akteur

Zu wesentlichen Entwicklungen der EU gehören zunehmende Aktivitäten der EU als „globaler Akteur".[1] Das „Auswärtige Handeln der Union"[2] – so die durchaus für das bestehende System zu nutzende Formulierung des Verfassungsvertrags – beruht auf einem umfassenden Katalog an primärrechtlichen Zielen, Instrumenten und Verfahren. Dieser Politikbereich steht hoch auf der Prioritätenliste der EU-Institutionen.

Wie die Vorgaben des Vertragswerks (siehe Dokument IV.5.1) ausweisen, haben die Mitgliedstaaten alle konventionellen Felder der Außen-, Sicherheits-, Wirtschafts- und Entwicklungspolitik als Aufgabengebiete der EU benannt. Außerdem können bei vielen anderen Politikbereichen – so etwa bei der Forschung und Kultur – Regeln zur „Zusammenarbeit mit dritten Ländern und zuständigen internationalen Organisationen" (vgl. z. B. Art. 151 (3) EGV) genutzt werden. Eine spezifische Form der Außenbeziehungen bilden Assoziierungs- und Kooperationsabkommen.[3]

Dokument IV.5.1: Auswärtiges Handeln – Ziele (gemäß EUV und EGV)

Art. 2 EUV

Die Union setzt sich folgende Ziele:

die Behauptung ihrer Identität auf internationaler Ebene, insbesondere durch eine *Gemeinsame Außen- und Sicherheitspolitik*, wozu [...] auch die schrittweise Festlegung einer gemeinsamen *Verteidigungspolitik* gehört, die zu einer gemeinsamen Verteidigung führen könnte; [...].

Art. 3 EUV

Die Union achtet insbesondere auf die *Kohärenz* aller von ihr ergriffenen außenpolitischen Maßnahmen im Rahmen ihrer *Außen-, Sicherheits-, Wirtschafts- und Entwicklungspolitik*.

Art. 131 EGV

Durch die Schaffung einer *Zollunion* beabsichtigen die Mitgliedstaaten, im gemeinsamen Interesse zur *harmonischen Entwicklungen des Welthandels*, zur schrittweisen Beseitigung

---

[1] Vgl. zum Begriff: Bretherton/Vogler 2006; Rosamond 2000; Wessels 2000b; Rhodes 1998; so auch die offizielle Bezeichnung, vgl.: Europäisches Parlament/Rat der Europäischen Union/Europäische Kommission 2006: 10, online unter: http://europa.eu/scadplus/leg/de/lvb/l34020.htm (Stand 26.07.2007).
[2] So die Bezeichnung des Verfassungsvertrags VVE Titel V und des Mandats für den Reformvertrag.
[3] Vgl. Algieri/Weske 2007; Bretherton/Vogler 2006; Smith 2003.

> der Beschränkungen im internationalen Handelsverkehr und zum Abbau der Zollschranken beizutragen.
>
> ### Art. 177 EGV
>
> (1) Die Politik der Gemeinschaft auf dem *Gebiet der Entwicklungszusammenarbeit*, die eine Ergänzung der entsprechenden Politik der Mitgliedstaaten darstellt, fördert
>
> – die nachhaltige wirtschaftliche und soziale Entwicklung der Entwicklungsländer;
> – die harmonische, schrittweise Eingliederung der Entwicklungsländer in die Weltwirtschaft;
> – die Bekämpfung der Armut in den Entwicklungsländern.
>
> (2) Die Politik der Gemeinschaft in diesem Bereich trägt dazu bei, das allgemeine Ziel einer Fortentwicklung und Festigung der *Demokratie und des Rechtsstaats* sowie das Ziel der *Wahrung der Menschenrechte* und *Grundfreiheiten* zu verfolgen.

Gekürzte Fassung, Hervorhebungen durch den Autor.

Bei der Vielzahl an Vertragsbestimmungen ist – zum Einstieg – als wesentliche Erkenntnis festzuhalten, dass die Regelwerke zur Vorbereitung, Verabschiedung, Durchführung und Kontrolle des auswärtigen Handelns der EU einen beträchtlichen Umfang an Variationen aufweisen. Unterschiede sind insbesondere zwischen Bestimmungen zu den primär wirtschaftlichen „Außenbeziehungen" in der EG und den Verfahren zur „Gemeinsamen Außen- und Sicherheitspolitik" (GASP), einschließlich der „Europäischen Sicherheits- und Verteidigungspolitik" (ESVP), zu berücksichtigen. Aber auch innerhalb der beiden Säulen[4] weist die jeweilige institutionelle Architektur mehrere Formen auf. Insgesamt ist so auch dieser Teilbereich des EU-Systems durch einen erheblichen Grad an Komplexität geprägt, der die Gleichzeitigkeit divergierender europapolitischer Leitbilder widerspiegelt: Das vertragliche Regelwerk der EU folgt so teils eher supranationalen und teils eher intergouvernementalen Leitideen.

In der Praxis der internationalen Aktivitäten sind deshalb auch immer wieder Mängel an Handlungsfähigkeit, Kohärenz, Effizienz und Wirksamkeit bei dem Einsatz des gegebenen Instrumentariums festzustellen. Als eine wesentliche institutionelle Lösung zur Verringerung dieser Defizite sah der Verfassungsvertrag insbesondere einen „Außenminister der Union" (Art. I-28 VVE) vor, der mit einem „Doppelhut" die unterschiedlichen Zuständigkeiten in der GASP und der EG in einer Person verknüpfen sollte (siehe unten). Der Inhaber dieses Amtes sollte der Union damit „Gesicht" und „Stimme" verleihen. Die Vorgaben zum Reformvertrag haben die Bezeichnung „Außenminister" durch den Titel „Hoher Vertreter der Union für Außen- und Sicherheitspolitik" ersetzt. Für die Aufgabenbeschreibung des Amtsinhabers sollen aber die Formulierungen des Verfassungsvertrags übernommen werden.

Angesichts der Bedeutung der GASP als ein Modellfall intergouvernementaler Verfahren, aber auch angesichts ihres Gewichts für die Rolle der EU im internationalen System, werden dem Regelwerk und der entsprechenden Praxis dieser 2. Säule des EU-Systems besondere Aufmerksamkeit gewidmet.

---

4 Vgl. Kapitel I.4.2.

5.2 Die EG-Außenbeziehungen: Variationen der Gemeinschaftsmethode in der Praxis

Der Verfahrenskatalog in der EG-Säule ist durch ein allgemeines Regelwerk (Art. 300 EGV) und Spezialbestimmungen – so zur Handelspolitik (Art. 131 ff. EGV), Entwicklungszusammenarbeit (Art. 177 ff. EGV) und Assoziierungspolitik (Art. 310) – gekennzeichnet. Die Generalermächtigung nach Art. 300 EGV lässt auch bereits für die EG-Säule eine erhebliche Spannbreite an unterschiedlichen Beteiligungsmustern von Kommission, Rat und EP erkennen.

■ *Verfahren*

Ein zentrales Verfahren für die Außenwirtschaftspolitik bietet das Regelwerk für die Gemeinsame Handelspolitik, das vom Tandem Rat und Kommission geprägt wird (Art. 133 EGV, siehe Abbildung IV.5.1). Dieses Verfahren wird häufig genutzt und ist für die Union als größte Handelsmacht der Welt von nachhaltiger Bedeutung.[5]

Zentrale Akteure sind nach diesen Bestimmungen die Kommission – dort insbesondere der zuständige Kommissar und die Generaldirektion für Handel – sowie der Rat. Bis auf Ausnahmetatbestände kann der Rat mit qualifizierter Mehrheit entscheiden. Von der Seite der Mitgliedstaaten sind auch Gremien mit nationalen Beamten beteiligt – so begleitet der Ausschuss nach Art. 133 die Verhandlungen der Kommission mit Drittstaaten.

Der normale Ablauf dieses Verfahrens ist durch mehrere Phasen gekennzeichnet: Nach Vorgesprächen mit den betroffenen Staaten legt die Kommission dem Rat Empfehlungen vor und führt dann aufgrund eines Mandats dieses Organs und in enger Abstimmung mit dem Ausschuss nationaler Beamter Verhandlungen mit den Vertragspartnern; der Rat verabschiedet schließlich das endgültige Abkommen.

Rat und Kommission sind auch bei anderen Formen der EG-Außenbeziehungen die zentralen Akteure. Die Beteiligung und die Befugnisse des EP sind bei diesen Verfahren nach den Vertragsbuchstaben und auf der Basis weiterer Vereinbarungen unterschiedlich geregelt:

▶ In der Handelspolitik ist keine Beteiligung vorgesehen; das EP wird aber regelmäßig über Verhandlungsablauf und Inhalte der Abkommen mit Drittstaaten unterrichtet.[6]
▶ Außerhalb der Handelspolitik muss das EP zumindest „angehört" werden.
▶ Die „Zustimmung" des EP ist erforderlich bei Abkommen, die:
 – einen besonderen institutionellen Rahmen schaffen,
 – erhebliche finanzielle Folgen für die Gemeinschaft nach sich ziehen,
 – eine Änderung eines Rechtsakts bedingen, der nach den Verfahren der Mitentscheidung entstanden ist,
 – eine Assoziierung begründen (Art. 310 EGV).

Dem EuGH schreibt der Vertrag Zuständigkeiten über die Auslegung primärrechtlicher Bestimmungen zu. Nach Art. 300 kann er von den EG-Organen aufgefordert werden, über die Vereinbarkeit eines geplanten Abkommens mit dem EG-Vertrag ein „Gutachten" zu erstellen. Ist diese Auslegung negativ, könnte das Abkommen mit den Drittstaaten nur nach Änderun-

---
5 Vgl. Monar 2007: 77.
6 Vgl. Monar 2007: 80.

Abbildung IV.5.1: Auswärtiges Handeln – Verfahren der EG-Handelspolitik
(gemäß Art. 133 EGV)

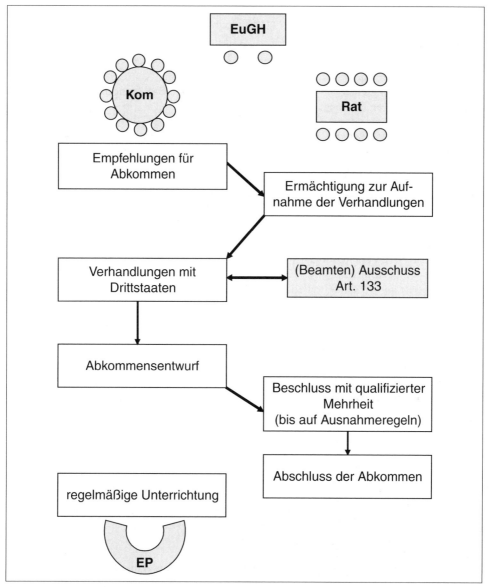

Quelle: Eigene Darstellung 2006.

gen des EG-Vertrags in Kraft treten; d. h. in der Praxis, dass das Abkommen mit den Vertragspartnern neu ausgehandelt wird um den Einsprüchen des EuGH gerecht zu werden.

■ *Zur Analyse der Praxis: Ein Aktivitätenprofil*

Die EG-Außenbeziehungen nehmen einen gewichtigen Teil in der Aktivitätenliste und im Zeitbudget der Institutionen ein. Der Europäische Rat verabschiedet regelmäßig Erklärungen zu diesem Politikbereich.[7]

Die Tagesordnung einer Sitzung des Rats für Auswärtige Beziehungen dokumentiert die Breite der behandelten Themen.

Dokument IV.5.2: Auswärtiges Handeln – Tagesordnung des Rats für Außenbeziehungen

Rat der Europäischen Union, Brüssel, 23./24. April 2007

Vorläufige Tagesordnung

Außenbeziehungen

1. Annahme der vorläufigen Tagesordnung
2. WTO/DDA-Verhandlungen
3. Golf-Kooperationsrat
4. Vorbereitung des Gipfeltreffens EU-USA am 30. April 2007
5. Sudan/Dafur (Entwurf von Schlussfolgerungen des Rats)
6. Simbabwe (Entwurf von Schlussfolgerungen des Rats)
7. Somalia (Entwurf von Schlussfolgerungen des Rats)
8. Zentralasien (EU-Strategie und Entwurf von Schlussfolgerungen des Rats)
9. Nahost-Friedensprozess (Entwurf von Schlussfolgerungen des Rats)
10. Iran
11. Aussetzung der Anwendung der Todesstrafe
12. Sonstiges

Am Rande der Ratstagung

Montag, 23. April 2007

– EU-Troika – Russland

Dienstag, 24. April 2007

– Assoziationsrat mit Algerien
– Assoziationsrat mit Libanon
– EU-Troika – Economic Community of West African States (ECOWAS)

Quelle: Rat der Europäischen Union 2007b,
online unter: http://register.consilium.europa.eu/pdf/de/07/st08/st08508.de07.pdf (Stand 21.08.2007).

---

7 Vgl. Kapitel III.2.3.

Insgesamt hat die EU dazu einen differenzierten Katalog an Aktivitäten und Abkommen entwickelt.[8] Zu diesen Formen von vertraglichen Vereinbarungen gehören:

- das „AKP-Abkommen" mit Staaten Afrikas, der Karibik und des Pazifiks,[9]
- Abkommen mit Staaten des Europäischen Wirtschaftsraums (EWR),[10]
- Assoziierungsabkommen mit Mittelmeeranrainern,[11]
- „Partnerschafts- und Kooperationsabkommen", die die EU mit neun Staaten im osteuropäischen und zentralasiatischen Raum mit dem Ziel der Förderung der Wirtschaftsentwicklung und Demokratie abgeschlossen hat,[12]
- „Stabilisierungs- und Assoziierungsabkommen" mit Staaten Südeuropas,[13]
- bilaterale Handelsabkommen mit mehreren unterschiedlichen Staaten Lateinamerikas[14] und Asiens[15] und
- „Nachbarschaftspolitik" mit Staaten Osteuropas, des Kaukasus und des südlichen Mittelmeerraumes.[16]

Einen wesentlichen Teil der Außenbeziehungen stellt die „autonome Handelspolitik" dar, zu der Anti-Dumping-, Anti-Subventions- und Schutzklauselmaßnahmen zählen.[17] Bei diesem Verfahren übernimmt die Kommission mit ihren Exekutivfunktionen eine federführende Rolle. Zu den Aktivitäten sind auch die 123 Delegationen der Kommission in Drittstaaten[18] und Missionen von 154 Staaten in Brüssel[19] zu zählen.

Ein besonderes Instrument der EU-Außenpolitik stellen Handelssanktionen dar, die insbesondere bei Menschenrechtsverletzungen nach einem formalen Akt im Rahmen der GASP-Verfahren auf Vorschlag der Kommission vom Rat beschlossen werden können (Art. 301 EGV).

5.3 Die GASP: Musterfall für intergouvernementale Verfahren

Die Verfahren in der GASP sind weitgehend intergouvernemental angelegt und unterscheiden sich damit wesentlich von supranationalen Charakteristika, wie sie das Vertragswerk zur Handelspolitik prägen.

Aufgaben: Geschichte und Vorgaben

Den Grundstein der Gemeinsamen Außen- und Sicherheitspolitik (GASP) legten die Mitgliedstaaten nach Beschlüssen zu Beginn der 1970er Jahre mit der „Europäischen Politischen Zusammenarbeit" (EPZ); frühere Anläufe zu einer „Europäischen Verteidigungsgemeinschaft"

---

8 Vgl. u. a. Algieri/Weske 2007; Europäische Kommission 2007: 197, online unter: http://www.europa.eu/general report/de/rg2006de.pdf (Stand 10.05.2007).
9 Vgl. Algieri/Weske 2007: 67.
10 Vgl. Hillenbrand 2007b: 422.
11 Vgl. Algieri/Weske 2007: 68.
12 Vgl. Algieri/Weske 2007: 67.
13 Vgl. Algieri/Weske 2007: 67.
14 Vgl. Diedrichs 2007b: 302f.
15 Vgl. Algieri 2007: 63f.
16 Vgl. Algieri/Weske 2007: 67; Lippert 2006.
17 Vgl. Monar 2007: 78-79.
18 Vgl. Kapitel III.4.6.
19 Vgl. Tabelle III.6.2.

(EVG) und einer „Europäischen Politischen Gemeinschaft" (EPG) sowie gaullistische Vorschläge des Fouchet-Plans waren nicht zuletzt an Kontroversen über entsprechende institutionelle Leitideen gescheitert.[20]

Übersicht IV.5.1: GASP – Meilensteine von der EPZ über die GASP zur ESVP

Jahr	Entwicklung
1951	EGKS
1952	EVG-Vertrag von EGKS-Gründungsstaaten unterzeichnet
1954	EVG-Vertrag von frz. Nationalversammlung abgelehnt
1958	Römische Verträge
1961	Fouchet-Pläne
1969	Gipfel von Den Haag: Vereinbarung über eine „politische Zusammenarbeit"
1970	Luxemburger Bericht zur EPZ: Schaffung des EPZ-Mechanismus
1973	Kopenhagener Bericht zur EPZ
1981	Londoner Bericht zur EPZ
1983	Feierliche Erklärung von Stuttgart
1987	EEA: EPZ als Teil eines Vertragswerks
1993	Vertrag zur EU (Maastricht): GASP als primärrechtliche Vertiefung der EPZ
1998	Britisch-französische Erklärung von St. Malo zur europäischen Verteidigung
1999	Beschluss zur ESVP Vertrag zur EU (Amsterdam): Hoher Repräsentant für GASP
2001	Vertrag zur EU (Nizza): Verstärkte Zusammenarbeit im Bereich der GASP
2003	Erste ESVP-Mission (EUPM in Bosnien)
2004	Gründung der Europäischen Verteidigungsagentur in Brüssel
2005	Unterzeichnung des Vertrags über eine Verfassung für Europa

Quelle: Eigene Zusammenstellung.

Nach dem Gründungsbeschluss in Den Haag haben die Mitgliedstaaten durch Beschlüsse des Europäischen Rats zu „Berichten" der Außenminister die Verfahren der EPZ sowie seit dem Maastrichter Vertrag das Regelwerk der GASP immer wieder überarbeitet und ausgebaut (siehe Übersicht IV.5.1). Vertragsänderungen haben eine Vielzahl an Verfahren und Instrumenten eingeführt und teilweise zwischenzeitlich auch wieder revidiert.[21]

Der 2007 gültige Vertrag formuliert umfassende Zielvorgaben (siehe Dokument IV.5.3).

Dokument IV.5.3: GASP – vertragliche Ziele (gemäß EUV-Vertrag)

Art. 11 EUV

(1) Die Union erarbeitet und verwirklicht eine Gemeinsame Außen- und Sicherheitspolitik, die sich auf *alle Bereiche der Außen- und Sicherheitspolitik* erstreckt und Folgendes zum Ziel hat:

---
20 Vgl. Kapitel II.5.
21 Vgl. Kapitel II.7.

> – die Wahrung der *gemeinsamen Werte,* der *grundlegenden Interessen,* der *Unabhängigkeit* und der *Unversehrtheit* der Union im Einklang mit den Grundsätzen der Charta der Vereinten Nationen,
>
> – die Stärkung der *Sicherheit* der Union in allen ihren Formen,
>
> – die *Wahrung des Friedens* und die *Stärkung der internationalen Sicherheit* entsprechend den Grundsätzen der Charta der Vereinten Nationen sowie den Prinzipien der Schlussakte von Helsinki und den Zielen der Charta von Paris, einschließlich derjenigen, welche die Außengrenzen betreffen,
>
> – die *Förderung* der *internationalen Zusammenarbeit,*
>
> – die Entwicklung und Stärkung von *Demokratie und Rechtsstaatlichkeit* sowie die Achtung der Menschenrechte und Grundfreiheiten.

Hervorhebungen durch den Autor.

Der Text lässt die Breite der GASP-Aktivitätsfelder deutlich werden: Die Mitgliedstaaten haben – im Unterschied zur früheren EPZ – alle Bereiche der Außen- und Sicherheitspolitik, einschließlich möglicher Schritte hin zu einer „gemeinsamen Verteidigungspolitik" (siehe Dokument IV.5.1), aufgelistet. Die europäische Sicherheitsstrategie „Ein sicheres Europa in einer besseren Welt", die der Europäische Rat 2003 verabschiedet hat, hat diese Sicht nochmals verstärkt.[22]

Die Formulierungen des Zielkatalogs lassen einen Kanon an Zielen und Werten erkennen, der häufig mit dem Begriff „Zivilmacht"[23] charakterisiert wird und sich damit von einer militärisch ausgerichteten Großmacht unterscheiden soll. Mit der Entwicklung der Europäischen Sicherheits- und Verteidigungspolitik seit 1999 haben die Mitgliedstaaten jedoch auch militärische Interventionsfähigkeiten auf- und ausgebaut;[24] dieses ergänzte Profil wird zunehmend mit dem Begriff „Friedensmacht"[25] verbunden.

Als Instrumente zur Verabschiedung verbindlicher Beschlüsse nennt der Vertrag mehrere Formen (siehe Dokument IV.5.4), die nicht immer einfach zu unterscheiden sind. Besondere Bedeutung haben „gemeinsame Aktionen" und „Standpunkte".

Dokument IV.5.4: GASP – Vertragliche Instrumente (gemäß EUV)

> ### Art. 12 EUV
>
> Die Union verfolgt die in Artikel 11 *(siehe oben: Dokument IV.5.3, Anm. d. Autors)* aufgeführten Ziele durch
>
> – Bestimmung der Grundsätze und der allgemeinen Leitlinien für die Gemeinsame Außen- und Sicherheitspolitik,
>
> – Beschlüsse über *gemeinsame Strategien,*

---

22 Vgl. u. a. Rat der Europäischen Union 2003b; Jopp 2007; Jopp/Sandawi 2006; Jäger/Höse/Oppermann 2005.
23 Vgl. Bretherton/Vogler 2006; Ehrhart/Schmitt 2004; Wessels 2003d; Kirste/Maull 1996; Duchêne 1972.
24 Vgl. u. a. Jopp 2007.
25 Vgl. Ehrhart 2004: 160f; Ehrhart 2002.

- Annahme *gemeinsamer Aktionen,*

- Annahme *gemeinsamer Standpunkte,*

- Ausbau der regelmäßigen Zusammenarbeit der Mitgliedstaaten bei der Führung ihrer Politik.

Hervorhebungen durch den Autor.

Neben diesen vertraglich vorgegebenen Instrumenten können die Staats- und Regierungschefs durch den Europäischen Rat sowie die Außenminister im Rat „Erklärungen" zu aktuellen politischen Ereignissen verabschieden, die als politisch bindend gelten. Seit dem Vertrag von Nizza gibt es auch die Ermächtigung zur „verstärkten Zusammenarbeit"[26], nach der einige Mitgliedstaaten innerhalb des Vertragswerks nach bestimmten Regeln enger kooperieren können.

▪ *Institutionelle Architektur: Organe und Verfahren*

Die institutionelle Architektur der GASP läßt die intergouvernementale Struktur der GASP (siehe Abbildung IV.5.2) erkennen. Bei dieser Struktur können fünf Ebenen unterschieden werden.[27]

Der Europäische Rat nimmt in der GASP eine hervorgehobene Stellung als oberste Lenkungs-, Leitungs- und Beschlussinstanz ein.[28] Er erlässt „allgemeine Leitlinien" und „gemeinsame Strategien" (Art. 13 EUV). Regelmäßig verabschiedet er auch Erklärungen, die jeweils eine gemeinsame Position zu aktuellen Ereignissen und Entwicklungen festlegt.[29] Seine Beschlüsse trifft er im Konsens.

Die zweite Entscheidungsebene bildet der Rat für Allgemeine Angelegenheiten und Außenbeziehungen, der für die Mehrzahl der Beschlüsse zuständig ist. Zur Entscheidungsfindung verfügt er über einen differenzierten Satz an Regeln zur Beschlussfassung (siehe Dokument IV.5.5).

Dokument IV.5.5: GASP – Beschlussverfahren des Rats (gemäß EUV)

Art. 23 EUV

(1) Beschlüsse nach diesem Titel werden vom Rat *einstimmig* gefasst. Die Stimmenthaltung von anwesenden oder vertretenen Mitgliedern steht dem Zustandekommen dieser Beschlüsse nicht entgegen.

Bei einer Stimmenthaltung kann jedes Ratsmitglied zu seiner Enthaltung eine *förmliche Erklärung* im Sinne dieses Unterabsatzes abgeben. In diesem Fall ist er nicht verpflichtet, den *Beschluss durchzuführen,* akzeptiert jedoch, dass der Beschluss für die Union bindend ist. [...]

---

26 Vgl. Kapitel IV.9.
27 Vgl. auch Regelsberger 2007a: 268-271.
28 Vgl. Kapitel III.2.
29 Vgl. Kapitel III.2.3.

> (2) Abweichend von Absatz 1 beschließt der Rat mit *qualifizierter Mehrheit*, wenn er
> - auf der Grundlage einer gemeinsamen Strategie gemeinsame Aktionen oder gemeinsame Standpunkte annimmt oder andere Beschlüsse fasst,
> - einen Beschluss zur Durchführung einer gemeinsamen Aktion oder eines gemeinsamen Standpunkts fasst,
> - nach Artikel 18 Absatz 5 einen Sonderbeauftragten ernennt.
>
> Erklärt ein Mitglied des Rats, dass es aus *wichtigen Gründen der nationalen Politik*, die es auch nennen muss, die Absicht hat, einen mit qualifizierter Mehrheit zu fassenden Beschluss abzulehnen, so erfolgt keine Abstimmung. Der Rat kann mit qualifizierter Mehrheit verlangen, dass die Frage zur *einstimmigen Beschlussfassung an den Europäischen Rat* verwiesen wird.
>
> Die Stimmen der Mitglieder des Rats werden nach Artikel 205 Absatz 2 des Vertrags zur Gründung der Europäischen Gemeinschaft gewogen. Beschlüsse kommen mit einer Mindestzahl von 232 Stimmen zustande, welche die Zustimmung von mindestens zwei Dritteln der Mitglieder umfassen. Ist ein Beschluss des Rats mit qualifizierter Mehrheit zu fassen, so kann ein Mitglied des Rats beantragen, dass überprüft wird, ob die Mitgliedstaaten, die diese qualifizierte Mehrheit bilden, mindestens 62% der Gesamtbevölkerung der Union repräsentieren. Falls sich erweist, dass diese Bedingung nicht erfüllt ist, kommt der betreffende Beschluss nicht zustande.
>
> Dieser Absatz gilt nicht für Beschlüsse mit militärischen oder verteidigungspolitischen Bezügen.
>
> (3) In Verfahrensfragen beschließt der Rat mit der Mehrheit seiner Mitglieder.

Hervorhebungen durch den Autor.

Die Minister können Beschlüsse über Verfahrensfragen mit einfacher Mehrheit treffen; inhaltliche Fragen werden im Grundsatz weiterhin mit Einstimmigkeit entschieden. Um eine Blockadegefahr im Rat zu reduzieren, haben die Mitgliedstaaten mehrere komplizierte Ausnahmeregeln formuliert:

▶ Eine Möglichkeit besteht in der „konstruktiven Enthaltung" (Art. 23 (1) EUV), die es einzelnen Mitgliedstaaten erlaubt, an der Durchführung eines gemeinsamen Beschlusses nicht teilzunehmen, ohne diesen jedoch damit als bindenden Beschluss der Union zu verhindern.
▶ Der Rat kann auf der Grundlage einer „gemeinsamen Strategie" (Art. 13 (2) EUV), die der Europäische Rat einstimmig verabschiedet hat, oder bei Durchführungsbeschlüssen mit einer „doppelt qualifizierten" Mehrheit abstimmen: diese muss – im Unterschied zu üblichen Bestimmungen im Rat – jedoch mindestens zwei Drittel aller Mitgliedstaaten umfassen.

Diese Angebote zur Verbesserung der Handlungsfähigkeit werden aber in den weiteren Abschnitten des Artikels unmittelbar begrenzt:

▶ Eine besondere Einschränkung für Mehrheitsabstimmungen ist die Möglichkeit eines „aufschiebenden Vetos", das den Luxemburger Kompromiss mit geringen Modifikationen rechtlich fasst.[30] Danach kann ein Mitgliedstaat unter Berufung auf „wichtige Gründe na-

---

30 Vgl. Kapitel II.5; Kapitel III.3.

Abbildung IV.5.2: GASP – Die institutionelle Architektur

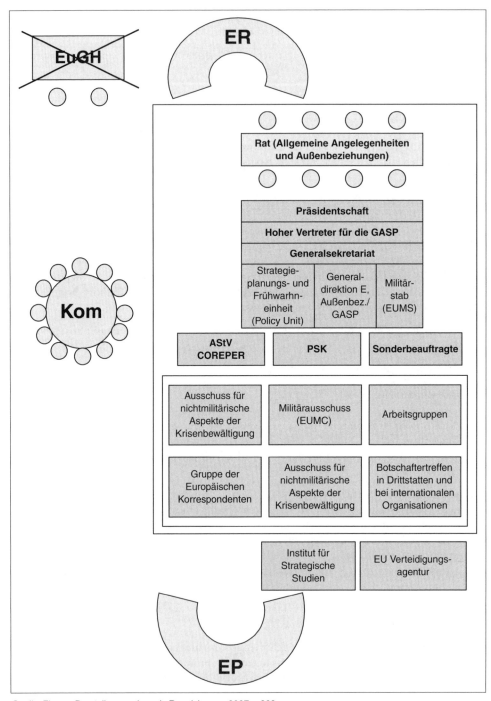

Quelle: Eigene Darstellung; vgl. auch Regelsberger 2007a: 269.

tionaler Politik" einen möglichen Beschluss im Rat verhindern; in diesem Fall kann der Rat mit qualifizierter Mehrheit eine Überweisung an den Europäischen Rat beschließen; dieser soll wiederum einstimmig über den Streitfall entscheiden. Damit wird das Risiko eines Mitgliedstaates, überstimmt zu werden, ausgeschaltet.

▶ Grundsätzlich ausgeschlossen von Mehrheitsabstimmungen sind Beschlüsse mit militärischen und sicherheitspolitischen Bezügen; damit bilden die Mitgliedstaaten gegen jegliche supranationale Ausrichtung von Verfahren einen „Tabubereich" bzw. eine „Schutzzone" (im französischen Sprachgebrauch „domaine reservée").

Diese Verfahrensregeln dokumentieren ein grundsätzliches Dilemma von Regierungen: Einerseits wollen sie durch die Möglichkeit von Mehrheitsabstimmungen die Arbeitsfähigkeit des Rat verbessern, andererseits sind sie nicht bereit, in diesen Fragen ihre Souveränitätsvorbehalte in Form der Einstimmigkeit bzw. eines nationales Vetorechts aufzugeben.

Eine dritte Entscheidungsebene bildet der Hohe Vertreter für die GASP (siehe Dokument IV.5.6). Dieses Amt ist durch eine interpretationsoffene Mischung administrativer und politischer Aufgaben geprägt: Er „unterstützt" den Vorsitz und Rat bei der „Formulierung", „Vorbereitung" und „Durchführung" politischer Entscheidungen und kann mit Akteuren anderer Staaten einen „politischen Dialog" führen, falls der Vorsitz ihn dazu ersucht.[31]

Dokument IV.5.6: GASP – Vertragliche Vorgaben für den Hohen Vertreter (gemäß EUV)

Art. 26 EUV

Der Generalsekretär des Rats und Hohe Vertreter für die Gemeinsame Außen- und Sicherheitspolitik *unterstützt den Rat* in Angelegenheiten der Gemeinsamen Außen- und Sicherheitspolitik, indem er insbesondere zur *Formulierung, Vorbereitung und Durchführung politischer Entscheidungen beiträgt* und gegebenenfalls auf Ersuchen des Vorsitzes *im Namen des Rats den politischen Dialog mit Dritten führt.*

Hervorhebungen durch den Autor.

Nach den Buchstaben des Unionsvertrags verfügt der Amtsträger damit weder über ein formalisiertes Initiativrecht noch über eine Autonomie bei der Außenvertretung. Der Hohe Vertreter kann jedoch auf einen administrativen Unterbau zurückgreifen, so insbesondere auf die „Strategieplanungs- und Frühwarneinheit", kurz „policy unit"[32]. Er kann auch Sonderbeauftragte der Union vorschlagen. Auch wenn die Zahl der Beamten im Rat im Vergleich zu denen nationaler Außenministerien und der Kommission relativ klein ist, so hat sich im Generalsekretariat des Rats doch eine sach- und verfahrenskundige Administration herausgebildet: Zu diesem Stab gehört auch ein „EU-Koordinator für die Terrorbekämpfung".[33] Der vom Reformvertrag vorgesehene „Hohe Vertreter der Union für die Außen- und Sicherheitspolitik" erhielte mehr Rechte als der bisherige Amtsinhaber.

Wie in anderen Bereichen haben die Mitgliedstaaten eine weitere administrative Ebene eingesetzt: Das „Politische und Sicherheitspolitische Komitee" (im Brüsseler Sprachgebrauch: Comité Politique et de Sécurité; kurz COPS) übernimmt – auch auf eigene Initiative – die

---

31 Vgl. zum Amt des Hohen Vertreters der GASP u. a. Regelsberger 2004b.
32 Regelsberger 2007a: 270; vgl. auch Hill/Smith 2000: 169.
33 Vgl. Regelsberger 2006: 243.

Vorbereitung des Rats für GASP-Fragen[34] (Art. 25 EUV), wobei die Arbeitsteilung mit dem AStV (COREPER) nicht eindeutig geregelt ist.[35] Dieses Gremium nationaler Diplomaten übernimmt auch die Kontrolle und strategische Leitung von Operationen zur Krisenbewältigung (Art. 25 EUV). Durch die Ansiedlung dieses Ausschusses am Sitz der EU-Organe erwartet man eine „Brüsselisierung": Diese spezifische europäische Form der Sozialisierung hoher Diplomaten soll – auch ohne hierarchische Weisungsbefugnis eines EU-Organs – zur Annäherung außenpolitischer Positionen der Mitgliedstaaten beitragen, die schließlich zur Herausbildung einer „erlebten" und „gefühlten" europäischen Identität als Grundlage für die GASP und eine Europäische Sicherheits- und Verteidigungspolitik (ESVP) führen könnte.

Unterhalb dieses administrativen Vorbereitungs- und Lenkungsausschusses sind – als fünfte Ebene – Arbeitsgruppen nationaler Diplomaten mit GASP-Fragen befasst: In 36 Arbeitsgruppen werden fast alle wesentlichen Aktivitätsfelder nationaler Außenpolitik in der GASP behandelt. Zu dieser Ebene gehört auch die Zusammenarbeit der Botschaften der EU-Mitgliedstaaten in den Hauptstädten von Drittstaaten.

Als wichtiges Bindeglied zwischen der europäischen Ebene und den nationalen Hauptstädten gilt die Gruppe der „Europäischen Korrespondenten", die jeweils zur Koordinierung der GASP Aktivitäten innerhalb jedes Außenministeriums beitragen.

Wesentliche Erweiterungen in der GASP-Architektur bilden seit Ende der neunziger Jahre der „Militärstab" im Generalsekretariat und der „Militärausschuss", in dem Generäle aus den nationalen Verteidigungsministerien zusammenwirken.[36] Ergänzt wird dieser administrative Unterbau auch durch einen „Ausschuss für nichtmilitärische Krisenbewältigung", sowie durch eine „Europäische Verteidigungsagentur" in Brüssel[37] und ein „Institut für strategische Studien" in Paris.[38]

Auf allen Ebenen dieser Ratsstruktur haben die Bestimmungen der Präsidentschaft eine Schlüsselrolle zugeschrieben, die in der GASP weit über die Funktionen des Vorsitzes für den Rat im EG-Regelwerk hinausgeht. Im Europäischen Rat, im Rat und in den Beamtengremien – bis auf den Militärausschuss, der seinen Vorsitzenden für zwei Jahre wählt – übernimmt der halbjährlich wechselnde Vorsitz zentrale Aufgaben bei der Vorbereitung und der Verabschiedung von Beschlüssen sowie bei der Außenvertretung und der Durchführung der gemeinsamen Politik (siehe Art. 18 EUV; Dokument IV.5.7).

Abbildung IV.5.2 skizziert wesentliche Bausteine einer ausdifferenzierten GASP-Architektur, ohne die vielfältigen Formen administrativer Zusammenarbeit im Detail darstellen zu können.[39] So treffen sich auch regelmäßig die politisch Direktoren der Außenministerien und – in einem noch begrenzten Umfang – die Verteidigungsminister.

Die Außen- und Sicherheitspolitik ist aber kein exklusives Feld für nationale Minister und Diplomaten. Anderen Organen wurden nach längeren Kontroversen[40] begrenzte Rechte zugestanden: Die Kommission soll „in vollem Umfang" beteiligt werden (Art. 18 (4) EUV). Sie verfügt aber nicht – wie bei der Rechtsetzung in der EG-Säule – über ein Initiativmonopol, sondern nur über die Möglichkeit, Vorschläge einzubringen (Art. 22 (1) EUV).

---

34 Vgl. u. a. Regelsberger 2007a.
35 Vgl. Kapitel III.3.
36 Vgl. u. a. Jopp 2007; Regelsberger 2007b.
37 Vgl. Brady/Tonra 2005; Rohde 2004; Homepage der Europäischen Verteidigungsagentur, online unter: http://www.eda.europa.eu/ (Stand: 21.08.2007).
38 Vgl. „Institut für strategische Studien" (Institute for Security Studies), online unter: http://www.iss-eu.org (Stand: 21.08.2007).
39 Vgl. u. a. Daun 2005.
40 Vgl. Nuttall 2000; 1997.

Dokument IV.5.7: GASP – Vertragliche Vorgaben für den Vorsitz

> **Art. 18 EUV**
>
> (1) Der Vorsitz *vertritt* die Union in Angelegenheiten der Gemeinsamen Außen- und Sicherheitspolitik.
>
> (2) Der Vorsitz ist für die *Durchführung* der nach diesem Titel gefassten Beschlüsse verantwortlich; im Rahmen dieser Aufgabe *legt er* grundsätzlich den *Standpunkt* der Union in internationalen Organisationen und auf internationalen Konferenzen *dar*.

Hervorhebungen durch den Autor.

Dem EP stehen – im Vergleich zur Gemeinschaftsmethode – nur schwache Befugnisse der Unterrichtung, Kontrolle und Vorlage von Empfehlungen zu (siehe Dokument IV.5.8). Damit ist die Rolle des EP in der GASP weitgehend auf ein Forum für allgemeine europäische Debatten begrenzt. Im EP ist für die GASP-Aktivitäten der Ausschuss für Auswärtige Angelegenheiten zuständig, der mit den Vorsitzenden des Rats und dem Hohen Beauftragten in regelmäßigem Austausch steht.[41]

Dokument IV.5.8: GASP – Vertragliche Vorgaben für das EP (gemäß EUV)

> **Art. 21 EUV**
>
> Der Vorsitz *hört* das Europäische Parlament zu den wichtigsten Aspekten und den grundlegenden Weichenstellungen der Gemeinsamen Außen- und Sicherheitspolitik und achtet darauf, dass die Auffassungen des Europäischen Parlaments gebührend *berücksichtigt* werden. Das Europäische Parlament wird vom Vorsitz und von der Kommission regelmäßig über die Entwicklung der Außen- und Sicherheitspolitik der Union *unterrichtet*.
>
> Das Europäische Parlament kann *Anfragen oder Empfehlungen* an den Rat richten. Einmal jährlich führt es eine *Aussprache* über die Fortschritte bei der Durchführung der Gemeinsamen Außen- und Sicherheitspolitik.

Hervorhebungen durch den Autor.

Eine stärkere, aber letztlich weiterhin begrenzte Einflussmöglichkeit kann das EP jedoch über seine Haushaltsrechte geltend machen (Art. 28 (4) EUV). Zur Feinsteuerung sind präzise Verfahren der interinstitutionellen „Vereinbarung zur Haushaltsdisziplin" beschlossen worden.[42]

Der Vertrag hat im Politikbereich der GASP für den EuGH keine Zuständigkeit vorgesehen (siehe Art. 46 EUV); dieser Ausschluss des Gerichtshofs von der Auslegung der vertraglichen Bestimmungen ist ein weiteres deutliches Merkmal für den intergouvernementalen Charakter der GASP.

---

41 Vgl. u. a. Mittag 2003.
42 Vgl. Europäisches Parlament/Rat der Europäischen Union/Europäische Kommission 2006; Maurer/Kietz/Völkel 2004.

Tabelle IV.5.1: EPZ/GASP – Aktivitätenprofil 1970–2004

	Europäische Politische Zusammenarbeit												Gemeinsame Außen- und Sicherheitspolitik											
	70	72	73	82	87	89	90	91	92	93	94	95	96	97	98	99	00	01	02	03	04	05
Erklärung	2	2	10	19	23	63	99	115	122	82	110	106	112	123	141	130	184	196	197	150	136	153
Gemeinsamer Standpunkt										–	8	13	9	13	22	35	33	20	24	24	23	21
Gemeinsame Aktion	Mit dem Vertrag von Maastricht eingeführte Instrumente									5	14	10	18	15	20	20	21	19	20	32	22	39
Beschluss (inst. Fragen)										–	–	–	–	–	–	–	5	6	–	3		
Gemeinsame Strategie	Mit dem Vertrag von Amsterdam eingeführtes Instrument															2	1	–	–	2[5]	3	
Demarche[1]														73	138	105	174	442	487	502	454	292
Polit. Dialog[3]														244	208	255	306	306	123	228	123	134
Abschl. Intern. Abkommen	Mit dem Vertrag von Amsterdam eingeführtes Instrument																–	2	3	15	8	15
Verstärkte Zusammenarbeit	Mit dem Vertrag von Nizza[4] eingeführte Instrumente																			–	–	–

[1] Für 1970–1996 sind keine Daten verfügbar.
[2] Bzgl. des EU-Konsens der 51. Generalversammlung 1996 wird Griechenland nicht zur EU gezählt, da es sich in diesem Jahr sehr oft der Stimme enthielt. Für 2003 keine Daten verfügbar.
[3] Für 1970–1997 keine Daten verfügbar; für 2003 ungefährer Wert.
[4] In Kraft seit 01.02.2003.
[5] Diese Beschlüsse über gemeinsame Strategien betreffen die Änderung früherer gemeinsamer Strategien zwecks Verlängerung ihrer Geltungsdauer.

Quellen: Regelsberger 2007c; Generalsekretariat des Rats; http://www.consilium.europa.eu; Jahresberichte des Rats an das Europäische Parlament über die Hauptaspekte und grundlegenden Optionen der GASP, einschließlich der finanziellen Auswirkungen auf den Gesamthaushaltsplan der Europäischen Gemeinschaften, 1997–2002.

Zur Praxis der GASP: Ein Profil vielfältiger Aktivitäten

In der Praxis der GASP ist ein Profil an Aktivitäten erkennbar, das über die Jahrzehnte durch eine intensive und zunehmende Nutzung der vertraglichen und außervertraglichen Instrumente gekennzeichnet ist (siehe Tabelle IV.5.2). Die Daten lassen erkennen, dass die Regierungen das vertragliche Instrumentarium der GASP für ein weites Spektrum an Themen der internationalen Politik nutzen.

Eine übliche Form der Ratsarbeit ist die Verabschiedung von Erklärungen zu aktuellen politischen Entwicklungen, welche auch in den EPZ-Zeiten häufig eingesetzt wurden. Seit den neunziger Jahren ist eine Zunahme dieser politisch verbindlichen Stellungnahmen zu beobachten, durchschnittlich werden zwei pro Woche beschlossen. Typisch sind Erklärungen zu besorgniserregenden Entwicklungen im internationalen System. Ein Beispiel für Form und Stil zeigt Dokument IV.5.9.

Dokument IV.5.9: GASP – Formulierung einer Erklärung (exemplarischer Fall)

> **Erklärung des Vorsitzes im Namen der Europäischen Union zum Menschenrechtsdialog mit Iran (Brüssel, 20. Dezember 2005)**
>
> Die Europäische Union hat auf der Tagung des Rats „Allgemeine Angelegenheiten und Außenbeziehungen" vom 12. Dezember 2005 bekräftigt, dass eine stärkere Achtung der Menschenrechte und Grundfreiheiten in Iran unerlässlich ist, damit es zu Fortschritten in den Beziehungen zwischen der EU und Iran kommt.
>
> Die EU stellt mit großer Besorgnis fest, dass sich die Menschenrechtslage in den vergangenen Jahren in keinem wichtigen Bereich verbessert und sich in einigen Bereichen sogar noch verschlechtert hat. [...]

Quelle: Rat der Europäischen Union 2005: Erklärung des Vorsitzes im Namen der Europäischen Union zum Menschenrechtsdialog mit Iran, online unter: http://ue.eu.int/ueDocs/cms_Data/docs/pressData/de/cfsp/87756.pdf (Stand: 21.08.2007).

Mit diesem Instrument verurteilen die Mitgliedstaaten Menschenrechtsverletzungen in einem Staat oder begrüßen demokratische Wahlen. Übersicht IV.5.2 lässt die Themenbreite und -vielfalt erkennen.

Übersicht IV.5.2: GASP – Erklärungen Dezember 2005 (insgesamt 19)

Gegenstand der Erklärung:
Tausendste Hinrichtung in den Vereinigten Staaten
Antirevolutionsgesetz in Belarus
Wahl von Frauen in den Vorstand der Handelskammer von Djidda
Nepal: Schließung des Senders Radio Sagarmatha FM
Nepal: Einigung zwischen den politischen Parteien und den Maoisten
Wahlen in den Vereinigten Arabischen Emiraten
Nepal: Einigung zwischen den politischen Parteien und den Maoisten
Wahlen in Bolivien

Gegenstand der Erklärung:
„Damen in Weiß" (Sacharow-Preis)
Präsidentschaftswahlen in Honduras
Côte d'Ivoire (Ernennung des Premierministers)
Humanitäre Lage in Simbabwe
Serbien und Montenegro: Stellungnahme der Venedig-Kommission
Eröffnungssitzung der Afghanischen Nationalversammlung am 19. Dezember 2005 in Kabul
Tansania (Wahlen)
Menschenrechtsdialog mit Iran
Friedensgespräche über Darfur in Abuja
Neue Verfassung in der Demokratischen Republik Kongo
Wahlen in Bolivien

Quelle: Rat der Europäischen Union 2005: GASP-Erklärungen, online unter: http://www.consilium.europa.eu/cms3_applications/Applications/newsRoom/loadBook.asp?target=2005&bid=73&lang=4&cmsId=257 (Stand: 21.08.2007).

„Gemeinsame Aktionen" und „Gemeinsame Standpunkte" setzt der Rat seit der vertraglichen Verankerung im Maastrichter Vertrag 1993 regelmäßig ein. Die Union hat diese Instrumente für Aktivitäten in vielen Regionen der Welt genutzt (siehe Tabelle IV.5.2).

Tabelle IV.5.2: GASP – Gemeinsame Standpunkte und Aktionen November 1993 bis August 2006

Region/ Land	November 1993 bis April 1999 Seit Inkrafttreten des Maastrichter Vertrags			Mai 1999 bis August 2006 Seit Inkrafttreten des Vertrags von Amsterdam		
	Gemein- same Stand- punkte	Gemein- same Aktionen	Sonstige	Gemein- same Stand- punkte	Gemein- same Aktionen	Sonstige
Asien	12	1	0	26	15	4
Afrika	22	10	3	61	33	13
Sicherheit/ESVP	6	26	2	32	39	55
Osteuropa	26	34	5	56	105	62
Lateinamerika	3	0	0	0	0	0
Mittlerer Osten und Mittelmeer	3	6	1	12	23	3
Sonstige[1]	1	1	0	3	0	1
Gesamt	73	78	11	190	215	138

[1] Hierzu zählen: Exterritoriales Recht, der Internationale Strafgerichtshof und diplomatische Missionen.
Quelle: Übersetzte und verkürzte Fassung von Smith 2006: 14f.

In die Kategorie „Gemeinsame Aktionen" fällt unter anderem auch die Ernennungen von Sonderbeauftragen (siehe Übersicht IV.5.3), die die globale Ausrichtung der Unionsaktivitäten erkennen lassen.

Übersicht IV.5.3: GASP – Sonderbeauftragte (Stand 2006/2007)

Sonderbeauftragte der EU für
ehemalige jugoslawische Republik Mazedonien
Zentralasien
Republik Sudan
Republik Moldau
Nahost-Friedensprozess
Südkaukasus
Afghanistan
Bosnien und Herzegowina
afrikanische Region der Großen Seen
Prozess der Festlegung des künftigen Status des Kosovo
Stabilitätspakt für Südosteuropa

Quelle: Sonderbeauftragte der EU, online unter: http://www.consilium.europa.eu/cms3_fo/showpage.asp?id=263&lang=de&mode=g (Stand 21.08.2007).

Auf Grundlage von „Gemeinsamen Aktionen" hat der Rat in den letzten Jahren auch Operationen zum Krisenmanagement und zur Friedenssicherung in mehreren Kontinenten beschlossen (siehe Übersicht IV.5.4).

„Gemeinsame Strategien" haben sich als wenig sinnvoll erwiesen. Ihre Zahl ist begrenzt (siehe Tabelle IV.5.2). Verabschiedet hat der Europäische Rat „Gemeinsame Strategien" der EU zu Russland, zur Ukraine und zur Mittelmeerregion. Ein Grundlagendokument von wegweisender Bedeutung für die politisch-programmatische Ausrichtung der Union bildet die „Europäische Sicherheitsstrategie", die der Europäische Rat 2003 nach Vorarbeiten des Hohen Repräsentanten verabschiedet hat.[43] Auch zu Afrika hat der Europäische Rat einen Text über eine „Strategische Partnerschaft" verabschiedet.[44]

Als aufschlussreiche Indikatoren für ein gemeinsames Auftreten nach außen werden gemeinsame Demarchen in Drittstaaten und – als besonders intensiv genutzte Form – politische Dialoge mit Drittstaaten so mit ASEAN, der Rio-Gruppe und der Union Afrikanischer Staaten verstanden. Abkommen im Rahmen der GASP sind bisher nur begrenzt abgeschlossen worden. Die in Nizza eingeführten Regeln zur „Verstärkten Zusammenarbeit" (Art. 27 a-d EUV) zwischen interessierten Mitgliedstaaten sind bisher nicht angewandt worden. Das Zusammenwirken der drei größten Mitgliedstaaten als „EU-3" in Verhandlungen mit dem Iran um Nuklearpläne[45] hat sich nicht nach diesen primärrechtlichen Bestimmungen gerichtet; eine derartige Teilgruppe kann eher als Form eines Direktoriums der "Großen" verstanden werden.[46]

Insgesamt lässt diese Bilanz einen beachtlichen Umfang bei der Nutzung des vertraglichen Instrumentenkastens erkennen. Die Mitgliedstaaten sind sich des Wertes ihres gemeinsamen Koordinierungsrahmens bewusst. Jedoch sind aus den Beobachtungen keine Aussagen zur konkreten Effektivität der jeweiligen Beschlüsse der GASP zu entnehmen. Für eine Wirkungsanalyse sind Fallstudien heranzuziehen bzw. zu erstellen.

---

43 Vgl. u. a. Jopp 2007: 182; Jäger/Höse/Oppermann 2005.
44 Europäischer Rat 2005d.
45 Vgl. u. a. Regelsberger 2006: 241.
46 Vgl. Hill 2006; Kapitel V.

Übersicht IV.5.4: GASP – Operationen zum Krisenmanagement (Stand März 2007)

Region/Einsatzland	Laufende Operationen	Operationsziele
Süd-Ost-Europa		
Kosovo/Serbien	EU Planning Team (EUPT)	Vorbereitungsmission für eine zukünftige zivile Mission der EU im Kosovo/Serbien – Aufbau des Rechtsstaates
Bosnien-Herzegowina	EUFOR Althea	Militärische Sicherheit und Überwachung der Einhaltung des Dayton-Abkommens in Nachfolge der S-For
Bosnien-Herzegowina	EU Police Mission (EUPM)	Unterstützung der polizeilichen Arbeit und Aufbau eines Polizeiapparates
Nahost		
Palästinensisches Autonomiegebiet	EU Police Mission in the Palestinian Territories (EUPOL COPPS)	Langfristige Unterstützung der Autonomiebehörde im Aufbau und der Reform des Polizeiapparates
Palästinensisches Autonomiegebiet	EU Border Assistance Mission at Rafah Crossing Point in the Palestinian Territories (EU BAM Rafah)	Überwachung des Grenzübergangs Rafah gemäß israelisch-palästinensischem Übereinkommen vom 15.11.2005
Irak	EU Integrated Law Mission for Iraq (EUJUST Lex)	Ausbildung in Verwaltung und Ermittlung für höhere Beamte in Justiz, Polizei und Strafvollzug
Afrika		
Demokratische Republik Kongo	EU Police Mission in Kinshasa (EUPOL Kinshasa)	Unterstützung beim Aufbau einer Polizei
Demokratische Republik Kongo	EU security sector reform mission in the Democratic Republic of the Congo (EUSEC DR Congo)	Beratung und Unterstützung für kongolesische Sicherheitsbehörden insbes. im Hinblick auf die Einhaltung demokr. u. rechtsstaatl. Standards
Sudan, Region Darfur	EU support to AMIS II (Darfur)	Unterstützung der militärischen und der polizeilichen Komponente von der African Union AMIS II

Übersicht IV.5.4 (Fortsetzung)

Region/Einsatzland	Abgeschlossene Operationen	Operationstyp
Süd-Ost-Europa		
Mazedonien	EU Police Advisory Team in the Former Yugoslav Republic of Macedonia (EUPAT)	Aufbau einer Polizei und innerer Streitkräfte
Mazedonien	Concordia	Operation für die friedliche Entwicklung und die Umsetzung des Ohrid Friedensabkommens vom 13. August 2001
Mazedonien	EUPOL-Proxima	Aufbau einer multiethnischen Polizei; Unterstützung, Überwachung und Beratung der mazedonischen Behörden bei der Konsolidierung des Rechtsstaates und der Aufrechterhaltung der staatlichen Ordnung
Asien		
Indonesien, Provinz Aceh	Aceh Monitoring Mission (AMM)	Zivile Beobachtermission der Einhaltung des Friedensabkommens zwischen Regierung und Aceh Freiheitsfront
Georgien	Eujust Themis	Juristische Beratungsmission zur Stützung der Rechtsstaatlichkeit
Afrika		
Demokratische Republik Kongo	Artemis	Stabilisierung der Sicherheitslage und zur Verbesserung der humanitären Lage
Demokratische Republik Kongo	EUFOR RD Congo	Unterstützung der MONUC in der Gewährleistung der Sicherheit während der Wahlen im Kongo

Quelle: Eigene Darstellung in Anlehnung an Informationen des Rats der Europäischen Union, Europäische Sicherheits- und Verteidigungspolitik, EU Operationen, online unter: http://www.consilium.europa.eu/cms3_fo/showPage.asp?id=268&lang=de (Stand 21.08. 2007).

In der Praxis des Arbeitens in der institutionellen Architektur sind Grundmuster konstant geblieben. Die tägliche Arbeit in der GASP bei der Vorbereitung, Verabschiedung und Durchführung der gemeinsamen außenpolitischen Aktivitäten ist – trotz vielerlei institutioneller und prozeduraler Ergänzungen und Revisionen durch Vertragsänderungen – weiterhin allein durch die enge Zusammenarbeit zwischen Regierungen geprägt. Die Regeln zur konstruktiven Enthaltung und zur Mehrheitsabstimmung sind bisher „tote Buchstaben" geblieben. Die Außenminister und Beamten der Mitgliedstaaten haben dabei eine Bandbreite vertraglicher Angebote nicht genutzt; sie sind aus prinzipiellen Gründen bei der Einstimmigkeit geblieben.[47]

Dieser Charakter der GASP zeigt seine Schwächen insbesondere bei internationalen Krisen. Fallstudien[48] beleuchten die Schwierigkeiten der Mitgliedstaaten, sich bei militärischen Konflikten im internationalen System rasch und nachhaltig auf eine gemeinsame Position zu einigen. Die Uneinigkeit bei der Beteiligung am Irakkrieg 2003[49] belegt, dass die Mitgliedstaaten – entgegen vieler Beteuerungen – in Konstellationen, die sie selbst als „high politics" einstufen,[50] die GASP-Architektur gegenüber nationalen Möglichkeiten immer wieder nur als einen nachgeordneten Handlungsraum einstufen. Innerhalb von internationalen Organisationen – so in der UN und der OSZE – konnten die Mitgliedstaaten in der Regel dagegen zu weniger sensiblen Punkten einer länger vorbereiteten Tagesordnung einen höheren Grad an Kohärenz erreichen. Bei Statusfragen – so bei Forderungen der Bundesrepublik Deutschland nach einem Ständigen Sitz im UN Sicherheitsrat[51] – verfehlt die EU jedoch immer wieder ihr Ziel, geschlossen mit „einer Stimme" aufzutreten.

Zu diesem intergouvernementalen Stil gehört auch eine in der Praxis zurückhaltende Mitwirkung der Kommission. Das EP hat seine begrenzten Informations- und Anhörungsrechte zwar intensiv genutzt, Auswirkungen auf Positionen von Mitgliedstaaten sind aber nicht unmittelbar zu beobachten. Obwohl die Abgeordneten ihre Haushaltsrechte bei den Ausgaben für die GASP geltend machen,[52] hat das EP jedoch – im Unterschied zur generellen Ausgabenpolitik in der EG-Säule – keinen nachhaltigen Einfluss gewonnen.[53]

5.4 Diskussion und Perspektiven

■ *Zur Charakterisierung: Gemeinschaftsmethode und rationalisierter Intergouvernementalismus*

Der Befund zum „Auswärtigen Handeln der Union" lässt nicht nur Variationen bei den Regelwerken erkennen, sondern verweist auch auf Unterschiede in der Praxis gemeinsamer Aktivitäten.

Die Gemeinsame Handelspolitik der EG gilt als erfolgreich bei der Vertretung ökonomischer Interessen im regionalen und globalen Kontext. Umstritten bei der Politikgestaltung war immer wieder, ob und in welchem Grad die Kommission bei Verhandlungen mit Drittstaaten ihr vom Rat gegebenes Mandat überschreitet. Im Hinblick auf die Systemgestaltung wurde mehrfach diskutiert, welche Bereiche unter die üblichen Regeln der Handelspolitik fallen. Bei

---

47 Vgl. Regelsberger 2007a: 268.
48 Vgl. u. a. Regelsberger/de Schoutheete/Wessels 1997.
49 Vgl. u. a. Jopp/Sandawi 2004: 229; Regelsberger 2004a: 239.
50 Vgl. zum Begriff: Hoffmann 1966.
51 Vgl. Unser 2007: 481-482.
52 Vgl. Europäisches Parlament/Europäischer Rat/Europäische Kommission 2006: 7.
53 Vgl. Mittag 2003.

Vertragsänderungen zur Ausdehnung der Anwendungsfälle haben die Mitgliedstaaten dann einige Sektoren der Außenwirtschaftsbeziehungen von einer Abstimmung mit qualifizierter Mehrheit im Rat ausgeschlossen. Beispielsweise sehen die Bestimmungen eine einvernehmliche Zustimmung der Mitgliedstaaten in einigen sensiblen Bereichen, wie bei audiovisuellen Dienstleistungen vor (Art. 133 (6) EGV).

Im Unterschied zur Handelspolitik und der dabei praktizierten Muster der Gemeinschaftsmethode ist die institutionelle Leitidee der GASP im Vertrag und in der Praxis seit drei Jahrzehnten durch eine eindeutige intergouvernementale Ausrichtung geprägt:

▶ Die traditionelle Außen- und noch mehr die Verteidigungspolitik bleiben für die Mitgliedsregierungen reservierte Bereiche. Der Anspruch auf nationale Souveränität in diesen „sensiblen" Politikfeldern ist ungebrochen.
▶ Außenpolitik bleibt ein Vorrecht der Exekutive: Bei der Politikgestaltung durch nationale Regierungen können supranationale Organe und insbesondere das EP keine starken Mitwirkungsmöglichkeiten geltend machen.
▶ Auch wenn das intensive Geflecht der GASP-Politiker und Diplomaten als „transnational" bezeichnet wird[54] oder als „dritter Weg für die 2. Säule"[55] so kann nach mehreren Vertragsänderungen die GASP-Architektur als Form eines „rationalisierten Intergouvernementalismus"[56] verstanden werden: die Mitgliedstaaten haben ihre Formen der Zusammenarbeit immer wieder überdacht, angepasst und weiterentwickelt, ohne jedoch eine weitergehende Stufe in Richtung einer Vergemeinschaftung zu nehmen. Sie bleiben auf einem bestimmten Plateau der Koordinierungsintensität, ohne eine nächste Stufe auf der „Fusionsleiter" zu nehmen.[57]

Durchgängig angemerkt wird von Politikern, Beamten und Wissenschaftlern, dass die EU in ihrem Wirken und den erzielten Wirkungen hinter ihren Ansprüchen und wohl auch effektiven Möglichkeiten zurück bleibt. Die Lücke zwischen politischen Erwartungen und tatsächlichen Fähigkeiten (im wissenschaftlichen Sprachgebrauch „capability expectation gap"[58]) wird auf mehrere Faktoren zurückgeführt. Eine zentrale Ursachenforschung verweist auf Mängel in der Koordination zwischen der EG- und den GASP-Aktivitäten; sie werden durch unzureichende Vereinbarkeit von supranationalen und intergouvernementalen Regeln und Praktiken erklärt.

■ *Zur Zukunft: Vorschläge aus der Reformdebatte*

Angesichts des wahrgenommenen Defizits an Handlungsfähigkeit und Wirksamkeit der EU ist die politische und wissenschaftliche Debatte zu möglichen Reformen seit Jahrzehnten intensiv. Der Beitritt von 12 neuen Mitgliedstaaten mit einigen abweichenden inhaltlichen Schwerpunkten und insgesamt schwach ausgeprägten Strukturen für eine globale Rolle hat diese Diskussion verschärft.[59] Der Verfassungsvertrag hat – wie die vorangegangenen Vertragsänderungen – zu wesentlichen Abschnitten des bisherigen Regelwerks neue Formulierungen vorgelegt. Die Vorschläge dokumentieren die gemeinsam von den Regierungen festgestellten Schwachstellen bei Kohärenz, Handlungsfähigkeit und Wirksamkeit der EU als „globalem

---

54 Wallace 2005.
55 Wessels/Regelsberger 1996.
56 Vgl. Wessels 2004b.
57 Vgl. Kapitel I.
58 Hill 1993.
59 Vgl. Edwards 2006a.

Akteur"; sie stellen – unabhängig von einer Ratifizierung des Verfassungsvertrags – relevante Optionen auch für eine zukünftige Systemgestaltung dar.

Die Zielvorgaben für das Auswärtige Handeln der Union formuliert das Dokument im Sinne einer Zivilmacht (Art. I-3 (4) VVE). Einen besonderen Schwerpunkt würde der Verfassungsvertrag bei der „Gemeinsamen Sicherheits- und Verteidigungspolitik" (Art. I-41 VVE) setzen[60] und damit die bisherigen Entwicklungen zur ESVP[61] aufgreifen und vertiefen. Diese mögliche Ausdehnung des Aufgabenkatalogs spiegelt damit Erfahrungen aus den letzten Jahren europäischer Sicherheitspolitik wider.

Zu den auffälligen Neuerungen gehören mehrere Veränderungen und Ergänzungen im Aufbau der institutionellen Architektur (Abbildung IV.5.3).

Abbildung IV.5.3: Auswärtiges Handeln der EU – Die institutionelle Architektur (gemäß Verfassungsvertrag)

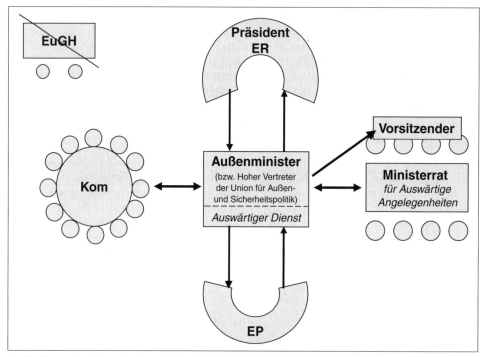

Quelle: Eigene Darstellung (vgl. zu detaillierten Übersichten Regelsberger 2007a: 269, Wessels 2003d: 410).

Als eine zentrale institutionelle Reform ist der „Außenminister der Union" zu verstehen (siehe Dokument IV.5.10), dessen Titel das Mandat für den Reformvertrag in „Hohen Vertreter der Union für Außen- und Sicherheitspolitik" geändert hat. Dieses Amt ist der neueste Versuch in einer langen Reihe von Vorschlägen und Bemühungen, die Zusammenarbeit zwischen den Mitgliedstaaten effizienter zu gestalten, ohne jedoch den intergouvernementalen Charakter eindeutig aufzugeben. Für diese Aufgaben würde das Amt mit einem „Doppelhut" als Außen-

---
60 Vgl. Diedrichs/Jopp 2005.
61 Vgl. Jopp 2007.

minister der Union („Ratshut") und als Vizepräsident der Kommission („Kommissionshut") ausgestattet. Der Außenminister bzw. der Hohe Vertreter hätte jedoch auch eine weitere zentrale Funktion zu übernehmen: den Vorsitz im Rat für Auswärtige Angelegenheiten. Sein Aufgabenprofil wäre demnach breit gesteckt (siehe Abbildung IV.5.3), ohne jedoch für die Ausübung dieser zusätzlichen Aufgaben Vertragsrechte zu erhalten. Der Amtsinhaber müsste unterschiedliche politische Interessen der Mitgliedstaaten, aber auch verschiedene Ressorts der Kommission und die dahinter stehenden Interessennetzwerke zusammenbringen.

Dokument IV.5.10: Auswärtiges Handeln der EU – Der Außenminister der Union (gemäß Verfassungsvertrag)

Art. I-28 VVE: Der Außenminister der Union

(1) Der Europäische Rat ernennt mit qualifizierter Mehrheit mit Zustimmung des Präsidenten der Kommission den Außenminister der Union. Der Europäische Rat kann die Amtszeit des Außenministers nach dem gleichen Verfahren beenden.

(2) Der Außenminister der Union leitet die Gemeinsame Außen- und Sicherheitspolitik der Union. Er trägt durch seine Vorschläge zur Festlegung dieser Politik bei und führt sie im Auftrag des Rats durch. Er handelt ebenso im Bereich der Gemeinsamen Sicherheits- und Verteidigungspolitik.

(3) Der Außenminister der Union führt den Vorsitz im Rat „Auswärtige Angelegenheiten".

(4) Der Außenminister der Union ist einer der Vizepräsidenten der Kommission. Er sorgt für die Kohärenz des auswärtigen Handelns der Union. Er ist innerhalb der Kommission mit deren Zuständigkeiten im Bereich der Außenbeziehungen und mit der Koordinierung der übrigen Aspekte des auswärtigen Handelns der Union betraut. [...]

Unterstützt werden soll der Außenminister, bzw. der Hohe Vertreter der Union für Außen- und Sicherheitspolitik, durch einen noch einzurichtenden „Europäischen Auswärtigen Dienst", der durch nationale Diplomaten sowie Beamte des Generalsekretariats des Rats und der Kommission gebildet werden soll.[62]

Der Entwurf des Verfassung- bzw. des Reformvertrags sieht zudem das Amt eines hauptamtlichen, auf zweieinhalb Jahre wählbaren „Präsidenten des Europäischen Rats" (Art. I-21 VVE) vor. Neben seinen Aufgaben als Vorsitzender und Vorbereiter des Europäischen Rats (Art. I-21 (2) VVE)[63] würde der Präsident auch eine zentrale Rolle in der GASP spielen: „Der Präsident des Europäischen Rats nimmt in dieser Eigenschaft auf seiner Ebene *unbeschadet der Zuständigkeiten des Außenministers der Union* die Außenvertretung in Angelegenheiten der Gemeinsamen Außen- und Sicherheitspolitik wahr" (Art. I-21 (2) VVE; Hervorhebungen durch den Autor). Diese Formulierung lässt mögliche Rollenkonflikte mit dem geplanten Außenminister bzw. dem Hohen Vertreter deutlich werden. Diese erkannten Schwierigkeiten werden nicht in dem Vertragstext selbst geklärt, sondern auf die zukünftige Alltagspraxis verlagert.

---

62 Vgl. u. a. Regelsberger 2006: 247; Maurer/Reichel 2004.
63 Vgl. Kapitel III.2.

Insgesamt siedelt der Verfassungsvertrag so das Amt des Außenministers in einem starken inter- und intra-institutionellen Spannungsfeld an.[64]

Gegenüber diesen Neuerungen würde der Verfassungs- bzw. Reformvertrag das EP im Bereich der Außen- und Sicherheitspolitik erneut auf die bisherige Rolle eines Forums festlegen. Diese marginale Beteiligung dokumentiert nachdrücklich die Besonderheiten des Politikfelds, das in der Regel schnelle und diskrete Einzelentscheidungen erfordert. Auch Parlamente der Mitgliedstaaten spielen häufig nur eine untergeordnete Rolle in der nationalen Außenpolitik.[65] Gleichzeitig hat sich in diesem Abschnitt die Präferenz einer im wahrsten Sinne des Wortes „inter-gouvernementalen" Ausrichtung der GASP erneut deutlich durchgesetzt: Der Verfassungs- bzw. Reformvertrag sieht das EP nicht als Legitimationsstifter für diesen zentralen Bereich staatlichen Handelns. Nationale Regierungen und Diplomaten werden als einzig zuständige Akteure verstanden, die für die Akzeptanz ihres Handelns auf ihre nationalen Autoritätszuweisungen zurückgreifen.

Weiter auszuloten sind die vom Verfassungs- bzw. Reformvertrag vorgeschlagenen Verfahren einer „strukturierten Zusammenarbeit" (Art. I-40 (6) und III-213 VVE) im Bereich der Gemeinsamen Sicherheits- und Verteidigungspolitik.[66] Derartige Formen entwickeln sich in der Praxis auch außervertraglich.

Angesichts der auch weiterhin zu erwartenden Lücke zwischen den selbst gesetzten Zielen als globaler Akteur einerseits und der Handlungsfähigkeit und Wirksamkeit gemeinsamer Aktivitäten[67] andererseits wird die Diskussion um weitere Reformen der GASP-Architektur mit und nach dem Reformvertrag nicht beendet sein. Unerwartete Krisen werden – wie in der Vergangenheit – immer wieder zu Anstößen für Verfahrensänderungen führen. Nach den bisherigen Erfahrungen sind weitere begrenzte Anpassungen – gegebenenfalls auch ohne Vertragsänderungen – zu erwarten.[68] Der neue mittelfristige Finanzrahmen 2007-2013 sieht eine mäßige Steigerung der Aufgaben für die „EU als globalen Akteur" vor, bei der für die GASP eine bescheidene Gesamtsumme über den Zeitraum 2007-2013 von knapp 50 Mio. Euro vorgesehen ist.[69]

5.5 Zur Wiederholung und Vertiefung

■ *Merkpunkte und Stichworte*

▶ Grundkenntnisse
  – Ziele der EU als globaler Akteur
  – Vertragliche Grundlagen (Säulen)
  – Schwerpunkte der EG-Außenbeziehungen
  – Schwerpunkte der GASP-Aktivitäten
  – Art. 133 Ausschuss: Zusammensetzung und Aufgaben
  – Schwerpunkte der ESVP

---

64 Vgl. Wessels 2003d.
65 Vgl. Mittag 2003: 156.
66 Vgl. Diedrichs/Jopp 2005; Jopp/Regelsberger 2003.
67 Vgl. Hill 1993, 1998.
68 Vgl. u. a. Regelsberger 2006: 241.
69 Vgl. Europäisches Parlament/Rat der Europäischen Union/Europäische Kommission 2006.

▶ Zur institutionellen Architektur: Vertragsbestimmungen und Befund aus der Praxis
  – GASP-Architektur: Ebenen der Willens- und Entscheidungsbildung
  – Rolle der Kommission in der Handelspolitik
  – Rollen des EP in der:
    – Handelspolitik
    – Assoziierungspolitik
    – GASP-Architektur
  – Rollen des Rats bei den EG-Außenbeziehungen und in der GASP
  – Rolle des Hohen Vertreters für die GASP
  – COPS: Zusammensetzung und Aufgaben
  – Rolle des Vorsitzes in der GASP
  – Qualifizierte Mehrheit in der Gemeinsamen Handelspolitik und in der GASP: Formen und Grenzen
  – Rolle eines Außenministers der Union bzw. Hohen Repräsentanten der Union für die Außen- und Sicherheitspolitik (gemäß VVE und Reformvertrag): Benennungsverfahren und Aufgaben

■ *Fragen*

▶ Die Gemeinsame Handelspolitik und die GASP im Vergleich: Wie kann man die beiden Kernbereiche des auswärtigen Handelns erfassen und vergleichend evaluieren?
▶ Wie kann die EU als globaler Akteur definiert werden?
▶ Welche Theorien zur internationalen Politik können mit Erkenntnisgewinn zur Erklärung des Auswärtigen Handelns der EU herangezogen werden?

■ *Thesen zur Diskussion*

▶ Der Außenminister mit dem „Doppelhut" wird die intra- und interinstitutionellen Spannungen verstärken.
▶ Die EU unterliegt einem Trend zur Militarisierung.
▶ Das EP sollte eine zentrale Rolle als Legitimitätsstifter für eine starke internationale Rolle der EU übernehmen.

5.6 Literaturhinweise

■ *Online-Quellen*

http://www.fornet.info/, bzw. http://www.eu-consent.net
  Die Homepages des europaweiten Forschungsprojektes zur europäischen Außenpolitik „FORNET" und des Exzellenznetzwerks EU-CONSENT bieten Sekundärtexte und weiterführende Links.
http://www.iss-eu.org/
  Die Homepage des Institute for Security Studies of the European Union (ISS) bietet Sekundärtexte zu sicherheitspolitischen Fragen wie auch Zusammenstellungen relevanter ESVP-Dokumente.
http://ec.europa.eu/trade/index_en.htm
  Webseite der Europäischen Kommission zu Außenhandelsbeziehungen.
http://ec.europa.eu/echo/ und http://ec.europa.eu/development/index_en.cfm
  Webseiten der Kommission zur humanitären Hilfe und Entwicklungszusammenarbeit.
http://ec.europa.eu/external_relations/asia/index.htm
  Seite der Europäischen Kommission zu den Beziehungen der EU mit Asien.

http://ec.europa.eu/external_relations/la/index.htm
Seite der Europäischen Kommission zu den Beziehungen der EU mit Lateinamerika.

■ Einführende Literatur

Algieri, Franco/Weske, Simone (2007): Assoziierungs- und Kooperationspolitik, in: Weidenfeld, Werner/Wessels, Wolfgang (Hrsg.): Europa von A bis Z. Taschenbuch der europäischen Integration, 10. Auflage, Baden-Baden, S. 65-68.
Edwards, Geoffrey (2006): The New Member States and the Making of EU Foreign Policy, in European Foreign Affairs Review 11 (2), S. 143-162.
Hill, Christopher/Smith, Karen (Hrsg.) (2000): European Foreign Policy. Key Documents, London.
Jopp, Mathias (2007): Europäische Sicherheits- und Verteidigungspolitik, in: Weidenfeld, Werner/Wessels, Wolfgang (Hrsg.): Europa von A bis Z. Taschenbuch der europäischen Integration, 10. Auflage, Baden-Baden, S. 176-183.
Monar, Jörg (2007): Außenwirtschaftsbeziehungen, in: Weidenfeld, Werner/Wessels, Wolfgang (Hrsg.): Europa von A bis Z. Taschenbuch der europäischen Integration, 10. Auflage, Baden-Baden, S. 77-81.
Regelsberger, Elfriede (2007): Gemeinsame Außen- und Sicherheitspolitik, in: Weidenfeld, Werner/Wessels, Wolfgang (Hrsg.): Europa von A bis Z. Taschenbuch der europäischen Integration, 10. Auflage, Baden-Baden, S. 265-271.
Regelsberger, Elfriede (2007): Gemeinsame Außen- und Sicherheitspolitik, in: Weidenfeld, Werner/Wessels, Wolfgang (Hrsg.): Jahrbuch der Europäischen Integration 2006, Baden-Baden, S. 231-240.
White, Brian (2001): Understanding European foreign policy, Basingstoke.

■ Weiterführende Literatur

Bretherton, Charlotte/Vogler, John (2006): The European Union as a Global Actor, London/New York.
Crowe, Brian/Peterson, John/Smith, Michael E. (2006): International Interests. The Common Foreign and Security Policy, in: Peterson, John/Shackleton, Michael (Hrsg.): The Institutions of the European Union, 2. Auflage, Oxford/New York, S. 252-271.
Diedrichs, Udo/Jopp, Mathias (2005): Die Sicherheits- und Verteidigungspolitik der EU nach dem Verfassungsvertrag: Innovationen, Experimente, Impulse, in: Jopp, Mathias/Matl, Saskia (Hrsg.): Der Vertrag über eine Verfassung für Europa. Analysen zur Konstitutionalisierung der EU, Baden-Baden, S. 343-366.
Mittag, Jürgen (2003): Die parlamentarische Dimension der ESVP: Optionen für eine Europäische Verfassung, in: integration 2/03, S. 152-161.
Regelsberger, Elfriede (2004): Die Gemeinsame Außen- und Sicherheitspolitik der EU (GASP) – Konstitutionelle Angebote im Praxistext 1993-2003, Baden-Baden.
Unser, Günther (2007): Die EU und die Vereinten Nationen, in: Weidenfeld, Werner/Wessels, Wolfgang (Hrsg.): Jahrbuch der Europäischen Integration 2006, Baden-Baden, S. 475-482.
Wagner, Wolfgang/Hellmann, Gunther (2003): Zivile Weltmacht? Die Außen-, Sicherheits- und Verteidigungspolitik der Europäischen Union, in: Jachtenfuchs, Markus/Kohler-Koch, Beate (Hrsg.): Europäische Integration, 2. Auflage, Opladen, S. 569-596.

■ Vertiefende Literatur

Brady, Hugo/Tonra, Ben (2005): The European Defence Agency: Serious Opportunity, Daunting Challenge, in: CFSP-Forum 3 (1), S. 1-4, online unter: www.fornet.info.
Duchêne, François (1972): Europe's Role in World Peace, in: Mayne, Richard (Hrsg.): Europe Tomorrow: Sixteen Europeans Look Ahead, London, S. 32-47.
Hill, Christopher (2004): Renationalizing or Regrouping? EU Foreign Policy Since 11 September 2001, in: Journal of Common Market Studies 42, S. 143-163.
Hill, Christopher (1998): Closing the Capabilities-Expectations Gap?, in: Peterson, John/Sjursen, Helene (Hrsg.): A Common Foreign Policy for Europe? Competing Visions of the CFSP, London, S. 18-38.

Kirste, Knut/Maull, Hanns W. (1996): Zivilmacht und Rollentheorie, in: Zeitschrift für Internationale Beziehungen, Heft 2/1996, 3. Jg., S. 283-312.
McCormick, John (2007): The European Superpower, New York.
Schmalz, Uwe (2004): Deutschlands europäisierte Außenpolitik. Kontinuität und Wandel deutscher Konzepte zur EPZ und GASP, Studien zur Europäischen Union Bd. 3, Wiesbaden.
Wessels, Wolfgang (2004): Theoretical Perspectives. CFSP beyond the supranational and intergovernmental dichotomy, in: Mahncke, Dieter/Ambos, Alicia/Reynolds, Christopher (Hrsg): European Foreign Policy: From Rhetoric to Reality?, College of Europe Studies No. 1, Brüssel, S. 61-96.

6. Innen- und Justizpolitik – der Raum der Freiheit, der Sicherheit und des Rechts

6.1 Eckpunkte im Überblick: Ziele und Verfahren für einen Kernbereich staatlichen Handelns

Mit zentralen Bereichen der Innen- und Justizpolitik haben die Mitgliedstaaten weitere Felder traditionellen staatlichen Handelns als Aufgabengebiete der Europäischen Union definiert. Die EU soll Grundfunktionen des Staates unterstützen und damit den Unionsbürgern nicht nur ökonomisch nützen, sondern diese auch vor Risiken schützen. In der schwerfälligen Vertragssprache werden diese Aufgaben mit der Bezeichnung „Raum der Freiheit, der Sicherheit und des Rechts" (RFSR) (vgl. Dokument IV.6.1) zum Gegenstand der Politikgestaltung des EU-Systems. Der Vertrag siedelt die Bereiche dieses Raums teils in der ersten (EG-)Säule (Art. 61-69 EGV) und teils in der dritten Säule an, die nach dem Amsterdamer Vertrag als „Polizeiliche und Justizielle Zusammenarbeit in Strafsachen" (PJZS) (Art. 29-42 EUV) ausgeschildert wird. Obwohl eng mit Schritten der wirtschaftlichen Integration verbunden, bildet der RFSR ein neues – wenn auch weniger klar ausgeprägtes – Integrationsziel der EU, das der Amsterdamer Vertrag neben das häufig dominierende Konzept des Binnenmarkts setzt.[1] Dieses Regelwerk ist ausdrücklich auf den „Unionsbürger" und nicht „Marktbürger" ausgerichtet.[2]

Dokument IV.6.1: RFSR – vertragliche Zielvorgaben (gemäß EUV)

Art. 2 EUV

Die Union setzt sich folgende Ziele:

– die Erhaltung und Weiterentwicklung der Union als *Raum der Freiheit, der Sicherheit und des Rechts*, in dem in Verbindung mit geeigneten Maßnahmen in Bezug auf die Kontrollen an den *Außengrenzen, das Asyl, die Einwanderung* sowie die *Verhütung und Bekämpfung der Kriminalität der freie Personenverkehr* gewährleistet ist.

Hervorhebungen durch den Autor.

In allen wesentlichen Dimensionen eines derartig bezeichneten „Raums" der „Freiheit", „Sicherheit" und des „Rechts" haben die „Herren der Verträge" die Aktivitätsfelder, Rechtsinstrumente und Verfahren der EU sowohl in den Vertragsänderungen der letzten Jahrzehnte als auch in der Praxis wesentlich auf- und ausgebaut.[3] Nicht ohne Kritik aus rechtsstaatlicher Sicht,[4] aber als Reaktion auf terroristische Akte in New York, Madrid und London haben Regierungen und EU-Organe einen deutlichen Schwerpunkt bei dem Aspekt „Sicherheit" gesetzt.

Trotz mehrerer Bemühungen der Mitgliedstaaten haben die Vertragsänderungen kein einheitliches Regelwerk für die Verfahren in der institutionellen Architektur geschaffen; vielmehr

---

1 Vgl. Kainer 2005: 286.
2 Vgl. Kainer 2005: 287.
3 Vgl. u. a. Monar 2006: 101-117; Monar 2005b: 131-146.
4 Vgl. u. a. Kostakopoulou 2006: 234 Balzacq/Carrera 2006.

ist die Vielfalt an prozeduralen Bestimmungen zwischen, aber auch innerhalb der beiden beteiligten Säulen des EU-Systems verwirrend[5] und bedarf besonderer Aufmerksamkeit. Im Vergleich zur GASP[6] ist jedoch nach mehreren Entwicklungsstufen intergouvernementaler Verfahren[7] ein gewisser Trend zur Supranationalisierung durch eine zunehmende Verwendung zentraler Elemente der Gemeinschaftsmethode zu beobachten.[8]

6.2 Aufgaben: Geschichte und vertragliche Vorgaben

Die Zusammenarbeit der Mitgliedstaaten auf Gebieten der Innen- und Justizpolitik begann bereits früh im Integrationsprozess.[9] Erste Schritte unternahmen die Mitgliedstaaten zur Betrugsbekämpfung bei Ausgaben aus dem EG-Haushalt und der Gründung der sogenannten „TREVI-Gruppe" (1974) der Innenminister zum gemeinsamen Vorgehen gegen „Terrorismus" und „Radikalismus" sowie gegen „Extremismus" und „internationalen Gewalt"; auch weitere Arbeitsgruppen wurden ad hoc eingesetzt.[10] Ein wesentlicher weiterer Schritt erfolgte durch das „Schengener Abkommen", das als eine Folge des Binnenmarktprogramms der EG den Abbau von Grenzkontrollen für Personen an den Binnengrenzen der Mitgliedstaaten und als flankierende Ausgleichsmaßnahme den Aufbau von einheitlichen Kontrollen an den Außengrenzen regelt.[11] Diese Vereinbarung traf jedoch nur eine Gruppe von Mitgliedstaaten zunächst außerhalb des EG-Vertrags. Im Maastrichter Vertrag haben die Mitgliedstaaten in der Praxis erprobte Formen der Zusammenarbeit in den Bereichen Inneres und Justiz zunächst weitgehend in der dritten Säule institutionalisiert. Die Amsterdamer Vertragsänderungen haben diese Bereiche neu geordnet und eine neue Zielvorgabe – die Schaffung eines „Raums der Freiheit, der Sicherheit und des Rechts" – festgeschrieben (vgl. Dokument IV.6.2).

Bestimmte Materien – so die Asyl- und Einwanderungspolitik – wurden durch diese Vertragsrevision aus der dritten in die erste Säule übertragen; nach den auch gegenwärtig (2007) gültigen Bestimmungen regeln die Vorgaben der verkleinerten dritten Säule die „Polizeiliche und Justizielle Zusammenarbeit in Strafsachen" (PJZS) (siehe Dokument IV.6.2).

Zugleich wurden in den Amsterdamer Vertrag auch wesentliche Bestimmungen des Schengener Abkommens integriert, wenn auch einige Mitgliedstaaten – so das Vereinigte Königreich und Irland – bis heute bestimmte Ausnahmeregelungen (im englischen Sprachgebrauch: „opt outs") erhalten haben.

Schwerpunktbereiche für die Innen- und Justizpolitik[12] bilden:

▶ Asyl-, Einwanderungs- und Visapolitik[13]
▶ Kontrolle und Überwachung der gemeinsamen Außengrenzen
▶ Zusammenarbeit in Zivilsachen[14]

---

5 Vgl. u. a. Lugna 2006: 107-116.
6 Vgl. Kapitel IV.5.
7 Vgl. Kostakopoulou 2006: 232-235.
8 Vgl. u. a. Kainer 2005: 298-305.
9 Vgl. Kostakopulu 2005: 232-235 sowie allgemein Occhipinti 2003 und Knelangen 2001.
10 Vgl. Kainer 2005: 283.
11 Vgl. Hillenbrand 2007: 444.
12 Vgl. u. a. Müller-Graff/Kainer 2007a: 332-333; Monar 2006: 101-117; Monar 2005b: 131-146.
13 Vgl. u. a. Müller-Graff/Kainer 2007b: 69-73.
14 Vgl. u. a. Müller-Graff/Kainer 2007c: 392- 394.

▶ Zusammenarbeit in Strafsachen[15]
▶ Polizeiliche Zusammenarbeit[16]

Dokument IV.6.2: RFSR – vertragliche Zielvorgaben für die PJZS (gemäß EUV)

> **Art. 29 EUV**
>
> Unbeschadet der Befugnisse der Europäischen Gemeinschaft verfolgt die Union das Ziel, den Bürgern in einem Raum der Freiheit, der Sicherheit und des Rechts ein hohes Maß an Sicherheit zu bieten, indem sie ein gemeinsames Vorgehen der Mitgliedstaaten im *Bereich der polizeilichen und justiziellen Zusammenarbeit in Strafsachen entwickelt sowie Rassismus und Fremdenfeindlichkeit* verhütet und bekämpft.
>
> Dieses Ziel wird erreicht durch die Verhütung und Bekämpfung der – organisierten oder nicht organisierten – Kriminalität, insbesondere des *Terrorismus, des Menschenhandels und der Straftaten gegenüber Kindern, des illegalen Drogen- und Waffenhandels, der Bestechung und Bestechlichkeit sowie des Betrugs* [...].

Hervorhebungen durch den Autor.

6.3 Institutionelle Architektur: Organe und Verfahren

Der institutionelle Auf- und Ausbau des „Raums der Freiheit, der Sicherheit und des Rechts" ist durch eine breite und tiefe Verankerung der Themengebiete in der Rats- und Kommissionsstruktur gekennzeichnet (Abbildung IV.6.1). Dem Europäischen Rat werden in den Vertragsartikeln – neben der allgemeinen Aufgabenzuweisung – im Unterschied zur GASP keine besonderen Befugnisse zugeschrieben. Ihrem Selbstverständnis entsprechend steht den Staats- und Regierungschefs jedoch eine generelle Leitungs- und Lenkungsfunktion zu, auch für diesen Bereich Ziele und Orientierung vorzugeben.

Der Rat hat im Generalsekretariat sowohl für die erste wie für die dritte Säule eine differenzierte Infrastruktur an Ausschüssen und Verwaltungseinrichtungen eingerichtet. Auch die Kommission verfügt über eine eigene Generaldirektion zum Bereich Inneres und Justiz. Das Europäische Parlament verfolgt die Aktivitäten insbesondere in seinem „Ausschuss für Bürgerliche Freiheiten, Justiz und Inneres" (LIBE).

Die Verfahren zwischen den Institutionen zur Vorbereitung und Verabschiedung sowie zur Durchführung und Kontrolle sind je nach vertragsrechtlicher Verankerung unterschiedlich und weisen jeweils einige Besonderheiten auf. In der ersten Säule sind für den „Raum der Freiheit, der Sicherheit und des Rechts" mehrere Regelwerke bestimmend, die eine erhebliche Spannbreite und im Vergleich zu konventionellen Regeln der Gemeinschaftsmethode bestimmte Abweichungen aufweisen (siehe insbesondere Art. 61 und Art. 67 EGV).

▶ Einige Vorschriften über Visa werden bereits seit dem Inkrafttreten des Amsterdamer Vertrags vom Rat mit qualifizierter Mehrheit auf Vorschlag der Kommission und nach Anhörung des Europäischen Parlaments beschlossen (Art. 62 (2 b, i und iii) in Verbindung mit Art. 67 (3)).

---

15 Vgl. u. a. Müller-Graff/Kainer 2007d: 398-391.
16 Vgl. u. a. Kostakopoulou 2006 sowie Kietz/Maurer 2007: 251-253.

▶ Nach Ablauf einer im Amsterdamer Vertrag vereinbarten Übergangsfrist von fünf Jahren hat der Rat Anfang 2005 nach einstimmigem Beschluss die Bereiche Visa, Grenzschutz und illegale Einwanderung in das Verfahren der Mitentscheidung überführt. Zuvor galt ein Sonderfall in der Verfahrenstypologie: Nach dieser „unvollständigen Gemeinschaftsmethode" kann der Rat einstimmig auf Vorschlag der Kommission oder auf Initiative eines Mitgliedstaats und nach Anhörung des Europäischen Parlaments Rechtsakte beschließen. Der Bereich der legalen Einwanderung verbleibt jedoch nach wie vor in der Einstimmigkeit.

▶ Seit dem Vertrag von Nizza ist schließlich auch für einen Großteil des Bereichs Asyl (Art. 63 (1) und (2 a) in Verbindung mit Art. 67 (5)) das Verfahren der Mitentscheidung vorgesehen. Gleiches gilt für den Bereich der ziviljustiziellen Zusammenarbeit (Art. 65 EGV), jedoch mit Ausnahme des Bereichs Familienrecht, der nach wie vor der Einstimmigkeit im Rat unterliegt.

In der dritten Säule, bei der PJZS, ist das Regelwerk zwar intergouvernemental angelegt; es lässt jedoch – nicht zuletzt im Vergleich zur GASP-Methode – Ansätze zu einer „unvollständigen Gemeinschaftsmethode" erkennen. Die Mitgliedstaaten teilen sich mit der Kommission das Initiativrecht; das Europäische Parlament wird in bestimmten Fällen angehört bzw. kann Anfragen oder Stellungnahmen an den Rat richten (Art. 39 EUV). Rechtsakte können mehrere Formen annehmen: „gemeinsame Standpunkte", „Rahmenbeschlüsse", die Ähnlichkeiten mit einer „Richtlinie" in der EG-Säule aufweisen[17], „Beschlüsse für jeden anderen Zweck" und als Sonderform „Übereinkommen" (Art. 34 (2)). Bei Entscheidungen über gemeinsame Standpunkte, Rahmenbeschlüsse und „Beschlüsse für jeden anderen Zweck" gilt im Rat die Einstimmigkeit. Die Entscheidungen über die Durchführung der letztgenannten können mit doppelt qualifizierter Mehrheit getroffen werden (vgl. Kapitel III.3). Der EuGH ist für die Überprüfung der Rechtmäßigkeit von Beschlüssen und Rahmenbeschlüssen bei Klagen zuständig, die ein Mitgliedstaat oder die Kommission wegen Unzuständigkeit, Verletzung wesentlicher Formvorschriften, Vertragsverletzung oder Ermessensmissbrauch erhebt (Art. 35 (6) EUV), sowie bei Streitigkeiten zwischen Mitgliedstaaten über die Auslegung von Rechtssachen (Art. 35 (7) EUV). Dem Gerichtshof steht auch das Recht zur Vorabentscheidung zu, sofern der betroffene Mitgliedstaat diese Zuständigkeit des EuGH zuvor anerkannt hat (Art. 35 (1) und (2) EUV). Entsprechend dieser Zuständigkeiten ist die Ausschilderung für den EuGH in Abbildung IV.6.1 gestaltet.

Anhand der Auszeichnungen für einzelne Ausschüsse im Rat und Verwaltungseinheiten in der Kommission und im Rat ist die erhebliche Breite der Themengebiete zu erkennen. Besondere Koordinierungsaufgaben übernimmt für den Bereich der dritten Säule der so genannte „Ausschuss Artikel 36" (im Sprachgebrauch: CATS (Comité de l'Article Trente-Six)), der sich aus hohen Beamten der mitgliedstaatlichen Innen- und Justizministerien zusammensetzt.

Zur institutionellen Architektur im Bereich des „Raums der Freiheit, der Sicherheit und des Rechts" gehört auch eine Reihe unabhängiger Europäischer Agenturen, die der Rat auf entsprechenden Vertragsgrundlagen in den letzten Jahren gründete.[18] Neben kleineren Einrichtungen wie etwa der „Europäischen Stelle zur Beobachtung von Rassismus und Fremdenfeindlichkeit"[19], die ab 2007 schrittweise in die „Agentur für Grundrechte" umgewandelt wird, oder „der Beobachtungsstelle für Drogen und Drogensucht"[20] sind dabei insbesondere

---

17 Vgl. Kapitel IV.2.
18 Vgl. u. a. Lugna 2006: 113-115.
19 Vgl. Hillenbrand 2007: 420.
20 Vgl. unter http://www.emcdda.europa.eu.

Abbildung IV.6.1: RFSR – institutionelle Architektur

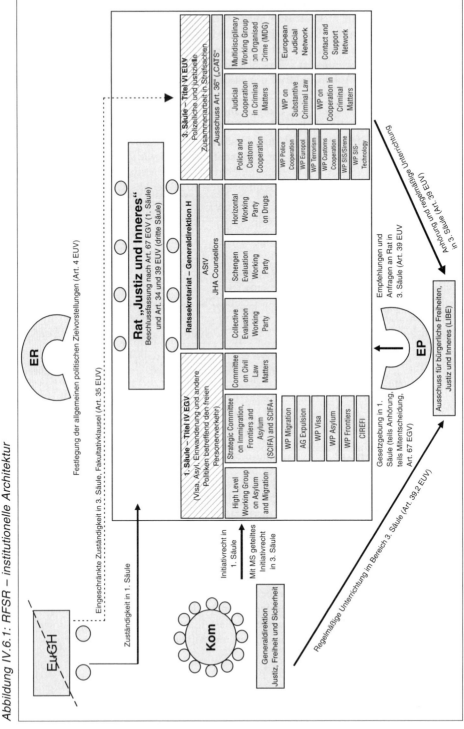

Quelle: Eigene Zusammenstellung. Vgl. auch Lavenex/Wallace 2005: 468 sowie Kostakopoulou 2006: 239.

das Europäische Polizeiamt „Europol" (Art. 29, 30, 32 EUV, siehe Abbildung IV.6.2),[21] die Einrichtung „Eurojust" (Art. 29 und 31 EUV),[22] die der Kooperation der Strafverfolgungsbehörden dient, sowie „Frontex" zur Überwachung der EU-Außengrenzen zu nennen.[23]

Europol bildet die zentrale Agentur der derzeitigen polizeilichen Zusammenarbeit in der EU; die Befugnisse werden auf der Grundlage der Vertragsartikel (Art. 30 EUV) vom Rat spezifiziert. Zu den Kernaufgaben von Europol, das ebenso wie Eurojust in Den Haag angesiedelt ist, zählt der Kampf gegen grenzüberschreitende organisierte Kriminalität sowie die Bekämpfung des Terrorismus. Seit der vollständigen Aufnahme seiner Tätigkeiten im Juli 1999 konzentriert sich das Europäische Polizeiamt vor allem auf die Sammlung, den Austausch und die technische Analyse von Informationen und Daten, die die Mitgliedstaaten zur Verfügung stellen. Eine Schlüsselrolle spielen dabei die Verbindungsbüros der Mitgliedstaaten in Den Haag. Im Gegensatz zu den nationalen Polizei- und Ermittlungsbehörden verfügt Europol jedoch bislang nicht über eigene operative Eingriffsbefugnisse. Diese Agentur ist trotz einer schrittweisen Ausdehnung ihres Aufgabenbereichs in erster Linie eine zentrale Servicestelle nationaler Polizeibehörden. Eine – primär intergouvernementale – Ausrichtung zeigt sich auch an der derzeitigen Organisations- und Verwaltungsstruktur.[24] Der Rat der Innen- und Justizminister regelt und kontrolliert die Aktivitäten. Ein spezieller Verwaltungsrat, der sich aus je einem Vertreter pro Mitgliedstaat zusammensetzt und in den die Kommission einen Vertreter mit Beobachterstatus entsendet, regelt u. a. die Rechte und Pflichten der Verbindungsbeamten sowie die Voraussetzungen für die Datenverarbeitung. Beschlüsse des Verwaltungsrats kommen zum Teil einstimmig, in der Regel jedoch mit einer Zwei-Drittel-Mehrheit zustande. Der Rat wählt den Direktor von Europol nach Stellungnahme des Verwaltungsrats einstimmig. Das Europäische Parlament übt auf Grundlage eines jährlichen Berichts der Ratspräsidentschaft eine begrenzte politische Kontrollfunktion aus. Auch der EuGH verfügt im Rahmen seiner Kompetenzen nach Art. 35 EUV nur über eingeschränkte Rechtsprechungskompetenzen.

Eurojust soll die Zusammenarbeit zwischen den nationalen Strafverfolgungs- und Ermittlungsbehörden erleichtern und bei Straftaten mit grenzüberschreitendem Bezug eine bessere Koordinierung der von den mitgliedstaatlichen Behörden durchgeführten Maßnahmen ermöglichen. Eurojust setzt sich aus nationalen Staatsanwälten, Richtern oder mit vergleichbaren Kompetenzen ausgestatteten Polizeibeamten (je ein Vertreter pro Mitgliedstaat) zusammen und ist befugt, die nationalen Behörden zur Einleitung von Ermittlungen und Strafverfolgungsmaßnahmen aufzufordern. Ähnlich wie Europol darf auch Eurojust personenbezogene Daten speichern und verarbeiten. Die Strukturen sind analog zu denen von Europol aufgebaut.

Als institutioneller Kern eines „integrierten Grenzschutzes" hat zudem 2005 die Agentur Frontex ihre Arbeit aufgenommen. Die Agentur mit Sitz in Warschau hat folgende Aufgaben:[25]

▶ Koordinierung der operativen Zusammenarbeit der Mitgliedstaaten im Bereich des Schutzes der Außengrenzen;
▶ Erstellung eines gemeinsamen und integrierten Modells zur Bewertung und Durchführung allgemeiner und spezieller Risikoanalysen;

---
21 Kietz/Maurer 2007: 251-253.
22 Müller-Graff/Kainer 2007e: 134-135.
23 Zu Frontex vgl. unter http://www.frontex.europa.eu
24 Vgl. Kietz/Maurer 2007: 253.
25 Vgl. zum Folgenden unter http://www.europa.eu/scadplus/leg/de/lvb/l33216.htm

▶ Unterstützung der Mitgliedstaaten bei der Ausbildung von Grenzschutzbeamten;
▶ Verfolgung relevanter Entwicklungen in der Forschung;
▶ Unterstützung von Mitgliedstaaten in Situationen, die eine verstärkte operative und technische Unterstützung an den Außengrenzen erfordern.

Abbildung IV.6.2: RFSR – Organisationsstruktur von Europol

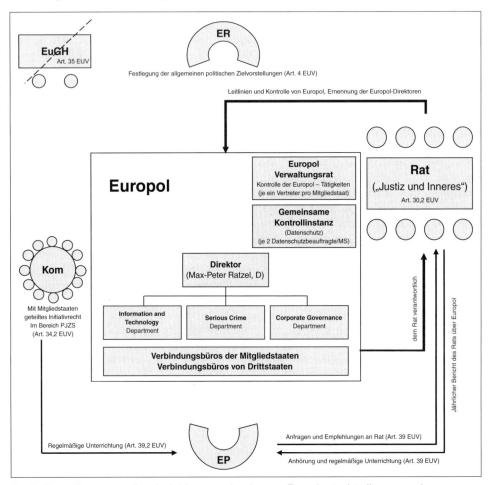

Quelle: Eigene Zusammenstellung in Anlehnung an Angaben von Europol unter http://www.europol.europa.eu.

Analog zu Europol und Eurojust verfügt die Agentur über einen Verwaltungsrat, der den Exekutivdirektor ernennt, den Tätigkeitsbericht und das Arbeitsprogramm der Agentur annimmt sowie die Organisationsstruktur und die Personalpolitik der Agentur bestimmt. Er setzt sich aus einem Vertreter jedes Mitgliedstaats und zwei Vertretern der Kommission zusammen.

Zu diesen institutionellen Einrichtungen im Bereich Inneres und Justiz kann im weiteren Sinne auch das Amt des Antiterrorismusbeauftragten gezählt werden, das im Generalsekretariat des Rats angesiedelt wurde.[26]

---

26 Vgl. u. a. Lugna 2006: 111-112.

6.4 Zur Analyse der Praxis – ein beträchtliches Aktivitätenprofil

Die Mitgliedstaaten und die Institutionen haben das vertraglich vereinbarte Instrumentarium und Regelwerk zur Innen- und Justizpolitik in der ersten und dritten Säule in der Praxis intensiv genutzt.

Als Leitungs- und Lenkungsorgan hat der Europäische Rat mehrfach wegweisende Erklärungen verabschiedet, zu denen in den letzten Jahren insbesondere die Programme von Tampere (1999) und Den Haag (2004) zu zählen sind. In den Schlussfolgerungen des Vorsitzes des Europäischen Rats werden regelmäßig Fragen des „Raums der Freiheit, der Sicherheit und des Rechts" behandelt.[27]

Die Zahl der Sitzungen des Rats der Innen- und Justizminister (siehe Abbildung IV.6.3) zeigt seit 1993 – auch im Vergleich zu den Sitzungen anderer Fachräte – eine erhebliche Zunahme. Auch die Anzahl weiterer Ratssitzungen, bei denen innen- und justizpolitische Materien behandelt wurden, ist beträchtlich. Diese Aktivitäten haben auch zu entsprechenden Beschlüssen geführt. Abbildung IV.6.4 zeigt, dass sowohl die Rechtsinstrumente aus der dritten Säule als auch Richtlinien, Verordnungen und Entscheidungen nach EG-Recht intensiv eingesetzt wurden und der Besitzstand an geltenden Rechtsakten (im französischen Sprachgebrauch: „acquis") seit dem Inkrafttreten des Maastrichter Vertrags entsprechend deutlich zugenommen hat – von 14 Rechtsakten im Jahr 1995 auf über 470 Rechtsakte im Jahr 2005 (siehe Abbildung IV.6.5).

Abbildung IV.6.3: RFSR – Anzahl der Ratssitzungen 1993–2005

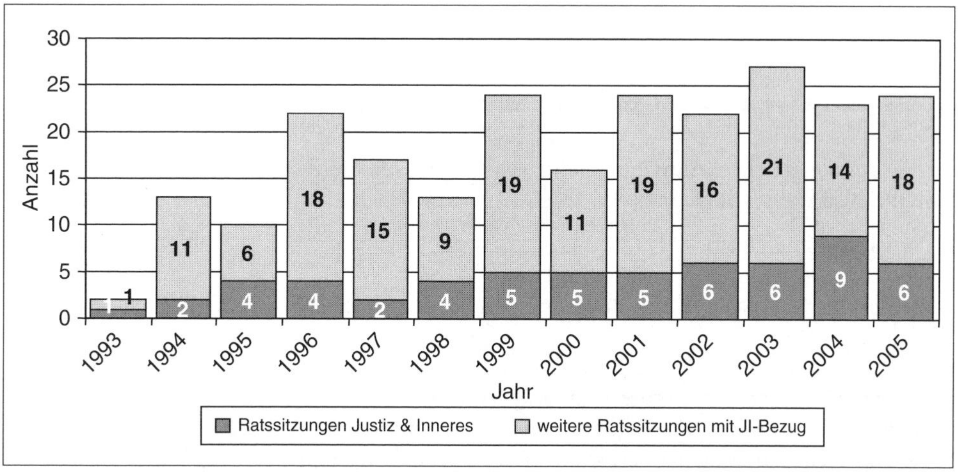

Quelle: Müller 2003: 402; 2004 und 2005 ergänzt nach Angaben des Rats unter http://www.consilium.europa.eu.

Die breit gestreuten Aktivitäten berühren häufig den Kern nationalstaatlicher Souveränität und auch die Grundrechte der Unionsbürger unmittelbar. In Folge der Terroranschläge vom 11. September 2001 haben sich die Bemühungen der Union im Bereich Inneres und Justiz nochmals verstärkt, wobei eine deutliche Konzentration auf das Ziel der inneren Sicherheit festzustellen ist.[28]

---

27 Vgl. Kapitel III.2, Übersicht III.2.1.
28 Vgl. u. a. Monar 2005b: 141-143.

Abbildung IV.6.4: RFSR – reale Nutzung der Rechtsinstrumente 1993–2005

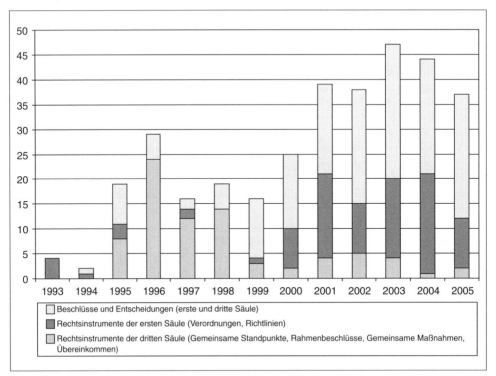

Quelle: Eigene Darstellung auf der Grundlage von Eurlex.

Zu den umfangreichen Aktivitäten und verabschiedeten bzw. genutzten Instrumenten der Union zählen unter anderem:

- der europäische Haftbefehl
- die Aufstellung gemeinsamer Asylkriterien
- die Bekämpfung illegaler Einwanderung und der gemeinsame Schutz der Außengrenzen der Union
- Nutzung biometrischer Daten bei der Erteilung von Visa
- Datenspeicherung und -aufbereitung im Rahmen von Europol
- Gemeinsame nationale Ermittlungsteams unter Beteiligung von Europol-Beamten
- zivilrechtliche Zusammenarbeit wie z. B. der europäische Vollstreckungstitel
- Vereinbarungen zum Familienrecht: z. B. Ehescheidungsrecht bei Paaren unterschiedlicher Nationalität.

Mit der fünften Erweiterungsrunde haben diese Themen der Innen- und Justizpolitik weiter an Bedeutung gewonnen.

Abbildung IV.6.5: RFSR – Besitzstand an Rechtsakten (1994–2005)

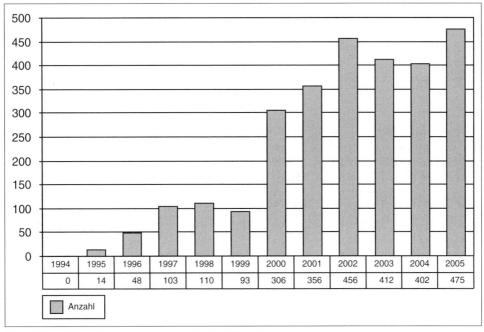

	1994	1995	1996	1997	1998	1999	2000	2001	2002	2003	2004	2005
Anzahl	0	14	48	103	110	93	306	356	456	412	402	475

Quelle: Eigene Darstellung in Anlehnung an Müller 2003: 260. Die ergänzten Daten stammen aus den jeweiligen Jahrgängen des Fundstellenverzeichnisses des geltenden Gemeinschaftsrechts.

6.5 Diskussion und Perspektiven

■ *Zur Charakterisierung: Ausbau zu Supranationalisierung oder zu einem rationalisierten Intergouvernementalismus?*

Die Aktivitäten der EU-Organe und Agenturen im Bereich des „Raums der Freiheit, der Sicherheit und des Rechts" haben in den letzten Jahren erheblich zugenommen. Entstehung und Entwicklung des RFSR sind primär durch zwei Faktorenbündel zu erklären: Regierungen haben sowohl als Folge (im wissenschaftlichen Sprachgebrauch „spill-over") der wirtschaftlichen Integration, insbesondere des Binnenmarkts, als auch als Reaktion auf externe Herausforderungen infolge grenzüberschreitender Kriminalität und Terrorismus die Nützlichkeit des EU-Systems auch für diese Kernaufgabe ihrer Staatlichkeit entdeckt. Die verabschiedeten Rechtsakte greifen mehr und mehr in zentrale Bereiche staatlicher Innen- und Justizpolitik ein. Zunehmend stellt sich damit auch die Frage rechtsstaatlichen Handelns und des Schutzes der Grundrechte der möglicherweise betroffenen Bürger.

Aus integrationstheoretischer Perspektive ist zu diskutieren, ob und in wieweit Regelwerk und Praxis gewisse Entwicklungstendenzen von intergouvernementalen hin zu stärker supranationalen Verfahrensprofilen der Politikgestaltung erkennen lassen. Die Vertragsbestimmungen zur Asyl-, Einwanderungs- und Visapolitik haben nach 2004 weitgehend das normale Gesetzgebungsverfahren der Mitentscheidung etabliert; auch in weiteren Verfahren zu anderen

Bereichen haben Vertragsänderungen die Rechte der Kommission, des EP und des EuGH ausgebaut; einige Bereiche unterliegen weiterhin der Einstimmigkeitsregel. Den Europäischen Agenturen ist keine eigenständige operative Kompetenz übertragen worden; sie dienen – mit begrenzten eigenen Mitteln – nur der Koordinierung nationaler Behörden. So sind gleichzeitig Tendenzen zur Nutzung zentraler Elemente der Gemeinschaftsmethode[29] wie zu einem verfeinerten rationalisierten Intergouvernementalismus[30] zu beobachten. Derartige Entwicklungsschritte können auch als Stufen auf einer Fusionsleiter charakterisiert werden.[31]

■ *Zur Zukunft: Vorschläge aus der Reformdebatte*

Aufgrund nachhaltiger Kritik an der Schwerfälligkeit und des mangelnden Zusammenhalts des gemeinsamen Handelns in den Bereichen der Innen- und Justizpolitik wird eine Reihe von Reformkonzepten vorgelegt. So hätte der Verfassungsvertrag den (gesamten) „Raum der Freiheit der Sicherheit und des Rechts" – und damit auch die gegenwärtige PJZS – in den Kompetenzbereich der zwischen Mitgliedstaaten und Union „geteilten Zuständigkeiten" (Art. I-14 VVE) aufgenommen. Gleichzeitig sieht der Text aber auch „besondere Bestimmungen" (Art. I-42 VVE) vor, die weiterhin nach Themengebieten differenzierte Verfahren vorschreiben.

Insgesamt hätte der Verfassungsvertrag alle Zuständigkeitsbereiche der Union in der Innen- und Justizpolitik sachlich erweitert und eigenständiger gestaltet.[32] Festzustellen ist dabei eine weitere „Entkoppelung" der Zielsetzungen der Innen- und Justizpolitik vom ursprünglich dominierenden Binnenmarktprinzip. Die Einführung der Grundrechtecharta könnte die Rechte des Bürgers umfassender und nachhaltiger absichern.

Verstärken würden die Bestimmungen des Verfassungsvertrags Tendenzen zur Supranationalisierung[33] – so insbesondere durch die weitgehende Übernahme zentraler Elemente der Gemeinschaftsmethode. Gestärkt würden auch Europol und Eurojust.[34]

Gleichzeitig setzen Souveränitätsvorbehalte der Mitglieder diesem Trend bei der Innen- und Justizpolitik auch weiterhin deutliche Grenzen. Erhalten bliebe deshalb der Charakter einer „unvollständigen" Vergemeinschaftung durch die Vermischung gemeinschaftlicher und intergouvernementaler Verfahren. Während die Formen der Rechtsakte harmonisiert würden, blieben Besonderheiten in den Beschlussverfahren bestehen bzw. würden neue Sonderformen hinzugefügt. Der Europäische Rat erhielte eine vertragsrechtlich noch stärker betonte Rolle, da er „die strategischen Leitlinien für die gesetzgeberische und operative Programmplanung (festlegen soll)" (Art. III 258 VVE)[35]. Weiterhin bliebe es im Bereich der PJZS auch bei einem zwischen Kommission und Mitgliedstaaten geteilten Initiativrecht; bestimmte Materien im Strafrecht würden auch weiterhin der Einstimmigkeit unterliegen. Von nachhaltiger Bedeutung könnte sich auch die Bestimmung erweisen, nach dem nationale Parlamente an der Subsidiaritätskontrolle der in diesem Bereich gefassten Entscheidungen beteiligt würden. Weiter vorgesehen werden auch Ausnahmeregeln für einzelne Mitgliedstaaten, die ein „opt-out"

---

29 Vgl. Monar 2005b: 145.
30 Vgl. auch Kostakopoulou 2006: 231-241, die die gegenwärtige Stufe der Zusammenarbeit als „contained intergouvernementalism" bezeichnet (238-241); vgl. außerdem Monar 2005b: 145.
31 Vgl. Kapitel V und Abbildung I.4.7.
32 Vgl. Kainer 2005: 290-298.
33 Vgl. Kainer 2005: 298-305.
34 Vgl. Kainer 2005: 295-296.
35 Vgl. Kapitel III.2.

beanspruchen. Die Vorgaben zum Reformvertrag übernehmen wesentliche Formulierungen des Verfassungsvertrags.

Angesichts der EU-weit geteilten Wahrnehmung zunehmender Bedrohungen durch grenzüberschreitende Kriminalität und internationalen Terrorismus, aber auch verstärkter Aufmerksamkeit für Probleme der justiziellen Zusammenarbeit in Zivilsachen in einem „Raum ohne Binnengrenzen" wird dieses Aufgabenfeld auch ohne Verfassungsvertrag weiter an Bedeutung für die Politikgestaltung gewinnen. Der EG-Finanzrahmen 2007–2013 sieht eine Verdopplung der Summen für den RFSR vor.[36] Nachhaltige Interessen der Mitgliedstaaten an einer effizienten und effektiven Zusammenarbeit in diesen Kernbereichen staatlichen Handelns könnten sogar zu einem Motor für weitere umfassende Schritte bei der Gestaltung des EU-Systems insgesamt werden.[37]

6.6 Zur Wiederholung und Vertiefung

■ *Merkpunkte und Stichworte*

▶ Grundkenntnisse zum „Raum der Freiheit, der Sicherheit und des Rechts"
 – Aufgabenfelder
 – Vertragliche Vorgaben
 – Organe und Gremien

▶ Zur institutionellen Architektur: Vertragsbestimmungen und Befund aus der Praxis
 – Rolle des Europäischen Rats
 – Rolle(n) der Kommission
 – Rolle des EP
 – Rolle des EuGH
 – Europol: Zusammensetzung und Aufgaben
 – Eurojust: Zusammensetzung und Aufgaben

■ *Fragen*

▶ Wie ist die Zunahme an Aktivitäten in der Innen- und Justizpolitik zu erfassen und zu erklären?
▶ Wie ist der Begriff des „Raums der Freiheit, der Sicherheit und des Rechts" zu interpretieren?
▶ Wie können Tendenzen zur Supranationalisierung erfasst und erklärt werden?

■ *Thesen zur Diskussion*

▶ Die institutionelle Architektur des „Raums der Freiheit, der Sicherheit und des Rechts" ermöglicht eine effektive Mischung supranationaler und intergouvernementaler Verfahren.
▶ Nur die Gemeinschaftsmethode und nicht intergouvernementale Verfahren können eine rechtsstaatliche und demokratische Behandlung zentraler Fragen der Innen- und Justizpolitik gewährleisten.
▶ Themen der Innen- und Justizpolitik werden zu zentralen Triebkräften für die weitere Gestaltung des EU-Systems.

---

36 Vgl. Übersicht IV.3.1.
37 Vgl. Kapitel V.

6.7 Literaturhinweise

■ *Online-Quellen*

http://www.cc.europa.eu/dgs/justice_home/index_de.htm
http://www.europol.europa.eu

■ *Einführende Literatur*

Kainer, Friedemann (2005): Der Raum der Freiheit, der Sicherheit und des Rechts nach dem Verfassungsvertrag, in: Jopp, Mathias/Matl, Saskia (Hrsg.): Der Vertrag über eine Verfassung für Europa. Analysen zur Konstitutionalisierung der EU, Baden-Baden, S. 283-306.
Kostkopoulou, Theodora (2005): Security Interests. Police and Judicial Cooperation, in: Peterson, John/Shackleton, Michael (Hrsg.): The Institutions of the European Union, 2. Auflage, Oxford/New York, S. 231-251.
Lavenex, Sandra/Wallace, William (2005): Justice and Home Affairs. Towards a 'European Public Order', in: Wallace, Helen/Wallace, William/Polack, Mark A. (Hrsg.): Policy-Making in the European Union, 5. Auflage, Oxford, S. 457-480.
Müller-Graff, Peter-Christian/Kainer, Friedemann (2007a): Raum der Freiheit, der Sicherheit und des Rechts, in: Weidenfeld, Werner/Wessels, Wolfgang (Hrsg.): Europa von A-Z. Taschenbuch der europäischen Integration, 10. Auflage, Baden-Baden, S. 332-333.

■ *Weiterführende Literatur*

Knelangen, Wilhelm (2001): Das Politikfeld innere Sicherheit im Integrationsprozess. Die Entstehung einer europäischen Politik der inneren Sicherheit, Opladen.
Mitsilegas, Valsamis/Monar, Jörg/Rees, Wyn (2003): The European Union and Internal Security: Guardian of the People?, London.
Monar, Jörg (2006): Justice and Home Affairs, in: Journal of Common Market Studies, Vol. 44, Annual Review, 101-117.
Monar, Jörg (2005): Justice and Home Affairs, in: Journal of Common Market Studies, Vol. 43, Annual Review, 131-146.
Müller, Thorsten (2003): Die Innen- und Justizpolitik der Europäischen Union, Opladen.
Müller-Graff, Peter-Christian (Hrsg.) (2005): Der Raum der Freiheit, der Sicherheit und des Rechts, Baden-Baden.
Occhipinti, John D. (2003): The Politics of EU Police Cooperation: Towards a European FBI?, Boulder.
Walker, Neil (Hrsg.) (2004): Europe's Area of Freedom Security and Justice, Oxford.

■ *Vertiefende Literatur*

Balzacq, Thierry/Carrera, Sergio (2006): Security versus Freedom? A Challenge for Europe's Future, Aldershot u.a.
Geddes, Andrew (2000): Immigration and European Integration: Towards Fortress Europe?, Manchester.
Lugna, Lauri (2006): Institutional Framework of the European Union Counter-Terrorism Policy-Setting, in: Baltic Security and Defence Review, Vol. 8, 101-127.
Monar, Jörg (2001): The Dynamics of Justice and Home Affairs: Laboratories, Driving Factors and Costs, in: Journal of Common Market Studies 39/4. S. 747-764.

7. Vertragsänderungen

7.1 Eckpunkte im Überblick: Bedeutung, Formen und Phasen

Entstehung und Entwicklung der Integrationskonstruktion sind wesentlich geprägt durch die Schaffung, Ergänzung und Revision der Gründungsverträge: Auf der Grundlage entsprechender primärrechtlicher Vorgaben haben die Mitgliedstaaten nicht zuletzt auch die Bestimmungen zur institutionellen Architektur festgelegt, ergänzt und reformiert.[1] Die Verfahren zur Vertragsänderung (Art. 48 EUV) sind deshalb sowohl von grundsätzlicher als auch – wie die langjährige Debatte um den Verfassungs- bzw. Reformvertrag dokumentiert[2] – von aktueller Bedeutung für die Gestaltung des EU-Systems. Wenn auch das Regelwerk für dieses Vorgehen seit der Gründung der Europäische Wirtschaftsgemeinschaft weitgehend gleich geblieben ist, so zeigt die Praxis doch erhebliche Variationen, die insbesondere bei der Vorbereitung der Regierungskonferenzen bis hin zum „Europäischen Konvent zur Zukunft Europas" zu beobachten sind. Festzustellen sind aber auch einige Konstanten – so fällt insbesondere die durchgängig zentrale Rolle der Staats- und Regierungschefs bei der Vorbereitung und Verabschiedung der jeweiligen politischen Grundentscheidungen auf.[3]

Seit Beginn der fünfziger Jahre hat jede Generation von Politikern sowohl konzeptionelle Initiativen zur Gestaltung der vertraglichen Grundlagen entwickelt als auch Schritte zur deren Konkretisierung und Weiterentwicklung unternommen. Die Formel der Gipfelkonferenz von 1969 „Vollendung, Vertiefung und Erweiterung"[4] stand in jeder Periode der Einigungsgeschichte auf der Tagesordnung politischer Debatten. Die Verfahren zur Vertragsänderung sind dabei in einen Zyklus quasi-konstitutioneller Systemgestaltung eingebettet:[5] Ein typischer Ablauf (siehe Abbildung IV.7.1) beginnt mit der politischen Lancierung einer Initiative, an die sich unterschiedliche Formen der Vorbereitung anschließen. Eine wesentliche Station des Verfahrens bildet dann der Verhandlungsprozess in der eigentlichen Regierungskonferenz mit dem Abschlussgipfel als Höhepunkt. In einer dritten Phase finden die Ratifizierungsprozesse in den Mitgliedstaaten statt.[6]

Im Unterschied zu Verfassungsreformen in europäischen Staaten sind Vertragsänderungen in den letzten Jahrzehnten zu einem fast regelmäßig wiederkehrenden Ereignis geworden (siehe Übersicht IV.7.1). Die Gestaltung des EU-Systems erfolgte daher nicht durch einen konstitutionellen Quantensprung, sondern durch mehrere begrenzte, aber in der Regel durchaus wirksame Schritte zum Auf- und Ausbau der gemeinsamen Konstruktion. Dieses schrittweise Vorgehen dokumentiert sich auch in dem typischen Muster, dass der jeweilige Abschlussgipfel bei der Verabschiedung einer Vertragsänderung in der Regel wegen nicht gelöster Aufgaben (im europäischen Sprachgebrauch: „left-over") bereits einen Zeitplan und häufig auch Verfahren zur Vorbereitung der nächsten Regierungskonferenz beschlossen hat.[7] Zu der Vorläufigkeit gehört auch, dass die Mitgliedstaaten als „Herren der Verträge" in den entsprechenden Akten konkrete Aufgaben und zentrale Elemente der institutionellen Architektur festlegen, ohne jedoch einen Endzustand (im europäischen Sprachgebrauch: finalité) zu vereinbaren. Im

---

1 Vgl. Kapitel II.
2 Vgl. u. a. Kapitel II.9.3 und Kapitel V.2.
3 Vgl. Kapitel III.2.
4 Vgl. Mittag/Wessels 2004: 13-16.
5 Vgl. u. a. Laffan 2005; Falkner 2002a.
6 Vgl. Laffan 2005: 476.
7 Vgl. Kapitel II.

Rückblick über die letzten Jahrzehnte sind Vertragsänderungen so nicht nur als punktuelle Ereignisse in einem jeweils spezifischen historischen Umfeld zu betrachten, sondern auch als ein fast kontinuierlicher Prozess einer „Quasi-Konstitutionalisierung" zu verstehen.[8] Zentraler Akteur bei der Systemgestaltung war und ist der Europäische Rat in seiner Rolle als „konstitutioneller Architekt".[9]

Strittig ist die integrationspolitische Charakterisierung dieser Systemgestaltung:[10] Die Vertragsbestimmungen (siehe Dokument IV.7.2) sind deutlich intergouvernemental geprägt – mit nur begrenzten Beteiligungsrechten von Kommission und EP. In der Praxis der Regierungskonferenzen wird – jedoch zumindest in einer längerfristigen Perspektive – auch eine bedeutsame Rolle supranationaler Institutionen beobachtet.[11] Nach Wirken und Wirkungen des „Europäischen Konvents zur Zukunft Europas"[12] ist zu untersuchen, ob und gegebenenfalls wie dieses neuartige Gremium Entscheidungen der Staats- und Regierungschefs vorbereitet und vorgeprägt hat.[13]

7.2 Geschichte und Regelwerk: Stationen der Vertragsänderung

Veränderungen der Verträge haben die Mitgliedstaaten in der Geschichte des Integrationsprozesses mehrfach beschlossen und umgesetzt (siehe Übersicht IV.7.1) Nicht jede der Vertragsänderungen hat als „große Reform"[14] zu wesentlichen Änderungen der institutionellen Architektur geführt. So gilt der Fusionsvertrag von 1966 aufgrund einer Zusammenlegung der Exekutivorgane als eine nützliche Bereinigung, ohne jedoch wesentliche Veränderungen der institutionellen Rolle dieser Institution einzuleiten.

Von häufig übersehener Bedeutung ist auch die „kleine Vertragsänderung", die in Art. 308 EGV geregelt ist (siehe Dokument IV.7.1). Trotz deutlich formulierter Begrenzungen ermöglicht sie den Mitgliedstaaten bei Einstimmigkeit auf zuvor nicht wahrgenommene Herausforderungen zu reagieren: Sie können bisher nicht vorgesehene Befugnisse zur Erreichung von vorgegebenen Zielen des Binnenmarkts beschließen. Die Kommission und die Regierungen haben diesen Artikel immer wieder genutzt, in der Zeit zwischen 2003 und 2006 war dieser Rechtsakt 229 mal vertragliche Grundlage für Rechtsakte.[15]

Dokument IV.7.1: Vertragsänderungen – „kleine" Vertragsänderung
(gemäß Art. 308 EGV)

Art. 308 EGV

Erscheint ein *Tätigwerden* der Gemeinschaft *erforderlich,* um im Rahmen des Gemeinsamen Markts eines *ihrer Ziele zu verwirklichen,* und sind in diesem Vertrag die hierfür er-

---

8 Vgl. zum Begriff Wessels 2003f: 23-45; vgl. auch Christiansen/Falkner/Jørgensen 2002: 26-28; Falkner 2002a: 1.
9 Vgl. Wessels 2007a: 208f.; Kapitel III.2.
10 Vgl. u. a. Christiansen 2002: 33-53; Falkner 2002b: 89-119; Moravcsik 1999: 472-501.
11 Christiansen 2002: 49-51; Falkner 2002b: 112-115.
12 Vgl. Kapitel II.9.2.
13 Vgl. u. a. Göler 2006; Scholl 2006.
14 Vgl. Hillenbrand 2007: 453.
15 Vgl. Europäische Union: EU-lex. Der Zugang zum Europarecht, online unter: http://eur-lex.europa.eu/de/index.htm (Stand: 13.06.2007).

Vertragsänderungen 433

> *forderlichen Befugnisse nicht vorgesehen,* so *erlässt der Rat einstimmig* auf Vorschlag der Kommission und nach Anhörung des Europäischen Parlaments *die geeigneten Vorschriften.*

Hervorhebungen durch den Autor.

Übersicht IV.7.1: Vertragsänderungen – Daten aus der Integrationsgeschichte

Jahr	Vertragsänderungen
1951	**Pariser Verträge** zur Gründung der „Europäischen Gemeinschaft für Kohle und Stahl" (EGKS)
1958	**Römische Verträge** zur Gründung der „Europäischen Atomgemeinschaft" (Euratom) und der „Europäischen Wirtschaftsgemeinschaft" (EWG)
1965	**Fusionsvertrag** zur Einsetzung gemeinsamer Exekutivorgane der Europäischen Gemeinschaften
1970	**Vertrag zur Änderung bestimmter Haushaltsvorschriften** von Luxemburg (zur Einführung von Eigenmitteln und erweiterte Haushaltsbefugnisse des Parlaments)
1975	**Vertrag zur Änderung bestimmter Finanzvorschriften** von Brüssel (Ausweitung der Haushaltsbefugnisse des Parlaments und zur Errichtung des Rechnungshofes)
1986	**Einheitliche Europäische Akte** (EEA)
1993	**Vertrag** über die Europäische Union **von Maastricht**
1999	**Vertrag** zur Änderung des Vertrags über die Europäische Union, der Verträge zur Gründung der Europäschen Gemeinschaften sowie einiger damit zusammenhängender Rechtsakte **von Amsterdam**
2003	**Vertrag** zur Änderung des Vertrags über die Europäische Union, der Verträge zur Gründung der Europäschen Gemeinschaften sowie einiger damit zusammenhängender Rechtsakte **von Nizza**
2004	Unterzeichnung des **Vertrags über eine Verfassung für Europa**
2007	Unterzeichnung des **Reformvertrags**???
2009	Inkrafttreten des Reformvertrags

Quelle: Eigene Darstellung in Anlehnung an Barbato 2007, vgl. auch Kapitel II.

Die Bestimmungen des Artikels für Vertragsänderungen (siehe Dokument IV.7.2 sehen vor, dass der Rat auf der Basis von Vorschlägen einzelner Regierungen oder der Kommission und nach Anhörung des EP bzw. gegebenenfalls der Kommission die Einberufung einer Regierungskonferenz mit einfacher Mehrheit beschließen kann (siehe Abbildung IV.7.1). Dies ist bisher in einem Fall, bei der Einberufung der Regierungskonferenz, die zur EEA führte, eingetreten. In diesem Stadium des Verfahrens thematisieren die jeweiligen Repräsentanten der Regierungen mögliche Ergänzungen und Revisionen der bestehenden Verträge.

Dokument IV.7.2: Vertragsänderungen – vertragliche Bestimmungen (gemäß EUV)

> **Art. 48 EUV**
>
> Die Regierung jedes Mitgliedstaats oder die Kommission kann dem Rat Entwürfe zur Änderung der Verträge, auf denen die Union beruht, vorlegen.

Gibt der Rat nach Anhörung des Europäischen Parlaments und gegebenenfalls der Kommission eine Stellungnahme zugunsten des Zusammentritts einer Konferenz von Vertretern der Regierungen der Mitgliedstaaten ab, so wird diese vom Präsidenten des Rats einberufen, um die an den genannten Verträgen vorzunehmenden Änderungen zu vereinbaren. Bei institutionellen Änderungen im Währungsbereich wird auch die Europäische Zentralbank gehört. Die Änderungen treten in Kraft, nachdem sie von allen Mitgliedstaaten gemäß ihren verfassungsrechtlichen Vorschriften ratifiziert worden sind.

Abbildung IV.7.1: Vertragsänderungsverfahren – Regeln und Praxis (gemäß Art. 48 EUV)

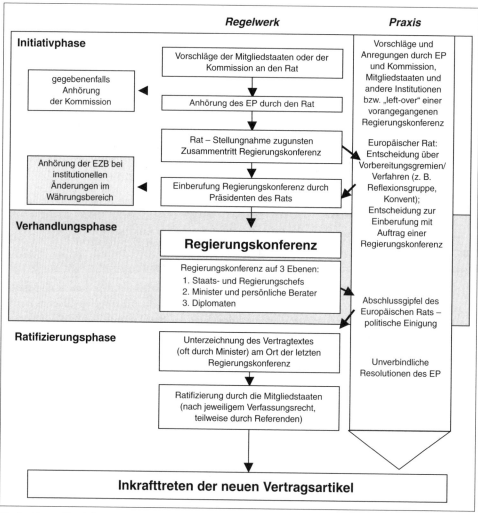

Quelle: Eigene Darstellung.

Im Rahmen der eigentlichen Regierungskonferenzen beschließt der Rat einstimmig. Die Vertragsänderungen treten dann in Kraft, wenn jeder Mitgliedstaat, d. h. in der Regel die nationalen Parlamente, diesen nach ihren jeweiligen verfassungsrechtlichen Verfahren ratifiziert haben. In einigen Mitgliedstaaten (z. B. Irland) sind im Regelfall Referenden vorgeschrieben, in anderen ist die Befragung der Bevölkerung fakultativ. Dem EP hat der Vertrag – im Unterschied zum Beitrittsverfahren[16] – kein Zustimmungsrecht zugesprochen. Die Abgeordneten sind damit von dem eigentlichen Ratifizierungsprozess ausgeschlossen und besitzen so auch keine Möglichkeit, über die Gewährung eigener Rechte mit zu beschließen. Bei dieser Form der Systemgestaltung sehen die Vertragsbestimmungen vor, dass das Europäische Parlament ausschließlich bei der Einberufung von Regierungskonferenzen „angehört" wird.[17]

7.3 Zur Analyse der Praxis: Der Europäische Rat in der Schlüsselposition

Zum Ablauf: ein Drei-Phasen-Muster

Im Unterschied zu den knappen und überschaubaren Vertragsregeln sind die Verfahren zu den fünf Vertragsänderungen in den letzten Jahrzehnten de facto langwieriger und erheblich differenzierter geworden. Der Europäische Rat hat dabei eine zentrale Position als Initiator und Entscheidungsgremium beansprucht. Damit hat diese Institution bei der Systemgestaltung eine bestimmende Rolle als „konstitutioneller Architekt" gespielt.[18]

Der Europäische Rat hat diese zentrale Verantwortung und die Mitwirkung anderer Institutionen für die Regierungskonferenz 2007 selbst festgelegt (siehe Dokument IV.7.3).

Dokument IV.7.3: Vertragsänderungen – Institutionelle Rollenzuordnung

> **Schlussfolgerungen des Vorsitzes, Brüssel, 21. und 22. Juni 2007**
>
> [...]
>
> 12. Die Gesamtverantwortung für die Regierungskonferenz wird bei den Staats- und Regierungschefs liegen, die von den Mitgliedern des Rates (Allgemeine Angelegenheiten und Außenbeziehungen) unterstützt werden. Der Vertreter der Kommission wird an der Konferenz teilnehmen. Das Europäische Parlament wird eng in die Arbeit der Konferenz einbezogen und mit drei Vertretern daran beteiligt. Das Generalsekretariat des Rates wird die Sekretariatsaufgaben für die Konferenz wahrnehmen. [...]

Quelle: Europäischer Rat 2007.

In der ersten Phase haben die Staats- und Regierungschefs eine weitgehende Initiativfunktion bei der Lancierung von Vorschlägen und der Vorbereitung von Regierungskonferenzen übernommen. Häufig haben sie Mandate an einzelne Personen oder Gruppen erteilt, um konzeptionelle Entwürfe für Vertragsänderungen vorzulegen. Dazu zählen unter anderem der Tindemans-Bericht zur Europäischen Union,[19] der Dooge Ausschuss zur Vorbereitung der Einheit-

---

16 Vgl. Kapitel IV.8.
17 Vgl. Kapitel III.1.
18 Vgl. Kapitel III.2.
19 Vgl. Kapitel III.2.; vgl. auch Schneider/Wessels 1977.

lichen Europäischen Akte,[20] der Delors-Ausschuss für die Währungsunion[21] sowie eine Reflexionsgruppe persönlicher Beauftragter zur Vorbereitung der Regierungskonferenz, die zum Amsterdamer Vertrag führte.[22] Der vom Europäischen Rat in Laeken 2001 einberufene Europäische Konvent zur Zukunft Europas[23] kann ebenfalls als eine, wenn auch besondere Variante dieser Phase verstanden werden. Auch der Auftrag des Europäischen Rats an die Bundesregierung vom Juni 2006 in ihrer Präsidentschaft einen „Fahrplan" für die weitere Behandlung des Verfassungsvertrages vorzulegen kann als eine spezifische Form der Vorbereitung gesehen werden. Mit derartigen informellen Vor- und Abklärungen soll bereits im Vorfeld getestet werden, ob und welche Änderungen die Regierungskonferenz mit Aussicht auf Erfolg verhandeln kann.

Die eigentlichen Regierungskonferenzen als zweite Phase haben sich zu einer Institution eigener Art entwickelt, die zumindest indirekt Regierungen und anderen beteiligten Akteuren akzeptierte Muster für die Verfahren vorgibt.[24] Sie können damit sogar als eine Art „Meta-Institution" der Systemgestaltung verstanden werden, die das Regelwerk für die „normalen" Institutionen beschließt.[25]

Die Arbeit der Regierungskonferenzen erfolgt – mit kleinen Variationen – auf drei Ebenen[26] und in mehreren Teilphasen.[27] Auf einer ersten Ebene beraten administrative Vorbereitungsgruppen im Detail die Themenliste und Formulierungen für Änderungen oder Ergänzungen des Vertragstexts. Sie bereiten Entscheidungen vor und treffen sie sogar teilweise de facto, falls sie einen Konsens auf ihrer Ebene finden.[28] Diese Gruppen setzen sich aus hohen Beamten der Mitgliedsregierungen oder persönlichen Beauftragten der Regierungschefs und der Kommission sowie Experten des Generalsekretariats des Rats zusammen. Infolge des häufigen Zusammentretens und der Länge der Regierungskonferenzen hat sich quasi eine „Expertengemeinschaft" für Vertragsänderungen herausgebildet.[29]

Als zweite Ebene beraten die Außenminister regelmäßig Zwischenberichte der Expertengremien; ihre Rolle gilt als begrenzt.

Auf der dritten Ebene prägen die Staats- und Regierungschefs intensiv in allen Phasen Entstehung und Inhalte von Regierungskonferenzen. Der Europäische Rat beruft nicht nur de facto die Regierungskonferenz ein, er bezieht auch zu Zwischen – und Teilergebnissen Stellung. Die endgültigen Entscheidungen über die Vertragsergänzung und -revisionen treffen die Staats- und Regierungschef dann selbst auf einem Abschlussgipfel in einer „Nacht der langen Messer"[30] (im europäischen Sprachgebrauch: „end-game"). Bei den typischerweise zu erwartenden Verhandlungspaketen[31] fällt dem jeweiligen Präsidenten des Europäischen Rats eine besondere Rolle als aktiver Moderator für das Herbeiführen eines tragfähigen Konsenses zu.[32]

---

20 Vgl. zum „Ad-hoc-Ausschuss für institutionelle Fragen" („Dooge-Ausschuss") Hrbek 1985; Weidenfeld 1984: 20-21.
21 Vgl. zum „Ausschuss zur Prüfung der Wirtschafts- und Währungsunion" („Delors-Ausschuss") Rahmsdorf 1990; Weidenfeld 1990: 22.
22 Vgl. zur „Reflexionsgruppe" Weidenfeld 1997; Wessels 1996.
23 Vgl. Kapitel II.9.2.
24 Vgl. Christiansen 2002: 34.
25 Vgl. Christiansen/Falkner/Jørgensen 2002: 25.
26 Vgl. Christiansen 2002: 36.
27 Vgl. u. a. Laffan 2005: 485-492.
28 Vgl. Christiansen 2002: 36-37.
29 Vgl. Christiansen/Falkner/Jørgensen 2002: 20.
30 Vgl. Wessels 2001b: 22; vgl. auch Kapitel III.2.
31 Vgl. Kapitel III.2.5.
32 Vgl. zur italienischen und irischen Strategie zum Verfassungsvertrag Laffan 2005: 483-492.

Das Ergebnis der Verhandlungen bildet dann die Basis für weitere redaktionelle und sprachliche Überarbeitungen; schließlich unterzeichnet der Rat den Text nach den formalen vertragsrechtlichen Vorschriften – häufig in einem feierlichen Akt.

Die Regierungskonferenzen sind in der Regel zeitintensiv. Für die Vertragsänderungen von Nizza wurden 370 Verhandlungsstunden, 30 Sitzungen der persönlichen Beauftragten, 10 Sitzungen des Ministerrats und drei Sitzungen des Europäischen Rats mit einem über drei Tage und zwei Nächte dauernden Abschlussmarathon gezählt.[33]

An Sitzungen der Regierungskonferenzen nehmen auch die Kommission und bei den letzten Regierungskonferenzen auch zwei bzw. drei Abgeordnete des Europäischen Parlaments teil. Beide Organe beteiligen sich zudem über die vertraglich vorgesehene Anhörung hinaus durch Vorschläge und Resolutionen aktiv an den europapolitischen Debatten zu Vertragsänderungen. Ihr unmittelbarer Einfluss auf die eigentlichen Detailverhandlungen – insbesondere in der Schlussphase – gilt jedoch in der Regel als gering.[34]

Eine derartige Einschätzung, die sich nur auf den Abschlussgipfel von Regierungskonferenzen stützt, kann aber zu Fehlschlüssen führen. Bei einer näheren Analyse hängt die Rolle der Kommission von der Person ihres Präsidenten und dem zur Verhandlung anstehenden Politikbereich ab: So hat der damalige Kommissionspräsident Delors die Texte der jeweiligen Regierungskonferenzen zum Binnenmarkt und zur Währungsunion wesentlich mitgestaltet,[35] während er und seine Nachfolger für ihre Positionen in Fragen der Außen- und Sicherheitspolitik sowie bei institutionellen Fragen weniger Gehör finden konnten.[36]

Das EP hat regelmäßig umfassende Positionen vor, während und nach den Regierungskonferenzen insbesondere zur Gestaltung der institutionellen Architektur vorgelegt; besonderen Wert legten die Abgeordneten bei ihren Forderungen auf die Verringerung des demokratischen Defizits. Sie zielten damit nicht zuletzt auf eine Aufwertung ihrer eigenen Rolle. Im historischen Rückblick hatten sie mit dieser Strategie einer prä-konstitutionellen Prägung der Debatten beträchtlichen Erfolg.[37]

Eine nicht zu unterschätzende Rolle nimmt das Generalsekretariat des Rats[38] und dort insbesondere der juristische Dienst wahr:[39] Bewusst hinter den Kulissen bereitet ein Stab erfahrener und sachkundiger Beamter Texte vor, die dann – sinnvoll von der Präsidentschaft im internen Abklärungsprozess eingesetzt – wesentliche Bestimmungen der Vertragsänderungen formulieren. Das Generalsekretariat nimmt so fast unbemerkt Einfluss auf institutionelle, prozedurale und rechtliche Fragen.[40] Bei den Beratungen des „Konvents zur Zukunft Europas" hat das dafür gegründete Sekretariat ähnliche Zuarbeiten geleistet.

Mit der feierlichen Unterzeichnung der Vertragsänderung durch den Rat beginnt die Phase der nationalen Ratifizierung, die nach den jeweiligen verfassungsrechtlichen Vorschriften der Mitgliedstaaten, aber damit auch nach innenpolitischen Bedingungen und Erwartungen erfolgt. Eine Ratifizierung allein durch die nationalen Parlamente verursacht in der Regel keine besonderen Schwierigkeiten, da sich die Regierungen nach ihrer Zustimmung zum Text auf jeweilige Mehrheiten stützen können. Unberechenbarer sind Referenden zu Vertragsände-

---

33 Vgl. u. a. Wessels 2001b: 23.
34 Vgl. Moravcsik 1998: 473.
35 Vgl. u. a. Christiansen 2002: 39.
36 Vgl. Christiansen 2002: 37-42.
37 Vgl. Kapitel III.1, Übersicht III.1.1.
38 Vgl. Kapitel III.3.
39 Vgl. Christiansen 2002: 46-49.
40 Vgl. Christiansen 2002: 51.

rungen, die stark von innenpolitischen Konstellationen bestimmt sein können.[41] In der Bundesrepublik Deutschland ist auch das Bundesverfassungsgericht angerufen worden, um die Vereinbarkeit der Vertragsänderungen mit dem Grundgesetz zu prüfen. Das Urteil zum Maastrichter Vertrag hat durch seinen Tenor eine weitere wegweisende Rolle gespielt.[42]

Der Endpunkt des Zyklus dieser quasi-konstitutionellen Systemgestaltung bildet das Inkrafttreten der Vertragsänderungen. Insgesamt erstreckt sich das Verfahren von der ursprünglichen Initiative bis zum Inkrafttreten über eine Zeitspanne von mehreren Jahren.[43]

■ *Der Konvent: eine neue Variante*

Der mühsame Ablauf von Regierungskonferenzen mit wenig Transparenz und Enttäuschungen über unzureichende oder unbefriedigende Teilergebnisse führten bei beteiligten Politikern und Beobachtern zu Überlegungen über Reformen oder Ergänzungen des Verfahrens, die zu demokratisch akzeptableren Standards und reflektierteren Vertragsänderungen führen sollten.

Ein Kritikpunkt setzt bei einer näheren Betrachtung der Schritte zur Systemgestaltung an: Danach erfolgte die quasi-konstitutionelle Konstruktion der Union zu einem nicht unbeträchtlichen Teil durch eine Serie von mehr oder weniger taktisch geprägten punktuellen Entscheidungen der Staats- und Regierungschefs; die so zusammengestellten Verhandlungspakete formulierten jedoch nur begrenzt institutionell und funktional sinnvolle Gesamtlösungen.[44]

Angesichts der allgemein geteilten Unzufriedenheit mit Ablauf und Ergebnissen von Regierungskonferenzen bot sich nach dem Abschlussgipfel von Nizza das Modell eines Konvents an; diese Methode wurde – nach der Erarbeitung einer vertragsrechtlich zunächst unverbindlichen Grundrechtecharta – gegenüber dem klassisch-diplomatischen Modell der Regierungskonferenz als „erfolgreiche Alternative"[45] eingeschätzt. Die vertragsrechtlichen Vorgaben betonen zwar, dass ein Konvent eine Regierungskonferenz nicht ersetzen kann, doch sollte diese Versammlung eine sinnvollere und transparente Vorbereitung unter Einbezug der europäischen Zivilgesellschaft ermöglichen.

Mit der Erklärung von Laeken 2001 hat der Europäische Rat selbst durch die „Einberufung eines Konvents zur Zukunft Europas" eine entsprechende institutionelle Neuerung vereinbart. In dieser Erklärung legten die Regierungschefs die Zusammensetzung und die Arbeitsweise des Konvents fest.[46] Zum Präsidenten ernannten die Regierungschefs den früheren französischen Staatspräsidenten Giscard d'Estaing. Der Konvent bestand aus vier „Komponenten" (siehe Übersicht IV.7.2): Die Mitglieder setzten sich zusammen aus Repräsentanten von Exekutiven (Regierungen von 15 Mitgliedstaaten und 13 Beitrittskandidaten sowie zwei Vertreter der Kommission) und von Legislativen (jeweils zwei Abgeordnete der nationalen Parlamente und 16 vom EP). Anwesend waren auch jeweils ein Vertreter für jeden dieser Teilnehmer sowie Beobachter anderer Institutionen. Die Zusammensetzung kann so als eine horizontale und vertikale Fusion[47] der Legitimität mehrerer Ebenen und Funktionen verstanden werden.

Nach dem Mandat der Regierungschefs bestanden die Aufgaben des Konvents darin, „die wesentlichen Fragen zu prüfen, welche die künftige Entwicklung der Union aufwirft, und sich

---

41 Vgl. zu Referenden u. a. Schild 2005.
42 Vgl. u. a. Ipsen 1994.
43 Vgl. Laffan 2005: 476.
44 Vgl. Kapitel III.2.5, Kapitel II.9.2.
45 Leinen/Schönlau 2001: 123.
46 Vgl. Kapitel II.9.2.
47 Vgl. zum Begriff „Fusion" Kapitel I.

Übersicht IV.7.2: Vertragsänderungen – Zusammensetzung und Arbeitsstruktur des Konvents zur Zukunft Europas

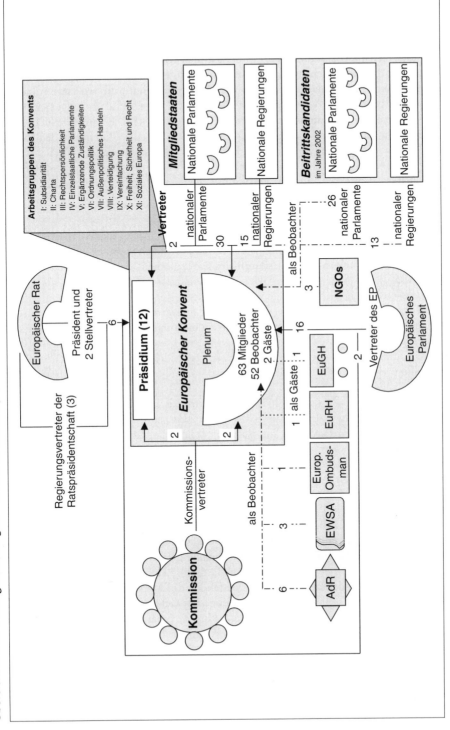

Quelle: Eigene Darstellung.

um verschiedene mögliche Antworten zu bemühen".[48] Ausgehend von einer Vorlage der belgischen Ratspräsidentschaft hat die Erklärung der Regierungschefs eine Vielzahl von Fragen vorgegeben, die unter den Überschriften „bessere Verteilung und Abgrenzung der Zuständigkeiten in der Europäischen Union", „die Vereinfachung der Instrumente der Union", „mehr Demokratie, Transparenz und Effizienz in der Europäischen Union" sowie „der Weg zu einer Verfassung für die europäischen Bürger" aufgelistet wurden.[49]

Die Beratungen im Konvent fanden in drei Abschnitten statt, die aus einer Anhörungs-, einer Reflexions- und einer Vorschlagsphase bestanden.[50] Gegen Ende spitzten sich die Beratungen in einem Verhandlungsmarathon zu.[51] Wesentliche Schritte, einschließlich des Entwurfs des Verfassungsvertrags beschloss das Präsidium unter einer dominierenden Rolle von Giscard d'Estaing, aber auch zahlreiche Ergebnisse aus Arbeitsgruppen (siehe Übersicht IV.7.2) flossen in das Dokument ein. Zu dem Schlüsselthema der Gestaltung und Reform der institutionellen Architektur hatte das Präsidium jedoch keine eigene Arbeitsgruppe eingerichtet.

Dokument IV.7.4: Vertragsänderungen – Vorgaben zur Arbeitsmethode des Konvents

---

Konvent zur Zukunft der Europäischen Union:

Artikel 6: Leitung der Tagungen

(1) Die Tagungen des Konvents werden von dem *Vorsitzenden des Konvents* oder in seiner Abwesenheit von einem der beiden stellvertretenden Vorsitzenden geleitet. [...]

(4) Die Empfehlungen des Konvents werden *im Konsens* angenommen, ohne dass die Vertreter der Bewerberstaaten das Zustandekommen des Konsenses verhindern können. Wenn sich aus den Beratungen des Konvents mehrere unterschiedliche Optionen ergeben, kann angegeben werden, inwieweit die einzelnen Optionen Befürwortung finden. [...]

Quelle: Geschäftsordnung; Europäischer Konvent 2002. Hervorhebungen durch den Autor.

7.4 Diskussion und Perspektiven

■ *Zur Charakterisierung: nur intergouvernemental?*

Der Blick auf das Regelwerk zu Vertragsänderungen, aber auch auf zentrale Phasen der Praxis – so insbesondere auf die Akteure des Abschlussgipfels – lassen zunächst keine Zweifel entstehen, dass dieses Verfahren der Systemgestaltung fast schon idealtypisch als Verkörperung einer intergouvernementalen Leitidee bezeichnet werden kann. Regierungen verhandeln im Namen ihrer Staaten einen völkerrechtlichen Vertrag, der nach den verfassungsrechtlichen Vorschriften jedes Mitgliedstaats ratifiziert werden muss. Nur die Staaten als „Herren der Verträge"[52] verfügen über die Kompetenz, Teile ihre Souveränität in Einzelmächtigungen auf die

---

48 Europäischer Rat 2001b.
49 Vgl. Europäischer Rat 2001b.
50 Vgl. zum Ablauf: Göler/Marhold 2005a; Lamassoure 2004; Norman 2003.
51 Vgl. Integration 4/2003; Norman 2003.
52 BVerfG 1994: 189.

EU-Ebene zu übertragen. Als Folge der Einstimmigkeit hat jeder Mitgliedstaat ein Veto. Nationale Politiker bleiben als Gruppe in jeder Phase auch „Herren des Verfahrens". Obwohl sich sowohl das Europäische Parlament als auch die Kommission intensiv bemüht haben, ihre Vorstellungen zu formulieren und in den Verhandlungsprozess einzubringen, so zeigt der bisherige Befund Grenzen der unmittelbaren Einflussnahmen auf die zentralen Entscheidungen, bei denen die Regierungen der Mitgliedstaaten die konkreten Ergebnisse durch ein umfassendes Verhandlungspaket zwischen nationalen Interessen (im europäischen Sprachgebrauch: „package deal") aushandeln.[53]

Diese Analyse und Einschätzung ist jedoch durch konkrete Fallstudien zu ergänzen, um die ausschließlich intergouvernementale Ausschilderung zu überprüfen:[54] Für diese Untersuchung ist davon auszugehen, dass die zeitlich begrenzte Analyse einer Regierungskonferenz in einer historisch eng abgesteckten Epoche nicht ausreicht, um längerfristig wirkende Einflüsse einer prä-konstitutionellen Rolle des EP[55] und anderer supranationaler Organe einzubeziehen. Zu beobachten sind demgemäß Wirkungen auf die Präferenzbildung nationaler Regierungen[56] und auf die eingespielten Verfahren der Vertragsänderungen. Nach dieser Argumentation spielen diese Akteure supranationaler Institutionen neben nationalen Politikern und Beamten als Teil einer „transnationalen Gemeinschaft von Verhandlungsbeteiligten"[57] eine bedeutsame Rolle, auch wenn sie sicherlich nicht dasselbe Gewicht wie die Vertreter der Mitgliedstaaten einbringen.[58] Wesentliche Änderungen der institutionellen Architektur, wie z. B. die wiederholte Stärkung der Rechte von EP, Kommission und EuGH, können zumindest teilweise durch den nachhaltigen – wenn auch indirekten – Einfluss dieser Organe erklärt werden.

Auch bei diesem Verfahren scheint somit bei der Beurteilung der Realitätsnähe institutioneller Leitideen eine „Entweder/Oder"-Sicht nicht weiterführend zu sein: Zu beobachten sind zwar primär intergouvernementale Verfahren, deren Ablauf und entspechend erzielten Ergebnisse aber ohne die Berücksichtigung supranationaler Akteure nicht ausreichend zu erklären wären.

■ Der Konvent als innovative Methode?

Im Sinne einer historischen Einordnung ist, nach der Arbeit der sich anschließenden Regierungskonferenz und nach der Ablehnung des Verfassungsvertrags in zwei Referenden, zu diskutieren, ob die Methode des Konvents einen grundlegenden Wandel im Muster der quasi-konstitutionellen Systemgestaltung bewirkt hat, der einen qualitativen Sprung in eine neuartige EU – Verfassungsgebung bedeutet.

Zu erörtern ist deshalb grundsätzlich, welche Rolle der Konvent bei der Weichenstellung zur Vertiefung des EU-Systems eingenommen hat bzw. in Zukunft spielen könnte. Nach unterschiedlichen Auslegungen des Mandats des Europäischen Rats hätte der Konvent zwei Grundfunktionen wahrnehmen können:[59]

---

53 Vgl. Moravcsik 1998: 472-501, vgl. auch Kapitel III.2.
54 Vgl. Laffan 2005: 474-476; Christiansen 2002: 33-53; Falkner 2002b: 98-112.
55 Vgl. Kapitel III.1.
56 Vgl. u. a. Budden 2002: 76-97.
57 Christiansen 2002: 50.
58 Christiansen 2002: 49-51; Falkner 2002b: 112-115.
59 Vgl. Reh/Scholl 2005; Göler/Marhold 2003; Maurer 2003a; Reh/Wessels 2002; Wessels 2002.

▶ Interpretiert man die Funktionenzuweisung minimalistisch, so war dem Konvent eine Rolle als „Vor-Regierungskonferenz" zuzuschreiben, die letztlich unverbindliche Optionen für die konkrete Ergänzung und schrittweise Revision der bestehenden Verträge vorzulegen hatte. Dem Entwurf des Konvents wäre damit nur eine begrenzte Gestaltungskraft zugekommen.
▶ Bei einem Modell als „verfassungsgebende Versammlung" hätten dagegen die gemeinsamen Deliberationen von nationalen und europäischen Abgeordneten das Wirken und die Wirkungen der Systemgestaltung grundsätzlich geändert. Die formalen Vorgaben des Europäischen Rats wären danach zweitrangig geworden, da der Konvent die bisherigen Grenzen enger nationaler Interessenvertretung überwunden hatte. Nach dieser Erwartung hätten die Regierungskonferenz und der Europäische Rat das Dokument ohne wesentliche Änderungen übernehmen sollen.

Im Lichte dieser Modelle ist zu prüfen, ob die starke intergouvernementale Prägung von Regierungskonferenzen durch „deliberative Entscheidungsverfahren"[60] des Konvents überwunden wurde. Zweifel an einer veränderten Systemgestaltung durch den Konvent machen sich an folgenden Beobachtungen fest:

▶ Auch die Schlussarbeit des Konvents – insbesondere zur institutionellen Architektur – war durch ähnliche hektische Verhandlungen im kleinen Kreis des Präsidiums unter Federführung des Präsidenten geprägt, wie diese im Europäischen Rat üblich sind.[61] Entsprechend sind auch in dem Dokument einige vergleichbare Schwächen festzustellen, die dann – wie bei den Staats- und Regierungschefs – unter Zeitdruck aus Gründen der Konsensfindung akzeptiert wurden.
▶ Die Staats- und Regierungschefs haben sich in der Regierungskonferenz nicht als ausschließliche de jure Ratifizierungsinstanz der Konventsvorlage verstanden. Sie haben einige wesentliche Bestimmungen – auch zur institutionellen Architektur – noch einmal verändert. Ebenso hat der krisen- und konfliktreiche Ablauf dieser Regierungskonferenz selbst noch einmal verdeutlicht,[62] dass diese oberste Ebene nationaler Politiker die Verantwortung nicht abgeben wollte; der Konvent hat damit die konstatierten Schwächen und Schwierigkeiten von Regierungskonferenzen allenfalls verringert, aber nicht überwunden.
▶ Anhand einer näheren Analyse nationaler Debatten zur Ratifizierung – insbesondere in den Mitgliedstaaten mit Referenden – wird zu untersuchen sein, ob und gegebenenfalls inwieweit die „Deliberationen im Konvent"[63] zu wirklich europaweiten Diskursen und zur Steigerung der Legitimation der Vertragsänderungen beigetragen haben. Der bisherige Eindruck lässt dem Konvent in diesen Fällen nationaler Debatten nur eine marginale Rolle zukommen.

■ Zur Zukunft: Vorschläge aus der Reformdebatte

Die Debatten zu den Verfahren der Vertragsveränderungen thematisieren eine Reihe von Reformoptionen. Der Konvent selbst und die folgende Regierungskonferenz sahen vor, die erstmals erprobte Praxis der Vorbereitung durch den Konvent im Artikel des Verfassungsvertrages zum „ordentlichen Änderungsverfahren" (Art. IV-443 VVE, siehe Dokument IV.7.5) im Re-

---

60 Göler 2006: 44; vgl. auch Göler 2007; Göler/Marhold 2005a.
61 Vgl. u. a. Jopp/Matl 2005: 28-32.
62 Vgl. u. a. Laffan 2005: 482-491.
63 Vgl. Göler 2006; Scholl 2006; Maurer 2003a.

gelwerk zu formalisieren. Außerdem schreibt der Text dem Europäischen Rat nun auch de jure diejenige dominierende Rolle zu, die er de facto bereits regelmäßig ausgeübt hat.

Nach dieser Aufgabenzuweisung würde der Konvent jedoch auch in Zukunft auf eine vorbereitende Funktion beschränkt bleiben. Nach den Artikeln des Verfassungsvertrags ersetzte der Konvent nicht als „Verfassungsgebende Versammlung"[64] die Regierungskonferenz und das Beschlussmonopol des Europäischen Rats. Vertragsänderungen unterlägen auch weiterhin der Einstimmigkeit. Das Europäische Parlament erhielte auch weiterhin kein Zustimmungsrecht. Damit sicherten sich die Mitgliedstaaten auch in diesem Text die alleinige Letztzuständigkeit. Bis auf eine etwas erweiterte Form der Vorbereitung blieben die Verfahrensbestimmungen – nach den Buchstaben des Vertrags – weiterhin strikt intergouvernemental.

*Dokument IV.7.5: Vertragsänderungen – Das „ordentliche Änderungsverfahren"
(gemäß den Artikeln des VVE)*

Art. IV-443 VVE

Ordentliches Änderungsverfahren

(1) Die Regierung jedes Mitgliedstaats, das Europäische Parlament oder die Kommission kann dem Rat Entwürfe zur Änderung dieses Vertrags vorlegen. Diese Entwürfe werden vom Rat *dem Europäischen Rat übermittelt und den nationalen Parlamenten zur Kenntnis gebracht.*

(2) Beschließt der *Europäische Rat* nach Anhörung des Europäischen Parlaments und der Kommission mit einfacher Mehrheit die Prüfung der vorgeschlagenen Änderungen, so beruft der Präsident des Europäischen Rats einen *Konvent von Vertretern der nationalen Parlamente, der Staats- und Regierungschefs der Mitgliedstaaten, des Europäischen Parlaments und der Kommission ein.* Bei institutionellen Änderungen im Währungsbereich wird auch die Europäische Zentralbank gehört. Der Konvent *prüft die Änderungsentwürfe und nimmt im Konsensverfahren eine Empfehlung an,* die an eine Konferenz der Vertreter der Regierungen der Mitgliedstaaten nach Absatz 3 gerichtet ist.

Der *Europäische Rat* kann mit einfacher Mehrheit nach Zustimmung des Europäischen Parlaments beschließen, keinen Konvent einzuberufen, wenn seine Einberufung aufgrund des Umfangs der geplanten Änderungen nicht gerechtfertigt ist. In diesem Fall legt *der Europäische Rat* das Mandat für eine Konferenz der Vertreter der Regierungen der Mitgliedstaaten fest.

(3) Eine Konferenz der Vertreter der Regierungen der Mitgliedstaaten wird vom Präsidenten des Rats einberufen, um die an diesem Vertrag vorzunehmenden Änderungen zu vereinbaren.

Die Änderungen treten in Kraft, nachdem sie von allen Mitgliedstaaten nach Maßgabe ihrer verfassungsrechtlichen Vorschriften ratifiziert worden sind.

Quelle: VVE 2004. Hervorhebungen durch den Autor.

---

64 Vgl. u. a. Reh/Wessels 2002.

Der Verfassungsvertrag hätte jedoch den Katalog der Systemgestaltung durch das „vereinfachte Änderungsverfahren" (Art. IV-444 VVE) und das „vereinfachte Änderungsverfahren betreffend die internen Politikbereiche der Union" (Art. IV-445 VVE) ergänzt. Mit diesen Verfahrenstypen sollen Vertragsänderungen, die nicht quasi-konstitutioneller Natur sind, einfacher durchzuführen sein. Bei näherer Lektüre wird jedoch deutlich, dass die Mitgliedstaaten auch in diesen Fällen ihre Monopolstellung nicht aufgeben. Die Vorgaben zum Reformvertrag greifen weitgehend diese Formulierungen des Verfassungsvertrags auf. Vorschläge, Vertragsänderungen zu Bestimmungen in den Politikbereichen der Union mit besonderen, super-qualifizierten Mehrheiten zu ermöglichen[65] sind dagegen nicht zum Tragen gekommen.

Nach diesen Festschreibungen, die selbst vom Konvent nicht überarbeitet wurden, ist nicht zu erwarten, dass sich die Vertragsartikel für Vertragsänderungen zugunsten einer wie auch immer geregelten besonderen Mehrheit ändern lassen. In den zentralen Bestimmungen zur Systemgestaltung ist so keine grundlegende Revision zu erwarten.

Getrennt von diesen Abläufen ist weiterhin zu analysieren, ob und wie sich europapolitische Debatten über Fragen von Vertragsreformen in der grundsätzlichen Meinungsbildung der Staats- und Regierungschefs niederschlagen.

7.5 Zur Wiederholung und Vertiefung

■ *Merkpunkte und Stichworte*

▶ Grundkenntnisse zu Regierungskonferenzen
  – vier historische Fälle
  – Ablauf nach den Vertragsbestimmungen
  – Phasen in der Praxis

▶ Rolle von Institutionen im Vertragstext und in der Praxis der Regierungskonferenzen
  – Europäischer Rat
  – EP
  – Kommission
  – Generalsekretariat des Rats

▶ Der Abschlussgipfel: Formen und Probleme

▶ Nationale Ratifizierung: Formen und Probleme

▶ Der Europäische Konvent zur Zukunft Europas: Zusammensetzung, Aufgaben und Wirkung(en)

■ *Fragen*

▶ Wie ist der Einfluss supranationaler Akteure auf Vertragsänderungen zu erfassen und zu erklären?

▶ Wie sind die Vor- bzw. auch Nachteile der Konventsmethode zu identifizieren und empirisch zu überprüfen?

---

65 Vgl. u. a. Duff 2007; Louis/Ronse 2005.

■ *Thesen zur Diskussion*

▶ Der Konvent sollte zur verfassungsgebenden Versammlung werden.
▶ Vertragsänderungen sollten durch EU-weite Referenden ratifiziert werden.
▶ Das EP sollte für Vertragsänderungen das Zustimmungsrecht erhalten.
▶ Regierungskonferenzen bestätigen die intergouvernementale Ausrichtung der institutionellen Leitidee des EU-Systems.

7.6 Literaturhinweise

■ *Online-Quellen*

http://european-convention.eu.int
    Offizielle Homepage des Europäischen Konvents
http://europa.eu/institutional_reform/index_de.htm
    Offizielle Homepage zur Diskussion über die Zukunft der Europäischen Union

■ *Einführende Literatur*

Laffan, Brigid (2005): Der schwierige Weg zur Europäischen Verfassung: Von der Humboldt-Rede Außenminister Fischers bis zum Abschluss der Regierungskonferenz, in: Jopp, Mathias/Matl, Saskia (Hrsg.): Der Vertrag über eine Verfassung für Europa. Analysen zur Konstitutionalisierung der EU, Baden-Baden, S. 473-492.
Oppermann, Thomas (2005): Vertragsänderungen und Vertragsergänzungen, in: Oppermann, Thomas: Europarecht. Ein Studienbuch, 3. Auflage, München, S. 154-156.
Tekin, Funda/Wessels, Wolfgang (2007): Entscheidungsverfahren, in: Weidenfeld, Werner/Wessels, Wolfgang (Hrsg.): Europa von A bis Z. Taschenbuch der europäischen Integration, 10. Auflage, Baden-Baden, S. 106-115.

■ *Weiterführende Literatur*

Christiansen, Thomas/Falkner, Gerda/Jørgensen, Knud Erik (2002): Theorizing EU Treaty Reform: Beyond Diplomacy and Bargaining, in: Journal of European Public Policy, 9/1, S. 12-32.
Falkner, Gerda (2002): How Intergovernmental are Intergovernmental Conferences? An Example from the Maastricht Treaty Reform, Journal of European Public Policy, Heft 9, Nr. 1, S. 98-119.

■ *Vertiefende Literatur*

Moravcsik, Andrew/Kalypso, Nicolaïdis (1999): Explaining the Treaty of Amsterdam: Interests, Influence, Institutions, in: Journal of Common Market Studies 37 (1), S. 59-85.
Moravcsik, Andrew (1998): The Choice for Europe: Social Purpose and State Power from Messina to Maastricht, London.

8. Beitrittsverfahren

8.1 Eckpunkte im Überblick: Europäischer Rat und Kommission in Schlüsselpositionen

Für den europäischen Konstruktionsprozess war und ist das Thema der Mitgliedschaft in der EG bzw. EU von zentraler Bedeutung. Nicht erst seit der ersten Verhandlungsrunde, die mit der Gipfelkonferenz von Den Haag 1969[1] begann, ist die (Nach-)Frage nach Beitritten von hoher integrationspolitischer Bedeutung. Die bisherigen fünf Erweiterungsrunden haben nicht nur die Gestalt Europas insgesamt, sondern auch das politische System der Europäischen Union selbst und dessen institutionelle Architektur wesentlich verändert. Als zentraler Bestandteil der Gestaltung des EU-Systems bedarf deshalb das Vertragswerk, das den Beitritt weiterer europäischer Staaten regelt, und insbesondere dessen konkrete Nutzung, entsprechende Aufmerksamkeit.

Zu beobachten ist dabei, dass die Praxis über die Jahrzehnte Verfahrenselemente entwickelt hat, die detaillierter und umfassender sind, als die Vertragsbestimmungen zunächst erwarten lassen. Die Kriterien für die Beitrittsreife wurden in einer „Checkliste" verfeinert. Zu identifizieren sind drei Phasen (siehe Abbildung IV.8.1). Die Vorbereitung und Abwicklung der Verhandlungen erfolgen dabei in kleinen, aber jeweils konkreten Schritten, wobei der Europäische Rat und die Kommission jeweils in unterschiedlichen Phasen Schlüsselpositionen übernommen haben.

8.2 Das Regelwerk: Bedingungen und Stationen des Verfahrens

Artikel 49 EUV legt die Bedingungen für die „Reife" von Beitrittskandidaten und die Regeln für das weitere Verfahren hin zur Mitgliedschaft in der EU fest; dieser Artikel ist dem Wortlaut nach untrennbar mit Artikel 6 EUV (siehe Dokument IV.8.1) verbunden, der die normativen Grundsätze dokumentiert, die allen Staaten als Mitglieder der Europäische Union notwendigerweise „gemeinsam" sind.

Dokument IV.8.1: Beitrittsverfahren – vertragliche Bestimmungen (gemäß Art. 49 EUV und Art. 6 EUV)

Art. 49 EUV

Jeder *europäische* Staat, der die in Artikel 6 Absatz 1 genannten *Grundsätze* achtet, kann beantragen, Mitglied der Union zu werden. Er richtet seinen Antrag an den *Rat*; dieser beschließt *einstimmig* nach *Anhörung der Kommission* und nach *Zustimmung des Europäischen Parlaments*, das mit der *absoluten Mehrheit seiner Mitglieder* beschließt. Die Aufnahmebedingungen und die durch eine Aufnahme erforderlich werdenden Anpassungen der Verträge, auf denen die Union beruht, werden durch ein Abkommen zwischen den Mitgliedstaaten und dem antragstellenden Staat geregelt. Das Abkommen bedarf der *Ratifikation durch alle Vertragsstaaten gemäß ihren verfassungsrechtlichen Vorschriften*.

---

1 Vgl. Kapitel II.6.1.

> **Art. 6 EUV**
>
> (1) Die Union beruht auf den *Grundsätzen* der Freiheit, der Demokratie, der Achtung der Menschenrechte und Grundfreiheiten sowie der Rechtsstaatlichkeit; diese Grundsätze sind *allen Mitgliedstaaten gemeinsam*.

Hervorhebungen durch den Autor.

Genauer legen die so genannten „Kopenhagener Kriterien" des Europäischen Rats von 1993 Vorgaben fest:[2] Sie fordern drei Grundbedingungen für die „Beitrittsreife" der Kandidaten und formulieren auch eine Voraussetzung für die Erweiterungsfähigkeit der Union (siehe Dokument IV.8.2).

Dokument IV.8.2: Beitrittsverfahren – „Kopenhagener Kriterien"

> **Schlussfolgerungen des Europäischen Rats, Kopenhagen, 21./22. Juni 1993**
>
> **Kapitel 7, Abschnitt A, Punkt iii**
>
> Als Voraussetzung für die Mitgliedschaft muss der Beitrittskandidat eine *institutionelle Stabilität* als Garantie für *demokratische und rechtsstaatliche Ordnung*, für die Wahrung der Menschenrechte sowie die Achtung und den Schutz von Minderheiten verwirklicht haben; sie erfordert ferner eine *funktionsfähige Marktwirtschaft* sowie die Fähigkeit, dem Wettbewerbsdruck und den Marktkräften innerhalb der Union standzuhalten. Die Mitgliedschaft setzt außerdem voraus, dass die einzelnen Beitrittskandidaten die aus einer Mitgliedschaft *erwachsenden Verpflichtungen* übernehmen und sich auch die *Ziele der politischen Union sowie der Wirtschafts- und Währungsunion* zu eigen machen können.
>
> Die *Fähigkeit der Union*, neue Mitglieder aufzunehmen, dabei jedoch die *Stoßkraft der europäischen Integration* zu erhalten, stellt ebenfalls einen sowohl für die Union als auch für die Beitrittskandidaten wichtigen Gesichtspunkt dar.
>
> [...]

Quelle: Europäischer Rat 1993; Hervorhebungen durch den Autor.

Als notwendige Voraussetzung für jede Verhandlungseröffnung wird das erste Kriterium gesehen, das die Stabilität einer demokratischen und rechtsstaatlichen Ordnung des Antragstellers anmahnt; es korrespondiert eng mit Art. 6 des EUV. Diese „politische Konditionalität" betont den Charakter der EU als Wertegemeinschaft demokratischer Staaten. Sie wurde – zumindest implizit – seit Beginn des Integrationsprozesses gesetzt. In dem ersten Jahrzehnt des dritten Jahrtausends spielt sie im Hinblick auf eine Erweiterung um die Türkei und die Staaten Südeuropas eine zentrale Rolle. Angesichts kontroverser Diskussionen um die Beitrittsreife dieser Staatengruppe ist anzumerken, dass bei den Kopenhagener Kriterien keine wie auch immer verstandene „kulturelle Identität" als Voraussetzung einer Mitgliedschaft erwähnt wird.

Das zweite Kriterium beschreibt die notwendigen ökonomischen Bedingungen, die für die Wettbewerbsfähigkeit eines Mitglieds in der EG als Wirtschaftsgemeinschaft als Voraussetzung verstanden werden.

---

2 Vgl. Kapitel II.8.3.

Das dritte Kriterium fordert die Übernahme der Verpflichtungen aus dem Besitzstand (im französischen Sprachgebrauch „acquis"), d. h. der jeweils gültigen Rechtsakte, sowie der Ziele der EU und der WWU. Diese Bedingung sichert damit den Bestand und die langfristigen Perspektiven des EU-Systems. In den Beitrittsverhandlungen können die Kandidatenländer den erreichten Status des Vertragswerks nicht mehr zur Disposition stellen; sie müssen die Ergebnisse des Integrationsprozesses der vorangegangen Jahrzehnte ohne Abstriche akzeptieren. Zur Disposition stehen nur Übergangsfristen, bis wann die neuen aber gegebenenfalls auch die alten Mitgliedstaaten alle Verpflichtungen zu übernehmen haben.

Diese Vertragsartikel und Kriterien unterstreichen, dass sich die EU nicht nur als ein „Wirtschaftsclub" versteht, der eine begrenzte ökonomische Zusammenarbeit regeln soll, sondern als eine umfassende, wertgestützte Integrationskonstruktion.

Nicht nur Kandidaten müssen sich danach einem umfassenden Beitritts-„Check" unterziehen, sondern in den Debatten um Erweiterungen spielt auch immer wieder die institutionelle Aufnahme- und Zukunftsfähigkeit der Union selbst – als viertes Kriterium – eine wichtige Rolle.[3] Thematisiert werden diese internen Voraussetzungen des EU-Systems und dessen institutionellen Architektur immer wieder mit Begriffen wie „Absorptionsfähigkeit" bzw. „Integrationsfähigkeit" oder „Aufnahmefähigkeit" (siehe Dokument VI.8.3);[4] mit diesen vagen Begriffen wurden insbesondere die Handlungsfähigkeit und Finanzierbarkeit angesprochen. Im Gesamtkontext wurden und werden Erweiterung und Vertiefung so häufig verknüpft behandelt: Die Vertragsänderungen und Beitrittsabkommen der letzten Jahre – einschließlich des Verfassungsvertrags – wurden quasi als eine Gesamtaufgabe für die Gestaltung des EU-Systems verstanden.[5]

Dokument IV.8.3: Beitrittsverfahren – Aufnahmefähigkeit

Schlussfolgerungen des Europäischen Rats, Brüssel, 14/15. Dezember 2006

I. Erweiterungsstrategie

[...]

9. Der Europäische Rat weist darauf hin, dass es wichtig ist, dafür zu sorgen, dass die EU die eigene Entwicklung fortsetzen und vertiefen kann. Das Tempo der Erweiterung muss der *Fähigkeit der Union zur Aufnahme neuer Mitglieder* Rechnung tragen. Der Europäische Rat fordert die Kommission auf, in ihrer Stellungnahme zu dem Antrag eines Landes auf Aufnahme und auch im Laufe der Beitrittsverhandlungen Bewertungen der Folgen für die wichtigsten Politikbereiche vorzunehmen. Bei fortschreitender Erweiterung der Union kann die europäische Integration *nur erfolgreich sein,* wenn die Organe der EU weiterhin *effizient funktionieren* und die *Politik der EU auf nachhaltige Weise weiterentwickelt und finanziert wird.*

Quelle: Europäischer Rat 2006b; Hervorhebungen durch den Autor.

---

3 Vgl. Lippert 2007b: 120ff.
4 Vgl. Lippert 2007a: 437-440.
5 Vgl. Lippert 2004: 24; vgl. auch Kapitel II.

Abbildung IV.8.1: Beitrittsverfahren – Phasen (gemäß Art. 49 EUV) und Praxis

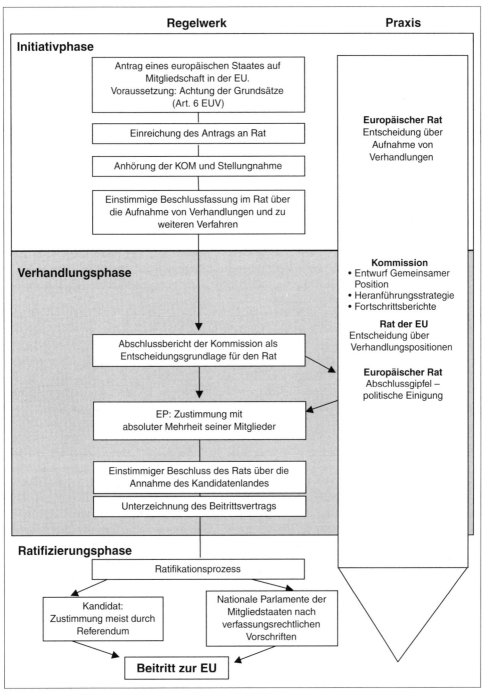

Quelle: Eigene Darstellung. Vgl. auch Lippert 2007b: 124.

Zum Ablauf sehen die Vertragsbuchstaben ein relativ übersichtliches Verfahren vor (siehe Abbildung IV.8.1): Ein europäischer Staat stellt den Beitrittsantrag an den Rat; daraufhin erstellt die Kommission eine vorläufige Stellungnahme. Im nächsten Schritt beschließt der Rat einstimmig die Aufnahme von Verhandlungen, die die Präsidentschaft mit Unterstützung der Kommission führt. Nach Ende der Verhandlungen erstellt die Kommission einen Bericht. Der Rat muss nun wiederum einstimmig den Beitritt beschließen. Neben dem Kandidatenstaat müssen auch das EP nach dem Zustimmungsverfahren mit der absoluten Mehrheit seiner Stimmen und die nationalen Parlamente jedes Mitgliedstaates das Abkommen zwischen den EU-Mitgliedstaaten und dem antragstellenden Staat absegnen; bereits bei nur einem negativen Votum scheitert so das Beitrittsbegehren. Bei ihrer Ratifizierung führen Kandidatenstaaten in der Regel ein Referendum durch. Wird diese Phase abgeschlossen, kann die Ratifikationsurkunde hinterlegt werden; der Beitritt erfolgt dann zu dem vereinbarten Zeitpunkt.

8.3 Zur Analyse der Praxis: Arbeitsteilung zwischen Europäischem Rat und Kommission

Die Verhandlungspraxis der Beitrittsrunden zeigt einen Prozess, der erheblich komplizierter und länger ist als die geschriebenen Vertragsregeln – zumindest auf den ersten Blick – erkennen lassen. Die Dauer zwischen Antrag und Beitritt kann eine erhebliche Zeitspanne in Anspruch nehmen, die nach Kandidatenland variiert (siehe Übersicht IV.8.1).[6]

Einem Antrag gehen in dem Kandidatenland langjährige, teilweise hitzige innenpolitische Debatten über Kosten und Nutzen einer Mitgliedschaft voraus. Sondierende Vorgespräche finden mit Verantwortlichen der Mitgliedstaaten und der EU statt. In einer Mehrzahl der Fälle können Regierungen bei der Antragstellung von einem stabilen innenpolitischen Konsens und von einem allgemeinem Wohlwollen der „Alt"-Mitglieder ausgehen. Angesichts der Bedeutung für die potentiellen Neumitglieder, aber auch für die EU sind jedoch fortdauernde Kontroversen in Kandidatenländern wie in der aufnehmenden EU nicht ausgeschlossen.

Wie bei Vertragsänderungen nimmt der Europäische Rat auch bei den Stationen des Beitrittsverfahrens die entscheidenden Weichenstellungen vor. Die Staats- und Regierungschefs legen die Grundbedingungen fest – besonders deutlich durch die Formulierung der „Kopenhagener Kriterien" (siehe Dokument IV.8.2). Auch zu finanziellen Auswirkungen von Erweiterungen trifft der Europäische Rat insbesondere in den mittelfristigen Finanzperspektiven Beschlüsse, die in der Regel vom jeweiligen Status quo – etwa im Hinblick auf die zusätzliche Belastungen bei der Agrar- und Strukturpolitik – geprägt sind. Diese Vereinbarungen sollen Beitritte für die „Alt"-Mitglieder akzeptabel machen. Zur Bewältigung dieser Fragen der internen Lastenverteilung können die Beitrittskandidaten aber selbst unmittelbar nichts beitragen. Der Europäische Rat prüft ebenfalls auf der Grundlage von Fortschrittsberichten der Kommission die Einhaltung der Kriterien (siehe Dokument IV.8.4). Der Europäische Rat entscheidet – zumindest de facto – über die Aufnahme und dann auch über den Abschluss von Beitrittsverhandlungen.

---

6 Vgl. zu einer Zusammenstellung der Daten, Dokumente und Literatur Wagner 2004: 73-110.

Übersicht IV.8.1: Beitrittsverfahren – zur Geschichte und Praxis der Beitrittsschritte

	Beitritts-antrag	Stellung-nahme Kommission	Beginn Bei-trittsverhand-lungen	Unterzeich-nung Bei-trittsvertrag	Beitrittsdatum
1. Norderweiterung					
Vereinigtes Königreich	10.05.67 (09.08.61)[a]	29.09.67	30.06.70	22.01.72	01.01.73
Dänemark	11.05.67 (10.08.61)[a]	29.09.67	30.06.70	22.01.72	01.01.73
Irland	11.05.67 (10.08.61)[a]	29.09.67	30.06.70	22.01.72	01.01.73
2. Süderweiterung					
Griechenland	12.06.75	29.01.76	27.07.76	28.05.79	01.01.81
Portugal	28.03.77	19.05.78	17.10.78	12.06.85	01.01.86
Spanien	28.07.77	29.11.78	05.02.79	12.06.85	01.01.86
3. EFTA-Erweiterung					
Österreich	17.07.89	01.08.91	01.02.93	24.06.94	01.01.95
Schweden	01.07.91	31.07.92	01.02.93	24.06.94	01.01.95
Finnland	18.03.92	04.11.92	01.02.93	24.06.94	01.01.95
4. Erweiterung Mittel- und Osteuropa					
Ungarn	31.03.94	16.07.97	31.03.98	16.04.03	01.05.04
Polen	05.04.94	16.07.97	31.03.98	16.04.03	01.05.04
Slowakei	27.06.95	16.07.97	15.02.00	16.04.03	01.05.04
Lettland	13.10.95	16.07.97	15.02.00	16.04.03	01.05.04
Estland	24.11.95	16.07.97	31.03.98	16.04.03	01.05.04
Litauen	08.12.95	16.07.97	15.02.00	16.04.03	01.05.04
Tschechien	17.01.96	16.07.97	31.03.98	16.04.03	01.05.04
Slowenien	10.06.96	16.07.97	31.03.98	16.04.03	01.05.04
Rumänien	22.06.95	16.07.97	15.02.00	25.04.05	01.01.07
Bulgarien	14.12.95	16.07.97	15.02.00	25.04.05	01.01.07
5. Erweiterung östliches Mittelmeer					
Zypern	04.07.90	30.06.93	31.03.98	16.04.03	01.05.04
Malta	16.07.90	30.06.93	15.02.00	16.04.03	01.05.04
6. offene Beitrittsanträge					
Türkei	14.04.87	14.12.89/ 06.10.04	03.10.05		
Kroatien	20.02.03	20.04.04	20.10.05		
Mazedonien	22.03.04	09.11.05			

[a] In den Klammern vermerkt ist der Zeitpunkt des jeweils ersten Beitrittsantrags; am 8.11.61 wurden erstmals Verhandlungen mit dem Vereinigten Königreich und kurze Zeit später mit den übrigen Bewerbern aufgenommen. In Folge des Scheiterns der Verhandlungen mit dem Vereinigten Königreich (29.1.63) kam es ebenfalls zum Abbruch der Verhandlungen mit den übrigen Bewerbern.

Quelle: Eigene Darstellung in Anlehnung an Lippert 2004: 14-15.

Dokument IV.8.4: Beitrittsverfahren – zum Zusammenwirken von Europäischem Rat und Kommission

> **Schlussfolgerungen des Vorsitzes, Europäischer Rat, 15./16. Juni 2006, Brüssel**
>
> Bulgarien und Rumänien
>
> Die Union hat das gemeinsame Ziel, Bulgarien und Rumänien im Januar 2007 als neue Mitglieder zu begrüßen, sofern sie dafür bereit sind. Aufgrund des *Monitoringberichts der Kommission vom Mai 2006 bestätigt der Europäische Rat* diesen Standpunkt. Er würdigt die Reformanstrengungen, die Bulgarien und Rumänien in letzter Zeit unternommen haben, und fordert beide Länder auf, ihre Bemühungen noch energischer fortzusetzen, um die noch verbleibenden Probleme, auf die *die Kommission in ihrem Bericht vom Mai 2006* hingewiesen hat, unverzüglich und entschlossen anzugehen. Der *Europäische Rat* ist nach wie vor davon überzeugt, dass beide Länder mit dem erforderlichen politischen Willen die festgestellten Defizite beseitigen und somit wie geplant am 1. Januar 2007 beitreten können. Er begrüßt daher die *Absicht der Kommission*, ihre nächsten Monitoringberichte spätestens Anfang Oktober vorzulegen. *Er fordert die Mitgliedstaaten auf, die Ratifikation des Beitrittsvertrags rechtzeitig abzuschließen.*

Quelle: Europäischer Rat 2006a. Hervorhebungen durch den Autor.

Nach dem einstimmigen, formalen Beschluss des Rats zur Eröffnung der Verhandlungen, die nur nach Erfüllung des politischen Kriteriums erfolgen soll, wird die Kommission – in Abstimmung mit dem jeweiligen Vorsitz des Rats – zum zentralen Verhandlungsführer der EU.

Die vorangegangene Stellungnahme der Kommission zum Antrag eines Beitrittskandidaten bedarf häufig gründlicher Vorarbeiten, die sich über mehrere Jahre erstrecken können. Der Kommissionbericht erläutert die Möglichkeiten und Risiken einer Mitgliedschaft. Parallel kann die Kommission mit dem Kandidaten mehrere „Heranführungsstrategien" und konkrete Schritte zur Vorbereitung auf die Mitgliedschaft vereinbaren und durchführen.[7]

Im Beitrittsverfahren vergleicht die Kommission die rechtlichen Bestimmungen der EU mit der Rechtslage in den antragstellenden Staaten.[8] Dann schlägt sie gemeinsame Positionen in Bezug auf Übergangsmaßnahmen für einzelne Kapitel des zu übernehmenden Besitzstandes an Rechtsakten vor; diese Vorlagen müssen jedoch von den Vertretern der Mitgliedstaaten gebilligt werden. Dabei können diese ihre jeweiligen Interessen gegenüber dem jeweiligen Kandidatenstaat insbesondere in den Bereichen des Binnenmarktes und der Agrarpolitik einbringen. Durch „Fortschrittsberichte" informiert die Kommission die anderen Organe über den Stand der Verhandlungen und kontrolliert die Umsetzung der von den Kandidaten eingegangenen Verpflichtungen.

Da die antragstellenden Staaten nach dem 3. Kopenhagener Kriterium den Besitzstand an Rechtsakten und die Zielvorstellungen der EU zu übernehmen haben, sind die Verhandlungen zwischen ihnen und der Kommission einseitig durch die Stärke der EU-Position geprägt: Sie behandeln im Wesentlichen die Frage, ob dem Antragsteller – und gegebenenfalls welche – Übergangsfristen eingeräumt werden, alle bestehenden Rechte und Pflichten der Mitgliedschaft zu übernehmen. Für die Umsetzung des gesamten Gemeinschaftsrechts müssen viele Beitrittskandidaten ihre Verwaltungen und ihre Rechtssysteme umfassend anpassen, damit sie

---

7 Vgl. Lippert 2007b: 125-126.
8 Vgl. Lippert 2007a: 434.

die Gemeinschaftsnormen, insbesondere in den Bereichen Landwirtschaft, Umweltschutz, Verkehr, Bankenwesen und Telekommunikation, erfüllen. Auch die EU, bzw. einzelne Mitgliedstaaten, plädieren für Übergangsfristen in einzelnen Politikfeldern, um mögliche negative Folgewirkungen aufgrund entsprechend wahrgenommener Wettbewerbsvorteile der Neumitglieder zu vermeiden. So haben die Bundesrepublik Deutschland und Österreich die EU erfolgreich darauf gedrängt, zum Schutz ihrer Arbeitsmärkte in den Beitrittsabkommen längere Übergangsfristen für die Freizügigkeit von Arbeitnehmern aus den mitteleuropäischen Neumitgliedern zu verankern.

Die asymmetrische Verhandlungskonstellation mit „paternalistischen Zügen"[9] kann jedoch nach erfolgtem Beitritt in der Praxis zu unterschiedlichen Formen von „Neu-Verhandlungen" führen, wie sie offensiv vom Vereinigten Königreich in Fragen eines „gerechten Rückflusses" aus dem EG-Haushalt verfolgt wurden.[10] Bereits das 2006 mit den neuen Mitgliedern beschlossene Paket zur mittelfristigen Finanzierung[11] kann als ein Schritt zur Verschiebung zugunsten der Neumitglieder verstanden werden.

Eine notwendige Station des Beitrittsverfahrens bildet die Zustimmung des EP mit der Mehrheit seiner Mitglieder; obwohl dieses Quorum nicht immer einfach herzustellen ist, haben die Abgeordneten den bisherigen Vorlagen ohne eine besondere Dramatik zugestimmt. Parlamentarier und Politiker der Beitrittskandidaten stehen dafür in einem engen und häufigen Meinungsaustausch. Das EP achtet insbesondere auf die Erfüllung der politischen Bedingungen seitens der Beitrittskandidaten und die Auswirkungen auf die Institutionen und Politiken der EU.

Aus der Sicht des antragstellenden Staates ist der Weg zum Beitritt insgesamt ein langwieriger und häufig politisch unübersichtlicher Prozess der Annäherung und Integration. Bei den Staaten Mittel- und Osteuropas war dieser auch eingebettet in eine umfassende Orientierung auf den „Westen", d. h. der Mitgliedschaft in anderen europäischen und transatlantischen Organisationen.

Im Falle Polens (siehe Übersicht IV.8.2) erfolgten erste Schritte der vorsichtigen Annäherung bereits Ende der achtziger Jahre. Nach dem Ende des Ost-West-Konflikts und dem demokratischen Neuanfang entwickelten sich vertragsrechtliche Beziehungen in mehreren Stufen, die – nicht ohne politische Kontroversen – über Handelsabkommen, Assoziierungsabkommen und Beitrittspartnerschaft bis hin zur Mitgliedschaft führten. Parallel dazu ist Polen auch dem Europarat, der OECD und der NATO beigetreten.

---

9 Lippert 2007b: 126.
10 Vgl. Kapitel II.6.1.
11 Vgl. Kapitel IV.3.

Übersicht IV.8.2: Beitrittsverfahren – Stationen Polens auf dem Weg zur EU-Mitgliedschaft

1988	• Offiziell diplomatische Beziehungen zur EG
1989	• Ende des Ost-West-Konflikts • Unterzeichnung eines Handels- und Wirtschaftsabkommens mit der EG • besondere Hilfeleistungen der EG (Phare Programm)
1991	• Mitglied des Europarates • Unterzeichnung Europaabkommen – Assoziationsvertrag mit Beitrittsoption
1993	• Europäischer Rat in Kopenhagen: „Kopenhagener Kriterien" – Beitrittsversprechen und Aufnahmebedingungen
1994	• Inkrafttreten des Europaabkommens • EU-Beitrittsgesuch
1996	• Beitritt zur OECD
1997	• Europäischer Rat in Luxemburg: Polen als Mitglied der ersten Gruppe für Beitrittsverhandlungen
1998	• Aufnahme der Beitrittsverhandlungen mit der EU • Erster Fortschrittsbericht der Kommission
1999	• Beitritt zur NATO • Zweiter Fortschrittsbericht der Kommission
2000	• Regierungskonferenz Nizza: EU ist erweiterungsfähig • Dritter Fortschrittsbericht
2001	• Europäischer Rat in Göteborg: Inaussichtstellung eines EU-Beitritts von 10 Ländern • Vierter Fortschrittsbericht
2002	• Beitrittspartnerschaft • Fünfter Fortschrittsbericht • Europäischer Rat in Kopenhagen: Beschluss zur Erweiterung um 10 Länder – Übergangsfristen für Polen
2003	• EP: Zustimmung zur Aufnahme der 10 Kandidatenländer • Beitrittsreferendum in Polen
2004	• Mitgliedschaft seit 1.5.2004 • Wahlen zum Europäischen Parlament unter Beteiligung Polens

Quelle: Eigene Zusammenstellung in Anlehnung an Lippert 2004: 24.

8.4 Diskussion und Perspektiven

■ *Zur Charakterisierung: Verknüpfung intergouvernementaler und supranationaler Elemente*

Die Beitrittsverfahren sind durch ein vorsichtiges Vorgehen in jeweils begrenzten Schritten geprägt, die die politischen Auseinandersetzungen unter den Mitgliedstaaten und im Verhältnis zu den antragstellenden Staaten „klein gearbeitet" und damit teilweise „entdramatisiert" haben.[12] Die Gesamtheit der Mitgliedstaaten konnte sich zwar angesichts des normativen Drucks auf eine „Wiedervereinigung Europas" nicht einem Grundkonsens zu einer weiteren

---

12 Lippert 2004: 60.

Öffnung der Union entziehen,[13] aber die EU – Institutionen – insbesondere der Europäische Rat und die Kommission – haben den Weg zur Mitgliedschaft durch jeweils begrenzte Vorgaben und Beschlüsse mühsam und letztlich unter Ausklammerung einer grundsätzlichen Diskussion geebnet. Vertragswerk und -praxis zur Erweiterung und damit verbundener Beschlüsse zur Vertiefung ermöglichen bzw. fördern einen tragfähigen, wenn auch jeweils begrenzten Konsens, ohne die Fragen der Finalität vorweg und endgültig zu klären. „Wirkliche, aber begrenzte Schritte" entsprechen der ursprünglichen Integrationsstrategie von Monnet,[14] die theoretisch als Stufen auf einer Fusionsleiter[15] charakterisiert werden können. Eine derartige Sicht findet auch eine Bestätigung durch die Analyse der institutionellen Rollen in den Beitrittsverfahren: das Zusammenwirken von Europäischem Rat und Kommission – mit jeweils notwendiger Beteiligung von Rat und EP – lassen eine Mischung von intergouvernementalen und supranationalen Elementen erkennen.

■ *Zur Zukunft: auf dem Weg zur nächsten Beitrittsrunde?*

Die Debatte um die Erweiterungspolitik ist mit der Aufnahme von zehn bzw. zwölf neuen Mitgliedern 2004/2007 nicht beendet, sondern hat eine neue Stufe erreicht. Auf der offiziellen EU-Kandidatenliste stehen die Türkei, Kroatien und Mazedonien. Den Ländern Südosteuropas werden – nicht zuletzt aus Gründen der Stabilisierung des Balkans – ebenfalls Beitrittsperspektiven zugestanden (siehe Dokument IV.8.5). In politischen Debatten werden auch die Ukraine und weitere Staaten in der Nachbarschaft der EU als potenzielle Mitglieder genannt.

Dokument IV.8.5: Beitrittsverfahren – Beitrittsperspektive für westliche Balkanstaaten

---

Schlussfolgerungen des Vorsitzes, Europäischer Rat, Thessaloniki, 19./20 Juni 2003

V. WESTLICHE BALKANSTAATEN

40. Der *Europäische Rat bekräftigt* unter Hinweis auf die Schlussfolgerungen seiner Tagungen in Kopenhagen (Dezember 2002) und Brüssel (März 2003) seine Entschlossenheit, die europäische Perspektive der westlichen Balkanstaaten, die *uneingeschränkt Teil der EU sein werden*, sobald sie die *festgelegten Kriterien erfüllen*, in vollem Umfang und wirksam *zu unterstützen*.

***

Schlussfolgerungen des Vorsitzes, Europäischer Rat, Brüssel, 15./16. Juni 2006

c) Westliche Balkanstaaten

56. Der Europäische Rat bekräftigt die *europäische Perspektive der westlichen Balkanstaaten* im Sinne des Stabilisierungs- und Assoziierungsprozesses, der Agenda von Thessaloniki und der Salzburger Erklärung vom März 2006. Diesbezüglich bestätigt der Europäische Rat, dass die *Zukunft der westlichen Balkanstaaten in der Europäischen Union liegt*. Das Vorankommen der einzelnen Länder auf dem Weg in die Europäische Union hängt da-

---

13 Schimmelfennig 2003: 558.
14 Vgl. Kapitel II.4.1.
15 Vgl. Kapitel I und Kapitel V, auch Abbildung I.4.7.

> von ab, wie gut sie jeweils die Bedingungen und Anforderungen erfüllen, die im Rahmen der *Kopenhagener Kriterien* und des Stabilisierungs- und Assoziierungsprozesses festgelegt wurden und zu denen auch die uneingeschränkte Zusammenarbeit mit dem Internationalen Strafgerichtshof für das ehemalige Jugoslawien sowie die Aufrechterhaltung gutnachbarlicher Beziehungen zählen. Alle westlichen Balkanstaaten sind letztes Jahr auf dem Weg in Richtung EU ein gutes Stück vorangekommen, wobei entsprechend der Agenda von Thessaloniki die *EU-Mitgliedschaft das Endziel darstellt.*

Quelle: Europäischer Rat 2003c, Europäischer Rat 2006a. Hervorhebungen durch den Autor.

Die Verfahren zum Beitritt werden trotz mancher Schwierigkeiten und Schwerfälligkeit in der Praxis nicht zur Diskussion gestellt. Der Verfassungs- bzw. der Reformvertrag würde zu dem bestehenden Regelwerk nur eine frühzeitige Unterrichtung des EP und der nationalen Parlamente hinzufügen (Art. I-58 (2) VVE).

Für Beitrittsverhandlungen mit der Türkei und Kroatien ist vorgesehen, dass der Rat auf Vorschlag der Kommission oder eines Drittels der Mitgliedstaaten die Verhandlungen aussetzen kann, wenn sich das Bewerberland schwerwiegender Verstöße gegen die Grundwerte nach Art. 6 EUV schuldig macht.[16] Außerdem soll die konkrete Einhaltung, Umsetzung und Anwendung der Verpflichtungen der Kandidaten stärker kontrolliert werden (siehe Dokument IV.8.6).

Dokument IV.8.6: Beitrittsverfahren – Mandat für die Beitrittsverhandlungen mit der Türkei

> **Schlussfolgerungen des Vorsitzes, Europäischer Rat, Brüssel, 16./17. Dezember 2004**
>
> Türkei
>
> 18. Der Europäische Rat begrüßt die entscheidenden Fortschritte, die die Türkei in ihrem weit reichenden Reformprozess erzielt hat, [...]. Um die Unumkehrbarkeit der politischen Reformen und ihre vollständige, tatsächliche und umfassende Durchführung insbesondere im Hinblick auf die Grundfreiheiten und die uneingeschränkte Achtung der Menschenrechte sicherzustellen, wird die *Kommission* diesen Reformprozess weiterhin aufmerksam *verfolgen*; die Kommission wird ersucht, dem Rat weiterhin *regelmäßige Berichte über diesen Prozess vorzulegen* [...]. Die Europäische Union wird die Fortschritte bei den politischen Reformen auf der Grundlage einer Beitrittspartnerschaft, in der die Prioritäten des Reformprozesses festgelegt sind, weiterhin genau verfolgen.
>
> 23. [...] Das *gemeinsame Ziel* der Verhandlungen ist der *Beitritt.* Die Verhandlungen sind ein *Prozess mit offenem Ende*, dessen Ausgang sich nicht im Vorhinein garantieren lässt. Unter Berücksichtigung aller *Kopenhagener Kriterien* muss gewährleistet sein, dass das betroffene Bewerberland, falls es nicht in der Lage ist, alle mit einer Mitgliedschaft verbundenen Verpflichtungen voll und ganz einzuhalten, durch eine *möglichst starke Bindung* vollständig in den europäischen Strukturen verankert wird.

Quelle: Europäischer Rat 2004. Hervorhebungen durch den Autor.

---

16 Vgl. Lippert 2007b: 123.

Das Mandat des Europäischen Rats weist im Fall der Türkei mehrdeutige Formulierungen auf.

Diese Erweiterungsdebatte – insbesondere um eine Mitgliedschaft der Türkei – wird erneut und verstärkt mit Plänen zu Vertragsrevisionen, konkret häufig mit dem Schicksal des Verfassungs- bzw. Reformvertrags, verbunden.[17] Darüber hinaus soll der Reformvertrag die Kriterien für eine Mitgliedschaft enger und klarer definieren.

8.5 Zur Wiederholung und Vertiefung

■ *Merkpunkte und Stichworte*

▶ Grundkenntnisse
  – Die Beitrittskriterien von Kopenhagen
  – Stationen des Beitrittsprozesses nach dem Vertragswerk
▶ Zur institutionellen Architektur: Vertragsbestimmungen und Befund aus der Praxis
  – Rolle des Europäischen Rats
  – Rolle der Kommission
  – Rolle des EP
▶ Weltpolitische Bedingungen für den Beitritt der Staaten Mittel- und Osteuropas

■ *Fragen*

▶ Wodurch ist die Länge der Beitrittsverfahren zu erklären?
▶ Wie stehen Beitrittsrunden und Vertragsveränderungen in historischer und systematischer Beziehung?
▶ Wodurch kann der Missmut der Unionsbürger über die Beitrittsrunde der letzten Jahre erklärt werden?

■ *Thesen zur Diskussion*

▶ Beitrittsverfahren sollten innerhalb der EU nicht einstimmig, sondern mit besonders qualifizierten Mehrheiten abgeschlossen werden.
▶ Beitritte sollten durch ein EU-weites Referendum ratifiziert werden.
▶ Zu den Kopenhagener Kriterien sollte auch die „kulturelle Homogenität" hinzugenommen werden.

---

17 Vgl. Kapitel V.

8.6 Literaturhinweise

■ *Online-Quelle*

http://ec.europa.eu/enlargement/index_de.htm
Auf der offiziellen Homepage der Europäischen Kommission finden sich Schlüsseldokumente zur Erweiterung sowie Berichte zu den Beitrittskandidaten.

■ *Einführende Literatur*

Lippert, Barbara (2007): Erweiterung, in: Weidenfeld, Werner/Wessels, Wolfgang (Hrsg.): Europa von A bis Z, Taschenbuch der Europäischen Integration, 10. Auflage, Baden-Baden, S. 120-128.
Lippert, Barbara (2007): Die Erweiterungspolitik der Europäischen Union, in: Weidenfeld, Werner/Wessels, Wolfgang (Hrsg.): Jahrbuch der Europäischen Integration 2006, Baden-Baden, S. 429-440.
Sedelmeier, Ulrich (2005): Eastern Enlargement, in: Wallace, Helen/Wallace, William/Pollack, Mark A. (Hrsg.): Policy-Making in the European Union, 5. Auflage, Oxford/New York, S. 401-428.

■ *Weiterführende Literatur*

Cameron, Fraser (Hrsg.) (2004): The Future of Europe. Integration and Enlargement, London/New York.
Leggewie, Claus (Hrsg.) (2004): Die Türkei und Europa: die Positionen, Frankfurt am Main.
Lippert, Barbara (Hrsg.) (2004): Bilanz und Folgeprobleme der EU-Erweiterung, Baden-Baden.
Nugent, Neill (Hrsg.) (2004): European Union Enlargement, Houndmills.
Sapper, Manfred/Weichsel, Volker/Gebert, Agathe (Hrsg.) (2004): Die Einigung Europas. Zugkraft und Kraftakt, Berlin.
Schimmelfennig, Frank (2003): Die Osterweiterung der EU: Erklärungen eines widersprüchlichen Prozesses, in: Jachtenfuchs, Markus/Kohler-Koch, Beate: Europäische Integration, 2. Auflage, Opladen, S. 541-568.

■ *Vertiefende Literatur*

Alber, Jens/Merkel, Wolfgang (Hrsg.) (2006): Europas Osterweiterung: Das Ende der Vertiefung?, WZB Jahrbuch, Berlin.
Brimmer, Esther/Fröhlich, Stefan (Hrsg.) (2005): The Strategic Implications of the European Union Enlargement, Washington.

9. Flexibilisierung: das Regelwerk zur Verstärkten Zusammenarbeit

9.1 Eckpunkte im Überblick: Flexibilisierung als Alternative oder Ergänzung?

Überlegungen zu Formen der Flexibilisierung gehören immer wieder zu den wesentlichen (Mode-)Themen der europa- und integrationspolitischen Debatte. Mit wachsender Mitgliederzahl der EU warnen Politiker und Wissenschaftler regelmäßig vor Risiken einer Selbstblockade der Institutionen in den konsensorientierten Entscheidungsverfahren.[1] Neben Bemühungen um Reformen der Institutionen wurden und werden immer wieder – nicht zuletzt von deutscher Seite – Vorschläge vorgelegt,[2] die ein Vorangehen einiger integrationswilliger und -fähiger Mitgliedstaaten sowohl innerhalb als auch notfalls außerhalb des Vertragsrahmens ermöglichen sollen.

Mit Blick auf die Erweiterung um 12 neue Mitgliedstaaten und im Licht der Ratifizierungsschwierigkeiten mit dem Verfassungsvertrag hat diese Diskussion erneut an Intensität gewonnen.[3] Der Eindruck drängt sich auf, dass die Ausgestaltung derartiger Flexibilisierungskonzepte zu einer Schlüsselfrage für die Systemgestaltung geworden ist. Die Differenzierung bei der Mitwirkung von Mitgliedstaaten in unterschiedlichen Politikfeldern wird sogar als „Strukturmerkmal künftiger europäischer Integration"[4] begriffen.

Die langjährige und teilweise intensiv geführte politische und wissenschaftliche Diskussion bietet jedoch keine klaren, gemeinsam getragenen Optionen, sondern öffnet einen breiten und interpretationsbedürftigen Katalog an Vorschlägen. Bereits die verwandten Leitideen sind zahlreich und entbehren häufig nicht einer rhetorischen Erfindungsgabe. Neuere Begriffe wie „Kerneuropa"[5], „Pioniergruppe"[6] und „Avantgarde"[7], aber auch frühere Überlegungen zu „Europe à géométrie variable"[8], „abgestufte Integration"[9] und „Europa mit mehreren Geschwindigkeiten"[10] lassen ebenso eine verwirrende Vielfalt aufleuchten wie Vorschläge für ein „multi-tier Europe"[11], für ein „Europe à la carte"[12] oder für ein „opting out"[13]. Schließlich findet sich sogar die Metapher einer Formation „fliegender Gänse"[14]. Die Bezeichnung „Flexibilisierung" wird im Verfassungsvertrag (Art. I-18) auch für das bereits bestehende Verfahren der „kleinen Vertragsänderung" (Art. 308 EGV)[15] verwandt. Diese Varianten belegen sowohl das politische Interesse an derartigen Plänen als auch eine beträchtliche Unsicherheit

---
1 Vgl. u. a. Erklärung von Laeken zum Zukunft der Europäischen Union, http://european-convention.eu.int/pdf/LKNDE.pdf (21.3.2006), S. 5.
2 Vgl. Kohl/Chirac 1995: 115-117; Schäuble/Lamers 1994.
3 Vgl. Kapitel V.
4 Deubner 2005: 240.
5 Vgl. Schäuble/Lamers 1994.
6 Vgl. Chirac 2000.
7 Vgl. Fischer 2000.
8 Vgl. Commissariat du plan: La France dans les années quatre-vingt, Paris 1979.
9 Vgl. den Tindemans-Bericht, in Auszügen abgedruckt in: Lipgens 1986: 611-619.
10 Scharrer 1984.
11 Wallace/Wallace 1995: 56.
12 Vgl. Dahrendorf 1979 und 1995.
13 de la Serre/Wallace 1997: 11.
14 Wallace/Wallace 1995: 28.
15 Vgl. Kapitel IV.7.
16 Vgl. u. a. Giering 2007: 257-258; Stubb 2002; Philippart/Sie Dhian Ho 2000; Jantz/Wessles 1997: 345ff.

über Formen und Verfahren von Flexibilisierungskonzepten. Aufgrund des Einfallsreichtums lassen auch Ansätze, die eine Synthese präsentieren wollen,[16] häufig die Schwierigkeiten einer aussagefähigen Systematisierung erkennen. Unübersichtlichkeit und Widersprüchlichkeit sind so prägende Charakterisierungen für die jahrzehntelange Debatte. Zurückzuführen sind diese Schwierigkeiten auf strukturelle Dilemmata, vor denen die Akteure immer wieder stehen. Um exemplarisch die Schwierigkeiten derartiger Strategien zu beleuchten wird das im Vertrag von Amsterdam eingeführte Regelwerk zur „Verstärkten Zusammenarbeit" vorgestellt. Dieses Verfahren wurde als nützliche Ausweichmöglichkeit im Falle von Blockaden verstanden,[17] weshalb zu erklären sein wird, warum die Regierungen dieses vertragliche Angebot in der Praxis bisher nicht nutzten.

9.2 Geschichte: Vorschläge und Praxis

Die Debatte um Varianten zur üblichen Systemgestaltung ist nicht neu.[18] Bereits der Gründungsakt der Europäischen Gemeinschaft für Kohle und Stahl kann als eine Variante der bewussten Abstufung verstanden werden.[19] Die sechs Gründerstaaten sahen nur in einer kleinen Gemeinschaft von wenigen Staaten die Möglichkeit, zentrale Probleme vertieft gemeinsam anzugehen. Zwei der Initiatoren, der Franzose Jean Monnet[20] und der ehemalige belgische Außenminister Paul-Henri Spaak[21], haben diese Grundeinstellung jeweils nachdrücklich formuliert. Das Heraustreten dieses „Kleineuropas" aus dem größeren, aber ineffektiven Europarat der fünfziger Jahre könnte mit den Begrifflichkeiten der neunziger Jahre als Bildung eines „Kerneuropas"[22] beschrieben werden. Die weitere Auseinandersetzung um derartige Konzepte schlägt sich in mehreren Plänen der Integrationsgeschichte nieder: Lesenswert sind – auch für die Diskussionen um die Gestaltung einer EU 27 – die Ausführungen aus dem Bericht des ehemaligen belgischen Premierministers Leo Tindemans an den Europäischen Rat aus den siebziger Jahren sowie die Vorschläge des heute häufig übersehenen Art. 82 des Entwurfs des Europäischen Parlaments für einen „Vertrag für die Europäische Union"[23] (siehe Dokument IV.9.1).

Dokument IV.9.1: Flexibilisierung – Vorschläge aus dem Tindemans-Bericht und dem Entwurf für einen „Vertrag für die Europäische Union" des EP

Tindemans Bericht

„Es ist unmöglich, heute ein glaubwürdiges Aktionsprogramm zu entwickeln, wenn man davon ausgeht, daß es *absolut erforderlich* ist, daß *in allen Fällen alle Etappen von allen Staaten zum gleichen Zeitpunkt* zurückgelegt werden müssen. Objektiv gesehen bestehen in der Wirtschafts- und Finanzlage derart große Unterschiede, daß mit dieser Forderung jeder Fortschritt unmöglich wird und Europa weiter zerfällt."

---

17 Vgl. u. a. Kohl 1997.
18 Vgl. Scharrer 1984.
19 Vgl. u. a. de la Serre/Wallace 1997: 6; Scharrer 1984.
20 Vgl. Monnet 1978: 337-403.
21 Vgl. Spaak 1969: 290-291.
22 Vgl. Schäuble/Lamers 1994.
23 Europäisches Parlament 1984; Nickel 1984: 23f.

> **Entwurf für einen „Vertrag für die Europäische Union" des Europäischen Parlaments**
>
> Art. 82: „Sobald dieser Vertrag von einer *Mehrheit der Mitgliedstaaten* der Europäischen Gemeinschaften, deren Bevölkerung 2/3 der Gesamtbevölkerung der Gemeinschaft ausmacht, ratifiziert ist, treten die Regierungen der Mitgliedstaaten, die ihn ratifiziert haben, unverzüglich zusammen, um *einvernehmlich die Verfahren für die Inkraftsetzung* dieses Vertrages und das Datum seines Inkrafttretens sowie über die Beziehungen zu den Mitgliedstaaten, die ihn noch nicht ratifiziert haben, zu beschließen."

Quellen: Schneider/Wessels 1977: 239-288. Europäisches Parlament 1984. Hervorhebungen durch den Autor.

Aus den Dokumenten werden immer wieder zwei Bedingungen für eine Integration von Teilgruppen deutlich: die nach objektiven Kriterien messbare Fähigkeit und die Bereitschaft, mehrere Schritte gemeinsam zu gehen.

Vielfältig sind auch die Flexibilisierungsansätze, die die Mitgliedstaaten in der Praxis entwickelt haben. Trotz mehrfacher Beschwörung der Einheitlichkeit des Rechtsraums haben die Regierungen der EU-Mitgliedstaaten in den Römischen Verträgen, in der Einheitlichen Europäischen Akte, im Maastrichter Vertrag, im Amsterdamer Vertrag sowie im Vertrag von Nizza eine Vielzahl unterschiedlicher Ausnahme-, Übergangs-, und Sonderregeln eingebaut. Die Organe haben dann bei den Vertragskonkretisierungen häufig noch weitere detaillierte Formeln von dauerhaften und nicht dauerhaften Ausnahmen entwickelt.[24] Als Beispiele aus einem umfangreichen Katalog seien genannt: Übergangsfristen bei den Erweiterungsrunden,[25] der Stufenplan zur Wirtschafts- und Währungsunion mit der Bildung einer Eurogruppe,[26] das Sozialprotokoll des Maastrichter Vertrags, das eine besonders komplizierte Form von Differenzierung darstellte, sowie Schutzmaßnahmen in der Umweltpolitik (Art. 175 (5) EGV) und Ausnahmeregeln bei der Verwirklichung des Binnenmarkts (Art. 95 (4) ff. EGV). Auch bei der Zusammenarbeit in der Gemeinsamen Außen- und Sicherheitspolitik, das heißt im „zweiten Pfeiler" des Unionsvertrags, werden Möglichkeiten zur Flexibilisierung vorgesehen (Art. 17 (4) EUV).[27] Jüngere Ansätze zu einem „Direktorium der Großen" durch ein Vorgehen als „EU-3" sind ebenfalls in eine derartige Liste aufzunehmen.[28]

Besondere Ausmaße haben die vertraglichen Ausnahmeregeln im Bereich des im Amsterdamer Vertrags vereinbarten „Raums der Freiheit, der Sicherheit und des Rechts" angenommen: Nach dem ursprünglichen Schengener Abkommen außerhalb des EU-Vertragswerks hat der Amsterdamer Vertrag dem Vereinigten Königreich und anderen Mitgliedstaaten weitgehende Sonderrechte zugestanden.[29] In den letzten Jahren bildet der Vertrag von Prüm, den nur einige Mitgliedstaaten bezüglich des Austauschs von sicherheitsbezogenen Daten geschlossen haben, ein weiteres Beispiel für ein Vorgehen außerhalb der relevanten Vertragsbestimmungen.[30]

Mit jedem Schritt zur Erweiterung und Vertiefung und noch mehr in jeder Stagnationsoder Krisenphase wurden Vorschläge lanciert und Ansätze verfolgt, die insgesamt zu einer erheblichen Unübersichtlichkeit an möglichen Optionen führten. Angesichts dieser Konstellation wollten die Mitgliedstaaten im Amsterdamer Vertrag ein nutzbares Regelwerk anbieten.

---

24 Vgl. u. a. für Auflistungen Europäische Rechtsakademie Trier 1997; Grabitz/Illiopoulos 1984.
25 Vgl. Kapitel IV.8.
26 Vgl. Kapitel IV.4.
27 Vgl. Kapitel IV.5.
28 Vgl. Hill 2006; Kapitel V.
29 Vgl. Kapitel IV.6.
30 Vgl. Kietz/Maurer 2006.

9.3 Das Regelwerk: Verfahren der Verstärkten Zusammenarbeit

■ *Motive und Bedenken: Das institutionelle Dilemma*

Die Bestimmungen des Vertragswerks in Bezug auf eine Verstärkte Zusammenarbeit sind sowohl auf den ersten Blick, als auch bei einer genaueren Untersuchung kompliziert (siehe Abbildung IV.9.1). Deutlich wird im Reglement und in der (mangelnden) Nutzung ein institutionelles Dilemma, das sich aus der Konfrontation plausibler Motivationen mit Bedenken aus der Sicht verschiedener institutioneller Leitideen ergibt.[31]

Das Grundkonzept geht von einfachen Überlegungen aus.[32] Aus der Sicht interessierter Regierungen sollen die jeweiligen Artikel eine Antwort auf eine häufig gestellte Frage geben: Warum sollen nicht einige Staaten gemeinsam zentrale Probleme angehen, auch wenn nicht alle Mitgliedstaaten fähig und/oder willens sind, diese Vorhaben mitzutragen?[33] Diese Argumentation für eine Flexibilität beruht auf zwei Grundmotiven. Zunächst sollen faktische Schwierigkeiten – etwa Unterschiede in der ökonomischen Entwicklung oder in der geografisch bedingten Interessenlage – kein Hindernis für integrationspolitisch sinnvolle Fortschritte darstellen, nicht zuletzt um mögliche Fehlentwicklungen bei der Politikgestaltung und Rückschritte bei der Entwicklung des EU-Systems zu vermeiden. Neben diese Argumentation, die von klar erkennbaren „objektiven" Unterschieden ausgeht, tritt eine weitere Begründung: Die Geschichte der Integrationspolitik belegt aus der Sicht von Flexibilisierungsanhängern immer wieder Situationen, in denen Mitgliedstaaten, obwohl objektiv in der Lage, subjektiv nicht willens sind, sich an integrationspolitischen Vorhaben anderer Staaten zu beteiligen. Verwiesen wird dabei häufig auf blockierende Positionen des Vereinigten Königreichs.[34] Im Zuge der Erweiterungen der letzten Jahre wird – neben den zunehmenden Abständen – auch eine größere Vielfalt an politischen Interessen und europapolitischen Leitbildern erwartet, sodass mehr Staaten – auch unabhängig von der jeweiligen objektiven Fähigkeit – ein politisches Desinteresse an Vorhaben von gemeinsamen Interessen anmelden könnten – „ein Verhalten mit Bremswirkung, das das Ganze zum Stillstand bringt"[35].

Diese im Kern einfache Argumentation für Möglichkeiten der Flexibilisierung stößt jedoch unmittelbar auf nachhaltige Einwände: Die Anhänger einer „vollständigen Integration"[36] sehen in unterschiedlichen Kreisen und Gruppen von Mitgliedstaaten eine Aushöhlung eines zentralen Prinzips und Bausteins der Europäischen Union: Die Rechts- und Solidargemeinschaft, eines der wichtigsten Güter der Integrationskonstruktion, darf aus dieser Sicht nicht durch Ausnahme- und Sonderregelungen verwässert werden. Sorgen werden jedoch auch im Hinblick auf eher machtpolitische Konsequenzen geäußert: Mit einem getrennten Vorgehen wird die Sorge vor der Dominanz einer Kerngruppe, etwa eines „karolingischen Europas" der Gründungsmitglieder[37] verbunden. Die Außenstehenden (im Sprachgebrauch: die „Outs") könnten sich abgekoppelt und abgedrängt aus einer Gemeinschaft der gleichberechtigten Entscheidungsträger sehen. Aus dieser Sicht gilt es etwa, ein „Direktorium der Großen"[38] zu verhindern.

---

31 Vgl. Deubner 2005; Wessels 1998.
32 Vgl. u. a. Piepenschneider 1997: 11.
33 Vgl. u. a. Kohl/Chirac: 117.
34 Vgl. u. a. Duff 1997: 186-187.
35 Kohl 1997: 633.
36 Vgl. zum Begriff Grabitz/Illiopoulos 1984: 33.
37 Vgl. Janning 1997: 289.
38 Vgl. Hill 2006; Janning 1997: 290; Jantz/Wessels 1997: 360f; Kapitel V.

Als Reaktion auf diese Bedenken der Integrationsverfechter fügen Vertreter von Flexibilitätsüberlegungen in der Regel eine Bedingung hinzu, die die Vertragsregeln für eine Verstärkte Zusammenarbeit nachhaltig prägen: Das Vor(an)gehen einiger Staaten darf nicht zu einer unübersehbaren Vielfalt einzelner Teillösungen führen, aus denen sich dann jeder Mitgliedstaat sein „Menü" an für ihn interessanten Teilbereichen zusammenstellt und dabei nicht nach den integrationspolitischen Folgen fragt. Ein derartiges „l'Europe à la carte"[39] gilt als Gefahr für eine handlungsfähige und solidarische Union: Regeln für eine Flexibilisierung sollen zu keiner Verwässerung oder sogar zu einer schleichenden Auflösung des gemeinsamen Besitzstandes an Rechtakten führen. Eine „Abbau-Flexibilisierung" ist zu verhindern.[40] Um dieses Risiko zu vermeiden, wird regelmäßig fast gebetsmühlenartig betont, dass derartige Vorhaben einer Gruppe von Mitgliedstaaten nur als Ausnahmen zu verstehen sind; die entsprechenden Regeln sollen eindeutig festgelegt werden und müssen dabei EU- bzw. EG-verträglich gestaltet sein.[41] Die „Wahrung des einheitlichen institutionellen Rahmens der Union"[42] soll garantiert werden.

Umgekehrt verweisen die Flexibilitätsverfechter auf ein erhebliches Risiko anderer Art: Bei einer zu engen „orthodoxen" Auslegung des Einheitlichkeitsprinzips könnten sich an einem engeren Zusammenwirken interessierte Staaten durch unwillige oder unfähige Mitgliedstaaten gehindert sehen, vitale Probleme mit Partnerstaaten innerhalb des institutionellen Rahmens der Union anzugehen; sie könnten deshalb versucht sein, Problemlösungen außerhalb der EU-Architektur zu suchen – so wie etwa bei der frühen Entwicklung des Europäischen Währungssystems[43] oder beim ersten Abbau von Grenzkontrollen im Zuge des Schengener Abkommens.[44] Die Alternative lautet in dieser Perspektive dann nicht mehr: „unvollkommene" oder „vollkommene Integration" innerhalb des gemeinsamen Regelwerks, sondern „unvollkommene Integration" im Rahmen der EU-Architektur einerseits oder extra-vertragliche Nebenkonstruktionen andererseits, die sich schließlich zu dem von Anhängern der Gemeinschaftsmethode befürchteten „l'Europe à la carte" oder einem „Direktorium der Großen" aufaddieren könnten. Möglichkeiten, aber auch Grenzen vertraglicher „second best"-Lösungen sind damit sorgsam auszuloten.

■ Die vertragliche Verankerung: Gestaltung einer Ausnahmeregelung oder Quadratur des Kreises?

Aus der Gegenüberstellung der an sich einfachen Motivlage einerseits und den vielfältigen Bedingungen und Bedenken andererseits ergibt sich das zentrale Gestaltungsproblem für derartige Verfahren. Wie können die Modalitäten der Flexibilität so geregelt werden, dass der Zweck für die beteiligten Mitgliedstaaten erreicht wird, ohne damit die Integrationskonstruktion als solche und die Interessen nicht-beteiligter Mitgliedstaaten zu gefährden? Die Architekten des Vertragswerks mussten dabei die Interessen der „Outs" ebenso in Rechnung stellen, wie die Erwartungen der vorangehenden Gruppe der Mitgliedstaaten. Entsprechend sollen die Vertragsregeln mehrere Hauptaufgaben und unerlässliche Begleitbedingungen gleichzeitig erfüllen; damit wird so etwas wie die Quadratur eines Kreises versucht. Die Formeln, die die Ver-

---

39 Vgl. zum Begriff Dahrendorf 1979 und 1995; zur Kritik u. a. Europäische Kommission 1995: RZ (15); vgl. auch Kapitel V.
40 Vgl. zum Begriff Jantz/Wessels 1997: 358; vgl. auch Kapitel V.
41 Vgl. Europäische Kommission 1995: RZ (13)-(15).
42 Kohl/Chirac 1995: 117.
43 Vgl. Kapitel II.
44 Vgl. Kapitel IV.6.

tragsartikel zur verstärkten Zusammenarbeit anbieten, sind angesichts dieses Dilemmas entsprechend kompliziert.

Der Vertrag hat die Verfahren zur verstärkten Zusammenarbeit sowohl in allgemeinen Regeln als auch in spezifischen Formulierungen für jede der drei Säulen aufgeführt.[45] Die Grundsätze werden in Titel VII des EU-Vertrags (Art. 43-45) formuliert. Näher aufgeführt werden dann die spezifischen Verfahren in den jeweiligen Verträgen: In Art. 11 EGV für die EG, in Art. 40 EUV für die Polizeiliche und Justizielle Zusammenarbeit und in Art. 27 EUV für die „zweite Säule" der Gemeinsamen Außen- und Sicherheitspolitik. Diese vertragliche Verankerung ist als Quasi-Konstitutionalisierung des Prinzips der Differenzierung von Mitgliedschaften zu verstehen. Galten derartige Formen und Verfahren bisher als einzeln zu behandelnde Sonderfälle, die zumindest aus der Sicht der Vertragsorthodoxie möglichst nicht zu Präzedenzfällen oder gar Vorbildern werden sollten, so ermöglicht das Regelwerk seit den Amsterdamer Vertragsänderungen einer Teilgruppe von Mitgliedstaaten, für ihre Zwecke „die in den Verträgen vorgesehenen Organe, Verfahren und Mechanismen in Anspruch zu nehmen" (Art. 43 EUV).[46]

Wird mit dem ersten Satz des Art. 43 EUV die Eröffnung des Verfahrens grundsätzlich ermöglicht, so wird diese Ermächtigung unmittelbar unter strikte Bedingungen gestellt. Man gewinnt den Eindruck, dass die Vertragsarchitekten nach der Einführung des Prinzips der verstärkten Zusammenarbeit nun ihr eigenes integrationspolitisches „Gewissen" und die Sorge der möglichen „Outs" beruhigen wollten und deshalb diese Möglichkeiten wieder auf einige, eng begrenzte Ausnahmefälle reduzieren.

Die Bedingungen können in zwei Hauptkategorien (siehe Dokument IV.9.2) unterteilt werden:

▶ die Sicherstellung der Verträglichkeit bzw. Konformität mit Kernelementen des Vertrags (siehe Kriterien a-f und i in Dokument IV.9.2); diese Kriterien werden in der Regel von Anhängern der supranationalen Gemeinschaftsmethode vorgetragen;
▶ der Schutz der nicht beteiligten Staaten (siehe Kriterien g, h, j in Dokument IV.9.2); derartige Bedingungen fordern Regierungen, die auf den Schutz eigener Interessen ausgerichtet sind und dafür intergouvernemental angelegte Schutzmechanismen anmahnen.

Dokument IV.9.2: Flexibilisierung – Vertragliche Bestimmungen für eine Verstärkte Zusammenarbeit (gemäß EUV)

Art. 43 EUV

1. Die Mitgliedstaaten, die beabsichtigen, untereinander eine Verstärkte Zusammenarbeit zu begründen, können die *in diesem Vertrag und im Vertrag zur Gründung der Europäischen Gemeinschaft vorgesehenen Organe, Verfahren und Mechanismen in Anspruch nehmen*, sofern die Zusammenarbeit

a) darauf ausgerichtet ist, die *Ziele der Union und der Gemeinschaft zu fördern*, ihre Interessen zu schützen und diesen zu dienen und ihren Integrationsprozess zu stärken;
b) die genannten Verträge und den *einheitlichen institutionellen Rahmen der Union beachtet*;

---

45 Vgl. zur Begründung u. a. Kinkel/de Charette 1996: 2-7.
46 Vgl. Deubner 2005: 241.

> c) den *Besitzstand der Gemeinschaft* und die nach Maßgabe der sonstigen Bestimmungen der genannten Verträge getroffenen Maßnahmen beachtet;
> d) im Rahmen der *Zuständigkeit der Union oder der Gemeinschaft bleibt und sich nicht auf die Bereiche erstreckt, die unter die ausschließliche Zuständigkeit der Gemeinschaft fallen;*
> e) den Binnenmarkt im Sinne des Artikels 14 Absatz 2 des Vertrags zur Gründung der Europäischen Gemeinschaft und den wirtschaftlichen und sozialen Zusammenhalt nach Titel XVII des genannten Vertrags nicht beeinträchtigt;
> f) keine *Behinderung oder Diskriminierung* des Handels zwischen den Mitgliedstaaten darstellt und die Wettbewerbsbedingungen zwischen diesen nicht verzerrt;
> g) mindestens *acht Mitgliedstaaten* umfasst;
> h) die Zuständigkeiten, Rechte und Pflichten der *nicht an der Zusammenarbeit beteiligten Mitgliedstaaten beachtet*;
> i) die Bestimmungen des Protokolls zur Einbeziehung des Schengen-Besitzstands in den Rahmen der Europäischen Union unberührt lässt;
> j) *allen Mitgliedstaaten* gemäß Artikel 43 b *offen* steht.

Hervorhebungen durch den Autor.

Für die Politikgestaltung wird der Umfang der überhaupt für eine Verstärkte Zusammenarbeit offen stehenden Felder durch die Ausschlussklauseln erheblich eingegrenzt; die Anwendungsfälle werden bewusst auf Artikel begrenzt, die in der EG-Vertragssystematik zunächst nicht von zentraler Bedeutung sind. So werden alle Politikbereiche exklusiver Gemeinschaftszuständigkeiten – etwa Kernkompetenzen wie die Agrar- und Handelspolitik und der Binnenmarkt – ausgeklammert (Art. 32ff., 81ff., 131ff. EGV). In der GASP werden entsprechend Aktivitäten „mit militärischen und verteidigungspolitischen Bezügen" (Art. 27b EUV) ausgeschlossen. Weiterhin ist auch die Erschließung neuer, bisher vertraglich nicht geregelter Politikfelder durch eine Gruppe von Mitgliedstaaten unter Zuhilfenahme dieses Verfahrens nicht vertragskonform, d. h. eine zukunftsorientierte Gestaltung des EU-Systems soll auf diesem Weg nicht ermöglicht werden. Als mögliche Anwendungsfälle werden besonders Normen für die Umweltpolitik,[47] Ökosteuern, Harmonisierungen gewisser Steuersysteme für die Mitglieder der Währungsunion sowie die Strafprozessordnung für das „Schengenland" genannt.[48]

Die Interessen der nicht beteiligten Staaten werden zunächst durch das Gebot der Vertragskonformität geschützt – etwa durch das Diskriminierungsverbot (Art. 12 EGV). Weniger zahlreich, aber dennoch von möglicherweise erheblicher Auswirkung sind die Voraussetzungen, die direkt im Hinblick auf die „Outs" formuliert werden. Weitgehend ist insbesondere die zusätzliche Bedingung, dass „Zuständigkeiten, Rechte und Pflichten der nicht an der Zusammenarbeit beteiligten Mitgliedstaaten beachtet" werden (Art. 43 (1) h EUV). Wie jede dieser Bedingungen – insbesondere der recht vage Begriff „Interessen" – im Konfliktfall auszulegen sind,[49] wird erst eine mögliche Praxis zeigen.

■ *Prozedurale Regeln: Stationen eines differenzierten Politikzyklus*

Die Regeln für eine Verstärkte Zusammenarbeit legen spezifische Etappen fest, die sich in einem Zyklus von mehreren Phasen (siehe Abbildung IV.9.1) beschreiben lassen.

---
47 Vgl. Müller-Brandeck-Bocquet 1997.
48 Vgl. Commissariat général du Plan 2004 : 243ff.
49 Vgl. auch Deubner 2005: 241.

Abbildung IV.9.1: Flexibilisierung – Phasen des Verfahrens zur Verstärkten Zusammenarbeit (gemäß EUV und EGV)

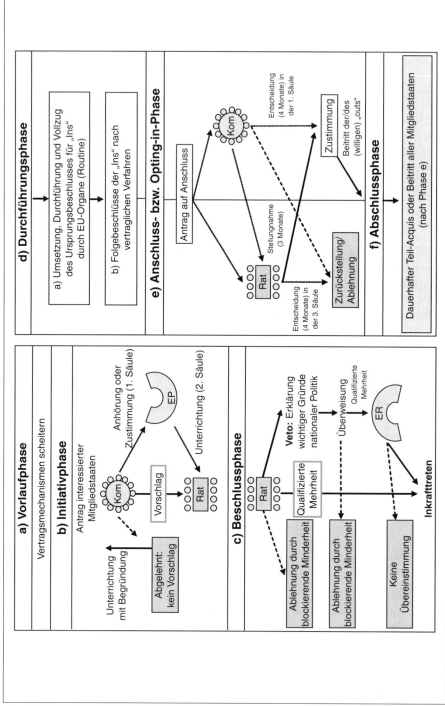

Quelle: Eigene Darstellung.

Der Ausgangspunkt ist eindeutig festgelegt: Das Verfahren der verstärkten Zusammenarbeit kann nur „als letztes Mittel aufgenommen werden, wenn der Rat zu dem Schluss gelangt ist, dass die mit dieser Zusammenarbeit angestrebten Ziele unter Anwendung der einschlägigen Bestimmungen der Verträge nicht in einem vertretbaren Zeitraum verwirklicht werden können" (Artikel 43a EUV). Das heißt, die Verstärkte Zusammenarbeit dient nur als eine Art „Rettungsanker"[50] (siehe Phase a in Abbildung IV.9.1).

Die Mitgliedstaaten, die nach einem Scheitern eines Vorhabens nach den üblichen Vertragsverfahren beabsichtigen, zur weiteren Verfolgung dieses Projekts untereinander eine Verstärkte Zusammenarbeit zu begründen, können einen Antrag an die Kommission richten (Art. 11 (1) EGV, siehe Phase b in Abbildung IV.9.1). Zur Konstituierung dieser Teilgruppe wird nur die Angabe gemacht, dass „die Verstärkte Zusammenarbeit bei ihrer Begründung allen Mitgliedstaaten offen[steht]" (Art. 43b EUV). Diese Formulierung bedeutet aber auch, dass die Bestimmungen das Kriterium der objektiven „Fähigkeit" von Mitgliedstaaten nicht zur Voraussetzung machen.

Nach dem Antrag einiger Regierungen verfügt die Kommission in dieser Initiativphase über ihr im EG-Vertrag übliches Vorschlagsmonopol. Sie kann den Antrag mit einer entsprechenden Begründung ablehnen oder dem Rat einen ausgearbeiteten Entwurf zur Beschlussfassung vorlegen. Bei Ablehnung durch die Kommission ist der Vorschlag der Teilgruppe gescheitert und nach Unterrichtung der betroffenen Mitgliedstaaten unter Angaben der Gründe ist das Verfahren zunächst beendet. Legt die Kommission dem Rat einen Entwurf vor, ist – noch vor dem Beschluss im Rat – eine Anhörung bzw. bei Fällen von Mitentscheidung (Art. 251 EGV) die Zustimmung des Europäischen Parlaments vorgesehen (Art. 11 (2) EGV).[51]

In der Beschlussphase (siehe Phase c in Abbildung IV.9.1) verfügt der Rat über die zentrale Befugnis. „Die Ermächtigung [...] wird vom Rat mit qualifizierter Mehrheit auf Vorschlag der Kommission [...] erteilt" (Artikel 11 (2) EGV), d. h. eine Mehrheit der Mitgliedstaaten hat dem Vorhaben zuzustimmen, auch wenn sich einige von ihnen nicht beteiligen wollen. Der Reformvertrag sieht in der GASP Einstimmigkeit für einen entsprechenden Beschluss vor. Auf der anderen Seite kann eine blockierende Minderheit die Aufnahme einer verstärkten Zusammenarbeit verhindern.[52] Zudem kann bereits ein Mitgliedstaat eine Befassung des Europäischen Rats verlangen. Die Entscheidung fällt jedoch auch in diesem Fall anschließend formell der Rat.

Nach einem Beschluss über die Anwendung einer verstärkten Zusammenarbeit schreibt der Vertrag „normale" Verfahren für die nächste Phase (siehe Phase d in Abbildung IV.9.1) vor: „die für die Durchführung der Tätigkeiten [...] erforderlichen Rechtsakte und Beschlüsse unterliegen allen einschlägigen Bestimmungen dieses Vertrages" (Art. 11 (3) EGV). Die Kommission kontrolliert die Umsetzung in nationale Vorschriften der beteiligten Mitgliedstaaten und ist verpflichtet, diese gegebenenfalls auch vor dem EuGH einzuklagen.

Aufgrund dieser Regeln wäre zu erwarten, dass mit Beschlüssen des Rats und der Kommission sowie gegebenenfalls aufgrund von Urteilen des EuGH ein Bestand an Verpflichtungen, ein „Teil-Acquis" entsteht. Eine derartige Entwicklung bedeutet, dass mehrere Rechtsnormen in der EG parallel und gleichzeitig in einer mehrgleisigen Integration bestehen könnten.

Beachtung bedarf auch das Verfahren des Beitritts bzw. des „opt in" von zunächst nicht teilnehmenden Mitgliedstaaten in die voranschreitende Teilgruppe. Der Grundsatz ist – erneut – einfach. Er postuliert, dass der „Anschluss" für jeden Mitgliedstaat grundsätzlich offen

---

50 Janning 1997: 287.
51 Vgl. Kapitel IV.2.
52 Zur Beschlussfassung mit qualifizierter Mehrheit vgl. Kapitel III.3.

steht (siehe Artikel 43 (1) j EUV in Dokument IV.9.2), freilich unter der Voraussetzung, dass die „Nachzügler" – wie bei einem Beitritt zur Union[53] – den bereits von einigen Mitgliedstaaten beschlossenen Teil-Acquis akzeptieren. Die Regeln des Vertrags sehen mehrere Schritte vor, nach denen die Aufnahme neuer Mitgliedstaaten beschlossen werden kann (siehe Phase e in Abbildung IV.9.1). Der Kommission wird in diesem Prozess eine herausgehobene Rolle zugeschrieben – im Falle der intergouvernementalen Verfahren bei der GASP (Art. 27 EUV) und bei der PJZS (Art. 40 und 40b EUV) ist dazu eine schwächere Rolle der Kommission vorgesehen.

Die Bestimmungen sehen keine zeitliche Befristung vor. Andere Vorschläge zur Flexibilisierung hatten die jeweils vorgesehenen Ausnahmen nur als Übergangsregeln zu einer von allen Mitgliedstaaten getragenen Vereinbarung begriffen. Die Verstärkte Zusammenarbeit schreibt eine derartige Integrationsperspektive nicht zwingend vor: Es gibt weder explizit noch implizit Vorstellungen, den gesamten „Konvoi" mit allen Mitgliedstaaten in den angestrebten „Zielhafen" zu bringen, sodass die Anwendungsfälle der verstärkten Zusammenarbeit auf Dauer bestehen bleiben könnten (siehe Phase f in Abbildung IV.9.1).

9.4 Zur Analyse der Praxis: keine Nutzung oder „inflexible Flexibilität"

Obwohl die Mitgliedstaaten in und neben dem Vertragswerk vielfältige Formen von Flexibilisierungen erprobten und weiterhin mit derartigen Möglichkeiten experimentieren, haben sie die primärrechtlichen Angebote der verstärkten Zusammenarbeit seit dem Inkrafttreten des Regelwerks (1999) nicht genutzt. Eine mögliche Erklärung für diese mangelnde Nutzung verweist auf rechtliche Hindernisse. Demnach resultiert die Komplexität der vertraglichen Regelungen in einer „inflexiblen Flexibilität".[54] Auch die revidierten Formulierungen des Vertrags von Nizza haben die rechtlichen Hürden nicht wesentlich abgebaut.[55]

Die bisher ausbleibende Nachfrage nach derartigen vertraglich angebotenen Regeln kann auch durch spieltheoretische Überlegungen zu sogenannten „Trittbrettfahrern" (im wissenschaftlichen Sprachgebrauch auch „free rider") erklärt werden; danach wollen Akteure von Aktionen anderer Staaten profitieren, ohne selbst zur gemeinsamen Problemlösung beizutragen.[56] Nach dieser Argumentation könnten die interessierten Mitgliedstaaten ein Risiko darin sehen, dass sie bei einer Inanspruchnahme dieser Ausnahmeregeln eine einseitige Verpflichtung – so etwa bei höheren Normen des Umweltschutzes oder eine Harmonisierung von Steuern – eingehen, von denen die „Outs" – etwa durch Abwanderung von Unternehmen – profitieren könnten. Umgekehrt dürfte auch der Fall selten sein, dass die nicht beteiligten Mitgliedstaaten ausreichend desinteressiert sind, um einige Staaten ohne eigene Beteiligung an deren Beschlüssen alleine vorangehen zu lassen. Die Verstärkte Zusammenarbeit könnte für sie schließlich Fakten schaffen, deren Akzeptanz sich die zunächst zurückbleibenden Mitgliedstaaten später nicht entziehen könnten.

Das Verfahren kann aber auch als eine mögliche Rückfalloption für integrationsinteressierte Staaten verstanden werden, die damit über eine „Peitsche" gegenüber integrationsskeptischeren Mitgliedern verfügen: Diese könnten mit der Androhung eines getrennten Voranschreitens unter Druck gesetzt werden, in den normalen Gesetzgebungsverfahren kompro-

---

53 Vgl. Kapitel IV.8.
54 Vgl. Wessels 1997a.
55 Vgl. Giering 2007: 259; Deubner 2005: 241-242; Giering/Janning 2001.
56 Vgl. generell Scharpf/Treib 2000.

missbereiter zu verhandeln. Die Bedeutung der Vorschriften mag deshalb in ihrer ausschließlichen Existenz und somit der Drohung ihrer Anwendung liegen, auch wenn sie in der Praxis überhaupt nicht angewandt werden.

9.5 Diskussion und Perspektiven

▪ *Zur Charakterisierung – Experimente für weitere Integrationsstufen?*

Angesichts der Unsicherheit über eine ausreichende Handlungsfähigkeit einer immer größeren Union bleibt die Diskussion über Formen der Flexibilisierung auf der politischen Tagesordnung. Zur Einordnung in die Entwicklungsprozesse des EU-Systems ist weiterhin auch verstärkt die Frage zu diskutieren, ob und wie Formen von Zusammenarbeit in kleineren Gruppen zum Auf- und Ausbau der Union beigetragen haben bzw. in Zukunft beitragen können. Mit Blick auf bisherige Erfahrungen wird betont, dass derartige Formen insbesondere außerhalb des Vertragsrahmens die „Unionsbildung gefördert hat"[57], da sie – wie im Falle des EWS und des Schengener Abkommens – später zu weitreichenden Integrationsschritten führten. Experimente von Flexibilisierung könnten demnach als eine erste Stufe auf einer „Fusionsleiter" verstanden werden.[58] Eine enge vertragliche Fixierung der Regel zur Flexibilisierung wären dagegen als unproduktiv zu verstehen, da sie keinen neuen Spielraum schafft.

▪ *Zur Zukunft: Vorschläge aus der Reformdebatte*

Angesichts des Problemdrucks haben auch der Konvent und die Regierungskonferenz über Formeln zur Erhöhung intra-vertraglicher Flexibilisierung diskutiert.[59] Der Verfassungsvertrag hätte den differenzierten Satz an bestehenden Verfahren bestätigt, handhabbarer gestaltet und ausgebaut,[60] teilweise aber auch erschwert.[61] Insgesamt bieten die vorgesehenen Bestimmungen keine wesentlichen Veränderungen, die bestehende Schwerfälligkeiten und institutionelle Dilemmata lösen könnten, auch wenn in der Vielzahl und Vielfalt der angebotenen Möglichkeiten von „opt outs" und „opt ins" sogar ein Markenzeichen des Verfassungsvertrags gesehen wird.[62]

Zum Regelwerk der „Verstärkten Zusammenarbeit" sah der Verfassungsvertrag eine Kombination von Verfahren vor, die von der Nutzung der „Notbremse" durch einen Mitgliedstaat zur Anwendung eines „Beschleunigers" für eine Gruppe von mindestens einem Drittel aller Mitgliedstaaten führt.[63] Die Blockade durch ein nationales Veto im Rat kann nach mehreren Verfahrensschritten zur Ermächtigung für eine Verstärkte Zusammenarbeit zwischen den an gemeinsamen Schritten interessierten Mitgliedstaaten führen. Mit diesem Regelwerk würde der Druck auf die Minderheitenpositionen verstärkt. Die Vorgaben zum Reformvertrag greifen wesentliche Formulierungen des Verfassungsvertrags auf. Eine intensive Nutzung dieser Regeln ist aber – selbst angesichts der Erweiterung auf 27 Staaten – nach einer möglichen Ra-

---

57 Vgl. Deubner 2005: 244.
58 Vgl. Kapitel I und Kapitel V; Abbildung I.4.7.
59 Vgl. u. a. Deubner 2005: 245-256.
60 Vgl. Giering 2007: 260; Emmanouilidis/Giering 2003.
61 Vgl. Deubner 2005. 246.
62 CER 2004: 1, 3.
63 CER 2004: 5.

tifizierung des Reformvertrags nicht zu erwarten, da die Angebote für ein Vorausschreiten einer integrationswilligen Gruppe aus den geschilderten Gründen wenig attraktiv blieben.

Besondere Formen einer Teilzusammenarbeit soll der Reformvertrag auf dem Feld der „Gemeinsamen Sicherheits- und Verteidigungspolitik" vorlegen und übernimmt dabei die Vertragsartikel des Verfassungsvertragsentwurfs.[64] Mit einer „Ständigen Strukturierten Zusammenarbeit im Rahmen der Union" (Art. I-41 (6) und III-312 VVE) hat die Regierungskonferenz erweiterte Ermächtigungen für ein gemeinsames Vorgehen von Mitgliedstaaten vorgesehen, die „anspruchsvollere Kriterien in Bezug auf militärische Fähigkeiten erfüllen wollen und die im Hinblick auf Missionen mit höchsten Anforderungen untereinander festere Verpflichtungen eingegangen sind" (Art. I-41 (6) VVE).[65] Für eine Teilnahme in dieser Gruppe müssen die interessierten Mitgliedstaaten jedoch ihre Bereitschaft und ihr Vermögen unter Beweis stellen, entsprechende militärische Kapazitäten zur Verfügung zu stellen. Damit müssen sie „willig" und „fähig" sein, an diesen Teilgruppen mitzuwirken.

Der Text des Verfassungs- und Reformvertrags formulierte weitere Möglichkeiten zur Flexibilisierung, die für weitere Schritte der Politik- und Systemgestaltung von Bedeutung bleiben könnten. Ein Beispiel bilden die Bestimmungen zur „Eurogruppe", die langjährige Entwicklungen der Praxis zum de jure Bestandteil der institutionellen Architektur festschreiben (Art. I. 44 VVE).

Eine neue und spezifische Form von Flexibilität hätte der Verfassungsvertrag durch die Möglichkeit eines „freiwilligen Austritts aus der Union" (Art. I-60 VVE) eingeführt. Jeder Mitgliedstaat hätte danach den Weg eines grundsätzlichen „opt outs" aus dem EU-System wählen können. Die Möglichkeit eines gezielten Ausschlusses eines Mitgliedstaates sah jedoch auch der Verfassungsvertrag nicht vor.

Die Diskussion um Formen und Varianten der Flexibilisierung ist jedoch mit den Vorschlägen des Verfassungsvertrags nicht abgeschlossen, sondern wird als Folge der „Verfassungskrise"[66] wiederbelebt.[67] Verfahren zur Zusammenarbeit in Gruppen innerhalb und außerhalb der institutionellen Architektur werden mit begrenzten Erwartungen durchgespielt[68] und etwa bei der Zusammenarbeit in der ESVP bereits praktiziert.[69] Von besonderem Interesse erscheint es dabei, Vorschläge zur Erweiterung bzw. Verkleinerung und zur Vertiefung bzw. zum Abbau zu systematisieren.[70] Eine einfache Lösung des institutionellen Dilemmas ist jedoch nicht zu erkennen.

9.6 Zur Wiederholung und Vertiefung

■ *Merkpunkte und Stichworte*

▶ Grundkenntnisse zur Flexibilisierung
– Vorschläge
– Beispiele
– Verstärkte Zusammenarbeit: Bedingungen und Verfahrenschritte

---

64 Vgl. zu einer Übersicht Regelsberger 2005: 338-339.
65 Vgl. Diedrichs/Jopp 2005; Jopp/Regelsberger 2003.
66 Vgl. Diedrichs/Wessels 2005.
67 Vgl. Kapitel V.
68 Vgl. Deubner 2005: 254-256.
69 Vgl. Diedrichs/Jopp 2003; Missiroli 2002.
70 Vgl. Kapitel V.

▶ Zur institutionellen Architektur: Vertragsbesimmungen (1. Säule)
  – Die Rolle der Kommission
  – Die Rolle des EP

▶ Angebote des Verfassungs- bzw. Reformvertrags zur Flexibilisierung

■ *Fragen*

▶ Durch welche Faktoren ist die Schaffung von Flexibilisierungsangeboten zu erklären?
▶ Wie ist die bisherige Nicht-Nutzung der Vertragsangebote für die Verstärkte Zusammenarbeit zu erklären?

■ *Thesen zur Diskussion*

▶ Nur durch eine Flexibilisierung von Verfahren ist die erweiterte Union handlungsfähig zu halten.
▶ Vertragliche Regelwerke zur Flexibilisierung sind als Notlösung zu akzeptieren.
▶ Die Verstärkte Zusammenarbeit dient als erste Stufe für den Ausbau weitergehender Integrationsschritte.
▶ Flexibilisierung ist als Verfahren insbesondere für die GASP und die ESVP geeignet.

9.7 Literaturhinweise

■ *Einführende Literatur*

Giering, Claus (2007): Flexibilisierung, in: Weidenfeld, Werner/Wessels, Wolfgang (Hrsg.): Europa von A bis Z. Taschenbuch der europäischen Integration, 10. Auflage, Baden-Baden, S. 257-260.
Janning, Josef (1997): Dynamik in der Zwangsjacke – Flexibilität in der Europäischen Union nach Amsterdam, in: integration 4/97, S. 285-291.
Junge, Kerstin (2007): Differentiated European Integration, in: Cini, Michelle (Hrsg.): European Union Politics, Oxford/New York, S. 391-404.

■ *Weiterführende Literatur*

Deubner, Christian (2005): Verstärkte Zusammenarbeit in der verfassten Europäischen Union, in: Jopp, Mathias/Matl, Saskia (Hrsg.): Der Vertrag für eine Verfassung für Europa. Analysen zur Konstitutionalisierung der EU, Baden-Baden, S. 239-256.
Emmanouilidis, Janis A./Giering, Claus (2003): In Vielfalt geeint – Elemente der Differenzierung im Verfassungsentwurf, in: integration 4/03, S. 454-467.
Jantz, Birke/Wessels, Wolfgang (1997): Flexibilisierung: Die Europäische Union vor einer neuen Grundsatzdebatte? Grundmodelle unter der Lupe, in: Hrbek, Rudolf (Hrsg.): Die Reform der Europäischen Union. Positionen und Perspektiven anlässlich der Regierungskonferenz, Baden-Baden, S. 345-368.

■ *Vertiefende Literatur*

Diedrichs, Udo/Jopp, Mathias (2003): Flexible Modes of Governance in CFSP and ESDP: Making EU Foreign and Security Policy Work, in: International Spectator 2/2003, S. 15-30.

Phillipart, Eric (2003): A new mechanism of enhanced cooperation for the enlarged European Union, in: Research and European Issues, Notre Europe, 22 (www.notre.europe.asso.fr).

Philippart, Eric/Sie Dhian Ho, Monika (2000): From Uniformity to Flexibility. The management of diversity and its impact on the EU system of governance, in: De Búrca, Gráinne/Scott, Joanne (Hrsg.): Constitutional Change in the EU: From Uniformity to Flexibility, Oxford, S. 299-336.

Stubb, Alexander (2002): Negotiating Flexibility in the European Union: Amsterdam, Nice and Beyond, Basingstoke.

V.

Zur Zukunft des EU-Systems

1. Eckpunkte im Überblick: Strategien und Szenarien

Die in diesem Buch vorgenommene Erfassung des politischen Systems der Europäischen Union anhand von

- historischen Wegmarken und Weichenstellungen,
- Nahsicht von Organen und
- Profilen wesentlicher Verfahren

lässt einen hohen Grad an relevanten Veränderungen sowohl im Vertragstext als auch in der beobachteten Praxis erkennen. Innerhalb der institutionellen Architektur wird Herrschaft über den Unionsbürger in Formen ausgeübt, die sich je nach Politikbereich unterscheiden und gleichzeitig einem beträchtlichen Wandel unterworfen sind. Die weitere Gestaltung des EU-Systems stand und steht deshalb regelmäßig hoch auf der Tagesordnung politischer und wissenschaftlicher Debatten. Neben umstrittenen Schwerpunkten in zentralen Politikbereichen der Union werden insbesondere Vorhaben der Vertiefung und Erweiterung kontrovers diskutiert.

Grundsätzliche Debatten über Strategien und Szenarien zur Finalität und zu den geographischen Grenzen des politischen Systems gehören seit der Gründungsphase zur Konstruktion der Europäischen Integration und insbesondere der institutionellen Architektur. Infolge der Kontroversen zu Inhalten und Umsetzung des Verfassungs- bzw. Reformvertrags sowie infolge der Unwägbarkeiten mit der bisher größten Beitrittsrunde werden eine Reihe von Konzepten – so etwa zu einem Kerneuropa – erneut wiederbelebt, im Lichte aktueller Entwicklungen überdacht und um weitere Varianten ergänzt, die auch in Zukunft nach der Reformdebatte des ersten Jahrzehnts eine gewichtige Rolle spielen könnten.

Der europäische Diskurs nach den Referenden in Frankreich und den Niederlanden wurde von einer beträchtlichen Ungewissheit geprägt. In diesen Konstellationen der Unsicherheit treten deutlicher als zuvor mehrere Strömungen in der politischen Debatte und in der Forschung ins Scheinwerferlicht.[1] Europapolitische Leitbilder und institutionelle Leitideen werden auf den Prüfstand politischer Tragfähigkeit gestellt. Die Ergebnisse der Referenden zum Verfassungsvertrag haben EU-weit ein vertieftes Nachdenken über Grundannahmen ausgelöst, die über die letzten Jahrzehnte für die Entwicklung der institutionellen Architektur als selbstverständlich verstanden wurden.[2]

So wird auch weiterhin und verstärkt über Formen einer „optimalen Verfassung" gestritten, die sowohl normative Grundanforderungen an politische Systeme im Allgemeinen als auch spezifische Bedingungen der EU-Konstruktion thematisieren. Das Lehrbuch kann dabei auf eine Vielzahl und Vielfalt an politischen Vorschlägen und auf ein breites und differenziertes Angebot an wissenschaftlichen Ansätzen zurückgreifen.[3] Sichtbar ist ein konzeptioneller Pluralismus mit einem hohen Grad an Kontroversen sowohl zur Analyse des bestehenden EU-Systems als auch zu zielgerichteten und tragfähigen „Strategien". Die Vorgaben des Europäischen Rats aus der deutschen Präsidentschaft 2007 zeichnen einen Weg vor, der erneut keine endgültige Festlegung erkennen lässt (siehe Dokument V.1.1).

---

1 Vgl. u. a. Faber/Wessels 2006; Maurer 2006a; Moravcsik 2006; Wessels 2006b; Zürn 2006; Börzel 2005b; Diedrichs/Wessels 2005; Faber/Wessels 2005; Göler/Marhold 2005b; König 2005; Neyer 2005; Schimmelfennig 2005; Thym 2005b; Wiener 2005; Kirchhof 2003; Robbers 2003.
2 Vgl. Faber/Wessels 2006: 252-263; 2005: 356.
3 Vgl. Kapitel I und die dort aufgeführte Diskussion.

Dokument V.1.1: Zur Zukunft – Vorgaben des Europäischen Rats

> **Europäischer Rat – Schlussfolgerungen des Vorsitzes 21./22. Juni 2007**
> 8. Der Europäische Rat ist sich darin einig, dass nun, nachdem in der Union zwei Jahre lang Ungewissheit über den Fortgang der Verfassungsreform geherrscht hat, der Zeitpunkt gekommen ist, diese Frage zu klären und die Union weiter voranzubringen. Die Reflexionsphase hat in der Zwischenzeit Gelegenheit zu einer breiten öffentlichen Diskussion gegeben und dazu beigetragen, die Voraussetzungen für eine Lösung zu schaffen.

Quelle: Europäischer Rat 2007.

Ist die Debattenlandschaft durch Ungewissheit, Unsicherheit und Unübersichtlichkeit geprägt, ist es notwendig, Methoden des Nachdenkens über Strategien und Szenarien zu erörtern. Analysen zurückliegender Trends des Auf- und Ausbaus des EU-Systems sind nur mit Um- und Vorsicht zu nutzen: Die Entwicklungen der EU werden auch in Zukunft – wie schon in den vergangenen sechzig Jahren – von häufig wechselnden internationalen und wirtschaftlichen Rahmenbedingungen beeinflusst. Ein einfaches Fortschreiben bisheriger Erfahrungen mit vertraglichen Bestimmungen und praktizierten Verhaltensmustern – mit Text und Praxis der institutionellen Architektur – ginge implizit von konstanten Umfeldbedingungen (im wissenschaftlichen Sprachgebrauch: „ceteris paribus"-Klausel) aus. Zu bedenken ist vielmehr, dass sich die EU in einem dynamischen Umfeld verändert (im wissenschaftlichen Sprachgebrauch: „moving target"). Aufgrund dieser methodologischen Schwierigkeiten ist ein Blick nach vorne zwangsläufig spekulativ: Analytisch aufbereitete Lehren der Vergangenheit und politische Erwartungen an die Zukunft sind in – nur begrenzt überprüfbaren – Gedankenexperimenten auf ihre Anwendbarkeit und Tragfähigkeit für eine Union im Wandel zu diskutieren. Das folgende Kapitel skizziert deshalb sowohl mögliche Szenarien zukünftiger Entwicklungen als auch Strategien, die politisch gewollte Schritte zur Systemgestaltung vorschlagen. In der konkreten Darstellung gehen beide Vorgehensweisen häufig ineinander über.

2. Ein Schema zur Einordnung und Analyse

■ *Zur Erläuterung des Vorgehens*

Angesichts einer Vielzahl von politischen und wissenschaftlichen Angeboten schlägt der Autor vor, die Vielfalt an Beiträgen anhand der konventionell genutzten Dimensionen „Vertiefung" und „Erweiterung" zu ordnen (siehe Abbildung V.2.1). Die Abfolge und die Wechselwirkungen dieser beiden Aspekte des Ausbaus des EU-Systems stehen – seit der Gründungsphase[4] – regelmäßig im Mittelpunkt europäischer Diskussionen um die Zukunft der Integrationskonstruktion.

Ausgangspunkt des Schemas (Schnittpunkt der horizontalen und vertikalen Achse in Abbildung V.2.1) ist das EU-System mit 27 Mitgliedern auf der Basis des Vertrags von Nizza. Die vertikale Achse wird durch das Spannungsfeld zwischen „Integration" und „Souveränität" gekennzeichnet: Auf dieser Achse kann die Spannbreite an supranationalen oder intergouver-

---

4 Vgl. Mittag/Wessels 2004: 3.

Abbildung V.2.1: Zur Zukunft – Szenarien und Strategien für die EU-Systemgestaltung

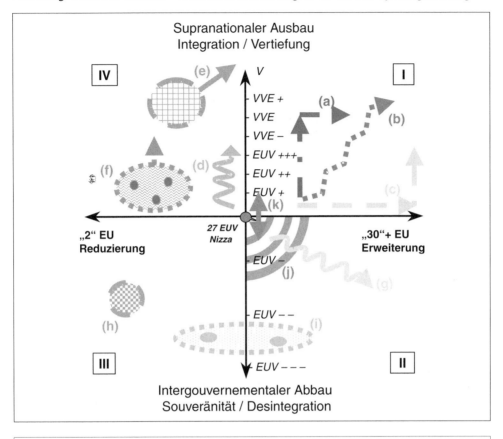

(a) *(Föderale) Gemeinschaftsstrategie:* erst vertiefen, um danach zu erweitern

(b) *Koppelungsstrategie:* enge Verbindung zwischen Vertiefung und Erweiterung

(c) *Lineare Erweiterungsstrategie:* Erweiterung mit institutionellen Detailanpassungen ohne quasi-konstitutionellen Ausbau

(d) *Flexibilität durch verstärkte Zusammenarbeit:* differenzierte Integration, opt-outs: schrittweise vertiefen und teilweise erweitern (innerhalb des EU-Vertragswerks)

(e) *Kern-/Kleineuropa:* institutionelle Vertiefung im gemeinsamen Interesse einer Gruppe von „integrationsfähigen und/oder -willigen" Staaten

(f) *Variable Geometrie:* parallele Gruppen von Mitgliedstaaten für sektorielle Integration

(g) *Teufelsspirale:* Erweiterung in Richtung Abbau

(h) *Direktorium:* intergouvernementale Kooperation zwischen wenigen Großen (EU3, EU5)

(i) *L'Europe à la carte:* parallele Gruppen von Mitgliedstaaten und weiteren Staaten für begrenzte funktionale oder sektorielle Kooperation interessierter Staaten (außerhalb des EU-Vertragswerks)

(j) *Europa der konzentrischen Kreise:* Unterschiedliche Stufen der Integration um einen harten „Kern"

(k) *Offene Methode der Koordinierung*

V	Vollverfassung (verfassungsgebende Versammlung; EU-Referendum)
VVE +	ausgebauter & ergänzter Verfassungsvertrag
VVE	Verfassungsvertrag gegebenenfalls mit „feierlichen Erklärungen" (erneute Vorlage und Volksabstimmungen, wo vorgesehen)
VVE –	Kernelemente des Verfassungsvertrags ohne Teil III (Regierungskonferenz)
EUV +++	Aufgebesserter EUV ohne Prozess der Verfassungsgebung
EUV ++	Nizza & Teilreformen: Fortentwicklung ohne Vertragsveränderung („kleine Vertragsänderung"), nicht ratifizierungsbedürftige Elemente des VVE
EUV +	intensive Nutzung des Status quo
EUV –	de facto Rückbildung durch Nicht-Nutzung
EUV – –	de jure Rückbildung: Freihandelszone
EUV – – –	Auflösung des Vertragswerks

Quelle: Eigene Darstellung.

nementalen Ausprägungen institutioneller Leitideen abgebildet werden.[5] Um die Debattenlandschaft möglichst umfassend abzubilden, präsentiert das Schema nicht nur die üblichen Vorschläge zum Ausbau des EU-Systems, sondern auch Erwartungen oder Befürchtungen in Richtung eines Abbaus bzw. einer Rückführung des bestehenden Vertragswerks (siehe Quadranten II und III unterhalb der horizontalen Achse in Abbildung V.2.1 und V.2.6). Auf der horizontalen Achse wird die Zahl der jeweils beteiligten Mitgliedstaaten abgetragen; eine besondere Aufmerksamkeit gilt Vorschlägen zur Bildung von Gruppen, in denen nicht alle Mitgliedstaaten mitwirken (Quadrant III und IV links der vertikalen Achsen in Abbildung V.2.1).

Anhand des Schemas sollen nun mehrere Strategien vorgestellt werden, die jeweils Möglichkeiten zum Aus- oder Abbau des bestehenden Vertragswerks (siehe vertikale Achse in Abbildung V.2.1) und Überlegungen zur Zahl der teilnehmenden Mitgliedstaaten (siehe horizontale Achse in Abbildung V.2.1) kombinieren. Der stark differenzierte und zunächst verwirrende Katalog an denkbaren Möglichkeiten ist dabei keine Erfindung des Autors aus dem „Elfenbeinturm", sondern der Versuch, die vorhandene Bandbreite an politischen und wissenschaftlichen Überlegungen und Vorschlägen für eine nähere Betrachtung zu erschließen. Die Brauchbarkeit dieser Typologie kann unter anderem daran gemessen werden, ob auch zukünftige Vorschläge ein- bzw. zugeordnet werden können.

Bei der Nutzung der Auszeichnungen für Strategien und Szenarien ist eine gewisse Vorsicht geboten. Das Schema entnimmt die verwandten Begriffe aus langjährigen und aktuellen Diskussionen, aber viele der Konzepte sind politisch bewusst offen und mehrdeutig formuliert worden und somit nicht eindeutig definiert – wie z. B. „Kerneuropa" und „l'Europe à la carte". Der Autor spitzt sie nach seinem Verständnis zu.

Ebenfalls ist zu berücksichtigen, dass bei der konkreten Umsetzung dieser Strategien in der EU-Praxis regelmäßig Abweichungen von vorgegebenen Definitionen zu beobachten sind: Reale Fälle in der Entwicklung des EU-Systems sind selten eindeutig einem Typus zuzuordnen.

---

5 Vgl. Kapitel I.3.

■ *Quasi-konstitutioneller Ausbau des Vertragswerks*

Einen Ausgangspunkt für die Diskussion über die Systemgestaltung bilden Vorschläge, die – in deutlichen Variationen – von einer weiteren Vertiefung ausgehen bzw. für sie plädieren. Diese Denkschule erwartet nicht, dass die Schwierigkeiten mit dem Verfassungsvertrag im Jahr 2005 das EU-System grundsätzlich diskreditiert haben und somit eine fundamentale Wende der bisherigen Trends darstellen; vielmehr wäre die Reflektionsphase nach den Referenden als eine „Delle"[6], wenn nicht sogar als Vorbereitungsphase für einen Neuanlauf zu verstehen.

Im Rahmen einer derartigen Grundannahme sind zwei Richtungen festzustellen: Eine Strategieschule legt den Schwerpunkt auf einen „quasi-konstitutionellen" Ausbau des EU-Systems (siehe Abbildung V.2.2), während eine andere für den Weg einer projektbezogenen, „funktionalistischen" Vertiefung plädiert (siehe Abbildung V.2.3). Diese Kontroverse unterschiedlicher, aber sich nicht notwendigerweise ausschließender Konzepte bildet seit Beginn der Integrationskonstruktion eine Konstante der Strategiedebatte. Sie hat sich seit den Referenden insbesondere an der weiteren Nutzung des von allen Mitgliedstaaten unterschriebenen, aber nicht ratifizierten Verfassungsvertrags festgemacht.

Eine wesentliche Ausrichtung der konstitutionalistischen Strategie zur Systemgestaltung betont die Notwendigkeit, eine eindeutige verfassungsähnliche Stufe für das EU-System mit einer klaren supranationalen Ausrichtung für die institutionelle Architektur vorzugeben und zu verabschieden. Erst unter dieser Voraussetzung sind weitere Beitritte vorzusehen. Die Abfolge von Vertiefung und Erweiterung muss deshalb lauten: erst Ausbau in eine föderale Richtung, dann möglicherweise neue Beitritte (Linie „a" in Abbildung V.2.1 und V.2.2).

Abbildung V.2.2: Zur Zukunft – Quasi-konstitutionelle Strategien zum Ausbau

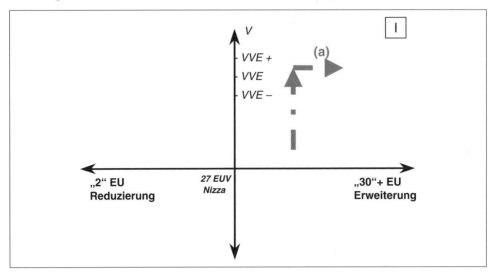

Quelle: Eigene Darstellung.

---
6 Diedrichs/Wessels 2005: 288.

Diese durchaus traditionelle Strategie wurde an jedem historischen Meilenstein der Integrationskonstruktion diskutiert. Für anstehende Entscheidungen fordert sie erst die Ratifizierung des Verfassungs- bzw. des Reformvertrags, bevor etwa ein Beitritt der Türkei erfolgen könne.[7] Zu prüfen wäre demnach zunächst die Erweiterungsfähigkeit der Union selbst: Das sogenannte vierte Kopenhagener Kriterium[8] wird mit Begriffen der „Absorptions-" „Integrations-" und „Aufnahmefähigkeit" aufgegriffen,[9] um eine systemgefährdende Blockade der institutionellen Architektur zu verhindern.

Vorschläge für eine quasi-konstitutionelle Vertiefung weisen mehrere Varianten auf. Eine politische – nicht zuletzt von der deutschen Regierung zunächst vertretene – Verhandlungsposition geht vom Festhalten am Verfassungsvertrag[10] oder zumindest dessen „politischer Substanz"[11] aus (Option „VVE" auf der vertikalen Achse in Abbildung V.2.1 und V.2.2). Da der Verfassungsvertrag „ein alternativloses Ordnungskonzept für das erweiterte Europa"[12] darstelle, ist eine politische Preisgabe des Verfassungsvertrags abzulehnen. An der Idee einer Verfassung als einem historischen Schritt in der Systemgestaltung soll festgehalten werden, damit die institutionelle Architektur nach der Erweiterung auf 27 Mitglieder ihren Aufgaben gerecht werden kann. Der gültige Vertrag in der Fassung von Nizza, so das Argument, werde als Fundament einer erweiterten Union nicht dienen können. Deshalb bedürfe es der institutionellen Verbesserungen durch den Verfassungsvertrag, um die notwendige Handlungsfähigkeit und Legitimität der Union zu gewährleisten. Im Hinblick auf entsprechende Realisierungsmöglichkeiten liegt dieser Strategie die These zu Grunde, dass eine ungünstige politische Konstellation – nicht der „Text", sondern der „Kontext" – den negativen Ausgang der Referenden in Frankreich und den Niederlanden bewirkt habe. Die EU habe als „Sündenbock" die politische (Ab-)Rechnung für Missmut gegenüber der nationalen Politikerelite erhalten. Das Plädoyer für ein Festhalten am Verfassungsvertrag zielt auf eine Verschiebung, aber nicht auf einen Abbruch des Ratifizierungsprozesses. Nachverhandlungen könnten wie bei früheren Wiederholungen von Referenden in Form „feierlicher Erklärungen" über die Auslegung kritisierter Artikel zur Akzeptanz umstrittener Textteile führen.[13] Nach einer „Schamfrist" und Veränderungen der politischen Umfeldbedingungen könne und solle deshalb das Konstitutionalisierungsprojekt – gegebenenfalls mit geringfügigen Ergänzungen – erneut eingebracht werden. Entsprechend bliebe das in diesem Lehrbuch beschriebene Regelwerk des Verfassungsvertrags weiterhin als Ausgangspunkt für eine vertiefende Untersuchung einer zukünftigen Praxis bedeutsam.

Nach einer anderen Variante für den konstitutionellen Ausbau könnte die Kritik am Verfassungsvertrag oder in Zukunft möglicherweise auch am Reformvertrag Anlass zu einer konstitutionellen Wiederbelebung (im politischen Sprachgebrauch: „relance constitutionelle") sein. Die Strategie will den („Verfassungs-")Konvent[14] erneut einberufen, der aufgrund der Lehren aus den Referendumsdiskussionen eine systematisch überarbeitete Fassung, einen „Verfassungsvertrag Plus" (Option „VVE+" auf der vertikalen Achse in Abbildung V.2.1 und V.2.2), vorlegen soll.[15] Nicht zuletzt könnte der Konvent dabei einige der institutionellen

---

7 Vgl. Hänsch 2007; Brok 2006: 4; Europäisches Parlament 2005.
8 Vgl. Kapitel II und IV.8.
9 Vgl. Kapitel IV.8.
10 Vgl. CDU/CSU/SPD 2005.
11 Bundesregierung 2007.
12 Jopp/Matl 2005: 38-41.
13 Vgl. Monar 2005a: 16-32.
14 Vgl. Göler 2007.
15 Vgl. Europäisches Parlament 2007a.

und prozeduralen Schwächen des vorliegenden Textes in Richtung supranationaler Leitideen ausbessern.[16] Zur Realisierung bedarf diese Strategie einer erheblichen, gegenwärtig nicht zu erwartenden Mobilisierung politischer Kräfte in allen Mitgliedstaaten.

Ein anspruchsvoller Vorschlag zur Verfassungsgebung geht noch weiter: Mit einem wirklichen „Quantensprung" in der Systemgestaltung zielt er nach der Formel „Le Traité constitutionnel est mort – vive la Constitution!"[17] auf die Verabschiedung einer wirklichen „Voll"-Verfassung mit einer föderalen Architektur (Option „V" auf der vertikalen Achse in Abbildung V.2.1 und V.2.2).[18] Da der Begriff „Verfassung" ernst zu nehmen sei, fordern die Vertreter, dass gegebenenfalls mit der nächsten Europawahl 2009 nach historischen Vorbildern eine verfassungsgebende Versammlung zu wählen sei, deren Verfassungsentwurf dann einem EU-weiten Referendum zu unterwerfen wäre.[19] Die Realisierungsmöglichkeiten für den qualitativen Sprung zu einer „Voll"-Verfassung setzen eine Konstellation in der EU voraus, die deutlich von den gegenwärtigen politischen und rechtlichen Gegebenheiten abweicht. Auch bei geringen Umsetzungschancen kann ein derartiges Gedankenexperiment jedoch immer wieder einen bedenkenswerten Eckpunkt in der Diskussionslandschaft bilden.[20]

Angesichts der Schwierigkeiten wird auch für partielle Reformen plädiert, die den Verfassungsvertrag entschlacken und entlasten sollen (Option „VVE–" auf der vertikalen Achse in Abbildung V.2.1 und V.2.2). Der Vorschlag konzentriert sich auf die konstitutionellen, institutionellen und prozeduralen Kernelemente des Verfassungsvertrags, d. h. die vorgesehenen Bestimmungen zur institutionellen Architektur blieben – wie in der unterzeichneten Fassung formuliert – erhalten. Herausgeschnitten würde der Teil III des Verfassungsvertrags, der mit weitgehenden Vorschriften zu einzelnen Politikfeldern in nationalen Diskussionen besonders umstritten war. Eine nach üblicher Vertragsvorschrift einberufene Regierungskonferenz würde eine Vertragsänderung gemäß Art. 48 EUV verabschieden.[21] Die nationale Ratifizierung des „Mini-Vertrags"[22] erfolgte bis auf wenige Mitgliedstaaten ausschließlich über die nationalen Parlamente, also ohne erneute Referenden. Im Vergleich zu anderen Vorhaben werden die Realisierungsmöglichkeiten einer verkürzten und von „überflüssigen" Symbolen bereinigten Kurzfassung höher eingeschätzt. Dieser Option folgten die Staats- und Regierungschefs in

Dokument V.2.1: Zur Zukunft – Auf dem Weg zum Reformvertrag

Europäischer Rat – Schlussfolgerungen des Vorsitzes 21./22. Juni 2007

1. Die Regierungskonferenz wird gebeten, einen Vertrag (nachstehend „*Reformvertrag*" genannt) zur Änderung der bestehenden Verträge auszuarbeiten, damit die Effizienz und die demokratische Legitimität der erweiterten Union sowie die Kohärenz ihres auswärtigen Handelns erhöht werden können. Das Verfassungskonzept, das darin bestand, alle bestehenden Verträge aufzuheben und durch einen einheitlichen Text mit der Bezeichnung „Verfassung" zu ersetzen, wird aufgegeben. [...]

Quelle: Europäischer Rat 2007; Anlage I.

---

16 Vgl. Duff 2005; Duff/Voggenhuber 2005.
17 Diedrichs/Wessels 2005: 293.
18 Vgl. Habermas 2006.
19 Vgl. Ponzano/Ziller/Pii 2007.
20 Vgl. Dubslaff 2007.
21 Vgl. Kapitel IV.8.
22 Sarkozy 2006.

Grundzügen mit dem Mandat für eine weitere Regierungskonferenz im Juni 2007 (siehe Dokument V.2.1). Zu erwarten wäre danach, dass der Verfassungsvertrag in wesentlichen Abschnitten zur institutionellen Architektur ein zumindest relevantes Referenzdokument bleibt.

■ *Funktionalistische Strategieansätze: Ein „Europa der Projekte"*

Gegenüber einem konstitutionalistischen Ansatz geht die funktionalistisch ausgerichtete Integrationsstrategie (Abbildung V.2.3) in mehreren Varianten von einem bestimmten Erklärungsmuster der bisherigen Systemgestaltung aus. Gespeist aus den als erfolgreich wahrgenommenen früheren „Meilenstein"-Entscheidungen argumentiert diese Denkschule, dass Verhandlungspakete[23] Stufen auf einer („Fusions-")Leiter[24] bilden: Konkrete nationale Präferenzen sind so zusammenzuschnüren, dass sich jeder Mitgliedstaat einen „zähl-" und „fassbaren" Gewinn aus dem gemeinsamen Vorgehen zugute halten kann.[25] Durch „begrenzte, aber wirkliche Übertragungen von Kompetenzen"[26] werden Vereinbarungen erreicht, die bewusst die Behandlung gemeinsamer Probleme in den Vordergrund stellen und nicht auf eine immer wieder kontrovers diskutierte konstitutionelle Finalität ausgerichtet sind. Die Union soll im Interesse der Unionsbürger konkrete Projekte bewältigen.[27] Der institutionelle Ausbau folgt dann den Aufgaben, wie sie die Regierungen im Interesse ihrer jeweiligen Mitgliedstaaten für die Union anstreben (im wissenschaftlichen Sprachgebrauch: „form follows function"). Je nach Problemlösungsbedarf werden dann Organe geschaffen und/oder reformiert. Im Hinblick auf die institutionelle Architektur wird bewusst Mehrdeutigkeit und nicht Eindeutigkeit als Erfolgsrezept verstanden. Damit wird die andernorts als überholt[28] bezeichnete Monnet-Methode als tragfähiger Weg auch für den weiteren Ausbau der Union betrachtet.[29]

Abbildung V.2.3: Zur Zukunft – Funktionalistische Ausbaustrategien

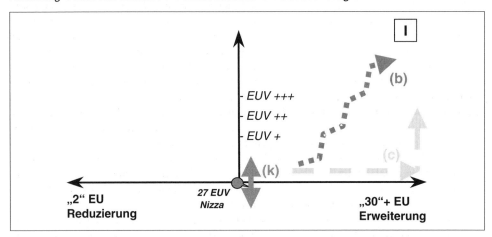

Quelle: Eigene Darstellung.

---

23 Vgl. Kapitel IV.7.
24 Vgl. Kapitel I.4.3.
25 Vgl. Kapitel III.2.
26 Vgl. zur „Monnet-Methode" Kapitel II.
27 Vgl. u. a. Blair 2006; Barroso 2005: 652.
28 Vgl. Fischer 2000.
29 Vgl. Faber/Wessels 2006: 256.

Der inkrementalistische Ansatz identifiziert jeweils einzelne Schritte sowohl zur Vertiefung als auch zur Erweiterung. Nach einer „Koppelungsstrategie" bedingen sich beide Dimensionen der Systemgestaltung. Die Argumentation kann in Form einer Spirale dargestellt werden (Spirale „b" in Abbildung V.2.3): Erst einzelne begrenzte Reformen der institutionellen Architektur ermöglichen eine ausreichende Handlungsfähigkeit für eine schrittweise zu erweiternde EU. Beitritte führen dann ihrerseits zu Veränderungen des politischen Systems und insbesondere zur Ausweitung des Aufgabenkatalogs.[30]

Dabei nimmt die Methode an, dass alle alten und neuen Mitgliedstaaten auch weiterhin die EU für ihre Interessen nutzen wollen. Die Union kann dann aus dieser Sicht weiterhin als „Rettung des Nationalstaates"[31] verstanden werden.

Im Rückgriff auf historische Beispiele sollten Schwächen und Schwierigkeiten dieser konventionellen Methode der Integrationskonstruktion nicht übersehen werden. Nach Enttäuschungen über die Durchsetzungsfähigkeit des Verfassungsvertrags sollte das bisherige Vorgehen bei der Systemgestaltung, dessen Nachteile der Konvent bewusst überwinden sollte und wollte,[32] nicht einfach wieder als Zaubermittel propagiert werden. Historische Meilensteine wie der Maastrichter Vertrag sollten rückblickend nicht unreflektiert zu Mythen erfolgreicher Integrationsstrategien stilisiert werden.

Auch bei funktionalistischen Strategieschulen sind mehrere Varianten zu identifizieren. Eine Ausprägung erwartet bzw. plädiert auch für die nächste Stufe für ein umfassendes Verhandlungspaket (Option „EUV+++" auf der vertikalen Achse in Abbildung V.2.1 und V.2.3), das Interessen jedes Mitgliedstaats am Ausbau von EU-Politikbereichen – etwa in den Bereichen Forschungs- und Energie- sowie Innen- und Justizpolitik – zusammenschnürt.[33] Nach Erfahrungen bzw. Mustern der letzten Jahrzehnte wäre zu erwarten, dass sich im Europäischen Rat erneut eine europäische Führungsgruppe bildet, die ein oder zwei Schlüsselprojekte als Eckpunkte für einen weitergehenden Anlauf identifiziert. Bei ehrgeizigen Vorhaben könnten die Mitgliedstaaten als „Herren der Verträge" jedoch auf Grenzen in der bestehenden institutionellen Architektur stoßen, sodass sie den dem Verfassungsvertrag zugrunde liegenden Reformbedarf bei Organen und Verfahren nicht grundsätzlich in Frage stellen. Veränderungen innerhalb und zwischen den Institutionen sollten jedoch nicht abstrakt von konstitutionellen Normen und Prinzipien, sondern von dem konkreten Handlungsbedarf in einzelnen Politikfeldern ausgehen. Das Ergebnis wäre dann ein neuer Unionsvertrag, ein „Nizza plus", der – im Unterschied zu konstitutionellen Strategien – nicht expliziter Teil einer Verfassungsgebung ist. Der aufgebesserte Unionsvertrag ergänzte Aufgabenbereiche und reformierte die institutionelle Architektur nach den wahrgenommenen Notwendigkeiten. Er könnte den vorliegenden Text des Verfassungsvertrages als Steinbruch nutzen um einige bereits akzeptierte Veränderungen zu übernehmen, ohne jedoch zwangsläufig das Dokument insgesamt zu nutzen. Möglichkeiten der Realisierung für ein derartiges Vorgehen sind durch den Vergleich nationaler Präferenzen bei Schlüsselprojekten auszuloten.

Eine weitere Variante der funktionalistischen Strategie zielt auf eine extensive Ausschöpfung und eine begrenzte Weiterentwicklung innerhalb des bestehenden Vertragswerks. Zu prüfen wäre bei der vertragsimmanenten Ausgestaltung (Option „EUV++" auf der vertikalen Achse in Abbildung V.2.1 und V.2.3), ob und inwieweit sich der bestehende Vertragstext für die Bewältigung anstehender Herausforderungen nutzen lässt, ohne dabei auf das Instrument ei-

---

30 Vgl. Faber 2007: 112.
31 Milward 2000.
32 Vgl. Europäischer Rat 2001b; Kapitel II.9.2.
33 Vgl. Diedrichs/Wessels 2005: 292.

ner Vertragsänderung zurückgreifen zu müssen. Intensiv genutzt werden könnte Art. 308 EGV, bei dem der Rat der Union einstimmig zusätzliche Instrumente zur Erreichung gegebener vertraglicher Ziele zusprechen kann.[34] Für weitere Entwicklungen des Vertragswerks werden auch – wie in der Vergangenheit – Urteile des EuGH erwartet, die sich als wegweisend für die Nutzung des institutionellen und prozeduralen Regelwerks erweisen könnten. Zu prüfen ist bei der Variante auch, ob und wie das geltende Primärrecht für weitere Reformen der Organe genutzt werden kann. So sieht der EU-Vertrag vor, zur Besetzung der Kommission ein Rotationssystem einzuführen, sobald die Union 27 Mitglieder umfasst. Schließlich können in der institutionellen Architektur auch administrative Einrichtungen auf sekundärrechtlicher Grundlage durch Beschlüsse des Rats ins Leben gerufen werden,[35] wie die Beschlüsse zur Verteidigungsagentur oder zu Eurojust zeigen.

Eng verknüpft mit einem vertragsimmanenten Ausbau der Union ist eine intensive Nutzung bestehender Möglichkeiten in und durch die institutionelle Architektur (Option „EUV+" auf der vertikalen Achse in Abbildung V.2.1 und V.2.3). Diese Variante geht davon aus, dass sich auf absehbare Zeit keine umfassenden Reformen durch direkte Vertragsänderungen erreichen lassen. „Nizza" kennzeichnet danach den vertragsrechtlichen Status quo zumindest für die nahe Zukunft des EU-Systems. Danach wäre zunächst abzuwarten, welcher Reformbedarf in der bestehenden institutionellen Architektur nach der Erweiterung auf 27 Mitglieder überhaupt entsteht. Manche Befürchtungen über eine fehlende Handlungsfähigkeit einer großen EU könnten sich – etwa im Hinblick auf Mehrheitsabstimmungen im Rat – als gegenstandslos erweisen.[36] Gegebenenfalls bilden die bestehenden Verträge eine vielleicht nicht immer optimale, wohl aber brauchbare Grundlage, die tragfähige institutionelle Möglichkeiten anbietet, um Politik ausreichend effizient und effektiv zu gestalten. Entsprechend werden die beteiligten Akteure in der institutionellen Praxis begrenzte Anpassungen vornehmen, die eine Tendenz zur Überlastung abbauen. Erwartet wird, dass sie ausreichend Einfallsreichtum entwickeln, falls Ergänzungen und Anpassungen zur Erfüllung wichtiger Reformen notwendig erscheinen.

Nach dieser Analyse wären dann gegebenenfalls auch weitere Beitritte ohne eine umfassende Vertragsreform möglich (Linie „c" in Abbildung V.2.1 und V.2.3): Eine „lineare" Erweiterungsstrategie geht davon aus, dass die institutionelle Architektur auch bei einer Erhöhung der Mitgliederzahl weiterhin funktionsfähig bleiben kann. Zu vereinbaren sind dann jeweils nur die quasi-automatischen Anpassungen bei den Organen; so ist die Zahl der Mitglieder in Institutionen linear zu erhöhen bzw. zu verändern. Frühestens nach einer weiteren Beitrittsrunde wäre dann gemeinsam mit den Neumitgliedern ein konstitutioneller Neuanlauf ins Auge zu fassen. Im Hinblick auf das sogenannte vierte Kriterium der Kopenhagener Liste[37] erwartet die Strategie der begrenzten Anpassung eine hohe institutionelle Absorptionsfähigkeit des gegenwärtigen EU-Systems, die gegebenenfalls auch eine Aufnahme der Türkei ertragen würde.

Als eine Variante des Arbeitens innerhalb des Status quo ist auch die – seit Anfang des Jahrzehnts mit dem Lissabon-Prozess besonders propagierte – „Offene Methode der Koordinierung"[38] (OMK) zu diskutieren (Pfeil „k" in Abbildung V.2.1 und V.2.3). Diese Form „autonomieschonender"[39] Politikgestaltung zielt auf die Lernfähigkeit der Akteure und auf deren

---

34 Vgl. u. a. Maurer 2005c: 516-517; Kapitel IV.7.
35 Vgl. u. a. Diedrichs/Jopp 2005: 357ff.; Maurer 2005c: 519.
36 Vgl. Kapitel III.3.
37 Vgl. Kapitel II.8.3 und IV.8.
38 Vgl. u. a. Zeitlin/Pochet 2005; Radaelli 2003; Linsenmann/Meyer 2002; vgl. Kap. IV.4.
39 Vgl. Scharpf 1999: 167-181; 1994.

Reputation (im politischen Sprachgebrauch: „naming, shaming and blaming"). Sie kann zu gemeinsamen Analysen und Konzepten für bisher im EU-System nicht behandelte Politikbereiche – so z. B. Rentenpolitik – führen.[40] Mit Bezug auf die Fusionsleiter[41] könnte die OMK dann als eine erste Stufe zur Erweiterung der Aufgabenfelder und als Einstieg in den Aufbau institutioneller Regelungen betrachtet werden. Wie in früheren Phasen bei anderen Politikbereichen – so etwa bei der Einführung der Umweltpolitik – legten die Regierungen dann nach einer ersten Phase formell unverbindlichen Experimentierens in Vertragsergänzungen Regeln fest, die auf den so erschlossenen Feldern ein effizientes gemeinsames Handeln ermöglichen. Wird die OMK jedoch bewusst oder unbewusst gegen bestehende Regeln der „Gemeinschaftsmethode" eingesetzt,[42] dann trägt eine derartige Praxis auf Dauer zum Abbau des Rechtscharakters und der Transparenz der Union bei.

Die vorgestellten Varianten, bestehende vertragliche Möglichkeiten auszuloten und auszuschöpfen, nutzen die Akteure in und durch Institutionen regelmäßig. Umfassende Reformen der institutionellen Architektur sind jedoch durch eine – noch so intensiv eingesetzte – Praxis nicht zu erreichen.

▪ Strategien der Aufbau-Flexibilisierung

Neben den Überlegungen zum Ausbau des EU-Systems mit allen Mitgliedstaaten geht eine weitere Richtung integrationsgezielter Strategien von der Annahme aus, dass nicht alle Mitgliedstaaten willig und fähig sind, alle Schritte der Systemgestaltung zu demselben Zeitpunkt durchzuführen.[43]

Vorschläge zu einem Vorgehen in kleineren Teilgruppen sind vielfältig.[44] Häufig zeichnen sie sich durch phantasievolle Etiketten aus, in Konstellationen der Unsicherheit und Ungewissheit werden sie besonders intensiv propagiert. Im Schema (Quadrant IV in Abbildung V.2.1 und V.2.4.) wird die Vielfalt an Flexibilisierungskonzepten in Teilgruppen geordnet.

Besondere Aufmerksamkeit finden ehrgeizige Vorschläge, die für ein Vorangehen einer Teilgruppe plädieren, um die Blockade einiger Mitgliedstaaten zu umgehen. Dazu werden Begriffe wie „Europa verschiedener Geschwindigkeiten"[45], „Kerneuropa"[46], „Gravitationszentrum"[47], „Pioniergruppe"[48] oder „Avantgarde"[49] in die Debatte gebracht. Als Rückfall- bzw. Ausweichoption sollen integrationsorientierte Staaten wirkliche Schritte zu einer Vertiefung, notfalls auch außerhalb des Vertragwerks, realisieren (Kreis „e" in Abbildung V.2.1 und V.2.4). Die Mitgliedschaft in derartigen Kernen ist nicht vorweg etwa durch Größe oder geografische Lage festgeschrieben. Zwei Voraussetzungen sind jedoch notwendig: Die interessierten Staaten müssen sowohl „integrationswillig" als auch „-fähig" sein. Von Integrationsschritten in Schlüsselbereichen nationaler und europäischer Politik werden dabei weitergehende Effekte auf die Gestaltung des EU-Systems insgesamt erwartet: Erfolgreiche Projekte von kleineren Gruppen werden in mehreren Schritten in das Vertragswerk integriert – wenn sich auch einige unwillige Staaten gegebenenfalls eine Ausnahme (im Sprachgebrauch: „opt out") ausbe-

---

40 Vgl. Kapitel IV.2.
41 Vgl. Kapitel I.4.3.
42 Vgl. Europäische Kommission 2001b.
43 Vgl. Kapitel IV.2., VI.9.
44 Vgl. Kapitel IV.2.
45 Belgisches Aussenministerium (Tindemans Bericht) 1976; Grabitz 1984; vgl. Kapitel IV.9.
46 Schäuble/Lamers 1994.
47 Fischer 2000.
48 Chirac 2000.
49 Federal Trust 2005: 8.

Abbildung V.2.4: Zur Zukunft – Strategien der Aufbauflexibilisierung

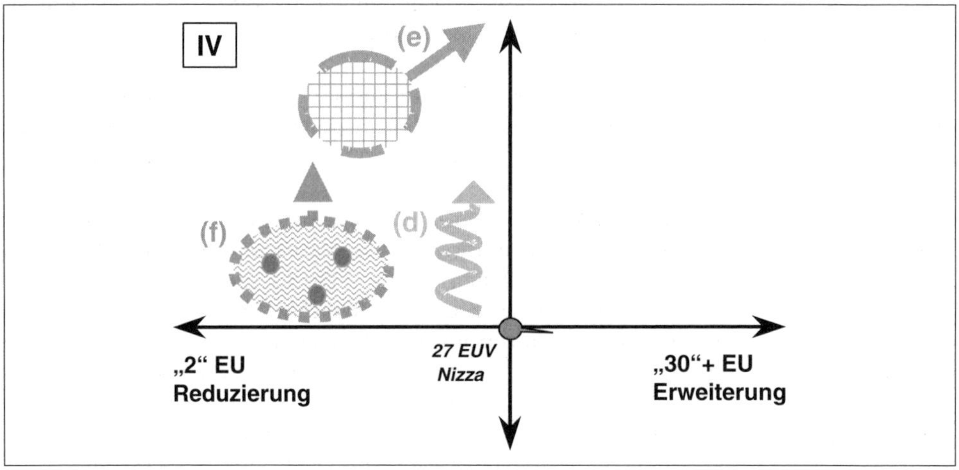

IV

(e)

(f) (d)

„2" EU
Reduzierung

27 EUV
Nizza

„30"+ EU
Erweiterung

Quelle: Eigene Darstellung.

dingen. Mit Bezeichnungen wie „Avantgarde" und „Pioniergruppe" setzt diese Strategie so bewusst auf eine Vorreiterrolle, der später weitere Mitgliedstaaten folgen und damit den Weg in das normale Vertragswerk ebnen. Abgestellt wird so zunächst nicht auf die Herausbildung einer auf Dauer vom EU-System getrennten Architektur. Als Beispiel wird häufig auf das Europäische Währungssystem als Vorstufe für die Wirtschafts- und Währungsunion[50] und das Abkommen von Schengen als Einstieg in den „Raum der Freiheit, der Sicherheit und des Rechts[51]" verwiesen.

Zu Beginn des Ratifizierungsprozesses des Verfassungsvertrags hatte die Variante einer Kerngruppe als konstitutionelle Avantgarde zunächst eine beträchtliche Konjunktur.[52] Für den Fall, dass nur einige traditionellerweise integrationsskeptische Staaten den Text nicht ratifizieren würden, plädierte eine Variante sogar für eine „Wiedergründung" eines kleineren Europas (in der französischen Formulierung: „refondation") in Form einer „Föderation von Nationalstaaten" (in der französischen Formulierung: „Fédération d'Etats Nation"[53]). Die Gründerstaaten, gegebenenfalls mit weiteren Staaten aus einer progressiven Gruppe, sollten – wie zur Zeit des Hervorgehens der EGKS aus dem Kreis des Europarats[54] – eine höhere Integrationsstufe, vielleicht sogar in Form eines Bundesstaats,[55] anstreben und damit gegebenenfalls auch einen neuen verfassungsähnlichen Text verabschieden.

Möglich wäre eine Kernbildung auch durch einen Austritt der integrationswilligen „Verfassungsbefürworter" aus der derzeitigen Union und ihre Neuformierung als eigene Integrationsgemeinschaft in Form eines Kern- bzw. Klein-Europas.[56] Die Verabschiedung eines Verfassungstextes unter einer kleineren Anzahl von EU-Staaten, der wesentliche Aufgaben der Union aufgreift, wäre politisch und rechtlich schwierig. Damit würden zwei Gruppen von

---

50 Vgl. Kapitel II und Kapitel IV.4.
51 Vgl. Kapitel II und Kapitel IV.6.
52 Vgl. Monar 2005a.
53 Zum Begriff „Fédération d'Etats Nation" Chirac 2004; Delors 2004.
54 Vgl. Kapitel II.4.
55 Vgl. Verhofstadt 2006.
56 Vgl. Maurer 2006b; Deubner 2005; Schneider 2004.

Staaten entstehen, die mit unterschiedlicher primärrechtlicher Grundlage – Verfassungsvertrag einerseits, EU-Vertrag andererseits – Beziehungen formal neu regeln müssten. Formen für das Regieren in einer dann gedoppelten institutionellen Architektur müssten mühsam erarbeitet werden und steigerten die bestehende Komplexität. Die Möglichkeiten für die Bildung eines pro-aktiven Kerns in Richtung einer neuen konstitutionellen Finalität sind angesichts bestehender Konstellationen in der EU nicht hoch einzuschätzen. Das „Nein" in zwei der Gründerstaaten hat dem Vorgehen in einer kleineren Gruppe zumindest zunächst enge Grenzen gesetzt.

Eine andere, weniger ehrgeizige Variante von Flexibilisierungsstrategien ist funktional auf angemessene Problemlösungen im Kreis interessierter Mitgliedstaaten ausgerichtet; sie plädiert für begrenzte Initiativen zur Weiterentwicklung des EU-Systems. Regierungen gründen je nach politischer Realisierbarkeit und ihren jeweiligen Präferenzen Formen der „variablen Geometrie" innerhalb oder außerhalb des bestehenden Vertragswerks (Kreis „f" in Abbildung V.2.1 und V.2.4).[57] Angesichts des Beitritts von Staaten mit unterschiedlichen Interessen und Integrationskonzepten wird den Varianten begrenzter, sektoraler Teilintegration häufig eine hohe Nützlichkeit zugesprochen. Im Unterschied zum Konzept eines „Kerneuropas" will diese Strategie nicht notwendigerweise grundsätzliche Anstöße zu einem Ausbau in Richtung einer höheren Integrationsstufe geben. Zu erwarten und zu beobachten sind je nach Politikbereich unterschiedliche Mitgliedschaften, die – im Hinblick auf den Gesamtzusammenhalt des EU-Systems – zu einem „Flickenteppich" an prozeduralen und institutionellen Regelungen führen. In der Praxis der Politikgestaltung sind im EU-System einzelne Projekte (so die Wirtschafts- und Währungsunion) als Beispiel sowohl für ein Kerneuropa als auch für einen Fall variabler Geometrie zu verstehen. Bei Aufbauflexibilisierungen beteiligen sich Institutionen der EU – insbesondere die Kommission und das EP – in variierenden Formen, sodass eine Einbettung in die EU-Architektur in der Regel gewährleistet wird. Angesichts vielfältiger Vorschläge ist aber jeweils zu erörtern, auf welchen Gebieten ein Vorgehen in sektoralen Teilgruppen in ausreichender Übereinstimmung mit dem gültigen Vertragswerk und mit Erwartung auf Gewinn an Gestaltungs- und Handlungsfähigkeit verfolgt werden kann.

Als eine besondere Form einer möglichen Aufbauflexibilisierung wird häufig das vertraglich verankerte Verfahren der „Verstärkten Zusammenarbeit"[58] (Linie „d" in Abbildung V.2.1 und V.2.4) als Ausweichmöglichkeit ins Gespräch gebracht. Seit der Einführung der entsprechenden Artikel in den Vertrag 1999 haben die Mitgliedstaaten dieses Angebot für ein Vorangehen einer Teilgruppe jedoch noch nicht genutzt.[59] Zudem schließt das Regelwerk eine Verwendung dieser Bestimmungen für weitergehende Vertiefungsschritte ausdrücklich aus.

▪ *Rückbildung und Alternativen zum Vertragswerk*

Gegenüber integrationsorientierten Strategien zum weiteren Ausbau des EU-Systems gehen souveränitätsbetonende Szenarien von andersartigen Annahmen der Entwicklung des EU-Systems aus. Diese Denkschule erwartet den Abbau bzw. die Rückbildung zentraler Elemente der institutionellen Architektur und/oder das mögliche Verfolgen von Alternativen außerhalb der vertraglichen Grundlage des EU-Systems (siehe Quadranten II und III in Abbildung V.2.1; V.2.5 und V.2.6).

---

57 Vgl. u. a. Deubner 2005.
58 Vgl. Deubner 2005; Kapitel IV.9.
59 Vgl. Kapitel IV.9.

Nach der entsprechenden Analyse markieren die Voten der Wähler in Frankreich und den Niederlanden einen Wendepunkt in der Integrationsgeschichte.[60] Die Ergebnisse sind demnach als fundamentales Misstrauen gegen die bestehende EU-Konstruktion insgesamt zu begreifen. Das „Nein" bedeutete dann eben nicht nur das Ende einer Phase konstitutioneller Debatten in Richtung eines vertraglichen Ausbaus, sondern auch und insbesondere eine „Wende" der bisherigen Trends von Vertiefung und Erweiterung.[61] Die Ergebnisse der Referenden wären dabei nicht Ursache, sondern Zeichen und Folge einer grundlegenden Krise des EU-Systems, die auf erhebliche Konstruktionsfehler – nicht zuletzt der institutionellen Architektur – zurückzuführen ist. Bisherige Formen der Politik- und Systemgestaltung, die die Nachkriegsgeschichte nachhaltig geprägt haben, sind demnach sowohl im Hinblick auf ihre Handlungsfähigkeit als auch auf ihre Legitimation grundsätzlich diskreditiert.

Ausgehend von dieser Grundannahme werden unterschiedliche Szenarien gesehen bzw. entsprechende Strategien vorgeschlagen. Die Rückbildung des bestehenden Vertragswerks kann in mehreren Stufen erfolgen.

Abbildung V.2.5: Zur Zukunft – Stufen der Rückbildung des bestehenden Vertragswerks

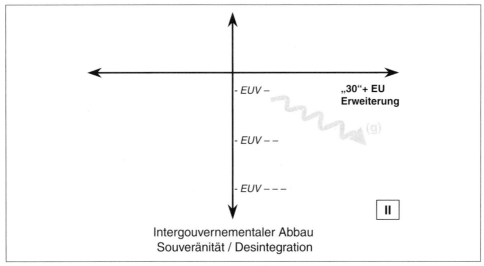

Quelle: Eigene Darstellung.

In einem ersten Schritt könnten Akteure aufgrund eines krisenbedingten Legitimitätsverlustes des EU-Systems die institutionellen Möglichkeiten des Vertrags in geringerem Umfang nutzen bzw. einfach negieren (Option „EUV–" auf der vertikalen Achse in Abbildung V.2.1 und V.2.5). Schritte des Abbaus könnten dabei in der Nicht-Anwendung der Vertragsangebote und -verpflichtungen und in nicht geahndeten Verstößen gegen die gemeinsam verabschiedeten Regeln bestehen. Der Rat könnte durch blockierende Minderheiten gelähmt werden;[62] Mitgliedstaaten setzten Rechtsakte nicht mehr um und ignorierten Urteile des EuGH. Tägliche Schwierigkeiten und Schwerfälligkeiten in der Praxis der institutionellen Architektur

---
60 Vgl. Frankenberger 2005.
61 Vgl. zur Diskussion: Diedrichs/Wessels 2005: 288.
62 Vgl. Kapitel III.3 und Kapitel III.1.

könnten das Vertrauen in die gemeinsame Konstruktion unterminieren und damit weitere negative Wirkungen auf das Verhalten von Mitgliedstaaten zeigen. Der Damm zum notwendigen Schutz der Vertragstreue bräche – mit erheblichen negativen „Überschwappeffekten" von einem Politikbereich zu anderen (im wissenschaftlichen Sprachgebrauch: „spill back").

Ein derartiges Szenario könnte zu der Schlussfolgerung führen, dass die Europäische Union – wenn überhaupt – nur bei einer Rückbesinnung auf Kernfunktionen überleben kann. Die institutionelle Architektur sollte von allen Elementen einer supranationalen Ausrichtung „befreit" werden. Ansonsten werde sie insgesamt einer breiten und wachsenden Opposition aus der EU-Bevölkerung zum Opfer fallen, die aufgrund zunehmend wahrgenommener Fehlleistungen in vielen Politikbereichen das EU-System insgesamt ablehne. Hat die EU bisher ihre Unterstützung aus perzipierten Erfolgen bezogen (im wissenschaftlichen Sprachgebrauch: „Output-Legitimität"[63]), so führt dieselbe Grundhaltung infolge der erwarteten Handlungsunfähigkeit der institutionellen Architektur zum Entzug der geliehenen allgemeinen Zustimmung (im wissenschaftlichen Sprachgebrauch: „permissive consensus"); die Verantwortung der „souveränen" Mitgliedstaaten für funktionale Problemlösungen würde wieder in den Vordergrund gestellt.

Niederschlag finden Überlegungen zur Desintegration in Beiträgen, die eine „Schrumpfung" der Union zu einer „Freihandelszone" (Option „EUV- -" auf der vertikalen Achse in Abbildung V.2.1 und V.2.5) thematisieren, wenn auch – in der Regel – nicht befürworten.

Ein weiterer Schritt zum endgültigen Abbau wäre die Auflösung des gesamten Vertragswerks (Option „EUV- - -" auf der vertikalen Achse in Abbildung V.2.1 und V.2.5) durch Beschluss aller Vertragspartner. Dieses Extremszenario wird gegenwärtig politisch nicht diskutiert, es kann aber als Eckpunkt für Gedankenexperimente in der Debattenlandschaft dienen.

Mit einer Reduzierung der Verpflichtungen der Mitgliedstaaten und einer Rückbildung des EU-Systems könnten auch Beitritte von weiteren Staaten mit einer anderen wirtschaftlichen Entwicklungsstufe und abweichenden politischen Vorstellungen leichter vonstattengehen. In einer engen Koppelung von Erweiterung und Rückbildung, die von Integrationsbefürwortern als eine Art „Teufelsspirale" bezeichnet werden könnte, beschleunigte jede neue Mitgliedschaft den Abbau des Vertragswerks und öffnete so den Raum für zusätzliche Beitritte (Spirale „g" in Abbildung V.2.1 und Abbildung V.2.5).[64] Dieses Szenario wird häufig zur „Abschreckung" vor einer tiefer gehenden Krise im Falle des Scheiterns von Plänen zu einem weiteren Ausbau des EU-Systems an die Wand gemalt, wobei eine solche Rückbildung in der Regel abgelehnt wird.

Auch aus der souveränitätsorientierten Denkschule erfolgen Vorschläge zur Flexibilisierung, die aber – im Unterschied zu Vorschlägen zum Kerneuropa und zur variablen Geometrie – den Abbau von Verpflichtungen beinhalten bzw. beschleunigen sollen. Dazu gehören Angebote, die auf den ersten Blick durchaus sinnvoll erscheinen. Auf funktionalistischen Überlegungen beruht das Konzept eines „Europe à la carte"[65]; Europäische Staaten – unabhängig von einer Mitgliedschaft in der EU – wählen aus einem „Menu" an Angeboten die für sie interessanten Konstellationen einer Zusammenarbeit. Je nach Problemlage bilden sie dabei außerhalb eines als zu eng und formalisiert empfundenen Vertragswerks der EU Gruppierungen unterschiedlicher Größe und Zusammensetzung (Kreis „i" in Abbildung V.2.1 und V.2.6). Die Zwänge aus der institutionellen Architektur des EU-Systems – etwa durch Ver-

---

[63] Vgl. zum Begriff „Output-Legitimität" insbesondere Scharpf 1999: 10-21.
[64] Vgl. Blair 2006; 2005; Chirac 2005; Keohane 2005.
[65] Dahrendorf 1979.

Abbildung V.2.6: Zur Zukunft – Abbauflexibilisierung

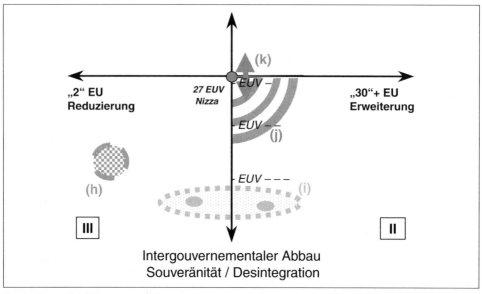

Quelle: Eigene Darstellung.

tragsverletzungsverfahren[66] – werden vermieden. In der Praxis zeigen derartige Formen, wie sie etwa beim Bologna-Prozess zur Reform der europäischen Hochschullandschaft gegenwärtig praktiziert werden, Grenzen im Hinblick auf eine sinnvolle, rechtlich abgesicherte und politisch transparente Willensbildung. Der Reiz des einfachen und auf den ersten Blick so plausiblen Vorgehens sollte nicht die Schwierigkeiten bei der konkreten Politikgestaltung übersehen lassen.

Eine weitere, durchaus prominente Strategie einer Desintegration stellt die Bildung eines „Direktoriums"[67] dar. Ohne Rücksicht auf die Regeln des Vertragswerks und auf Interessen kleinerer Mitgliedstaaten gestalten größere Mitgliedstaaten in einem elitären Club bestimmte Politikbereiche (Kreis „h" in Abbildung V.2.1 und V.2.6). Insbesondere nach der letzten Beitrittsrunde, die das in der Gründungsgemeinschaft gesehene „Gleichgewicht" zwischen „Großen" und „Kleinen" zugunsten vieler kleiner Staaten zu verschieben scheint, wird eine Gruppenbildung unter den wenigen großen Staaten häufig als fast schon „natürliche" Reaktion verstanden. Bei einem entsprechenden Vorgehen vereinbaren die Regierungen der „Europäischen Zentralmächte"[68] eine unverbindliche Zusammenarbeit, die auf eine Rolle als „kollektiver Hegemon"[69] für das EU-System hinausläuft. Kleinere, durchaus fähige und willige Staaten und EU-Organe werden im Unterschied zur „variablen Geometrie" und zum „Kerneuropa" aus der Entscheidungsfindung weitgehend herausgehalten. Vom Ausschluss von Politikern bzw. Beamten kleinerer Staaten und der EU-Institutionen erhoffen sich manche Verantwortungsträger der „Großen" eine raschere und vertrauensvollere Beschlussfassung. Formen eines Direktoriums bilden Verhandlungen der „EU-3", der auch international so bezeichneten

---

66 Vgl. Kapitel III.5.
67 Hill 2006: 1.
68 Vgl. zum Begriff Link 2006: 36-43.
69 Vgl. Hyde-Price 2006: 8.

Gruppe aus Deutschland, Großbritannien und Frankreich mit dem Iran[70] oder eine Sechsergruppe[71] (Deutschland, Frankreich, Großbritannien, Spanien, Italien und Polen), die gemeinsame Initiativen zur Innen- und Justizpolitik voranzutreiben versucht. Jeweils zu diskutieren sein wird bei dieser Flexibilisierung, ob die „Großen" wirklich schneller Entscheidungen unter sich treffen können, und ob sie auch die notwendigen Ressourcen für eine tragfähige Problembewältigung zur Verfügung haben. Die Ressourcen kleiner Staaten und auch der Europäischen Kommission würden nicht sinnvoll genutzt werden. Grundsätzlich ist zudem das Risiko beträchtlich, dass sich die aus der eigentlichen Entscheidungsfindung ausgeschlossenen Mitglieder auch nicht als mitverantwortlich fühlen. Die Solidarität unter den Mitgliedstaaten leidet, Vorurteile gegen die „Großen" verfestigen sich, und die notwendige Glaubwürdigkeit der EU-Organe erleidet kurz- und noch mehr längerfristig Schaden. Die Zuverlässigkeit der institutionellen Architektur wird so in einem schleichenden Prozess infrage gestellt.

Zur Gruppe von Strategien zur Abbauflexibilisierung ist auch das Konzept des „Europa der konzentrischen Kreise" (Kreis „j" in Abbildung V.2.1 und Abbildung V.2.6) zu zählen,[72] bei dem mehrere Schichten abgestufter Verdichtung vertraglicher Beziehungen um einen harten EU-Kern angesiedelt werden. Wie Satelliten mit größeren und kleineren Umlaufbahnen sollen in mehreren Stufen institutionelle Regelungen einer engeren Zusammenarbeit mit Gruppen von Ländern um die Union gezogen werden. Der „Europäische Wirtschaftsraum",[73] beitrittsorientierte Assoziierungsabkommen,[74] die „Europäische Nachbarschaftspolitik"[75] und Überlegungen zu einer „privilegierten Partnerschaft"[76] und „Teilmitgliedschaften"[77] könnten als entsprechende Kreise verstanden werden. Bei näherer Prüfung der plausibel klingenden Vorschläge werden erhebliche Schwierigkeiten deutlich, dem Anspruch der beteiligten Staaten außerhalb der EU auf eine gleichberechtigte Teilnahme in der institutionellen Architektur gerecht zu werden: Ein Ausgleich von Pflichten und Rechten der Nicht-Mitglieder ist nicht einfach zu verwirklichen. Beschlüsse der EU als Entscheidungsträger (im englischen Sprachgebrauch: „decision-maker") nur nachzuvollziehen, ohne an der Verabschiedung der Rechtsakte angemessen mitzuwirken (im englischen Sprachgebrauch: „decision-taker"), lässt das Interesse an einem festgefügten Europa der konzentrischen Kreise zurückgehen und steigert den Wunsch auf eine (Voll-)Mitgliedschaft. Das Angebot für besondere Beziehungen könnte dann als Einstieg in ein Beitrittsverfahren verstanden werden.

---

70 Vgl. Hill 2006: 3.
71 Vgl. u. a. Sarkozy 2005.
72 Vgl. Verhofstadt 2006; Mitterrand 1990.
73 Hillenbrand 2007: 422.
74 Vgl. Kapitel IV.8.
75 Vgl. Lippert 2006 und Kapitel IV.5.
76 CDU 2004.
77 Maurer 2007b: 7.

3. Ein Drei-Elemente-Ansatz

Eine Analyse und Diskussion des Katalogs an Strategien und Szenarien reduziert nicht den hohen Grad an Unsicherheit, Ungewissheit und Unübersichtlichkeit in der politischen Landschaft. Angesichts unterschiedlicher Erwartungen und offener Umfeldbedingungen kann aus dieser Übersicht keine eindeutige Prognose abgeleitet werden. Jedoch können aufgrund der vorgestellten Analysen mehrere Faktoren und Bedingungen skizziert werden, die weitere Entwicklungen des EU-Systems beeinflussen können.[78]

Für eine tragfähige Analyse von Denkmöglichkeiten ist eine Betrachtung derjenigen Akteure und Institutionen unerlässlich, die nach der Analyse der institutionellen Architektur wegweisende Entscheidungen zur weiteren Gestaltung des EU-Systems treffen können. Ausgegangen wird dabei von der zentralen Rolle des Europäischen Rats als konstitutionellem Architekt.[79] Der Europäische Rat verfügt als einzige Institution über die Möglichkeit, weitere Wegmarken für die Gestaltung des EU-Systems zu setzen. Betrachtet man Konstruktionsprozesse der EU, die sich in den jeweiligen Trends und Mustern der Integrationskonstruktion der letzten Jahrzehnte abzeichnen,[80] ist unter der Führung einer neuen Generation von Staats- und Regierungschefs eine europäische Agenda mit drei Elementen zu erwarten.

▶ Einen Ausgangspunkt bildet eine funktionalistische Strategie, die einen Schwerpunkt auf ein „Europa der Projekte"[81] setzt: Regierungen identifizieren Projekte gemeinsamen Interesses aus zentralen Politikbereichen, die als „Lokomotiven" mittelfristig auch in einem neuen Anlauf zur institutionellen und konstitutionellen Reform der EU münden. Ergänzungen und Reformen der institutionellen Architektur folgen – nach der Monnet-Methode – den Aufgaben, mit denen das EU-System betraut wird. Im Vordergrund wird dabei der Versuch stehen, auf drängende gemeinsame Probleme und Herausforderungen wie z. B. im Bereich der Energie-, der Forschungs- und der Sozialpolitik, aber auch der Innen- und Außenpolitik gemeinsam pragmatische Antworten zu finden, die damit aber auch weitere Integrationsschritte vorzeichnen. Von der Politikgestaltung ginge somit ein Weg zur Systemgestaltung aus; in einer theoretischen Perspektive würde so eine nächste Stufe auf der „Fusionsleiter" beschritten.

▶ Einen weiteren, nicht notwendigerweise alternativen Ausgangspunkt bilden konstitutionalistische Strategien, die einen weitergehenden Ausbau über Veränderungen des geschriebenen Vertragswerks anstreben und dabei institutionelle Reformen in den Vordergrund stellen; Systemgestaltung geht dabei der Politikgestaltung voraus oder ist mit ihr zumindest eng verbunden.

▶ Nicht auszuklammern sind Formen der Flexibilisierung: Mitgliedstaaten suchen zur Erleichterung der Kompromissfindung innerhalb einer EU 27 + Abstufungen der Mitgliedschaft, um drohende Entscheidungsblockaden zu verhindern. Dabei stehen vor allem die vorgestellten Flexibilisierungskonzepte mit den genannten Vorteilen und Risiken zur Verfügung. Prägende Begriffe wie „Kerneuropa", „Avantgarde" und „L'Europe à geometrie variable" werden demnach auch weiterhin Eckpunkte im europäischen Diskurs zu Strategien bilden.

---

78 Vgl. Faber/Wessels 2006: 252-263.
79 Vgl. Kapitel III.2.
80 Vgl. Kapitel II.
81 Vgl. de Villepin: 2006.

Die Debatte um geeignete und politisch tragfähige Strategien ist vor dem Hintergrund der Stabilität und Legitimität des politischen Systems der EU zu führen, wobei Szenarien des Abbaus und der Rückkopplung nicht übersehen werden dürfen. Anzunehmen ist somit, dass Fragen nach Formen und Verfahren der institutionellen Architektur weiterhin hoch auf der politischen und wissenschaftlichen Tagesordnung bleiben werden.

4. Zur Wiederholung und Vertiefung

■ *Stichworte und Merkpunkte*

▶ Grundkenntnisse:
  – Verfassungsvertrag Plus
  – Nizza Plus
  – („Voll"-)Verfassung
  – Mini-Vertrag
  – Freihandelszone
  – Monnet-Methode

▶ Vergleich und Gegenüberstellung zentraler Elemente folgender Strategieschulen:
  – Funktionalistische vs. Konstitutionalistische Strategien
  – Integrationsgerichtete vs. souveränitätsgerichtete Strategien
  – Aufbau- vs. Abbauflexibilisierung

▶ Vergleich folgender Strategien:
  – Kerneuropa vs. Direktorium
  – L'Europe à la carte vs. l'Europe à géométrie variable
  – Offene Methode der Koordinierung vs. verstärkte Zusammenarbeit
  – Koppelungsstrategie vs. „Teufels"spirale

■ *Fragen*

▶ Welche Stragie(n) ist (sind) beim Verfassungsvertrag und beim Reformvertrag zu finden?
▶ Wie können Perspektiven für das EU-System methodisch reflektiert diskutiert werden?
▶ Welche Rahmenbedingungen sind bei Erwartungen im Hinblick auf weitere Entwicklungen der institutionellen Architektur zu berücksichtigen?
▶ Welche Ansätze sind für „Spekulationen" über die Zukunft der EU zu nutzen?

■ *Thesen zur Diskussion*

▶ Ohne wesentliche konstitutionelle und institutionelle Fortschritte in Anlehnung an den Verfassungsvertrag wird das politische System der EU 27 + kollabieren.
▶ Die institutionelle Architektur auf der Grundlage des Vertrags von Nizza ist auch angesichts zusätzlicher Beitritte ausreichend handlungsfähig und legitimiert.
▶ Für die Bundesrepublik Deutschland sind Ansätze für ein Direktorium der Großen verlockend, aber nicht sinnvoll zur Verfolgung ihrer Interessen.

5. Literaturhinweise

■ *Online-Quellen*

http://www.eu2007.pt/UE/vEN/
Offizielle Homepage der portugiesischen Ratspräsidentschaft (2. Halbjahr 2007)
http://www.eu2007.de
Offizielle Homepage der deutschen Ratspräsidentschaft (1. Halbjahr 2007)
http://www.consilium.europa.eu/showPage.ASP?lang=de
Offizielle Homepage des Rats der Europäischen Union
http://www.europarl.europa.eu/news/public/default_de.htm
Offizielle Homepage des Europäischen Parlaments

■ *Einführende Literatur*

Barroso, José Manuel (2005): Where to Go From Here? The Commission's Perspective on the Future European Development, Interview von Joachim Jens Hesse, in: Zeitschrift für Staats- und Europawissenschaften, Jg. 3, Nr. 4, S. 650-661.
Diedrichs, Udo/Wessels, Wolfgang (2005): Die Europäische Union in der Verfassungsfalle? Analysen, Entwicklungen und Optionen, in: Integration 4/05, S. 287-306.
Fischer, Joschka (2000): Vom Staatenbund zur Föderation – Gedanken über die Finalität der Europäischen Integration, Rede vom 12.5.2000 an der Humboldt-Universität Berlin, abgedruckt in: Marhold, Hartmut (Hrsg.): Die neue Europadebatte. Leitbilder für das Europa der Zukunft, Bonn, S. 41-54.
Göler, Daniel/Marhold, Hartmut (2005): Die Zukunft der Verfassung – Überlegungen zum Beginn der Reflexionsphase, in: Integration 4/05, S. 332-335.
Weidenfeld, Werner (2007): Die Bilanz der Europäischen Integration 2006, in: Weidenfeld, Werner/ Wolfgang, Wessels (Hrsg.): Jahrbuch der Europäischen Integration 2006, Baden-Baden, S. 13-26.

■ *Weiterführende Literatur*

Duff, Andrew/Voggenhuber, Johannes (2005): Bericht über die Reflexionsphase: Struktur, Themen und Kontext für eine Bewertung der Debatte über die Europäische Union (2005/2146(INI)), 16.12.2005.
Faber, Anne/Wessels, Wolfgang (2006): Strategien und institutionelle Perspektiven nach der Verfassungskrise: „Funktionalistische" und „institutionalistische" Wege zu einem neuen europäischen Verhandlungspaket, in: Politische Vierteljahresschrift, 2 (47), S. 252-263.
Faber, Anne/Wessels, Wolfgang (2005): Die Verfassungskrise der EU als Krise „der" Integrationstheorie? Plädoyer für eine Neufokussierung der theoretischen Debatte, in: Zeitschrift für Internationale Beziehungen, 2/2005, S. 353-359.
Jopp, Mathias/Matl, Saskia (Hrsg.) (2005): Der Vertrag über eine Verfassung für Europa. Analysen zur Konstitutionalisierung der EU, Baden-Baden, S. 15-41.
König, Thomas (2005): Die Europäische Republik – so nah und wohl doch so fern?, in: Zeitschrift für Internationale Beziehungen, 2/2005.
Maurer, Andreas (2006): Die Vermessung des europäischen Tiefgangs: Extrakonstitutionelle Umwege aus der Verfassungskrise, in: Politische Vierteljahresschrift, Jg. 47, Heft 2, S. 264-274.
Monar, Jörg (2005): Optionen für den Ernstfall. Auswege aus einer möglichen Ratifizierungskrise des Verfassungsvertrags, in: Integration 1/2005, S. 16-32.
Moravcsik, Andrew (2006): What can we learn from the collapse of the european constitutional project?, in: Politische Vierteljahresschrift, 47. Jg. (2), S. 219-241.
Thym, Daniel (2005): Weiche Konstitutionalisierung – Optionen der Umsetzung einzelner Reformschritte des Verfassungsvertrags ohne Vertragsänderung, in: integration 4/05, S. 307-315.
Verhofstadt, Guy (2006): Die vereinigten Staaten von Europa. Manifest für ein neues Europa, Eupen.

Vertiefende Literatur

Börzel, Tanja (2005): Europäische Integrationstheorie – nicht obsolet, aber reformbedürftig, in: Zeitschrift für Internationale Beziehungen, 2/2005, S. 345-351.

Deubner, Christian (2005): Verstärkte Zusammenarbeit in der verfassten Europäischen Union, in: Jopp, Mathias/Matl, Saskia (Hrsg.): Der Vertrag über eine Verfassung für Europa – Analysen zur Konstitutionalisierung der EU, Europäische Schriften Band 83, Baden-Baden, S. 239-256.

Habermas, Jürgen (2006): Über die Zukunft Europas, in: Der Standard, 21. März 2006.

Maurer, Andreas (2005): Die Ratifikation des Verfassungsvertrags, in: Jopp, Mathias/Matl, Saskia (Hrsg.): Der Vertrag über eine Verfassung für Europa. Analysen zur Konstitutionalisierung der EU, Baden-Baden, S. 493-521.

Neyer, Jürgen: Die Krise der EU und die Stärke einer deliberativen Integrationstheorie, in: Zeitschrift für Internationale Beziehungen, 2/2005, S. 377-382.

Sarkozy, Nicolas (2006): Les amis de l'Europe, 08.09.2006, S. 5, online unter: http://www.friendsofeurope.org/download/Sarkozy_080906.pdf, (Stand 22.08.07).

Schimmelfennig, Frank (2005): Obsolete Theorie oder obsoletes Referendum?, in: Zeitschrift für Internationale Beziehungen, Nr. 2/2005, S. 339-344.

Wessels, Wolfgang, (2006): Die Europapolitik in der wissenschaftlichen Debatte, in: Weidenfeld, Werner/Wessels, Wolfgang (Hrsg.): Jahrbuch der Europäischen Integration 2005, Baden-Baden, S. 29-44.

Wiener, Antje (2005): Umstrittenheit im Integrationsprozess: Widerstand = Scheitern?, in: Zeitschrift für Internationale Beziehungen, 2/2005, S. 368-376.

Zürn, Michael (2006): Zur Politisierung der Europäischen Union, in: Politische Vierteljahresschrift, 47. Jg. (2), S. 424-451.

Abkürzungsverzeichnis

AdR	Ausschuss der Regionen
AKP	Länder des afrikanischen, karibischen und pazifischen Raums (ACP states)
ALDE	Allianz der Liberalen und Demokraten für Europa
ASEAN	Association of Southeast Asian Nations
AStV	Ausschuss der Ständigen Vertreter (s. auch COREPER)
BAU	Industriegewerkschaft Bauen – Agrar – Umwelt
BBS	Binnenmarktbeobachtungsstelle des EWSA
BDI	Bundesverband der Deutschen Industrie
BGA	Bundesverband des deutschen Groß- und Außenhandels
BIP	Bruttoinlandsprodukt
BKIW	Beratende Kommission des EWSA für den industriellen Wandel
BNE	Bruttonationaleinkommen
BSE	Bovine spongiforme Enzephalopathie (Rinderwahn)
BSP	Bruttosozialprodukt
CATS	Comité de l'Article Trente-Six (Ausschuss zu Artikel 36)
CDU	Christlich Demokratische Union
CEDEFOP	Europäisches Zentrum für die Förderung der Berufsbildung
CONST	Fachkommission des AdR für konstitutionelle Fragen und Regieren in Europa
COPA	Comité des Organisations Professionelles de l'Agriculture (Ausschuss der berufsständischen landwirtschaftlichen Organisationen)
COPS	Comité Politique et de Sécurité (Politisches und Sicherheitspolitisches Komitee)
COREPER	Comité des Représentants Permanents (s. auch Ausschuss der Ständigen Vertreter)
COSAC	Conférence des Organes Spécialisés dans les Affaires Communautaires et Européennes des Parlements de l'Union européenne (Konferenz der Ausschüsse für Gemeinschafts- und Europa-Angelegenheiten)
CSU	Christlich-Soziale Union
D	Deutschland
DBV	Deutscher Bauernverband
DGB	Deutscher Gewerkschaftsbund
DPVE-FEA	Demokratische Partei der Völker Europas – Freie Europäische Allianz
DRK	Deutsches Rotes Kreuz
E	Spanien
EAG	Europäische Atomgemeinschaft (Euratom)
EAGFL-Garantie	Europäische Ausrichtungs- und Garantiefonds für die Landwirtschaft – Abteilung Garantie
EASA	European Aviation Safety Authority (Europäische Agentur für Flugsicherheit)
ECHO	Generaldirektion Humanitäre Hilfe
ECO	Fachgruppe des EWSA zur Wirtschafts- und Währungsunion und zu wirtschaftlichem und sozialem Zusammenhalt

ECOFIN	Rat der Europäischen Union in der Zusammensetzung der Wirtschafts- und Finanzminister
ECU	European Currency Unit
EEA	Einheitliche Europäische Akte
EEF	Europäischer Entwicklungsfond
EFGP	Europäische Föderation Grüner Parteien
EFTA	European Free Trade Association
EG	Europäische Gemeinschaft(en)
EGB	Europäischer Gewerkschaftsbund
EGKS	Europäische Gemeinschaft für Kohle und Stahl
EGKSV	Vertrag zur Gründung der Europäischen Gemeinschaft für Kohle und Stahl
EGV	Vertrag zur Gründung der Europäischen Gemeinschaft
EIB	Europäische Investitionsbank
EL	Partei der Europäischen Linken
ELDR	Europäische Liberale, Demokratische und Reformpartei
EP	Europäisches Parlament
EPG	Europäische Politische Gemeinschaft
EPZ	Europäische Politische Zusammenarbeit
ER	Europäischer Rat
ESVP	Europäische Sicherheits- und Verteidigungspolitik
ESZB	Europäisches System der Zentralbanken
EU	Europäische Union
EuG/EuGeI	Gericht erster Instanz der Europäischen Gemeinschaften
EuGH	Europäischer Gerichtshof
EUMC	Militärausschuss der EU (EU Military Committee)
EUMS	Militärstab der EU
EUR	Euro €
Euratom	Europäische Atomgemeinschaft
EuRH	Europäischer Rechnungshof
Europol	Europäisches Polizeiamt
Eurostat	Statistisches Amt der EG
EUV	Vertrag über die Europäische Union
EVG	Europäische Verteidigungsgemeinschaft
EVP-ED	EP-Fraktion Europäische Volkspartei und Europäische Demokraten
EWG	Europäische Wirtschaftsgemeinschaft
EWG-V	Vertrag der Europäischen Wirtschaftsgemeinschaft
EWI	Europäisches Währungsinstitut
EWR	Europäischer Wirtschaftsraum
EWS	Europäisches Währungssystem
EWSA	Europäischer Wirtschafts- und Sozialausschuss
EZB	Europäische Zentralbank
FDP	Freie Demokratische Partei
FEA (Grüne)	EP-Fraktion der Grünen / Freie Europäische Allianz
F	Frankreich
FTE-Programme	Programme zu Forschung, Technologie und Entwicklung

G7	Gruppe der 7 (Deutschland, Frankreich, Italien, Japan, Kanada, USA, Vereinigtes Königreich)
G8	Gruppe der 8 (G7 plus Russland)
GAP	Gemeinsame Agrarpolitik
GASP	Gemeinsame Außen- und Sicherheitspolitik
GATT	General Agreement on Tariffs and Trade
GB	Großbritannien
GD	Generaldirektion
GeI	Gericht erster Instanz des EuGH
GG	Grundgesetz
GSVP	Gemeinsame Sicherheits- und Verteidigungspolitik
GzWP	Grundzüge der Wirtschaftspolitik
IG/BCE	Industriegewerkschaft Bergbau, Chemie, Energie
IND-Dem	EP-Fraktion Unabhängigkeit und Demokratie
INT	Fachgruppe des EWSA zu Binnenmarkt, Produktion und Verbrauch
IRL	Irland
KOM	Europäische Kommission
KSZE	Konferenz für Sicherheit und Zusammenarbeit in Europa
LIBE	Ausschuss für Bürgerliche Freiheiten, Justiz und Inneres
LIBE	Liberale und Demokratische Partei Europas
MdEP	Mitglied des Europäischen Parlaments
MOE	Mittel- und Osteuropa
MS	Mitgliedstaaten
NAT	Fachgruppe des EWSA zu Landwirtschaft, ländlicher Entwicklung und Umweltschutz
NATO	North Atlantic Treaty Organisation
NL	Niederlande
NGO	Non-Governmental Organisations (Nichtregierungsorganisationen)
NOA	Nicht-obligatorische Ausgaben
OA	Obligatorische Ausgaben
OECD	Organisation for Economic Cooperation and Development (ehemals OEEC)
OLAF	Office Européen de la lutte anti-fraude (Amt für Betrugsbekämpfung)
OMK	Offene Methode der Koordinierung
OSZE	Organisation für Sicherheit und Zusammenarbeit in Europa
ÖTV	Gewerkschaft Öffentliche Dienste, Transport und Verkehr
Phare	Hilfsprogramm zur Umgestaltung der Wirtschaft der osteuropäischen Länder
PJZ	Polizeiliche und justizielle Zusammenarbeit
PJZS	Polizeiliche und justizielle Zusammenarbeit in Strafsachen
PSK	Politisches und Sicherheitspolitisches Komitee
QM / QMV	Qualifizierte Mehrheitsentscheidung / Qualified Majority Voting
RFSR	Raum der Freiheit, der Sicherheit und des Rechts
Sokrates	Aktionsprogramm der Europäischen Union für die Zusammenarbeit im Bereich der allgemeinen Bildung
SPD	Sozialdemokratische Partei Deutschlands
SPE	Sozialdemokratische Partei Europas

SWP	Stabilitäts- und Wachstumspakt
TREVI-Gruppe	Gruppe der europäischen Innenminister zum gemeinsamen Vorgehen gegen Terrorismus, Radikalismus, Extremismus und internationale Gewalt
UdSSR	Union der Sozialistischen Sowjetrepubliken
UEF	Union Europäischer Föderalisten
UEN	EP-Fraktion Union für das Europa der Nationen
UEN-EA	Europäische Allianz
UN	United Nations (Vereinte Nationen)
UNICE	Union des Industries de la Communauté Européenne (Union der Industrie- und Arbeitgeberverbände Europas)
USA	United States of America (Vereinigte Staaten von Amerika)
VO	Verordnungen des Rats
VVE	Vertrag über eine Verfassung für Europa (Verfassungsvertrag)
WEU	Westeuropäische Union
WFA	Wirtschafts- und Finanzausschuss
WTO	World Trade Organisation
WWU	Wirtschafts- und Währungsunion
ZBIJ	Zusammenarbeit in den Bereichen Justiz und Inneres
ZDH	Zentralverband des Deutschen Handwerks

Verzeichnis der Abbildungen, Dokumente, Tabellen und Übersichten

Abbildung 1:	Orientierungshilfe	11
Dokument I.2.1:	Relevanz – Zielvorgaben des EU-Vertrags	21
Abbildung I.2.1:	Relevanz – Zunahme des jeweils geltenden Gemeinschaftsrechts: 1980–2004	22
Abbildung I.2.2:	Relevanz – Historische Wegmarken zur Vertiefung und Erweiterung	23
Abbildung I.2.3:	Relevanz – Die Beitrittsrunden auf der Landkarte	24
Abbildung I.3.1:	Wissenschaftliche Relevanz – Grundströmungen der (politik-)wissenschaftlichen Theoriebildung	29
Abbildung I.4.1:	Institutionenanalyse – Kontextvariable	33
Dokument I.4.1:	Institutionenanalyse – Vorgaben des Vertrags	34
Abbildung I.4.2:	Institutionenanalyse – die institutionelle Architektur	35
Abbildung I.4.3:	Institutionenanalyse – Institutionen im vereinfachten EG-Politikzyklus	36
Abbildung I.4.4:	Institutionenanalyse – Die Tempelkonstruktion der EU	37
Abbildung I.4.5:	Untersuchungsperspektiven – Pfad zwischen Vertragstext und Praxis	39
Übersicht I.4.1:	Untersuchungsperspektiven – Supranational vs. Intergouvernemental	40
Abbildung I.4.6:	Untersuchungsperspektiven – (1) supranationale und (2) intergouvernementale Leitidee in der institutionellen Architektur	41
Dokument I.4.2:	Untersuchungsperspektiven – Vertragsvorgaben für eine evolutionäre Entwicklung	42
Abbildung I.4.7:	Untersuchungsperspektiven – Fusionsleiter beim Ausbau der institutionellen Architektur	44
Übersicht I.4.2:	Untersuchungsperspektiven – Typologie von Mehrebenenspielern	46
Übersicht II.3.1:	Die vierziger Jahre – Europäische Wegmarken	57
Übersicht II.3.2:	Die vierziger Jahre – Programmatische Leitbilder zur Europäischen Einigung in der Kriegs- und Nachkriegszeit	58
Übersicht II.4.1:	Die fünfziger Jahre – Europäische Wegmarken	61
Abbildung II.4.1:	Die fünfziger Jahre – Gründerväter	62
Dokument II.4.1:	Die fünfziger Jahre – Vorgaben der Schuman-Erklärung und Präambel des EGKS-Vertrags	63
Abbildung II.4.2:	Die fünfziger Jahre – Institutionelle Architektur der EGKS (1951)	65
Dokument II.4.2:	Die fünfziger Jahre – Vertragsvorgaben zur Unabhängigkeit der Hohen Behörde	66
Dokument II.4.3:	Die fünfziger Jahre – Vertragsvorgaben zur EVG	67
Abbildung II.4.3:	Die fünfziger Jahre – Institutionelle Architektur der EPG	68
Abbildung II.4.4:	Die fünfziger Jahre – Institutionelle Architektur der EWG	69
Übersicht II.5.1:	Die sechziger Jahre – Europäische Wegmarken	71

Verzeichnis der Abbildungen, Dokumente, Tabellen und Übersichten 501

Abbildung II.5.1:	Die sechziger Jahre – Führungspersönlichkeiten Charles De Gaulle und Walter Hallstein	72
Abbildung II.5.2:	Die sechziger Jahre – Institutionelle Architektur gemäß Fouchet-Plan ...	73
Dokument II.5.1:	Die sechziger Jahre – Luxemburger Kompromiss	74
Übersicht II.6.1:	Die siebziger Jahre – Europäische Wegmarken	75
Dokument II.6.1:	Die siebziger Jahre – Die Gipfel von Den Haag und Paris	76
Abbildung II.6.1:	Die siebziger Jahre – Das deutsch-französische Führungsduo Willy Brandt und Georges Pompidou	78
Abbildung II.6.2:	Die siebziger Jahre – Das französisch-deutsche Führungsduo Valery Giscard d'Estaing und Helmut Schmidt	80
Dokument II.6.2:	Die siebziger Jahre – Gipfelkonferenz von Paris 1974: Europäischer Rat und Direktwahl des EP	81
Übersicht II.7.1:	Die achtziger Jahre – Europäische Wegmarken	83
Übersicht II.7.2:	Die achtziger Jahre – zentrale Weichenstellungen der EEA	84
Abbildung II.7.1:	Die achtziger Jahre – Führungspersönlichkeiten: Helmut Kohl und François Mitterand, Jacques Delors	85
Abbildung II.7.2:	Die achtziger Jahre – Änderungen der institutionellen Architektur durch die Einheitliche Europäische Akte	87
Übersicht II.8.1:	Die neunziger Jahre – Europäische Wegmarken	88
Übersicht II.8.2:	Die neunziger Jahre – zentrale Weichenstellungen des Maastrichter Vertrags	89
Abbildung II.8.1:	Die neunziger Jahre – Änderungen der institutionellen Architektur durch den Maastrichter Vertrag	91
Abbildung II.8.2:	Die neunziger Jahre – Das französisch-deutsche Führungsduo Jacques Chirac und Helmut Kohl	93
Übersicht II.8.3:	Die neunziger Jahre – zentrale Weichenstellungen des Amsterdamer Vertrags	94
Übersicht II.9.1:	Nach 2000 – Europäische Wegmarken	97
Abbildung II.9.1:	Nach 2000 – Das französisch-deutsche Führungsduo Jacques Chirac und Gerhard Schröder	98
Übersicht II.9.2:	Nach 2000 – zentrale Weichenstellungen des Vertrags von Nizza	98
Dokument II.9.1:	Nach 2000 – Erklärung zur Zukunft der Union	101
Abbildung II.9.2:	Nach 2000 – Die Unterzeichnung des Verfassungsvertrages	104
Dokument II.9.2:	Nach 2000 – Mandat für die Regierungskonferenz zum Reformvertrag ..	105
Dokument II.9.3:	Nach 2000 – Der Aufbau des Verfassungsvertrags	106
Abbildung II.9.3:	Nach 2000 – Veränderungen der institutionellen Architektur durch den Verfassungs-/Reformvertrag	107
Dokument II.9.4:	Nach 2000 – Schlussfolgerungen des Vorsitzes zur Erweiterung 2002 ...	108
Dokument II.9.5:	Nach 2000 – Schlussfolgerungen des Vorsitzes zu weiteren Beitrittsverhandlungen (2004)	109
Übersicht II.10.1:	Im Rückblick – Ein Spektrum an Erklärungen und Interpretationen ...	110
Abbildung III.1:	Institutionen in Nahsicht: Institutioneller Steckbrief	117
Abbildung III.1.1:	Das Europäische Parlament – Institutioneller Steckbrief	120

Dokument III.1.1:	Europäisches Parlament – Die Versammlung im EGKS-Vertrag	121
Übersicht III.1.1:	Europäisches Parlament – Ausbau vertraglicher Beteiligungsrechte vom EGKS-Vertrag bis zum Reformvertrag	122
Abbildung III.1.2:	Europäisches Parlament – Ausbau vertraglicher Beteiligungsrechte von der EWG bis zum Verfassungs- bzw. Reformvertrag (in Prozent)	124
Dokument III.1.2:	Europäisches Parlament – Beteiligungsrechte in GASP-Verfahren	126
Dokument III.1.3:	Europäisches Parlament – Aufgabenkatalog (gemäß Verfassungsvertrag) .	127
Dokument III.1.4:	Europäisches Parlament – Tagesordnung eines Sitzungstages	128
Tabelle III.1.1:	Europäisches Parlament – Reale Nutzung der vertraglich vorgesehenen Verfahren zur Rechtsetzung (1987 – 2004) (in absoluten Zahlen)	129
Dokument III.1.5:	Europäisches Parlament – Beteiligung am Verfahren zur Wahl der Kommission (gemäß Verfassungsvertrag)	131
Übersicht III.1.2:	Europäisches Parlament – Nichtständige Ausschüsse in der Wahlperiode 1999–2004	131
Dokument III.1.6:	Europäisches Parlament – Der Bürgerbeauftragte	132
Abbildung III.1.3:	Europäisches Parlament – Untersuchungen des Bürgerbeauftragten gegen Organe und Einrichtungen 1996 – 2004	133
Abbildung III.1.4:	Europäisches Parlament – Bekanntheitsgrad/Wahrnehmung des EP (1977 – 2002)	136
Abbildung III.1.5:	Europäisches Parlament – Demografische Repräsentativität im EP (gemäß Vertrag von Nizza ab 2009)	138
Tabelle III.1.2:	Europäisches Parlament – Entwicklung der Wahlbeteiligung 1979 – 2004	139
Tabelle III.1.3:	Europäisches Parlament – Mandatsverteilung der Europawahlen 1979 – 2004	140
Übersicht III.1.3:	Europäisches Parlament – Regeln für eine Beschlussfassung	141
Abbildung III.1.6:	Europäisches Parlament – Binnenstruktur	143
Übersicht III.1.4:	Europäisches Parlament – Präsidenten, Parteizugehörigkeit und Herkunftsstaat (seit 1979)	144
Dokument III.1.7:	Europäisches Parlament – Aufgaben des Präsidenten	145
Dokument III.1.8:	Europäisches Parlament – Aufgaben des Präsidiums und der Konferenz der Präsidenten	145
Dokument III.1.9:	Europäisches Parlament – Rechte der Fraktionen	146
Tabelle III.1.4:	Europäisches Parlament – Verteilung von Mitentscheidungsvorgängen nach Ausschüssen (fünfte Wahlperiode 1999 – 2004)	147
Dokument III.1.10:	Europäisches Parlament – Zusammensetzung der Delegation im Vermittlungsausschuss	148
Abbildung III.1.7:	Europäisches Parlament – Tagungsgebäude in Straßburg und Brüssel ...	149
Dokument III.1.11:	Europäisches Parlament – Legitimationsvorgaben (gemäß Verfassungsvertrag)	151
Abbildung III.2.1:	Europäischer Rat – Institutioneller Steckbrief	157
Dokument III.2.1:	Europäischer Rat – Gründungsformel	158
Dokument III.2.2:	Europäischer Rat – Aufgabenkatalog gemäß der „Erklärung von Stuttgart"	159

Verzeichnis der Abbildungen, Dokumente, Tabellen und Übersichten 503

Dokument III.2.3:	Europäischer Rat – Bestimmungen der Einheitlichen Europäischen Akte	160
Dokument III.2.4:	Europäischer Rat – verttagliche Vorgaben (gemäß EUV und EGV)	160
Dokument III.2.5:	Europäischer Rat – Bestimmungen gemäß Verfassungsvertrag	162
Übersicht III.2.1:	Europäischer Rat – Aktivitätenprofil anhand der Themen der Schlussfolgerungen und Erklärungen 1975–2004	164
Dokument III.2.6:	Europäischer Rat – Leitliniengebung	165
Dokument III.2.7:	Europäischer Rat – Leitliniengebung (gemäß Verfassungsvertrag)	166
Dokument III.2.8:	Europäischer Rat – Lenkungsfunktion	166
Dokument III.2.9:	Europäischer Rat – Wirtschaftspolitische Koordinierung	167
Übersicht III.2.3:	Europäischer Rat – Schlussfolgerungen und Erklärungen zu Außenbeziehungen und GASP-Themen 2004/2005	169
Dokument III.2.10:	Europäischer Rat – Einflussnahme auf die Politikgestaltung	171
Abbildung III.2.2:	Europäischer Rat – „Familienfoto"	173
Abbildung III.2.3:	Europäischer Rat – Sitzordnung	175
Dokument III.2.11:	Europäischer Rat – Regeln zur Vorbereitung und zum Ablauf	180
Dokument III.2.12:	Europäischer Rat – Wahl und Funktionen des Präsidenten (gemäß Bestimmungen des Verfassungsvertrags)	186
Abbildung III.3.1:	Rat – Institutioneller Steckbrief	192
Dokument III.3.1:	Rat – Aufgaben (gemäß Art. I-22 VVE)	194
Abbildung III.3.2:	Rat – Beschlussfassungsregeln EGKS-VVE	195
Tabelle III.3.1:	Rat – Rechtsakte und Arbeitsproduktivität seit 1997	196
Dokument III.3.2:	Rat – Arten von Rechtsakten (gemäß Art. 249 EGV)	196
Dokument III.3.3:	Rat – Tagesordnung des Rats der EU (Allgemeine Angelegenheiten und Außenbeziehungen)	197
Dokument III.3.4:	Rat – Politik der Transparenz	198
Tabelle III.3.2:	Rat – Sitzungen in verschiedenen Formationen 1967–2005	199
Übersicht III.3.1:	Rat – Formationen des Rats (gemäß Beschluss des Europäischen Rats 2002)	200
Dokument III.3.5:	Rat – Aufgaben des Allgemeinen Rats (gemäß Geschäftsordnung)	200
Tabelle III.3.3:	Rat – Beschlussfassungsregeln im Rat (gemäß Vertrag von Nizza)	202
Übersicht III.3.2:	Rat – Bedingungen für qualifizierte Mehrheitsentscheidungen (gemäß EUV und VVE)	203
Tabelle III.3.4:	Rat – Stimmgewichte und demografische Repräsentativität (gemäß Vertrag von Nizza)	204
Abbildung III.3.3:	Rat – Statistische Gestaltungsmehrheiten im historischen Vergleich	205
Übersicht III.3.3:	Rat – Koalitionen für qualifizierte Mehrheiten und Sperrminoritäten (gemäß Vertrag von Nizza und dem VVE) (Stand 2004)	206
Abbildung III.3.4:	Rat – Potentielle und reale Anwendung der qualifizierten Mehrheitsentscheidung	209
Abbildung III.3.5:	Rat – Binnenstruktur	211
Tabelle III.3.5:	Rat – Treffen in der Ratshierarchie 1997–2004	212

Dokument III.3.6:	Rat – Bestimmungen zum Ausschuss der Ständigen Vertreter (gemäß Art. 207 (1) EGV)	212
Dokument III.3.7:	Rat – Bestimmungen für den Wirtschafts- und Finanzausschusses	213
Dokument III.3.8:	Rat – Bestimmungen für den Vorsitz (gemäß EGV)	214
Übersicht III.3.4:	Rat – Wechsel im Vorsitz 2000–2010	215
Übersicht III.3.5:	Rat – Aufgaben und Funktionen des Vorsitzes	215
Dokument III.3.9:	Rat – Bestimmungen zum Vorsitz in der GASP (gemäß Art. 18 EUV)	217
Abbildung III.3.6:	Rat – Das Sitzungsgebäude	220
Abbildung III.4.1:	Europäische Kommission – Institutioneller Steckbrief	226
Dokument III.4.1:	Europäische Kommission – Vertragliche Vorgaben zum Profil der Mitglieder	227
Dokument III.4.2:	Europäische Kommission – Vertragliche Vorgaben für die Politikgestaltung	228
Dokument III.4.3:	Europäische Kommission – Vertragliche Befugnisse für die Außenvertretung	229
Dokument III.4.4:	Europäische Kommission – Vertragliche Befugnisse bei der wirtschafts-, fiskal- und beschäftigungspolitischen Koordinierung	230
Dokument III.4.5:	Europäische Kommission – Vertragliche Befugnisse in der GASP und in der PJZS	231
Dokument III.4.6:	Europäische Kommission – Vertragliche Befugnisse bei Vertragsänderungen und Beitrittsabkommen	231
Dokument III.4.7:	Europäische Kommission – Aufgaben und Befugnisse gemäß Verfassungsvertrag	232
Tabelle III.4.1:	Europäische Kommission – Aktivitätenprofil	233
Übersicht III.4.1:	Europäische Kommission – Grün- und Weißbücher 2003 – 2005 (Auswahl)	234
Tabelle III.4.2:	Europäische Kommission – Eingesetzte Expertengruppen und Komitologieausschüsse (2004)	235
Tabelle III.4.3:	Europäische Kommission – Einleitung von Vertragsverletzungsverfahren gegen Mitgliedstaaten	237
Dokument III.4.8:	Europäische Kommission – Vertragliche Bestimmungen zur Anzahl der Mitglieder (gemäß EUV)	240
Abbildung III.4.2:	Europäische Kommission – Regelwerk zur Ernennung (gemäß Art. 214 EGV)	241
Übersicht III.4.2:	Europäische Kommission – Die Präsidenten	242
Übersicht III.4.3:	Europäische Kommission – Deutsche Mitglieder seit 1958	244
Abbildung III.4.3:	Europäische Kommission – Das „Magische Dreieck" von Leitungs- und Lenkungsprinzipien	245
Dokument III.4.9:	Europäische Kommission – Rechte des Präsidenten (gemäß Vertrag)	246
Abbildung III.4.4:	Europäische Kommission – Binnenstruktur	248
Abbildung III.4.5:	Europäische Kommission – Das Berlaymont-Gebäude als Sitz	250
Dokument III.4.10:	Europäische Kommission – Die Zuständigkeiten des Präsidenten (gemäß Verfassungsvertrag)	253

Verzeichnis der Abbildungen, Dokumente, Tabellen und Übersichten

Abbildung III.5.1:	Europäischer Gerichtshof – Institutioneller Steckbrief	258
Übersicht III.5.1:	EuGH – Ausbau vertraglicher Rechte und Strukturen	260
Dokument III.5.1:	EuGH – Urteil zur unmittelbaren Wirkung des Gemeinschaftsrechts ...	260
Dokument III.5.2:	EuGH – Urteil zum Vorrang von Gemeinschaftsrecht	261
Dokument III.5.3:	EuGH – Urteil zur Berücksichtigung von Menschenrechten	261
Dokument III.5.4:	EuGH – Legitimation gemäß Vertragsartikel	262
Übersicht III.5.2:	EuGH – Verfahrensformen	263
Abbildung III.5.2:	EuGH – Entwicklung der Rechtsprechungstätigkeit 1953–2005	265
Tabelle III.5.1:	EuGH – Erledigte Rechtssachen nach Verfahrensgegenstand (2005)	266
Tabelle III.5.2:	EuGH – Klagen wegen Vertragsverletzungen einzelner Mitgliedstaaten (gemäß Art. 226 EGV) 1953–2005	267
Abbildung III.5.3:	EuG – Anhängig gewordene und erledigte Rechtssachen 1989–2005	268
Abbildung III.5.4:	EuGH – Anteil der Spruchkörper an anhängigen Rechtssachen 2005 ...	269
Abbildung III.5.5:	Gerichtsarchitektur – Binnenstruktur	271
Abbildung III.5.6:	EuGH – Gebäude in Luxemburg	272
Tabelle III.6.1:	Mitspieler – Organisationen der Zivilgesellschaft und beratende Gremien aufgeschlüsselt nach Politikbereichen	279
Tabelle III.6.2:	Mitspieler – Vertretungen von Akteursgruppen in Brüssel 1990 – 2005 .	281
Abbildung III.6.1:	Der Europäische Wirtschafts- und Sozialausschuss – Institutioneller Steckbrief	286
Übersicht III.6.1:	EWSA – Aktivitätenprofil	287
Abbildung III.6.2:	EWSA – Binnenstruktur	288
Übersicht III.6.2:	EWSA – Zusammensetzung nach Mitgliedstaaten	289
Übersicht III.6.3:	EWSA – Die deutschen Vertreter (2002 – 2006)	289
Abbildung III.6.3:	Der Ausschuss der Regionen – Institutioneller Steckbrief	291
Übersicht III.6.4:	AdR – Aktivitätenprofil	292
Abbildung III.6.4:	AdR – Binnenstruktur	293
Übersicht III.6.5:	AdR – Die deutschen Vertreter (2006)	294
Dokument III.6.1:	Europäische Parteien – Vertragliche Bestimmungen (gemäß Art. 191 EGV)	296
Übersicht III.6.6:	Europäische Parteien – Mitgliedsparteien von EVP und SPE	297
Übersicht III.6.7:	Europäische Parteien – Führungspersonen und Aktivitätenprofil	299
Abbildung III.6.5:	Europäische Parteien – Typische Organisations- und Binnenstrukturen ..	301
Dokument III.6.2:	Nationale Parlamente – Befugnisse für ein Frühwarnsystem (gemäß Verfassungsvertrag und Schlussfolgerungen des Europäischen Rats)	303
Abbildung III.7.1:	Europäischer Rechnungshof – Institutioneller Steckbrief	311
Dokument III.7.1:	EuRH – Vertragliche Vorgaben	312
Tabelle III.7.1:	EuRH – Aktivitätenprofil	314
Dokument III.7.2:	EuRH – Kontrollfunktion	315
Tabelle III.7.2:	Europäisches Amt für Betrugsbekämpfung (OLAF) – Aktivitätenprofil ..	315

Übersicht III.7.1:	EuRH – Binnenstruktur	316
Übersicht III.7.2:	OLAF – Binnenstruktur	316
Abbildung III.8.1:	EZB – Institutioneller Steckbrief	320
Dokument III.8.1:	ESZB/EZB – Ziele, Aufgaben und Instrumente (gemäß Art. 105 EGV)	321
Tabelle III.8.1:	EZB – Übersicht über Rechtsakte	323
Dokument III.8.2:	EZB – Zusammensetzung und Ernennung (gemäß Art. 112 EGV)	324
Abbildung III.8.2:	EZB – Die Präsidenten Wim Duisenberg, Jean-Claude Trichet	325
Dokument III.8.3:	EZB – Bestimmungen zur Unabhängigkeit (gemäß EGV)	326
Abbildung III.8.3:	EZB – Binnenstruktur	329
Abbildung III.8.4:	EZB – Der „Euro-Tower" in Frankfurt	330
Übersicht IV.1.1:	Verfahren – Beschlussfassungsregeln Rat / EP (gemäß Vertrag von Nizza)	338
Dokument IV.2.1:	Rechtsetzungsverfahren – Präambel eines Ratsbeschlusses nach dem Anhörungsverfahren	343
Abbildung IV.2.1:	Rechtsetzungsverfahren – Mitentscheidung – Ablauf (gemäß Artikel 251 EGV)	345
Dokument IV.2.2:	Rechtsetzungsverfahren – Mitentscheidung – exemplarische Präambel	347
Übersicht IV.2.1:	Rechtsetzungsverfahren – Mitentscheidung (exemplarischer Ablauf)	348
Übersicht IV.2.2:	Rechtsetzungsverfahren – Reale Nutzung (1987–2004)	349
Übersicht IV.2.3:	Rechtsetzungsverfahren – Praxis des Mitentscheidungsverfahrens (1994–2004)	350
Tabelle IV.2.1:	Rechtsetzungsverfahren – Veränderung der Beschlussfassungsregeln im Verfassungsvertrag	351
Abbildung IV.3.1:	Haushalt – Entwicklung des Systems der Eigenmittelfinanzierung (ab 2004 auf 25 Mitgliedstaaten erweitert; in Prozent)	356
Abbildung IV.3.2:	Haushalt – Ausgaben der Gemeinschaft im Zeitraum 1960 bis 2004 (Geleistete Zahlungen; in Mio. EUR)	357
Übersicht IV.3.1:	Haushalt – Mehrjähriger Finanzrahmen 2007 – 2013 (gemäß interinstitutioneller Vereinbarung vom 17.5.2006, in Mio. EUR)	358
Abbildung IV.3.3:	Haushalt – Haushaltssalden pro Mitgliedstaat 2004 (in Prozent des BNE)	359
Abbildung IV.3.4:	Haushalt – Vorbereitung und Verabschiedung des jährlichen Budgets (gemäß Art. 272 EGV)	361
Dokument IV.3.1:	Haushalt – Überprüfung der Strukturen	363
Übersicht IV.4.1:	Wirtschaftspolitische Koordinierung – Übersicht über zentrale Formen	368
Abbildung IV.4.1:	Wirtschaftspolitische Koordinierung – Die institutionelle Architektur der Fiskal- und Beschäftigungspolitik	369
Dokument IV.4.1:	Wirtschaftspolitische Koordinierung – Multilaterale Überwachung der Wirtschaftspolitik (gemäß Art. 99 EGV)	370
Übersicht IV.4.2:	Wirtschaftspolitische Koordinierung – Aus der Praxis der multilateralen Überwachung	371
Abbildung IV.4.2:	Wirtschaftspolitische Koordinierung – Der Zyklus zur Überwacjhung der nationalen Haushaltspolitik (Art. 104 EGV)	374
Übersicht IV.4.3:	Wirtschaftspolitische Koordinierung – Eingeleitete Frühwarnverfahren	375

Übersicht IV.4.4:	Wirtschaftspolitische Koordinierung – Aus der Praxis der haushaltspolitischen Überwachung	376
Dokument IV.4.2:	Wirtschaftspolitische Koordinierung – Bestimmungen zur Beschäftigungspolitik (gemäß Art. 125 und 126 EGV)	378
Abbildung IV.4.3:	Wirtschaftspolitische Koordinierung – Der Zyklus in der Beschäftigungspolitik (Art. 128 EGV)	379
Übersicht IV.4.5:	Wirtschaftspolitische Koordinierung – Aus der Praxis der Beschäftigungspolitik	380
Dokument IV.4.3:	Wirtschaftspolitische Koordinierung – Die OMK gemäß der Lissabonner Strategie	381
Übersicht IV.4.6:	Wirtschaftspolitische Koordinierung – OMK-Verfahren nach Politikfeldern	382
Dokument IV.4.4:	Wirtschaftspolitische Koordinierung – Anpassungen durch den Europäischen Rat	382
Dokument IV.4.5:	Wirtschaftspolitische Koordinierung – Artikel zur Wirtschafts-, Beschäftigungs- und Sozialpolitik	387
Dokument IV.5.1:	Auswärtiges Handeln – Ziele (gemäß EUV und EGV)	390
Abbildung IV.5.1:	Auswärtiges Handeln – Verfahren der EG-Handelspolitik (gemäß Artikel 133 EGV)	393
Dokument IV.5.2:	Auswärtiges Handeln – Tagesordnung des Rats für Außenbeziehungen . .	394
Übersicht IV.5.1:	GASP – Meilensteine von der EPZ über die GASP zur ESVP	396
Dokument IV.5.3:	GASP – Vertragliche Ziele (gemäß EUV-Vertrag)	396
Dokument IV.5.4:	GASP – Vertragliche Instrumente.	397
Dokument IV.5.5:	GASP – Beschlussverfahren des Rats (gemäß EUV)	398
Abbildung IV.5.2:	GASP – Die institutionelle Architektur	400
Dokument IV.5.6	GASP – Vertragliche Vorgaben für den Hohen Vertreter (gemäß EUV) .	401
Dokument IV.5.7:	GASP – Vertragliche Vorgaben für den Vorsitz	403
Dokument IV.5.8:	GASP – Vertragliche Vorgaben für das EP (gemäß EUV)	403
Tabelle IV.5.1:	EPZ/GASP – Aktivitätenprofil 1970–2004	404
Dokument IV.5.9:	GASP – Formulierung einer Erklärung (exemplarischer Fall)	405
Übersicht IV.5.2:	GASP – Erklärungen Dezember 2005 (insgesamt 19)	405
Tabelle IV.5.2:	GASP – Gemeinsame Standpunkte und Aktionen November 1993 bis August 2006	406
Übersicht IV.5.3:	GASP – Sonderbeauftragte (Stand 2006/2007)	407
Übersicht IV.5.4:	GASP – Operationen zum Krisenmanagement (Stand März 2007)	408
Abbildung IV.5.3:	Auswärtiges Handeln der EU – Die institutionelle Architektur (gemäß Verfassungsvertrag)	412
Dokument IV.5.10:	Auswärtiges Handeln der EU – Der Außenminister der Union (gemäß Verfassungsvertrag)	413
Dokument IV.6.1:	RFSR – Vertragliche Zielvorgaben (gemäß EUV)	418
Dokument IV.6.2:	RFSR – vertragliche Zielvorgaben für die PJZS (gemäß EUV)	420
Abbildung IV.6.1:	RFSR – institutionelle Architektur	422

Abbildung IV.6.2:	RFSR – Organisationsstruktur von Europol	424
Abbildung IV.6.3:	RFSR – Anzahl der Ratssitzungen 1993–2005	425
Abbildung IV.6.4:	RFSR – reale Nutzung der Rechtsinstrumente 1993–2005	426
Abbildung IV.6.5:	RFSR – Besitzstand an Rechtsakten (1994–2005)	427
Dokument IV.7.1:	Vertragsänderungen – „kleine" Vertragsänderung (gemäß Art. 308 EGV)	432
Übersicht IV.7.1:	Vertragsänderungen – Daten aus der Integrationsgeschichte	433
Dokument IV.7.2:	Vertragsänderungen – vertragliche Bestimmungen (gemäß EUV)	433
Abbildung IV.7.1:	Vertragsänderungsverfahren – Regeln und Praxis (gemäß Art. 48 EUV) .	434
Dokument IV.7.3:	Vertragsänderungen – Institutionelle Rollenzuordnung	435
Übersicht IV.7.2:	Vertragsänderungen – Zusammensetzung und Arbeitsstruktur des Konvents zur Zukunft Europas	439
Dokument IV.7.4:	Vertragsänderungen – Vorgaben zur Arbeitsmethode des Konvents	440
Dokument IV.7.5:	Vertragsänderungen – Das „ordentliche Änderungsverfahren" (gemäß den Artikeln des VVE)	443
Dokument IV.8.1:	Beitrittsverfahren – vertragliche Bestimmungen (gemäß Art. 49 EUV und Art. 6 EUV)	446
Dokument IV.8.2:	Beitrittsverfahren – „Kopenhagener Kriterien"	447
Dokument IV.8.3:	Beitrittsverfahren – Aufnahmefähigkeit	448
Abbildung IV.8.1:	Beitrittsverfahren – Phasen (gemäß Art. 49 EUV) und Praxis	449
Übersicht IV.8.1:	Beitrittsverfahren – zur Geschichte und Praxis der Beitrittsschritte	451
Dokument IV.8.4:	Beitrittsverfahren – zum Zusammenwirken von Europäischem Rat und Kommission	452
Übersicht IV.8.2:	Beitrittsverfahren – Stationen Polens auf dem Weg zur EU-Mitgliedschaft	454
Dokument IV.8.5:	Beitrittsverfahren – Beitrittsperspektive für westliche Balkanstaaten	455
Dokument IV.8.6:	Beitrittsverfahren – Mandat für die Beitrittsverhandlungen mit der Türkei	456
Dokument IV.9.1:	Flexibilisierung – Vorschläge aus dem Tindemans-Bericht und dem Entwurf für einen „Vertrag für die Europäische Union" des EP	460
Dokument IV.9.2:	Flexibilisierung – Vertragliche Bestimmungen für eine verstärkte Zusammenarbeit (gemäß EUV)	464
Abbildung IV.9.1:	Flexibilisierung – Phasen des Verfahrens zur verstärkten Zusammenarbeit (gemäß EUV und EGV)	466
Dokument V.1.1:	Zur Zukunft – Vorgaben des Europäischen Rats	476
Abbildung V.2.1:	Zur Zukunft – Szenarien und Strategien für die EU-Systemgestaltung . .	477
Abbildung V.2.2:	Zur Zukunft – Quasi-konstitutionelle Strategien zum Ausbau	479
Dokument V.2.1:	Zur Zukunft – Auf dem Weg zum Reformvertrag	481
Abbildung V.2.3:	Zur Zukunft – Funktionalistische Ausbaustrategien	482
Abbildung V.2.4:	Zur Zukunft – Strategien der Aufbauflexibilisierung	486
Abbildung V.2.5:	Zur Zukunft – Stufen der Rückbildung des bestehenden Vertragswerks .	488
Abbildung V.2.6:	Zur Zukunft – Abbauflexibilisierung	490

Literaturverzeichnis

Ahern, Bertie (2004): Statement of the Taoiseach to the Dáil on the outcome of the European Council and the Intergovernmental Conference held on 17-18 June, 2004 in Brussels, Brüssel, online unter: http://www.eu2004.ie/templates/news.asp?sNavlocator=66&list_id=901 (Stand 17.09.2007).

Alber, Jens/Merkel, Wolfgang (Hrsg.) (2006): Europas Osterweiterung: Das Ende der Vertiefung?, WZB Jahrbuch, Berlin.

Alemann, Ulrich von (1989): Organisierte Interessen in der Bundesrepublik, 2. durchgesehene Auflage, Opladen, S. 37-39.

Alemann, Ulrich von/Eckert, Florian (2006): Lobbyismus als Schattenpolitik, in: Aus Politik und Zeitgeschichte: Verbände und Lobbyismus, 15-16/2006, S. 3-10.

Algieri, Franco (2007): Asienpolitik, in: Weidenfeld, Werner/Wessels, Wolfgang (Hrsg.): Europa von A bis Z. Taschenbuch der europäischen Integration, 10. Auflage, Baden-Baden, S. 63-64.

Algieri, Franco/Weske, Simone (2007): Assoziierungs- und Kooperationspolitik, in: Weidenfeld, Werner/Wessels, Wolfgang (Hrsg.): Europa von A bis Z. Taschenbuch der europäischen Integration, 10. Auflage, Baden-Baden, S. 65-68.

Alter, Karen J. (2004): Agents or Trustees? International Courts in their Political Context, TranState Working Paper No. 8.

Alter, Karen J. (1998): Who are the „Masters of the Treaty!?: European Governments and the European Court of Justice, in: International Organization 52 (1), S. 121-147.

Amtsblatt der Europäischen Gemeinschaften (2000): Charta der Grundrechte der Europäischen Union. Dok. 2000/C 364, online unter: http://www.europarl.eu.int/charter/pdf/text_de.pdf (Stand: 17.09.2007).

Andersen, Sven S./Eliassen, Kjell A. (1991): European Community Lobbying, in: European Journal of Political Research 20, S. 173-187.

Anderson, Jeffrey (1999): German Unification and the Union of Europe: the Domestic Politics of Integration Policy, Cambridge.

Armstrong, Kenneth/Bulmer, Simon (1998): The Governance of the Single European Market, Manchester, New York.

Bach, Maurizio (2005) : Europa als bürokratische Herrschaft. Verwaltungsstrukturen und bürokratische Politik in der Europäischen Union, in: Schuppert, Gunnar Folke/Pernice, Ingolf/Haltern, Ulrich (Hrsg.): Europawissenschaft, Baden-Baden, S. 575-611.

Bach, Maurizio (1995): Ist die europäische Einigung irreversibel? Integrationspolitik als Institutionenbildung in der Europäischen Union, in: Nedelmann, Birgitte (Hrsg.): Politische Institutionen im Wandel, Opladen, S. 368-391.

Bagehot, Walter (1873): The English Constitution, 2nd edition, Cambridge; auf deutsch erschienen als: Bagehot, Walter (1971): Die englische Verfassung, Neuwied/Berlin.

Baldwin, Richard (2005): The real budget battle. Une crise peut en cacher une autre, CEPS Policy Briefs No. 76, Brüssel.

Baldwin, Richard/Widgrén, Mika (2004): Council voting in the Constitutional Treaty: Devil in the details, online unter: http://heiwww.unige.ch/~baldwin/PapersBooks/Devil_in_the_details_Baldwin Widgren.pdf. (Stand: 17.09.2007)

Baldwin, Richard/Wyplosz, Charles (2004): The Economics of European Integration, London.

Baltz, Konstantin/König, Thomas/Schneider, Gerald (2005): Immer noch ein etatistischer Kontinent: Die Bildung nationaler Positionen zu EU-Verhandlungen, in: Eising, Rainer/Kohler-Koch, Beate (Hrsg.): Interessenpolitik in Europa, Regieren in Europa, Band 7, Baden-Baden, S. 283-309.

Balzacq, Thierry/Carrera, Sergio (2006): Security versus Freedom? A Challenge for Europe's Future, Aldershot u.a..

Barbato, Mariano (2007): Chronologie der europäischen Integration, in: Europa von A bis Z, Taschenbuch der europäischen Integration, 10. Auflage, Baden-Baden, S. 471-484.

Barroso, José Manuel (2005): Where to Go From Here? The Commission's Perspective on the Future European Development, Interview von Joachim Jens Hesse, in: Zeitschrift für Staats- und Europawissenschaften, Jg. 3, Nr. 4, S. 650-661.
Bartolini, Stefano (2005): Restructuring Europe. Centre formation, system building and political structuring between the nation state and the EU, Oxford.
Bauer, Michael (2005): Orientierungsnot im Machtdreieck: Die Europäische Kommission auf der Suche nach einem neuen Leitbild, in: integration 1/2005, S. 47-54.
Beck, Ulrich/Grande, Edgar (2004): Kosmopolitisches Europa. Gesellschaft und Politik in der Zweiten moderne, Frankfurt/Main.
Becker, Peter (2007): Beschäftigungs- und Sozialpolitik, in: Weidenfeld, Werner/Wessels, Wolfgang (Hrsg.): Jahrbuch der Europäischen Integration 2006, Baden-Baden, S. 145-150.
Becker, Peter (2006): Fortschreibung des Status Quo – Die EU und ihr neuer Finanzrahmen. Agenda 2007, in: integration 2/06, S.106-121.
Becker, Peter (2005): Die EU-Finanzverhandlungen vor der dritten Phase – Die Rolle des Europäischen Parlaments, in: Maurer, Andreas/Nickel, Dietmar (Hrsg.): Das Europäische Parlament. Supranationalität, Repräsentation und Legitimation, Baden-Baden, S. 179-199.
Becker, Werner/Böttcher, Barbara (2007): Währungspolitik, in: Weidenfeld, Werner/Wessels, Wolfgang (Hrsg.): Jahrbuch der Europäischen Integration 2006, Baden-Baden, S. 213-216.
Beckmann, Martin (2005): Marxistische Politische Ökonomie, in: Bieling, Hans-Jürgen/Lerch, Marika: Theorien der europäischen Integration, Stuttgart, S. 117-144.
Begg, Iain (2005): Funding the European Union. Making Sense of the EU budget, The Federal Trust, London.
Belgisches Aussenministerium (1976): Die Europäische Union. Bericht an den Europäischen Rat, Brüssel Januar 1976.
Bellier, Irène (1997): The Commission as an Actor: An Anthropologist's View, in: Wallace, Helen/Young, Alisdair R. (Hrsg.), Participation and Policy-Making in the European Union, London, S. 91-115.
Bender, Peter (2007): Verbände und Interessenvertretung, in: Weidenfeld, Werner/Wessels, Wolfgang (Hrsg.): Europa von A bis Z. Taschenbuch der europäischen Integration, 10. Auflage, Baden-Baden, S. 360-363.
Benz, Arthur (2004): Governance – Regieren in komplexen Regelsystemen. Eine Einführung, Wiesbaden.
Benz, Arthur (2001): Der moderne Staat: Grundlagen der politologischen Analyse, Wien/Oldenburg.
Benz, Arthur (1998): Politikverflechtung ohne Politikverflechtungsfalle – Koordination und Strukturdynamik im europäischen Mehrebenensystem, in: PVS 39(3), S. 558-589.
Beutler, Bengt/Bieber, Roland/Pipkorn, Jörn (Hrsg.) (2001): Die Europäische Union. Rechtsordnung und Politik, Baden-Baden.
Beyme, Klaus von (1982): Parteien in westlichen Demokratien, München.
Bieber, Roland/Epiney, Astrid/Haag, Marcel (2005): Die Europäische Union. Europarecht und Politik, 6. Auflage, Baden-Baden.
Bieling, Hans-Jürgen (2005): Intergouvernementalismus, in: Bieling, Hans-Jürgen/Lerch, Marika (Hrsg.): Theorien der europäischen Integration, Wiesbaden, S. 91-116.
Bieling, Hans-Jürgen/Lerch, Marika (Hrsg.) (2005): Theorien der europäischen Integration, Wiesbaden.
Biescheuvel, Barend/Dell, Edmund/Marjolin, Robert (1979): Report on European Institutions. Presented by the Committee of Three to the European Council, online unter: http://aei.pitt.edu/archive/00000999. (Stand: 17.09.2007)
Bitsch, Marie-Thérèse (1999): Histoire de la construction européenne de 1945 à nos jours, Paris.
Blair, Tony (2006): Rede des britischen Premierministers Tony Blair, Europa-Rede, 2.2.2006, online unter: http://www.britischebotschaft.de/de/news/items/060202.htm (Stand: 17.09.2007).
Blair, Tony (2005): Rede vor dem Europäischen Parlament, online unter: http://www.britischebotschaft.de/de/news/items/050623.htm. (Stand: 17.09.2007)
Blair, Tony (2000): Europas Politische Zukunft, abgedruckt in: Marhold, Hartmut (Hrsg.) (2001): Die neue Europadebatte. Leitbilder für das Europa der Zukunft, Bonn, S. 239-254.

Bofinger, Peter (1993): Stabilitätsinsel Deutschland oder Stabilitätszone Europa?, in: Hrbek, Rudolf (Hrsg.) (1993): Der Vertrag von Maastricht in der wissenschaftlichen Kontroverse, Baden-Baden, S. 77-88.

Bogdandy, Armin von (1993): Die Verfassung der europäischen Integrationsgemeinschaft als supranationale Union, in: ders. (Hrsg.): Die europäische Option. Eine interdisziplinäre Analyse über Herkunft, Stand und Perspektiven der europäischen Integration, Baden-Baden, S. 97-128.

Bogdandy, Armin von/Bast, Jürgen/Arndt, Felix (2002): Handlungsformen im Unionsrecht. Empirische Analysen und dogmatische Strukturen in einem vermeintlichen Dschungel, in: Zeitschrift für ausländisches öffentliches Recht und Völkerrecht, Heidelberg Journal of International Law, Band 62, Nr. 1-2, S. 78-160.

Bohle, Dorothee (2005): Neogramscianismus, in: Bieling, Hans-Jürgen/Lerch, Marika (Hrsg.): Theorien der europäischen Integration, Stuttgart, S. 197-222.

Bomberg, Elizabeth/Stubb, Alexander (Hrsg.) (2003): The European Union: How does it work?, Oxford.

Börzel, Tanja (2005a): European Governance: Markt, Hierarchie oder Netzwerk?, in: Schuppert, Gunnar Folke/Pernice, Ingolf/Haltern, Ulrich (Hrsg.) (2005): Europawissenschaft, Baden-Baden, S. 613-642.

Börzel, Tanja (2005b): Europäische Integrationstheorie – nicht obsolet, aber reformbedürftig, in: Zeitschrift für internationale Beziehungen, 2/2005, S. 345-352.

Börzel, Tanja/Risse, Thomas (2000): 'When Europe Hits Home: Europeanization and Domestic Change', European Integration online Papers, Vol. 4, No. 15; online unter: http://eiop.or.at/eiop/texte/2000-015a.htm (Stand: 21.08.2007)

Böttcher, Barbara (2007): Wirtschaftspolitik, in: Weidenfeld, Werner/Wessels, Wolfgang (Hrsg.): Europa von A bis Z. Taschenbuch der europäischen Integration, 10. Auflage, Baden-Baden, S. 384-387.

Borrás, Susana/Jacobsson, Kerstin (2004): The open method of co-ordination and new governance patterns in the EU, Journal of European Public Policy 11(2), S. 185-208.

Bouwen, Pieter (2005): Zugangslogik in der Europäischen Union: Der Fall des Europäischen Parlaments, in: Eising, Rainer/Kohler-Koch, Beate (Hrsg.): Interessenpolitik in Europa, Regieren in Europa Band 7, Baden-Baden, S.95-122.

Brady, Hugo/Tonra, Ben (2005): The European Defence Agency: Serious Opportunity, Daunting Challenge, in: CFSP-Forum, Vol. 3, No. 1, S. 1-4, online unter: http://www.fornet.info/documents/CFSP%20Forum%20vol%203%20no%201.pdf (Stand: 18.09.2007).

Bretherton, Charlotte/Vogler, John (2006): The European Union as a Global Actor, 2. Auflage, London/New York.

Brimmer, Esther/Fröhlich, Stefan (Hrsg.) (2005): The Strategic Implications of the European Union Enlargement, Washington.

Brok, Elmar (2006): Das Kriterium der Aufnahmefähigkeit der EU am Beispiel der Beitrittsverhandlungen mit der Türkei, online unter: www.elmarbrok.de/arbeit/artikel/ (Stand: 17.09.2007).

Brok, Elmar (2005): Die künftige Verfassung der Europäischen Union – ein klares Votum für den Verfassungsvertrag, in: Jopp, Mathias/Matl, Saskia (Hrsg.): Der Vertrag über eine Verfassung für Europa. Analysen zur Konstitutionalisierung der EU, Baden-Baden, S. 531-538.

Brok, Elmar (2002): Europa im Aufwind? Überlegungen zu den Ergebnissen des Gipfels von Laeken, in: integration, 1/02, 25. Jahrgang, Bonn, S. 3-7.

Brunn, Gerhard (2004): Die europäische Einigung: von 1945 bis heute, Bonn.

Bryman, Alan (2001): Social Research Methods, Oxford.

Buck, Karl-Hermann (1987): Der Ministerrat, in: Weidenfeld, Werner/Wessels, Wolfgang (Hrsg.): Jahrbuch der Europäischen Integration 1986/87, Bonn, S. 61-67.

Buckler, Steve (2002): Normative Theory, in: Marsh, David/Stoker, Gerry (Hrsg.): Theory and Methods in Political Science, New York, S. 172-194.

Budden, Philip (2002): Observations on the Single European Act and 'relaunch of Europe': a less 'intergovernmental' reading of the 1985 Intergovernmental Conference, in: Journal of European Public Policy, Volume 9, No 1, S. 76-97.

Bulmer, Simon (1994): The Governance of the European Union. A New Institutionalist Approach, in: Journal of Public Policy 13, S. 352-380.

Bulmer, Simon/Lequesne, Christian (2005): Member States and the European Union, Oxford 2005.
Bulmer, Simon/Wessels, Wolfgang (1987): The European Council. Decision-Making in European Politics, Houndmilles u.a..
Bünder, Helmut/Friedrich, Hajo (2004): Europapolitik aus dem Ausschuß: Die Herrschaft der Beamten, in: FAZ vom 3. Februar 2004.
Bundesregierung der BRD (2007): Regierungserklärung der Bundesklanzlerin, Vorschau auf den Europäischen Rat am 21. und 22. Juni 2007, 14.06.2007, online unter: www.bundesregierung.de/nn_1502/Content/DE/Regierungserklaerung/2007/2007-06-14-regierungserklaerung-eu-gipfel.html (Stand: 21.08.2007).
Bundesverfassungsgericht (1994): Urteil des Bundesverfassungsgerichts über die Verfassungsbeschwerden gegen den Vertrag von Maastricht vom 12. Oktober 1993, abgedruckt in: Entscheidungen des Bundesverfassungsgerichts, 89. Band, Tübingen, S. 155-213.
Burgess, Michael (2004): Federalism, in: Diez, Thomas/Wiener, Antje (Hrsg.): European Integration Theory, Oxford University Press, Oxford.
Caesar, Rolf/Kösters, Wim (2005): Europäische Wirtschafts- und Währungsunion: Europäische Verfassung versus Maastrichter Vertag, in: Jopp, Mathias/Matl, Saskia (Hrsg.): Der Vertrag über eine Verfassung für Europa. Analysen zur Konstitutionalisierung der EU, Baden-Baden, S. 259-274.
Caesar, Rolf/Kösters, Wim (2004): Europäische Wirtschafts- und Währungsunion: Europäische Verfassung versus Maastrichter Vertag, in: integration 4/04, S. 289-300.
Cameron, Fraser (Hrsg.) (2004): The Future of Europe. Integration and Enlargement, London/New York.
CDU/CSU/SPD (2005): Koalitionsvertrag zwischen CDU, CSU und SPD für die 16. Wahlperiode des deutschen Bundestags, 18.11.2005, online unter: http://www.cdu.de/doc/pdfc/05_11_11_Koalitionsvertrag_Langfassung_navigierbar.pdf, S. 148 (Stand: 21.08.2007).
CDU (2004): Privilegierte Partnerschaft. Die europäische Perspektive für die Türkei, online unter: www.cdu.de/doc/pdf/03_08_04-beschluss-tuerkei.pdf (Stand: 21.08.2007).
Center for European Reform (2004): The CER guide to the EU's constitutional treaty, Center for European Reform Policy Brief July 2004, online unter: http://www.cer.org.uk/pdf/policybrief_constitution_july04.pdf (Stand: 18.09.2007).
Checkel, Jeffrey T. (1998): The Constructivist Turn in International Relations Theory, in: World Politics 2/1998, S. 324-348.
Chirac, Jacques (2005): Die EU darf keine Freihandelszone werden, FAZ, 26.10.2005.
Chirac, Jacques (2004): Intervention de Jacques Chirac, Président de la République, sur l'accord pour une Constitution pour l'Europe, 19. Juni 2004. http://www.elysee.fr/elysee/root/bank/print/2887.htm (Stand: 17.09.2007).
Chirac, Jacques (2000): Unser Europa. Rede vor dem deutschen Bundestag in Berlin am 27.6.2000, online unter: http://www.bundestag.de/geschichte/gastredner/chirac/chirac1.html, (Stand: 17.09.2007).
Christiansen, Thomas (2002): The role of supranational actors in EU treaty reform, in: Falkner/Richardsen (Hrsg.): Journal of European Public Policy, Special Issue: EU Treaty Reform as a Three-Level Process: Historical Institutionalist Perspectives, Oxford, S. 33-54.
Christiansen, Thomas/Lintner, Pamela (2005): The Committee of the Regions after 10 Years: Lessons from the Past and Challenges for the Future, in: Eipascope, No. 1/2005, S. 7-13, online unter: http://www.eipa.eu/files/repository/eipascope/scop05_1_2.pdf (Stand: 17.09.2007).
Christiansen, Thomas/Falkner, Gerda/Jørgensen, Knud Erik (2002): Theorising EU Treaty Reform: Beyond Diplomacy and Bargaining, Journal of European Public Policy 9/1, S. 12-32.
Cini, Michelle (Hrsg.) (2007): European Union Politics, 2. Auflage, Oxford/New York.
Cini, Michelle/Bourne, Angela (Hrsg.) (2006): European Union Studies, Houndmilles/New York.
Coen, David/Thatcher, Mark (2005): The New Governance of Markets and Non-Majoritarian Regulators, Governance, Vol. 18(3): 329-346.
Commissariat général du Plan (Hrsg.) (2004): Perspectives de la coopération renforcée dans l'Union européenne, Paris.
Conzelmann, T./Knodt M. (2002) (Hrsg.): Regionales Europa – Europäisierte Regionen, Mannheimer Jahrbuch für Europäische Sozialforschung, Band 6, Frankfurt/New York.

Corbett, Richard/Jacobs, Francis/Shackleton, Michael (2003): The European Parliament, 4. Auflage, London.
Crowe, Brian/Peterson, John/Smith, Michael E. (2006): International Interests. The Common Foreign and Security Policy, in: Peterson, John/Shackleton, Michael (Hrsg.): The Institutions of the European Union, 2. Auflage, Oxford/New York, S. 252-271.
Dahrendorf, Ralf (1995): Alle Eier in einem Korb. Über die Gefahren der Währungsunion und die Krise Europas, in: Der Spiegel (50) 1995, S. 27-33.
Dahrendorf, Ralf (1979): A third Europe? Third Jean Monnet Lecture, Florenz (EUI).
Dahrendorf, Ralf (1973): Plädoyer für die Europäische Union, München.
Dante Alighieri (1313-1317): De Monarchia libri tres, online unter: http://www.symbolon.de/downtxt/dante.htm (Stand: 21.08.2007).
Daun, Anna (2005): Intelligence – Strukturen für die multilaterale Kooperation europäischer Staaten, in: intergration 2/05, S. 136-149.
Deffaa, Walter (2000): Haushaltspolitik, in: Weidenfeld, Werner/Wessels, Wolfgang (Hrsg.): Jahrbuch der Europäischen Integration 1999/2000, Bonn, S. 155-162.
De Búrca, Gráinne/Zeitlin, Jonathan (2003): Constitutionalising the Open Method of Coordination. What should the Convention Propose?, CEPS Policy Brief No. 31, Brussels.
De Gaulle, Charles (1971): Memoiren der Hoffnung. Die Wiedergeburt 1958-1962, Wien.
De Gaulle, Charles (1965): Conférence de Presse, 23. September 1965, in: ders.: Discours et Message, Band 4, Paris, S. 372-390.
De Grauwe, Paul (2005): Challenges for Monetary Policy in Euroland, in: Weiler, Joseph/Begg, Ian/Peterson, John (Hrsg.): Integration in an Expanding European Union: Reassessing the Fundamentals, Oxford, S. 203-227.
De Haan, Jakob/Amtenbrink, Fabian/Waller, Sandra (2004): The transparency and credibility of the European Central Bank, in: Journal of Common Market Studies 42 (4), S. 754-794.
De la Porte, Caroline/Nanz, Patricia (2004): The OMC – a deliberative-democratic mode of governance? The cases of employment and pensions, Journal of European Public Policy 11(2), S. 267-288.
De la Porte, Caroline/Pochet, Phillipe (Hrsg.) (2002): Building Social Europe through the Open Method of Co-Ordination, Brussles.
De la Serre, Francoise/Wallace, Helen (1997), Flexibility and Enhanced Cooperation in the European Union. Placebo rather than Panacea?, Notre Europe Reseach and Policy Unit, Paper No. 2, Paris.
De la Serre, Francoise/Lequesne, Christian (1991): Frankreich, in: Weidenfeld, Werner/Wessels, Wolfgang (Hrsg.): Jahrbuch der Europäischen Integration (1990/91), Bonn, S. 315-322.
De Villepin, Dominique (2006): Gemeinsame Pressekonferenz von Premierminister Dominique de Villepin mit Bundeskanzlerin Angela Merkel zur deutsch-französischen Rolle bei einem Europa der Projekte, 18.01.2006, online unter: http://www.botschaft-frankreich.de/IMG/villepin_PK_berlin.pdf (Stand: 17.09.2007).
De Villepin, Dominique (2005): Für ein neues politisches Europa, in: Frankfurter Allgemeine Zeitung vom 29.06.2005, Nr. 148, S.10.
Dehousse, Renaud (1998): The European Court of Justice: The Politics of Judicial Integration, Basingstoke.
Dehousse, Renaud/Magnette, Paul (2006): Institutional Change in the EU, in: Peterson, John/Shackleton, Míchael (Hrsg.): The Institutions of the European Union, 2. Auflage, Oxford/New York, S. 17-34.
Delors, Jacques (2004): Erinnerungen eines Europäers, Berlin.
Deubner, Christian (2005): Verstärkte Zusammenarbeit in der verfassten Europäischen Union, in: Jopp, Mathias/Matl, Saskia (Hrsg.): Der Vertrag über eine Verfassung für Europa. Analysen zur Konstitutionalisierung der EU, Baden-Baden, S. 239-256.
Diedrichs, Udo (2007a): Europäische Kommission, in: Weidenfeld, Werner/Wessels, Wolfgang (Hrsg.): Europa von A bis Z. Taschenbuch der europäischen Integration, 10. Auflage, Baden-Baden, S. 150-159.
Diedrichs, Udo (2007b): Lateinamerikapolitik, in: Weidenfeld, Werner/Wessels, Wolfgang (Hrsg.): Europa von A bis Z. Taschenbuch der europäischen Integration, 10. Auflage, Baden-Baden, S. 302-303.

Diedrichs, Udo (2007c): Europäische Kommission, in: Weidenfeld, Werner/Wessels, Wolfgang (Hrsg.): Jahrbuch der Europäischen Integration 2006, Baden-Baden, S. 89-98.
Diedrichs, Udo (2006): Europäische Kommission, in: Weidenfeld, Werner/Wessels, Wolfgang (Hrsg.): Jahrbuch der Europäischen Integration 2005, Baden-Baden, S. 91-100.
Diedrichs, Udo (2004): The European Parliament in CFSP: More than a Marginal Player?, in: The International Spectator 2/2004, S. 31-46.
Diedrichs, Udo/Jopp, Mathias (2005): Die Sicherheits- und Verteidigungspolitik der EU nach dem Verfassungsvertrag: Innovationen, Experimente, Impulse, in: Jopp, Mathias/Matl, Saskia (Hrsg.): Der Vertrag über eine Verfassung für Europa. Analysen zur Konstitutionalisierung der EU, Baden-Baden, S. 343-366.
Diedrichs, Udo/Jopp, Mathias (2003): Flexible Modes of Governance in CFSP and ESDP: Making EU Foreign and Security Policy Work, in: International Spectator, 2/2003, S. 15-30.
Diedrichs, Udo/Tekin, Funda (2005): CFSP after the Constitutional Treaty: The Stakes for the Future, Konferenzpapier zur Konferenz: Internal Freedom versus External Security? Assessing EU Policy in JHA and CFSP, Centre for European Studies (CEPS), Brüssel, 03.06.2005.
Diedrichs, Udo/Wessels, Wolfgang (2006): The commission and the council, in: Spence, David/Edwards, Geoffrey (Hrsg.): The European Commission, 3. Auflage, London, S. 209-234.
Diedrichs, Udo/Wessels, Wolfgang (2005): Die Europäische Union in der Verfassungsfalle? Analysen, Entwicklungen und Optionen, in: integration 4/05, S. 287-306.
Döhrn, Roland/Kösters, Wim (2007): Wirtschaftspolitik, in: Weidenfeld, Werner/Wessels, Wolfgang (Hrsg.): Jahrbuch der Europäischen Integration 2006, Baden-Baden, S. 217-222.
Döhrn, Roland/Kösters, Wim (2003): Wirtschaftspolitik, in: Weidenfeld, Werner/Wessels, Wolfgang (Hrsg.): Jahrbuch der Europäischen Integration 2002/2003, Bonn, S. 219-226.
Donat, Marcell von (1987): Das ist der Gipfel. Die EG-Regierungschefs unter sich, Baden-Baden.
Dubslaff, Etienne (2007): Das Wahlprogramm von Ségolène Royal, online unter: http://library.fes.de/pdf-files/bueros/paris/04327.pdf (Stand: 21.08.2007).
Duchêne, François (1994): Jean Monnet. The first statesman of interdependence, New York.
Duchêne, François (1972): Europe's Role in World Peace, in: Mayne, Richard (Hrsg.): Europe Tomorrow: Sixteen Europeans Look Ahead, London, S. 32-47.
Dülffer, Jost (2005): Auf dem Weg zu einer europäischen Zeitgeschichte?, in: APuZ 2005(1), S. 18-26.
Dülffer, Jost (Hrsg.) (2004): Europa im Ost-West-Konflikt 1945-1991, Oldenburg Grundriss der Geschichte Band 18, München.
Duff, Andrew (2007): ‚Constitution Plus' – renegotiating the treaty, Pamphlet veröffentlicht von der Trans-European Policy Studies Association (TEPSA), online unter: http://www.andrewduff.eu/resources/sites/217.160.173.25-406d96d1812cb6.84417533/EU%20Constitution%20Briefing/Constitution+Plus+Renegotiating+the+Treaty.pdf (Stand: 21.08.2007).
Duff, Andrew (2005): Renegotiating the Constitution, ELDR In-House Magazine 31st August 2005, online unter: http://www.andrewduffmep.org.uk/articles/85.html (Stand: 21.08.2007).
Duff, Andrew (1997): The Treaty of Amsterdam. Text and Commentary, London, S.186-187.
Duff, Andrew/Voggenhuber, Johannes (2005): Bericht über die Reflexionsphase: Struktur, Themen und Kontext für eine Bewertung der Debatte über die Europäische Union (2005/2146(INI)), 16.12.2005.
Dyson, Kenneth (2006) (Hrsg): Enlarging the Euro Area. External Empowerment and Domestic Transformation in East Central Europe, Oxford/New York.
Dyson, Kenneth (Hrsg.) (2002): European States and the Euro. Europeanization, variation and convergence, Oxford.
Dyson, Kenneth/Featherstone, Kevin (1999): The Road to Maastricht: Negotiating Economic and Monetary Union, Oxford.
Easton, David (1953): The Political System, New York.
Eberlein, Burkhard/Kerwer, Dieter (2004): New Governance in the European Union: A theoretical Perspective, in: Journal of Common Market Studies, Volume 42, Nr. 1, 121-142.
Eder, Klaus (2004): Europäische Öffentlichkeit und multiple Identitäten – das Ende des Volksbegriffs?, in: Franzius, Claudio/Preuß, Ulrich K. (Hrsg.): Europäische Öffentlichkeit, Baden-Baden, S. 61-80.

Eder, Klaus/Kantner, Cathleen (2000): Transnationale Resonanzstrukturen in Europa. Eine Kritik der Rede vom Öffentlichkeitsdefizit, in: Bach, Maurizio (Hrsg.): Kölner Zeitschrift für Soziologie und Sozialpsychologie, Sonderheft 40, Die Europäisierung nationaler Gesellschaften, S. 306-331.

Edwards, Geoffrey (2006a): The New Member States and the Making of EU Foreign Policy, in European Foreign Affairs Review 11 (2), S. 143-162.

Edwards, Geoffrey (2006b): Introduction: The European Commission in perspective, in: Spence, David/Edwards, Geoffrey (Hrsg.): The European Commission, 3. Auflage, London, S. 1-24.

Edwards, Geoffrey (1996): National sovereignty vs. Integration? The Council of Ministers, in: Jeremy Richardson (Hrsg.), European Union: power and policy-making, London/New York, S. 127-147.

Ehmke, Claudia/Mittag, Jürgen/Wessels, Wolfgang (2006a): Verspätete Akteure: Interaktionsstränge von Parteien im Kontext „fusionierter" Staatlichkeit in Europa, in: Mittag, Jürgen (Hrsg.): Politische Parteien und europäische Integration. Entwicklung und Perspektiven transnationaler Parteienkooperation in Europa, Essen, S. 115-144.

Ehmke, Claudia (2006b): Die Sozialdemokratische Partei Europas: Legitimationsvermittlerin für die Europäische Union?, in: Mittag, Jürgen (Hrsg.): Politische Parteien und europäische Integration. Entwicklung und Perspektiven transnationaler Parteienkooperation in Europa, Essen, S. 557-578.

Ehrhart, Hans-Georg (2004): Abschied vom Leitbild „Zivilmacht"? Konzepte zur EU-Sicherheitspolitik nach dem Irak-Krieg, in: Varwick, Johannes/Knelangen, Wilhelm (Hrsg.): Neues Europa – alte EU? Fragen an den europäischen Integrationsprozess, Opladen, S. 149-163.

Ehrhart, Hans-Georg (2002): Leitbild Friedensmacht? Die Europäische Sicherheits- und Verteidigungspolitik und die Herausforderung der Konfliktbearbeitung, in: ders. (Hrsg.): Die Europäische Sicherheits- und Verteidigungspolitik. Positionen, Perzeptionen, Probleme, Perspektiven, Baden-Baden, S. 243-257.

Ehrhart, Hans-Georg/Schmitt, Burkard (2004) (Hrsg.): Die Sicherheitspolitik der EU im Werden. Bedrohungen, Aktivitäten, Fähigkeiten, Baden-Baden.

Eilstrup-Sangiovanni, Mette (2006): Debates on European Integration. A Reader, Houndmills.

Eising, Rainer (2005): Die Europäisierung deutscher Interessengruppen: Passen die Institutionen und reichen die Kapazitäten?, in: Eising, Rainer/Kohler-Koch, Beate (Hrsg.): Interessenpolitik in Europa, Regieren in Europa Band 7, Baden-Baden, S. 311-339.

Eising, Rainer/Kohler-Koch, Beate (2005): Interessenpolitik im europäischen Mehrebenensystem, in: dies. (Hrsg.): Interessenpolitik in Europa, Regieren in Europa Band 7, Baden-Baden, S. 11-75.

Elvert, Jürgen (Hrsg.) (2006): Die europäische Integration, Darmstadt.

Emmanouilidis, Janis A. (2005): Die institutionellen Reformen in der Verfassung – die neue Machtarchitektur der EU, in: Weidenfeld, Werner (Hrsg.): Die Europäische Verfassung in der Analyse, Gütersloh, S. 70-104.

Emmanouilidis, Janis A./Giering, Claus (2003): In Vielfalt geeint – Elemente der Differenzierung im Verfassungsentwurf, in: integration 4/03, S. 454-467.

Engel, Christian/Borrmann, Christine (1991): Vom Konsens zur Mehrheitsentscheidung, EG-Entscheidungsverfahren und nationale Interessenpolitik nach der Einheitlichen Europäischen Akte, Bonn.

Engel, Christian/Wessels, Wolfgang (1992): From Luxembourg to Maastricht. Institutional Debate in the European Community after the Single European Act, Bonn.

Eschenburg, Theodor: Herrschaft der Verbände, 2. Auflage, Stuttgart.

Europäischer Gerichtshof (2006): Rechtsprechungsstatistiken des Gerichts erster Instanz, online unter: http://www.curia.europa.eu/de/instit/presentationfr/rapport/stat/st05tr.pdf (Stand: 17.09.2007).

Europäischer Gerichtshof (2005): Satzung des Gerichtshofs, online unter: http://www.curia.europa.eu/de/instit/txtdocfr/txtsenvigueur/statut.pdf (Stand: 17.09.2007).

Europäische Kommission: Eurostat: Gesamtausgaben des Staates, online unter: http://epp.eurostat.ec.europa.eu/portal/page?_pageid=0,1136173,0_45570701&_dad=portal&_schema=PORTAL (Stand: 17.09.2007).

Europäische Kommission (2007): Gesamtbericht über die Tätigkeiten der Europäischen Union 2006, online unter: http://www.europa.eu/generalreport/de/rg2006de.pdf (Stand: 17.09.2007).

Europäische Kommission (2005): Communication to the Spring European Council, Working together for growth and jobs: A new start for the Lisbon Strategy, Communication from President Barroso in agreement with Vice-President Verheugen, COM(2005)24, 2.2.2005.

Europäische Kommission (2004): Gesamtbericht über die Tätigkeit der Europäischen Union 2004, online unter: http://europa.eu.int/abc/doc/off/rg/de/welcome.htm (Stand: 17.09.2007).

Europäische Kommission (2003): Communication from the Commission to the Council, the European Parliament, the Economic and Social Committee and the Committee of the Regions: The future of the European Employment Strategy (EES) "A strategy for full employment and better jobs for all", COM(2003)6 final, 14.1.2003.

Europäische Kommission (verschiedene Jahrgänge): Kommissionsberichte „Zur besseren Kontrolle der Anwendung des Gemeinschaftsrechts".

Europäische Kommission (2001a): Mitteilung der Kommission an den Rat und das Europäische Parlament: Offener Koordinierungsmechanismus für die Migrationspolitik der Gemeinschaft, KOM (2001) 387 endg., Brüssel, 11. Juli 2001.

Europäische Kommission (2001b): Europäisches Regieren. Ein Weißbuch, KOM (2001) 428 endgültig, Brüssel, den 25.7.2001, online unter: http://eur-lex.europa.eu/LexUriServ/site/de/com/2001/com 2001_0428de01.pdf (Stand: 17.09.2007).

Europäische Kommission (2000): Geschäftsordnung der Kommission, (K(2000) 3614) L 308, Brüssel, 08.12.2000, online unter: http://eur-lex.europa.eu/LexUriServ/site/de/oj/2000/l_308/l_3082000 1208de00260034.pdf (Stand 17.09.2007).

Europäische Kommission (1995): Bericht der Reflexionsgruppe, Stellungnahme der Kommission: Stärkung der politischen Union und Vorbereitung der Erweiterung, EU-Kommission, Brüssel.

Europäische Zentralbank (2006): Jahresbericht 2005, Frankfurt; online unter: http://www.ecb.int/pub/ pdf/annrep/ar2005de.pdf (Stand: 17.09.2007).

Europäische Zentralbank (1999): Monthly Bulletin, November 1999.

Europäische Zentralbank (1992): Protokoll über die Satzung des Europäischen Systems der Zentralbanken und der Europäischen Zentralbank, Amtsblatt C 191 vom 29.07.1992, S. 68ff.

Europäischer Konvent (2003a): Entwurf des Vertrags über eine Verfassung für Europa, dem Europäischen Rat überreicht auf seiner Tagung in Thessaloniki am 20. Juni 2003, Luxemburg, online unter: http://european-convention.eu.int/docs/Treaty/cv00850.de03.pdf (Stand: 17.09.2007).

Europäischer Konvent (2003b): Beitrag der Mitglieder des Konvents Frau Ana Palacio und Herrn Peter Hain: Die Organe der Union, CONV 591/03, 28. Februar 2003, online unter: http://register.consi lium.eu.int/ pdf/de/03/cv00/cv00591de03.pdf (Stand: 17.09.2007).

Europäischer Konvent (2002): Note mit den Arbeitsmethoden des Europäischen Konvents, CONV 9/ 02, online unter: http://register.consilium.eu.int/pdf/de/02/cv00/00009d2.pdf (Stand: 17.09.2007).

Europäischer Rat (2007): Schlussfolgerungen des Vorsitzes; Europäischer Rat (Brüssel), 21./22.06.2007, online unter: http://www.consilium.europa.eu/ueDocs/cms_Data/docs/pressData/de/ec/94935.pdf (Stand: 17.09.2007).

Europäischer Rat (2006a): Schlussfolgerungen des Vorsitzes; Europäischer Rat (Brüssel), 15./16.6.2006, online unter: http://www.consilium.europa.eu/ueDocs/cms_Data/docs/pressData/de/ec/90120.pdf (Stand: 17.09.2007).

Europäischer Rat (2006b): Schlussfolgerungen des Vorsitzes; Europäischer Rat (Brüssel), 14./15.12. 2006, online unter: http://www.consilium.europa.eu/ueDocs/cms_Data/docs/pressData/de/ec/ 92219.pdf (Stand: 17.09.2007).

Europäischer Rat (2005a): Schlussfolgerungen des Vorsitzes; Europäischer Rat (Brüssel), 22./23.3.2005, online unter: http://europa.eu.int/european_council/conclusions/index_de.htm (Stand: 17.09.2007).

Europäischer Rat (2005b): Erklärung der Staats- und Regierungschefs der Mitgliedstaaten der Europäischen Union zur Ratifizierung des Vertrags über eine Verfassung für Europa (Tagung des Europäischen Rates am 16./17. Juni 2005), online unter: http://ue.eu.int/ueDocs/cms_Data/docs/pressData/ de/ec/85329.pdf. (Stand: 17.09.2007).

Europäischer Rat (2005d): The EU and Africa: Towards a strategic partnership, 15961/05 (Presse 367), Brüssel, online unter: http://europafrica.org/2007/01/01/key-documents-for-the-eu-africa-consulta tion/ (Stand: 17.09.2007).

Europäischer Rat (2004): Schlussfolgerungen des Vorsitzes; Europäischer Rat (Brüssel), 17./18.6.2004, online unter: http://www.consilium.europa.eu/ueDocs/cms_Data/docs/pressData/de/ec/81043.pdf (Stand: 17.09.2007).

Europäischer Rat (2003b): Schlussfolgerungen des Vorsitzes, 25. November 2003, Brüssel, online unter: http://ue.eu.int/ueDocs/cms_Data/docs/pressData/de/ec/77683.pdf (Stand: 17.09.2007).
Europäischer Rat (2003c): Schlussfolgerungen des Vorsitzes, 19./20. Juni 2003, Thessaloniki, online unter: http://www.consilium.europa.eu/ueDocs/cms_Data/docs/pressData/de/ec/76285.pdf (Stand: 17.09.2007).
Europäischer Rat (2003d): Beschluss 2003/223/EG über eine Änderung des Artikels 10.2 der Satzung des Europäischen Systems der Zentralbanken und der Europäischen Zentralbank, Amtsblatt L 83, S. 66.
Europäischer Rat (2002a): Schlussfolgerungen des Vorsitzes; Europäischer Rat (Sevilla), 21.-22.6.2002, Maßnahmen betreffend die Struktur und die Arbeitsweise des Rates, online unter: http://www.consilium.europa.eu/ueDocs/cms_Data/docs/pressData/de/ec/72655.pdf (Stand: 17.09.2007).
Europäischer Rat (2002b): Schlussfolgerungen des Vorsitzes; Europäischer Rat (Kopenhagen) 12.-13.12. 2002, online unter: http://www.consilium.europa.eu/ueDocs/cms_Data/docs/pressData/de/ec/ 73845.pdf (Stand: 17.09.2007).
Europäischer Rat (2001a): Die Debatte zur Zukunft der Europäischen Union in den Schlussfolgerungen des Rats, Europäischer Rat Göteborg, 16.06.2001.
Europäischer Rat (2001b): Schlussfolgerungen des Rats von Laeken 14.-15. 12.2001, online unter: http://www.consilium.europa.eu/ueDocs/cms_Data/docs/pressData/de/ec/68829.pdf (Stand 17.09. 2001).
Europäischer Rat (2001d): Bericht des Vorsitzes über die Europäische Sicherheits- und Verteidigungspolitik; Dokument 9526/1/01; online unter: http://register.consilium.eu.int/pdf/de/01/st09/09526-r1 d1.pdf (Stand: 17.09.2007).
Europäischer Rat (2000): Schlussfolgerungen des Vorsitzes, Europäischer Rat (Lissabon) 23.-24.03. 2000, online unter: http://www.consilium.europa.eu/ueDocs/cms_Data/docs/pressData/de/ec/ 00100-r1.d0.htm (Stand: 17.09.2007).
Europäischer Rat (1999): Schlussfolgerungen des Vorsitzes; Europäischer Rat (Tampere) 15.-16.10. 1999, online unter: http://www.consilium.europa.eu/ueDocs/cms_Data/docs/pressData/de/ec/ 00200-r1.d9.htm (Stand: 17.09.2007).
Europäischer Rat (1998): Schlussfogerungen des Vorsitzes, Anlage I, Europäischer Rat (Wien) 11./12. 12.1998, online unter: http://www.europarl.europa.eu/summits/wie2_de.htm (Stand: 20.09.2007).
Europäischer Rat (1993): Schlussfolgerungen des Europäischen Rates in Kopenhagen am 21. und 22. Juni 1993, in: Bulletin des Presse- und Informationsamtes der Bundesregierung 60 vom 8. Juli 1993; abgedruckt u.a. in: Weidenfeld, Werner/Wessels, Wolfgang (Hrsg.): Jahrbuch der Europäischen Integration 1993/94, Bonn, S. 414-435.
Europäischer Rechnungshof (2006): Jahresbericht über die Ausführung des Haushaltsplans 2005, online unter: http://www.eca.europa.eu/audit_reports/annual_reports/docs/2005/ra05_de.pdf (Stand: 17.09.2007).
Europäischer Rechnungshof (2005): Geschäftsordnung des Rechungshofes der Europäischen Gemeinschaften, Amtsblatt L18, 20.01.2005, online unter: http://www.eca.europa.eu/eca/rules/docs/regle ment_interieur_de.pdf (Stand: 17.09.2007).
Europäischer Wirtschafts- und Sozialausschuss (2006): Plenartagung vom 20./21. April 2006. Übersicht über die verabschiedeten Stellungnahmen, Brüssel, online unter: http://eesc.europa.eu/activities/ press/summaries_plenaries/2006/grf_ces73-2006_d_de.pdf (Stand: 17.09.2007).
Europäisches Amt für Betrugsbekämpfung (OLAF) (2006): Sechster Tätigkeitsbericht für den Zeitraum 1. Juli 2004 bis 31. Dezember 2005, online unter: http://ec.europa.eu/anti_fraud/reports/olaf/2005/ de.pdf (Stand: 17.09.2007).
Europäisches Amt für Betrugsbekämpfung (OLAF) (2005): Report of the European Anti-Fraud Office. Supplementary Activity Report for the Year 2004, online unter: http://ec.europa.eu/anti_fraud/ reports/olaf/2004/en.pdf (Stand: 17.09.2007).
Europäisches Parlament (2007a): EU constitution: strong support for the „Treaty +" solution, 28.02. 2007, online unter: http://www.europarl.europa.eu/news/expert/infopress_page/002-3656-059-02-09-901-20070226IPR03643-28-02-2007-2007-false/default_en.htm (Stand: 17.09.2007).

Europäisches Parlament (2007b): Geschäftsordnung, 16. Auflage, September 2007, online unter: http://www.europarl.europa.eu/registre/reglement/2007/09-03/EP-PE_REGL(2007)09-03_DE.pdf (Stand: 17.09.2007).
Europäisches Parlament (2005): Verfassung für Europa. Entschließung des Europäischen Parlaments zu dem Vertrag über eine Verfassung für Europa (2004/2129(INI)), (P6_TA(2005)0004), online unter: http://www.europarl.europa.eu/sides/getDoc.do?pubRef=-//EP//NONSGML+TA+P6-TA-2005-0004+0+DOC+PDF+V0//DE (Stand: 17.09.2007).
Europäisches Parlament (2004): Activity Report 1 May 1999 to 30 April 2004 (5th parliamentary term) of the delegations to the Conciliation Committee, Brüssel, online unter: www.europarl.europa.eu/code/information/activity_en.htm (Stand: 17.09.2007).
Europäisches Parlament (1984): Entwurf eines Vertrages zur Gründung der Europäischen Union, angenommen vom Europäischen Parlament am 14.02.1984, abgedruckt in: Weidenfeld, Werner/Wessels, Wolfgang (Hrsg.): Wege zur Europäischen Union. Vom Vertrag zur Verfassung?, Bonn 1986, S. 81-106.
Europäisches Parlament/Rat der Europäischen Union/Europäische Kommission (2006): Interinstitutionelle Vereinbarung zwischen dem Europäischen Parlament, dem Rat und der Europäischen Kommission über die Haushaltsdisziplin und die wirtschaftliche Haushaltsführung, 2006/C 139/01, online unter: http://ec.europa.eu/budget/documents/multiannual_framework_de.htm (Stand 17.09.2007).
Europäische Rechtsakademie Trier (1997): Rechtliche Grenzen eines Europas in mehreren Geschwindigkeiten und unterschiedlichen Gruppierungen. Dokumentationsbestand anlässlich des Jahreskongresses 1997 am 20. und 21. Juni in Trier.
European Constitutional Group (2003): A Basic "Constitutional" Treaty for the European Union, online unter: http://admin.fnst.org/uploads/1207/Newdraft2003.pdf (Stand: 17.09.2007).
Faber, Anne (2007): Die Weiterentwicklung der Europäischen Union: Vertiefung versus Erweiterung?, in: integration, 2/07, S. 103-116.
Faber, Anne (2005): Europäische Integration und politikwissenschaftliche Theoriebildung. Neofunktionalismus und Intergouvernementalismus in der Analyse, Wiesbaden.
Faber, Anne/Wessels, Wolfgang (2006): Strategien und institutionelle Perspektiven nach der Verfassungskrise: „Funktionalistische" und „institutionalistische" Wege zu einem neuen europäischen Verhandlungspaket, in: Politische Vierteljahresschrift, 2 (47), S. 252-263.
Faber, Anne/Wessels, Wolfgang (2005): Die Verfassungskrise der EU als Krise „der" Integrationstheorie? Plädoyer für eine Neufokussierung der theoretischen Debatte, in: Zeitschrift für Internationale Beziehungen, 2/2005, S. 353-359.
Fallik, Alain (Hrsg.) (versch. Jahrgänge): The European Public Affairs Directory 1990/1995/2000, Brüssel.
Falkner, Gerda (2002a): EU treaty reform as a three-level process, Journal of European Public Policy, Heft 9, Nr. 1, S. 1-11.
Falkner, Gerda (2002b): How Intergovernmental are Intergovernmental Conferences? An Example from the Maastricht Treaty Reform, Journal of European Public Policy, Heft 9, Nr. 1, S. 98-119.
Farrell, Henry/Héritier, Adrienne (2003): Formal and Informal Institutions under Codecision: Continuous Constitution Building in Europe, in: Governance, Vol. 16, Nr. 4, S. 577-600.
Federal Trust (2005): Flexibility and the future of the European Union. A Federal Trust Report on Flexible Integration in the European Union, October 2005, online unter: http://www.fedtrust.co.uk/admin/uploads/FedT_Flexibility_report.pdf (Stand: 21.08.2007).
Feld, Lars P. (2006): Nettozahler Deutschland? Eine ehrliche Kosten-Nutzen-Rechnung, in: Diedrichs, Udo/Wessels, Wolfgang (Hrsg.): Die neue Europäische Union: im vitalen Interesse Deutschlands? Studie zu Kosten und Nutzen der Europäischen Union für die Bundesrepublik Deutschland, Berlin, S. 93-113.
Fischer, Joschka (2000): Vom Staatenbund zur Föderation – Gedanken über die Finalität der Europäischen Integration, Rede vom 12.5.2000 an der Humboldt-Universität Berlin, abgedruckt in: Marhold, Hartmut (Hrsg.): Die neue Europadebatte. Leitbilder für das Europa der Zukunft, Bonn, S. 41-54.
Frankenberger, Klaus-Dieter (2005): EU-Verfassungsvertrag. Aufstand in Europa, in: FAZ vom 6. Juni 2005.

Franzius, Claudio (2004): Europäische Öffentlichkeit als Gegenstand der Europawissenschaften, in: Franzius, Claudio/Preuß, Ulrich K. (Hrsg.): Europäische Öffentlichkeit, Baden-Baden, S. 1-19.
Franzius, Claudio/Preuß, Ulrich K. (2004): Europäische Öffentlichkeit, Baden-Baden.
Franzmeyer, Fritz/Seidel, Bernhard (1985): Regional- und Sozialpolitik, in: Weidenfeld, Werner/Wessels, Wolfgang (Hrsg.): Jahrbuch der Europäischen Integration 1984, Bonn, S. 164-176.
Freytag, Michael (2003): Der Europäische Rechnungshof. Institution, Funktion und politische Wirkung, Baden-Baden.
Fritsch-Bournazel, Renata (1992): Europe and German Unification, New York.
Gaddum, Eckart (1994): Die deutsche Europapolitik in den 80er Jahren. Interessen, Konflikte und Entscheidungen der Regierung Kohl. Studien zur Politik, Band 22, Paderborn.
Galtung, Johan (1973): Kapitalistische Großmacht Europa oder die Gemeinschaft der Konzerne?, Hamburg.
Geddes, Andrew (2000): Immigration and European Integration: Towards Fortress Europe?, Manchester.
Generalsekretariat des Rates (1997): „Handbuch für den Rat", Bd.1: Leitfaden für den Vorsitz, Luxemburg.
Genscher, Hans-Dietrich (1995): Erinnerungen, Berlin.
Gerken, Lüder/Schick, Gerhard (2003): Wege zur europäischen Verfassung II. Reformbedarf in der Komitologie. Für mehr Transparenz in der europäischen Politik, Stiftung Marktwirtschaft Berlin, Nr. 76, online unter: http://www.stiftung-marktwirtschaft.de/module/argument76.pdf (Stand 17.09.2007).
Giering, Claus (2007): Flexibilisierung, in: Weidenfeld, Werner/Wessels, Wolfgang (Hrsg.): Europa von A bis Z. Taschenbuch der europäischen Integration, 10. Auflage, Baden-Baden, S. 257-260.
Giering, Claus (2003): Der Europäische Rat, in: Weidenfeld, Werner/Wessels, Wolfgang (Hrsg.): Jahrbuch der Europäischen Integration 2002/03, Bonn, S. 49-60.
Giering, Claus (2000): Der Europäische Rat, in: Weidenfeld, Werner/Wessels, Wolfgang (Hrsg.): Jahrbuch der Europäischen Integration 1999/2000, Bonn, S. 49-58.
Giering, Claus (1998): Zuordnung der Rechtsgrundlagen des EGV-A und EUV-A zu den Entscheidungsverfahren, in: Weidenfeld, Werner (Hrsg.): Amsterdam in der Analyse. Strategien für Europa, Gütersloh, S. 273-291.
Giering, Claus (1997): Europa zwischen Zweckverband und Superstaat, Bonn.
Giering, Claus/Janning, Josef (2001): Flexibilität als Katalysator der Finalität? Die Gestaltungskraft der „Verstärkten Zusammenarbeit" nach Nizza, in: integration 2/01, S. 146-155.
Giering, Claus/Metz, Almut (2007): Integrationstheorien, in: Weidenfeld, Werner/Wessels, Wolfgang (Hrsg.): Europa von A bis Z. Taschenbuch der europäischen Integration, 10. Auflage, Baden-Baden, S. 285-291.
Giering, Claus/Neuhann, Florian (2004): Europäischer Rat, in: Weidenfeld, Werner/Wessels, Wolfgang (Hrsg.): Jahrbuch der Europäischen Integration 2003/2004, Baden-Baden, S. 53-62.
Gillingham, John (2003): European Integration, 1950-2003. Superstate or New Market Economy?, Cambridge.
Giscard d'Estaing, Valéry/Amato, Giuliano/Dehaene, Jean-Luc (2003): Vorwort des Vertragsentwurfs über eine Verfassung für Europa.
Giscard d'Estaing, Valéry (1988): Macht und Leben, Frankfurt.
Göhler, Gerhard (1990): Einleitung. Politische Ideengeschichte – institutionentheoretisch gelesen, in: Göhler, Gerhard u. a. (Hrsg.): Politische Institutionen im gesellschaftlichen Umbruch. Ideengeschichtliche Beiträge zur Theorie politischer Institutionen, Opladen, S. 7-19.
Göler, Daniel (2007): Europäischer Konvent, in: Weidenfeld, Werner/Wessels, Wolfgang (Hrsg.): Europa von A bis Z. Taschenbuch der europäischen Integration, 10. Auflage, Baden-Baden, S. 202-206.
Göler, Daniel (2006): Deliberation – Ein Zukunftsmodell europäischer Entscheidungsfindung? Analyse der Beratungen des Verfassungskonvents 2002-2003, Baden-Baden.
Göler, Daniel/Jopp, Matthias (2003): Der Konvent und die europäische Verfassung, in: Weidenfeld, Werner/Wessels, Wolfgang (Hrsg.): Jahrbuch der Europäischen Integration 2002/2003, Bonn 2003, S. 35-46.

Göler, Daniel/Marhold, Hartmut (2005a): Die Konventsmethode – Institutionelles Experiment oder Modell für die Zukunft?, in: Jopp, Matthias/Matl, Saskia (Hrsg.): Der Vertrag über eine Verfassung für Europa. Analysen zur Konstitutionalisierung der EU, Baden-Baden, S. 453-472.

Göler, Daniel/Marhold, Hartmut (2005b): Die Zukunft der Verfassung – Überlegungen zum Beginn der Reflexionsphase, in: integration 4/05, S. 332-335.

Göler, Daniel/Marhold, Hartmut (2003): Die Methode des Konvents, in: integration 4/03, S. 22-35.

Goodin, Robert E. (1996): Institutions and Their Designs, in: ders: The Theory of Institutional Design, S. 1-53.

Grabitz, Eberhard (1984): Abgestufte Integration. Eine Alternative zum herkömmlichen Integrationskonzept?, Kehl am Rhein/Straßburg.

Grabitz, Eberhard (1966): Gemeinschaftsrecht bricht nationales Recht, Hamburg.

Grabitz, Eberhard/Illiopoulos, Constantin (1984): Typologie der Differenzierung und Ausnahmen im Gemeinschaftsrecht, in: Grabitz, Eberhard (Hrsg.): Abgestufte Integration. Eine Alternative zum herkömmlichen Integrationskonzept?, Kehl am Rhein/Straßburg, S. 31-46.

Grabitz, Eberhard/Schmuck, Otto/Steppat, Sabine/Wessels, Wolfgang (1988): Direktwahl und Demokratisierung. Eine Funktionenbilanz des Europäischen Parlaments nach der ersten Wahlperiode, Bonn.

Green Cowles, Maria/Caporaso, James/Risse, Thomas (Hrsg.) (2001): Transforming Europe. Europeanization and Domestic Change, Ithaca/London.

Griller, Stefan (2005): Die Europäische Union. Ein staatsrechtliches Monstrum?, in: Schuppert, Gunnar Folke/Pernice, Ingolf/Haltern, Ulrich (Hrsg.) (2005): Europawissenschaft, Baden-Baden, S. 201-272.

Groenleer, Martijn (2006): The European Commission and Agencies, in: Spence, David/Edwards, Geoffrey (Hrsg.): The European Commission, 3. Auflage, London, S. 156-172.

Grosche, Günther (1994): Die Konvergenzkriterien – Rolle, Erfüllungsstand und Perspektiven, in: Caesar, Rolf/Scharrer, Hans-Eckart (Hrsg.): Maastricht: Königsweg oder Irrweg zur Wirtschafts- und Währungsunion, Bonn, S. 468-482.

Große Hüttmann, Martin (2005): Vom abstrakten zum konkreten Systemgestalter: die Rolle des Europäischen Parlaments in den Regierungskonferenzen bis Nizza, in: Maurer, Andreas/Nickel, Dietmar (Hrsg.): Das Europäische Parlament. Supranationalität, Repräsentation und Legitimation, Baden-Baden, S. 35-45.

Große Hüttmann, Martin/Fischer, Thomas (2005): Föderalismus, in: Bieling, Hans-Jürgen/Lerch, Marika (Hrsg.): Theorien der europäischen Integration, Stuttgart 2005, S. 41-63.

Gusy, Christoph/Schewe, Christoph S. (2004): Polizeiliche und justizielle Zusammenarbeit, in: Weidenfeld, Werner/Wessels, Wolfgang (Hrsg.): Jahrbuch der Europäischen Integration 2003-2004, Baden-Baden, S. 173-180.

Haas, Ernst B. (1958): The Uniting of Europe. Political, Economic and Social Forces 1950-1957, Stanford.

Haas, P.M. (1992): Introduction: epistemic communities and international policy coordination, in: International Organization, 46 (1), 1-35.

Habermas, Jürgen (2006): Über die Zukunft Europas, in: Der Standard, 21. März 2006.

Hagen, Jürgen von/Mundschenk, Susanne (2002): Koordinierung der Geld- und Fiskalpolitik in der EWU, in: DIW Vierteljahreshefte zur Wirtschaftsforschung 71, Heft 3, S. 325-338.

Hallstein, Walter (1979): Die Europäische Gemeinschaft, 5. überarb. u. erw. Auflage, Düsseldorf/Wien.

Hallstein, Walter (1973): Die Europäische Gemeinschaft, Düsseldorf.

Hallstein, Walter (1969): Der unvollendete Bundesstaat, Europäische Erfahrungen und Erkenntnisse, Düsseldorf/Wien.

Hanny, Birgit/Wessels, Wolfgang (1998): The Monetary Committee: A Significant though not Typical Case, in: van Schendelen, Marinus P.C.M. (Hrsg.): EU-Committees as Influential Policymakers, Aldershot u. a., S. 109-126.

Hänsch, Klaus (2007): Lieber eine kleinere als eine gelähmte EU, in: Internetforum der Zeitung „Welt Online", online unter: www.klaus-haensch.de/htcms/veroeffentlichungen/artikel-aufsaetze/2007/mehr-222.html (Stand: 17.09.2007).

Hänsch, Klaus (2005): Jenseits der Artikel – europäische Grundentscheidungen der EU-Verfassung, in: Jopp, Mathias/Matl, Saskia (Hrsg.): Der Vertrag über eine Verfassung für Europa. Analysen zur Konstitutionalisierung der EU, Baden-Baden, S. 551-559.

Hänsch, Klaus (2002): Der Konvent – unkonventionell, in: integration 4/02, S. 338-344.

Hartwig, Ines (2003): Der Rat der Europäischen Union, in: Weidenfeld, Werner/Wessels, Wolfgang (Hrsg.): Jahrbuch der Europäischen Integration 2002/2003, Bonn, S. 71-80.

Hartwig, Ines (2002): Der Rat der Europäischen Union, in: Weidenfeld, Werner/Wessels, Wolfgang (Hrsg.): Jahrbuch der Europäischen Integration 2001/2002, Bonn, S. 69-76.

Hartwig, Ines/Maurer, Andreas (2004): Rat der Europäischen Union, in: Weidenfeld, Werner/Wessels, Wolfgang (Hrsg.): Jahrbuch der Europäischen Integration 2003/2004, Baden-Baden, S. 73-82.

Hartwig, Ines/Umbach, Gaby (2007): Rat der Europäischen Union, in: Weidenfeld, Werner/Wessels, Wolfgang (Hrsg.): Europa von A bis Z. Taschenbuch der europäischen Integration, 10. Auflage, Baden-Baden, S. 325-331.

Hauriou, Maurice (1965): Die Theorie der Institution und der Gründung, in: ders., Die Theorie der Institution und zwei andere Aufsätze, Berlin, S. 27-66.

Hay, Colin (2002): Political Analysis: A Critical Introduction, Basingstoke.

Hayes-Renshaw, Fiona (2006): The Council of Ministers, in: Peterson, John/Shackleton, Michael (Hrsg.): The Institutions of the European Union, 2. Auflage, Oxford/New York, S. 60-80.

Hayes-Renshaw, Fiona/Wallace, Helen (2006) (Hrsg.): The Council of Ministers, 2. Auflage, Houndmills/New York.

Hayes-Renshaw, Fiona (2002): The Council of Ministers, in: Peterson, John/Shackleton, Michael (Hrsg.): The Institutions of the European Union, Oxford, S. 47-70.

Hayes-Renshaw, Fiona/Wallace, Helen (1997): The Council of Ministers, London.

Heinemann, Friedrich (2007): Haushalt und Finanzen, in: Weidenfeld, Werner/Wessels, Wolfgang (Hrsg.): Europa von A bis Z. Taschenbuch der europäischen Integration, 10. Auflage, Baden-Baden, S. 274-281.

Heipertz, Martin/Verdun, Amy (2004): The Dog that Would Never Bite? On the Origins of the Stability and Growth Pact, Journal of European Public Policy, 11(5), S. 773-788.

Heisenberg, Wolfgang (1991): German Unification in European Perspective, London.

Helms, Ludger (1995): Parteiensysteme als Systemstruktur. Zur methodisch-analytischen Konzeption der funktional vergleichenden Parteiensystemanalyse, in: Zeitschrift für Parlamentsfragen, Jg. 26, S. 642-657.

Héritier, Adrienne (2003): New Modes of Governance in Europe: Increasing political efficiency and policy effectiveness?, in: Börzel, Tanja/Cichowsky, Rachel (Hrsg.): State of the European Union, Volume 6: Law, Politics and Society, Oxford, S. 105-126.

Héritier, Adrienne (2002): New Mode of Governance in Europe: Policy Making without Legislating?, in: Héritier, Adrienne (Hrsg.): Common Goods: Reinventing European and International Governance, Boulder, S. 185-206.

High Level Group (headed by Wim Kok) (2004): Facing the challenge. The Lisbon Strategy for Growth and employment, Brussels, November.

Hill, Christopher (2006): The Directoire and the Problem of a Coherent EU Foreign Policy, in: CFSP Forum, Volume 4, No. 6, S. 1-4.

Hill, Christopher (2004): Renationalizing or Regrouping? EU Foreign Policy since 11 September 2001, in: Journal of Common Market Studies, Volume 42, S. 143-163.

Hill, Christopher (1998): Closing the Capabilities-Expectations Gap?, in: Peterson, John/Sjursen, Helene (Hrsg.): A Common Foreign Policy for Europe? Competing visions of the CFSP, London, S. 18-38.

Hill, Christopher (1993): The Capability-Expectations Gap, or Conceptualizing Europe's International Role, in: Journal of Common Market Studies, Nr. 3, S. 305-328.

Hill, Christopher/Smith, Karen (Hrsg.) (2000): European Foreign Policy. Key Documents, London.

Hillenbrand, Olaf (2007): Europa-ABC, in: Weidenfeld, Werner/Wessels, Wolfgang (Hrsg.): Europa von A bis Z. Taschenbuch der europäischen Integration, 10. Auflage, Baden-Baden, S. 407-455.

Hitzel-Cassagnes, Tanja (2004): Geltung und Funktion. Supranationale Gerichtsbarkeit im Spannungsfeld von Praktischer Rationalität. Recht und Demokratie, Baden-Baden.

Hix, Simon (2006): Why the EU needs (Left-Right) Politics? Policy Reform and Accountability are impossible without It, in: Politics: The Right or Wrong Sort of Medicine for the EU?, Policy Paper No 19 Notre Europe, April, S. 1-26.
Hix, Simon (2005): The Political System of the European Union, 2. Auflage, New York.
Hix, Simon (2003): Parteien, Wahlen und Demokratie in der EU, in: Jachtenfuchs, Markus/Kohler-Koch, Beate (Hrsg.): Europäische Integration, 2. Auflage, Opladen, S. 151-180.
Hix, Simon (2001): Legislative behaviour and party competition in the European Parliament. An application, in: Journal of Common Market Studies, Vol. 39, November 2001, Oxford, S. 663-688.
Hix, Simon/Lord, Christopher (1997): Political Parties in the European Union, London.
Hix, Simon/Noury, Abdul/Roland, Gerard (2002): A 'Normal' Parliament? Party Cohesion and Competition in the European Parliament, 1979 – 2001, Public Choice Society Conference, San Diego.
Hobe, Stephan (2006): Europarecht, 3. Auflage, Köln.
Hobe, Stephan (2004): Europarecht, 2. Auflage, Köln.
Hobe, Stephan (2003): Bedingungen, Verfahren und Chancen europäischer Verfassungsgebung: Zur Arbeit des Brüsseler Verfassungskonvents, in: Europarecht 38, Band 1/2003, S. 1-16.
Hobe, Stephan (1994): Das Staatsvolk nach dem Grundgesetz, JZ 1994, S. 191.
Hodson, Dermot/Maher, Imelda (2001): The Open Method as a new mode of governance: The case of soft economic policy co-ordination, in: Journal of Common Market Studies 39 (4), S. 719-746.
Hoffmann, Stanley (1966): Obstinate or Obsolete: the Fate of the Nation-State and Case of Western Europe, in: Daedalus, S. 862-915.
Hölscheidt, Sven (2001): The German Bundestag: From Benevolent 'Weakness' Towards Supportive Scrutiny, in: Maurer, Andreas/Wessels, Wolfgang (Hrsg.): National Parliaments on their Ways to Europe: Losers or Latecomers?, Baden-Baden, S. 117-146.
Holzinger, Katharina/Knill, Christoph/Peters, Dirk/Rittberger, Berthold/Schimmelfennig, Frank/Wagner, Wolfgang (Hrsg.) (2005): Die Europäische Union. Theorien und Analysekonzepte, Paderborn.
Hooghe, Liesbet/Nugent, Neill (2006): The Commission's Services, in: Peterson, John/Shackleton, Michael (Hrsg.): The Institutions of the European Union, 2. Auflage, Oxford/New York, S. 147-168.
Hooghe, Liesbet/Marks, Gary (2001): Multi-Level Governance and European Integration, Lanham.
Höreth, Marcus (1999): Die Europäische Union im Legitimationstrilemma, Baden-Baden.
Hort, Peter (1990): Der Europäische Rat, in: Weidenfeld, Werner/Wessels, Wolfgang (Hrsg.): Jahrbuch der Europäischen Integration 1989/90, Bonn, S. 45-52.
Hrbek, Rudolf/Oispuu, Jane (2006): Strukturen und Entwicklungspfade: Die Genese transnationaler Parteienzusammenarbeit, in: Mittag, Jürgen (Hrsg.): Politische Parteien und europäische Integration. Entwicklung und Perspektiven transnationaler Parteienkooperation in Europa, Essen, S. 97-114.
Hrbek, Rudolf (2004): Europawahl 2004: neue Rahmenbedingungen – alte Probleme, in: integration 3/04, S. 211-222.
Hrbek, Rudolf (1999): Europawahl 99: Ein stärker politisiertes EP, in: integration 3/1999, S. 157-166.
Hrbek, Rudolf (1994): Das neue Europäische Parlament: Mehr Vielfalt – weniger Handlungsfähigkeit, in: integration 3/1994, S. 157-164.
Hrbek, Rudolf (1989): Das Europäische Parlament nach der Direktwahl 1989 – reduzierte Handlungsfähigkeit durch größere Vielfalt?, in: integration 3/1989, S. 107-118.
Hrbek, Rudolf (1985): Welches Europa? Zum Zwischenbericht des Ad-hoc-Ausschusses für institutionelle Fragen, in: integration 1/1985, S. 3-10.
Hrbek, Rudolf (1984): Direktwahl 84: Nationale Testwahlen oder „europäisches Referendum"? 3/1984, S. 158-166.
Hrbek, Rudolf (1979): Die EG nah den Direktwahlen; Bilanz und Perspektiven, in: integration 3/1979, S. 95-109.
Huber, Bernd/Runkel, Marco (2005): Das Finanzsystem und der Stabilitätspakt als Schlüssel zur europäischen Entwicklung, in: Zeitschrift für Staats- und Europawissenschaften (ZSE), Jhg. III, Nr. 4 (2005), S. 573-593.
Hugo, Victor (1849): My Revenge is Fraternity!, online unter: http://www.ellopos.net/politics/eu_hugo.html (Stand: 17.09..2007).
Hyde-Price, Adrian (2006): European Democracy and Coercive Diplomacy: The EU and the ESDP, Leicester, online unter: http://www.bisa.ac.uk/2006/pps/hyde-price2.pdf (Stand: 22.08.2007).

Ipsen, Hans-Peter (1994): Zehn Glossen zum Maastricht-Urteil, in: Europarecht 1, S. 1-21.
Ipsen, Hans-Peter (1972): Europäisches Gemeinschaftsrecht, Tübingen.
Isensee, Josef (1995): Integrationsziel Europastaat?, in: Due, Olle/Lutter, Marcus/Schwarze, Jürgen (Hrsg.): Festschrift für Ulrich Everling, Band 1, Baden-Baden, S. 567-592.
Ismayr, Wolfgang (Hrsg.) (2003): Die politischen Systeme Westeuropas, 3. Auflage, Opladen.
Jachtenfuchs, Markus (2002): Die Konstruktion Europas. Verfassungsideen und institutionelle Entwicklung, Baden-Baden.
Jachtenfuchs, Markus/Kohler-Koch, Beate (Hrsg.) (2003a): Europäische Integration, 2. Auflage, Opladen.
Jachtenfuchs, Markus/Kohler-Koch, Beate (2003b): Einleitung: Regieren und Institutionenbildung, in: Jachtenfuchs, Markus/Kohler-Koch, Beate (Hrsg.): Europäische Integration, 2. Auflage, Opladen, S. 11-46.
Jachtenfuchs, Markus/Kohler-Koch, Beate (Hrsg.) (1996): Einleitung: Regieren im dynamischen Mehrebenensystem, in: dies. (Hrsg.): Europäische Integration, Opladen, S. 15-46.
Jacobsson, Kerstin/Vifell, Asa (2007): New Governance Structures in Employment Policy-Making: Loose Co-ordination in Action, in: Linsenmann, Ingo/Meyer, Christoph O./Wessels, Wolfgang (Hrsg.): Economic Government of the EU. A Balance Sheet of new Modes of Policy Coordination, Houndmills, S. 53-71.
Jäger, Thomas/Höse, Alexander/Oppermann Kai (Hrsg.) (2005): Die Sicherheitsstrategien Europas und der USA. Transatlantische Entwürfe für eine Weltordnungspolitik, Baden-Baden.
Janning, Josef (1997): Dynamik in der Zwangsjacke – Flexibilität in der Europäischen Union nach Amsterdam, in: integration 4/97, S. 285-291.
Jansen, Thomas (2004): Europäische Parteien, in: Weidenfeld, Werner (Hrsg.): Europa-Handbuch, Band I, S. 166-185.
Jansen, Thomas (2001): Die Entstehung einer europäischen Partei. Vorgeschichte, Gründung und Entwicklung der EVP, Bonn.
Jantz, Birke/Wessels, Wolfgang (1997): Flexibilisierung: Die Europäische Union vor einer neuen Grundsatzdebatte? Grundmodelle unter der Lupe, in: Hrbek, Rudolf (Hrsg.): Die Reform der Europäischen Union. Positionen und Perspektiven anlässlich der Regierungskonferenz, Baden-Baden, S. 345-368.
Joerges, Christian (1996): Das Recht im Prozeß der europäischen Integration, in: Jachtenfuchs, Markus/Kohler-Koch, Beate (Hrsg.): Europäische Integration, Opladen, S. 73-108.
Jopp, Mathias (2007): Europäische Sicherheits- und Verteidigungspolitik, in: Weidenfeld, Werner/Wessels, Wolfgang (Hrsg.): Europa von A bis Z. Taschenbuch der europäischen Integration, 10. Auflage, Baden-Baden, S. 176-183.
Jopp, Mathias/Kuhle, Gesa S. (2005): Wege aus der Verfassungskrise – die EU nach den gescheiterten Referenden in Frankreich und den Niederlanden, in: integration 3/05, S. 257-261.
Jopp, Mathias/Matl, Saskia (2006): Europäischer Verfassungsvertrag, in: Weidenfeld, Werner/Wessels, Wolfgang (Hrsg.): Europa von A bis Z. Taschenbuch der europäischen Integration, 9. Auflage, Baden-Baden, S. 215-225.
Jopp, Mathias/Matl, Saskia (Hrsg.) (2005): Der Vertrag über eine Verfassung für Europa. Analysen zur Konstitutionalisierung der EU, Baden-Baden.
Jopp, Mathias/Maurer, Andreas/Schmuck, Otto (Hrsg.) (1998): Die Europäische Union nach Amsterdam, Bonn.
Jopp, Mathias/Regelsberger, Elfriede (2003): GASP und ESVP im Verfassungsvertrag – eine neue Angebotsvielfalt mit Chancen und Mängeln, in: integration 4/03, S. 550-563.
Jopp, Matthias/Sandawi, Sammi (2006): Europäische Sicherheits- und Verteidigungspolitik, in: Weidenfeld, Werner/Wessels, Wolfgang (Hrsg.): Jahrbuch der Europäischen Integration 2006, Baden-Baden, S. 241-250.
Jopp, Matthias/Sandawi, Sammi (2004): Europäische Sicherheits- und Verteidigungspolitik, in: Weidenfeld, Werner/Wessels, Wolfgang (Hrsg.): Jahrbuch der Europäischen Integration 2003/2004, Baden-Baden, S. 229-238.
Jospin, Lionel (2001): Rede zur „Zukunft des erweiterten Europas", Rede vom 28.5.2001, online unter: http://www.europa-reden.de/jospin/rede.htm (Stand: 17.09.2007).
Judge, David/Earnshaw, David (2003): The European Parliament, New York.

Juncker, Jean-Claude (2001): „Die Währungsunion ist Friedenspolitik mit anderen Mitteln", Interview in der Frankfurter Allgemeinen Zeitung, 31.12.2001.
Junge, Kerstin (2007): Differentiated European Integration, in: Cini, Michelle (Hrsg.): European Union Politics, Oxford/New York, S. 391-404.
Kainer, Friedemann (2005): Der Raum der Freiheit, der Sicherheit und des Rechts nach dem Verfassungsvertrag, in: Jopp, Mathias/Matl, Saskia (Hrsg.): Der Vertrag über eine Verfassung für Europa. Analysen zur Konstitutionalisierung der EU, Baden-Baden, S. 283-306.
Kaiser, Wolfram (2006): From State to Society? The Historiography of European Integration, in: Cini, Michelle/Bourne, Angela K. (Hrsg.): European Union Studies, Houndmilles/New York, S. 190-208.
Kant, Immanuel (1795): Zum ewigen Frieden, online unter: http://www.textlog.de/3672.html (Stand: 22.08.2007).
Kassim, Hussein (2006): The Secretariat General of the European Commission, in: Spence, David/Edwards, Geoffrey (Hrsg.): The European Commission, 3. Auflage, London, S. 75-102.
Kassim, Hussein/Menon, Anand (2003): The Principal-Agent Approach and the Study of the European Union: A Provisional Assessment, The European Research Institute, University of Birmingham, Working Paper Series.
Kennedy, Tom (2006): The European Court of Justice, in: Peterson, John/Shackleton, Michael (Hrsg.): The Institutions of the European Union, 2. Auflage, Oxford/New York, S. 125-143.
Keohane, Daniel (2005): A Bad European Dream, CER Bulletin, Issue 43, August/September 2005.
Keohane, Robert O./Hoffmann, Stanley (1991): Institutional Change in Europe in the 1980s, in: Keohane, Robert O./Hoffmann, Stanley (Hrsg.): The New European Community. Decision-making and Institutional Change, Boulder u.a., S. 1-39.
Kielmannsegg, Peter Graf (2003): Integration und Demokratie, in: Jachtenfuchs, Markus/Kohler-Koch, Beate (Hrsg.): Europäische Integration, 2. Auflage, Opladen, S. 49-84.
Kietz, Daniela/Maurer, Andreas (2007): Europol, in: Weidenfeld, Werner/Wessels, Wolfgang (Hrsg.): Europa von A bis Z, Taschenbuch der europäischen Integration, 10. Auflage, Baden-Baden, S. 251-253.
Kietz, Daniela/Maurer, Andreas (2006): Der Vertrag von Prüm: Vertiefungs- und Fragmentierungstendenzen in der Justiz- und Innenpolitik der EU, in: integration 3/06, S. 201-212.
Kinkel, Klaus/de Charette, Herve (1996): Gemeinsamer deutsch-französischer Diskussionsbeitrag für die Regierungskonferenz zur verstärkten Zusammenarbeit im Hinblick auf die weitere Vertiefung des europäischen Einigungswerks, Pressereferat des Auswärtigen Amts, Mitteilung für die Presse Nr. 1142/96 vom Oktober 1996, Bonn.
Kirchhof, Paul (2003): Europa auf dem Weg zu einer Verfassung?, in: Zeitschrift für Staats- und Europawissenschaften, Jg. 1, Heft 3/2003, Berlin, S. 358-382.
Kirste, Knut/Maull, Hanns. W. (1996): Zivilmacht und Rollentheorie, in: Zeitschrift für Internationale Beziehungen, Heft 2/1996, 3. Jg., S. 283-312.
Kissinger, Henry (2002): Die Herausforderung Amerikas. Weltpolitik im 21. Jahrhundert, Berlin.
Kivimäki, Timo (1995): Finnland, in: Weidenfeld, Werner/Wessels, Wolfgang (Hrsg.): Jahrbuch der Europäischen Integration 1994/95, Bonn, S. 301-304.
Knelangen, Wilhelm (2001): Das Politikfeld Innere Sicherheit im Integrationsprozess. Die Entstehung einer europäischen Politik der inneren Sicherheit, Opladen.
Knill, Christoph/Lehmkuhl, Dirk (1999): How Europe Matters. Different Mechanisms of Europeanization. European Integration online Papers (EIoP), 3 (7), 1999.
Knipping, Franz (2004): Rom, 25. März 1957. Die Einigung Europas, München.
Knipping, Franz/Schönwald, Matthias (Hrsg.) (2004): Aufbruch zum Europa der zweiten Generation. Die europäische Einigung 1969-1984, Trier.
Koecke, Johannes (1999): Der Rat der Europäischen Union, in: Weidenfeld, Werner/Wessels, Wolfgang (Hrsg.): Jahrbuch der Europäischen Integration 1998/1999, Bonn, S. 61-70.
König, Thomas (2005): Die Europäische Republik – so nah und wohl doch so fern?, in: Zeitschrift für internationale Beziehungen, 2/2005, S. 361-368.

Kohl, Helmut (1997): Erklärung der Bundesregierung zum Europäischen Rat in Amsterdam sowie zum Weltwirtschaftsgipfel in Denver und zur Sondergeneralversammlung der Vereinten Nationen, abgegeben von dem Deutschen Bundestag am 27. Juni 1997, in: Bulletin des Presse- und Informationsamts der Bundesregierung, Nr. 55, 1. Juli 1997.

Kohl, Helmut/Chirac, Jacques (1995): Gemeinsamer Brief an den Präsidenten des Europäischen Rates vom 6.12.95. In Auszügen abgedruckt in: Jopp, Mathias/Schmuck, Otto (Hrsg.): Reformen der Europäischen Union. Analysen – Positionen – Dokumente zur Regierungskonferenz 1996/97, Bonn, S. 115-117.

Kohler-Koch, Beate (2005): European Governance and System Integration, in: European Governance Papers (EUROGOV), Nr. C-05-01.

Kohler-Koch, Beate (1999): The Evolution and Transformation of European Governance, in: Kohler-Koch, Beate/Eising, Rainer (Hrsg.): The Transformation of Governance in the European Union, London/New York, S. 14-35.

Kohler-Koch, Beate (1997a): Organized Interests in European Integration: The Evolution of a New Type of Governance?, in: Wallace, Helen/Young, Alasdair R. (Hrsg.): Participation and Policy-Making in the European Union, Oxford, S. 42-68.

Kohler-Koch, Beate (1997b): Organized Interests in the EC and the European Parliament, in: European Integration Online Papers (EIOP), Vol. 1/1997, Nr. 9, online unter: http://eiop.or.at/eiop/texte/1997-009.htm (Stand 17.09.2007).

Kohler-Koch, Beate (1996): Die Gestaltungsmacht organisierter Interessen, in: Jachtenfuchs, Markus/Kohler-Koch, Beate (Hrsg.): Europäische Integration, 1. Auflage, Opladen, S. 193-222.

Kohler-Koch, Beate (1993): Germany: Fragmented but Strong Lobbying, in: van Schendelen, Marinus P.C.M. (Hrsg.): National Public and Private EC Lobbying, Aldershot, S. 23-48.

Kohler-Koch, Beate/Conzelmann, Thomas/Knodt, Michèle (2004): Europäische Integration – Europäisches Regieren, Wiesbaden.

Kostakopoulou, Theodora (2006): Security Interests. Police and Judicial Cooperation, in: Peterson, John/Shackleton, Michael (Hrsg.): The Institutions of the European Union, 2. Auflage, Oxford/New York, S. 231-251.

Krekelberg, Astrid (2001): The Reticent Acknowledgement of National Parliaments in the European Treaties: A documentation, in: Maurer, Andreas/Wessels, Wolfgang (Hrsg.): National Parliaments on their Ways to Europe: Losers or Latecomers?, Baden-Baden, S. 477-490.

Ladrech, Robert (2006): The European Union and political parties, in: Katz, Richard S./Crotty, Wiliam J. (Hrsg.): Handbook of party politics, London/Thousand Oaks/New Dehli, S. 492-498.

Ladrech, Robert (2003): The Party of European Socialists: Networking Europe's Social Democrats, in: Journal of Policy History, Volume 15, No 1, S. 113-129.

Laffan, Brigid (2006): Financial Control: The Court of Auditors and Olaf, in: Peterson, John/Shackleton, Michael (Hrsg.): The Institutions of the European Union, 2. Auflage, Oxford/New York, S. 210-228.

Laffan, Brigid (2005): Der schwierige Weg zur Europäischen Verfassung: Von der Humboldt-Rede Außenminister Fischers bis zum Abschluss der Regierungskonferenz, in: Jopp, Mathias/Matl, Saskia (Hrsg.): Der Vertrag über eine Verfassung für Europa. Analysen zur Konstitutionalisierung der EU, Baden-Baden, S. 473-492.

Laffan, Brigid (2003): Auditing and Acountability in the European Union, in: Joural of European Public Policy, 10/5, S. 762-777.

Laffan, Brigid (1997): The Finances of the European Union, Houndmills.

Laffan, Brigid/O' Donnell, Rory/Smith, Michael (1999): Europe's Experimental Union: Rethinking Integration, London/New York.

Laffan, Brigid/Shaw, Colin (2005): Classifying and Mapping OMC in Different Policy Areas, NEWGOV Working Paper, online unter: http://www.eu-newgov.org/database/DELIV/D02D09_Classifying_and_Mapping_OMC.pdf (Stand 17.09.2007).

Lamassoure, Alain (2004): Histoire secrète de la Convention européenne, Paris.

Landfried, Christine (2005): Das politische Europa. Differenz als Potential der Europäischen Union, 2. Auflage, Baden-Baden.

Lang, Kai-Olaf (2005): Auswirkungen der EU-Erweiterung auf das Fraktionsgefüge im Europäischen Parlament, in: Maurer, Andreas/Nickel, Dietmar (Hrsg.): Das Europäische Parlament. Supranationalität, Repräsentation und Legitimation, Baden-Baden, S. 23-33.

Läufer, Thomas (2003): Der Europäische Gerichtshof – moderate Neuerungen des Verfassungsentwurfs, in: integration 4/03, S. 510-519.

Läufer, Thomas (1987): Haushaltspolitik, in: Weidenfeld, Werner/Wessels, Wolfgang (Hrsg.): Jahrbuch der Europäischen Integration 1986/87, Bonn, S. 141-153.

Läufer, Thomas (1985): Haushaltspolitik, in: Weidenfeld, Werner/Wessels, Wolfgang (Hrsg.): Jahrbuch der Europäischen Integration 1984, Bonn, S. 131-142.

Läufer, Thomas (1980): Haushaltspolitik, in: Weidenfeld, Werner/Wessels, Wolfgang (Hrsg.): Jahrbuch der Europäischen Integration 1980, Bonn, S. 153-162.

Laursen, Finn (2003): Dänemark, in: Weidenfeld, Werner/Wessels, Wolfgang (Hrsg.): Jahrbuch der Europäischen Integration 2002/2003, Bonn, S. 335-340.

Laursen, Finn (2001): The Danish Folketing and its European Affairs Committee: Strong Players in the National Policy Cycle, in: Maurer, Andreas/Wessels, Wolfgang (Hrsg.): National Parliaments on their Ways to Europe: Losers or Latecomers?, Baden-Baden, S. 99-116.

Le Cacheux, Jacques/Touya, Florence (2007): The Dismal Record of the Stability and Growth Pact, in: Linsenmann, Ingo/Meyer, Christoph/Wessels, Wolfgang (Hrsg.): Economic Government of the EU. A Balance Sheet of New Modes of Policy Coordination, Houndmills/New York, S. 72-90.

Leggewie, Claus (Hrsg.) (2004): Die Türkei und Europa: die Positionen, Frankfurt am Main.

Lehmann, Wilhelm (2005): Das Europäische Parlament als Mittler und Sprachrohr aggregierter Interessen, in: Maurer, Andreas/Nickel, Dietmar (Hrsg.): Das Europäische Parlament. Supranationalität, Repräsentation und Legitimation, Baden-Baden, S.149-163.

Lehner, Stefan (2007): Haushaltspolitik, in: Weidenfeld, Werner/Wessels, Wolfgang (Hrsg.): Jahrbuch der Europäischen Integration 2006, Baden-Baden, S. 173-182.

Leinen, Jo (2006): Europäische Parteien: Aufbruch in eine neue demokratische EU, in: integration 3/06, S. 229-235.

Leinen, Jo (2005a): Kommunikation mit dem Europäischen Parlament, in: Maurer, Andreas/Nickel, Dietmar (Hrsg.): Das Europäische Parlament. Supranationalität, Repräsentation und Legitimation, Baden-Baden, S. 145-147.

Leinen, Jo (2005b): Die Europäische Verfassung aus föderalistischer Sicht, in: Jopp, Mathias/Matl, Saskia (Hrsg.): Der Vertrag über eine Verfassung für Europa. Analysen zur Konstitutionalisierung der EU, Baden-Baden, S. 539-546.

Leinen, Jo/Schönlau, Justus (2003): Auf dem Weg zur europäischen Demokratie – Politische Parteien auf EU-Ebene: neueste Entwicklungen, in: integration 3/03, S. 218-227.

Leinen, Jo/Schönlau, Justus (2001): Die Erarbeitung der EU-Grundrechtecharta im Konvent: Nützliche Erfahrungen für die Zukunft Europas, in: Jopp, Mathias/Lippert, Barbara/Schneider, Heinrich (Hrsg.): Das Vertragswerk von Nizza und die Zukunft der Europäischen Union, Bonn, S. 123-130.

Lepsius, Rainer M. (1991): Nationalstaat und Nationalitätenstaat als Modell für die Weiterentwicklung der Europäischen Gemeinschaft, in: Wildenmann, Rudolf (Hrsg.): Staatswerdung Europas. Optionen für die Europäische Union, Baden-Baden, S. 19-40.

Levy, Roger (1996): Managing Value for Money Audit in the European Union: The challenge of diversity, in: Journal ofCommon Market Studies, 43/4, S. 509-529.

Lewis, Richard/Spence, David (2006): The Commission's role in freedom, security and justice and the threat of terrorism, in: Spence, David/Edwards, Geoffrey (Hrsg.): The European Commission, 3. Auflage, London, S. 293-312.

Lindahl, Rutger (1995): Schweden, in: Weidenfeld, Werner/Wessels, Wolfgang (Hrsg.): Jahrbuch der Europäischen Integration 1994/95, Bonn, S. 345-350.

Lindberg, Leon N./Scheingold, Stuart A. (1970): Europe's Would-Be Polity. Patterns of Change in the European Community, Englewood Cliffs.

Link, Werner (2006): Auf dem Weg zu einem neuen Europa. Herausforderungen und Antworten, Schriftenreihe der ASKO Europa-Stiftung „Denkart Europa", Schriften zur europäischen Politik, Wirtschaft und Kultur, Band 1, Baden-Baden.

Link, Werner (1999): Die Neuordnung der Weltpolitik. Grundprobleme globaler Politik an der Schwelle zum 21. Jahrhundert, München.
Lijphart, Arend (1999): Patterns of Democracy. Government Forms and Performance in Thirty-Six Countries, London.
Linsenmann, Ingo (2007a): Eurogruppe, in: Weidenfeld, Werner/Wessels, Wolfgang (Hrsg.): Europa von A bis Z, Taschenbuch der europäischen Integration, 10. Auflage, Baden-Baden, S.131-133.
Linsenmann, Ingo (2007b): Europäische Zentralbank, in: Weidenfeld, Werner/Wessels, Wolfgang (Hrsg.): Europa von A bis Z: Taschenbuch der europäischen Integration, 10. Auflage, Baden-Baden, S. 194-196.
Linsenmann, Ingo (2007c): Europäischer Wirtschafts- und Sozialausschuss, in: Weidenfeld, Werner/ Wessels, Wolfgang (Hrsg.): Europa von A bis Z. Taschenbuch der europäischen Integration, 10. Auflage, Baden-Baden, S. 226-228.
Linsenmann, Ingo (2007d): Koordinierungsmethoden, in: Weidenfeld, Werner/Wessels, Wolfgang (Hrsg.): Europa von A bis Z, Taschenbuch der europäischen Integration, 10. Auflage, Baden-Baden, S. 295-297.
Linsenmann, Ingo (2003): Fiscal Policy-Making under the Stability and Growth Pact: The SGPs impact on domestic institutions, Arbeitspapier für die NYU-London/UACES-Konferenz 'Building EU Economic Government: Revising the Rules?', London, 25./26. April 2003, online unter: http://www.govecor.org./dokumente/dokumente.asp?id=5 (Stand: 17.09.2007).
Linsenmann, Ingo/Meyer, Christoph (2003): Eurogruppe und Wirtschafts- und Finanzausschuss, in: Weidenfeld, Werner/Wessels, Wolfgang (Hrsg.): Jahrbuch der Europäischen Integration 2002/2003, Bonn, S. 105-110.
Linsenmann, Ingo/Meyer, Christoph (2002): Dritter Weg, Übergang oder Teststrecke? Theoretische Konzeption und Praxis der offenen Politikkoordinierung, in: integration, 4/02, S. 285-296.
Linsenmann, Ingo/Meyer, Christoph/Wessels, Wolfgang (Hrsg.) (2007): Economic Government of the EU. A Balance Sheet of New Modes of Policy Coordination, Houndmills.
Linsenmann, Ingo/Wessels, Wolfgang (2006): Optimal Governance in an Enlarged European Union: Scenarios and Options, in: Dyson, Kenneth (Hrsg): Enlarging the Euro Area. External Empowerment and Domestic Transformation in East Central Europe, Oxford/New York, S. 108-124.
Linsenmann, Ingo/Wessels, Wolfgang (2002): EMU's Impact on National Institutions: Fusion towards a ‚Gouvernance Économique' or Fragmentation, in: Dyson, Kenneth: European States and the Euro. Europeanization, Variation, and Convergence, Oxford, S. 53-77.
Lipgens, Walter (Hrsg.) (1986): 45 Jahre Ringen um eine Europäische Verfassung. Dokumente 1939-1984. Von den Schriften der Widerstandsbewegung bis zum Vertragsentwurf des Europäischen Parlaments, Bonn.
Lippert, Barbara (2007a): Die Erweiterungspolitik der Europäischen Union, in: Weidenfeld, Werner/ Wessels, Wolfgang (Hrsg.): Jahrbuch der Europäischen Integration 2006, Baden-Baden, S. 429-440.
Lippert, Barbara (2007b): Erweiterung, in: Weidenfeld, Werner/Wessels, Wolfgang (Hrsg.): Europa von A bis Z, Taschenbuch der europäischen Integration, 10. Auflage, Baden-Baden, S. 120-128.
Lippert, Barbara (2006): Assoziierung plus gesamteuropäische Aufgabenföderation: Plädoyer für eine selbstbewusste Nachbarschafspolitik, in: integration 2/06, S. 149-157.
Lippert, Barbara (2004): Glanzloser Arbeitserfolg von epochaler Bedeutung: eine Bilanz der EU-Erweiterungspolitik 1989-2004, in: dies. (Hrsg.): Bilanz und Folgeprobleme der EU-Erweiterung, Baden-Baden, S. 13-71.
Lippert, Barbara (2003a): Die Erweiterungspolitik der Europäischen Union, in: Weidenfeld, Werner/ Wessels, Wolfgang (Hrsg.): Jahrbuch der Europäischen Integration 2002/2003, Bonn, S. 417-430.
Lippert, Barbara (2003b): Der Erweiterungsgipfel von Kopenhagen: Abschluss der Beitrittsverhandlungen und Neubeginn für die EU, in: integration 1/03, S. 48-65.
Loth, Wolfried (2007): Der Weg nach Rom – Entstehung und Bedeutung der Römischen Verträge, in: integration 1/07, S. 36-43.
Loth, Wilfried (2005): Mise en perspective historique de la constitution européenne, in: ders. (Hrsg.): La Gouvernance supranationale dans la construction européenne, Bruxelles, S. 339-371.

Loth, Wilfried (2004): Deutsche Europapolitik von Helmut Schmidt bis Helmut Kohl, in: Knipping, Franz/Schönwald, Matthias (Hrsg.): Aufbruch zum Europa der zweiten Generation. Die europäische Einigung 1969-1984, Europäische und Internationale Studien 3, Trier, S. 474-488.

Loth, Wilfried (2002a): Der Post-Nizza-Prozess und die Römischen Verträge, in: integration 1/02, Bonn, S.12-19.

Loth, Wilfried (2002b): Entwürfe einer europäischen Verfassung. Eine historische Bilanz, Analysen zur Europäischen Politik, Bonn.

Loth, Wilfried (Hrsg.) (2001a): Crises and Compromises: The European Project 1963-1969, Baden-Baden.

Loth, Wilfried (2001b): Beiträge der Geschichtswissenschaft zur Deutung der Europäischen Union, in: Loth, Wilfried/Wessels, Wolfgang (Hrsg.) (2001): Theorien europäischer Integration, Opladen, S. 87-106.

Loth, Wilfried (1996): Der Weg nach Europa. Geschichte der Europäischen Integration 1939-1957, 3. durchgesehene Auflage, Göttingen.

Loth, Wilfried/Wallace, William/Wessels, Wolfgang (Hrsg.) (1995): Walter Hallstein – Der vergessene Europäer? Europäische Schriften des Instituts für Europäische Politik 73, Bonn.

Loth, Wilfried/Wessels, Wolfgang (Hrsg.) (2001): Theorien europäischer Integration, Opladen.

Louis, Jean Victor/Ronse, Thierry (2005): L'ordre juridique de l'Union européenne. Dossiers de droit européen n°13, Bâle.

Lowi, Theodore J. (1964): American Business and Public Policy: Case Studies in Political Theory, World Politics Vol. 16, S. 677-715.

Lowndes, Vivien (2002): Institutionalism, in: Marsh, David/Stoker, Gerry (Hrsg.): Theory and Methods in Political Science, New York, S. 90-108.

Lübbe, Hermann (1994): Abschied vom Superstaat. Vereinigte Staaten von Europa wird es nicht geben, Berlin.

Ludlow, Peter (2005): Die Führung der Europäischen Union durch den Europäischen Rat: Übergang oder Krise?, in: integration 1/05, S. 3-15.

Lugna, Lauri (2006): Institutional Framework of the European Union Counter-Terrorism Policy-Setting, in: Baltic Security and Defence Review, Vol. 8, S. 101-127.

Luif, Paul (1995): Österreich, in: Weidenfeld, Werner/Wessels, Wolfgang (Hrsg.): Jahrbuch der Europäischen Integration 1994/95, Bonn, S. 333-338.

Magiera, Siegfried/Niedobitek, Matthias (2007): Gerichtshof, in: Weidenfeld, Werner/Wessels, Wolfgang (Hrsg.): Jahrbuch der Europäischen Integration 2006, Baden-Baden, S. 99-108.

Magiera, Siegfried/Trautmann, Ramona (2007a): Europäischer Gerichtshof, in: Weidenfeld, Werner/Wessels, Wolfgang (Hrsg.): Europa von A bis Z, Taschenbuch der europäischen Integration, 10. Auflage, Baden-Baden, S. 197-201.

Magiera, Siegfried/Trautmann, Ramona (2007b): Europäischer Rechnungshof, in: Weidenfeld, Werner/Wessels, Wolfgang (Hrsg.): Europa von A bis Z, Taschenbuch der europäischen Integration, 10. Auflage, Baden-Baden, S. 212-214.

Magiera, Siegfried/Trautmann, Ramona (2007c): Rechnungshof, in: Weidenfeld, Werner/Wessels, Wolfgang (Hrsg.): Jahrbuch der Europäischen Integration 2006, Baden-Baden, S. 109-112.

Magnette, Paul (2005): What is the European Union? Nature and Prospects, New York.

Magnette, Paul/Nicolaidis, Kalypso (2004): The European Convention: Bargaining in the Shadow of Rhetoric, in: West European Politics 27 (3), S. 381-406 oder online unter: http://users.ox.ac.uk/~ssfc0041/magnettenicolaidis.pdf (Stand: 17.09.2007).

Mahncke, Dieter/Jansen, Thomas (Hrsg.) (1981): Persönlichkeiten der Europäischen Integration. Vierzehn biographische Essays, Bonn.

Majone, Giandomenico (2001): Two Logics of Delegation. Agency and Fiduciary Relations in EU Governance, in: European Union Politics 2(1), S. 103-122.

Majone, Giandomenico (2006): Managing Europeanization: The European Agencies, in: Peterson, John/Shackleton, Michael: The Institutions of the European Union, 2 Auflage, Oxford/New York, S. 190-209.

Mandel, Ernest (1969): Die EWG und die Konkurrenz Europa – Amerika, Hamburg.

Manow, Philip (2005): National Vote Intension and European Voting Behavior, 1979-2004. Second Order Election Effects, Election Timing, Government Approval and the Europeanization of European Elections, MPIfG discussion paper (11), Köln.
March, James G./Olsen, Johan P. (1998): The institutional dynamics of international political orders, in: International Organization 52(4), S. 943-969.
March, James G./Olsen, Johan P. (1995): Democratic Governance, New York.
March, James G./Olsen, Johan P. (1989): Rediscovering Institutions, The Organizational Basis of Politics, New York, London.
Marhold, Hartmut (Hrsg.) (2001a): Die neue Europadebatte. Leitbilder für das Europa der Zukunft, Bonn.
Marhold, Hartmut (2001b): Die neue Europadebatte, in: ders. (Hrsg.): Die neue Europadebatte. Leitbilder für das Europa der Zukunft, Bonn, S. 9-25.
Martini, Alexander (1992): Gemeinden in Europa, Kommunale Selbstverwaltung und Gemeinschaftsrecht, Köln.
Maurer, Andreas (2007a): Europäisches Parlament, in: Weidenfeld, Werner/Wessels, Wolfgang (Hrsg.): Europa von A bis Z. Taschenbuch der europäischen Integration, 10. Auflage, Baden-Baden, S. 229-238.
Maurer, Andreas (2007b): Alternativen denken! Die Mitgliedschaftspolitik der Europäischen Union vor dem Hintergrund der Beziehungen zur Türkei, in: SWP-Aktuell, 2007/A 36.
Maurer, Andreas (2006a): Die Vermessung des europäischen Tiefgangs: Extrakonstitutionelle Umwege aus der Verfassungskrise, in: Politische Vierteljahresschrift, Jg. 47, Heft 2, S. 264-274.
Maurer, Andreas (2006b): Nachsitzen, Sitzenbleiben oder Klassenverweis? Realisierungsperspektiven für den Europäischen Verfassungsvertrag, SWP-Studie 2006/S 04, Berlin.
Maurer, Andreas (2006c): Publicized Discourses on the Post-Nice-Process, in: Puntscher Riekmann, Sonja/Wessels, Wolfgang (Hrsg.): The Making of a European Constitution. Dynamics and Limits of the Convention Experience, Wiesbaden, S. 216-248.
Maurer, Andreas (2005a): Verfahren und Normenhierarchie im Verfassungsvertrag: Effizienzsteigerung trotz strukturierter Unordnung, in: Jopp, Mathias/Matl, Saskia (Hrsg.): Der Vertrag über eine Verfassung für Europa. Analysen zur Konstitutionalisierung der EU, Baden-Baden, S. 209-237.
Maurer, Andreas (2005b): Das Europäische Parlament in der Gesetzgebung, in: Maurer, Andreas/Nickel, Dietmar (Hrsg.): Das Europäische Parlament. Supranationalität, Repräsentation und Legitimation, Baden-Baden, S. 93-119.
Maurer, Andreas (2005c): Die Ratifikation des Verfassungsvertrags, in: Jopp, Mathias/Matl, Saskia (Hrsg.): Der Vertrag über eine Verfassung für Europa. Analysen zur Konstitutionalisierung der EU, Baden-Baden, S. 493-521.
Maurer, Andreas (2004a): Die Macht des Europäischen Parlaments. Eine prospektive Analyse im Blick auf die kommende Wahlperiode 2004-2009, SWP-Studie 2004/S 11, Berlin, online unter: http://www.swp-berlin.org/de/common/get_document.php?asset_id=1213 (Stand: 19.09.2007).
Maurer, Andreas (2004b): Die nationalen Parlamente im Europäischen Verfassungsvertrag. Anforderungen für die proaktive Ausgestaltung der Parlamente, SWP, Diskussionspapier der FG 1, 2004/05, online unter: http://www.swp-berlin.org/common/get_document.php?asset_id=1282 (Stand: 19.09.2007).
Maurer, Andreas (2003a): Die Methode des Konvents – ein Modell deliberativer Demokratie?, in: integration 2/03, S. 130-140.
Maurer, Andreas (2003b): Germany: fragmented structures in a complex system, in: Wessels, Wolfgang/Maurer, Andreas/Mittag, Jürgen (Hrsg.): Fifteen into one? The European Union and its Member States, Manchester, S. 115-149.
Maurer, Andreas (2003c): Das Europäische Parlament, in: Weidenfeld, Werner/Wessels, Wolfgang (Hrsg.): Jahrbuch der Europäischen Integration 2002/2003, Bonn, S. 61-70.
Maurer, Andreas (2003d): Orientierungen im Verfahrensdickicht? Die neue Normenhierarchie der Europäischen Union, in: integration 4/03, S. 440-453.
Maurer, Andreas (2002a): Parlamentarische Demokratie in der Europäischen Union. Der Beitrag des Europäischen Parlaments und der nationalen Parlamente, Baden-Baden.

Maurer, Andreas (2002b): Nationale Parlamente in der Europäischen Union, in: integration 1/02, S. 20-34.
Maurer, Andreas (2001): National Parliaments in the European Architecture: From Latecomers' Adaption towards Permanent Institutional Change?, in: Maurer, Andreas/Wessels, Wolfgang (Hrsg.): National Parliaments on their Ways to Europe: Losers or Latecomers?, Baden-Baden, S. 27-76.
Maurer, Andreas (2000): Das Europäische Parlament, in: Weidenfeld, Werner/Wessels, Wolfgang (Hrsg.): Jahrbuch der Europäischen Integration 1999/2000, Bonn, S. 59-68.
Maurer, Andreas/Becker, Peter (2004): Die Europafähigkeit der nationalen Parlamente. Der Europäische Verfassungsvertrag und die Modernisierung der bundesstaatlichen Ordnung Deutschlands, SWP-Studie 2004/S 23, Juni 2004, online unter: http://www.swp-berlin.org/de/common/get_document.php?asset_id=1354 (Stand: 19.09.2007).
Maurer, Andreas/Kietz, Daniela (2007): Europawahlen, in: Weidenfeld, Werner/Wessels, Wolfgang (Hrsg.): Europa von A bis Z. Taschenbuch der europäischen Integration, 10. Auflage, Baden-Baden, S. 245-250.
Maurer, Andreas/Kietz, Daniela (2005): Interinstitutional Agreements in CFSP – Informal and Incremental Parliamentarisation, in: Maurer, Andreas/Nickel, Dietmar (Hrsg.): Das Europäische Parlament. Supranationalität, Repräsentation und Legitimation, Baden-Baden, S. 225-242.
Maurer, Andreas/Kietz, Daniela/Völkel, Christian (2004): Interinstitutional Agreements in CFSP: Parliamentarisation through the Backdoor?, EIF Working Paper Series, working paper No. 5, online unter: http://www.eif.oeaw.ac.at/downloads/workingpapers/wp5.pdf (Stand: 19.09.2007).
Maurer, Andreas/Mittag, Jürgen (2007): Europäische Parteien, in: Weidenfeld, Werner/Wessels, Wolfgang (Hrsg.): Europa von A bis Z. Taschenbuch der europäischen Integration, 10. Auflage, Baden-Baden, S. 168-175.
Maurer, Andreas/Monar, Jörg (1999): Parlamentarische Kontrolle und Innere Sicherheit im Prozess der Europäisierung, in: Lange, Hans-Jürgen (Hrsg.): Staat, Demokratie und Innere Sicherheit in Deutschland, Opladen.
Maurer, Andreas/Nickel, Dietmar (Hrsg.) (2005): Das Europäische Parlament. Supranationalität, Repräsentation und Legitimation, Baden-Baden.
Maurer, Andreas/Reichel, Sarah (2004): Der Europäische Auswärtige Dienst. Elemente eines Drei-Phasen-Plans, SWP-Aktuell 2004/A 53, November 2004, online unter: http://www.swp-berlin.org/de/common/get_document.php?asset_id=1757 (Stand: 19.09.2007).
Maurer, Andreas/Wessels, Wolfgang (2003a): The European Union matters: structuring self-made offers and demands, in: Wessels, Wolfgang/Maurer, Andreas/Mittag, Jürgen (Hrsg.): Fifteen into one? The European Union and its Member States, Manchester, S. 29-65.
Maurer, Andreas/Wessels, Wolfgang (2003b): Das Europäische Parlament nach Amsterdam und Nizza: Akteur, Arena oder Alibi?, Baden-Baden.
Maurer, Andreas/Wessels, Wolfgang (Hrsg.) (2001a): National Parliaments on their ways to Europe: losers or latecomers?, Baden-Baden.
Maurer, Andreas/Wessels, Wolfgang (2001b): National Parliaments after Amsterdam: From Slow Adapters to National Players?, in: Maurer, Andreas/Wessels, Wolfgang (Hrsg.): National Parliaments on their ways to Europe. Losers or Latecomers?, Baden-Baden, S. 425-475.
Mayer, Franz C. (2005): Europa als Rechtsgemeinschaft, in: Schuppert, Gunnar Folke/Pernice, Ingolf/Haltern, Ulrich (Hrsg.): Europawissenschaften, Baden-Baden, S. 429-488.
Mazey, Sonia/Richardson, Jeremy (2006): The commission and the lobby, in: Spence, David/Edwards, Richard (Hrsg.): The European Commission, 3. Auflage, London, S. 279-292.
McNamara, Kathleen R. (2006): Managing the Euro: The European Central Bank, in: Peterson, John/Shackleton, Michael (Hrsg.): The Institutions of the European Union, 2. Auflage, Oxford/New York, S. 169-189.
Mentler, Michael (1996): Der Ausschuß der Ständigen Vertreter bei den Europäischen Gemeinschaften, Baden-Baden.
Meyer, Christoph O. (2004): The Hard Side of Soft Policy Co-ordination in EMU: the Impact of Peer Pressure on Publicised Opinion in the cases of Germany and Ireland, in: Journal of European Public Policy 11(5), S. 822-839.

Meyer, Christoph O. (2002): Europäische Öffentlichkeit als Kontrollsphäre: Die Europäische Kommission, die Medien und politische Verantwortung. Informationskultur in Europa, Band 2, Berlin.
Meyer, Jürgen/Engels, Markus (2001): Die Charta der Grundrechte der Europäischen Union: Eine Einführung, in: dies. (Hrsg.): Die Charta der Grundrechte der Europäischen Union: Berichte und Dokumentation, Berlin, S. 7-38.
Miles, Lee (2005): Fusing with Europe? Sweden in the European Union, Ashgate.
Milward, Alan S. (2005): The European Rescue of the Nation-State, 3. Auflage, London/New York.
Missiroli, Antonio (2002): Coherence, effectiveness, and flexibility for CFSP/ESDP, in: Reiter, Erich/Rummel, Reinhardt/Schmidt, Peter (Hrsg.): Europas ferne Streitmacht, Hamburg, S. 119-148.
Mitsilegas, Valsamis/Monar, Jörg/Rees, Wyn (2003): The European Union and Internal Security: Guardian of the People?, London.
Mitterand, François (1990): Gemeinsame Pressekonferenz des französischen Staatspräsidenten und des Präsidenten der UDSSR, 25. Mai 1990, online unter: http://www.2plus4.de/chronik.php3?date_value=25.05.90&sort=000-004 (Stand: 24.09.2007).
Mittag, Jürgen (2007): Ausschuss der Regionen, in: Weideifeld, Werner/Wessels, Wolfgang (Hrsg.): Europa von A bis Z. Taschenbuch der europäischen Integration, 10. Auflage, Baden-Baden, S. 74-76.
Mittag, Jürgen (Hrsg.) (2006): Politische Parteien und europäische Integration. Entwicklung und Perspektiven transnationaler Parteienkooperation in Europa, Essen.
Mittag, Jürgen (2003): Die parlamentarische Dimension der ESVP: Optionen für eine Europäische Verfassung, in: integration 2/03, S. 152-161.
Mittag, Jürgen/Bräth, Eva (2006): Parteienzusammenarbeit in Europa: Entwicklungslinien und Perspektiven, in: Mittag, Jürgen (Hrsg.): Politische Parteien und europäische Integration. Entwicklung und Perspektiven transnationaler Parteienkooperation in Europa, Essen, S. 699-722.
Mittag, Jürgen/Wessels, Wolfgang (2004): Die Gipfelkonferenzen von Den Haag (1969) und Paris (1972): Meilensteine für die Entwicklungstrends der Europäischen Union?, in: Knipping, Franz/Schönwald, Matthias (Hrsg.): Aufbruch zum Europa der zweiten Generation. Die europäische Einigung 1969-1984, S. 3-27.
Mittag, Jürgen/Wessels, Wolfgang (2003): The ‚One' and the ‚Fifteen'? The Member States between procedural adaptation and structural revolution, in: Wessels, Wolfgang/Maurer, Andreas/Mittag, Jürgen (Hrsg.): Fifteen into one? The European Union and its member states, Manchester, S. 413-454.
Monar, Jörg (2007): Außenwirtschaftsbeziehungen, in: Weidenfeld, Werner/Wessels, Wolfgang (Hrsg.): Europa von A bis Z. Taschenbuch der europäischen Integration, 10. Auflage, Baden-Baden, S. 77-81.
Monar, Jörg (2006): Justice and Home Affairs, in: Journal of Common Market Studies 44, Annual Review, S. 101-117.
Monar, Jörg (2005a): Optionen für den Ernstfall. Auswege aus einer möglichen Ratifizierungskrise des Verfassungsvertrags, in: integration 1/2005, S. 16-32.
Monar, Jörg (2005b): Justice and Home Affairs, in: Journal of Common Market Studies 43, Annual Review, S. 131-146.
Monar, Jörg (2001): The Dynamics of Justice and Home Affairs: Laboratories, Driving Factors and Costs, in: Journal of Common Market Studies 39/4, S. 747-764.
Monnet, Jean (1978): Erinnerungen eines Europäers, Baden-Baden.
Monnet, Jean (1952): Mémorandum de Jean Monnet à Robert Schuman (15 février 1952), online unter: www.ena.lu (Stand: 22.08.2007).
Moravcsik, Andrew (2006): What can we learn from the collapse of the european constitutional project?, in: Politische Vierteljahresschrift 47(2), S. 219-241.
Moravcsik, Andrew (1998): The Choice for Europe: Social Purpose and State Power from Messina to Maastricht, London.
Moravcsik, Andrew/Kalypso, Nicolaidis (1999): Explaining the Treaty of Amsterdam: Interests, Influence, Institutions, in: Journal of Common Market Studies 37(1), S. 59-85.
Moravcsik, Andrew/Vachudova, Milada Anna (2003): National Interests, State Power, and EU Enlargement, European Politics and Societies 17(1), S. 42-57.
Morisse-Schilbach, Melanie (2005): Historischer Institutionalismus, in: Bieling, Hans-Jürgen/Lerch, Marika (Hrsg.): Theorien europäischer Integration, Stuttgart, S. 271-292.

Müller, Thorsten (2003): Die Innen- und Justizpolitik der Europäischen Union. Eine Analyse der Integrationsentwicklung, Opladen.
Müller-Brandeck-Bocquet, Gisela (2004): Frankreichs Europapolitik, Wiesbaden.
Müller-Brandeck-Bocquet, Gisela (1997): Flexible Integration – Eine Chance für die europäische Umweltpolitik, in: integration 4/1997, S. 292-305.
Müller-Graff, Peter-Christian (2005): Strukturmerkmale des neuen Verfassungsvertrages für Europa im Entwicklungsgang des Primärrechts, in: Jopp, Mathias/Matl, Saskia (Hrsg.): Der Vertrag über eine Verfassung für Europa. Analysen zur Konstitutionalisierung der EU, Baden-Baden, S. 87-108.
Müller-Graff, Peter-Christian/Kainer, Friedemann (2007a): Raum der Freiheit, der Sicherheit und des Rechts, in: Weidenfeld, Werner/Wessels, Wolfgang (Hrsg.): Europa von A bis Z. Taschenbuch der europäischen Integration, 10. Auflage, Baden-Baden, S. 332-333.
Müller-Graff, Peter-Christian/Kainer, Friedemann (2007b): Asyl, Einwanderungs- und Visapolitik, in: Weidenfeld, Werner/Wessels, Wolfgang (Hrsg.): Europa von A bis Z. Taschenbuch der europäischen Integration, 10. Auflage, Baden-Baden, S. 69-73.
Müller-Graff, Peter-Christian/Kainer, Friedemann (2007c): Zusammenarbeit in Zivilsachen, in: Weidenfeld, Werner/Wessels, Wolfgang (Hrsg.): Europa von A bis Z. Taschenbuch der europäischen Integration, 10. Auflage, Baden-Baden, S. 392-394.
Müller-Graff, Peter-Christian/Kainer, Friedemann (2007d): Zusammenarbeit in Strafsachen, in: Weidenfeld, Werner/Wessels, Wolfgang (Hrsg.): Europa von A bis Z. Taschenbuch der europäischen Integration, 10. Auflage, Baden-Baden, S. 388-391.
Müller-Graff, Peter-Christian/Kainer, Friedemann (2007e): Eurojust, in: Weidenfeld, Werner/Wessels, Wolfgang (Hrsg.): Europa von A bis Z. Taschenbuch der europäischen Integration, 10. Auflage, Baden-Baden, S. 134-135.
Münch, Claudia (2005): Nordrhein-westfälische Kommunen in Europa, in: Alemann, Ulrich von/Münch, Claudia (Hrsg.): Landespolitik im europäischen Haus. NRW und das dynamische Mehrebenensystem, Wiesbaden, S. 133-151.
Münkler, Herfried (2005): Imperien. Die Logik der Weltherrschaft – vom Alten Rom bis zu den Vereinigten Staaten, Berlin.
Nasshoven, Yvonne (2006): „Let's Green Europe"? Von der Europäischen Föderation Grüner Parteien zur Europäischen Grünen Partei, in: Mittag, Jürgen (Hrsg.): Politische Parteien und europäische Integration. Entwicklung und Perspektiven transnationaler Parteienkooperation in Europa, Essen, S. 617-638.
Neuss, Beate/Hilz, Wolfram (1999): Deutsche personelle Präsenz in der EU-Kommission, Studie der Konrad-Adenauer-Stiftung, St. Augustin.
Neyer, Jürgen (2005): Die Krise der EU und die Stärke einer deliberativen Integrationstheorie, in: Zeitschrift für internationale Beziehungen, 2/2005, S. 377-382.
Nickel, Dietmar (2005): Das Europäische Parlament als rekrutierendes Organ – unter besonderer Berücksichtigung der Einsetzung der Kommission, in: Maurer, Andreas/Nickel, Dietmar (Hrsg.): Das Europäische Parlament. Supranationalität, Repräsentation und Legitimation, Baden-Baden, S. 65-92.
Nickel, Dietmar (2003): Das Europäische Parlament als Legislativorgan – zum neuen institutionellen Design nach der Europäischen Verfassung, in: integration 4/03, S. 501-509.
Nickel, Dietmar (1984): Der Entwurf des EP für einen Vertrag zur Gründung der EU, in: integration 1/1984, S. 11-27.
Niedermayer, Oskar (2005): Die Europawahl als nationale Testwahl?, in: Maurer, Andreas/Nickel, Dietmar (Hrsg.): Das Europäische Parlament. Supranationalität, Repräsentation und Legitimation, Baden-Baden, S. 11-22.
Niess, Frank (2001): Die europäische Idee. Aus dem Geist des Widerstandes, Frankfurt.
Norman, Peter (2003): The Accidental Constitution. The Story of the European Convention, Brüssel.
Nugent, Neill (2006): The Government and Politics of the European Union, 6. Auflage, Houndmills.
Nugent, Neill (2004): European Union Enlargement, Houndmills.
Nuttall, Simon J. (2000): European Foreign Policy, Oxford.
Nuttall, Simon J. (1997): Two decades of EPC Performance, in: Regelsberger, Elfriede/Schoutheete de Tervarent, Philippe de/Wessels, Wolfgang (Hrsg.): Foreign Policy of the European Union. From EPC to CFSP and Beyond, London.

Occhipinti, John D. (2003): The Politics of EU Police Cooperation: Towards a European FBI?, Boulder.
Olsen, Johan P. (2000): Organising European Institutions of Governance. A Prelude to an Institutional Account of Political Integration, ARENA Working Papers WP 00/2, online unter: http://www.arena.uio.no/publications/wp00_2.htm (Stand: 17.09.2007).
Oppermann, Thomas (2005): Europarecht. Ein Studienbuch, 3. Auflage, München.
Oppermann, Thomas (1993): Der Maastrichter Unionsvertrag – Rechtspolitische Wertung, in: Hrbek, Rudolf (Hrsg.): Der Vertrag von Maastricht in der wissenschaftlichen Kontroverse, Baden-Baden, S. 103-120.
Oppermann, Thomas (Hrsg.) (1979): Europäische Reden, Stuttgart.
Pedler, Robin/Bradley, Kieran (2006): The Commission, Policy Management and Comitology, in: Spence, David/Edwards, Geoffrey (Hrsg.): The European Commission, 3. Auflage, London, S. 235-262.
Pennera, Christian/Schoo, Johann (2004): La codécision – Un bilan. Unveröffentlichtes Manuskript.
Peters, Guy (1999): Institutional Theory in Political Science. The 'New Institutionalism', London/New York.
Peters, Dirk/Wagner, Wolfgang (2005): Die EU in den Internationalen Beziehungen, in: Holzinger, Katharina/Knill, Christoph/Peters, Dirk/Rittberger, Berthold/Schimmelfennig, Frank/Wagner, Wolfgang (Hrsg.): Die Europäische Union. Theorien und Analysekonzepte, Paderborn, S. 215-272.
Peterson, John (2006): The College of Commissioners, in: Peterson, John/Shackleton, Michael (Hrsg.): The Institutions of the European Union, 2. Auflage, Oxford/New York, S. 81-103.
Peterson, John (2002): The College of Commissioners, in: Peterson, John/Shackleton, Michael (Hrsg.): The Institutions of the European Union, Oxford, S. 71-94.
Peterson, John (1999): The Santer-era: the European Commission in Normative, Historical and Theoretical Perspective, in: Journal of European Policy, Vol. 6, no. 1, S. 46-65.
Peterson, John/Bomberg, Elizabeth (1999): Decision-making in the European Union, New York.
Peterson, John/Shackleton, Michael (Hrsg.) (2006a): The Institutions of the European Union, 2. Auflage, Oxford/New York.
Peterson, John/Shackleton, Michael (2006b): The EU's institutions: An Overview, in: Peterson, John/Shackleton, Michael (Hrsg.): The Institutions of the European Union, 2. Auflage, Oxford/New York, S. 1-16.
Peterson, John/Shackleton, Michael (Hrsg.) (2002a): The Institutions of the European Union, Oxford.
Peterson, John/Shackleton, Michael (2002b): The EU's Institutions: An Overview, in: dies. (Hrsg.): The Institutions of the European Union, Oxford, S. 1-21.
Philippart, Eric/Sie Dhian Ho, Monika (2000): From Uniformity to Flexibility. The management of diversity and its impact on the EU system of governance, in: De Búrca, Greánne/Scott, Joanne (Hrsg.): Constitutional Change in the EU. From Uniformity to Flexibility, Oxford, S. 299-336.
Piepenschneider, Melanie (1997): Der Vertrag von Amsterdam. Analyse und Bewertung. Arbeitspapier der Konrad-Adenauer-Stiftung, 2. überarbeitete Auflage, Bonn.
Pierson, Paul (2000): Path Dependence, Increasing Returns, and the Study of Politics, in: American Political Science Review, Vol. 94, No. 2, S. 251-267.
Pierson, Paul (1996): The Path to European Integration: A Historical Institutionalist Analysis, in: Comparative Political Studies 29 (2), S. 123-163.
Pinder, John (2004): The Constitutional Treaty: how federal?, in: The Federal Trust: EU Constitution Project Newsletter 7/2004, S. 7.
Pinder, John (2001): Der Vertrag von Nizza – Wegbereiter eines föderalen oder intergouvernementalen Europa?, in: integration, 2/01, S. 77-85.
Pinder, John (1986): European Community and Nation-State: a case for a neo-federalism, in: International Affairs 1/1986, S. 41-54.
Platzer, Hans-Wolfgang (2004): Interessenverbände und europäischer Lobbyismus, in: Weidenfeld, Werner (Hrsg.): Europa-Handbuch, Band I, S. 186-202.
Platzer, Hans-Wolfgang (1991): Gewerkschaft ohne Grenzen? Die transnationale Zusammenarbeit der Gewerkschaften im Europa der 90er Jahre, Bonn.
Pochet, Philippe (2005): The Open Method of Coordination and the Construction of Social Europe. A Historical Perspective, in: Zeitlin, Jonathan/Pochet, Philippe (Hrsg.): The Open Method of Coordination in action. The European Employment and Social Inclusion Strategies, Brüssel.

Pollack, Mark A. (2004): The New Institutionalisms and European Integration, in: Wiener, Antje/Diez, Thomas (Hrsg.): European Integration Theory, Oxford, S. 137-156.
Pollack, Mark A. (1997): Delegation, agency, and agenda setting in the European Community, in: International Organization 51(1), S. 99-134.
Ponzano, Paolo/Ziller, Jacques/Pii, Samuel (2007): Un référendum européen pour la Constitution européenne. Problèmes juridiques et politiques, in: RSCAS Policy Paper, 2007/01.
Popper, Karl R. (1994): Logik der Forschung, 10. verbesserte und vermehrte Auflage, Tübingen.
Poullet, Edouard/Déprez, Gérard (1976): Struktur und Macht der EG-Kommission. Die Kommission im System der Europäischen Gemeinschaft, Bonn.
Puchala, Donald J. (1972): Of Blind men, elephants and International Integration, in: Journal of Common Market Studies 10, S. 267-284.
Quermonne, Jean-Louis (2005): Le système politique de l'Union Européenne, Paris.
Radaelli, Claudio M. (2006): Europeanization: Solution or Problem? in: Cini, Michelle/Bourne, Angela K. (Hrsg.): European Union Studies, Houndmills, S. 56-76.
Radaelli, Claudio M. (2003): The Open Method of Coordination: A new governance architecture for the European Union? Swedish Institute for European Policy Studies 2003:1, Stockholm, online unter: http://www.sieps.se/publ/rapporter/bilagor/20031.pdf (Stand: 17.09.2007).
Rahmsdorf, Detlev W. (1990): Währungspolitik, in: Weidenfeld, Werner/Wessels, Wolfgang (Hrsg.): Jahrbuch der Europäischen Integration 1989/1990, Bonn, S. 128-136.
Rasmussen, Anne (2003): The Role of the European Commission in Co-decision – a facilitator operating in a situation of structural disadvantage, in: European Integration Online Papers, Vol. 7, Nr. 10, online unter: http://eiop.or.at/eiop/texte/2003-010a.htm (Stand: 22.08.2007).
Rat der Europäischen Union (2007a): Pressemitteilung PRE 21/04, Brüssel den 18. April 2007, online unter: http://www.consilium.europa.eu/ueDocs/cms_Data/docs/pressData/de/gena/93710.pdf (Stand: 17.09.2007).
Rat der Europäischen Union (2007b): Vorläufige Tagesordnung für die 2796. Tagung des Rates der Europäischen Union (Allgemeine Angelegenheiten und Außenbeziehungen) am Montag, 23. und Dienstag, 24. April 2007 in Luxemburg), Brüssel, online unter: http://register.consilium.europa.eu/pdf/de/07/st08/st08508.de07.pdf (Stand: 17.09.2007).
Rat der Europäischen Union (2005a): Erklärung des Vorsitzes im Namen der Europäischen Union zum Menschenrechtsdialog mit Iran, online unter: http://ue.eu.int/ueDocs/cms_Data/docs/pressData/de/cfsp/87756.pdf (Stand: 17.09.2007).
Rat der Europäischen Union (2005b): GASP-Erklärungen, online unter: http://www.consilium.europa.eu/cms3_applications/Applications/newsRoom/loadbook.asp?target=2005&bid=73&lang=4&cmsId=257 (Stand: 17.09.2007).
Rat der Europäischen Union (2003b): Ein sicheres Europa in einer besseren Welt. Europäische Sicherheitsstrategie, Brüssel, 8. Dezember 2003, Dok. 15895/03, online unter: http://register.consilium.europa.eu/pdf/de/03/st15/st15895.de03.pdf, (Stand 17.09.2007)
Rat der Europäischen Union (2001): Leitfaden Mitentscheidungsverfahren, online unter: http://www.consilium.europa.eu/uedocs/cms_data/docs/2004/4/29/Codecision%20guide.pdf (Stand: 17.09.2007).
Rat der Europäischen Union (2000): Follow-up of the Lisbon European Council – the ongoing experience of the open method of coordination, Presidency Note, 9088/00 Brüssel, 14. Juni 2000.
Reichenbach Horst/Emmerling, Thea/Staudenmayer, Dirk/Schmidt, Sönke (1999): Integration: Wanderung über europäische Gipfel, Baden-Baden.
Regelsberger, Elfriede (2007a): Gemeinsame Außen- und Sicherheitspolitik, in: Weidenfeld, Werner/Wessels, Wolfgang (Hrsg.): Europa von A bis Z. Taschenbuch der europäischen Integration, 10. Auflage, Baden Baden, S. 265-271.
Regelsberger, Elfriede (2007b): The International Impact of European Integration – the Role of the Common Foreign and Security Policy (CFSP). Paper prepared for the UACES Conference „Reflection on European Integration: 50 Years of the Treaty of Rome", London 23-24th March 2007.
Regelsberger, Elfriede (2007c): Gemeinsame Außen- und Sicherheitspolitik, in: Weidenfeld, Werner/Wessels, Wolfgang (Hrsg.): Jahrbuch der Europäischen Integration 2006, Baden-Baden, S. 231-240.

Regelsberger, Elfriede (2006): Gemeinsame Außen- und Sicherheitspolitik, in: Weidenfeld, Werner/ Wessels, Wolfgang (Hrsg.): Jahrbuch der Europäischen Integration 2005, Baden-Baden, S. 241-248.
Regelsberger, Elfriede (2005): Mehr Sicherheit, Kohärenz und Effizienz für die GASP – Chancen und Risiken im neuen Verfassungsvertrag, in: Jopp, Mathias/Matl, Saskia (Hrsg.): Der Vertrag über eine Verfassung für Europa. Analysen zur Konstitutionalisierung der EU, Baden-Baden, S. 323-342.
Regelsberger, Elfriede (2004a): Gemeinsame Außen- und Sicherheitspolitik, in: Weidenfeld, Werner/ Wessels, Wolfgang (Hrsg.): Jahrbuch der Europäischen Integration 2003/2004, Baden-Baden, S. 239-246.
Regelsberger, Elfriede (2004b): Die Gemeinsame Außen- und Sicherheitspolitik der EU (GASP) – Konstitutionelle Angebote im Praxistest 1993-2003. Europäische Schriften Band 80, Baden-Baden.
Regelsberger, Elfriede (2003): Gemeinsame Außen- und Sicherheitspolitik, in: Weidenfeld, Werner/ Wessels, Wolfgang (Hrsg.): Jahrbuch der europäischen Integration 2002/03, Bonn, S. 251-260.
Regelsberger, Elfriede (2001): Die Gemeinsame Außen- und Sicherheitspolitik nach ‚Nizza' – begrenzter Reformeifer und außervertragliche Dynamik, in: Jopp, Mathias/Lippert, Barbara/Schneider, Heinrich (Hrsg.): Das Vertragswerk von Nizza und die Zukunft der Europäischen Union, Berlin, S. 112-122.
Regelsberger, Elfriede (2000): Gemeinsame Außen- und Sicherheitspolitik, in: Weidenfeld, Werner/ Wessels, Wolfgang (Hrsg.): Jahrbuch der Europäischen Integration 1999/2000, Bonn, S. 233-242.
Regelsberger, Elfriede/Schoutheete de Tevarent, Phillipe de/Wessels, Wolfgang (1997) (Hrsg.): From EPC to CFSP: Does Maastricht push the EU toward a role as a Global Power?, London.
Regelsberger, Elfriede (1990): Die Europäische Politische Zusammenarbeit, in: Weidenfeld, Werner/ Wessels, Wolfgang (Hrsg.): Jahrbuch der Europäischen Integration 1989/90, Bonn, S. 237-246.
Regelsberger, Elfriede/Wessels, Wolfgang (2004): The EU before enlargement, in: Torres, Francisco/Verdun, Amy/Zilioli, Chiara/Zimmermann, Hubert (Hrsg.): Governing EMU: Economic, Political, Legal and Historical Perspectives, Florenz.
Reh, Christine/Scholl, Bruno (2005): The Convention on the Future of Europe: Extended Working Group or Constitutional Assembly?, in: Research Papers in Law 4/2005, College of Europe, Brügge.
Reh, Christine/Wessels, Wolfgang (2002): Towards an Innovative Mode of Treaty Reform? Three Sets of Expectations for the Convention, in: Collegium 24, Summer 2002, S.17-42, online unter: http://www.politik.uni-koeln.de/wessels/DE/ARCHIV/IGC_Net/article%20convention%20reh_wessels.pdf (Stand: 18.09.2007).
Reichenbach, Horst/Emmerling, Thea/Staudenmayer, Dirk/Schmidt, Sönke (1999): Integration: Wanderung über europäische Gipfel, Baden-Baden.
Reif, Karl-Heinz (1997): European Elections as Member State Second-Order Elections Revisited, in: European Journal of Political Research 31(1), S. 115-124.
Reif, Karl-Heinz (1993): Ein Ende des „Permissive Consensus"? Zum Wandel europapolitischer Einstellungen in der öffentlichen Meinung der EG-Mitgliedsstaaten, in: Hrbek, Rudolf (Hrsg.): Der Vertrag von Maastricht in der wissenschaftlichen Kontroverse, Baden-Baden, S. 23-40.
Rhodes, Carolyn (Hrsg.) (1998): The European Union in the World Community, London.
Rhodes, R.A.W. (1986): European Policy Making, Implementation and Subcentral Governments. A Survey, Maastricht.
Rifkin, Jeremy (2004): Der Europäische Traum. Die Vision einer leisen Supermacht, Frankfurt.
Risse, Thomas (2004a): Auf dem Weg zu einer europäischen Kommunikationsgemeinschaft: Theoretische Überlegungen und empirische Evidenz, in: Franzius, Claudio/Preuß, Ulrich K. (Hrsg.): Europäische Öffentlichkeit, Baden-Baden, S. 139-153.
Risse, Thomas (2004b): Social Constructivism, in: Wiener, Antje/Diez, Thomas (Hrsg.): European Integration Theory, Oxford, S. 159-175.
Risse, Thomas (2002): Zur Debatte um die (Nicht-)Existenz einer europäischen Öffentlichkeit: Was wir wissen, und wie es zu interpretieren ist, in: Berliner Debatte INITIAL 13, 5/6, S. 15-23.
Risse, Thomas (2000): „Let's Argue!": Communicative Action in World Politics, in: International Organization 54/1, 2000, S. 1-40.
Rittberger, Berthold/Schimmelfennig, Frank (2005): The constitutionalization of the European Union. Explaining the parlamentarization and institutionalization of human rights, Wien.
Rittberger, Berthold (2003): The Creation and Empowerment of the European Parliament, in: Journal of Common Market Studies, Volume 41, Nr. 2, April, S. 203-225.

Rittberger, Volker (1995): Internationale Organisationen. Politik und Geschichte, Opladen.
Robbers, Gerhard (2003): Eine neue Verfassung für die Europäische Union, in: Zeitschrift für Staats- und Europawissenschaften, Jg. 1, Heft 3/2003, Berlin, S. 383-399.
Robers, Norbert (2005): Das Europäische Parlament und die Medien – ein Erfahrungsbericht, in: Maurer, Andreas/Nickel, Dietmar (Hrsg.): Das Europäische Parlament. Supranationalität, Repräsentation und Legitimation, Baden-Baden, S. 173-177.
Rohde, Joachim (2004): Rüstung in Europa. Zwänge und Optionen zur Optimierung europäischer Rüstungsprozesse, SWP-Studie 2004/S 25.
Rometsch, Dietrich (2000): Die Europäische Kommission, in: Weidenfeld, Werner/Wessels, Wolfgang (Hrsg.): Jahrbuch der Europäischen Integration 1999/2000, Bonn, S. 77-86.
Rometsch, Dietrich (1999): Die Europäische Kommission, in: Weidenfeld, Werner/Wessels, Wolfgang (Hrsg.): Jahrbuch der Europäischen Integration 1998/1999, Bonn, S. 71-78.
Rometsch, Dietrich (1995): Die Europäische Kommission, in: Weidenfeld, Werner/Wessels, Wolfgang (Hrsg.): Jahrbuch der Europäischen Integration 1999/2000, Bonn, S.55-62.
Rosamond, Ben (2000): Theories of European Integration, Houndmills.
Rougemont, Denis de (1962): Europa. Vom Mythos zur Wirklichkeit, München.
Rummel, Reinhard/Wessels, Wolfgang (Hrsg.) (1978): Die Europäische Politische Zusammenarbeit. Leistungsvermögen und Struktur der EPZ, Band 52/53, Bonn.
Sadowski, Dieter/Timmesfeld, Andrea (1994): Sozialer Dialog: Die Chancen zur Selbstregulierung der europäischen Sozialparteien, in: Eichener, Volker/Voelzkow, Helmut (Hrsg.): Europäische Integration und verbandliche Interessenvermittlung, Marburg, S. 503-527.
Sarkozy, Nicolas (2005): EU-Erweiterung aussetzen, FAZ vom 27. Juni 2005, online unter: http://www.faz.net/s/Rub99C3EECA60D84C08AD6B3E60C4EA807F/Doc~E396A615315664EB5B099EB20AFE50B22~ATpl~Ecommon~Scontent.html (Stand: 17.09.2007).
Sarkozy, Nicolas (2007): Gespräch mit dem belgischen Premierminister Guy Verhofstadt, online unter: http://www.lesoir.be/dossiers/presidentielles/actu/sarkozy-et-verhofstadt-s-2007-05-23-530148.shtml (Stand: 17.09.2007).
Sarkozy, Nicolas (2006): Les amis de l'Europe, 8.09.2006, online unter: http://www.friendsofeurope.org/Portals/6/OLD_IMPORT_PDFDOC/FoEPolicySpotlightNicolasSarkozysept06.pdf (Stand: 17.09.2007).
Sasse, Christoph (1975): Regierungen, Parlamente, Ministerrat. Entscheidungsprozesse in der Europäischen Gemeinschaft, Bonn.
Scharpf, Fritz W. (2005): Legitimationskonzepte jenseits des Nationalstaates, in: Schuppert, Gunnar Folke/Pernice, Ingolf/Haltern, Ulrich (Hrsg.): Europawissenschaft, Baden-Baden, S. 705-742.
Scharpf, Fritz W. (2000): Institutions in Comparative Policy Research, MPIfG Working Paper 00/3, March 2000, online unter: http://www.mpi-fg-koeln.mpg.de/pu/workpap/wp00-3/wp00-3.html (Stand: 17.09.2007).
Scharpf, Fritz W. (1999): Regieren in Europa. Effektiv und demokratisch?, Frankfurt a. M./New York.
Scharpf, Fritz W. (1994): „Autonomieschonend und gemeinschaftsverträglich. Zur Logik der europäischen Mehrebenenpolitik", in: Scharpf, Fritz W. (Hrsg.): Optionen des Föderalismus in Deutschland und Europa, Frankfurt a. M., S. 131-155.
Scharpf, Fritz W./Treib, Oliver (2000): Interaktionsformen. Akteurszentrierter Institutionalismus in der Politikforschung, Opladen.
Scharrer, Hans-Eckart (1977): Differenzierte Integration im Zeichen der Schlange, in: Schneider, Heinrich/Wessels, Wolfgang (Hrsg.): Auf dem Weg zur Europäischen Union? Diskussionsbeiträge zum Tindemans-Bericht, Bonn, S. 143-165.
Scharrer, Hans-Eckart/Wessels, Wolfgang (Hrsg.) (1983): Das Europäische Währungssystem. Bilanz und Perspektiven eines Experiments. Europäische Schriften des Instituts für Europäische Politik, Band 60, Bonn.
Scharrer, Hans-Eckhart (1984): Abgestufte Integration – Eine Einführung, in: Grabitz, Eberhard (Hrsg.): Abgestufte Integration. Eine Alternative zum herkömmlichen Integrationskonzept?, Kehl am Rhein/Straßburg.
Schäuble, Wolfgang/Lamers, Christian (1994): CDU/CSU-Fraktion des Deutschen Bundestages, Überlegungen zur europäischen Politik, Bonn, 1. September.

Scheller, Hanspeter K. (2004): The European Central Bank. History, roll and functions, Frankfurt a. M.
Schendelen, Marinus P.C.M. van (Hrsg.) (1993): Die wachsende Bedeutung des europäischen Lobbying, in: Zeitschrift für Parlamentsfragen, 1, S. 64-72.
Schieder, Siegfried/Spindler, Manuela (Hrsg.) (2006): Theorien der Internationalen Beziehungen. 2. überarbeitete Auflage, Opladen.
Schild, Joachim (2005): Barrosos „blind date" in Brüssel – Auf dem Weg zu einer Parlamentarisierung der Kommissionsinvestitur, in: integration 1/05, S. 33-46.
Schimmelfennig, Frank (2005): Obsolete Theorie oder obsoletes Referendum?, in: Zeitschrift für internationale Beziehungen, Nr. 2/2005, S. 339-344.
Schimmelfennig, Frank (2004): Liberal Intergovernmentalism, in: Wiener, Antje/Diez, Thomas (Hrsg): European Integration Theory, Oxford, S. 75-94.
Schimmelfennig, Frank (2003): Die Osterweiterung der EU: Erklärung eines widersprüchlichen Prozesses, in: Jachtenfuchs, Markus/Kohler-Koch, Beate (Hrsg.): Europäische Integration, 2. Auflage, Opladen, S. 541-568.
Schmidt, Manfred G. (2005): Aufgabeneuropäisierung, in: Schuppert, Gunnar Folke/Pernice, Ingolf/Haltern, Ulrich (Hrsg.): Europawissenschaft, Baden-Baden, S. 129-146.
Schmidt, Susanne K. (2001): Die Einflussmöglichkeiten der Europäischen Kommission auf die europäische Politik, in: Politische Vierteljahresschrift 42(2), S. 173-191.
Schmitter, Philippe C. (2004): Neo-Neofunctionalism, in: Wiener, Antje/Diez, Thomas (Hrsg.): European Integration Theories: Past, Present and Future, New York, S. 45-74.
Schmitter, Philippe C. (1969): Three Neo-Functional Hypotheses about International Integration, in: International Organization 23, S. 161-166.
Schmitter, Philippe C./Streek, Wolfgang (1991): From National Corporatism to Transnational Pluralism: Organized Interests in the Single European market, in: Politics & Society, Band 19, S. 133-164.
Schmuck, Otto (2007a): Europa der Regionen, in: Weidenfeld, Werner/Wessels, Wolfgang (Hrsg.): Europa von A bis Z. Taschenbuch der europäischen Integration, 10. Auflage, Baden-Baden, S. 136-139.
Schmuck, Otto (2007b): Der Ausschuss der Regionen, in: Weidenfeld, Werner/Wessels, Wolfgang (Hrsg.): Jahrbuch der Europäischen Integration 2006, Baden-Baden, S. 113-116.
Schmuck, Otto (1995): Das Europäische Parlament, in: Weidenfeld, Werner/Wessels, Wolfgang (Hrsg.): Jahrbuch der Europäischen Integration 1994/1995, Bonn, S. 63-70.
Schmuck, Otto (1990): Vierzig Jahre Europarat. Renaissance in gesamteuropäischer Perspektive? Europäische Schriften Band 67, Bonn.
Schneider, Gerald/Aspinwall, Mark (2001): Institutional research on the European Union, mapping the field, in: dies. (Hrsg.): The rules of integration. Institutionalist approaches to the study of Europe, New York/Manchester, S. 1-19.
Schneider, Heinrich (2005): Die neu verfasste Europäische Union: noch immer „das unbekannte Wesen"?, in: Jopp, Mathias/Matl, Saskia (Hrsg.): Der Vertrag über eine Verfassung für Europa. Analysen zur Konstitutionalisierung der EU, Baden-Baden, S. 109-132.
Schneider, Heinrich (2004): „Kerneuropa"! – Ein aktuelles Schlagwort und seine Bedeutung, in: Journal für Rechtspolitik 2 (12), S. 136-161.
Schneider, Heinrich (1998): Ein Wandel europapolitischer Grundverständnisse? Grundsatzüberlegungen, Erklärungsansätze und Konsequenzen für die politische Bildungsarbeit, in: Jopp, Mathias/Maurer, Andreas/Schneider, Heinrich (Hrsg.): Europapolitische Grundverständnisse im Wandel. Analysen und Konsequenzen für die politische Bildung, Bonn, S. 19-147.
Schneider, Heinrich (1995): Die Europäische Union als Staatenverbund oder als multinationale „Civitas Europea", in: Randelzhofer, Albrecht/Scholz, Rupert/Wilke, Dieter (Hrsg.): Gedächtnisschrift für Eberhard Grabitz, München, S. 677-724.
Schneider, Heinrich (1986): Rückblick für die Zukunft. Konzeptionelle Weichenstellungen für die europäische Einigung, Bonn.
Schneider, Heinrich (1977): Leitbilder der Europapolitik 1. Der Weg zur Integration, Bonn.
Schneider, Heinrich/Hrbek, Rudolf (1980): Die Europäische Union im Werden, in: von der Groeben, Hans/Möller, H. (Hrsg.): Die Europäische Union als Prozeß, Baden-Baden, S. 209-473.

Schneider, Heinrich/Wessels, Wolfgang (Hrsg.) (1994): Föderale Union – Europas Zukunft? Analysen, Kontroversen, Perspektiven. Perspektiven und Orientierungen, Schriftenreihe des Bundeskanzleramtes, Band 15, München.

Schneider, Heinrich/Wessels, Wolfgang (Hrsg.) (1977): Auf dem Weg zur Europäischen Union? Diskussionsbeiträge zum Tindemans-Bericht, Bonn.

Scholl, Bruno (2006): Europas symbolische Verfassung. Nationale Verfassungstraditionen und die Konstitutionalisierung der EU, Studien zur Europäischen Union, Band 5, 1. Auflage, Wiesbaden.

Schoutheete, Phillipe de (2006): The European Council, in: Peterson, John/Shackleton, Michael (Hrsg.): The institutions of the European Union, 2. Auflage, Oxford/New York, S. 37-59.

Schoutheete, Philippe de (2003): Die Debatte des Konvents über den Europäischen Rat, in: integration 4/03, S. 468-482.

Schoutheete, Philippe de (2002): The European Council, in: Peterson, John/Shackleton, Michael (Hrsg.): The Institutions of the European Union, Oxford, S. 21-46.

Schoutheete, Philippe de/Wallace, Helen (2002): Le Conseil européen, Etudes et recherches Nr. 19, September 2002, online unter: http://www.notre-europe.eu/uploads/tx_publication/Etud19-fr.pdf (Stand 18.09.2007).

Schöndube, Claus (1986): Das Europäische Parlament, in: Weidenfeld, Werner/Wessels, Wolfgang (Hrsg.): Jahrbuch der Europäischen Integration 1985, Bonn, S. 76-88.

Schöndube, Claus (1980): Europa von A-Z, 7. Auflage, Gütersloh.

Schulze, Hagen (2004): Europa: Nation und Nationalstaat im Wandel, in: Weidenfeld, Werner (Hrsg.): Europa-Handbuch, Band I: Die Europäische Union – Politisches System und Politikbereiche, 3. Auflage, Gütersloh, S. 49-79.

Schumann, Wolfgang (1994): Das politische System der Europäischen Union als Rahmen für Verbandsaktivitäten, in: Eichener, Volker/Voelzkow, Helmut (Hrsg.): Europäische Integration und verbandliche Interessenvermittlung, Marburg, S. 71-108.

Schunz, Simon (2005): Das Europäische Parlament im Konvent zur Zukunft Europas, in: Maurer, Andreas/Nickel, Dietmar (Hrsg.): Das Europäische Parlament. Supranationalität, Repräsentation und Legitimation, Baden-Baden, S. 47-64.

Schuppert, Gunnar Folke/Pernice, Ingolf/Haltern, Ulrich (Hrsg.) (2005): Europawissenschaft, Baden-Baden.

Schüssel, Wolfgang (2005): Interview in der Süddeutschen Zeitung vom 31.12.2005, online unter: http://www.sueddeutsche.de/ausland/artikel/256/67189/3/ (Stand 17.09.2007).

Schwellnus, Guido (2005): Sozialkonstruktivismus, in: Bieling, Hans-Jürgen/Lerch, Marika (Hrsg.): Theorien der europäischen Integration, Stuttgart, S. 321-345.

Sebaldt, Martin (1996): Interessengruppen und ihre bundespolitische Präsenz in Deutschland: Verbandsarbeit vor Ort, in: Zeitschrift für Parlamentsfragen 27/96, S. 658-696.

Sedelmeier, Ulrich (2005): Eastern Enlargement, in: Wallace, Helen/Wallace, William/Pollack, Mark A. (Hrsg.): Policy-Making in the European Union, 5. Auflage, Oxford/New York, S. 401-428.

Selck, J.Torsten/Steunenberg, Bernard (2004): Between Power and Luck – The European Parliament in the EU Legislative Process, in: European Union Politics, Ausgabe 5(1), London, S. 25-46.

Selmayr, Martin (2007): Die Europäische Zentralbank, in: Weidenfeld, Werner/Wessels, Wolfgang (Hrsg.): Jahrbuch der Europäischen Integration 2006, Bonn, S. 121-126.

Selmayr, Martin (2006): Die Europäische Zentralbank, in: Weidenfeld, Werner/Wessels, Wolfgang (Hrsg.): Jahrbuch der Europäischen Integration 2005, Bonn, S. 123-128.

Selmayr, Martin (2003): Die Europäische Zentralbank, in: Weidenfeld, Werner/Wessels, Wolfgang (Hrsg.): Jahrbuch der Europäischen Integration 2002/2003, Bonn, S. 117-122.

Shackleton, Michael (2006): The European Parliament, in: Peterson, John/ders. (Hrsg.): The Institutions of the European Union, 2. Auflage, Oxford/New York, S. 104-124.

Shackleton, Michael/Raunio, Tapio (2003): Co-decision since Amsterdam, A laboratory for institutional innovation and change, in: Journal of European Public Policy, Vol. 10, Nr. 2, S. 171-187.

Siegler, Heinrich (Hrsg.) (1968): Europäische politische Einigung, 1949-1968. Dokumentation von Vorschlägen und Stellungnahmen (Dokumentationen der Deutschen Gesellschaft für Außenpolitik), Bonn/Wien/Zürich.

Simon, Herbert A. (1976): Administrative Behavior. A Study of Decision-Making Processes in Administrative Organization, New York.
Smith, Karen (Hrsg.) (2006): CFSP Forum, 6 (4), online unter: http://www.fornet.info/documents/CFSP%20Forum%20vol%204%20no%206.pdf (Stand: 22.08.2007).
Smith, Karen E. (2003): European Union Foreign Policy in a Changing World, Oxford/Malden.
Spaak, Paul-Henri (1969): Memoiren eines Europäers, Hamburg.
Spence, David (2006a): The President, the College and the Cabinets, in: Spence, David/Edwards, Geoffrey (Hrsg.): The European Commission, 3. Auflage, London, S. 25-74.
Spence, David (2006b): The Commission and the Common Foreign and Security Policy, in: Spence, David/Edwards, Geoffrey (Hrsg.): The European Commission, 3. Auflage, London, S. 356-395.
Spence, David/Edwards, Geoffrey (2006) (Hrsg.): The European Commission, London, 3. Auflage.
Spence, David/Stevens, Anne (2006): Staff and personnel policy in the commission, in: Spence, David/Edwards, Geoffrey (Hrsg.): The European Commission, 3. Auflage, London, S. 173-208.
Spinelli, Altiero (1966): The Eurocrats. Conflicts and Crisis in the European Community, Baltimore.
Spinelli, Altiero (1958): Manifest der Europäischen Föderalisten, Frankfurt/Main.
Stabenow, Michael (2004): Zwischen europäischem Rock und nationalem Hemd – EU-Berichterstattung aus Brüsseler Sicht, in: Franzius, Claudio/Preuß, Ulrich K. (Hrsg.): Europäische Öffentlichkeit, Baden-Baden, S. 230-236.
Stadlmann, Heinz (1986): Der Europäische Rat, in: Weidenfeld, Werner/Wessels, Wolfgang (Hrsg.): Jahrbuch der Europäischen Integration 1985, Bonn, S. 51-58.
Steffani, Winfried (1979): Strukturtypen präsidentieller und parlamentarischer Regierungssysteme, in: ders. (Hrsg.): Parlamentarische und präsidentielle Demokratie. Strukturelle Aspekte westlicher Demokratien, Opladen, S. 37-60.
Steinhilber, Jochen (2006): Liberaler Intergouvernementalismus, in: Biehling, Hans-Jürgen/Lerch, Marika (Hrsg.): Theorien der Europäischen Integration, 2. Auflage, S. 169-198.
Steuwer, Janosch/Janssen, Siebo M. H. (2006): Die christlich-konservative Volkspartei: Potenziale und Probleme der Zusammenarbeit christdemokratischer und konservativer Parteien in der EVP, in: Mittag, Jürgen (Hrsg.): Politische Parteien und europäische Integration. Entwicklung und Perspektiven transnationaler Parteienkooperation in Europa, Essen, S. 579-602.
Stone Sweet, Alec (2005): The Judicial Construction of Europe, Oxford.
Stone Sweet, Alec/Sandtholtz, Wayne/Fligstein, Neil (Hrsg.) (2001): The Institutionalization of Europe, Oxford.
Streeck, Wolfgang (1994): Einleitung des Herausgebers, Staat und Verbände: Neue Fragen. Neue Antworten?, in: ders. (Hrsg.): Staat und Verbände, Opladen, S. 7-34.
Streinz, Rudolf (2005): Europarecht, 7. völlig neu bearbeitete Auflage, Heidelberg.
Stubb, Alexander (2002): Negotiating Flexibility in the European Union: Amsterdam, Nice and Beyond, Basingstoke.
Sturm, Roland/Pehle, Heinrich (2005): Das neue deutsche Regierungssystem, Opladen.
Tallberg, Jonas (2004): The Power of the Presidency: Brokerage, Efficiency and Distribution in EU Negotiations, in: Journal of Common Market Studies, Vol. 42, Nr. 5, S. 999-1022.
Tallberg, Jonas (2003): The Agenda-Shaping Powers of the EU Council Presidency, Journal of European Public Policy, Vol. 10, No. 1, S. 1-19.
Tekin, Funda/Wessels, Wolfgang (2007): Entscheidungsverfahren, in: Weidenfeld, Werner/Wessels, Wolfgang (Hrsg.): Europa von A bis Z. Taschenbuch der europäischen Integration, 10. Auflage, Baden-Baden, S. 106-115.
Thalmaier, Bettina (2005): Die zukünftige Gestaltung der Europäischen Union. Integrationstheoretische Hintergründe und Perspektiven einer Reform, Baden-Baden.
Thatcher, Margaret (1993): Downing Street No. 10. Die Erinnerungen, Düsseldorf u.a..
Thomas, Anja/Wessels, Wolfgang (2006a): Die deutsche Verwaltung und die Europäische Union. Berlin-Brüssel-Berlin. Beteiligungs- und Einwirkungsmöglichkeiten deutscher Verwaltungsbediensteter im politischen System der Europäischen Union, Brühl.
Thomas, Anja/Wessels, Wolfgang (2006b): Zur deutschen Ratspräsidentschaft: integrationspolitische Steuerungsfunktion oder Diener vieler (nationaler) Herren?, in: Zeitschrift für Staats- und Europawissenschaften, 4/2006, S. 576-592.

Thym, Daniel (2005a): Parlamentsfreier Raum? Das Europäische Parlament in der Außen- und Sicherheitspolitik, in: Maurer, Andreas/Nickel, Dietmar (Hrsg.): Das Europäische Parlament. Supranationalität, Repräsentation und Legitimation, Baden-Baden, S. 211-223.

Thym, Daniel (2005b): Weiche Konstitutionalisierung – Optionen der Umsetzung einzelner Reformschritte des Verfassungsvertrags ohne Vertragsänderung, in: integration 4/05, S. 307-315.

Tilly, Charles (Hrsg.) (1975): The Formation of National States in Western Europe, Princeton.

Tömmel, Ingeborg (2006): Das politische System der EU, 2. Auflage, München.

Tömmel, Ingeborg (1994): Interessenartikulation und transnationale Politikkooperation im Rahmen der EU, in: Eichener, Volker/Voelzkow, Helmut (Hrsg.): Europäische Integration und verbandliche Interessenvermittlung, Marburg, S. 263-282.

Trenz, Hans-Jörg (2004a): Öffentlichkeit und gesellschaftliche Integration in Europa, in: Franzius, Claudio/Preuß, Ulrich K. (Hrsg.): Europäische Öffentlichkeit, Baden-Baden, S. 81-103.

Trenz, Hans-Jörg (2004b): Media Coverage on European Governance. Exploring the European Public Sphere in National Quality Newspapers, in: European Journal of Communication 19 (3), S. 291-319.

Trenz, Hans-Jörg/Eder, Klaus (2004): The democratising dynamics of an European public sphere. Towards a theory of democratic functionalism, in: European Journal of Social Theory 7, S. 5-25.

Tsebelis, George (2002): Veto Players: How Political Institutions work, New York.

Tsebelis, George/Garrett, Geoffrey (1996): Agenda Setting Power, Power Indices and Decision Making in the European Union, in: International Review of Law and Economics 16, S. 345-361.

Tsebelis, George (1994): The power of the European Parliament as a conditional agenda setter, in: American Political Science Review, S. 128-142.

Umbach, Gaby/Scholl, Bruno (2003): Towards a Core Curriculum in EU Studies, in: EPS, Frühjahr 2.2, S. 71-80.

Unser, Günther (2007): Die EU und die Vereinten Nationen, in: Weidenfeld, Werner/Wessels, Wolfgang (Hrsg.): Jahrbuch der Europäischen Integration 2006, Baden-Baden, S. 475-482.

Urff, Winfried von (1985): Agrar- und Fischereipolitik, in: Weidenfeld, Werner/Wessels, Wolfgang (Hrsg.): Jahrbuch der Europäischen Integration 1984, Bonn, S. 99-112.

Verheugen, Günter (2005): Europa in der Krise. Für eine Neubegründung der europäischen Idee, Köln.

Verhofstadt, Guy (2006): Die vereinigten Staaten von Europa. Manifest für ein neues Europa, Eupen.

Wagner, Wolfgang (2005): Akteurszentrierter Institutionalismus, in: Bieling, Hans-Jürgen/Lerch, Marika (Hrsg.): Theorien der europäischen Integration, Stuttgart, S. 249-270.

Wagner, Wolfgang/Hellmann, Gunther (2003): Zivile Weltmacht? Die Außen-, Sicherheits- und Verteidigungspolitik der Europäischen Union, in: Jachtenfuchs, Markus/Kohler-Koch, Beate (Hrsg.): Europäische Integration, 2. Auflage, Opladen, S. 569-596.

Walker, Neil (Hrsg.) (2004): Europe's Area of Freedom, Security and Justice, Oxford.

Wallace, Helen (2005): An Institutional Anatomy and Five Policy Modes, in: Wallace, Helen/Wallace, William/Pollack, Mark A. (Hrsg.): Policy-Making in the European Union, 5. Auflage, Oxford, S. 49-90.

Wallace, Helen (2003): Die Dynamik des EU-Institutionengefüges, in: Jachtenfuchs, Markus/Kohler-Koch, Beate (Hrsg.): Europäische Integration, Opladen, S. 255-285.

Wallace, Helen (2000): The Institutional Setting, in: Wallace, Helen/Wallace, William (Hrsg.): Policy-Making in the European Union, Oxford, 4. Auflage, S. 3-38.

Wallace, Helen (1985): Vereinigtes Königreich, in: Weidenfeld, Werner/Wessels, Wolfgang (Hrsg.): Jahrbuch der Europäischen Integration 1985, Bonn, S. 376-384.

Wallace, William (2005): Post-sovereign Goverance, in: ders./Wallace, Helen/Pollack, Mark (Hrsg.): Policy-Making in the European Union, New York, S. 483-503.

Wallace, William (1983): Less than a Federation – More than a Regime. The Community as a Political System, in: Wallace, Helen/Wallace, William/Webb, Carole (Hrsg.): Policy-Making in the European Community, Chichester u. a., S. 403-436.

Wallace, Helen/Wallace, William/Pollack, Marc A. (2005): Policy-Making in the European Union, 5. Auflage, Oxford.

Wallace, Helen/Wallace, William (1995): Flying together in a larger and more diverse European Union, Den Haag, Netherlands Scientific Council for Government Policy, Working Documents W 87, Den Haag.
Weidenfeld, Werner (2007a): Europäische Einigung im historischen Überblick, in: Weidenfeld, Werner/Wessels, Wolfgang (Hrsg.): Europa von A bis Z. Taschenbuch der europäischen Integration, 10. Auflage, Baden-Baden, S. 13-48.
Weidenfeld, Werner (2007b): Die Bilanz der Europäischen Integration 2006, in: Weidenfeld, Werner/Wolfgang, Wessels (Hrsg.): Jahrbuch der Europäischen Integration 2006, Baden-Baden, S. 13-26.
Weidenfeld, Werner (2005): Die Europäische Verfassung in der Analyse, Gütersloh.
Weidenfeld, Werner (2001): Nizza in der Analyse. Strategien für Europa, Gütersloh.
Weidenfeld, Werner (1998): Amsterdam in der Analyse. Strategien für Europa, Gütersloh.
Weidenfeld, Werner (1994): Maastricht in der Analyse. Strategien für Europa, Gütersloh.
Weidenfeld, Werner (1990): Die Bilanz der Europäischen Integration 1989/1990, in: Weidenfeld, Werner/Wessels, Wolfgang (Hrsg.): Jahrbuch der Europäischen Integration 1989/1990, Bonn, S. 13-27.
Weidenfeld, Werner (1984): Die Bilanz der Europäischen Integration 1984, in: Weidenfeld, Werner/Wessels, Wolfgang (Hrsg.): Jahrbuch der Europäischen Integration 1984, Bonn, S. 13-30.
Weidenfeld, Werner/Wessels, Wolfgang (Hrsg.) (2007): Europa von A bis Z. Taschenbuch der europäischen Integration, 10. Auflage, Baden-Baden.
Weidenfeld, Werner/Wessels, Wolfgang (Hrsg.) (1980 ff.): Jahrbuch der Europäischen Integration, Bonn (ab 2003/2004 Baden-Baden).
Weiler, Joseph H. H. (1999): The Transformation of Europe, in: ders. (Hrsg.): The Constitution of Europe: „Do the New Clothes Have an Emperor?" and Other Essays on European Integration, Cambridge, S. 10-101.
Weise, Christian (2005): Die Finanzen der Europäischen Union im Verfassungsvertrag, in: Jopp, Mathias/Matl, Saskia (Hrsg.): Der Vertrag über eine Verfassung für Europa. Analysen zur Konstitutionalisierung der EU, Baden-Baden, S. 275-281.
Wessels, Wolfgang, (2007a): Europäischer Rat, in: Weidenfeld, Werner/Wessels, Wolfgang (Hrsg.): Europa von A bis Z. Taschenbuch der europäischen Integration, 10. Auflage, Baden-Baden, S. 207-211.
Wessels, Wolfgang (2007b): Die Europapolitik in der wissenschaftlichen Debatte, in: Weidenfeld, Werner/Wessels, Wolfgang (Hrsg.): Jahrbuch der Europäischen Integration 2006, Baden-Baden, S. 27-38.
Wessels, Wolfgang (2007c): Gesetzgebung in der EG, in: Ismayr, Wolfgang (Hrsg.): Gesetzgebung in den Staaten der EU, Wiesbaden, im Erscheinen.
Wessels, Wolfgang (2006): Deutsche Europapolitik – Strategien für einen Wegweiser: Verstärkter Nutzen durch verbesserte Integration?, in: Wessels, Wolfgang/Diedrichs, Udo (Hrsg.): Die neue Europäische Union: im vitalen Interesse Deutschlands? Studie zu Kosten und Nutzen der Europäischen Union für die Bundesrepublik Deutschland, Berlin, S.135-160.
Wessels, Wolfgang (2005a): Entwicklungsperspektiven integrationstheoretischer Diskussionen – Vitalität und Vielfalt, in: Bieling, Hans-Jürgen/Lerch, Marika (Hrsg.): Theorien europäischer Integration, Wiesbaden, S. 427-457.
Wessels, Wolfgang (2005b): The Constitutional Treaty: Three Readings from a Fusion Perspective, in: Journal of Common Market Studies, Annual Review 2004/2005, S.11-36.
Wessels, Wolfgang (2005c): Die institutionelle Architektur des Verfassungsvertrags: Ein Meilenstein in der Integrationskonstruktion, in: Mathias Jopp/Saskia Matl (Hrsg.): Der Vertrag über eine Verfassung für Europa. Analysen zur Konstitutionalisierung der EU, Baden-Baden 2005, S. 45-85.
Wessels, Wolfgang (2004a): Die institutionelle Architektur der EU nach der Europäischen Verfassung: Höhere Entscheidungsdynamik – neue Koalitionen?, in: integration 3/04, S. 161-175.
Wessels, Wolfgang (2004b): Europapolitik in der wissenschaftlichen Debatte, in: Weidenfeld, Werner/Wessels, Wolfgang (Hrsg.): Jahrbuch der Europäischen Integration 2003/04, Baden-Baden, S. 27-38.
Wessels, Wolfgang (2004c): Theoretical Perspectives. CFSP beyond the supranational and intergovernmental dichotomy, in: Mahncke, Dieter/Ambos, Alicia/Reynolds, Christopher (Hrsg.): European Foreign Policy: From Rhetoric to Reality?, College of Europe Studies No. 1, Brussels 2004, S. 61-96.
Wessels, Wolfgang (2003a): Das politische System der Europäischen Union, in: Ismayr, Wolfgang (Hrsg.): Die politischen Systeme Westeuropas, 3. Auflage, Opladen, S. 779-817.

Wessels, Wolfgang (2003b): Beamtengremien im EU-Mehrebenensystem – Fusion von Administrationen?, in: Jachtenfuchs, Markus/Kohler-Koch, Beate (Hrsg.): Europäische Integration, 2. Auflage, Opladen, S. 353-383.

Wessels, Wolfgang (2003c): Walter Hallstein: Verkannter Integrationsprophet? Schlüsselbegriffe im Relevanztest, in: Zuleeg, Manfred (Hrsg.): Der Beitrag Walter Hallsteins zur Zukunft Europas, Baden-Baden, S. 38-55.

Wessels, Wolfgang (2003d): Eine institutionelle Architektur für eine globale (Zivil-) Macht? Die Artikel zur Gemeinsamen Außen- und Sicherheitspolitik des Vertrags über eine Verfassung für Europa, in: Zeitschrift für Staats- und Europawissenschaften, Jg. 1, Heft 3/2003, S. 400-429.

Wessels, Wolfgang (2003e): Der Verfassungsvertrag im Integrationstrend: Eine Zusammenschau zentraler Ergebnisse, in: integration 4/03, S. 284-301.

Wessels, Wolfgang (2003f): Konstitutionalisierung der EU: Variationen zu einem Leitbegriff – Überlegungen zu einer Forschungsagenda, in: Chardon, Matthias u.a. (Hrsg.): Regieren unter neuen Herausforderungen: Deutschland und Europa im 21. Jahrhundert. Festschrift für Rudolf Hrbek zum 65. Geburtstag, Baden-Baden, S. 23-45.

Wessels, Wolfgang (2003g): Inneres und Verwaltung, in: Alemann, Ulrich von/Münch, Claudia (Hrsg.): Handbuch Europa in NRW. Wer macht was in NRW für Europa?, Opladen 2003, S. 457-527.

Wessels, Wolfgang (2003h): (Open) Methods of Self Coordination. New Modes of Governance as a typical step in the Evolution of the EU System?, Beitrag zur Arbeitsgruppe Politische Steuerung der Deutschen Vereinigung für Politische Wissenschaft (DVPW), 25.09.2003.

Wessels, Wolfgang (2002): Der Konvent: Modelle für eine innovative Integrationsmethode, in: integration 2/02, S. 83-98.

Wessels, Wolfgang (2001a): Jean Monnet – Mensch und Methode. Überschätzt und überholt? Reihe Politikwissenschaft des Instituts für Höhere Studien (IHS) Wien, Band 74.

Wessels, Wolfgang (2001b): Die Vertragsreformen von Nizza – Zur institutionellen Erweiterungsreife, in: integration 1/01, S. 8-25.

Wessels, Wolfgang (2000a): Die Öffnung des Staates. Modelle und Wirklichkeit grenzüberschreitender Verwaltungspraxis 1960-1995, Opladen.

Wessels, Wolfgang (2000b): Die Europäische Union als Ordnungsfaktor, in: Kaiser, Karl/Schwarz, Hans Peter (Hrsg.): Weltpolitik im neuen Jahrhundert, Bonn, S. 575-590.

Wessels, Wolfgang (1998): Verstärkte Zusammenarbeit: Eine neue Variante flexibler Integration, in: Jopp, Mathias/Maurer, Andreas/Schmuck, Otto (Hrsg.): Die Europäische Union nach Amsterdam: Analysen und Stellungnahmen zum neuen EU-Vertrag, Bonn, S. 187-218.

Wessels, Wolfgang (1997a): Engere Zusammenarbeit – inflexible Flexibilität. Offene Fragen für eine vertiefte und erweiterte Union, Beitrag für Villa Vigoni, Loveno die Maggio, 23.-25.10.1997.

Wessels, Wolfgang (1997b): Der Amsterdamer Vertrag. Durch Stückreformen zu einer effizienteren, erweiterten und föderalen Union?, in: integration 3/1997, S. 117-135.

Wessels, Wolfgang (1996): Weder Vision noch Verhandlungspaket – der Bericht der Reflexionsgruppe im integrationspolitischen Trend: in: integration 1/1996, S. 14-24.

Wessels, Wolfgang (1995a): Wird das Europäische Parlament zum Parlament? Ein dynamischer Funktionenansatz, in: Randelzhofer, Albrecht et. al. (Hrsg.): Gedächtnisschrift für Eberhard Grabitz, München, S. 879-904.

Wessels, Wolfgang (1995b): Die EU als Ordnungsfaktor, in: Kaiser, Karl/Schwarz, Hans-Peter (Hrsg.): Die neue Weltpolitik, Bonn, S. 486-496.

Wessels, Wolfgang (1995c): Walter Hallsteins integrationstheoretischer Beitrag – überholt oder verkannt?, in: Loth, Wilfried/Wallace, William/Wessels, Wolfgang (Hrsg.): Walter Hallstein: der vergessene Europäer? Europäische Schriften des Instituts für Europäische Politik 73, Bonn, S. 281-310.

Wessels, Wolfgang (1994): Institutionen der Europäischen Union: Langzeittrends und Leitideen, in: Göhler, Gerhard (Hrsg.): Die Eigenart der Institutionen. Zum Profil politischer Institutionentheorie, Baden-Baden, S. 301-330.

Wessels, Wolfgang (1993): The Results of Maastricht: Limited, but Real Progress – The Attempt of an Overall Analysis and Evaluation, in: Monar, Jörg/Ungerer, Werner/Wessels, Wolfgang: The Maastricht Treaty on European Union. Legal Complexity and Political Dynamic, Brügge/Bonn/Brüssel, S. 181-191.

Wessels, Wolfgang: (1992a): Maastricht: Ergebnisse, Bewertungen und Langzeittrends, in: integration 1/1992, S. 2-16.
Wessels, Wolfgang (1992b): Staat und (west)-europäische Integration. Die Fusionsthese, in: Kreile, Michael (Hrsg.): Die Integration Europas, Politische Vierteljahresschrift, Sonderheft 23, Opladen, S. 36-61.
Wessels, Wolfgang (1990): Europapolitik in der wissenschaftlichen Debatte, in Weidenfeld, Werner/Wessels, Wolfgang (Hrsg.): Jahrbuch der Europäischen Integration 1989/90, Bonn, S. 28-41.
Wessels, Wolfgang (1987): Europapolitik in der wissenschaftlichen Debatte, in: Weidenfeld, Werner/Wessels, Wolfgang (Hrsg.): Jahrbuch der Europäischen Integration 1986/87, Bonn, S. 32-50.
Wessels, Wolfgang (1986a): Die Debatte um die Europäische Union – konzeptionelle Grundlinien und Optionen, in: Weidenfeld, Werner/Wessels, Wolfgang (Hrsg.): Wege zur Europäischen Union. Vom Vertrag zur Verfassung? Bonn, S. 37-58.
Wessels, Wolfgang (1986b): Die Einheitliche Europäische Akte – Zementierung des Status quo oder Einstieg in die Europäische Union?, in: integration 2/1986, S. 65-79.
Wessels, Wolfgang (1984a): Der Vertragsentwurf des Europäischen Parlaments für eine Europäische Union: Kristallisationspunkt für eine neue Europa-Debatte, in: Europa-Archiv, 39. Jg. 1984, Folge 8, S. 239-248.
Wessels, Wolfgang (1984b): Die Europäische Politische Zusammenarbeit, in: Weidenfeld, Werner/Wessels, Wolfgang (Hrsg.): Jahrbuch der Europäischen Integration 1983, Bonn, S. 227-239.
Wessels, Wolfgang (1980): Der Europäische Rat – Stabilisierung statt Integration? Geschichte, Entwicklung und Zukunft der EG-Gipfelkonferenzen, Bonn.
Wessels, Wolfgang (1979): Zur Strategie des direkt gewählten Parlaments – auf der Suche nach einer Rolle für das Europäische Parlament, in: integration 3/1979, S. 110-124.
Wessels, Wolfgang/Diedrichs, Udo (1997): Zur Diskussion um eine Europäische Union nach Maastricht: Fragmente oder Bausteine einer Theorie mittlerer Reichweite?, in: PVS 3/1997, S. 584-593.
Wessels, Wolfgang/Maurer, Andreas/Mittag, Jürgen (Hrsg.) (2003): Fifteen into one? The European Union and its Member States, Manchester.
Wessels, Wolfgang/Regelsberger, Elfriede (1996): The CFSP Institutions and Procedures: A Third Way for the Second Pillar, in: European Foreign Affairs Review, Volume 1, Issue 1, Juli 1996, S. 29-54.
Wessels, Wolfgang/Schäfer, Verena (2007a): Die (deutsche) Präsidentschaft des Rates, in: Weidenfeld, Werner/Wessels, Wolfgang (Hrsg.): Europa von A bis Z. Taschenbuch der europäischen Integration, 10. Auflage, Baden-Baden, S. IX-XVI.
Westlake, Martin (1995): The Council of the European Union, London.
White, Brian (2001): Understanding European Foreign Policy, Basingstoke.
Wichard, Johannes Christian (2004): Der Vertrag über eine Verfassung für Europa: Konstitutionalisierung oder Vertragsrevision? Supranationale Verfassung zwischen Staats- und Völkerrecht, in: Europäische Grundrechte-Zeitschrift 2004, S. 556-558.
Wiener, Antje (2005): Umstrittenheit im Integrationsprozess: Widerstand = Scheitern?, in: Zeitschrift für internationale Beziehungen, 2/2005, S. 369-376.
Wiener, Antje/Diez, Thomas (Hrsg.) (2004): European Integration Theory, Oxford.
Wolf, Dieter (2005): Neo-Funktionalismus, in: Bieling, Hans-Jürgen/Lerch, Marika (Hrsg.): Theorien europäischer Integration, 2. Auflage, Stuttgart, S. 65-90.
Wolf-Niedermaier, Anita (1997): Der Europäische Gerichtshof zwischen Recht und Politik. Der Einfluss des EuGH auf die föderale Machtbalance zwischen der Europäischen Gemeinschaft und ihren Mitgliedstaaten, Baden-Baden.
Woll, Cornelia (2006): Herrschaft der Lobbyisten in der Europäischen Union?, in: Aus Politik und Zeitgeschichte: Verbände und Lobbyismus, 15-16/2006, S. 33-38.
Wonka, Arndt (2005): Lobbying des Europäischen Parlaments, in: Maurer, Andreas/Nickel, Dietmar (Hrsg.): Das Europäische Parlament. Supranationalität, Repräsentation und Legitimation, Baden-Baden, S. 165-172.
Wynn, Terry (2006): The EU Budget – Public Perception & Facts, Brussels.
Zeitlin, Jonathan/Pochet, Philippe (Hrsg.) (2005): The Open Method of Co-ordination in Action. The European Employment and Social Inclusion Strategies, Brüssel.

Zürn, Michael (2006): Zur Politisierung der Europäischen Union, in: Politische Vierteljahresschrift 47(2), S. 242-251.
Zürn, Michael (1998) Regieren jenseits des Nationalstaats. Globalisierung und Denationalisierung als Chance, Frankfurt.
Zuleeg, Manfred (1993): Demokratie in der Europäischen Gemeinschaft, in: Juristen Zeitung, Jg. 48, Heft 22, S. 1069-1074.

Personenregister

Adenauer, Konrad 62, 64

Bangemann, Martin 244
Barroso, José Manuel 130, 242, 243, 244
Brandt, Willy 76, 78
Brunner, Guido 244

Chirac, Jacques 89, 93, 98
Churchill, Winston 57, 58, 59
Colombo, Emilio 83, 84

Dahrendorf, Ralf 244
De Gaulle, Charles 71, 72, 73, 75, 225
Delors, Jacques 83, 84, 85, 86, 172, 225, 239, 242, 435, 437
Duisenberg, Wim 324, 325

Fischer, Joschka 102
Fouchet, Christian 71, 72, 73

Genscher, Hans-Dietrich 83, 84
Giscard d'Estaing, Valéry 80, 89, 157, 158, 162, 167, 176, 438
Groeben, Hans von der 244

Haferkamp, Wilhelm 244
Hallstein, Walter 72, 225, 239, 242, 244
Hellwig, Fritz 244
Herzog, Roman 100

Issing, Otmar 324

Juncker, Jean-Claude 179, 328

Kohl, Helmut 84, 85, 89, 93, 97

Mitterrand, François 83, 84, 85, 89
Monnet, Jean 53, 62, 64, 179, 239, 242, 455

Narjes, Karl-Heinz 244

Papandreou, Andreas Georgiou 83
Pompidou, Georges 76, 78

Santer, Jacques 135, 239, 242, 243
Scheel, Walter 76
Schmidhuber, Peter 244
Schmidt, Helmut 80, 89, 158, 162, 167, 174
Schreyer, Michaele 244
Schröder, Gerhard 97, 98
Schuman, Robert 62, 63, 64
Spaak, Paul-Henri 68
Spinelli, Altiero 57, 58, 83, 84, 134

Thatcher, Margaret 83, 85
Tindemans, Léo Clément 78, 159, 460
Trichet, Jean-Claude 325

Verheugen, Günter 244

Wulf-Mathies, Monika 244

Sachregister

Nicht spezifisch aufgeführt werden folgende häufig genutzte Stichworte: Europäische Kommission, Europäischer Rat, Europäisches Parlament, Europäische Union, EU-System, Europäische Gemeinschaft (EG), Rat der Europäischen Union, EuGH, Institutionelle Architektur, Integration, Mitgliedstaaten, intergouvernemental, supranational, (National-)Staaten, Rat auf der Ebene der Staats- und Regierungschefs, Regierungskonferenz, Staats- und Regierungschefs, Vertragsänderung. Das Inhaltsverzeichnis kann hier zur näheren Suche dienen.

A-Punkte 213, 248, 249, 348
Abgeordnete 65, 66, 128, 134, 135, 141, 142, 147, 148, 252, 284, 303, 436, 438
Abgestufte Integration (→ Integration)
Abkommen 88, 89, 91, 125, 135, 191, 196, 229, 260, 342, 344, 392, 393, 394, 395, 404, 407, 419, 446, 450, 461, 486
Absolute Mehrheit (→ Mehrheit)
Absorptionsfähigkeit 100, 448, 484
Acquis académique 18
Acquis communautaire (gemeinschaftlicher Besitzstand) 34, 79, 386, 425, 427, 448, 452, 463, 465
– Teil-Acquis 466, 467, 468
Afghanistan 83, 169, 407
Agence Europe 306
Agenda 2000 88, 89, 171
Agenda 2007 97, 171
Agenda-setting 163
Agentur für Grundrechte 421 (s. Auch Europäische Stelle zur Beobachtung von Rassismus und Fremdenfeindlichkeit)
Agentur Frontex 423
Agrarpolitik (GAP) 17, 20, 69, 70, 71, 73, 76, 77, 79, 86, 129, 141, 236, 247, 280, 290, 316, 337, 355, 356, 358, 360, 363, 450, 452, 465
Agrarrat 201, 213
Agrar- und Strukturfonds 236
Akteur
– Außenpolitischer Akteur 168
– Globaler Akteur 358, 390, 411, 414
– Internationaler Akteur 25, 147, 157
Allianz der Liberalen und Demokraten von Europa (ALDE) 143, 293, **295**
Allgemeiner Rat (→ Rat für Allgemeine Angelegenheiten und Außenbeziehungen)
Amt für Betrugsbekämpfung (Office européen de lutte anti-fraude, OLAF) 311
– Aktivitätenprofil 314, 315

– Aufbau 316, 317
– Aufgaben 235, 248, **313**, 354, 362
– Beschlussverfahren 317
– Entstehung 131, **312**, **313**
Amtssprache 182, 219, 270, 272
Anfechtungsklage (→ Nichtigkeitsklage) 257
Anhörungsverfahren 123, **343**
Anti-Dumping 395
Arbeitsgruppe 192, **210**, **211**, **212**, **213**, **214**, **215**, 219, 235, 248, 355, 369, 399, 402, 419, **438**, **439**, **440**
Arbeitsmarktpolitik 20, 368, 378, 384, 453
Arbeitnehmerorganisation 280, 284, 287, 288
Arbeitsparlament 142
Architekt (→ Konstitutioneller Architekt)
Assoziierung
– Assoziierungsabkommen (bzw. -verträge) 125, 193, 236, 390, 395, 453
– Assoziierungspolitik 392, 415
– Assoziierungsprozess 455, 456
Asyl- und Einwanderungspolitik 21, 94, 152, 419, 422, 427
Attac 280
Aufnahmefähigkeit 95, 98, 448, 480
Ausgaben
– Nichtobligatorische Ausgaben 361, 362, 363, 364
– Obligatorische Ausgaben 357, 361
Ausgleichsmaßnahme (flankierende) 419
Ausschuss der Regionen (AdR) 104, 278, 282, **290,** 307, 344, 439
– Aktivitätenprofil 293
– Aufbau **293**
– Aufgaben 290
– Benennung 193, **293**
– Beschlussverfahren 293
– Entstehung 92
– Formen der Beteiligung 283

Ausschuss der Ständigen Vertreter (AStV I; AStV II, COREPER) 192, 198, 212, 213, 348, 349, 399, 402, 422
Ausschuss ‚Artikel 36' 421
Ausschuss für Auswärtige Angelegenheiten 132, 403
Ausschuss für Sozialschutz 100, 214, 369
Außengrenzen 21, 397, 418, 419, 423, 424, 426
Außenhandelspolitik 229, 244, 279, 340
Außenminister (der Union) 106, 219, 222, 253, 391, 412, 413, 414
Außen- und Sicherheitspolitik 17, 21, 25, 34, 36, 45, 72, 78, 85, 89, 90, 92, 95, 111, 119, 126, 132, 134, 160, 163, 166, 167, 183, 186, 187, 191, 200, 215, 217, 222, 231, 232, 304, 313, 337, 356, 357, **390, 391, 395, 396, 397, 401, 402, 403, 404, 411, 412, 413, 414,** 437, 461, 464
Außenpolitischer Akteur (→ Akteur)
Außenvertretung der EU 144, 187, 219, 226, 229, 236, 401, 402, 413
Außenwirtschaftsbeziehungen 211, 411
Außenwirtschaftspolitik 392
Auswärtiges Handeln der EU 105, 185, 217, 222, 340, **390, 391, 393, 394, 410, 412, 413, 415,** 481
Avantgarde 459, 485, 486, 492

Barroso-Kommission 130, 243, 244
Beamtenausschüsse 20, 213
Beamtengremien 98, 103, 179, 210, 214, 218, 252, 368, 402
Beichtstuhlverfahren 181, 216
Beitritt 19, 20, 25, 58, 63, 75, 79, 83, 86, 88, 89, 95, 101, 108, 120, 123, 128, 137, 210, 253, 302, 331, 341, 344, 411, 446, 450, 453, 454, 468, 479, 480, 483, 484, 487, 489
– Beitrittsabkommen (bzw. -verträge) 108, 120, 134, 140, 193, 201, 203, 231, 239, 240, **238,** 448, 453, 456, 491
– Beitrittskandidaten 24, 25, 71, 77, 79, 95, 109, 130, 174, 207, 282, 438, 439, 446, 447, 449, 450, 451, 452, 453
– Beitrittskriterien 172, 446, **447,** 455
– Beitrittsreferendum 454
– Beitrittsrunde **24,** 42, 79, 89, 95, 97, 102, 108, 155, 172, 275, 426, 446, 450, 455, 461, 475, 490
– Beitrittsverfahren 45, 85, 126, 141, 150, 172, 194, 266, 279, 435, **446,** 447, 448, 449, 450, 451, 452, 453, 454, 455, 456, 491

– Beitrittsverhandlungen 17, 71, 79, 95, 96, 97, 108, 109, 172, 177, 239, 251, 448, 450, 451, 454, 456
Belgien 65, 138, 203, 204, 215, 267, 289, 297
Beobachtungsstelle für Drogen und Drogensucht 421
Beratende Ausschüsse 92, 234, 236, 275, **278,** 279, 283, 285, 290
Berichterstatter 147, 148, 270, 305, 317, 349
Berufungsinstanz 161, 186
Beschäftigungsausschuss 214, 343, 368, 379
Beschäftigungspolitik 94, 119, 123, 238, 340, 366, 369, 377, 378, 379, 387
Beschlussfassung 150, 161, 172, 178, 183, 187, 203, 208, 270, 323, 422, 467, 490
– Beschlussfassungsorgan 70, 191
– Beschlussfassungsregel 17, 38, 141, 178, 191, 192, 194, 195, 201, 202, 208, 221, 245, 258, 338, 339, 346, 351, 361, 398, 400, 449
Beschlussverfahren 85, 117, 120, **140,** 157, 186, 192, **201,** 226, 258, **269,** 286, 287, 291, 293, 311, **315,** 320, **326,** 339, 398, 428
Besitzstand (→ acquis communautaire)
Beteiligungsrechte 40, 363, 432
– Beteiligungsrechte der Kommission 251
– Beteiligungsrechte der nationalen Parlamente 302
– Beteiligungsrechte des AdR 291
– Beteiligungsrechte des EP 43, 99, **119, 122, 124, 125, 126, 129,** 140, 142, 152, 182, 183, 338, 339, 342, 343
– Beteiligungsrechte des EWSA 285
Bildungspolitik 90, 199, 292, 340, 342, 357, 380
Binnenmarkt 84, 85, 86, 88, 89, 94, 143, 171, 176, 193, 199, 200, 211, 235, 236, 244, 248, 279, 282, 288, 337, 340, 378, 418, 427, 428, 432, 437, 452, 461, 465
Bologna-Prozess 490
Briten-Rabatt 355, 359
Brückenklausel (la passerelle) 186
Brüssel 17, 18, 45, 106, 132, 149, 181, 192, 197, 199, 219, 225, 250, 278, 280, 281, 285, 286, 291, 303, 305, 371, 378, 380, 382, 395, 396, 402
– Brüsseler Arena 19, 45, 305, 306
– Brüsseler Ebene 45, 46, 149, 158, 197, 199, 212, 244, 249, 280, 386, 402
Bruttonationaleinkommen (BNE) 312, 355, 358, 359
Bulgarien 24, 97, 108, 137, 138, 169, 173, 204, 253, 289, 297, 451, 452

Bundesländer 20, 25, 88, 89, 92, 295
Bundesrat 191, 295
Bundestag 139, 303
Bundesstaat 28, 44, 58, 60, 67, 110, 486
Bürgerbeauftragter 125, 132, 133
Bürgernähe 90, 291
Bürokratie 110, 225, 226, 229, 252
Bußgeld (→ Zwangsgeld)

Capability expectation gap 411
'Ceteris paribus'-Klausel 45, 476
Charta der Grundrechte der EU 89, 100, 101, 102, 105, 106, 428, 438
Checks and balances 156, 161, 363
Civitas Europea 27
Club der Chefs 157, 158, 174, 176, 178, 182
Comité des Organisations Professionnelles Agricoles de l'Union Européenne (COPA) 280
COREPER (Comité des Représentants Permanents) (→ Ausschuss der Ständigen Vertreter)
COSAC (→ Konferenz der Ausschüsse für Gemeinschafts- und Europa-Angelegenheiten)
Costa/ENEL 261

Dachverbände 59, 280, 281, 283, 294
Dänemark 71, 75, 79, 138, 204, 215, 267, 289, 297, 451
Davignon-Bericht 75, 77
Delors-I-Paket 83, 86, 171
Delors-II-Paket 88, 89, 171
Delors-Ausschuss 436
Delors-Gruppe 172
Demokratie 32, 37, 59, 83, 85, 108, 110, 121, 127, 128, 140, 143, 151, 259, 296, 299, 307, 386, 391, 395, 397, 438, 447
Demokratiedefizit 26, 151, 221
Demokratische Partei der Völker Europas – Freie Europäische Allianz (DPVE-FEA) 297
Den Haag 423, 425
 – Den Haager Gipfel 23, 75, 76, 77, 79, 81, 165, 172, 321, 396, 446
 – Den Haager Kongress 57, 59, 60
Desintegration 12, 477, 488, 489, 490
Deutschland 55, 58, 61, 62, 63, 64, 65, 66, 67, 68, 75, 88, 111, 135, 138, 198, 203, 204, 207, 215, 225, 237, 249, 267, 270, 282, 289, 295, 297, 319, 328, 375, 376, 377, 410, 438, 453, 491
Devisenmarkt 321, 324, 339
Dialog 217

 – Gesellschaftlicher Dialog 290, 307
 – Interkultureller Dialog 287
 – Menschenrechtsdialog 405, 406
 – Politischer Dialog 168, 283, 401, 404, 407
 – Sozialer Dialog 284, 368
Differenzierte Integration (→ Integration)
Direktorium (der Großen) 72, 407, 461, 462, 463, 477, 490
Direktorium der EZB 125, 170, 320, 322, 324, 325, 326, 327, 328, 329, 331
Direktwahlen 70, 75, **80**, 81, 82, 84, 122, 127, 129, 136, 142, 150, 170, 296, 360
Domaine reservée 401
Dooge-Ausschuss bzw. -Gruppe 172, 435
Doppelhut 222, 253, 391, 412
Doppelte Mehrheit (→ Mehrheit)
Dreierkonferenz 284
Dreierstrategie 75, 76, 77
Drittstaaten 31, 91, 122, 125, 130, 135, 148, 168, 193, 196, 215, 217, 219, 229, 247, 262, 278, 281, 282, 339, 344, 392-395, 402, 407, 410, 424
Durchführungsausschüsse 193, 235
Durchführungsbeschlüsse 236, 400
Durchführungsregelungen 91

ECOFIN-Rat (→ Rat der EU in der Zusammensetzung der Wirtschafts- und Finanzminister)
Economic Governance (→ Governance)
Effet utile 259, 260
EFTA (European Free Trade Area) (→ Europäische Freihandelszone)
EG-Agenturen 170, 250, 284, 421, 427, 428
EG-Budget 79, 86, 125, 129, 171, 249, 312, 315, 340, 354, 355, 358, 359, 360, 361, 362, 363
Eigeneinnahmen (bzw. -mittel) 75, 76, 79, 119, 122, 125, 129, 152, 183, 266, 302, 311, 312, 313, 314, 316, **354**, **355**, 356, 358, 362, 363, 433
Eigenmittel (→ Eigeneinnahmen)
Einfache Mehrheit (→ Mehrheit)
Einheitliche Europäische Akte (EEA) 23, 83, **84**, 85, 86, 87, 91, 94, 123, 141, 159, 160, 161, 176, 177, 238, 342, 344, 433, 461
Einstimmigkeit 102, 157, 186, 192, 195, 201, 202, 207, 222, 338, 351, 363, 400, 401, 410, 421, 428, 432, 441, 443
Einwanderung 21, 382, 418, 421, 422, 426
 – Einwanderungpolitik 94, 152, 287, 419, 427
Elysée-Vertrag 71, 72

Sachregister

Empfehlungen (→ Rechtsakte)
End-game 436
Entscheidungen (→ Rechtsakte)
Entscheidungsverfahren 77, 283, 342, 442, 459
Entwicklungszusammenarbeit 25, 200, 356, 391, 392
Entwicklungsländer 111, 391
Entwicklungspolitik 69, 71, 130, 199, 236, 292, 390
Erklärung von Laeken 60, 438
Erklärung zur Zukunft der Union 98, 101
Ernennungsverfahren 240, 243
Erweiterung 12, 23, 24, 26, 43, 75, 77, 80, 83, 86, 88, 89, 101, 110, 122, 163, 164, 165, 171, 174, 177, 181, 203, 210, 217, 235, 239, 240, 244, 248, 279, 331, 426, 431, 450, 455, 461, 462, 469, 470, 475, 476, 477, 479, 483, 484, 485, 488, 489
 – EFTA-Erweiterung 451
 – Erweiterungsfähigkeit 447, 448, 454, 457, 480
 – Erweiterungsprozess 19
 – Erweiterungsrunden (→ siehe Beitrittsrunden)
 – Nord-Erweiterung 23, 75, 77, 79, 451
 – Ost-Erweiterung 89, **97**, 99, 100, 101, **108**, 140, 147, 451, 454, 459, 480, 484
 – Süd-Erweiterung 23, 83, 451
Estland 97, 108, 138, 204, 267, 289, 297, 451
Euratom (→ Europäische Atomgemeinschaft)
Euro 97, 206, 321, 372, 324
 – Euro-Banknoten 320, 321
 – Eurogruppe 195, 206, 207, **328,** 369, 377, 461
 – Euro-Wechselkurs 88, 322, 324, 373
 – Eurozone 90, 321, 331, 340, 366, 370, 372
Eurobarometer 136, 324
Eurojust 21, 100, **423,** 424, 428, 484
Eurokratie 225
Europa der konzentrischen Kreise 477, 491
Europa der mehreren Geschwindigkeiten 478, 459, 485
Europa der Projekte **482,** 492
Europa der Regionen 295, 307
Europa ohne Grenzen 84
Europäische Allianz 140, 143, 291, 295, **297**
Europäische Atomgemeinschaft (Euratom, EAG) 23, **69,** 71, 228, 292, 433
Europäische Bewegung **59,** 285
Europäische Freihandelszone (EFTA) (European Free Trade Area) 61, 64, 88, 89

Europäische Föderation Grüner Parteien (EFGP) **297,** 299
Europäische Gemeinschaft für Kohle und Stahl (EGKS) 23, 25, 60, **61, 62, 63, 64, 65, 66,** 68, 69, 71, 119, 121, 122, 125, 158, 192, 195, 227, 228, 259, 260, 266, 285, 313, 357, 396, 433, 486
Europäische Investitionsbank 313
Europäische Korrespondenten 399, 402
Europäische Liberale, Demokraten und Reformpartei (ELDR) 140, 142, 291, **296, 297, 298, 299**
Europäische Nachbarschaftspolitik 169, 395, 491
Europäische Öffentlichkeit 12, 126, 127, 131, 132, 135, 144, 173, 188, 305, 306
Europäische Parteien 296, 297, 298, 299, 300, 301
Europäische Politische Gemeinschaft (EPG) 61, **67,** 68, 396
Europäische Politische Zusammenarbeit (EPZ) 75, 77, 78, 81, 82, 84, 86, 90, 158, 159, 164, 165, 395, 396, 397, 404, 405
Europäische Sicherheitsstrategie 169, 397, 407
Europäische Sicherheits- und Verteidigungspolitik (ESVP) 100, 164, 169, 198, 200, 214, 391, 396, 397, 402, 406, 409, 412, 413, 414, 470
Europäische Stelle zur Beobachtung von Rassismus und Fremdenfeindlichkeit (→s. auch Agentur für Grundrechte) 421
Europäische Verteidigungsagentur 21, 396, 399, 402, 484
Europäische Verteidigungsgemeinschaft (EVG) 61, **66, 67,** 68, 359
Europäische Volkspartei – Europäische Demokraten (EVP-ED) 139, 140, 141, 143, 291, 293, 295, **296, 297, 298, 299, 300, 301, 302**
Europäische Wirtschaftsgemeinschaft (EWG) 21, 23, 61, 64, **68, 69,** 70, 71, 72, 73, 90, 111, 122, 124, 158, 192, 195, 197, 201, 213, 228, 234, 260, 431, 433, 447
Europäische Zentralbank (EZB) 20, 118, 123, 313, **319, 320, 321, 322, 323, 324, 325, 326, 327, 328, 329, 330, 331**
 – Aktivitätenprofil 323, 324
 – Aufbau 328, 329, 330
 – Aufgaben 213, 263, **320, 321, 322**
 – Benennung 324, 325, 326
 – Beschlussverfahren 326, 327
 – Verfahren 340, 369, 372, 434

Europäischer Auswärtiger Dienst 222, 412, 413
Europäischer Gewerkschaftsbund (EGB) 280
Europäischer Konvent zur Zukunft Europas **101**, 102, 103, 151, **432**, **433**, **434**, **436**, **437**, **438**, **439**, 441, 442
- Auf- und Ausbau der institutionellen Architektur 23, 252, 275
- Aufgabe und Arbeitsmethode 102, 436, **437-441**, 483
- Entstehung 97, **101**, 172
- Entwurf für eine Verfassung für Europa 151, 351, 386, **431**, 442
- Zusammensetzung **102**, 134, 149, 238, 279, 290, 298, 303
Europäischer Rechnungshof (EuRH) 35, 262, 263, **311**, **312**, **313**, **314**, **315**, **316**, **317**
- Aktivitätenprofil 313, 314
- Aufbau 315, 316
- Aufgaben **312**, **313**, 322, 354, 362
- Benennung 125, 315
- Beschlussverfahren 315
- Entstehung 433
Europäischer Wirtschaftsraum (EWR) 88, 395, 491
Europäischer Wirtschafts- und Sozialausschuss (EWSA) 278, **285**, 290, 306, 439
- Aktivitätenprofil 287
- Aufbau 287, 288, 289
- Aufgaben 285, 344
- Benennung 193, **287**
- Beschlussverfahren 287
- Formen der Beteiligung 283
Europäisches Bewusstsein 296
Europäisches System der Zentralbanken (ESZB) 319, **321**, 322, 326, 328, 331
Europäisches Währungsinstitut (EWI) 321
Europäisches Währungssystem (EWS) 75, 81, 321, 469, 486
Europäisierung 27, 29, 46, 380
Europarat 57, 59, 60, 61, 453, 454, 460, 486
Europaskepsis 135, 179, 468
Europatag 61
Europawahl 137, 139, 140, 481
European Currency Unit (ECU) 75
Europol (Europäisches Polizeiamt) 21, 422, **423**, **424**, 426, 428
Eurosklerose 83
Exekutive 66, 71, 104, 191, 220, 226, 228, 229, 232, **236**, 251, 362, 395, 432, 433
Expertengruppe 234, 235, 236, 249, 283
EZB-Direktorium (→ Direktorium der EZB)

EZB-Rat 320, 322, 323, 324, 325, 326, 327, 328, 329, 331

Feierliche Deklaration zur Europäischen Union 83, 159
Feierliche Erklärung von Stuttgart 83, **84**, **159**, 160, 396
Finalität **18**, 22, 32, 42, 53, 60, 67, 81, 84, 90, 102, 110, 431, 455, 475, 482, 487
Finanzielle Vorausschau 315, **354**, 358, 362, 363, 385
Finanzminister 167, 201, 212, 244, 322, 328, 369
Finanzrahmen 86, 125, 354, 455, 358, 363, 414, 429
Finanzverfassung 354, 355, 363, 364
Finnland 24, 88, 95, 138, 204, 215, 267, 289, 297, 451
Fiskalpolitik 130, 193, 230, 319, 322, 323, 340, 366, 367, 369, 372, 373, 375
Flexibilisierung 89, 337, 386, **460**, **461**, **462**, **463**, **464**, **465**, **466**, **467**, **468**, **469**, **470**, **471**, **472**, 485, 486, 487, 489, 490, 491, 492
Föderal (bzw. Föderalismus) 28, 29, 55, 57, 58, 59, 60, 64, 66, 67, 73, 74, 81, 90, 106, 110, 121, 129, 139, 142, 150, 151, 184, 227, 251, 258, 285, 307, 477, 479, 481
Föderalisten 32, 57, 58, 84, 150, 285
Föderation 27, 28, 58, 59, 60, 61, 62, 63, 72, 102, 110, 486
Fontainebleau (Gipfelkonferenz von) 83, 84
Forschungspolitik 17, 85, 292
Fortschrittsberichte 449, 450, 452, 454
Fouchet-Pläne 71, **72**, 73, 74, 78, 396
Fraktionen 120, 139, 140, 141, 142, 143, 145, **146**, 147, 148, 149, 243, 284, 291, 293, 295, 296, 300, 344, 349
Fraktionsvorsitzende 143, 145, 147
Frankreich 23, 55, 58, 61, 63, 65, 67, 71, 73, 74, 75, 76, 97, 103, 104, 138, 172, 203, 204, 215, 225, 265, 267, 289, 297, 324, 356, 373, 375, 376, 377, 384, 475, 480, 488, 491
Friedensmacht 25, 111, 397
Frontex (→ Agentur Frontex)
Frühlingsgipfel 167
Frühwarnsystem 107, 152, 303, 304, 307
Frühwarnmechanismus 373, 374, 375, 376, 384
Fusionsleiter 43, **44**, 163, 385, 411, 428, 455, 469, 482, 485, 492
Fusion (bzw. Fusionsthese) 18, 26, 29, 41, 71, 106, 151, 156, 183, 184, 221, 227, 252, 274, 320, 330, 331, 363, 438

Fusionsvertrag (→ Vertrag, Römische Verträge)

Gebietskörperschaften 92, 282, 290, 291, 292, 293, 295
Geldmengensteuerung 321
Geldpolitik 319, 320, 321, 323, 324, 326, 328, 340, 342, 367, 370, 372
Geldstrategie 323, 326
Geldverfassung 327
Geldwertstabilität 320
Gemeinsame Aktionen 34, 92, 397, 400, 404, **406**
Gemeinsame Außen- und Sicherheitspolitik (GASP) 25, 34, 126, 128, 133, 134, 160, 161, 164, 167, 168, 169, 170, 183, 186 187, 191, 194, 196, 200, 206, 208, 211, 215, 217, 219, 222, 229, 230, 231, 232, 238, 257, 304, 313, 314, **395**, **396**, **397**, **398**
– Entwicklung 72, 74, 79, 89, 90, 94, 95, 100, 105
– GASP Säule 36, 37, 89, 90
– Verfahren 339, 340, 343, 356, 390, 391, 393, 394, 395, 396, 397, 398, 399, 401, 402, 403, 404, 405, 406, 407, 408, 409, 410, 411, 412, 413, 414, 420, 421, 437 461, 464, 465, 468
Gemeinsame Positionen 92, 159, **286**, 398, 410
Gemeinsame Sicherheits- und Verteidigungspolitik (GSVP) 412, 414, 470
Gemeinsame Standpunkte 34, 140, 146, 345, 346, 348, 397, 398, 400, 404, 406, 421, 426, 452
Gemeinsame Strategie 83, 160, 161, 169, 397, 398, 399, 404, 407
Gemeinsamer Markt 69, 128, 228, 260, 290, 432
Gemeinschaftshaushalt 362
Gemeinschaftsmethode 70, 92, 156, 191, 338, 340, 366, 367, 369, 380, 386, **392**, 403, 410, 411, 419, 420, 421, 428, 463, 464, 485
Gemeinschaftsmethode (unvollständige) 421
Gemeinschaftsrecht 22, 257, 259, 260, 261, 262, 263, 266, 273, 274, 282, 452
– Vorrang des Gemeinschaftsrechts 40, 71, 259, **261**
Generalanwälte 69, 258, 262, 268, **270**, 272
Generaldirektionen
– Generaldirektionen der EZB 328, 329
– Generaldirektionen der Kommission 226, **235**, 247, 248, 249, 283, 392, 399, 420, 422
– Generaldirektionen des EP 149
Generalsekretariat 249

– Generalsekretariat der Kommission 41, 225, 226, 227, 235, 247, 248
– Generalsekretariat des AdR 293, 295
– Generalsekretariat des EP 120, 143, **149**
– Generalsekretariat des EuRH 316
– Generalsekretariat des EWSA 288
– Generalsekretariat des Rats 175, 181, 192, 201, 211, 216, **219**, 399, 401, 402, 413, 420, 424, 435, 437
Genscher/Colombo-Initiative 83, 84
Gericht erster Instanz (GeI) 132, 257, 260, 262, 263, 264, 268, 270, 271, 272
Gericht für das Gemeinschaftspatent 264
Gericht für den öffentlichen Dienst der EU 260, 264, 268, **269**, 270, 271, 272
Gerichtssystem 100, 260, 264, **271**
Gesellschaftlicher Dialog (→ Dialog)
Gesetzgebung 107, 128, 134, 145, 152, 165, 171, 228, 233, 273, 340, **342**, 346, 350, 351, 367, 378, 422
– Gesetzgebungsakte 128, 222, 232, 428
– Gesetzgebungsbefugnis (bzw. -kompetenz) 45, 68, 193, 211, 292
– Gesetzgebungsprozess 185, 343
– Gesetzgebungsverfahren 81, 107, 122, 123, 129, 186, 339, 344, 364, 427, 468
Gesundheitspolitik 200, 235, 258, 279, 292, 340, 382
Gewaltenteilung 40, 55, 67, 184, 221, 259
Gewerkschaften 280, 281, 282, 283, 289, 290
Gewogene Stimmen (→ Stimmgewichtung)
Gipfel (bzw. -konferenz) 102, 156, 157, 158, 163, 165, 167, 177, 182, 184, 188, 431, 434, 436, 440
– Gipfel von Den Haag 1969 23, 75, **76**, 77, 78, 79, 81, 172, 321, 396, 431, 446
– Gipfel von Nizza 2001 100, 101, 102, 108, 178, 203
– Gipfel von Paris 1972 75, **76**, 77, 78, 79
– Gipfel von Paris 1974 75, 81, 82, 157, 158
Globaler Akteur (→ Akteur)
Gouvernement de juges 259
Gouvernement économique 168, 319, 387
Governance
– Modes of Governance 27, 29, 340, 366
– Multi-level Governance 27, 29
– Network Governance 31
– Economic Governance 168
Grand Theories 27, 29
Gravitationszentrum 64, 485
Greenpeace 280

Grenzschutz 421, 423
Griechenland 24, 83, 86, 138, 204, 215, 265, 267, 289, 297, 376, 377, 404, 451
Großbritannien 61, 71, 75, 77, 79, 84, 90, 138, 204, 215, 267, 289, 298, 339, 355, 358, 359, 363, 377, 419, 451, 453, 461, 462, 491
Grünbuch 233, 234
Grundgesetz 92, 438
Gründungsverträge 85, 158, 245, 261, 431
Grundrechte 105, 161, 259, 261, 421, 425, 427
– Grundrechte-Konvent der Europäischen Union 172
– Grundrechtecharta (→ Charta der Grundrechte der EU)
Gründungsväter 53, 61, 162, 167, 174, 179
Gutachterinstanz 258, 263

Hallstein-Initiative 71, 74
Handelsmacht 111, 392
Handelspolitik 17, 25, 70, 71, 90, 266, 282, 342, 390, 391, 392, 393, 395, 410, 453, 454, 465
– Außenhandelspolitik 200, 229, 244, 279, 340
– Gemeinsame Handelspolitik 90, 123, 124, 355, 410
– Autonome Handelspolitik 395
Haushalt 83, 147, 193, 230, 296, 299, 312, 313, 315, 340, **354, 355, 356, 357, 358, 359, 360, 361, 362, 363, 364, 365,** 373, 419, 453
– Haushaltsbefugnis 45, 75, 76, 79, 127, 129, 141, 143, 150, 183, 194, 199, 200, 213, 228, 235, 236, 248, 311, 312, 313, 316, 362, 433
– Haushaltsbehörde 79, 120, 122, 125, 129, 193, 312, 340, 359, 362
– Haushaltsdefizit 340, 375
– Haushaltsdisziplin 358, 403
– Haushaltsentwurf 360, 361
– Haushaltsjahr 360, 362
– Haushaltsmittel 131, 340
– Haushaltsplan 125, 140, 229, 232, 233, 354, **360,** 361, 362, 364
– Haushaltspolitik 319, 368, 370, 372, 373, 374, 376, 384
– Haushaltsrechte 122, 403, 410
– Haushaltstrilog 129, 360
– Haushaltsverfahren 38, 75, 79, 81, 119, 125, 134, 141, 148, 152, 171, 217, 229, 312, **359,** 360, 363
Hegemonie 55, 111
– Kollektiver Hegemon 490
Helsinki 75, 96, 109, 368, 397
Heranführungsstrategie 314, 449, 452

Herren der Verträge 90, 111, 133, 156, 184, 230, 259, 273, 385, 418, 431, 483
Hertensteiner Programm 57, 58
History-making decisions 43
Hohe Behörde 61, 63, **65,** 66, 70, 121, 122, 192, 227, 228, 320
Hoher Vertreter (bzw. Beauftragter) der Europäischen Union für die Gemeinsame Außen- und Sicherheitspolitik 186, 219, 319, 396, 399, **401,** 412, 413
Hoher Vertreter der Europäischen Union für die Außen- und Sicherheitspolitik 107, 391, 401, 413
Hüterin der Verträge 69, 226, 229, 237, 251, 262

Identität 21, 110, 143, 176, 306, 328, 390, 402, 447
Industriepolitik 211, 235, 248, 266, 287, 292
Industrieverbände 281, 284, 289, 290
Informelle Einflussnahme 278, **282,** 283
Informelle Sitzung (bzw. Treffen) 201, 215, 234, 350
Informelle Triloge 229, 345, 361
Inflationsbekämpfung 319
Inflationsrate 20
Innenpolitik 94, 127, 164, 337
Innen- und Justizpolitik 17, 20, 94, 132, 133, 134, 163, 164, 165, 167, 183, 186, 191, 196, 199, 200, 201, 211, 231, 235, 238, 248, 257, 275, 313, **418, 419, 420, 421, 422, 423, 424, 425, 426, 427, 428, 429,** 483, 491
– Geschichte 94, 419
– Polizeiliche und Justizielle Zusammenarbeit in Strafsachen (PJZS) (bzw. Innen- und Justizpolitik in der 3.Säule) 36, 79, 89, 92, 94, 95, 100, 126, 162, 257, 313, **420,** 422
– Verfahren 340, 422
Innere Sicherheit 285, 425
Initiativmonopol 182, 218, 228, 235, 252, 283, 344, 402
Initiativrecht 69, 94, 124, 165, 238, 339, 386, 401, 421, 422, 424, 428
Institutionalismus 28, 29, 31, 33
Institutioneller Rahmen (einheitlicher) 34, 36, 37, 79, 89, 90, 194, 212, 337, 392, 463, 464
Institutionelles Dreieck 86, 119, 122, 129, 150, 162, 191, 193, 225, 233, 340, 350, 363
Integration
– Abgestufte Integration 78, 90, 459, 491
– Differenzierte Integration 78, 477
– Sektorale Integration 22, 63, 477, 487

Integrationsfähigkeit 448
Integrationstheorien 18, 385, 427
Integrationswissenschaft 11, 28
Interessenvermittlung 279, 290
Interessenvertretungen 280, 281, 307, 442
Intergouvernementalismus 29, 410, 411, 427, 428
Intergroups 141
Interkultureller Dialog (→ Dialog)
Intermediäre Gruppierungen 135, **285**
Internationaler Akteur (→ Akteur)
Internationale Organisationen
   (→ Organisationen)
Internationale Verträge 191
Interparlamentarische Delegation 143, 148
Irak 97, 168, 169, 206, 408, 410
Irland 71, 75, 79, 138, 204, 215, 267, 289, 297, 371, 372, 419, 435, 451
Italien 61, 65, 67, 138, 204, 215, 267, 289, 297, 375, 376, 377, 491

Japan 111
Judicial activism 259
Jumbo-Räte 199
Juristischer Dienst 235, 247, 248
Justizpolitik (→ Innen- und Justizpolitik)

Kabinette (der Kommission) 226, 247, 248, 249, 283
Kamintreffen 162, 175
Kammern (des EuGH) 258, 264, 260, 264, 269, 270, 271
Kerneuropa 12, 64, 459, 460, 475, 478, 485, 487, 489, 490, 492
Kirchen 278, 280, 282, 307
Kleineuropa 61, 460, 477
Koalition
  – EP 119, **140**, 141, 142
  – Rat der EU 206, 207, 210
  – Mitspieler 283, 284
Kohäsion 358
  – Kohäsionsfonds 89, 206, 244
  – Kohäsionspolitik 287, 292, 293, 377
  – soziale Kohäsion 290
Kollegialorgan 311
Kollegialprinzip 226, **245**, 246, 247, 253
Kollegium 125, 130, 226, 243, **245**, 246, 247, 248, 249, 253
Kollektiver Hegemon (→ Hegemonie)
Komitologie 193, 235, 236, 249
Kommissare 107, 157, 236, 239, 243, 245, 246, 247, 248, 249, 283, 392

Kommissariat 67
Kommissionsmitglieder (→ Kommissare)
Kommissionspräsident (→ Präsident)
Kommunen 17, 20, 31, 45, 278, 281, 282, 291, 295
Konferenz der Ausschüsse für Gemeinschafts- und Europa-Angelegenheiten (COSAC) 143, 148, 152, 303, 304
Konferenz von Messina 61, 68
Konferenz der Präsidenten 120, **142**, 143, 145, 146
Konföderation 59, 72
Kongress 57, 59, 60, 300
Konsensverfahren 176, 443
Konstitutioneller Architekt 155, 157, **171**, 186, 432, 435
Konstruktive Enthaltung 399, 410
Konstruktivismus 28, 29
Konsultations- bzw. Anhörungsverfahren 123, 124, **343**, 344, 347
Kontrollbefugnisse 120, 121, 126
Kontrollfunktion 131, 132, 305, 315, 423
Konventsentwurf 172, 442
Konventsmethode 102, 438, 441
Kooperationsverfahren 79, 123, 344, 347
Koordinatoren 147, 383, 401
Koordinierte Beschäftigungsstrategie 238, 377, 378, 379
Koordinierung (wirtschaftspolitische) 168, 119, 124, 157, 167, 226, 230, 237, 251, 343, **366**, 368, 370, 372, 373, 374, 375, 377, 384, 385, 386, 387
  – Harte Koordinierung 167, 340, 367, 372, 373, 375
  – Offene Methode der Koordinierung (OMK) 38, 130, 165, 183, 193, 238, 284, 287, 337, 340, **366**, **379**, 380, 381, 382, 383, 385, 386, 477, 484
  – Weiche Koordinierung 167, 340, **366**, 367, 370, 372, 373, 377, 378, 385, 386
Koppelungsstrategie 477, 483
Kopenhagen 75, 108, 172, 454, 455
Kopenhagener Bericht 75, 396
Kopenhagener Kriterien 88, 95, 96, 100, 108, 109, 165, 172, **447**, 450, 452, 454, 456, 457, 480, 484
Korporatismus 280, 290, 307
Kroatien 17, 24, 95, 97, 108, **109**, 169, 173, 451, 455, 456
Krokodil-Gruppe 141
Kultur 55, 199, 328, 447

Kulturhauptstadt Europas 292
Kulturpolitik 58, 72, 90, 143, 147, 200, 211, 235, 248, 250, 279, 292, 293, 390

Laeken (→ Erklärung von Laeken)
Left over 95, 99, 431, 434
Legislative 45, 46, 84, 86, 89, 91, 119, 120, 122, 128, 129, 142, 147, 150, 162, 191, 219, 220, 295, 347, 348, 438
 – Legislativakte (→ Rechtsakte) 91
 – Legislativarbeit 147, 228
 – Legislativfunktionen 85, 87
 – Legislativkultur 349
 – Legislativverfahren (→ Gesetzgebungsverfahren) 38, 119, 122, 183, 217, 347
 – Legislativvorhaben 282
Legislaturperiode 141, 143, 240
Legitimität 26, 30, 105, 364, 385, 438, 480, 481, 493
 – EP 81, 110, 120, 135, 136, 150, 151
 – ER 156, 185
 – EuGH 274
 – EZB 319, 324
 – Kommission 225, 232, 239
 – Mitspieler 305
 – Output-Legitimität 489
 – Rat der EU 197
Legitimitätsdefizit 26
Legitimitätsverlust 488
Leitbilder 17, 18, 25, 32, 33, 55, 57, 58, 79, 83, 139, 221, 344, 391, 462, 475
Leitideen
 – Fusionsgeprägte Leitidee 227, 320
 – Institutionelle Leitidee 11, 32, 33, 38, 39, 40, 41, 54, 55, 60, 66, 77, 79, 86, 93, 106, 121, 134, 150, 151, 158, 160, 191, 226, 227, **251**, 273, 285, 330, 366, 396, 411, 441, 462, 475, 478
 – Intergouvernementale Leitidee 41, 54, 59, **72**, 81, 150, 156, 182, 208, 227, 354, 391, 440
 – Konstitutionelle Leitidee 67, 139
 – Neofunktionalistische Leitidee 227
 – Supranationale Leitidee 40, 54, 113, 258, 274, 320, 364, 481
Leitzinsen 321, 323
Lenkungs- und Führungsrolle 147, 326
Lenkungsaufgabe 166, 181, 199, 245
Lenkungsausschuss 145, 283, 402

Lenkungsfunktion 45, 162, **163**, 165, 166, 200, 238, 420
Lenkungsinstanz 41, 166, 185, 398, 425
Lesung (→ Mitentscheidungsverfahren)
L'Europe à géométrie variable (→ Variable Geometrie)
L'Europe à la carte 386, 459, 463, 477, 478, 489
Lettland 97, 108, 138, 204, 267, 289, 297, 451
Letztentscheidungsbefugnis 41, 104, 193
Letztentscheidungsinstanz 170, 273
Lissabonner Strategie 97, 163, 165, 167, 182, 238, 356, 366, 377, 379, 381, 383, 386, 484
Litauen 97, 108, 138, 204, 267, 289, 297, 451
Lobbyisten 233, 279, 280, 282, 284, 290
Lokale Gebietskörperschaften 92, 282, 290, 291, 292, 293, 295
Luxemburg 65, 67, 137, 138, 149, 192, 204, 215, 219, 258, 267, 272, 273, 289, 297, 311, 317 75
 – Luxemburger Kompromiss 71, 72, **73**, **74**, 207, 208, 400

Maastrichtkriterien 372
Makler (ehrlicher) 210, 216, 218
Malta 26, 97, 108, 137, 138, 203, 204, 267, 289, 297, 376, 377, 451
Mandatsverteilung 140
Manifest von Ventotene 57, 58
Marktwirtschaft 69, 371, 447
Mazedonien 7, 24, 407, 409, 451, 455
Medien 173, 200, 211, 225, 239, 248, 278, 279, 281, **305**, **306**, **307**, 354, 358, 385
Mediensystem 307
Megabürokratie 226, 252
Mehrebenenspieler **46**, 191, 226, 304
Mehrebenensystem 19, 27, 151, **210**, 252, 273, 281, 295, 307, 386
Mehrebenentechnokratie (fusionierte) 330, 331
Mehrheit 40, 69, 71, 85, 86, 92, 94, 99, 107, 140, 176, 178, 183, 186, 202, 205, 207, 208, 212, 221, 226, 270, 337, 363, 375, 400, 401, 410, 437, 444, 484
 – Absolute Mehrheit 120, 126, 140, 141, 232, 339, 344, 345, 346, 360, 361, 446, 449, 450
 – Doppelte Mehrheit 203
 – Einfache Mehrheit 120, 121, 123, 124, 131, 140, 141, 148, 192, 195, 201, 202, 241, 243, 245, 248, 286, 287, 288, 291, 293, 311, 315, 320, 326, 338, 344, 345, 346, 351, 360, 361, 363, 400, 433, 443, 453, 461, 467

Sachregister

- Qualifizierte Mehrheit (QM) 43, 70, 73, 74, 84, 89, 98, 99, 102, 131, 161, 170, 176, 186, 191, 192, 194, 195, 198, 201, 202, **203**, 205, 206, 208, 209, 210, 221, 236, 241, 243, 246, 269, 286, 287, 291, 293, 311, 315, 320, 331, 338, 339, 344, 345, 346, 360, 361, 370, 374, 392, 393, 399, 401, 411, 413, 420, 421, 466, 467
  - Super-Qualifizierte Mehrheit 444
  - Zwei-Drittel-Mehrheit 120, 121, 125, 141, 202, 222, 423
- Meilensteine 22, 43, 53, 80, 89, 103, 218, 396, 480, 482, 483
- Menschenrechte 20, 37, 128, **261**, 279, 339, 391, 395, 397, **405**, 406, 447, 456
- Menschenrechtsdialog (→ Dialog)
- Militärausschuss 100, 214, 399, 402
- Militärstab 100, 214, 399, 402
- ‚Mini-Vertrag' 481
- Misstrauensantrag 121, 125, 140, 324
- Misstrauensvotum 120, 122, 141, 226, 243, 245, 253
- Mitentscheidungsverfahren 12, 43, 91, 94, 89, 122, 123, 129, 142, 47, 152, 193, 198, 273, 337, 339, 342, **344**, 346, 347, 348, 350, 378
  - Erste Lesung 344, 345, 348, 349, 350, 360, 361
  - Zweite Lesung 142, 344, 345, 346, 348, 349, 350, 360, 361
  - Dritte Lesung 345, 348
- Mitspieler 31, **278**, 279, 280, 281, 282, 285
  - Akteure der Zivilgesellschaft 280
  - Beteiligungsformen 282
  - Europäische Parteien 296
  - Nationale Parlamente 302, 303
  - Medien 305, 307
- Mittel- und Osteuropa (MOE) 26, 89, 95, 168, 207, 356, 451, 453
- Modes of Governance (→ Governance)
- Monnet-Methode 53, 63, 184, 482, 492
- Motor der Integration 69, 74, 218, 226, 228, **233**, 239, 251, 429
- Multi-level Governance (→ Governance)
- Multi-level constitutionalism 274
- Multi-tier Europa 459

Nachbarschaftspolitik 169, 236, 395, 491
Nachhaltige Entwicklung 21, 167, 292, 299, 391

Nationale Parlamente 32, 46, 60, 65, 68, 100, 101, 107, 127, 132, 141, 142, 146, 148, 150, 151, 152, 154, 278, 284, **302**, **303**, **304**, **305**, 307, 362, 369, 385, 428, 435, 437, 438, 439, 443, 449, 450, 456
NATO (North Atlantic Treaty Organisation) (→ Organisationen)
Neo-Funktionalismus 29, 33
Neo-Institutionalismus 28, 29
Nettoempfänger 358
Nettozahler 84, 171, 206, 207, 358
Netzwerke 20, 31, 57, 176, 251, 282, 283, 285, 380, 413
Network Governance (→ Governance)
Nichtigkeitsklage 258, 262, 263, 264, 268, 343
Nicht-Regierungsorganisationen (NGO) (→ Organisationen)
Niederlande 23, 65, 67, 97, 99, 103, 104, 138, 172, 203, 204, 215, 267, 289, 297, 324, 376, 377
Normen 20, 25, 38, 62, 74, 151, **176,** 208, 218, 262, 263, 282, 284, 327, 339, 465, 467, 468, 483
Normgenese 163
Nullsummenspiel 184

OECD (Organisation für Wirtschaft und Zusammenarbeit in Europa) (→ Organisationen)
Offene Methode der Koordinierung (OMK) (→ Koordinierung)
Ombudsman (→ Bürgerbeauftragter)
Opportunity structure 38
Opt in 467, 469
Opt out (opting out) 178, 339, 419, 428, 459, 469, 470, 477, 485
OLAF (→ Amt für Betrugsbekämpfung)
Organisationen
  - Internationale Organisationen 25, 27, 32, 182, 217, 225, 227, 229, 231, 247, 252, 262, 263, 322, 390, 402, 410
  - NATO (North Atlantic Treaty Organisation) 57, 59, 61, 68, 191, 206, 453, 454
  - Nicht-Regierungsorganisationen (NGO) 31, 45, 278, 280, 439
  - OECD (Organisation für Wirtschaft und Zusammenarbeit in Europa) 57, 59, 453, 454
Österreich 88, 95, 138, 204, 215, 267, 289, 297, 377, 451, 453

Ost-West-Konflikt 57, 61, 62, 75, 83, 95, 111, 453, 454
Output-Legitimität (→ Legitimität)

Parlamentarisierung 124, 133, **150**, 243, 304, 350
Parlamentspräsident (→ Präsident)
Partei der Europäischen Linken (EL) 297
Parteienlandschaft 139
Parteiensystem **301**, 302, 307
Partnerschafts- und Kooperationsabkommen 395
Partnerschaft
 – Privilegierte Partnerschaft 491
 – Strategische Partnerschaft 169, 401
Peer review 367
Permissive consensus 489
Personenverkehr (freier) 21, 418, 422
Pfad 38, 39, 110, 163
 – Pfadabhängigkeit 44, 163
Pioniergruppe 64, 459, 485, 486
Plenarsitzung 149, 216
Plenum 139, 140, 147, 179, 181, 258, 269, 270, 271, 286, 287, 288, 291, 293, 343, 344, 346, 439
Pluralismus 29, **280**, 307, 475
 – Horizontaler Pluralismus **280**, 307
 – Vertikaler Pluralismus **280**, 307
Polen 83, 97, 103, 108, 138, 203, 204, 252, 258, 267, 289, 297, 376, 377, 451, 453, 454, 491
Politik des leeren Stuhls 71, 72, **73**
Politischer Dialog (→ Dialog)
Politisches Komitee 100
Politisches und Sicherheitspolitisches Komitee (PSK) 100, 214, 401
Polizeiliche und Justizielle Zusammenarbeit in Strafsachen (PJZS) (→ Innen- und Justizpolitik)
Portugal 24, 83, 86, 138, 204, 215, 267, 289, 298, 375, 376, 451
Prag 75
Prä-konstitutionelle Normgenese 153, 163
Prä-legislative Funktionen 165
Präsident (bzw. Präsidentschaft)
 – Präsident der EZB 123, 186, 322, 323, 324, 325, 326, 327, 328, 329
 – Präsident der Kommission 84, 91, 99, 107, 122, 125, 127, 130, 131, 139, 142, 157, 159, 160, 161, 170, 174, 175, 179, 183, 186, 187, 194, 222, 225, 226, 231, 239, 240, 241, **242**, **243**, 244, 245, **246**, 247, 248, 252, 253, 300, 302, 413, 437, 439
 – Präsident des AdR 291, 293, 295

 – Präsident des EP 120, 141, **142**, 143, 144, **145**, 146, 148, 174, 183, 342, 343, 360, 361, 423
 – Präsident des ER 84, 103, 106, 107, 108, 123, 125, 131, 135, 157, 163, 165, 168, 175, 179, 181, 182, **186**, 187, 188, 222, 412, 413, 436, 442, 443, 475
 – Präsident des EuGH 258, **268**, 269, 271
 – Präsident des EuRH 311, 315, 316, 317
 – Präsident des EWSA 286, 287, 288, 439
 – Präsident des Rats der EU 106, 201, 213, 214, 216, 217, 218, 219, 222, 326, 331, 342, 345, 346, 348, 349, 371, 399, 402, 433, 434, 436, 437, 438, 443, 449, 450
Präsidentschaftshalbjahr 216
Präsidium
 – Präsidium des AdR 291, 293, 295
 – Präsidium des EP 120, **142**, 143, 145
 – Präsidium des EWSA 286, 287, 288
 – Präsidium des Konvents 438, 439, 440, 442
Primärrecht 37, 79, 158, 159, 229, 259, 319, 337, 341, **342**, 390, 392, 396, 407, 431, 468, 484, 487
Primus inter pares 226, 245, 248,
Privilegierte Partnerschaft (→ Partnerschaft)

Qualifizierte Mehrheit (QM) (→ Mehrheit)
Quasi-Konstitutionalisierung 432, 464
Quasi-konstitutionell 38, 42, 64, 66, 89, 100, 101, 102, **105**, 110, 119, 123, 126, 133, 150, 161, 163, 172, 178, 185, 257, 337, 341, 431, 438, 444, 477, **479**, 480

Rat der EU in der Zusammensetzung der Wirtschafts- und Finanzminister (ECOFIN-Rat) 201, 212-213, 322, 325, 327, 328, 329, 369, 382
Rat für Allgemeine Angelegenheiten und Außenbeziehungen 99, 158, 165, 180, 186, 187, **196**, **197**, **198**, **199**, **200**, 212, 215, 399, 405
Ratifizierung 24, 28, 66, 97, 110, 135, 152, 192, 202, 253, 302, 338, 412, 434, 437, 442, 450, 459, 469, 480, 481
Ratifizierungsprozess 104, 431, 435, 480, 486
Ratsformationen 166, 176, 180, **198**, **199**, 201, 222
Ratspräsidentschaft (→ Präsident des Rats der EU)
Ratsvorsitz 132, 201

Raum der Freiheit, der Sicherheit und des Rechts 21, 166, 252, 265, 266, 340, **418**, 420, 428, 486

Rechtsakte 195, **342**
- Entscheidungen **196**, 226, 233, 236, 322, 323, 328, 342, 347, 425
- Empfehlungen 79, 131, 148, **196**, 228, 233, 322, 323, **342**, 367, 369, 370, 372, 373, – 380
- Richtlinien 34, 128, 171, **196**, 229, 233, 236, 292, 340, 342, 347, 421, 425, 426
- Stellungnahmen 163, **196**, 228, 237, 322, 323, 342
- Verordnungen 34, **196**, 233, 234, 236, 263, 296, 322, 323, 328, 340, 342, 368, 373, 425

Rechtsfortbildung 259
Rechtsgemeinschaft 61, 65, 225, 257, 258
Rechtspersönlichkeit 105, 319, 439
Rechtsprechung 132, 229, 237, **257**, 259, 260, 263, **264**, **265**, 266, **267**, **268**, 269, 270, 273, 274, 275, 339, 340, 423
Rechtsetzung 129, 233, 303, **342**, 343, 347
- Rechtsetzungsbefugnis 221, 284
- Rechtsetzungsprozess 171
- Rechtsetzungstätigkeit 195
- Rechtsetzungsverfahren 124, 203, **343**, **345**, **347**, **348**, **349**, **350**, **351**, 367

Rechtsstaatlichkeit 259, 386, 397, 409, 447
Rechtsraum 251, 461
Rechtstradition 261
Redeparlament 142
Referendum (bzw. Referenden) 23, 79, 97, 103, 172, 324, 434, 435, 437, 441, 442, 449, 450, 454, 475, 478, 479, 480, 481, 488
Reflexionsgruppe 172, 434, 436, 438
Reflexionsphase 439, 476
Reformvertrag 12, 17, 23, 24, 26, 53, 56, 97, 99, **101 – 110**, 122, 124, 137, 152, 165, 172, 185, 186, 188, 202, 203, 205, 207, 219, 221, 222, 252, 253, 269, 274, 304, 317, 331, 344, 351, 363, 364, 386, 391, 402, 412, 413, 414, 429, 431, 433, 444, 456, 457, 467, 469, 470, 475, 480, 481
Regelungsausschüsse 236
Regionalpolitik 77, 86, 141, 147, 235, 244, 248, 266, 279
Regionen 17, 25, 31, 45, 278, 281, 287, 291, **295**, 307, 356, 406
Relance constitutionelle 480
Relance européenne 61, 68
Repräsentation 151

- Degressive Repräsentation 120, 137
- Demographische Repräsentation 137, **138**, 204
- EP als Repräsentationsorgan 32, 120, 127, 150, 151
- ER als Repräsentationsgremium 173
- Repräsentationsfunktion 122, 136, 150, 218
- Repräsentationsprinzip 185
- Repräsentativität 239, 252

Ressortminister 198, 199
Ressortprinzip 226
Ressortverantwortung 246
Ressortzuständigkeit 245
Revisionsinstanz 258
Richterstaat 259, 274
Richtlinie (→ Rechtsakte)
Robert-Schuman-Erklärung (→ Schuman-Erklärung)
Römische Verträge (→ Vertrag)
Rotation 187, 222
- Gleichberechtigte Rotation 99, 219, 222, 239, 240, 252, 331
- Rotationssystem 214, 331, 484

Runder Tisch 174, 282
Rule of law 259
Russland 128, 169, 197, 394, 407
Rumänien 24, 97, 108, 128, 137, 138, 169, 173, 204, 205, 206, 253, 289, 298, 451, 452

Sachlogik 44, 110, 184
Schengenland 465
Schengener Abkommen 88, 89, **419**, 422, 461, 463, 465, 469, 486
Schuman-Erklärung 61, 62, **63**
Schweden 88, 95, 138, 204, 215, 267, 289, 298, 377, 451
Sektorale Integration (→ Integration)
Sekundärrecht 22, 34, 229, 237, 273, 342, 484
Sekundärwahl 120, 137
Simmenthal II 261
Slowakei 97, 108, 138, 204, 267, 289, 298, 376, 377, 451
Slowenien 97, 108, 138, 204, 215, 267, 289, 298, 451
Souveränität 21, 33, 143, 149, 151, 221, 302, 304, 319, 411, 425, 440, 476, 477, 487, 488, 489, 490
Sozialer Dialog (→ Dialog)
Sozialpolitik 77, 85, 90, 130, 164, 200, 222, 247, 377, 387, 407, 492
Sozialprotokoll 89, 461

Sozialdemokratische Partei Europas (SPE) 140, 141, 143, 291, 293, 295, **296**, 297, 298, 299
Spanien 24, 83, 86, 103, 138, 203, 204, 207, 215, 267, 289, 298, 451, 491
Sperrminorität 202, 203, **205**, **206**, 207
Spill-back 489
Spill-over **110**, 385, 427
Spinelli-Bericht 83, 134
Staaten Mittel- und Osteuropas (→ Mittel- und Osteuropa)
Staatenbund 28, 59, 67
Staatengleichheit 203
Staatenverbund 27, 102
Stabilisierungs- und Assoziierungsabkommen 395, 455, 456
Stabilitäts- und Wachstumspakt (SWP) 20, 94, 130, 237, 366, 367, 368, 372, 373, 375, 376, 384, 386
Ständige Vertreter (→ Ausschuss der Ständigen Vertreter)
Statistisches Amt 235, 247
Stellungnahme (→ Rechtsakte)
Stimmgewichtung im Rat 99, 137, 202, 203, 206, 375
Stimmengleichheit 203, 326
Straßburg 141, 149, 170
Strategie für Wachstum und Beschäftigung 97, 163, 292, 356, 383
Strategieplanungs- und Frühwarneinheit 401
Strategische Partnerschaft (→ Partnerschaft)
Strukturfonds 87, 91, 141, 236, 344, 357, 360
Stuttgart (→ Feierliche Erklärung von Stuttgart)
Subsidiarität 152, 274, 275, 303, 439
– Subsidiaritätsprinzip 42, 90, 101, 303
– Subsidiaritätskontrolle 428, 292
Supranationalisierung 418, 419, 427, 428
Supranationalismus 18, 27, 29, 33, **39**, 40, 41, 44, 54, 476, 477, 478, 479, 481, 489
Symbole der Union 61, 481
Systemgestaltungsfunktion 134
Systemtheorie 28, 31, 32
Szenarien (zur Finalität) 12, 44, 110, **475**, **476**, **477**, 478, 487, 488, 492, 493

Tampere 163, 382, 425
Tandem 70, 86, 179, 193, 225, 340, **350**, 392
Technologiepolitik 77, 85
Teil-Acquis (→ Acquis Communautaire)
Teilmitgliedschaft 491
Tempelkonstruktion 18, 35, 37, 86, 90, 194, 225, 338, 351

Terrorismus 25, 37, 79, 152, 163, 164, 287, 419, 420, 423, 424, 427, 429
Think Tank 278, 280, 281
Tindemans-Bericht 75, 78, 81, 159, 435, **460**
TREVI-Gruppe 79, 81, 419
Trilog 38, 129, 217, 219, 229, 345, 348, 349, 360, 361, 362
Tripartismus 280, **284**
Troika 197, **217**, 219, 394
Tschechien 97, 138, 204, 215, 267, 289, 298, 376, 451
Türkei 17, 24, 95, 96, 97, 108, **109**, 128, 169, 173, 282, 447, 451, 455, 456, 457, 480, 484

UdSSR 75, 83
Umweltpolitik 77, 84, 85, 90, 123, 163, 199, 200, 235, 407, 485
Unabhängigkeit 37, 397
– Kommission 66, 65, 227, 232, 243
– EuGH 261-262, 268
– EuRH 315, 317
– EZB 66, 319, 324, 326, 327
Union der Industrie- und Arbeitgeberverbände 280
Union Europäische Föderalisten **57,** 285
Union für das Europa der Nationen - Europäische Allianz (UEN-EA) 140, 143, 293, 295
Unionsbürgerschaft 17, 18, 20, 21, 25, 89, 106, 119, 123, 127, 134, 135, 136, 139, 173, 203, 205, 239, 240, 243, 266, 287, 288, 337, 342, 358, 418, 425, 475, 482
Unmittelbare Anwendbarkeit 196, 259, 260
Untätigkeit 126, 193, 257, 262, 263
Untätigkeitsklage 258, 263, 264, 268
Unterrichtung des EP (→ Verfahren)
Untersuchungsausschüsse 92, 122, 126, 131, 141, 143, 146
Ungarn 97, 108, 138, 204, 267, 289, 298, 376, 377, 451
USA 25, 59, 62, 64, 66, 75, 97, 111, 168, 169, 197, 282, 319, 394, 405

Van Gend en Loos 260
Variable Geometrie 459, 477, 487, 489, 490, 492
Vereinigte Staaten von Europa 28, 55, 58, 60
Vereinigtes Königreich (→ Großbritannien)
Verfahren (→ auch Gesetzgebungsverfahren)
– Anhörungs- bzw. Konsultationsverfahren 123, **343**

Sachregister

- Kooperations- bzw. Zusammenarbeitsverfahren 142, **344**
- Mitentscheidungsverfahren 12, 43, 91, 94, 98, 122, 123, 129, 142, 147, 152, 193, 198, 273, 337, 339, 342, 344, **345**, 346, 347, 348, **350**, 378
- Unterrichtung des EP 122, 123, 124, 338, **343**, 351, 368, 393, 403, 422, 456
- Verfahren ohne EP-Beteiligung 342
- Verfahrensbestimmungen 18, 202, 208, 371, 442
- Zustimmungsverfahren 122, 123, 125, 130, **344**, 435, 450

Verfahren der Verstärkten Zusammenarbeit (→ Kapitel IV.9.3)

Verfahren einer Strukturierten Zusammenarbeit 414, 470

Verfassung 38, 57, 90, 103, 433, 435, 481
- Verfassungsänderung 103, 431, 476
- Verfassungsentwicklung bzw. -prozess 31, 42
- Verfassungsgebende Versammlung **102**, 443, 478, 481
- Verfassungsgebung 67, 441, 481
- Verfassungsgericht 41, 150, 258, 265, 269, 273, 274
- Verfassungsideen bzw. -konzept 32, 33, 60, 105, 110, 150, 174, 438
- Verfassungskrise 470
- Verfassungskonvent (→ Europäischer Konvent zur Zukunft Europas)
- Verfassungsvertrag (→ Vertrag über eine Verfassung für Europa)
- Verfassungsvertrag Plus 480
- Vollverfassung 478, 481

Verhandlungspaket 61, 69, **76**, 86, 157, **176**, 178, 216, 218, 355, 363, 436, 438, 441, 482, 483

Verhältniswahlsystem 137

Verkehrspolitik 69, 90

Vermittlungsausschuss 143, 147, **148**, 217, 229, 345, 346, 347, 348, 349, 350

Verordnung (→ Rechtsakte)

Verstärkte Zusammenarbeit (→ Verfahren der Verstärkten Zusammenarbeit)

Verteidigungsagentur 21, 396, 399, 402, 484

Verteidigungsminister 67, 198, 214, 402

Verteidigungspolitik 17, 21, 59, **66**, 92, 100, 132, 160, 161, 200, 214, 222, 390, 391, 397, 402, 409, 412, 413, 414, 470

Vertiefung 12, 19, 23, 75, 77, 80, 83, 97, 110, 163, 171, 239, 299, 341, 366, 396, 431, 441, 448, 455, 461, 470, 475, 476, 477, 479, 480, 483, 485, 487, 488

Vertrag
- Nizza Plus 275, 483
- Römische Verträge (Fusionsvertrag) 23, 61, 79, 122, 228, 396, 432, 433, 461
- Vertrag über eine Verfassung für Europa 12, 17, 23, 24, 26, 56, 60, **97**, 99, 103, 104, 105, 106, 107, 118, 122, 123, 124, 125,126, 127, 130, 131, 134, 135, 151, 152, 156, 162, 165, 166, 172, 179, 182, 183, 184, 185, 186, 188, 191, 194, 202, 203, 205, 207, 214, 218, 219, 221, 222, 227, 228, 232, 239, 240, 252, 253, 274, 275, 296, 303, 306, 307, 317, 319, 331, 344, 351, 354, 363, 364, 386, 387, 390, 391, 396, 411, 412, 413, 414, 428, 429, 431, 441, 442, 444, 448, 456, 457, 459, 469, 470, 475, 478, 479, 480, 481, 482, 483, 486, 487
- Vertrag von Amsterdam 23, 74, 88, 89, **94**, 95, 98, 100, 122, 161, 168, 170, 172, 181, 214, 217, 257, 303, 337, 344, 377, 396, 404, 406, 418, 419, 420, 421, 433, 435, 460, 461, 464
- Vertrag von Luxemburg 75, 433
- Vertrag von Maastricht (Vertrag über die Europäische Union) 23, 34, 57, 78, 79, 81, 86, 88, **89**, 90, 91, 92, **94**, 105, 122, 125, 128, 129, 134, 135, 160, 161, 172, 181, 194, 196, 197, 201, 230, 238, 259, 260, 284, 290, 302, 303, 312, 327, 344, 348, 366, 372, 396, 404, 406, 419, 425, 433, 438, 461, 483
- Vertrag von Nizza 23, 37, 89, **97**, 98, 99, 100, 101, 102, 103, 108, 118, 122, 137, 138, 161, 172, 177, 181, 183, 202, 203, 204, 205, 206, 210, 214, 239, 240, 243, 257, 260, 264, 289, 303, 337, 338, 351, 396, 398, 404, 407, 421, 433, 437, 438, 461, 468, 476, 477, 478, 479, 480, 482, 484, 486, 490
- Vertrag von Prüm 461
- Vertrag zur EGKS (EGKSV) (→ Europäische Gemeinschaft für Kohle und Stahl)

Vertragsverletzungsverfahren 237, 257, 258, **262**, 263, 264, 265

Vertretungen von Drittstaaten 278, 281, 282

Verwaltungsgericht 258

Verwaltungspraxis 210

Veto bzw. Vetorecht 40, 71, 74, 91, 92, 107, 123, 152, 175, 183, 186, 191, 192, 207, 221, 295, 344, 400, 401, 440, 466, 469
- Suspensives Veto 123, 344
- Veto-Spieler 119

Vietnam 75
Visa 420, 421, 426
Visapolitik 419, 422, 427
Volk (europäisches) 32, 59, 110, 120, 150, 151
Völker Europas (Union der) 42, 58, 59, 63, 81, 90, 108, 127, 151
Völkerrecht 260, 261, 319
Vollendung 75, 76, 77, 79, 88, 89, 431
Vollparlament 120
Vollverfassung (→ Verfassung)
Vorabentscheidung 258, 261, 263, 264, 265, 272, 274, 275, 421
- Vorabentscheidungsverfahren bzw. Vorlageverfahren 257, 263, 264, 270, 272

Wahl
- Wahlfunktion des EP 120, 122, 125, 130, 150
- Wahlgesetz 137
- Wahlkampf 139, 299, 300, 302
- Wahlperiode 92, 120, 131, 137, 139, 140, 141, 142, 147, 344, 346
- Wahlprogramm 299, 301

Währungspolitik 17, 76, 85, 123, 319, 322, 323, 326, 337, 386
Warschauer Pakt 75
Wechselkurs (→ Euro, Euro-Wechselkurs)
- Wechselkursmechanismus 372
- Wechselkurspolitik 320, 322, 324
- Wechselkurssystem 322

Weißbuch 233, 234, 382
Weltkrieg
- Erster Weltkrieg 57
- Zweiter Weltkrieg 57

Werner-Bericht 75
Wettbewerb
- Wettbewerbsfähigkeit 37, 171, 200, 211, 238, 283, 292, 299, 356, 358, 447
- Wettbewerbspolitik 164, 248, 229, 266, 279, 282
- Wettbewerbsrecht 234, 237

Wiedervereinigung Deutschlands 88
Wirtschafts- und Finanzausschuss (WFA) 100, 213, 368, 373, 374
Wirtschafts- und Währungsunion (WWU) 21, 26, 164, 167, 194, 288, 290, 487
- Entstehung 76, 77, 81, 84, 88, 89, 90, 91, 92, 94, 161, 486
- EZB 319, 320, 321, 322, 323
- Verfahren 344, 366, 369, 372, 373, 435, 437, 447, 448, 461, 465

Wirtschaftsgemeinschaft (→ Europäische Wirtschaftsgemeinschaft)
Wirtschaftspolitik 17, 20, 85, 124, 164, 167, 191, 193, 292, 293, 319, 368, 371, 377, 381, 384, 386, 387, 390
Wirtschaftspolitische Koordinierung 119, 157, 167, 226, **366**, 367, 368, 369, 370, 371, 372, 373, 374, 375, 376, 377, 378, 379, 380, 381, 382, 383, 384, 387, 388
Wirtschaftsregierung (gouvernement économique) 319, 331, 387

Zahlungssystem 320, 321
Zivilgesellschaft 233, 278, 279, 280, 283, 284, 285, 286, 287, 288, 289, 290, 438
Zivilmacht 25, 111, 397, 412
Zollunion 69, 71, 211, 235, 244, 248, 266, 390
Zürich 57, 58
Zusammenarbeit (→ Verfahren der Verstärkten Zusammenarbeit)
Zusammenarbeit (strukturierte) (→ Verfahren einer Strukturierten Zusammenarbeit)
Zuständigkeitsverteilung 40, 44, 99, 246, 264
Zustimmungsverfahren (→ Verfahren)
Zwangsgeld 91, 92, 94, 259, 260, 264, 265, 340, 367, 374, 375
Zweckverband 27
Zwei-Drittel-Mehrheit (→ Mehrheit)
Zweikammersystem 67, 129, 150
Zypern 26, 97, 108, 138, 169, 204, 267, 289, 298, 376, 377, 451